# 사회 정서 발달

## 애착관계와 자기의 발달

Karen S. Rosen 지음

유미숙, 이영애, 류승민, 박소연, 박현아 옮김

## 사회 정서 발달 애착관계와 자기의 발달

발행일 | 2018년 4월 5일 1쇄 발행
      2022년 7월 5일 2쇄 발행

지은이 | Karen S. Rosen
옮긴이 | 유미숙, 이영애, 류승민, 박소연, 박현아
발행인 | 강학경
발행처 | (주) 시그마프레스
디자인 | 김경임
편  집 | 이호선

등록번호 | 제10-2642호
주소 | 서울특별시 영등포구 양평로 22길 21 선유도코오롱디지털타워 A401~402호
전자우편 | sigma@spress.co.kr
홈페이지 | http://www.sigmapress.co.kr
전화 | (02)323-4845, (02)2062-5184~8
팩스 | (02)323-4197

ISBN | 979-11-6226-011-1

## Social and Emotional Development: Attachment Relationships and the Emerging Self

* 책값은 책 뒤표지에 있습니다.

이 도서의 국립중앙도서관 출판예정도서목록(CIP)은 서지정보유통지원시스템 홈페이지(http://seoji.nl.go.kr)와 국가자료공동목록시스템(http://www.nl.go.kr/kolisnet)에서 이용하실 수 있습니다.(CIP제어번호 : CIP2018007612)

*최근 급격한 인공지능의
발달은 로봇이 인간을
능가하게 될지도 모른다는
막연한 두려움을
우리에게 심어주었다.*

특히 로봇도 스스로 학습하여 지적 영역을 확장해낼 수 있는 딥러닝이 가능하다는 것이 증명되면서 인간으로서의 가치를 어디서 찾을 수 있을지 고민하게 되었다. 그렇다면 인간만의 고유 영역으로 인간을 가장 인간답게 만들 수 있는 것은 무엇일까? 이는 아마도 부모-자녀 관계 속에서 애착을 형성하고 이를 기반으로 '자기'를 발달시켜나가는 과정인 사회 정서 발달이 될 것이다.

사실 사회 정서 발달은 인간의 본질을 이해하려고 노력한 많은 심리학자들과 인간이 경험하는 다양한 심리 적응상의 문제를 해결하고자 하는 임상가들에게 이미 오래 전부터 중요한 연구 주제였다. 그러나 그간 축적된 이론과 연구 결과들을 체계적으로 정리한 구체적인 안내서는 많지 않았다. 역자들은 대학교에서는 학생들을 지도하고, 임상현장에서는 아동과 청소년을 상담하고, 상담자들에게는 슈퍼비전을 하면서 이러한 안내서의 필요성을 절감하고 있었는데, 바로 그때 이 책을 접하게 되었다.

이 책은 보스턴칼리지의 심리학부 조교수인 Karen S. Rosen 박사가 사회 정서 발달에 관한 대부분의 이론 및 연구를 매우 구체적으로 총망라해놓은 전문 학술서적이다. 이 책에서는 애착이란 무엇인지, 애착은 어떤 과정을 통해 발달하는지, 그리고 그 과정에서 부모, 형제자매, 또래들과의 관계는 어떻게 작용하는지, 인간이 다른 종족들과는 달리 '나'라는 개념을 어떻게 발달시켜나가며 그 안에서 다른 사람과 어떻게 친밀한 관계를 형성하는지, 또 감정 발달 및 조절은 어떤 과정을 통해 이루어지는지에 대한 답을 신뢰할 수 있는 연구 결과를 중심으로 명확하고 구체적으로 제시하고 있다. Karen S. Rosen 박사는 발달심리를 접해본 학생들이라면 또한 임상현장에서 심리 문제를 다루는 임상가들이라면 한 번쯤은 의문을 가져보았을 주제들을 거의 빠짐없이 다루고 있어 학자로서 그녀의 헌신적이고 열정적인 노력과 성실함에 경의를 표한다.

인간을 인간답게 만드는 심리사회 발달에 대해 다양한 해답을 찾고자 하는 학생들과 이를 기반으로 인간을 돕고자 하는 임상가들에게 이 책은 훌륭한 안내서가 될 것이다. 특히, 이 책은 영아기부터 초기 성인기까지의 발달과정 속에서 사회 정서 발달과 관련된 각 연구 주제 및 그 결과를 기반으로 한 답을 제시하고 있어 앞으로 관련 연구를 수행하고자 하는 학생들은 큰 지적 영감과 도전 의식을 갖게 될 것이다.

끝으로 이 책이 나올 수 있도록 많은 검토와 교정을 거치도록 도와주신 (주)시그마프레스 강학경 사장님과 이호선 편집자께 감사드린다.

2018년 3월
역자 일동

우리는
태어난 순간부터
다른 사람들과
관계를 맺으며
살아간다.

처음에 우리는 정서적인 신호와 몸짓으로 양육자와 상호작용하지만 이후에는 언어와 사회적 기술을 통해 상호작용한다. 점차로 양육자에게서 벗어나 좀 더 확장된 세상을 탐색하고 발견하고 있을 때 우리는 양육자가 제공하는 안전함과 지원에 의지한다. 우리가 무엇인가 망설이고 있을 때, 양육자들의 애정 어린 확신을 통해 격려받기도 한다. 어려움이 생기면 양육자들을 찾게 되고 이를 통해 결국 차분해지고 진정하게 된다. 오랜 시간 동안 이런 상호작용 경험이 반복되면서, 처음에는 주 양육자들과 애착관계를 맺고 그다음에는 사회적 세계에 있는 다른 중요한 사람들과 애착관계를 맺는다. 이상적으로, 우리는 애착관계의 안전함에서 편안함을 느낀다. 이 관계들은 우리의 사회·정서 발달에 매우 중요하다. 우리의 사회적 세계가 확대되면서, 형제나 또래들과 서로 돕고 같이 행동하면서, 호기심과 관심을 가지고 새롭게 발견한 것을 공유하면서, 놀고 배워나간다. 우리는 즐거움과 기쁨, 좌절과 슬픔, 상처와 분노를 느낀다. 우리는 새로운 관계 경험의 토대를 함께 쌓아가는데, 이를 통해 결국에는 좀 더 깊은 우정을 형성하게 된다. 우리는 협상과 타협을 배우면서 신뢰를 주고받고, 협력하고, 경쟁하고, 다툰다. 이 모든 상호작용을 통해 다른 사람들과의 관계가 변한다.

최초의 애착관계에 대한 이런 학습과정을 통해서, 우리는 우리 자신이 자율적이고, 유일하고, 다른 사람들과 구별되는 개별화된 개인이라는 것을 이해하게 된다. 자기(self)는 중요한 애착관계에 영향을 받기도 하고 이와 대응하여 발달하기도 하면서, 출생 후 몇 개월 그리고 몇 년 이내에 나타난다. 유아기에, 양육자로부터 분리된다는 초기 감각을 형성하면서 신체적으로 자기 자신을 인식하게 된다. 그다음 아동기에는 우리가 누구인지, 무엇을 좋아하는지, 무엇을 잘하는지, 형제들이나 또래들과 어떻게 비교할 수 있는지에 대해 분명히 알아차리기 시작한다. 오랜 시간 동안 자기(self)에 대한 이해가 계속 발달해가면서, 우리는 우리의 정서와 행동을 조절하는 것과 유능감을 증가시키는 것을 배운다. 그다음 관계를 맺게 하고 사회적 세계에서 상호작용을 할 때 새로운 방법으로 협상할 수 있도록 우리를 이끄는 것이 바로 이처럼 드러나고 있는 자기감(sense of self)이다. 우리의 자기감과 다른 사람들과 계속 연결되고 있다는 느낌 간에 균형을 잡는 것은 일생 겪게 되는 발달적 도전이다. 우리의 애착이 자기가 탄생하는 것의 시작점인 것과 마찬가지로, 다른 사람들과의 관계를 좀 더 깊고 좀 더 의미 있게 발전시키는 것이 바로 자기이다. 출생 시부터, 애착과 자기라는 상호 관련된 주제들은 우리의 사회 · 정서 세계의 토대를 형성한다.

애착과 자기라는 주제는 이 교재의 구성 내용이다. 이 주제들과 관련된 문제들은 출생부터 청소년기를 거쳐서 성인 진입기(emerging adulthood)에 진입하는 동안 애착 발달과 자기라는 측면에 대해 다루는 다른 장들에서 검증하였다. 이 교재는 영아기 동안의 애착관계와 영아의 개별화와 자기의 기원에 대해 탐색하면서 시작한다. 여기서 우리는 기질의 역할, 정서발달, 자율적인 자기의 첫 출현에 대해 다룬다. 그다음 아동기에는 사회적 세계가 가족 밖으로 확대되고 새로운 관계들이 만들어지므로 형제들, 또래들, 친구들과의 관계를 검증한다. 아동의 인지, 사회성 그리고 정서적 역량에 영향을 미치거나 영향을 받거나 진전시키는 것으로써의 자기감 발달을 다시 한 번 고찰한다. 그러므로 아동들 고유의 자기감에 원인이 되거나 이를 반영하는 특징들을 탐색하는데, 여기에는 공감과 조망수망의 발달, 친사회적 행동을 하는 경향, 정서 조절 능력, 그리고 도덕적 사고와 의사결정을 하는 역량이 포함되어 있다. 마지막으로, 청소년의 사회적 관계들과 청소년기 동안의 자기 응집성을 검증하였다. 이론과 연구 결과들을 명확히 제시하였다. 논란의 여지가 있는 문제들도 다루었고 아직 답을 찾을 수 없는 문제들에 강조점을 두었다. 독자들은 영아기부터 청소년기에 이르기까지 애착관계와 자기가 발현되는 것의 선행요인, 발달상의 결과에 대해 포괄적으로 이해할 수 있다.

통합적으로 접근한 이 교재에서 주목할 만한 몇 가지 부가적인 내용은 다음과 같다.

1. 개인차뿐 아니라 표준의 경향성을 이해하는 것에 초점을 둔다. '무엇'이 '언제' 발달하는지에 대한 문제를 검증한다. 그러나 이 책에서 검토한 최근 연구에서 발달상의 결과에 영향을 미치는 근본적인 기제와 다양한 요인들을 검증하고 있는데, 이와 마찬가지로 '어떻게' 그리고 '왜' 발달이 이루어졌는지에 대해 탐색하는 것

이 더 중요하다.

2. 사회 · 정서 영역에서는 애착관계의 발달과 자기에 대한 이해의 발달이 중요한 발달과제로 고려되지만, 사회 · 정서 발달에는 인지 역량이 기반이 되고, 그다음 차례에서는 이에 영향을 받게 된다. 더 나아가, 기질과 뇌구조의 발달과 같은 생물학적 요소들이 발달경로에 영향을 준다. 그러므로 사회−인지 발달과 발달사회신경과학의 최신 연구에서 이룬 중요한 발전내용을 통합하였다.

3. 아동들의 경험은 가족들과 자신이 살고 있는 좀 더 큰 사회와 문화적 맥락 속에서 깊게 영향을 받게 된다. 관계가 있고 연구결과들이 활용 가능한 곳에서, 문화에 대한 문제와 다른 가치와 신념에 대한 관심을 도출하였는데, 이를 통해 아동을 둘러싸고 있는 세계 속에서 사회 · 정서적 역량의 발달에 대해 이해할 수 있다.

4. 발달의 정상 패턴과 비전형적인 패턴에 대한 경로를 이해하다 보면 아동들과 청소년들의 취약성과 탄력성에 원인이 되는 위험요인과 보호요인에 대한 문제가 제기된다. 발달과정 속에서는 많은 어려움이 발생할 수 있다. 초기 애착관계가 붕괴되거나 방해받거나, 자기 출현이 위협받게 되면 그 개인은 취약해지고, 부적응 행동을 하게 되고, 그다음 단계의 발달적 도전들을 해결해나가는 것에 더 많은 문제가 생기게 된다. 이론적 배경과 실증적 연구 결과들을 제시하여 적응 또는 병리의 발달에 영향을 미치는 개인적 요인과 관계적 요인에 대한 이해를 도울 것이다. 그러므로 이 책은 좀 더 학년이 높은 학생들, 발달 영역의 연구자들뿐만 아니라 임상가들이나 아동과 가족들의 삶을 향상시키기 위해 노력하는 사람들에게 적절하다.

차례

# 1 유아기의 애착관계

# 2 유아의 개성화와 자기의 기원

# 3 형제관계

# 4 아동기의 또래관계와 우정

# 5 공감, 친사회적 행동 및 도덕성의 발달

# 6 청소년기의 사회적 관계

# 7 청소년의 정체성과 자기 통합

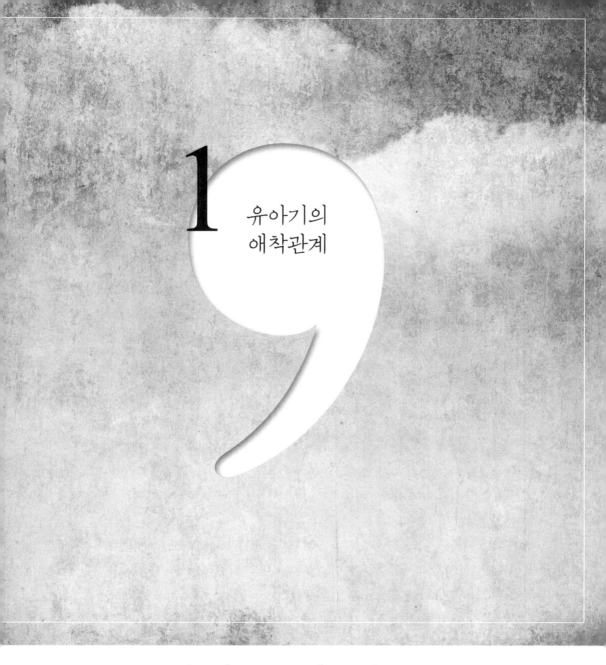

# 1

유아기의
애착관계

Social and Emotional Development
Attachment Relationships and the Emerging Self

# 제 1 장

# 유아기의
# 애착관계

**유아는 어떻게
자신의 양육자와
정서적으로 중요한
애착을 발달시킬까?**

왜 이 관계들이 중요할까? 애착 과정은 생물학적인 형태를 기반으로 하여 점차 발달해가지만 부모, 가족, 사회의 영향에 따라 달라진다. 모든 아기들이 자신의 주 양육자와 함께 애착관계를 발달시켜 나가는 동안, 각자 상대방과의 상호작용에 얼마나 기여했는지 그리고 오랜 시간 동안 어떻게 상호작용해 왔는지가 애착의 질에 반영될 것이다. 결국 초기 애착관계의 안정성에 변화가 생기면 이후의 사회·정서 발달에는 심각한 영향을 미치게 된다.

이 장에서는 애착 이론과 연구를 살펴보려고 한다. John Bowlby의 연구부터 현재의 애착관계에 대한 견해에 이르기까지 이론적 토대를 제시할 것이다. 이 장에서는 유아와 양육자가 애착관계 발달을 위해 어떤 준비를 하고 있는지 살펴보고 부모-자녀 상호작용에 있어서 신경생물학적 기초에 대해 살펴볼 것이다. 그리고 애착관계의 질적 차이를 평가하는 방법에 대해 비판적으로 살펴볼 것이다. 애착 안정성에 대한 선행조건, 발달 결과, 애착 안정성에서의 변동에 대한 연구들을 검토할 것이다. 초기 이론들과 새로운 연구 방향으로 규명된 것들을 재작업하면서 나타난 실증적인 결과들과 도전적인 문제들을 모두 통합하여 다룰 것이다. 유아기 이후의 애착관계에 대한 논의점과 다양한 애착관계의 발달에 대해 살펴볼 것이다. 오랜 시간 동안 형성된 애착 패턴을 유지 또는 변화시키는 과정을 명확히 규명하는 연구들에 특히 중점을 둘 것이다. 애착관계에서의 신경과학 및 초기 돌봄의 영향을 포함한 경험적 연구의 최신 경향 또한 강조하여 다룰 것이다. 마지막으로, 애착 이론과 연구의 임상적 함의에 대해 논의할 것이다.

수년간 친구로 지내온 케이티와 안나라는 두 어린 소녀의 이야기로 우리의 연구를 시작하고자 한다. 그들은 생후 2개월 무렵부터 같은 어린이집에 다녔다. 처음에 케이티는 아기 의자에 혼자 앉아 있을 때나 선생님의 팔에 안겨 있을 때나 차분하고 편안한 모습이었다. 안나는 깨어 있는 동안 교실에서 적극적으로 탐색하고 다른 사람들이 무엇을 하는지 관찰하며, 선생님과 접촉하는 것을 즐겼다. 케이티는 기고 걷기 시작하면서 즐겁게 교실을 탐색하였고, 혼자서도 잘 놀았고, 퍼즐이나 장난감을 가지고 놀면서 시간을 보내기도 하였으며, 다른 아이들이 무엇을 하고 있는지 보려고 서서히 다가가기도 하였다. 케이티는 스트레스를 받거나 도움이 필요한 일이 있을 때 선생님을 잘 찾았다. 반대로, 안나는 돌이 되면서부터 혼자 노는 것이 어려웠다. 그녀는 어른 곁에 앉아 있을 때 훨씬 행복해했고, 혼자 있든지 또래와 함께 있든지 간에 스스로 장난감을 탐색하거나 활동에 참여하는 일은 거의 없었다. 그러나 안나는 케이티를 '좋아했고' 케이티도 안나를 '좋아했다'. 그들은 서로에게 관심을 보였고, 서로를 향해 움직였고, 옹알이했고, 소리를 따라했고, 말을 할 수 있게 되면서부터는 '대화'를 즐기고 웃음을 보이며 가까워졌다. 커가면서 그들은 아침마다 서로 반갑게 인사하였고, 함께 놀 때 가장 행복해보였으며, 그들 중 한 명이 아프거나 부모의 사정으로 결석하게 되면 다른 한 명은 어린이집 생활에서 어려움을 보였다. 그들은 편안함과 안전감을 느끼고 우정을 쌓고 놀이를 하면서 서로를 의지하게 되었다.

케이티의 어머니는 일과가 끝나면 어린이집으로 케이티를 데리러 왔다. 케이티가 어렸을 때, 어머니가 유아 방에 들어오면 케이티의 얼굴에 미소가 번졌다. 케이티는 몸을 흔들며 소리를 질렀다. 그리고 어머니가 케이티에게 다가와 자리에서 그녀를 안아 올리면, 케이티는 어머니에게 안겨서 기쁨으로 빛났다. 커가면서, 케이티는 안나 또는 다른 아동들과 함께 활동하고 있을 때 어머니가 자기 옆에 오기를 기다리고는 아주 신나게 자기가 하고 있었던 일을 보여주었다. 케이티는 자신이 그린 그림, 만든 작품, 다른 친구들과 함께 한 게임에 대해 끊임없이 재잘거렸다. 때로는 케이티가 어머니의 곁으로 뛰어가서 어머니가 없을 때 무엇을 했었는지 보여주려고 어머니를 자신이 놀던 곳으로 끌고 갔다. 그런 다음, 만족감을 느끼면, 케이티는 자신의 물건들을 챙겨 안나에게 "안녕."이라고 말한 후 어머니와 함께 행복하게 떠났다.

보통 케이티가 집에 간 후에 안나의 어머니가 어린이집에 안나를 데리러 왔다. 때로는 안나의 아버지가 어머니보다 먼저 일을 마치면 안나를 데리러 오기도 했다. 안나가 아기였을 때는 주로 선생님에게 안겨 있었는데, 가만히 안겨 있는 것에 만족하는 것처럼 보였다. 안나는 자라면서, 케이티가 먼저 집에 가면 선생님 곁에 조용히 앉아 있었고, 혼자 있지 않기 위해 다른 아이와의 활동에 참여하려고 애쓰지 않았다. 때때로 안나는 혼자서 색칠을 하거나 책을 보았다. 부모 중 한 명이 어린이집에 나타나면, 안나는 부모님이 들어온다는 것을 알아차리자마자, 감정 표현 없이 거의 말도 하지 않은 채, 자신의 물건들을 재빨리 치운 뒤 떠났다. 안나는 케이티와 함께 놀 때는 행복했지만 같은 반의 다른 아동들과 노는 것에는 어려움을 느꼈다. 안나의 정서는 좀 더 약하게 나타났고 놀이는 제한되어 있었다. 안나는 다른 아동들이 무엇을 하는지 큰 관심을 가지고 지켜보았지만 그들과 함께 어울리거나 놀이하는 것에는 어려움을 겪었다.

우리는 케이티와 안나가 서로, 돌봐주는 사람들과, 그리고 같은 반의 다른 아동들과 관계를 맺는 방법에 대한 발달적 전조를 어떻게 이해할 수 있을까? 그들의 성격과 행동에서 관찰된 차이점을 어떻게 설명할 수 있을까? 유아가 온전히 사회적 경험에서만 영향을 받는 '백지 상태'인지 아니면 부모의 영향은 받지 않고 유전적으로 짜여진 프로그램대로 발달하는지에 대한 질문은 더 이상 적합하지 않다. 오히려, 우리는 이제 아동들이 상호적인 맥락 안에서 발달한다는 것을 알고 있으며 '맥락'은 광범위하게, 다양한 수준으로, 오랜 시간 동안 개념화되어야 한다는 것을 알고 있다. 몇몇 학자들은 아기가 자신의 주변에 있는 사람들의 마음과 행동(예: Winnicott, 1965/1996) 속에서 성장하므로 맥락이란 엄마의 심리적 상태라고 주장하였다. 다른 학자들은 관계 시스템(Sroufe & Fleeson, 1986) 또는 복잡함이 연속적인 수준에서 이루어지는 관계의 네트워크(Hinde, 1987)에 초점을 맞추거나, 시간이 흐르면서 변하는 역동적인 과정을 이해하기 위해 체계 관점을 채택한다(Minuchin, 1988; Sameroff & Chandler, 1975). 여전히 다른 학자들(Bronfenbrenner, 2004)은 개개인을 생물-생태학적 틀에서 고찰하는데, 그들은 아동의 생물학적 유전은 가족, 학교, 그리고 이웃이라는 좀 더 큰 미시체계뿐 아니라 사회와 같은 거시체계 속에 자리 잡고 있는 것으로 간주한다. 그러므로 케이티와 안나는 각각 독특한 유전적 자질과 기질적인 소인을 가지고 태어났지만, 각자의 독특한 가족과 사회 맥락 안에서 이루어지는 주 양육자들과의 경험은 의심할 여지없이 각자의 독특한 상호 작용 패턴이 발생하는 것에 영향을 주게 된다.

이러한 맥락의 복잡함과 아동 발달의 비선형적 궤도를 감안할 때, 어린 아동의 사회, 정서 발달에는 무수히 많은 것들이 영향을 미치므로 이를 설명할 수 있는 단일의, 명백한 경로를 제시하는 것은 불가능하다. 그럼에도 불구하고, 우리는 아동들의 삶 속에서 발달 과정을 조정하는 몇몇 중요한 요인들을 고려해볼 수 있다. 이 장에서 우리는 케이티와 안나처럼, 초기 애착 발달의 원인이 되는 생후 첫해의 경험을 탐구하는 것으로 시작할 것이다. 애착의 구성 개념은 유아가 자신의 주 양육자들과 함께 형성하는 정서적 관계의 질을 특징짓는 방법을 제공한다. 다음 장에서 애착의 구성 개념은 유아기, 아동기, 청소년기, 그리고 성인 진입기(emerging adulthood) 동안 자기(self)에 개념의 발달에서 고려해야 하는 근거로서 사용될 것이다.

## 애착 이론의 초기 뿌리

1940년대와 1950년대에 어머니와의 관계가 붕괴된 어린 아동들에 대한 고통스럽고 가슴 아픈 임상 관찰이 시행되었는데, 이를 통해 애착 이론이 만들어졌다(Bowlby, 1944; Robertson & Bowlby, 1952). 관계가 '잘못되었을 때' 어떤 일이 발생하는지 이해함으로써, 애착관계 발달의 정상 과정에 근거가 되는 기제가 밝혀졌다. 정신분석가인 John Bowlby는 자신의 초기 작업에서, 어머니와의 유대가 붕괴되는 것에 대한 의문점들에 대한 관찰을 최초로 실시하였다. Bowlby는 런던의 아동상담소에서 일하면서 어린 아동들을 관찰하는 것을 아주 흥미로워하였다. 그는 결국 '44명의 청소년 도둑 : 그들의 특징과 가정생활'(Bowlby, 1944)이라는 논문에서 그 자신과 그의 사고에 깊은 영향을 미친 아동들에 대한 회고적인 보고서를 작성하였다. 아동과 그들의 어머니의 관계에 관심이 많기 때문에, 이 아동들에 대한 Bowlby의 임상적 평가는 특별히, '모든 사례에서 모-아 관계에 대한 설명'에 초점이 맞춰져 있었다(Bowlby, 1944, p. 20). 임상적 인터뷰와 여기에서 제공된 섬세한 정서적인 자료를 신중하게 고려하면서, Bowlby는 몇 가지 중요한 결론을 이끌어냈다.

> 여러 사례에서 어머니들과 공감적인 토론을 하면서 자녀에 대해 분명하게 표현되는 사랑은 자녀에 대한 감정 중 단 하나의 측면일 뿐이라는 것이 밝혀졌다. 아마 인정하지는 않겠지만, 종종 격렬하게 자녀를 싫어하고 거부하는 것 또한 드러났다. 게다가 아주 면밀한 조사를 통해 여러 가지 이유로 상당한 비율의 아동들이 평생 동안 한 가정에서 안전하게 사는 것이 아니라 오랜 시간 동안 집을 떠나 시간을 보냈던 것으로 나타났다 (Bowlby, 1944, p. 20).

Bowlby는 생후 초기에 장기간의 분리로 아동과 어머니의 관계가 끊어지면, 이것은 이후의 정신병리 발달 설명에 중요한 단서를 제공할 수 있다고 생각하였다.

10년 후, Bowlby는 그의 동료 John Robertson과 함께한 관찰을 통해, 아동이 다른 사람에게 양육되고 잘 키워졌다고 하더라도, 어머니와 장기간 분리되면 깊은 절망을 수반한 분노 반응이 나타날 것을 예측할 수 있다고 하였다(Robertson & Bowlby, 1952). 어린 아동들에게 어머니는 매우 중요하다고 생각하면서 Bowlby는 그 이유에 대하여 계속 의문을 가졌다. 다른 연구자들도 유사한 관찰들에 대해 기록하였는데(Bender & Yarnell, 1941), 이것을 함께 받아들이면서, Bowlby는 아동들의 현재 기능과 이후의 발달 모두에 있어서 모-아 관계가 결정적이라고 주장하였다(Bowlby, 1969/1982). 자아심리학자들(Freud, 1965)과 대상관계이론가들(Mahler, Pine, & Bergman, 1975; Winnicott, 1965/1996)이 사회적 기능과 정서적 기능에 있어서 초기 관계가 중요하다는 것을 강조했던 것과 같이, 사회적 관계가 발달과 정신병리에 영향을 주기도 하고 받기도 한다는 생각은 새로운 것이 아니었다. 그러나 Bowlby는 초기 어머니와의 애착관계의 정서적 중요성과 장기간 어머니와의 분리와 상실로 인해 이런 관계가 붕괴되는 것이 가져오는 함의에 대해 강조하였다.

어머니가 제공한 초기의 정서적 위안과 안전감이 아동에게 필수적이라는 Bowlby의 생각은 새로운 것이었는데, 이는 이차 추동 이론(secondary drive theory)들이 아동이 어머니와 밀접한 관계를 형성하는 이유에 대해서 유력한 설명을 제공하고 있었기 때문이었다. 정신분석학자들과 사회학습 이론가들은 어머니가 유아에게 먹을 것을 주기 때문에 어머니와 유아의 관계가 발달된다고 하였다. 즉 어머니의 존재는 배고픔의 욕동을 충족시키는 쾌락과 관련되어 있기 때문에 어머니에게 가까이 있는 것은 반드시 위안을 줄 것이라고 하였다(Freud, 1910/1957; Sears, Maccoby, & Levin, 1957). Bowlby는 이러한 이차 추동 이론에 대해 점점 불편감이 생겼지만, 그 당시에는 대안이 없었다(Bowlby, 1980). 게다가 비교행동학 연구들에서는 모순된 증거를 제시했다. 예를 들어, Konrad Lorenz(1935/1957)는 새끼 거위들이, 부모이든지 아니든지, 심지어 그들에게 먹이를 주지 않아도, 그들의 눈에 처음으로 들어온 움직이는 물체에 애착이 생긴다는 것을 관찰하였다. Harry Harlow(1958)의 고전적 연구에서, 스트레스 상황을 겪은 붉은 털 새끼 원숭이는 음식을 제공한 철망 '어머니'보다 안전함과 위안을 제공한 헝겊으로 덮여 있는 대리모 '어머니'를 더 선호한다는 것을 보여주었다.

이후 Bowlby는 동물행동학, 진화생물학, 인지과학, 발달심리학, 통제 시스템 이론(control systems theory) 분야의 동료들과 대화하면서 습득한 아이디어를 바탕으로 애착 이론을 만들어갔다. 그는 자연 선택 과정을 통해 어머니 곁에 가고자 하는 생물학적인 욕구가 나타난다고 주장하였다. Bowlby는 그의 생각들을 세 가지 저서들, 즉 애착과 상실 : 애착(1권, 1969/1982), 분리(2권, 1973), 상실(3권, 1980)에서 보다 완벽하게 표현하였고, '애착 이론의 기초 청사진'(Bretherton, 1992, p. 762)은 그의 초기 논문인 '아동과 어머니와의 유대감의 본질'(Bowlby, 1958)에서 제시되었다. Bowlby는 그의 저서에서 애착행동에 대한 진화론적 시각을 제시했다(Bowlby, 1969/1982). 그는 아기와 부모의 행동적 성향 때문에 아기와 부모가 서로 근접하게 되는데, 이러한 '진화적인 적응 환경(environment of evolutionary adaptedness)' 속에서 유아는 인간이라는 하나의 종(a species)으로서 살아남았다고 하였다. 이 신체적인 근접성은 유아를 보호하여 생존 가능성을 극대화하기 때문에 필수적이다. 따라서 Bowlby는 애착행동의 '생물학적 기능'을 약탈자로부터 보호받기 위한 것이라고 언급했다. 이 개념은 Bowlby가 유아는 어려움에 처했을 때 부모를 찾는 경향이 있다는 견해를 통합하면서 확장되었다. 근접해 있는 동안 유아들은 양육되고, 위로받으며 평온해지고 사회적 상호작용을 하고, 자신의 환경에 대해 배운다. 결과적으로, 애착 대상에 근접성을 유지하는 것은 생존, 지지, 편안함에 필수적이며, 정서적으로 건강하다는 것을 뜻한다. Bowlby는 현명하게 다음과 같이 제안하였다. "우리 모두의 삶은, 요람에서 무덤까지, 애착 대상이 제공하는 안전기지로부터 짧든지 또는 길든지 간에 여행을 떠날 때, 가장 행복하다"(Bowlby, 1988, p. 62).

Bowlby의 애착 이론은 애착행동의 생물학적 기반에 초점을 맞추고 있다. 이러한 행동은 애착 대상(일반적으로 어머니)과의 근접성을 높이기 위해 '목표를 설정'한다. 유아들은 다른 종의 아기들과 달리 출생 후 수개월 동안 성인에게 접근하거나 따라갈 수 없으므로 성인이 자신에게 다가오게 하는 애착행동이나 신호를 보낸다. 아기가 웃거나 목소리를 낼 때 이 신호를 통해 어머니는 아기가 상호작용에 관심이 있다는 것을 알게 되어 아기에게 더 가까이 가게 된다. 영아가 울 때, 이 강력한 신호는 어머니로 하여금 아기에게 다가가 안아 올려 달래도록 하고, 결국에는 괴로워하는 영아를 진정시키는 데 매우 효과적인 역할을 한다. 시간이 갈수록 신체 및 운동 발달이 증대되면서 유아는 찾고, 다가가고, 따라가는 것을 할 수 있게 되는데, 이는 접촉을 주도하거나 유지하기 위한 시도(예 : 손을 뻗어 잡기, 기다리기)일 뿐 아니라, 유아가 어머니에게로 가거나, 어머니에게서 근접성을 유지하는 좀 더 적극적인 행동들이다.

물론 이러한 신호의 효과는 유아가 울거나 웃거나 소리 내거나, 다가올 때 이에 반응하는 성인의 성향에 달려 있다. 특히 울음은 부모에게 유아의 고통을 경고하는 중요한 신호이다(Soltis, 2004). 우는 것은 대부분 부모의 공감적 감정을 이끌어내고 유아의 고통을 줄여주기 위해 유아를 가까이에서 돌보게 하는 동기를 부여한다. 또한 우는 것은 부모의 반응을 자극하여 유아의 생존을 향상시키는 진화적 기능을 한다(Bowlby, 1969/1982). 그러나 유아의 울음에 대한 민감성에는 중요한 차이가 있다. 실제로 유아의 울음에 대한 어머니의 민감성은 고통이 없는 상황에서의 다른 신호들에 대한 민감성과 비교했을 때, 유아의 애착 안정성에 대한 질적인 차이를 예측하는 데 더 큰 설명력을 갖는 것으로 밝혀졌다(McElwain & Booth-LaForce, 2006). 이러한 주장은 울음이 모-아 애착관계 발달에 결정적 역할을 한다는 것을 시사한다. 부모가 유아의 울음에 대해 싫어하여 피하는 반응을 보일 때 유아에게 둔감하게 반응할 가능성이 있고(Dix, Gershoff, Meunier, & Miller, 2004; Riem, Bakermans-Kranenburg, van IJzendoorn, Out, & Rombouts, 2012), 이는 안정 애착 발달을 약화시킨다.

따라서 Bowlby의 애착의 개념은 본질적으로 관계에 대한 것이다. 애착은 중요한 양육자와의 상호작용을 통해 발달한다. 시간이 지남에 따라 아동과 부모는 서로에게 영향력을 행사하고 애착 관련 행동을 체계적으로 패턴화한다. 그들의 관계는 역동적이다. 결과적으로, 관계상의 체계를 만드는 것도 중요하지만 관계 안에서 각 개인의 공헌 역시 중요하다.

## 애착행동 체계

Bowlby가 생태학에서 도입한 행동 체계 개념(Bowlby, 1969/1982)은 특정하게 기대되고 예측할 수 있는 결과를 가져오는 종 특유의 행동들을 참고로 한다. '애착행동 체계'는 근접성 유지 목표를 달성하는 행동으로 구성되어 생존을 보장한다. Bowlby는 이러한 행동은 번식(reproductive)에 적합하도록 기여하기 때문에 그 속에 내재적 동기가 있다고 주장하였다. 부모가 아동의 생리적 요구를 충족시켜주는지에 따라 아동은 애착행동을 하고 애착관계를 발달시킬 수 있다. 이 관계는 기본적인 과정이거나 추동(drives)의 결과가 아니다. 오히려 애착행동 체계는 고유의 동기가 있기 때문에 자체적으로 활성화된다. 시간이 지남에 따라, 양육자와의 상호작용이 쌓이게 되고 이로 인해 애착행동은 특별하고 독특한 구조를 이루게 된다.

Sroufe와 Waters(1977)는 그들의 독창적인 논문에서 이러한 생각을 더 상세히 설명하고, 조직적으로 구성하여 애착을 기술하였다.

애착은 고정된 특성으로 간주되지 않는다. 그보다, 애착은 중재변인 또는 구조적인 구성개념이라는 위치를 가지고, 통합을 이루는 동력이라는 관점에서 평가를 받게 된다. 이는 끊임없이 일률적으로 작동하거나(기질적인 특성의 방식으로) 고정된 확률로 작동할 수 있는 일련의 행동이 아니다. 이는 상호작용의 산물이지만(종의 일반적인 특성, 인지 발달, 각각의 아기와 양육자의 특성에 따라 형성되기 때문에) 유아와 양육자 사이의 상호작용으로만 축소할 수 없다. 오히려 애착은 유아와 양육자 간의 정서적 유대 관계이며, 목표 설정, 감정 조절, 다른 행동 체계들과의 상호작용의 측면에서 유연하게 작동하는 행동 체계이다. 이러한 관점에서, 상황 속에서 똑같이 행동한다기보다는 맥락에 영향은 받지만 예측 가능한 형태로 행동하는 것이라고 볼 수 있다(Sroufe & Waters, 1977, p. 1185).

이런 방식으로 개념화하면, 다른 애착행동들도 동일한 기능을 수행할 것이다. 움직일 수 없는 아동은 엄마에게 손을 뻗거나 우는 것으로 엄마와 접촉하려고 하지만, 기어 다니는 유아는 엄마 곁으로 기어가는 것을 통해 같은 목표를 달성한다. 또한, 애착체계에 영향을 주는 각각의 행동들은 변할 수 있지만, 애착관계는 맥락과 시간 속에서 이자 간의 상호작용 경험을 토대로 하여 일정하게 형성하게 된다. 발달과 맥락의 변화는 엄마에게 근접하기 위해 사용하는 정확한 행동들에 영향을 줄 것이다(Cassidy, 2008).

Bowlby(1969/1982)는 애착 체계는 아동이 스트레스를 받거나 위기에 처해 있을 때 활성화된다고 하였다. 예를 들어, 아동이 배고프거나, 피곤할 때, 또는 엄마가 방을 떠나 버린 것을 엄마가 '사라진 것'으로 인식할 때, 또는 예기치 않게 큰 소리가 날 때, 애착행동들은 활성화될 것이다. 아동의 목표는 환경적인 또는 개인적인 스트레스를 감소시키는 것이다. 이것은 차례로 애착행동이 활성화되는 것을 감소시킨다. 그러므로 엄마가 아기에게 말하고, 안아 올려주고, 먹여주고 또는 흔들어주는 등의 행동을 할 때, 엄마가 '되돌아오는' 것으로 지각되는 이런 행동들과 엄마와 접촉하는 행동들은 항상 유아의 고통을 감소시킬 수 있는 효과적인 개입이 된다. 때때로, 엄마가 달래주는 소리를 듣는 것만으로도 해결이 되기도 한다. 어떤 경우에는 신체적 접촉과 만져주는 것이 가장 효과적일 수 있다. 애착 체계의 활성화 정도에 따라 영아의 고통 감소를 위해 애착 대상이 어느 정도로 행동해야 하는지가 결정될 것이다. 그러므로 목표는 영아가 진정되고 안정감을 얻을 수 있는 상태로 되돌아가는 것이다.

Sroufe와 Waters(1977)는 또한 Bowlby의 애착행동의 기능에 대한 설명을 확장시켰다. 그들은 많은 종들(species)에게는 위험으로부터의 보호가 가장 중요하다고 주장했다. 그러나 인간 유아에게 애착 대상은 탐색을 위한 안전 기지로 여겨진다(Ainsworth, 1963, 1972). 또한 Sroufe와 Waters(1977)는 사회와 대상 세계에 자신을 노출하기 위해 자신의 양육자에게 의지하는 유아에게 탐색은 매우 중요한데, 이는 이를 통해 유아들이 새로운 상황들과 문제들에 융통성 있게 접근하는 법을 배우고 문제해결 기술을 배워가기 때문이다. 따라서 애착과 탐색은 서로 역동적으로 작동하는 두 가지 행동 체계이다(Ainsworth, 1972). 유아가 자신이 필요할 때 양육자에게 도움을 청할 수 있다고 여기면 탐색의 가능성은 극대화된다(Sorce & Emde, 1981). 애착 체계가 활성화될 때(예 : 애착 대상으로부터 분리될 때), 또는 환경이 위협적일 때(예 : 너무 많은 새로운 자극, 소음 또는 사람들), 탐색과 놀이성의 교환은 빈번하게 감소된다. 따라서 두 체계는 서로 균형을 이룬다. 즉, 애착을 활용하여 탐색하고, 탐색은 애착 대상의 존재를 강화시킨다.

마지막으로 Sroufe와 Waters(1977)는 애착관계에 내재된 정서적인 연결을 강조한다. 그들은 애착을 '유아와 양육자를 묶는 심리적 밧줄'이라고 한다(Sroufe & Waters, 1977, p. 1186). 정서적 유대감은 대상 영속성 및 변별학습과 같은 인지 능력에 의존하기는 하지만, "양육자가 안아서 흔들고, 양육자에게 웃으며 인사하는 반응에서 긍정적 정서의 표현이 나타나고, 처음에는 단지 양육자가 존재하는 것에서 나중에는 양육자에 대한 내적 표상에서 안전함과 편안함을 얻는다."라는 것에서 명백해졌다(Sroufe & Waters, 1977, p. 1186). 즉, 애착관계는 이러한 정서적 유대를 반영하면서 구성된다(Sroufe, 1996 참조). 그리고 직접적으로 관찰할 수는 없지만, 정서적 유대감은 유아가 애착 대상을 안전 기지로 사용하고, 그 앞에서 탐험하고, 분리로 인해 어려움을 겪고, 다시 만났을 때 기쁨을 표현하고, 불편할 때 근접성을 찾도록 하는 것이다. 저항, 절망, 분리와 같은 일련의 행동들 또한 애착대상으로부터 장기간 분리된 다음에 관찰될 수 있다(Bowlby, 1969/1982; Robertson & Robertson, 1971). 따라서 애착은 유아와 양육자 사이의 특별한 정서적 관계이며, 시간이 지나면서 진화하고 서로 간에 쌓아놓은 상호작용의 역사를 반영하며, 상호 간의 정서적 유대를 나타낸다.

## 유아는 애착관계를 발달시킬 준비를 어떻게 하고 있는가?

대부분의 초기 지각능력을 통해 영아는 얼굴과 사람을 연결짓는 준비를 하면서 사회적 존재가 되어간다. 유아는 일반적으로 무생물보다 얼굴을 보는 것을 더 좋아하는 것으로 보인다. 이에 대한 초기 실험(Tronick & Brazelton, 1980)이 있었는데, 유아에게 철사에 매달린 장난감 원숭이를 거의 손이 닿을 듯한 곳에 가져다 놓았다가 멀리 치웠다. 유아들은 이런 불규칙적이고 고르지 않은 움직임을 보이는 장난감을 탐색하고 잡으려 시도하면서 대단히 흥분하는 반응을 보였다. 아기들이 어머니에게 반응하는 것을 촬영하였을 때, 아기들은 쳐다보고, 미소 짓고, 어머니에게 좀 더 유동적이고 통합된 방식으로 반응했고, 때로는 어머니를 뒤돌아보기 전에 눈길을 돌리기도 하였다. 유아는 또한 크게 대비되는 색과 얼굴 특징을 선호한다. 얼굴의 흑백 그림은 생의 초기 몇 분 동안조차도 그들의 관심을 끌었다. 신생아와 어머니는 출생 후 종종 서로의 눈을 찾는다. 그리고 아기들은 눈, 코, 입을 닮은 선을 구별한다. 즉, 그들은 얼굴과 같은 모양에 적응된다는 것이다(Music, 2011). 또한 아기들은 눈을 감고 있는 것보다는 뜨고 있는 그림을 보는 것을 선호한다(Field, Cohen, Garcia, & Greenberg, 1984). 이 연구 결과들을 종합해보면, 신생아들에게 생물학적으로 얼굴을 인식할 수 있는 준비가 되면, 그다음 차례에, 신생아들은 긍정적인 반응을 끌어낼 수 있게 되고, 상호적인 교류를 증진시킬 수 있게 된다는 것을 알 수 있다.

어머니의 목소리에 대한 아기의 반응에 관한 연구들을 통해 출생 시부터 목소리에 대한 분명한 선호가 있다는 것을 알 수 있게 되었다. 낯선 사람의 목소리가 녹음된 테이프를 들을 때의 심박수와 어머니의 목소리를 들을 때의 심박수를 비교해 보았을 때 차이가 발생하였는데, 이를 통해 아기는 아주 초기부터 어머니의 목소리에서 나는 소리를 학습한다는 것을 알 수 있다(Kisilevsly et al., 2009). 아기가 자신의 어머니 목소리를 들을 때, 그들의 뇌파는 다른 여성의 목소리를 들을 때와는 다르게 움직인다. 아기들은 또한 자신의 어머니의 목소리에 더 많은 관심을 보이고, 자신에게 책을 읽어주는 어머니의 목소리가 담겨 있는 녹음을 복원시키기 위해 입으로 빠는 비율을 변화시킬 수 있고, 입으로 빠는 비율 패턴을 통해 자신이 태어나기 전 자궁 속에 있을 때 어머니가 읽어주었던 책 중에 하나를 선호하는 것을 보여주면서, 책의 이야기들을 구분해내는 능력을 보여줄 수도 있다(DeCasper & Spence, 1986). 그러나 어머니가 우울한 경우 얼굴과 말투를 구분할 수 있는 신생아의 역량은 손상된다(Field et al., 1984). 우울 때문에 반응적이지 않은 어머니와 상호작용하는 자녀들에게는 정상적인 면대면 상호작용의 리듬이 붕괴되고(Tronick, 1989), 이 특정 경험들은 신생아들의 타고난 능력을 '없애버리는' 결과를 초래할 수 있다. 그러므로 영아에게 발달될 수 있는 사회적 기술 목록은 영아의 몸짓, 신호, 그리고 단서들에 반응하는 사람들과의 상호작용 맥락 속에서만 발달할 수 있다.

상호작용을 용이하게 하는 기술 중 한 가지는 모방이다. 유아는 부모가 혀를 내밀 때

이를 따라할 수 있는 것으로 밝혀졌다. 출생 후 20분이 지나자마자, 아기들은 주의 깊게 지켜보다가 조금 애를 쓰다가, 자신의 혀를 내밀기 시작한다(Meltzoff, 2007). 그들은 또한 출생 후 이틀 만에 미소 짓거나 찡그린 표정과 같은 것을 모방할 수 있는데(Field, 2007), 이는 초기부터 의사소통을 시도한다는 중요한 증거가 된다. 아기들은 몸짓을 모방할 때 심장 박동수가 증가하고, 성인이 아기의 몸짓을 따라하면 심장 박동수가 느려진다(Trevarthen & Aitken, 2001). 아기들은 또한 어른들의 '아기 말'을 들을 때 소리와 몸짓을 동시에 모방하게 된다. 요컨대, 유아는 그들에게 맞추는 부모와의 상호작용으로부터 정서적·생리학적 조절을 경험하는 것이다.

## 부모는 아동과의 애착 발달을 어떻게 준비할까?

임신과 관련된 호르몬은 어머니가 부모가 될 준비를 할 수 있게 하고, 아동의 출생을 기다리고 있는 아버지에게서도 호르몬 변화가 발생한다(Storey, Walsh, Quinton, & Wynne-Edwards, 2000). 아기가 세상에 태어나기도 전에, 호르몬의 이동은 부모가 애착 발달에 필수적인 행동을 하도록 준비시킨다. 어머니는 유아의 울음에 더 민감해진다(Corter & Fleming, 2002). 어머니와 아버지는 애착 발달을 위한 기반을 제공하는 신경내분비의 변화를 경험한다(Feldman, Gordon, Schneiderman, Weisman, & Zagoory-Sharon, 2010; Samuel et al., 2015). 산후 기간 동안, 프로락틴 수치는 부모가 아동을 돌볼 때 증가한다. 어린 아기들과 즐거운 상호작용을 하는 동안 어머니와 아버지 모두 옥시토신을 방출한다(Feldman, Gordon, & Zagoory-Sharon, 2010). 사실, 태아기의 옥시토신 수치가 높아지는 것은 산후 기간 동안 어머니가 좀 더 긍정적인 상호작용 행동을 하는 것과 관계가 있었다(Feldman, Gordon, & Zagoory-Sharon, 2011).

효과적인 양육에 관련된 핵심 과정은 특정 뇌 영역 또는 회로의 기능에 달려 있다(Hughes & Baylin, 2012). 예를 들어, 옥시토신이 부모의 뇌의 내측 시삭전야(medial preoptic area)에서 방출되면 도파민 뉴런을 활성화시켜 뇌의 보상 시스템(측위 신경핵)을 확장시켜 양육 행동을 활성화시킨다(Numan & Stolzenberg, 2008). 최근 연구에 따르면, 아버지에게는 바소프레신과 프로락틴이 옥시토신과 결합하여 부모됨을 준비시키는 것과 비슷한 두뇌 변화를 일으킨다고 한다. 어머니와 아버지는 서로 다른 방식으로 아기와 상호작용하는 반면에, 뇌 보상 체계는 동일하게 작동하여, 어머니와 아버지가 양육에 참여하고 보상을 찾도록 동기를 부여한다(Gordon, Zagoory-Sharon, Leckman, &

Feldman, 2010). 일부 아버지의 경우, 출생 후 신생아와 상호작용하기 시작할 때 테스토스테론 수치가 감소한다. 테스토스테론 수치가 낮은 남성은 테스토스테론이 감소하지 않은 남성에 비해 아기 인형을 안고 좀 더 많은 시간을 보내고, 유아의 울음소리 및 기타 다른 단서들에 더 많이 반응하였다(Fleming, Corter, Stallings, & Steiner, 2002). 실제로, 아기가 태어나기 전에 아내와 임신 중에 더 친밀했던 남성의 경우 호르몬 변화가 더 커진다. 이미 아이를 가진 경험이 많은 아버지는 아이가 없는 남성(Gray, Yang, & Pope, 2006)이나 처음으로 아버지가 된 남성보다 테스토스테론 수치가 낮다(Corter & Fleming, 2002).

유아의 생존과 발달은 유아의 생리적 반응을 조직하고 안녕감과 적응을 촉진시키는 특정 양육 행동에 달려 있다(Bowlby, 1969/1982; Leckman & Herman, 2002; Tronick, 1989). 어머니와 아버지는 자녀에 대한 내적 인지 표상을 형성하여 아이가 태어나기 전에 부모-자녀 관계를 발달시키고, 이는 부모 역할로의 전환을 촉진하며 양육 행동 및 애착관계 발달에 영향을 미친다(Benoit, Parker, & Zeanah, 1997; Theran, Levendosky, Bogat, & Huth-Bocks, 2005; Vreeswijk, Maas, Rijk, Braeken, & van Bakel, 2014). 따라서 성인은 자녀의 성장을 촉진하는 특정 생물학적, 행동적, 심리적 과정에서 부모로서의 자신의 역할을 찾아가게 된다(Carter et al., 2005).

실제로, 어떤 부모의 행동은 출생 직후 분명해지고, 유아의 생리적·행동적 반응을 중요한 방식으로 구성하는 것으로 밝혀졌다. 유아를 바라보는 어머니의 시선, 긍정적인 정서 표현, 고음의 목소리, 애정 어린 접촉과 같은 행동은 관계를 발달시키는 데 매우 중요하다(Bowlby, 1969/1982). 이러한 부모의 행동들은 애착관계 발달 과정 중에 유아가 자신의 정서와 행동을 형성하고 조절하도록 돕는다. 처음에는 유아가 울음이나 분노를 조절하는 데 도움을 받기 위해 양육자에게 의존한다. 유아는 미소 짓거나 눈을 맞추고 상호작용하는 것과 시선 회피나 잠이 드는 것으로 상호작용을 끝내는 것을 배운다. 유아의 울음에 민감하고 적절하게 대응하는 것은 양육자가 그들의 유용성을 자녀에게 전하고 유아의 각성을 가라앉히는 데 도움이 되는 방법이다. 따라서 양육자의 반응은 유아의 정서 조절을 도우면서 애착관계의 질에 기여한다(Cassidy, 1994; Thompson & Meyer, 2007).

# 부모-자녀 상호 작용의 신경생물학적 기반

부모는 자신과 아기 사이에서 동시 발생하는 협력을 유지하기 위해 유아의 반응 순간에 자신의 행동을 조정할 필요가 있다(Feldman, 2007; Isabella & Belsky, 1991). 연구 결과 설치류의 경우 모성행동에서의 변형이 자연적으로 발생하는데, 이로 인해 유전자 발현에 특별하게 영향을 주고, 포유류의 유대 형성에 기반이 되는 옥시토신 체계를 구성하게 하며, 일평생 스트레스를 다루는 능력에 영향을 주는 독특한 과정이 이루어진다(Champagne, 2008; Weaver et al., 2004). 마찬가지로, 인간의 경우 부모의 행동과 유아의 반응 간 상호작용의 동시 발생 정도는 유아와 부모의 옥시토신의 수준과 관련이 있다는 연구 결과가 있다(Atzil, Hendler, Zagoory-Sharon, Weintraub, & Feldman, 2012; Feldman, Gordon, & Zagoory-Sharon, 2010). 어머니가 유아의 신호와 단서에 대해 불안해하고 이를 무시하면, 유아는 지나치게 자극되어 거슬리는 행동을 할 수 있다. 흥미롭게도, 이러한 동시 발생적이거나 거슬리는 양육태도는 출생에서부터 청소년기에 이르기까지 지속되는 것처럼 보인다. 또한 아동과 청소년 모두에서 사회적·정서적 결과를 뚜렷하게 예측하는 부교감 신경과 뇌하수체-시상하부-부신 축 반응의 특정 패턴이 아동과 어머니 모두와 관계가 있었다(Feldman, 2010; Feldman, Singer, & Zagoory, 2010; Sroufe, 2005).

게다가 피질 하부의 변연계 영역과 높은 수준의 정서 조절 연결망은 모성행동의 신경 기초에 도움을 주었다(Hughes & Baylin, 2012). 스트레스를 받고 있다는 것을 알려주는 신호로 각성 증가, 위협 감지, 보상과 같은 것이 있는데, 어머니와 유아 사이에 발달하는 관계는 이런 신호를 보내는 동기적 기제를 활성화하거나 균형을 잡는 것에 기반이 된다(Leckman, et al., 2004). 확실하게 동기부여되거나 위협과 연관된 관계망들은 친화적인 유대를 형성하게 하고 모성애착에서의 스트레스와 보상 구성요소를 지원한다. 특히 포유류에서는 변연계 체계 속에 있는 측위 신경핵과 편도체를 통해 모성행동이 나타나고 유대가 형성된다는 것이 밝혀졌다. 편도체는 특히 친화적인 성향과 모성 애착에 결정적 역할을 하는 것으로 확인되었다(Oxley & Fleming, 2000; Toscano, Bauman, Mason, & Amaral, 2009). 측위 신경핵과 함께 편도체는 포유류의 여러 피질 영역과 작용하는데, 양육을 촉진하고 유아의 감각 신호를 통합하는(Insel & Young, 2000; Lee, Clancy, & Fleming, 2000) 내측 시상 영역을 포함하여, 전측 대상회와 배내 측의 전전두엽 피질과 작업한다(Murphy, MacLean, & Hamilton, 1981; Slotnick, 1967). 이 피질 부분 중 일부는 공감능력과 마음이론의 기술들을 발달시키는 역할을 한다고 보고되었기 때문에(Galalgher & Frith, 2003; Völlm et al., 2006), 이들은 또한 부모가 유아의 신호를 읽고 반응하는 것에도 관계된다.

또한 MRI를 사용한 기능적 영상 연구는 측위 신경핵, 편도선, 인간의 양육을 위한 뇌의 다른 영역들의 중요성을 강조하였다(Barrett & Fleming, 2011; Strathearn, Fonagy, Amico, & Montague, 2009). 예를 들어, 도파민 회로 보상, 옥시토신 분출을 포함하는 영역(Strathearn et al., 2009), 해마(Swain, Lorberbaum, Kose, & Strathearn, 2007), 전측 대상회와 뇌도(Bartels & Zeki, 2004; Noriuchi, Kikuchi, & Senoo, 2008; Swain et al., 2007)는 양육 행동에 있어서 중요한 영역으로 확인되었다. 신경망, 관계 호르몬, 모성 행동, 유아의 사회적 신호가 공동으로 작용하는 기능이 어머니에게서 탐색되었다 (Atzil, Hendler, & Feldman, 2011). 변연계의 동기화 연결망은 유아 자극에 반응하여 활성화되는 것처럼 보인다. 덧붙여서, 주의력 및 감정 조절과 관련된 뇌 연결망이 활성화되고, 공동 작용하는 방식으로 활성화된다. 세 가지 기능적 신경 연결망이 통합되는 독특한 프로파일은 강요하는 양육 스타일과 비교해보았을 때, 동시적인 양육 스타일을 가진 어머니들에게서 발견되었다(Atzil et al., 2011). 또한 공감과 사회적 이해와 연관되어 있는 뇌 영역은 모든 부모들이 유아의 단서에 반응할 때 활성화되는데, 이 뇌 영역에서 동시성이 나타난다(Feldman, Bamberger, & Kanat-Maymon, 2013).

흥미롭게도, 동성애자이며 주 양육자로서 어머니의 개입 없이 유아를 돌보는 아버지가 자신의 자녀에게 반응할 때 편도체가 크게 활성화되면서 더 많은 옥시토신과 동시성이 나타났다. 이처럼 주 양육자인 아버지들은 사회적 이해 및 공감과 연관된 피질 회로가 더 많이 활성화되어 있는데, 부차적인 양육자 역할을 하는 아버지들에게서도(그들의 이성 파트너가 주 양육자이고) 이와 유사한 것이 관찰된다. 또한 남성이 주 양육자이든지 부차적인 양육자이든지 간에, 양육에 보내는 시간의 양과 편도체가 활성화되는 것간에 상관이 있다(Abraham et al., 2014). 따라서 수개월간의 임신은 편도체를 민감하게 만들지만, 아버지가 적극적으로 양육하는 것은 이 뇌 영역을 활성화시키고 민감하게 만든다. 육아와 살림에 전념하는 아버지이거나 한부모인 아버지이거나 간에, 이성애인 아버지가 적극적으로 양육하는 상황에서 이와 비슷한 결과가 나타날 수 있다. 추후의 연구는 부모와 유아의 애착 형성과 양육에 중요한 사회·정서적 뇌 시스템에 대한 우리의 이해를 도울 것이다.

# 애착 발달의 단계

Bowlby(1969/1982)에 따르면, 애착관계의 발달에는 네 가지 단계가 있다―무분별한 사회적 반응 단계(Indiscriminate Social Responsiveness, 출생에서 1~2개월까지), 분별적 사회적 반응 단계(Discriminating Sociability, 1~2개월에서 6~7개월까지), 애착 단계(Attachment, 7~24개월까지), 목표―교정적 협조 관계 단계(Goal-Corrected Partnership, 24~30개월 후). 단계에는 명확한 경계가 없지만, Bowlby는 단계의 이동을 촉진하는 내적인 과정에 대해 자세히 설명한다. 예를 들어, 주변 상황에 적응하는 유아의 발달 능력, 미소 짓고 우는 것으로써 양육자에게 신호를 보내는 것, 옹알이로 소통하는 것, 다가가고 움켜잡고 매달려서 양육자와 가까이 있으려 하는 것이다. 그는 또한 어머니의 돌보는 행동과 정서적 질을 규명하면서 이것을 애착관계 발달의 핵심으로 간주하였다(Bowlby, 1969/1982).

**1단계 : 무분별한 사회적 반응 단계**　애착관계를 발달시키는 첫 번째 단계 동안, 유아는 주변의 성인들에게 영향을 미치는 신호들을 사용한다. 예를 들어, 성인이 유아의 울음소리를 들으면, 유아의 고통을 덜어주기 위해 생리적 매커니즘이 활성화된다(Frodi et al., 1978; Murray, 1979). 성인의 가장 일반적인 반응은 우는 아기를 안아주는 것이다. 아기를 안고 있는 것도 울음이 잦아들게 하는 매우 효과적인 방법이다(Bell & Ainsworth, 1972). 이것은 유아와 성인에게는 생물학적으로 결정되어 있고, 유아의 생존기회를 극대화시키려는 행동적 성향이 있다는 Bowlby의 가설에 관한 명확한 예시가 된다.

　울음은 아기에게 양육자를 가까이 데려 오는 애착행동이다. 아기가 울 때 성인은 불쾌한(aversive) 신호를 끝내고 싶기 때문에 아기에게 다가간다. 미소 짓는 것은 생후 두 달 동안 유아의 또 다른 애착행동으로서 양육자에게 영향을 미친다. 유아가 미소 지으면 양육자는 유아의 가까이에 머무르고 싶어 하고, 상호작용을 지속하고 싶어 하는데, 이는 양육자와 유아 모두 이러한 상호작용을 기쁘게 느끼기 때문이다. 따라서 우리는 울음과 웃음이 유아의 초기 사회 환경 속에 있는 사람들에게 영향을 미치는 두 가지 애착행동이라고 본다. 특히 주목할 만한 것은 애착관계를 발달시키는 이 첫 단계에서 유아는 자신에게 반응하는 사람들에게 선호도를 나타내지 않는다는 것이다. 그들은 울거나 웃는 것에 반응하는 어떠한 사람들에게게라도 만족스러워한다. 그들은 개개인을 구별하거나 자신의 어머니나 아버지를 인식할 수 있는 지각적 또는 인지적 기술을 갖고 있지 않다. 그들이 두 번째 단계인 **분별적 사회성 단계**로 전환될 때 가장 일관된 상호작용을 하는 양육자를 선호하는 경향이 나타나기 시작한다.

**2단계 : 분별적 사회적 반응 단계**　생후 첫 주부터 유아들은 시각적, 청각적, 후각적, 운동감각적 단서를 사용하여 사람들을 구별할 수 있다(Lamb, Bornstein, & Teti, 2002). 그들은 어머니의 얼굴을 알아보고 냄새 또는 목소리로 어머니를 구분할 수 있다(Bushnell, Sai, & Mullin, 1989). 유아는 사람에 대한 다양성 개념을 통해 한 사람에게 여러 가지 다른 측면이 있다는 것을 이해하게 되는데, 우리는 이 개념이 유아에게 언제 발달되는지 알 수 없다. 그러나 유아들은 친숙한 사람을 더 선호하기 시작한다. 즉, 껴안거나, 흔들거나, 놀아주거나 먹을 것을 주는 것과 같이 즐거움을 나누고, 고통을 줄이는 데 도움을 주는 사람들을 선호한다.

각성 수준이 더 규칙적이 되면서, 아기들의 잠자는 시간이 줄고 좀 더 많은 시간을 깨어 있게 된다(Emde & Robinson, 1979). 그들의 행동은 더욱 조화를 이루고 깨어 있는 시간 동안 부모와 다른 양육자들과 면대면으로 상호작용을 하게 된다. 처음에는 성인이 상호작용을 유지하는 데 책임이 있는 것으로 보이지만, 아기들도 점차 이러한 교류를 시작하고 유지하고 끝내는 역할을 한다. 성인이 이끄는 활동으로 시작되지만 결국에는 서로에게 잘 맞추는 활동이 되므로 누가 이끌고 있고 누가 따라가고 있는지 알기 어렵게 된다. 이렇게 대등한 상호작용을 통해 두 사람만의 독특한 경험이 만들어진다. 그래서 아기는 웃고, 응시하다가 시선을 피하고, 다시 어머니의 얼굴을 보고, 웃고, 기쁨에 발을 차고, 시선을 피했다가 어머니를 다시 보고, 혀를 안팎으로 움직이고, 미소 짓는다. 그리고 이러한 모든 움직임과 몸짓은 성인과 비슷한 행동으로 반응하는 것으로 보인다. 이렇게 반복되는 교류에서 몇 가지 중요한 교훈을 배울 수 있다.

(1) 효과 : 유아의 행동은 예측 가능하고 일관된 방식으로 상대방의 행동에 영향을 미친다.
(2) 상호관계 : 번갈아 하는 것은 각 파트너가 행동하고 상대방에게 반응하는 모든 사회적 상호작용의 부분이다.
(3) 신뢰 : 유아는 신호와 단서에 반응하기 위해 양육자에게 의존할 수 있다(Lamb & Lewis, 2011).

덧붙여서, 이러한 개념은 유아의 고통과 기쁨의 표현에 대한 성인의 반응이라는 맥락에서 발견된다. 양육자가 우는 유아에게 다가가 진정시키려 하거나 미소 짓는 유아를 향해 가는 것, 그리고 놀이성이 있는 교류에 참여시키려 하는 것에서 유아는 다른 사람들에게 자신이 영향을 미치는 것을 배우고, 그들의 사회적 세계를 예측 가능하고 일관성 있게 보게 된다. 특별히 특별한 사람들은 좀 더 신뢰롭게 아기를 돌보는데, 이들의 누적된 상호작용 때문에 유아와 양육자들은 신뢰로운 상호작용을 하게 되어 좋은 결과를 얻게 된다. 양육자의 반응에 대해 유아가 확신하는 정도는 궁극적으로 그들의 애착 관계의 질에 기여하게 된다. 비슷하게, 각 양육자가 아기에게 반응하는 방식의 질적인 차이는 아기가 특정 양육자를 인지하는 효과와 신뢰 수준에 영향을 미치게 된다.

**3단계 : 애착 단계**　유아와 양육자 사이의 명확하고 구체적인 정서적 유대 관계에서 다음 단계로 전환되는 것의 특징은 분리에 대한 저항이 나타나는 것이다. 이제 유아는 양육자가 방을 떠날 때 울게 된다. 유아는 자신이 붙어 있는 사람에 대해 인식하게 되었고 그 사람이 떠나면 고통으로 반응한다. 울음은 일반적으로 유아가 애착 대상으로부터의 분리를 원하지 않거나, 이를 좋아하지 않는다는 분명한 표시이다(Ainsworth, Blehar, Waters, & Wall, 1978). 유아는 양육자가 떠나는 것에 반응하고 양육자가 어디에 있는지 계속 관심을 가지는데, 운동 능력이 향상되어 애착 대상을 찾으려 시도하는 것이 가능해진다. 유아가 기어 다닐 수 있게 되면, 스스로 탐색하고 양육자를 찾는 데 보다 적극적인 역할을 할 수 있게 된다. 양육자를 다시 만나게 되면, 유아는 양육자를 탐색을 위한 안전 기지로 활용할 수 있게 된다.

**4단계 : 목표-교정적 협조 관계 단계**　아동들은 성장할수록 애착 대상과 상호작용을 시작하고 유지하는 데 점점 더 많은 책임을 지게 된다. 그들의 보다 정교한 언어 기술, 행동 및 사회적 반응은 애착 대상과 상호작용 할 때 거리가 멀어지는 것을 견딜 수 있게 해준다. 따라서 대화하고 시선을 공유하고 감정을 표현하고 행동을 보여주는 것을 통해 교류는 가까이에 있거나 어느 정도 거리가 있을 때에도 이루어질 수 있다. 부모는 신체적 접근보다 말로써 자녀를 위로할 수 있다. 포옹 대신 방의 반대편에서 미소를 지음으로써 애정 어린 돌봄을 전하기도 한다. 아동들은 일상생활에 더 익숙해짐에 따라 애착 대상과의 분리를 견디는 것을 배우고, 형제자매, 또래, 친숙하지 않은 성인들과의 더 큰 사회 세계에 들어가게 되면 양육자가 본인과는 다른 욕구를 가질 수 있음을 이해하기 시작한다. 양육자와 다시 만나는 것이 떨어져 있는 시간에 대한 이야기를 공유하고 재연결하기 위한 많은 기회를 제공하는 것처럼 분리는 일상적인 일의 한 부분이 될 수 있다. 따라서 기초적인 역할 수행 능력과 다른 사람의 관점을 취하는 능력은 아동들이 애착관계에서의 목표-교정적 협조 관계를 다룰 수 있도록 도와줄 것이다.

극도로 일관성 없는 접촉이나 방임이라는 드문 경우를 제외하고, 모든 아동들은 애착관계를 발달시키는 이러한 단계를 거치며, 주 양육자와 애착관계를 발달시킨다. 그러나 모든 애착관계가 동일한 것은 아니다. 아동과 양육자의 특성과 행동의 다양성은 상호작용 패턴의 차이를 초래한다. 어떤 유아들은 양육자가 민감하고 신뢰할 만하며 자신의 정서적 욕구를 채워줄 것을 알게 될 것이다. 그러나 다른 유아들의 양육자는 비일관적으로 반응하거나 둔감하여 유아의 정서적 욕구를 충족해줄 수 없을 것이다. 어떤 양육자들은 유아의 신호를 무시하거나 거부하는 반면, 다른 양육자들은 유아의 모든 욕구를 예상하기 때문에 유아가 상호작용을 시작할 필요가 없을 것이다. 어떤 유아들은 본질적으로 고통스러울 때 진정되기가 극도로 어려울 것이며, 다른 유아들은 너무 수동적이어서 양육자의 관심을 거의 필요로 하지 않는 것으로 보이기도 한다. 시간이 지남에 따라 유아와 양육자 간의 상호작용은 애착관계의 전반적인 질을 결정할 것이다.

## 애착관계는 어떻게 평가되고 묘사되는가?

Bowlby의 애착 이론이 발달되던 초기에 캐나다인인 발달 심리학자 Mary Salter Ainsworth는 신문에 실린 연구실 구인 광고를 보고 Bowlby의 연구팀에 지원하여 함께 연구하게 되었다. 그녀는 연구 과정에서, 가정에서 유아와 어머니를 대상으로 하는 두 가지의 획기적인 자연적 연구를 수행하게 되었다. 이 관찰 연구들(하나는 1950년대 초기에 우간다에서, 다른 하나는 1960년대 초기에 미국 메릴랜드 주의 볼티모어에서)은 애착관계에 기여하는 부모와 아동의 행동을 분석하는 것에 초점을 두었다. 따라서 행동학적 원리를 연구에 적용함으로써, Ainsworth는 Bowlby의 애착 이론이 지속적으로 체계화될 수 있는 기반을 다졌고, 애착관계 연구에 중요한 기여를 하였다.

마침내 Ainsworth는 동료들과 함께 애착관계의 질을 평가하는 '낯선 상황(Strange Situation)'이라는 평가 절차를 개발하였다(Ainsworth, Blehar, Waters, & Wall, 1978). 이것은 전 세계에서 애착관계를 평가하는 데 가장 널리 사용하는 방법 중 하나일 것이다. 낯선 상황에서 아동은 점점 스트레스가 증대되는 7개의 3분짜리 에피소드를 통해 관찰된다. 실험실인 놀이방에는 측면에 2개의 의자(하나는 어머니용, 하나는 '낯선 사람'용)가 놓여 있고 장난감 상자가 중간에 놓여 있다. 어머니와 아동은 방에 대한 설명을 듣고, 어머니는 의자에 앉도록 하며, 아동은 바닥에 놓인 장난감 상자 옆에 있도록 한다. 어머니는 조용히 앉아 있으라는 지시를 받으며, 아동이 어머니에게 다가가거나 손짓하거나 말을 하거나 장난감을 줄 수 있는지 물을 때에만 반응할 수 있고, 그 외에는 아동과의 접촉을 먼저 시작하지 말아야 한다. 첫 번째 에피소드에서 아동은 자유롭게 장난감을 탐색한다. 3분 후, 낯선 사람이 방에 들어와 처음 몇 분간 조용히 의자에 앉아 있다가 어머니와 잠시 동안 이야기를 나누고, 바닥에 앉아 아동과 놀이한다. 다음 에피소드의 초반에 어머니는 방을 떠나라는 신호를 받고, 낯선 사람은 자신의 의자에 다시 앉으며, 아동은 이제 어머니와 처음으로 분리된다(낯선 사람과 함께 있을지라도). 처음으로 다시 만나는 것은 그다음 에피소드에서 일어나는데, 어머니는 방에 돌아와 문 앞에 잠깐 멈췄다가(어머니가 돌아온 것에 대한 아동의 반응을 관찰할 수 있도록), 의자에 앉는다. 3분 뒤, 어머니는 방을 다시 떠나라는 신호를 받는다. 이제 아동은 다음 3분 동안의 에피소드에서 낯선 사람이 돌아올 때까지 방에 혼자 남아 있다. 마침내 마지막 에피소드에서 어머니가 놀이방에 돌아오고, 낯선 사람은 조용히 방을 떠난다. 어머니는 방에 들어올 때 다시 멈춰 있어야 하며, 그런 다음 아동에게 말을 걸어 안아 올리고, 장난감 상자 근처에 아동을 내려놓고 의자로 돌아온다. 모든 에피소드는 비디오 녹화가 된다. 몇 개의 상호작용 행동이 관찰되고, 21분간의 영상 평가의 형태로 코딩되는데, 여기에는 근접성과 접촉 추구, 접촉 유지, 회피, 저항, 탐색, 장거리 상호작용(낯선 상황 절차와 코딩 가이드에 대한 더 자세한 설명은 Ainsworth, Blehar, Waters, & Wall, 1978 참조)이 포함된다.

'낯선 상황'은 새로운 방에 있는 것, 친숙하지 않은 성인('낯선 사람')을 만나는 것, 양육자로부터 분리되는 것('낯선 사람'과 함께 있음), 양육자와 분리되어 방에 혼자 있는 것과 같은 스트레스의 결과로 애착행동 체계가 활성화될 것이라고 가정한다. 특히 두 번의 분리는 가장 큰 스트레스가 되며, 분리에 대한 스트레스가 감소되고, 다시 탐색할 수 있도록 촉진되는 양육자와의 재결합이라는 유아의 욕구를 반영하는 행동(예 : 접근성 추구, 접촉 유지, 탐색)을 이끌어낸다. 일곱 가지 에피소드에 걸친 유아의 행동 구성은, 특히 두 번의 분리/재회 장면에서 분석하는 사람(coder)에게 애착관계의 질을 분류하기 위해 필요한 정보를 제공한다.

'낯선 상황'은 초기에는 유아-양육자의 양자 관계를 안정, 불안정-회피, 불안정-저항의 세 가지 애착 패턴으로 분류하도록 하였다(Ainsworth et al., 1978). 네 번째 패턴인 불안정 혼란 애착은 수년 후 3개의 범주에 맞지 않는 유아를 묘사하기 위해 추가되었다. 애착 유형에 해당되는 양육행동들과 함께 각각의 유형에 대해 다음에 기술하였다.

**안정 애착(B집단)** 이 범주의 유아는 놀이방과 장난감을 탐색하는 데 어려움이 없고, 양육자가 이러한 탐색을 위한 변하지 않는 안전 기지라는 확신이 있는 것으로 보인다. 이런 유아는 방에서 양육자가 떠나는 것에 대한 반응으로 일시적으로는 탐색을 하지 못하고, 소리를 내거나 울거나 어머니를 찾음으로써 양육자가 다시 돌아오게 할 시도를 적극적으로 한다. 양육자가 방으로 다시 돌아오면 유아는 다시 놀이로 돌아가 양육자와 다시 상호작용한다. 만일 유아가 양육자와 분리되어 괴로워했다면, 양육자에게 안기거나 껴안으려고 하겠지만, 양육자의 존재에 안정감을 얻고 다시 놀이할 수 있다. 유사한 반응은 스트레스 강도가 더 심한 두 번째의 분리와 재결합 시에도 발생할 것이다. '낯선 상황'으로 연구된 미국의 유아들 중 약 60~65%가 이런 행동을 보였다. 안정 애착의 이러한 패턴은 양육자의 일관적이고 신뢰할 만한 돌봄에서 비롯되는데, 이때 양육자는 예측 가능하고 민감하게 유아의 욕구 표현에 반응한다. 유아에게 전달되는 메시지는 '너는 소중하고 가치 있다.'는 것이다. 돌봄은 유아가 사랑받을 만하기 때문에 제공되는 것이다.

**불안정-회피 애착(A집단)** 이 집단의 유아는 양육자의 유도나 상호작용 없이도 탐색하는 것에 만족한다. 유아는 탐색하는 동안 양육자와의 접촉을 추구하지 않을 뿐 아니라, 분리되어 괴로워할 때도 양육자를 찾지 않는다. 유아는 양육자를 다시 만났을 때 반갑게 맞이하거나 가까이 있으려 하지 않으며 접촉을 위한 양육자의 노력을 무시하고 상호작용을 적극적으로 회피하려 한다. 스트레스가 증가하여(애착 체계의 활성화 증가) 낯선 사람과 양육자 모두를 더 심하게 회피할지라도, 친숙하지 않은 성인('낯선 사람')에게 다가가고 상호작용하려는 경향을 더 많이 보인다. 이러한 **불안정-회피 애착**의 유아는 미국 연구 표본의 약 15~20%를 구성한다. 만성적·지속적으로 부모와 정서적 교류를 할 수 없었거나, 거부당해온 경험은 이러한 애착 패턴의 기저가 된다. 유아는 자신을 관심과 돌봄을 받을 가치가 없는 존재로 보게 된다.

**불안정-저항 애착(C집단)** 이 범주의 유아는 양육자와 함께 새로운 방에 들어갈 때 탐색을 거의 또는 전혀 하지 않는다. 유아는 장난감이나 '낯선 사람'에게 관심이 없다. 양육자와의 분리로 괴로움이 야기되는데, 이는 보통 두 번째의 분리 시간 동안과 그 이후에 극심해진다. 이러한 유아는 안정되기가 매우 어렵고, 심지어 차분할 때조차 탐색하거나 놀이하는 것으로 돌아가지 못한다. 유아는 부모와 다시 만났을 때 가까이 있으려 하거나 접촉하려 하지만 이때 유아에게는 부모가 달래려고 다가오는 것에 대한 거부와 분노가 뒤섞여 있다. 미국 연구 표본의 약 10~15%의 아기들에게서 자신의 욕구에 맞춰지지 않은 비일관적이고 혼란스러운 양육에 의해 야기되는 모순적인 **불안정-저항 애착 패턴**이 나타났다. 유아는 부모가 도움이 될 수 있는지 확인하기 위해 끊임없이 감시하고, 부모가 도움이 되는 것처럼 느껴지는 순간조차도, 부모의 돌봄을 예측할 수 없고, 민감성이 떨어지고, 믿을 수가 없는 것으로 느낀다. 유아는 자신이 돌봄을 이끌어내기에는 역부족이라는 것을 알게 된다.

**불안정-혼란 애착(D집단)**　Mary Main과 동료들은 기존의 세 가지 애착 패턴으로 분류가 어려운 유아를 설명하기 위한 애착의 네 번째 범주를 도입하였고 '체계적이지 않은(disorganized)' 또는 '혼란스러운(disoriented)'으로 묘사되는 이 집단의 분류 지침을 개발하였다(Main & Solomon, 1990). 이러한 유아는 애착 대상을 이용하는 것에 있어서 일관적인 전략이 없는 것으로 보인다. 유아는 양육자와의 접근에 대한 혼란스러움으로 인해 목표가 없거나 불완전한 움직임, 상동 행동, 모순적인 행동 패턴을 보인다(예 : 양육자에게 다가가지만 얼어 있거나, 혼란스러워 함). 부모의 우울, 부부 간 불화, 해리(dissociation), 깜짝 놀라게 하거나 방해하는 양육 행동으로 인해 이러한 애착 패턴이 나타난다(Main & Hesse, 1990; Schuengel, Bakermans-Kranenburg, van IJzendoorn & Blom, 1999). 혼란 애착은 학대나 방임을 경험한 아동에게서 더 자주 나타난다. 몇몇 연구의 결과, 학대 아동의 약 48%가 혼란 애착 패턴으로 분류되었고, 중산층 유아 중에서는 약 15%, 낮은 사회경제적 지위의 비임상적 표본에서는 약 24%가 혼란 애착에 해당되는 것으로 나타났다(van IJzendoorn, Schuengel, & Bakermans-Kranenburg, 1999).

　양육자와 '낯선 상황' 에피소드를 고려해볼 때, 애착행동들의 구성내용을 관찰하는 것은 매우 중요하다. 애착행동 패턴은 어떤 별개의 행동의 빈도가 아니라 애착관계의 질을 밝히기 위한 목적으로 평가된다. 유아가 '낯선 상황'에서 다룰 필요가 있는 점차 증대되는 스트레스 경험이 애착행동 체계를 활성화할 것이라는 점이 기본 가정이 된다. 유아의 행동은 새로운 환경을 탐색하는 것, 애착 대상으로부터 안심과 편안함의 균형을 이룰 수 있는 능력을 반영한다. 유아와 양육자의 상호작용 경험은 특정 신념과 양육자의 이용 가능성에 대한 기대에 영향을 미칠 것으로 생각되며, 이는 유아의 애착행동의 구성에서도 반영될 것이다. 궁극적으로, 관계를 규정해놓은 애착유형은 주의 깊은 관찰과 양육자와의 관계에서 유아가 보이는 행동을 코딩한 것을 기반으로 하여 만들어졌다.

## 무엇이 애착관계의 발달에 기여하는가?

### 돌봄

Ainsworth와 그녀의 동료들은 생후 1년 동안의 모성행동을 통해 만 1세 유아의 애착 안정성을 예측할 수 있을 것이라는 가설을 강력하게 지지하면서 검증하였다(Ainsworth, Bell, & Stayton, 1971; Ainsworth et al., 1978). 그들은 어머니가 아기의 특정한 욕구 표현에 적절히 반응하고, 아기의 생물학적·정서적 상태를 받아주면서 자신의 반응을 맞출 수 있다면, 아기는 자신의 욕구가 충족됨을 알게 되고, 이는 안정 애착으로 이어진다고 생각하였다. 반면에, 유아의 신호와 단서를 반복해서 잘못 이해하거나 받아들이는 것에 어려움이 있는 어머니는 아마도 비일관적으로 반응하고 아기에게 둔감하며 불안정 애착관계로 발전할 가능성이 많다. 어머니의 행동에 대한 초기 연구들은 특히 어머니의 민감성에 초점을 두고 있지만, 수용, 협조, 접근 가능성(accessibility) 또한 연구되었다. 민감성은 어머니가 아기의 신호를 즉각적으로 적절하게 알아차리고 해석하여 반응하는 능력으로 정의된다. 상대적으로 민감성이 높은 어머니는 만 1세에는 안정 애착의 유아를 키우고 있을 가능성이 많았다. 또한 높은 민감성은 수용, 협조, 접근 가능성이 높은 것과 관련 있다(Ainsworth et al., 1971). 이후 어머니의 민감성은 광범위하게 연구되어 왔다.

더 민감한 어머니의 유아가 안정 애착을 발달시킬 가능성이 크다는 것을 지지하는 많은 증거가 있다(메타 연구는 Atkinson et al., 2000; de Wolff & van IJzendoorn, 1997; Goldsmith & Alansky, 1987 참조). 많은 연구자들이 민감성의 본래 정의를 넘어서는 새로운 관찰 방법을 개발했지만 애착 안정성과의 의미 있는 관계성을 계속 찾고 있다(Mesman & Emmen, 2013). 그러나 관계성 정도에 대한 의문은 계속 제기되고 있다(예 : Rosen & Rothbaum, 1993). 실제로, 메타 분석 결과들에서는 관계에서 보통의 효과 크기만 보고되어 어머니의 민감성과 애착 안정성 사이의 관계가 기존에 생각했던 것만큼 강한지에 대해서는 의문이 제기되고 있다.

몇몇 연구자들은 민감성의 원래 정의는 어머니가 자녀에 따라, 즉각적으로, 적절하게 반응하는 것에 초점을 두고 있으나(Ainsworth et al., 1971), 이것이 애착 연구자들에게는 충분히 주의 깊게 고려되지 않았다고 하였다. 따라서 메타 분석 결과는 민감성에 대한 정의의 차이에 영향을 받았을 가능성이 있으며, 이는 "민감성이 애착 안정성의 출현에 중요하지만 유일한 것은 아니다."라는 결론을 이끌어낸다(de Wolff & van IJzendoorn, 1997, p. 586). 사실 어머니의 민감성에 대한 세부적인 코딩과 분석들은 Ainsworth가 어머니의 행동을 평가하기 위해 사용한 관계적 접근과 일치하는데, 이를 통해 어머니의 민감성과 애착 안정성 간에는 좀 더 강한 관계가 있다는 것이 밝혀지고 있다(Pederson, Bailey, Tarabulsy, Bento, & Moran, 2014). 그러나 애착 안정성과 관련 있는 것으로 추정되는 양육 행동의 대안적인 개념 또한 연구되어 왔다. 예를 들어, '정서 반영(affect mirroring)'(Fonagy, Gergely, Jurist, & Target, 2002), '상호 반응(mutual responsivity)'(Kochanska, Aksan, Prisco, & Adams, 2008), '정서 조율(affect attunement)'(Jonsson & Clinton, 2006; Stern, Hofer, Haft, & Dore, 1985)의 측면에 초점을 둔 연구가 있다. 어머니의 민감성 구인을 조작적으로 정의하는 방법에서 이런 차이가 발생하는 것은 민감성과 애착 간의 관계 내에 존재하는 다양성 때문으로 설명할 수 있다.

몇몇 연구자들은 안정 애착의 발달을 촉진하거나 방해하는 다른 요인도 고려해야 한다고 주장하였다(de Wolff & van IJzendoorn, 1997; Rosen & Rothbaum, 1993; Seifer & Schiller, 1995). 더 성숙한 상호작용 파트너로서 부모는 대개 자녀에게 영향을 미친다고 여긴다. 그러나 부모와 자녀는 서로에게 영향을 주어 애착관계 발달에도 영향을 미친다. 이 개념을 지지하는 것으로, 예를 들어 최근 연구에서는 19개월 된 유아의 안정애착은 그 유아가 4개월 되었을 때 보였던 긍정적인 정서와 이와 함께 매우 긍정적이었던 어머니의 정서를 통해 예측할 수 있다고 하였다. 그러나 불안정 애착의 경우 어머니의 긍정적인 정서와 함께 4개월 된 유아에게서는 부정적이거나 중립적인 정서를 통해 예측되었다(Pauli-Pott & Meresacker, 2009). 따라서 어머니와 아동의 정서적 반응은 그들의 애착관계에 영향을 미친다고 볼 수 있다.

좀 더 최근에는, 어머니의 민감성이라는 개념을 유아의 내적·정서적 세계에 대한 부모의 이해와 성찰 능력에 중점을 두어 다시 검토하고 정교하게 만들었다. '정신화(mentalization)' 능력은 애착관계의 발달에 매우 결정적인 것으로 보인다. 더욱이 정신화의 기초는 애착 과정과 정신 상태라는 용어 속에서 대인관계상의 행동을 이해하고 해석할 수 있는 아동의 능력이 성장하는 것이 복잡하게 연결되면서 이루어진다(Fonagy et al., 2002; Fonagy, Steele, Steele, Higgitt, & Target, 1994).

　몇몇 연구자들은 아동의 정서적·신체적 욕구에 대한 민감성과 정신과정에 대한 민감성 간에 중요한 차이가 있다고 하였다(Meins, 1997). '마음 의식(mind-mindedness)'이라는 개념은 '유아를 단순히 충족되어야 할 욕구를 지닌 생명체보다는 마음을 지닌 개인으로 여기는' 경향을 묘사하기 위하여 도입되었다(Meins, Fernyhough, Fradley, & Tuckey, 2001, p. 638). 반영적 기능(reflective function) 또는 어머니 자신과 유아의 정서 상태를 이해하고 '마음에 새기는'(Slade, Grienenberger, Bernbach, Levy, & Locker, 2005, p. 284) 능력은 아기에게 안전하고 위안이 되는 심리적 환경을 조성하는 데 필수적이다. 따라서 정신화, 마음 의식, 반영적 기능과 같은 용어는 어머니가 자녀와 관련된 심리적 관점을 취하고 유지하는 능력을 말한다. 이러한 능력은 반응적인 양육 행동(Grienenberger, Kelly, & Slade 2005), 안정 애착(Sharp, Fonagy, & Goodyer, 2006)과 연관된 것으로 보인다. 결국 정신화의 자기 반영적이고 대인관계적 구성 요소는 아동이 자신과 타인을 이해하는 것, 정서적 이해, 정서 조절, 공감 능력의 발달에도 중요한 방식으로 기여하게 되는 것이다. 사실 학대당한 아동에게서 종종 볼 수 있는 것처럼 정신화의 결함은 혼란스러운 애착 체계로 인해 나타나는 것으로 밝혀졌다(Cicchetti & Valentino, 2006; Fonagy, Gergely, & Target, 2008). 이런 방식으로 개념화될 때 발달하는 자기 체계(self-system)의 일부인 정신 기능은 정서 조절 및 공감 능력과 같이 관계적 맥락에서 나타나는 것으로 보인다.

　마음 의식 개념과 어머니의 반응적 기능이라는 개념은 민감한 어머니가 "[아동의] 관점에서 상황을 인식할 수 있다."(p. 43)는 Ainsworth와 동료들이 원래 제시했던 개념과 일치하므로 아동의 내적 정서 상태에 대한 아동의 행동을 관찰하며 추론할 수 있게 한다. '마음에 관심이 있는 어머니'는 아동의 행동에 민감하며 아동의 신호를 이해하여 반응을 조정한다. 따라서 아동 행동의 원인을 정확하게 평가하여 욕구에 맞춰 반응할 수 있기 때문에 안정 애착을 형성한 아동의 어머니는 아동에게 적절하게 반응할 수 있다. 반대로 불안정 애착을 형성한 아동의 어머니는 아동이 특정한 방식으로 행동하는 이유를 알아차리는 데 어려움을 느끼거나 그 행동을 이해하려 하지 않을 수 있다. 이러한 어머니는 아동에게 반응하는 것에 항상 실패하는 것은 아니지만, 아동이 행동으로 나타내는 욕구와 맞지 않는 방식으로 반응할 가능성이 더 크다. 따라서 예를 든다면, 졸린 아동과 놀아주려 하거나 아동이 진정될 필요가 있을 때 자극을 준다거나 사회적 상호관계에 너무나 참여하고 싶어 하는 아동에게 음식을 먹일 수도 있다.

처음부터 '마음 의식'에 대해서는 다섯 가지 측정척도가 만들어졌는데, 각각은 어머니가 유아의 행동과 정신 과정을 알아차리고 해석하는 것에 대해 평가하도록 되어 있다 (Meins, 2013; Meins et al., 2001). 이 중 네 가지 측정척도는 유아의 행동에 대한 어머니의 반응을 평가한다(유아의 시선 방향 변화에 대한 어머니의 반응성, 유아의 대상 지향적 행동에 대한 어머니의 반응성, 모방, 자율성 격려). 이 반응들은 어머니가 아동의 행동을 목표 지향적이고 의도적인 것으로 본다는 것을 시사한다. 마지막 평가 방법은 유아의 생각과 느낌(즉, 정신 과정)에 대하여 마음과 관련된 적절한 반응을 통해 어머니의 경향성을 평가한다. 71명의 유아와 어머니들을 대상으로 한 연구에서 유아가 생후 6개월일 때 놀이 상호작용을 평가한 것은 생후 12개월의 애착 분류와 관계가 있는 것으로 나타났다. 마음에 대한 적절한 말을 하는 항목에서 높은 점수를 받은 것과 안정 애착 간에는 분명한 관계가 있다고 보고되었다. 마음에 대한 적절한 말을 하는 빈도가 독립변인이자 강력한 예측변인으로 보고(Meins et al., 2001)되었지만, 어머니의 민감성 점수 [Ainsworth와 동료들(1971)의 민감성 척도에서 측정한 것으로] 역시 애착의 안정성과 관계가 있는 것으로 보고되었다. 행동적 마음 의식의 원척도를 재분석하면서 이러한 연구 결과들이 더욱 정교해졌고, 행동과 언어적 반응을 종합하는 것이 가지는 상대적 강점이 탐색되었으며, 12개월 된 유아의 애착 안정성을 예측하는 데 있어서 마음에 대한 말의 적절성과 비조율성이 가지는 각기 다른 영향력이 입증되었다(Meins, 2013). 이 결과들을 통해 마음 의식이 어린 아동들의 다른 발달 능력과 관계된 다영역 구인으로서 가장 잘 개념화되었다는 것이 확증되었다.

또 다른 연구에서는, 마음 의식, 민감성, 애착 안정성을 함께 연구하였다(Lundy, 2003). 이 연구에서, 민감성은 상호 작용의 동시성으로 개념화되었는데, 이는 부모의 반응이 상호적이고, 서로에게 보상이 되며, 유아의 행동에 대하여 적절하게 반응하는 것을 의미한다(Isabella, Belsky, & von Eye, 1989; Lundy, 2002 참조). 어머니와 아버지 모두 상호적인 동시성의 빈도가 13개월 된 유아의 애착 안정성과 마음에 대한 말 간의 관계를 매개하는 것으로 보고되었다(Lundy, 2003). 따라서 유아의 관점에 대해 자주 생각하는 부모들은 애착 안정성과 관련된 동시적인 상호작용을 더 많이 하는 경향이 있는 것으로 나타났다. 이러한 결과와 일관되게 마음 의식, 민감성, 애착은 독립적인 측정 방법을 사용하였을 때 더 관계가 있는 것으로 나타났으며, 이는 민감성이 마음 의식과 애착 안정성을 매개한다는 주장을 지지한다(Laranjo, Bernier, & Meins, 2008). 따라서 Ainsworth와 동료들이 민감성의 본래 개념을 상정한 바와 같이, 부모는 민감하게 반응하기 전에 우선 아동의 신호와 단서를 이해하는 것이 필요하다.

　최근 수년간 아버지의 행동이 애착 안정성과 관련이 있는지에 대한 연구가 많이 이루어졌다. 많은 연구자들은 어머니와 유아의 관계와 관련된 연구 결과가 아버지와 유아를 대상으로 한 연구에서도 유사하게 나타날 것으로 가정하였다. 그러나 연구 결과들은 다소 혼재되어 나타났다. 유아와 아버지의 상호작용에 대한 초기 연구에서는 생후 6~9개월이거나 12개월에 낯선 상황 실험에서 아버지의 반응성과 애착 안정성 사이에 관계가 없는 것으로 나타났다(Notaro & Volling, 1999; Volling & Belsky, 1992a). 아버지의 행동과 애착 안정성을 동시에 평가하였을 때 둘 사이에 보통 수준의 유의한 관계가 있음이 밝혀졌다(Rosen & Rothbaum, 1993). 8개의 기존 연구를 대상으로 한 메타 분석에서 아버지의 민감성과 유아-아버지 사이의 애착 안정성 간에는 낮지만 유의한 수준의 관계가 있음이 밝혀졌다(van IJzendoorn & de Wolff, 1997). 이러한 관계는 어머니의 민감성과 애착에 대한 연구 결과에 비해 낮은 수준이지만, 그 원인은 쉽게 밝혀지지 않고 있다.

　민감성 수준과 상호성 수준은 비교할 수 있지만, 어머니와 아버지에 따라 민감성과 반응성의 의미에는 차이가 생긴다. 자녀와의 협력적이고 상호적인 교류에 있어서 어머니와 아버지에게는 독특한 행동적 특성이 있다. 그리고 유아에 대한 부모의 민감성과 반응성을 통해 유아의 애착 발달과 아동기 또는 청소년기의 적응과 사회-정서 적응에 대한 다른 지수들을 예측할 수 있는데, 이것은 어머니와 아버지에 따라 달라질 수 있다(Feldman et al., 2013; Feldman & Eidelman, 2004; Kochanska et al., 2008). 게다가 아버지의 영향을 평가할 때 어머니의 영향을 통제하는 것이 필수적이지만, 이를 적용한 연구는 거의 없다(Aldous & Mulligan, 2002; Stolz, Barber, & Olsen, 2005; Volling, Blandon, & Gorvine, 2006 참조). 아버지 특유의 영향은 갈등을 해결하고 공격성을 다루는 아동의 능력을 평가할 때 분명해질 수 있지만, 긍정적인 사회적 상호작용에서 상호 간 대화에 참여하는 능력에서는 어머니 특유의 영향력이 관찰된 바 있다(Feldman et al., 2013). 부모의 행동이 자녀의 애착발달과 다른 사회적 능력들에 미치는 영향을 검증하는 데 있어서 부모 각각의 차이점과 공통점을 지속적으로 살펴본 연구들은 돌봄의 중요성에 대한 이해를 심화시키는 데 결정적인 역할을 하였다.

　매개 분석은 아버지와 어머니가 아동의 발달에 다른 유형의 영향을 미친다는 것을 규명하였다(Kochanska et al., 2008; Lindsey, Cremeens, Colwell, & Caldera, 2009). 이렇게 독특한 영향력은 자녀가 아버지, 어머니와 함께 얼마나 다정하게 지내는지, 아버지, 어머니가 자녀와 얼마나 많은 시간을 보내는지, 자녀와 적절하게 관계 맺고 반응하는 부모의 능력 또는 부모 자신의 애착 표상과 관계가 있을 것이다(Caldera, Huston, & O'Brien, 1995; Cox, Owen, Henderson, & Margand, 1992; van IJzendoorn, 1995). 어머니와 아버지가 자신의 자녀들에게 다른 영향을 미치는 것이 이후의 사회·정서 발달에 어떤 영향을 미치게 될 것인지에 대해서는 추후에 중요한 문제로 다룰 것이다.

## 기질

유아기, 아동기, 청소년기의 애착과 기질 사이의 관계에 대한 의문은 수십 년간 제기되었다(Goldsmith & Alansky, 1987; Goldsmith & Harman, 1994; Seifer & Schiller, 1995). 애착이론 및 기질이론과 관계된 행동 특징들에서 일치하는 것이 있고, 애착과 기질 이론가들이 주장한 것에서 일치하는 것이 있어서 이것이 논란을 불러일으켰다(종합적 검토를 위하여 Vaughn, Bost, & van IJzendoorn, 2008 참조). 이러한 복잡한 영역에서 애착관계를 이해할 수 있는 꽤 일관성 있는 이론적 맥락과 애착 안정성에서의 질적 차이를 평가하기 위하여 타당화되고 널리 사용되는 절차(즉, 낯선 상황 실험)가 있으나, 기질의 개념화 및 측정은 더 복잡하다. 기질을 연구하는 다양한 이론적 접근 방법이 있으며, 각각에는 고유한 정의와 측정 방법이 있다(Goldsmith et al., 1987). 이러한 개념상의 차이에도 불구하고, 대부분의 이론가는 기질상의 차이가 생의 초기에 나타나며, 생물학적 요인에 의해 강하게 영향받고, 시간에 따라 어느 정도 개인적 일관성을 보인다고 하였다.

많은 연구들이 기질 연구에 중심이 되는 많은 이론적 개념을 지속적으로 탐구하고 세밀하게 연구해왔다(Shiner et al., 2012 참조). 현재 기질의 개념은 생물학적·유전적·환경적 요인이 발달과 상호작용하는 것으로 여기며, 기질에 영향을 미치는 복잡한 방식에 대해 더 주의 깊게 설명하고 있다. 이제 주의력과 자기조절뿐 아니라 활동성, 반응성, 정서성, 사회성이 포함되어 있는 기질 영역이 좀 더 광범위하게 표출되는 것에는 경험과 맥락이 결정적인 영향을 미치는 것으로 알려졌다(Rothbart, 2011; Zentner & Shiner, 2012). 초기 애착 발달과 관련하여 생각해볼 때, 개인의 기질 차이에 대한 의문은 종종 유아와 어머니 사이의 '적합도'에 초점을 두고 있다(Chess & Thomas, 1984). 유아의 기질과 양육자의 기대, 태도, 행동이 잘 맞지 않을 때 유아에게 좋지 못한 결과를 가져올 가능성이 있다. 기질적 특성에서 비롯되는 특정한 어려움에 민감하게 반응할 수 있는 좋은 양육 환경이 있을 때 과민성과 같은 특정 기질적 특성은 긍정적인 발달적 결과를 낳을 수 있다(예 : 안정 애착). 그렇지 않다면, 양육 환경이 최상이 아닐 때 유아의 과민성은 민감하지 않거나 엄한 양육을 불러일으키는 위험 요인이 될 수 있고, 부정적 발달 결과를 발생하게 할 가능성이 있다(예 : 불안정 애착). 그러므로 기질적 특성 때문에 어떤 유아들은 환경의 영향을 다르게 받아들인다(van IJzendoorn & Bakermans-Kranenburg, 2012). 유아의 기질 또한 양육 환경, 부모의 행동, 애착관계에 영향을 미칠 수 있다(Bates, Schermerhorn, & Petersen, 2012). 이를 함께 고려해볼 때, 유아와 부모는 모두 역동적이고 서로 교류하는 과정의 한 부분으로서 서로에게 끊임없이 영향을 미친다.

애착-기질의 연결에 대한 체계적 탐색에 따른 결과를 해석하는 것에는 몇 가지 방법이 있다(종합적 검토를 위하여 Vaughn et al., 2008 참조). 첫 번째로, 기질적 성향이 애착 안정에서의 개인적 차이를 직접 결정짓는다는 관점은 경험적 연구들에 의하여 지지받지 못하고 있다(예 : Seifer, Schiller, Sameroff, Resnick, & Riordan, 1996). 동시에 측정을 하든지 또는 예측하여 측정을 하든지 간에, 기질의 차이에서 발생하는 행동들과 애착 유형 간에는 직접적인 관계가 없다. 예를 들면, 기질적인 특성으로 쉽게 고통을 느끼는 성향은 단지 한 가지 애착유형하고만 관계가 있는 것이 아니다. 안정 애착 아동은 낯선 상황에서 쉽게 괴로워질 수 있지만, 부모가 방으로 다시 돌아오면 부모의 존재에 위안을 얻고 다시 탐색하게 된다. 불안정-저항 애착의 아동 또한 쉽게 괴로움을 느끼지만, 부모를 안전 기지로 삼을 수 있다는 자신감이 결핍되어 분리 전후의 탐색이 제한될 것이다. 이와 같이 쉽게 괴로움을 느끼는 아동은 매우 억제되거나 '까다로운' 기질을 가지고 있으나, '적합한' 양육이 주어질 때 특정 애착 유형을 발달시킬 수 있는데, 이는 안정과 불안정 애착을 형성하는 것에는 다양한 경로가 존재하기 때문이다(Sroufe, 2005). 따라서 기질이 단독으로 애착 안정성을 결정하는 것은 아니다. 이에 더하여, 기질적 특성은 고정적인 것으로 여겨졌지만 변화할 수 있고, 부모의 양육의 질에 영향을 받을 수 있다는 것이 밝혀졌다(Belsky, Fish, & Isabella, 1991).

두 번째로, 기질의 개인차는 부모가 자녀를 민감하게 돌보는 것을 좀 더 어렵게 할 가능성이 있다는 견해인데, 이는 그 근거가 미약하다. 유아의 '까다로운' 기질은 부모가 최상의 양육을 제공하는 것을 더 어렵게 만들 수 있다. 또는 부모가 심리적 · 사회적 · 경제적 스트레스 요인으로 인해 이미 힘든 상태일 때 유아의 까다로운 기질은 감당하기 어려운 또 하나의 스트레스원이 된다(Vaughn et al., 2008). 그러나 모든 관찰자가 유아를 '까다롭게' 만드는 원인에 동의하지는 않을 것이다. 더욱이 기질에 대한 평정자 간의 보고는 단지 중간 수준으로 관계가 있었는데(예 : Seifer, Sameroff, Barrett, & Krafchuk,

1994), 이는 평가받는 유아와의 관계에 따라 관찰자의 판단이 달라질 수 있음을 시사하는 것이다. 그리고 가족들과 친구들에게 충분한 도움과 지지를 받을 때 까다로운 유아는 쉽게 다루어졌고, '과민한' 것으로 평가된 유아는 '순한' 기질로 평가된 유아보다 더 이상 불안정 애착으로 평가되지 않는 경향이 있었다(Crockenberg, 1981). 반대로, 사회적으로 고립되거나 다른 성인의 도움을 거의 받지 못한 까다로운 유아의 어머니는 아동과 안정 애착을 형성하는 것에 더 어려움을 겪었다(Levitt, Weber, & Clark, 1986).

따라서 단독으로 조사해볼 때, 기질적 특성으로 구별되는 지표는 양육에 영향을 미치지 않고, 애착 안정성과도 관련되지 않은 것으로 나타난다(Vaughn et al., 2008). 기질이 간접적으로 부모의 행동에 영향을 미치며, 다른 상황적·맥락적 스트레스 요인과 함께 고려될 때 애착관계 발달에도 영향을 미친다. 이런 관점에서는 양육행동과 기질적 요인 모두가 애착 안정성 형성에 영향을 미친다는 것을 강조하고 있다.

## 애착 안정성에 대한 유전적 · 환경적 영향

초기 애착관계의 질은 아동의 기질적 특성과 부모의 양육 행동에 영향을 받고, 아동과 부모 서로 간의 상호작용 경험에 기인한다는 관점을 지지하는 많은 증거가 있다. 기질이 단독으로 애착 유형을 예측한다면 유아는 비슷한 양육 행동에 대해 양쪽 부모에게 유사한 애착 유형을 발달시킬 것이라고 예상할 수 있을 것이다. 이와 유사하게 부모의 양육 행동만으로 애착이 형성된다면 형제자매가 부모에게 같은 애착 특성을 보이게 될 것임을 예상할 수 있을 것이다. 그러나 현재의 연구는 두 명의 양육자에 대한 유아의 애착이 단지 보통 수준으로만 일치함을 보여준다(Fox, Kimmerly, & Schafer, 1991; Rosen & Burke, 1999; Sagi et al., 1995; Steele, Steele, & Fonagy, 1996). 그리고 두 명의 형제자매는 같은 나이일 때[예 : 12개월(Ward, Vaughn, & Robb, 1988)] 또는 형제자매에게 나이에 적합한 척도를 사용하여 동시에 애착을 평가했을 때(Rosen & Burke, 1999) 동일한 양육자에게 똑같은 애착 특성을 보이지는 않았다. 따라서 애착 유형은 시간의 흐름에 따른 양자 관계의 상호작용 경험을 반영하는 것으로 볼 수 있다.

그러나 애착 안정성에 영향을 미치는 유전적 요인이 있을까? 동일한 가족 내에서 자란 형제와 자매들은 부모가 그들에게 비슷하게 민감하거나 둔감할 가능성이 있거나, 안정적인 정신화 능력, 마음 의식, 반영적 기능을 가져서 부모는 아동들과 비슷한 방식으로 관계 맺게 된다. 그러나 형제들 간에 공유되는 측면이 있음에도 불구하고, 부모가 각각의 자녀들과 상호작용하는 방법에는 차이가 있어서 이를 통해 독특하고, 다르고, 또는 서로 공유할 수 없는 환경적인 영향을 받게 된다(Hetherington, Reiss, & Plomin, 1994; Plomin & Daniels, 1987). 게다가 기질처럼 유전적으로 결정된 아동의 특성은 아동에게 민감하게 반응하는 어머니와 아버지의 능력에 영향을 미치거나 아동이 부모의 영향을 다르게 받아들이게 한다. 쌍둥이 연구는 유사한 양육 환경 내에서 애착 안정성에 미치는 유전적 요인의 영향력을 분석할 수 있는 독특한 기회가 된다. 만약 유전에 기반을 둔 아동 요인들이 부모의 민감성에 영향을 미친다면 일란성 쌍둥이 간의 애착 유형 일치도가 이란성 쌍둥이나 일반 형제들 간의 애착 유형 일치도보다 더 높을 것이라고 예측할 수 있다(Goldsmith, Buss, & Lemery, 1997; Scarr & McCartney, 1983).

일란성 쌍둥이와 이란성 쌍둥이 표본으로 유아-어머니의 애착 안정성을 평가한 몇몇 연구가 있다. 예를 들면, 12개월 된 쌍둥이 157명과 어머니들을 대상으로 낯선 상황 실험을 실시하였을 때, 애착 유형의 일치도가 일란성 쌍둥이는 60%, 이란성 쌍둥이는 57%로 보고되었다(Bokhorst et al., 2003). 행동 유전 모델링을 사용하였을 때, 안정과 불안정으로 분류된 애착 안정성 내에 변량이 52%로 나타났는데, 이는 연구 대상 유아들이 동일한 환경에 놓여 있었기 때문인 것으로 파악되었다(예 : 아버지가 형제들에게 비슷하게 행동하는 것). 그러나 나머지 변량들은 공유되지 않은 환경적 요인들(예 : 특정한 이자 관계에서 독특하게 이루어지는 아버지의 행동들)과 측정오차로 설명될 수 있었다. 이 자료에 대한 후속연구를 통해 같은 환경에 있어서 유사성을 가지고 있는 쌍둥이의 안정 유형과 불안정 유형 간에 의미 있는 관계가 있다는 것이 규명되었는데, 단 회피애착을 형성한 쌍둥이 유아의 경우에는 이에 해당되지 않았다(Fearon et al., 2006). 더욱이 한 자녀에게는 더 민감하게 반응하고 다른 자녀에게는 그렇게 하지 않는 것과 같이, 환경이 같지 않을 때 민감성과 애착 간에는 역상관이 보고되었고, 쌍둥이의 경우에도 부모가 민감하게 반응하지 않은 자녀가 민감하게 반응한 자녀보다 안정애착을 형성할 가능성이 더 낮아졌다. 따라서 부모가 쌍둥이 중 한 명과 맺는 관계는 나머지 쌍둥이의 애착 안정성에 영향을 미치는 것으로 보인다. 나이가 있는 학령전기 아동 대상의 연구에서 비슷한 결과가 나왔는데 일란성(70%)과 이란성(64%) 쌍둥이 모두에게서 높은 일치를 보였다(O'Connor & Croft, 2001). 또한 이러한 높은 일치율은 유전보다는 환경적 요인이 부모-아동의 애착관계에 영향을 미친다는 것을 나타낸다. 반대로 유전적 영향력은 지대하고, 동일한 환경에 있지 않았을 때 애착척도를 사용하여 측정한 결과 연구 대상이 된 18~24개월의 쌍둥이 유아들 중 일란성 쌍둥이의 경우 68%가, 이란성 쌍둥이의 경우 39%에서 일치율이 보고되었다(Finkel, Wille, & Matheny, 1998). 이를 종합해볼 때, 이 결과들은 같은 (그리고 다른) 환경적 요인들이 애착 안정성에 중요한 영향을 미치지만, 유전적 요인들은 상대적으로 적은 영향을 미친다는 것을 시사한다(Belsky & Fearon, 2008). 쌍둥이의 애착 유형의 유사성은 부분적으로는 부모의 일관된 민감성으로 설명할 수 있을 것이다. 가족 안에서 다른 환경이 애착관계에 미치는 영향력에 대해 설명하는 것에는 여전히 차이가 존재한다.

특히, 이 연구는 부모 행동의 중요성을 강조하며, 형제자매와 쌍둥이의 애착 안정성에 대한 중요성을 분명하게 해준다. 부모의 민감성은 형제자매의 애착이 일치하는 것에 영향을 미치는 중요한 역할을 하지만, 이것이 부모가 민감하게 행동하는 방식이 가족 내에서 모든 아이들에게 동일해야 함을 의미하는 것은 아니다. 부모의 행동은 상호작용 맥락에서 독립적으로 평가할 때 객관적으로 다르게 보일 수 있지만, 애정, 따뜻함, 통제 또는 부모의 행동에 다르게 반응하는 형제자매에 대한 민감도의 수준에서 '기능적으로 유사'할 수 있다는 것이다(O'Connor & Croft, 2001). 그러므로 다른 양육 행동들이라도 각 자녀의 독특한 욕구와 기질적 특성에 반응하여 민감하고 반응적인 양육을 하려는 동일한 목표를 가지고 있으므로, 안정 애착관계는 서로 공유되지 않는 다른 경험을 통해서도 형성될 수 있다. 더욱이 전반적으로 부모의 민감성과 반응성에는 일관성이 있다 하더라도, 연령 차이가 있는 형제들 간의 차이점과 시간이 지나면서 형제들 간에 발생하는 차이점들 때문에 부모의 행동은 각각 이에 맞춰져야 한다. 그러나 일란성 쌍둥이의 경우조차도, 부모의 행동에는 단지 중간 정도의 유사성이 있을 뿐이다(Plomin, 1994). 그리고 중요한 것은, 초기 아동기에는 동일한 환경적 요인이 가장 큰 영향을 미치는 경향이 있지만 유전적 요인에서의 발달적인 변화 역시 환경적 요인과 마찬가지로 고려해야 한다는 것이다(McCartney, Harris, & Bernieri, 1990). 그러므로 부모의 행동에는 차이가 있을 것이지만 부모로서 자녀 각각의 특별한 욕구에 맞춰야 하므로 차이가 있어야 한다. 이처럼 서로 간에 공유되지 않은 경험들은 부모의 민감성과 애착관계 발달에 대한 유전과 환경의 영향을 변화시킬 수 있다(Fearon et al., 2006).

형제들, 쌍둥이들과 부모 간의 애착관계에 대한 연구들은 애착 연구자들에게 유아의 특성, 부모의 행동, 그리고 가족 요인이 각각 또는 서로 결합되어 애착 안정성에 어떤 영향을 미치는지에 대해 지속적으로 탐구하도록 도전을 준다. 아동의 기질적 성향은 시간이 지나 성숙해지면서 조정될 수 있는데 이런 변화들은 의심의 여지없이 부모의 행동과 이자 간의 상호작용의 질에 영향을 미치게 될 것이다(예 : Belsky et al., 1991). 이와 유사하게, 부모의 행동은 그 아동만의 특별한 기질 프로파일에서 나타나는 개인차를 바꿀 것이고 애착 관계의 발달에 영향을 미칠 것이다. 부부관계의 질, 사회 심리적 스트레스 요인, 이용 가능한 사회적 지지 등이 포함된 가족이라는 맥락도 고려되어야 한다. 이를 함께 고려해보면, 애착 유형은 아동과 부모가 오랜 시간 동안 자신들의 관계를 만들어 가고 있을 때 유전과 환경 요인 간에 이루어지는 역동적인 상호작용에 영향을 받는 것 같다.

## 초기 애착관계의 발달 결과는 무엇인가?

John Bowlby(1969/1982)는 처음으로 애착 안정성의 질적 차이가 아동의 동시 발생적 발달과 이후의 발달을 의미 있게 암시한다는 이론적 개념을 도입하였다. Ainsworth의 '낯선 상황' 개발 및 타당화(Ainsworth et al., 1978)는 Bowlby의 주장이 경험적으로 입증될 수 있도록 하였다. 연구자들은 처음에 낯선 상황에서 관찰한 생후 12개월 유아를 유심히 지켜보았다. 일반적으로 기존 연구들은 수개월에서 수년에 이르는 기간에 걸쳐 안정 애착이 사회적 · 정서적 · 인지적 영역에서 더 잘 기능하는 것과 관련되어 있다는 주장을 지지하고 있다. 따라서 애착 안정성의 개인차는 탐색과 놀이, 호기심, 또래에 대한 태도, 좌절에 대한 인내력, 언어 발달, 자기 인식, 또래관계의 질, 자아 탄력성, 자기 통제, 행동 문제, 많은 발달 결과들과 연관되어 있는 것으로 보인다. 왜 이런 관계가 있을 것이라고 예측하고 어떤 상황에서 이런 관계가 나타날 것으로 기대하는지는 중요한 문제인데 이에 대한 답을 찾아야 한다. 이런 관계성에 기반이 되는 기제 또는 과정이 무엇인지 이해하는 것 또한 매우 중요하다. 이제 관심을 가져야 할 문제들이 있다.

'내적 작동 모델(internal working models)'은 Bowlby(1969/1982, 1980, 1988)가 관계에 대해 내면화된 인지적 표상과 초기 애착 경험에 기인한 자기를 설명하기 위하여 도입한 것이다. Bowlby는 민감한 양육자와의 초기 경험이 있는 유아는 새로운 관계에서도 비슷하게 민감한 접촉을 예상하게 되며 이러한 지지를 끌어내는 방식으로 행동한다고 하였다. 초기 애착 경험은 유아가 자기를 민감하고 반응적인 양육을 받을 만한 존재로 인식하게끔 하며 이런 관점을 더 확실하게 해주는 경험을 추구하게 한다. 따라서 작동 모델은 "아동이 새로운 관계와 경험에 대한 그들의 이해를 재현하는 해석적 필터이며… (그리고) 자기 개념과 다른 자기 참조적 신념의 발달 기반을 형성하는 초기 관계 경험으로부터 스스로에 대한 이해를 내면화하게" 하는 것이다(Thompson, 2008, p. 350). 이 모델은 아동이 타인과 관계 맺고 자신에 대해 생각하는 방식에 지침이 되며, 그렇게 함으로써 아동이 자기와의 관계에 대한 기대를 더 분명히 하게 되거나 그렇지 않음을 확인하게 되는 것이다.

작동 모델은 유아기 동안 형성된다. 예를 들어, 안정 애착 아동은 불확실하거나 겁먹었을 때 부모와의 상호작용 및 근접성을 탐색하고 부모를 찾으며, 괴로울 때 위안을 얻고, 안정되었을 때 부모를 다시 탐색하는 기지로 삼는다. 아동의 내적 작동 모델은 애착과 탐색 욕구를 충족시킴에 있어서 애착 대상이 민감하고 이용 가능하며 반응적인 존재라고 여기게 한다. 불안정-회피 아동은 무언가 필요로 할 때 안전한 안식처를 제공해 줄 수 없는 존재로서 부모의 작동 모델을 발달시킨다. 이처럼 부모를 안정 대상으로 보는 것에 실패하면 유아는 스트레스를 받을 때에도 근접하여 상호작용하는 것을 회피하면서 애착 대상을 외면한다. 불안정-저항 아동은 부모를 예측 불가능하다고 여긴다. 그들은 부모가 필요할 때 가까이 가려 하지만, 성공적으로 탐색할 수 있을 만큼의 위로는 얻지 못한다. 이처럼 안정 애착 또는 불안정 애착관계를 다루는 전략들은 자신의 부모를 위험 또는 불안의 근원으로 보아 분열되고 겁에 질린 행동을 하는 불안정하고 혼란된 유아의 내적 모델과는 현저한 차이가 있다. 그러므로 내적 작동 모델은 유아-양육자 상호작용의 누적된 경험을 통해 형성된다.

내적 작동 모델은 초기 애착과 후기의 아동의 기능 사이에 연관성을 유지시키는 근원적 메커니즘의 역할을 할 수도 있다. 이 모델은 시간이 지나면서 다수의 양육자, 상당한 애착 관련 경험들의 표상, 자기와 타인에 대한 이해의 발달 특성을 통합하면서 발달해간다(Bretherton, 1991, 1993; Thompson, 1998). 덧붙여서, 이 모델들의 독특한 구성 요소들(예 : 자서전적 기억, 관계에 대한 기대)은 발달적으로 변화되는 시기에 발달하고 특정한 발달 시기에 이루어지는 결과에 다른 영향을 미친다. 예를 들어, 자기 표상은 약 5~6세에 확장되고 더욱 정교해지기 때문에 이 나이의 안정 애착은 유아기의 안정 애착보다 자기 이미지에 더 큰 영향을 미칠 수 있다(Thompson, 2008). 마지막으로, 내적 작동 모델은 어느 정도는 자기, 관계, 경험에 대한 타인과의 대화를 통해 형성된다(Fivush, 1994; Oppenheim & Waters, 1995). 그러므로 양육자들은 자녀들을 돌보는 것과 자녀의 관계적 경험에 대한 해석을 통해 작동 모델에 영향을 미친다(Thompson, 2008).

물론, 초기 애착과 이후의 사회적·정서적·인지적 발달 사이에 관련성이 없는 상황이 존재할 수 있다. 가족의 위기, 결혼 생활의 붕괴, 삶에서의 큰 변화, 규범적이고 예상치 못한 사건들이 부모-자녀 간 관계의 질에 영향을 미칠 수 있다. 만약 부모가 이런 위기의 시기에도 지속적으로 자녀를 돌본다면, 이는 자기와 관계에 대한 내적 작동 모델을 발달시키는 초기 애착관계와 이후의 결과들 사이에 가교 역할을 하게 될 것이다 (Thompson, 2008). 그러나 부모가 결혼 생활 또는 경제적 스트레스로 힘든 상태에 아동에게 반응성을 유지하는 것 또는 정상 발달에서의 변화(예 : 유치원 입학할 때의 문제)를 경험하는 아동에게 민감하고 적절하게 반응해주는 것이 어렵다고 느낀다면, 이런 관계적 변화가 초기 애착 안정성과 자기와 관계에 대한 내적 작동 모델, 그리고 후기 발달적 결과들 사이의 연계를 단절시킬 수 있다. 그러므로 안정된 애착 관계가 촉진되는 동일한 환경이 계속 유지될 때, 아동들은 부모가 민감하게 양육하면서 지원해주는 것을 통해 도움을 받게 될 것이고 양육자의 사회적 영향을 받아들이게 될 것이다. 이런 환경에서, 애착 안정성은 자기에 대한 좀 더 긍정적인 관점, 사회적 상호작용에서의 역량 증가, 호기심의 증가, 인지 성장을 촉진하는 경험에 대한 개방성과 더 많이 관계될 것이다. 자기 그리고 관계에 대한 아동의 관점을 안내하는 초기 내적 모델은 이후 상호작용의 맥락 속에서 수정과 정제의 과정을 거친다. 부모-자녀 간 상호작용의 질이 계속 유사하다면 초기 애착과 이후의 적응 사이에 관련이 있을 것임을 예상해볼 수 있다(Thompson, 2006). 그러나 부모-자녀 관계가 방해받거나 양육의 질이 떨어지는 경우에는 초기 애착이 이후의 발달 결과와 관계되지 않을 수 있다.

다수의 중요한 종단 연구들은 초기 애착과 후기의 역량 사이의 예측적 관련성을 탐색하였다(Cassidy & Shaver, 2008; Grossman, Grossman, & Waters, 2005; Sroufe, Egeland, Carlson, & Collins, 2005a). 일반적으로, 이 연구들에서 강조하고 있는 세 가지 결과는 다음과 같다―(1) 대인관계, 특히 또래 간 상호작용(Erickson, Sroufe, & Egeland, 1985; Schneider, Atkinson, & Tardif, 2001)과 이후의 연인 관계(Roisman, Collins, Sroufe, & Egeland, 2005)에서 기능하기, (2) 내면화 문제(Bosquet & Egeland, 2006; Groh, Roisman, van IJzendoorn, Bakermans-Kranenburg, & Fearon, 2012), (3) 외현화 문제(Fearon, Bakermans-Kranenburg, van IJzendoorn, Lapsley, & Roisman, 2010). 연구 결과는 안정 애착을 형성한 개인이 대인관계에서 더 유능하게 기능하고 내면화 및 외현화 행동 문제를 덜 보인다는 견해를 지지한다. 그러나 사회경제적·문화적 집단에 걸쳐 애착과 이후의 유능감에 대해 탐색하는 종단 연구는 부족한 실정이므로 기존의 연구에서 도출한 결론은 제한적이라는 점을 주목하는 것이 중요하다.

게다가 초기 애착관계의 다양한 발달적 결과를 탐구한 놀랄 만한 수의 장·단기 후속 연구가 있다. 일부 연구는 부모, 형제자매, 또래, 친구, 연인과의 관계적 결과에 초점을 두고 있다. 다른 연구는 성격, 자기 개념, 사회적 인지, 양심의 발달에 대하여 연구하였고, 또 다른 연구는 정서 조절과 정서 이해를 분석하였다(검토를 위해서는 Thompson, 2008 참조). 일반적으로, 이러한 연구들은 유아기와 초기 아동기의 안정 애착관계가 특정 발달 영역을 막론하고 많은 이점을 제공한다는 견해를 지지한다. 중요하게도 몇몇 연구에서는 어머니와 아버지 모두에 대한 애착을 연구하여 이후의 결과와의 관련성을 자세히 살펴보았다. 15개월에 부모 양쪽과의 애착관계에서 불안정했던 아동은 교사의 보고에 의하면 6.5세에, 부모의 보고에서는 8세에 더 많은 문제 행동을 보였다. 최소 한 부모와의 안정 애착은 그러한 위험성을 상쇄시키는 것으로 보이지만 양쪽 부모 모두와 안정된 애착을 형성했다고 해서 한쪽 부모와만 안정된 애착을 형성한 경우보다 더 많은 보호를 제공하지는 않았다(Kochanska & Kim, 2013). 25개월 때 양쪽 부모 모두와 불안정 애착을 형성한 것은 이후 6세가 되었을 때 더 많은 행동문제가 나타나는 것과 관계가 있었는데, 반면 어머니와는 불안정 애착을 형성하고 아버지와는 안정 애착을 형성한 경우 행동문제는 보다 적게, 역량은 보다 많이 나타나는 것이 관찰되었다(Boldt, Kochanska, Yoon, & Nordling, 2014). 이러한 관련성을 설명하는 메커니즘을 탐구하는 것과 부모 양쪽에 대한 애착의 예측력을 지속적으로 조사하는 것 모두 이후 연구에서 중요하다.

기존 연구들에서도 몇 가지 제한점들이 있다(예 : Roisman & Groh, 2011). 더 중요한 것은 해당 연구는 초기 애착이 이후의 발달 결과와 왜 관련이 되는지에 관해서 가능한 이유들을 규명하지는 않았다는 것이다. 그럼에도 불구하고 몇 가지 의미 있는 단서들을 알게 되었다. 초기 애착은 부모 양육의 질에서 연속성이 있을 때 이후의 발달을 더 잘 예측할 수 있다(Sroufe et al., 2005a). 사회적 상호작용과 정서적 능력을 더 구체화하고 지지하는 어머니와 아동의 질 높은 대화 역시 관련이 있다(Fivush, 1994; Raikes & Thompson, 2006). 내적 작동 모델은 기억과 주의가 이전의 내적 인지적 표상과 일치하는 경험과 관계로 안내할 것이며 그것을 통해 시간이 지나도 안정적인 모델을 유지할 것이다(Bretherton & Munholland, 2008). 이러한 모델은 아동기와 청소년기에 걸친 개념의 발달과 함께 발전할 것이다. 따라서 사건 표상에서의 발전, 마음 이론, 자서전적 기억은 사회적 경험을 이해하고 부호화하고 표상하는 방식에서 일관성을 이끌어내어 타인과 관련된 자기에 대한 이해와 애착과 관련된 작동 모델의 지속적 사용에 기여할 것이다(Thompson, 2008). 안정 애착을 형성한 아동은 사회적 역량에 영향을 미치는 특정 사회–인지적 이점을 가지는 것으로 보인다(Cassidy, Kirsh, Scolton, & Parke, 1996). 그리고 애착 안정성은 아동의 도덕 발달에 대한 양육 방법에 영향을 미치는 중재자 역할을 한다(Kochanska, Aksan, Knaack, & Rhines, 2004).

초기 애착 안정성의 예측력을 고려해볼 때, 초기 안정 애착관계를 만들어가는 데 있어 문제가 생길 때 무슨 일이 일어나는지 알아볼 필요가 있다. 애착관계에 영향을 미치는 보상 과정이 있는 것일까? 예를 들어 유아기 초기에 불안정 애착의 내력을 가진 개인이 이후에 안정감을 갖게 되는 것(예 : Roisman, Padron, Sroufe, & Egeland, 2002)과 성인기에 안정적 애착 표상을 만드는 것이 가능할까? 사실은 초기에 애착 대상과 부정적인 관계를 맺었던 성인은 취약해지거나 스트레스를 받을 때 대안이 되는 대상에게서 위안과 정서적 지지를 구할 수 있는 능력을 가지고 있고, 자신의 유아기 자녀와 안정 애착을 형성할 능력이 있다는 것이 규명되고 있다(Saunders, Jacobvitz, Zaccagnino, Beverung, & Hazen, 2011). 덧붙여 초기 애착 안정성과 이후 발달 결과 사이에 관계성이 가장 강력해지는 특정 발달 시기가 있는 것으로 보인다. 예를 들어, 애착과 또래 기능 사이의 관계는 초기 아동기보다는 아동기 중기와 청소년기의 또래관계에서 더 큰 중요성이 있는 것으로 나타났다(Schneider et al., 2001). 어머니-아동과 아버지-아동의 애착관계 또한 사회적·정서적 기능에 각기 다른 영향을 미치는데, 이는 발달 시기와 관련 있다. 그러므로 후속 연구는 초기 애착관계의 결과를 탐색할 때 발달을 민감하게 고려하는 시각을 가져야 한다. 애착 안정성을 달성하는 다른 방법에 대해 더 잘 이해해야 한다. 마지막으로, 후속 연구를 위해 애착과 이후의 발달 간의 관계의 기저를 이루는 개인, 관계, 맥락적 요인을 조사하고 더 정교한 중재 모델을 채택하는 것이 중요하다.

## 유아기 이후의 애착관계

### 애착 안정성은 초기에 왜 유아기만 연구했을까?

애착 이론 및 연구가 왜 유아기에 중점을 두고 시작되었는지에 대해 여러 가지 이론적·방법론적 근거가 있다(Schneider-Rosen, 1990). 정신분석에서는 초기 관계의 중요성을 강조하였고, 이는 불안이 의미 있는 대인관계 상실의 위협에 대한 신호라는 견해로 발전하였다(Freud, 1940/1964). 초기 관계는 이후 관계와 자기 출현의 원형으로 보인다(Breger, 1974; Erikson, 1950/1963; Klein, 1976; Loevinger, 1976; Mahler et al., 1975; Sandler, 1975; Sullivan, 1953). 애착 이론은 정신분석적 사고에 기원을 두고 있어 유아기의 중요성을 강조하고 있다. 최초의 의미 있는 관계는 처음에는 어머니와의 관계에서

만 관찰되었는데, 이는 생후 첫해에 형성되며 아동의 이후 발달에 지속적으로 영향을 미치는 것으로 보고되었다(Ainsworth, 1969; Bowlby, 1958, 1969/1982).

초기 애착 연구자들은 행동적 재조직화가 일어나는 발달 과업들 또는 문제들에 강조점을 두고 발달에 대한 체계적 접근 방법을 채택하였다(Sroufe, 1979; Sroufe & Rutter, 1984). 조직적 관점에 의하면 발달은 사회적·정서적·인지적 영역에서 나타나는 능력을 통합해가는 일관된 과정이다. 초기 적응은 양육 환경에서의 일관성을 고려할 때, 영역 안팎에서 동시에 발생하는 적응과 이후의 적응을 촉진하는 것으로 생각된다. 대신에, 발달과업의 해결 시 어려움이 생기면 이로 인해 보상기제가 발달하게 되고, 그다음에는 다른 경로를 통해 능력을 얻게 되고 또한 아동은 정신병리에 취약해진다(검토를 위해 Cicchetti & Schneider-Rosen, 1984 참조). 조직적 관점 내에서 애착관계를 확립하는 것은 유아기의 가장 첫 번째 발달 과업이다. 애착의 구성과 예언 타당도 모두를 입증하려는 노력으로 연구자들은 애착에서의 개인차와 이후 발달에 영향을 미치는 초기 관계의 역할에 초점을 두었다. 걸음마기 시기의 탐색 또는 숙달, 학령전기에 또래 관계에서 협상하는 것, 또는 초기 학령기에 호기심을 가지고 지속하는 것과 같은 새로운 능력이나 과제들을 검증하면서, 연구자들은 이런 능력이 발현되면서 애착관계는 그 중요성이 감소한다는 개념을 본의 아니게 지속시키게 되었다. 그러나 사실, 이제 우리는 각 개인에게 있어서 애착관계는 아동기와 청소년기 동안에 매우 중요하게 지속되지만 전 생애 동안 지속된다는 것을 알고 있다.

애착 연구자는 애착 관련 욕구를 다루기 위한 조직화되고 예측 가능한 행동 패턴을 만들어내는 것이 유아기의 필수적인 과업이라고 강조한다. 비록 안정 애착이 대부분의 유아에게 최상의 결과인 것처럼 보이나, 특정한 양자 관계나 양육 환경에서는 불안정 애착이 더 적응적일 수도 있다(Fonagy & Target, 2007; Schneider-Rosen, Braunwald, Carlson, & Cicchetti, 1985). 따라서 트라우마나 학대가 발생하는 가정에서 자란 아동처럼 다양한 집단을 고려하는 것은 애착 연구자들로 하여금 이론적 가설을 평가하도록 고취시키며 이를 통해 연구가 확장하고 개선될 것이다. 덧붙여, 연구자들은 어머니와 아버지 모두에 대한 아동의 애착을 연구하기 시작하였고(예 : Diener, Mangelsdorf, McHale, & Frosch, 2002; Verissimo et al., 2011; Rosen & Burke, 1999) 아동들이 각 애착 대상과 독특한 관계를 형성하고 있음을 인식하였다. 애착은 부부 갈등, 정서와 심리적 문제들, 그리고 발달장애를 가지고 있는 가족들 뿐만 아니라 다른 사회경제적 배경을 가지고 있는 유아-부모의 이자관계에서도 연구가 되어왔다. 종합해보면, 이 작업은 초기 애착 유형의 선행조건과 결과를 이해하고 관계의 구성개념으로서 애착을 탐색하는 데 매우 중요하다.

애착 연구자들은 또한 다양한 문화 집단의 애착관계를 조사하였다. Ainsworth(1967)의 유아−어머니 애착의 최초 연구가 우간다 지역에서 행해졌음에도 불구하고 연구자들은 다른 문화에서의 애착 연구와 관련된 몇 가지 비판적인 문제들을 제기한다. (1) 애착관계는 모든 문화에서 중요한가? (2) 미국에서 사용하는 분류 체계가 다른 문화 집단에서도 타당한가? (3) 애착 안정성에 대한 유사한 선행조건(예 : 모의 민감성)이 다른 문화에도 존재하는가? (4) 다른 문화 집단에서 애착 유형의 발달 결과는 무엇인가? (5) 다수의 양육자와의 경험이 최초 양육자에 대한 애착에 미치는 영향은 어떠한가?(van IJzendoorn & Sagi-Schwartz, 2008). 이러한 중요 질문들은 양육자가 바뀌는 경험을 한 유아가 '낯선 상황'에서 다르게 행동할 것이라는 점에 흥미를 집중시키며 새로운 많은 연구가 이루어지게 하였다.

예를 들어, 유아는 양육자와의 분리 경험에서 달랐다. 결과적으로 낯선 상황 실험은 다른 문화 공동체의 유아에게는 또 다른 의미를 가질 수 있기 때문에 유아의 행동에 영향을 미쳤으므로 이 방법의 타당성에 대한 의문이 제기된 것이다. 일본의 유아들은 어머니와 밀접한 접촉 상태에 있으며, 어머니가 아동을 데리고 다니거나 안고 있으며 잠 잘 때에는 같은 침대에서 함께 자기 때문에 아동이 혼자 남겨지는 일이 드물다(Rothbaum, Weisz, Pott, Miyake, & Morelli, 2000). 케냐의 구시족(Gusii)의 유아는 생후 1년 동안은 많이 안겨 있다. 푸에르토리코에서 유아는 어머니와 가깝게 접촉하고 있다(Harwood, Miller, & Irizarry, 1995). 우간다에서 유아는 잠시 동안의 분리도 경험하지 않지만, 어머니가 일할 동안에는 오랜 시간 동안 떨어져 있게 된다(Colin, 1996). 그리고 이스라엘에서는 키부츠(kibbutzim)에서 자라고 있는 유아를 양육하는 방법 중 하나로 부모와 양육자가 유아와 함께 잠을 잔다(Sagi, Koren-Karie, Gini, Ziv, & Joels, 2002). 그러한 경험으로 인해, 이런 문화의 유아는 분리에 더 많은 스트레스를 경험하고 낯선 상황 실험에서의 재회에서 위안을 얻는 데 어려움을 겪는다. 미국의 유아와 비교할 때 다른 문화의 애착관계에서 유아는 양가적 특성을 보이는 것으로 분류될 가능성이 크다. 이와 대조적으로 미국의 부모들보다 영국(Great Britain), 스웨덴, 독일의 부모들은 유아가 독립적이 되도록 더 많이 격려한다. 이런 나라의 유아는 낯선 상황 실험에서 회피 애착으로 분류될 행동을 보일 가능성이 더 크다(Colin, 1996). 연구자들은 전문가와 부모가 어떤 애착을 안정 애착의 특징으로 개념화하는지에 대한 문화 간의 유사점을 발견하였다

(Posada et al., 1995). 그러나 안정 또는 불안정 애착 유형을 보여주기 위해 사용되는 실제 행동들은 문화에 따라 다를 수 있다. 그러므로 낯선 상황 실험의 기저가 되는 가정(assumption), 그리고 미국에서 부모-유아 양자 관계에서의 안정감을 기록하기 위해 사용하는 규준은 전 세계의 아동들의 애착관계를 연구할 때 적절하지 않을 수 있다.

이런 이론적 고려점들은 애착 연구자들에게 도전을 주었지만, 방법론상의 문제 또한 제기되었다. 낯선 상황 실험은 12~18개월 된 유아들의 애착의 질적 차이를 평가할 때 가장 많이 사용되었다. 좀 더 연령이 많은 아동들의 경우, 분리경험을 더 많이 했고 대처기술이 발달되어 있어 분리가 될 때 애착행동을 강화하는 반응을 덜 보이므로 애착의 안정성을 평가하기 위해 낯선 상황 실험을 사용할 수 없다는 점이 금방 관찰되었다. 유아기 이후의 애착관계에서 개인차를 포착하는 것은 불가능한데, 이는 측정 방법 사용이 불가능하기 때문이다. 연구자들이 유아기 시기를 넘어서도 애착관계가 중요하다는 것을 인식하기 시작하면서, 시간의 흐름에 따른 애착 안정에 대한 의문도 검증하고자 하였다. 나이가 많은 아동들에게 나타나는 좀 더 발달되어 있고 애착과 관계 있는 행동들을 포착하고 애착 유형의 질적 차이를 평가하기 위해 발달적으로 적절한 새로운 코딩체계의 필요성이 대두되었다.

## 애착 안정성 측정도구의 발달

발달이 진행됨에 따라 부모와 관계를 맺고, 분리에 대한 스트레스를 다루기 위한 새로운 행동전략들이 나타나므로 이에 대한 이해를 기반으로 하여 낯선 상황 실험의 원 코딩체계를 수정하였다. 이렇게 좀 더 새로워진 체계들은 연령에 따라 행동이 변화되어도 형성된 애착 패턴은 여전히 똑같이 나타날 것이라고 가정하였다(예 : Cassidy, Marvin, & the MacArthur Attachment Working Group, 1992; Crittenden, 1994; Schneider-Rosen, 1990). 부모와 정기적으로 분리되는 것에 익숙해져 있는 아동들(보육시설에 다니는 아동들처럼)을 대상으로 한 애착 척도로는 낯선 상황 실험에 대한 대안으로, 캘리포니아 애착 절차(California Attachment Procedure, CAP)의 타당성이 검증되었다(Clarke-Stewart, Goossens, & Allhusen, 2001). CAP는 분리-재결합 장면에 초점을 두기보다는 (무서운 로봇이나 큰 소음으로) 스트레스 받고 있는 아동이 어머니를 안전기지로 활용하는 방법을 평가한다. 이 척도는 Ainsworth의 애착 유형(안정, 불안정-회피, 불안정-저항)과 유사한 점수를 산출한다. 이 애착척도를 기반으로 한 연구들은 많이 없지만, 이 척도는 이론이 기반이 된 평가 절차로 낯선 상황 분류와 강한 관계를 가지고 있고 어머니의 민감성을 평가할 수 있다.

일부 애착 연구자들은 모든 사건에 걸친 행동을 고려하고 전체적인 안정성을 분류하기보다 특정 범위에서 낯선 상황에서 다시 만나는 행동을 코딩한다(Fraley & Spieker, 2003). Ainsworth의 원래 척도에서 분리-재결합 사건에서 보이는 애착행동은 4개의 항목으로 코딩된다. 근접성과 접촉 추구, 접촉 유지, 회피, 저항 요인분석을 통해, 이 척도는 2개의 차원으로 축소되었다 — (1) 근접성 추구 대 회피에서는 유아가 양육자를 안전기지로서 활용하는 범위, 그와 대조적으로 양육자와의 접촉을 줄이는 것을 기록한다. (2) 분노 대 저항은 양육자를 향해 표현된 외현적 분노와 갈등의 수준을 반영한다. 애착 안정성을 측정하는 연속적 척도는 전통적 애착 범주와는 구별되는 점수를 부여한다. 연속적 특성을 지닌 애착 분류가 궁극적으로는 유용한 것으로 밝혀졌는데, 일부 연구자들은 이를 지지하지만(예 : Cummings, 2003), 다른 연구자들은 유용성에 대하여 의문을 제기한다(예 : Cassidy, 2003; Sroufe, 2003). 해당 척도가 유아에게 사용할 수 있는 적절한 대안인지의 여부는 여전히 실증적인 문제이다. 그러나 애착 연구에서의 범주적 또는 연속적인 접근에 의문을 제기하는 연구자들은 애착을 개념화하고 측정하는 방법에 대해 중요한 논의를 해나가고 있다.

좀 더 나이가 있는 아동을 대상으로 하여 낯선 상황 실험의 여러 대안이 개발되었다. 유아의 행동을 관찰하는 것은 유아에게 내적으로 발생하는 과정과 애착 대상과의 관계의 질에 대한 추론을 이끌어내기 위해 사용되었지만, 학령전기에 출현하는 상징적 사고와 언어 능력은 현재까지는 신체적 접근성과 접촉으로만 확인할 수 있었던 것에 대한 새로운 가능성을 열어주고 있다. 이제 언어 발달은 애착 체계에 기여하게 된다. 아동은 양육자를 멀리에서 부를 수도 있고, 언어로 의사소통함으로써 위안과 안도감을 얻는다. 또한 더 길어진 분리도 견딜 수 있다. 예를 들어, 4세 아동은 일하는 부모가 하루가 끝날 무렵에는 돌아올 것을 알게 되고, 사진과 전화, 대체물, 어머니의 퇴근을 예상함으로써 마음이 진정될 수 있다. 또한 발달상 진전의 결과로 '표상 수준으로 이동'하고 내적 작동 모델이 구성된다(Main, Kaplan, & Cassidy, 1985, p. 66). 이 모델에는 정서 관련 내용을 포함하여 대본처럼 부호화된 양육자와의 반복된 관계적 상호작용에 대한 지각과 기억이 포함된다(Bowlby, 1969/1982; Bretherton, Grossman, Grossman, & Waters, 2005; Waters & Waters, 2006). 상호작용 경험으로부터 발달된 내적 표상 모델은 애착 대상과의 실제 행동과 유사할 것으로 예상된다. 그러므로 안전 기지 또는 재결합에서의 행동을 평가하는 행동 척도와 표상 척도 사이에 유사성이 예상된다(Bretherton &

Munholland, 2008).

언어가 발달할 때까지는 접근할 수 없다 할지라도, 내적 작동 모델은 유아가 낯선 상황에서 양육자를 향해 보이는 애착행동의 조직화를 통해 추론할 수 있었다. 좀 더 나이든 아동에게 이 모델은 놀이에서 행동 수준과 언어화에서의 표상 수준에서 보인다. 따라서 애착의 새로운 표상 척도는 Ainsworth의 원래 범주 체계와 유사하고 애착 안정성의 구체적 측면을 기록할 수 있도록 고안되었다. 아동의 인형 놀이를 관찰하는 것은 애착 관련 주제에 초점을 두었을 때 아동기의 애착을 이해할 수 있는 다른 접근 방식이다. 애착을 평가하고 분류하는 방법을 각기 다르게 제시하는 몇몇의 프로토콜들이 개발되었다(Solomon & George, 2008). 예를 들어, 애착 이야기 완성 과제(the Attachment Story Completion Task)(Bretherton, Ridgeway, & Cassidy, 1990)는 만 4세 아동들을 대상으로 개발되었고, 어떤 일(예 : 아동의 부모가 떠나는 것)이 발생하는 이야기를 가지고 인형놀이 하는 과정으로 이루어진다. 아동에게 다음에 무슨 일이 일어날지 인형 놀이로 보여줄 것을 요구하고, 아동의 언어 반응과 인형 놀이는 이야기에서 우세하게 나타난 반응에 기반하여 분류한다. 아동이 이야기한 내용과 Ainsworth의 각 애착 집단에 속하는 아동들이 재결합 시 보이는 행동이라고 이미 입증된 행동들 간에 일관성이 있을 것이라 가정하고 코칭 규준을 고안하였다. '안정'(B집단) 아동들은 할머니 인형으로 놀이하면서 떠나는 부모와의 관계에서 대처하는 역할놀이를 할 것이고, '회피하는'(A집단) 아동들은 반응을 회피하는 방법으로 다른 이야기를 해 달라고 요구할 것이고, '양가적인'(C집단) 아동들은 반응에서 일관성 있는 패턴이 보이지 않고, 그리고 '혼란된'(D집단) 아동들은 바닥에 인형을 던지는 것과 같은 일상적이지 않고, 논리적 맥락이 없는 반응을 보인다. 이 척도는 신뢰도와 타당도에서 제한점이 있다. 그러나 이 척도의 사용을 통해 어린 아동들에게 표상 과정이 작동하는 방법이 형식에 있어서 청소년과 성인들에게서 규명된 것과 유사하다는 것이 강조되었다. 예를 들어, 안정적인 아동은 애착 행동을 적극적이고 지속적인 방식으로 표현하며 정서를 (기쁠 때나 슬플 때나 화날 때에 상관없이) 솔직하고 직접적으로 표현한다. 그들은 애착과 관련된 걱정과 불안을 자신감 있게 해결한다. 애착을 평가하기 위하여 Cassidy의 '인형 가족으로 이야기 완성하기(Incomplete Stories with Doll Family)'(Cassidy, 1988)와 '애착 인형 놀이 평가(the Attachment Doll Play Assessment)'(예 : George & Solomon, 1990/1996/2000)를 포함한 대안적인 인형 놀이와 '투사적' 기법 또한 사용되었다. 어린 아동에게 이런 표상과정들이 실제적으로 애착행동 체계를 활성화한다는 점에서, 이 과정들은 이후에 아동들의 애착 패턴을 구분하는 데 유용한 것으로 증명될 수 있다.

또 다른 절차인 분리 불안 검사(the Separation Anxiety Test)는 6개의 사진을 활용하는데, 원래 청소년을 위해 개발되었지만(Hansburg, 1972) 이를 4~7세 아동을 대상으로 수정하였다(Klagsbrun & Bowlby, 1976). 사진은 약간 스트레스를 주는 장면부터(잠자리 인사를 하는 부모 중 한 명과 침대에 누워 있는 아동) 가장 스트레스를 주는 장면(부모 중 한 명이 떠나가는 것을 보는 아동)까지 있고, 애착 관련 반응을 이끌어낼 것으로 기대되었다. 성인은 각 사진을 아동에게 보여주고 사진에서 느끼는 것과 자신이 무엇을 할 것인지에 대해 이야기하도록 한다. 애착 안정성의 표상모델은 아동의 언어 반응에 기초하여 추론된다. 만 6세 아동들의 정서적 개방성과 이 사진들에서 묘사하고 있는 분리 시나리오로 자극된 감정들을 건설적으로 해결할 수 있는 능력에 초점을 두고 분류 체계가 개발되었다(Kaplan, 1985). 솔직하고 분명하고 건설적인 방식을 언급하면서 분리에 대처하는 아동은 '대처 자원이 풍부한'(B집단) 집단으로 분류한다. 아동이 분리에 대한 반응으로 괴로운 감정과 연약함을 표현하지만 대처 전략은 표현하지 못할 때 '비활동적인'(A집단) 집단으로 분류한다. 부모에 대한 정서 반응이 혼합, 특히 모순될 때(예 : 부모에게 화가 났지만 기쁘게 하는 것) 결과는 '양가적인'(C집단) 집단이 된다. '두려워하는'(D집단) 집단으로 분류되는 것은 두려움을 표현하는 아동이 혼란스러운 사고를 하며, 분리에 대처하는 건설적 전략을 활용할 수 없을 때이다. 분리 불안 검사에서 쓰인 것과 같이 코딩 체계에서의 신뢰도와 타당도에 관련된 정보가 상대적으로 거의 없는 편이지만, 이것은 다른 표상 척도 개발을 활성화하였다(Solomon & George, 2008).

많은 연구자들은 아동이 애착 경험에 대해 이야기할 수 있다면 더 쉽게 평가할 수 있다고 믿는다. 그러나 애착 연구자들은 애착 안정성을 추론함에 있어서 언어가 행동보다 더 신뢰롭지 못할 수 있음을 알고 있다. 사고와 감정에 대한 조절과 통제가 증가하면서, 좀 더 나이가 든 아동들, 청소년, 그리고 성인들은 방어과정을 사용하므로, 언어만으로는 애착관계에 대한 '진실'을 규명하는 것이 좀 더 어려워진다(Ainsworth, 1990). 좀 더 나이가 든 아동들의 애착 안정성을 평가할 수 있는 발달적으로 적절한 척도들과 코딩 체계들이 만들어지면서, 애착관계에서 정서와 인지 차원에 대해 이해할 수 있는 애착의 내적 작동 모델에 초점을 두게 되었다.

아동기 중기에 안정 애착[Kerns 안정성 척도(Kerns, Klepac, & Cole, 1996) 또는 회피와 몰두형 애착(Finnegan, Hodges, & Perry, 1996)]을 나타내는 자기보고식 척도가 사용되었다. 분리 불안 검사(Kaplan, 1985; Klagsbrun & Bowlby, 1976)는 후기 아동기와

초기 청소년기의 애착 관련 감정과 사고를 평가하기 위해 수정되었다(Resnick, 1993). 초기 청소년을 대상으로 사용된 투사적 기법들이 아동기 후기와 초기 청소년의 가족 구성원들의 애착 관련 표상(Fury, Carlson, & Sroufe, 1997), 애착 대상(Sroufe, Carlson, & Shulman, 1993)을 평가하기 위해 개발되었다. 아동 애착 면접(The Child Attachment Interview)이 후기 아동기와 초기 청소년기의 표상 과정을 평가하기 위해 개발되었다(성인 애착 면접에서 평가하는 것과 유사함)(George, Kaplan, & Main, 1984, 1985, 1996; Shmueli-Goetz, Target, Fonagy, & Datta, 2008; Target, Fonagy, Shmueli-Goetz, Datta, & Schneider, 1999). 그리고 친밀한 관계 경험 척도(the Experiences in Close Relationships scale)(Brennan, Clark, & Shaver, 1998) 또한 8~14세 아동을 대상으로 수정되었는데 아동과 청소년의 초기 애착을 측정하기 위한 도구로서의 유용성이 입증되었다(Brenning, Soenens, Braet, & Bosmans, 2011).

부모 또는 훈련받은 관찰자는 또한 가정에서 아동의 안전 기지에 기반한 행동을 관찰하고 평가하여 애착을 평가할 수 있다. 이 방법은 아동의 행동에 기반하여 애착을 분류하는 체계나 표상 과정을 활용하는 것과는 꽤 다르다. 애착 Q세트(Attachment Q-Set, AQS, Warets, 1995)는 아동의 애착 관련 행동을 묘사하는 문구를 포함하는 90개의 카드로 구성되어 있으며 1~5세의 아동에게 사용하기에 적절하다. 장기간에 걸쳐 집에서 아동을 관찰한 후, 관찰자는 AQS를 작성할 수 있다. 대안적으로 부모 또는 아동을 잘 아는 다른 양육자가 작성할 수도 있다. 카드들은 미리 정해진 방법에 따라 아동에 대해 가장 잘 기술해놓은 것부터 거의 해당되지 않는 순으로, 9개의 더미로 분류된다. 그다음 어머니, 다른 양육자 또는 관찰자들이 분류한 카드와 가설적으로 '가장 안정된' 아동으로 분류된 표준 규준과의 상관을 살펴본다. 최종적 상관관계는 평가받은 아이가 나타내는 것과 안정 애착 아동이 얼마나 유사한지를 나타낸다. 그러므로 아동들을 안정 또는 불안정(가설상의 표준과의 상관관계를 기초로 하여)이라고 볼 수는 있지만 불안정 애착의 하위유형으로는 구분하지 않는다. 메타 분석 연구에서 AQS 점수는 낯선 상황 실험에서 분류한 것과 중간 정도 상관이 있는 것으로 나타났다. 이에 더하여 AQS는 임상적 문제를 가진 아동과 그렇지 않은 아동을 구분하는 것으로 나타났다. 마지막으로 어머니의 평가보다 관찰자의 AQS 평가가 낯선 상황 실험의 분류와 더 높은 상관이 있는 것으로 나타났다(그러므로 더 타당하다)(van IJzendoorn, Vereijken, Bakermans-Kranenburg, & Riksen-Walraven, 2004). 따라서 AQS는 안전 기지에 기반한 행동의 표준적인 유형을 탐구하고 유아기 이후 애착 안정성의 개인차를 확인하기 위한 유용한 방법을 제공한다.

애착관계를 평가하기 위해 다른 기법을 사용할 때 제기되는 중요한 문제는 '척도들 간 결과가 얼마나 일관적인가'이다. 일반적으로 애착 질문지와 면접 방식 사이의 관련성은 청소년기와 성인기에서뿐 아니라(Crowell, Fraley, & Shaver, 2008) 아동기 중기에서도 보통 꽤 낮다(Granot & Mayseless, 2001; Kerns, Tomich, Aspelmeier, & Contreras, 2000; Kerns, Abraham, Schlegelmilch, & Morgan, 2007). 그러나 이처럼 낮은 상관관계를 해석하는 것은 어렵다. 이것은 척도 간의 일관성이 부족하다는 것을 나타내는 것인가 또는 자기 보고와 면접척도들은 애착의 다른 측면을 포착하는 것인가? 그러므로 관계가 있다고 생각할 수는 없는가? 예를 들면, 인터뷰 기법으로 평가를 하는 것은 아동과 청소년의 애착의 내적 표상을 평가하는 데 믿을 수 없을 만큼 유용하지만, 애착관계의 특성 중에는 인터뷰 기법으로 평가하기에 결정적인 것이 있고 자기 보고 질문지에 초점이 맞춰진 것들이 있다. 그러므로 다양한 척도들을 사용하는 것은 애착구조를 폭넓게 평가할 수 있고 단일 척도에 대한 의존도를 낮출 수 있다는 점에서 유익할 수 있다.

## 애착 유형에 안정성 또는 불안정성이 있는가?

애착 연구자들은 시간의 흐름에 따른 발달적 변화에도 불구하고, 애착 유형에서의 연속성이 예상된다고 주장하였다. 특정 애착행동에서의 변화가 예상되지만 전체적인 애착관계의 구조에는 안정성이 있을 것이다. 각 파트너는 타인의 상호작용 패턴에 적응함으로써 관계의 기저에 있는 안정성에 기여하게 된다(Sroufe & Waters, 1977). 그러나 이런 연속성은 아동에게 제공되는 나이에 적절한 안정성 있는 양육을 받을 때에만 생겨난다. 또한 이는 아동이 애착 관련 행동을 변화에 저항적인 경향이 있는 내적 모델로 구성하는 것에 달려 있다(Ainsworth, 1990). 그러나 특정 조건하에서, 애착의 질에서의 변화가 예상된다(이러한 이슈에 대한 종합적 검토를 위해 Cassidy & Shaver, 2008 참조).

애착 패턴의 연속성에 대한 문제를 평가하기 위해 유아기에 처음 관찰되고, 뒤이어 성인기에 관찰된 참여자들의 애착 안정성을 탐구하는 장기적이고 유망한 연구가 수행되었다(개요는 Grossman et al., 2006 참조). 예를 들어, 일부 연구자들은 걸음마기에서(12~18 또는 24개월까지), 아동기 초기(12~60개월까지)의, 발달적 변화 기간에 걸쳐 (유아기에서 아동기, 청소년기, 성인기 초기까지) 애착 패턴의 장기간의 안정성을 조사하였다(예 : Weinfield, Sroufe, Egeland, & Carlson, 2008). 유치원 기간 동안 수정된 분리-재결합 절차(Cassidy & Marvin, 1992)에서 먼저 관찰된 3~4세 아동의 68%는 2년 후에 재검사했을 때 유사한 애착 분류를 가지는 것으로 나타났다(Moss, Cyr, Bureau, Tarabulsy, & Dubois-Comtois, 2005). 유사하게, 몇몇 연구자들이 훨씬 더 낮은 안정성을 보고하기는 하지만(Belsky, Campbell, Cohn, & Moore, 1996; Cassidy, Berlin, & Belsky, 1990), 더 짧은 기간에도 높은 안정성(70% 이상)이 보고되었다(예 : Hamilton, 2000; Main & Cassidy, 1988; Waters, 1978). 장기간에 걸쳐 안정 애착으로 분류된 유아의 72%는 20년 후에도 안정 애착을 보이는 것으로 나타났다(Waters, Merrick, Treboux, Crowell, & Albersheim, 2000). Fraley(2002)는 메타 분석을 통해 유아기부터 어린 아동기의 애착 안정성에서의 안정성이 보통 수준에서 유의하다는 근거를 제시하였다.

몇몇 연구들에서는 안정성에 대해 일관되지 않은 결과를 제시하기도 하고 애착 안정성에서 '합법적인 변화' 또는 시간이 지나면서 발생하는 이론적으로 일관성이 있고 의미 있는 변화에 대한 증거를 제공하기도 한다(Hamilton, 2000; Waters et al., 2000; Weinfield, Sroufe, & Egeland, 2000). 다른 실증적 연구 결과는 변화가 합법적이며 예측 가능하다는 생각과 일치했다. 예를 들어, 불안정 애착 유아의 상당수가 만 4세(Fish, 2004) 또는 만 5세(Lounds, Borkowski, Whitman, Maxwell, & Weed, 2005)까지 안정적 관계를 맺는다는 것을 발견하였다. 어머니가 자녀의 정서적 신호와 욕구들을 더 잘 이해하게 되거나 능숙해지거나 또는 가족 환경에 변화가 생기게 되면, 애착관계의 질은 불안정에서 안정으로 변화될 수 있다(Waters et al., 2000). 그리고 안정 애착도 트라우마적인 가족 상황이 있거나 부모의 적대감 또는 갈등의 증가가 있을 때에는 시간에 따라 불안정 애착으로 바뀔 수 있다(Moss et al., 2005). 상대적으로 낮은 수준의 스트레스를 경험하는 사람들(예 : 변화가 없는 중산층의 백인 미국인 가정)의 애착 유형에서 안정성 또는 불안정성에 대한 문제를 연구하는 것은 낮은 사회경제적 지위를 가진 사람들 또는 가족, 부모 또는 환경적 스트레스 요인에 의해 애착관계에서 변화를 더 많이 경험할 가능성이 있는 아동을 관찰하는 것과는 매우 다른 패턴의 결과를 낳을 수 있다(예 : Booth-LaForce et al., 2014). 사회경제적이고 문화적으로 더 다양한 사람들을 장기적으로 연구하는 것은 후속 연구를 위한 중요한 지침이 될 것이다.

마지막으로, 최근 연구들은 다수의 표본에서 애착 안정성을 연구하였으나(예 : Groh et al., 2014), 유아기부터 어린 아동기까지 장기적으로 연구된 연구 대상은 상대적으로 많지 않다(Roisman & Haydon, 2011). 그리고 유아기부터 어린 아동기까지의 안정성의 필요성을 강조하기 위해 Bowlby의 본래 주장이 실수인지 와전된 것인지에 대해 의문이 제기되고 있다(Roisman & Groh, 2011). 게다가 애착 안정성에 대한 결과는 아동이 이후의 불안정에 대하여 보호받을 수 있음을 의미하는 것이 아니다. 그보다 부모가 민감하고 반응적이어서 유아기 자녀에게 안정기지가 되어야 한다는 자신의 역할을 잘 이해하고 있을 때 아동기와 청소년기 동안에도 이런 핵심적인 지지를 지속적으로 제공하는 경향이 있다. 전반적으로 합의된 것은 초기 애착 패턴이 불변하는 것은 아니라는 것이다. 그보다 상실, 질병, 결혼, 또는 이혼과 같은 환경적 사건들이 자녀에 대한 양육자의 행동을 변화시키기 때문에 또는 양육자의 반응성과 민감성에 대한 아동의 시각을 변화시키기 때문에 이로 인해 내적 모델이 수정되어 애착 패턴이 변경될 수 있다. 추가적으로 유아와 양육자 모두 정서 조절과 정서적 교류를 목표로 한 초기 임상적 개입은 애착관계를 변화시킬 수 있는 가능성을 가지고 있다(Schore & Schore, 2008). 이와 유사하게 대안적인 지지 대상과 관계를 맺음으로써, 치료를 경험함으로써 안정적 표상 또는 애착과 관련된 마음 상태를 발달시키고자 노력하는 성인은 유아와 안정 애착관계를 형성하는 데 성공할 수 있다(Phelps, Belsky, & Crnic, 1998; Roisman et al., 2002; Saunders et al., 2011).

## 애착관계에 대한 아동 양육의 영향력

아동이 몇 주간 또는 몇 달간 일상적으로 최초의 양육자로부터 떨어져 시간을 보낼 때 어떤 일이 일어나는가? 이러한 분리가 애착관계 발달에 어떠한 영향을 미치는가? 어린이집에서의 아동의 경험과, 또한 어머니로부터의 분리가 안정 애착에 미치는 영향에 대한 의문은 많은 연구의 초점이 된다. 어린이집의 아동들은 부모와 밀접한 관계를 형성하는 것으로 나타났다(Clarke-Stewart & Allhusen, 2005; Lamb & Ahnert, 2006). 어머니가 주기적으로 부재한 양육의 역효과에 대해, 특히 애착의 질에 대해 상당한 논쟁이 있어 왔다(Belsky & Steinberg, 1978; Fox & Fein, 1990; NICHD Early Child Care Research Network, 1997; Rutter, 1981).

초기의 보호 시설의 양육이 정서 및 인지 발달의 결함과 관련이 있다는 Bowlby(1973)의 근거가 동기가 되어 연구자들은 보육 시설에서의 장기화된 분리 경험에 대해 의문을 제시하기 시작하였다. 실제로 몇몇 연구 결과는 유아기 동안 아동 보육 경험이 애착 분류와 관련이 있다는 주장을 지지하였다. 예를 들어, 몇몇 연구자들은 생애 첫 1년간 매

주 20시간 이상의 일상적인 아동 보육을 받은 12개월의 유아들이 매주 20시간 이하의 보육을 경험한 유아들보다 안정 애착으로 분류될 가능성이 낮았음을 밝혔다(Belsky & Rovine, 1988). 다른 학제 간 연구 분석(Clarke-Stewart, 1989; Lamb & Sternberg, 1990)에서도 유사한 결과를 얻었다. 즉, 생후 1년 동안 매주 보육시설에서 20시간 이상 있는 것과 불안정 애착의 위험이 증가하는 것과 관련이 있었다.

그러나 해당 자료와 관련하여 오늘날 몇 가지 의문이 제기되었다. 예를 들어, 어머니가 풀타임으로 근무하고 대리 양육의 유형과 질에 대하여 몇 가지 선택할 수 있는 것은 (연구 자료가 수집되었을 때인) 1980년대보다 현재 더 빈번하다. 오늘날 어머니들은 30년 전 연구한 어머니와는 다른 인구를 대표할 수 있는데, 이는 오늘날 어머니들이 더 나이가 많고, 교육받은 경향이 더 있기 때문이다. 게다가 오늘날 어머니들은 아동 보육을 둘러싼 논쟁과 문제를 더 인식하고 있을 가능성이 있다(부분적으로는 대중매체의 보고와 양육 서적에 의한 학습). 결과적으로 그들이 선택한 아동 보육 환경을 더 조심해서 선별하고 유아와 보내는 시간 동안 민감하고 반응적인 양육을 제공할 필요성에 대해 더 신경 쓰고 있을 수 있다. 이에 더하여 집에 있기로 한 어머니들은 직업이 있는 어머니와는 다를 수 있다. 예를 들어, 그들은 다른 가치와 양육 목표, 다른 수준의 교육과 기술 또는 능력, 다른 자원에의 접근성을 지닐 수 있다. 또한 아동들에게 이미 존재하고 있는 차이점들은 어머니가 직업을 결정하는 것뿐 아니라 애착관계를 발달시키는 데 영향을 미친다. 그러므로 어머니의 직업만 단독으로 고려하기보다는, 아동에게 관찰되는 차이점을 설명할 수 있는 이런 다른 요인들도 고려해야 한다(Caldwell, 1993). 일부 연구자들(예 : Clarke-Stewart, 1989)은 낯선 상황 실험 이후의 초기 연구에서 사용된 애착 안정성 척도가 애착행동을 활성화하기 위한 분리−재결합의 연속적 사건들에 의존하고 있는 것에 의문을 제기하였다. 분리가 스트레스를 주지 않을 수 있으므로 보육 시설을 경험 한 아동에게 애착을 측정하는 것은 타당하지 않다는 것이다.

보육 시설의 아동의 애착관계에 대한 보다 심화된 질문들이 최근 연구의 초점이 되고 있다. 예를 들어, 미국 전역의 다수의 병원에서 출생한 다양한 경제적 · 인종적 · 교육적 배경을 가진 유아를 대상으로 한 대규모 종단연구에서 아동 건강 및 인간 발달 연구소의 초기 아동 돌봄 연구 네트워크(the NICHD Early Child Care Research Network, 1997)는 초기 아동의 보육 경험이 안정 애착에 미치는 영향을 조사하였다. 해당 연구에서는 참여자의 다양성, 다양한 보육 방법(예 : 가정 내에서의 양육자, 아버지, 친척, 가정 보육 시설 및 센터), 관찰 척도의 포괄성이라는 많은 이점이 있었지만, 몇 가지 중요한 제한점도 있었다. 예를 들어, 18세 미만인 어머니와 출생 이후 입원이 필요한 유아는 모두 포함되지 않았다. 어머니의 약 42%는 연구 참여를 거절했으므로, 해당 연구에서 참여한 사람들과 그렇지 않은 사람들 사이를 구분하는 요인에 대한 의문이 제기되었다. 그러나 여전히 낯선 상황 실험에서의 유아의 행동(예 : 고통 또는 탐색적 경향의 수준의 관점에서)은 아동 보육 경험에 따라 차이가 없는 것으로 나타나 분리가 흔했던 아동에게도 해당 척도가 타당하다는 것이 규명되었다. 경제적 스트레스가 부모 양육의 질에 영향을 미치며(개요는 McLoyd, 1990 참조) 더 가난한 가정의 아동이 불안정 애착으로 분류될 가능성이 더 컸음을(Spieker & Booth, 1988) 보여주는 이전 연구와 일관되게 경제적으로 빈곤한 가정의 아동에게서 불안정 애착의 비율이 높게 나타났다(NICHD Early Child Care Research Network, 1997).

어머니의 민감성과 심리적 적응은 애착 안정과 관계가 있지만, 아동의 특성(성별, 어머니가 평가한 기질)이 애착 안정에 미치는 영향력은 없는 것으로 나타났다. 이처럼 아동(예 : 성별, 기질)과 어머니(예 : 어머니의 민감성, 심리적 적응)가 미치는 효과를 고려한 다음 아동 보육의 주 효과에 대해 검증하였다. 초기 아동 보육의 참여에 근거한 애착 안정에서 의미 있는 차이는 없었다. 초기의 안정되고, 질 높은 아동보육이 유아가 어머니와 안정 애착을 증가시키지 않는 것처럼, 오랜 시간 동안 불안정하고 낮은 질의 보육 역시 불안정 애착의 경향성을 증가시키지 않았다. 이 연구 결과들은 Belsky와 Rovine(1988), Clarke-Stewart(1989)가 이전에 실시한 연구에서 보고한 결과들과 달랐다. 오늘날의 부모들은 미디어가 보도한 자료들을 더 많이 활용할 수 있게 되면서 아동 보육에서 발생 가능한 부정적인 영향에 대해 좀 더 민감해진 것은 아닐까? 아마도 아동 보육을 활용하는 부모는 유아와 있을 때 민감한 양육을 제공하기 위한 특별한 노력을 하는 것일까?

그 대신에, NICHD 연구에서 보고된 어머니 특성과 아동 보육 간의 좀 더 복잡한 상호작용 효과가 이 결과를 명확하게 설명하는 데 도움이 될 것이다. 더 구체적으로 단독으로 고려했을 때 아동 보육이 불안정 애착에 대한 위험이 증가한 상태로 만들지는 않는다는 것이 밝혀졌다. 그러나 어머니의 돌봄이 둔감하거나 반응적이지 않을 때에는 불안정하고 질 낮은 아동 보육의 광범위한 개입이 불안정 애착의 위험을 증가시켰다. 다른 방법으로 말하자면, 보육 교사가 아동에게 가장 적게 반응적이고 민감하지 못하며, 어머니 또한 덜 민감하며 덜 반응적인 아동은 가장 불안정한 애착을 형성하는 것으로 나타났다. 그러나 질 높은 양육은 질 낮은 어머니의 양육을 경험한 아동에게 보상 역할을 하는데, 집 밖에서 아동이 받는 높은 질의 양육 때문에 안정 애착을 발달시킬 가능성이 더 커지게 된다. 따라서 이토록 중요하며 진행 중인 종단 연구의 결과는 어머니의 민감성과 애착 안정 사이의 관계에서 아동 보육의 조절 효과를 입증한 것이다.

## 복합 애착의 발달

유아는 생애 첫해 동안 한 명 이상의 인물과 애착을 발달시킨다. 애착 위계는 원래 Bowlby(1969/1982, 1988)가 처음으로 제시한 개념이다.

> 거의 모든 아동들은 괴로움을 느낄 때 접근하게 되는 한 사람, 보통은 어머니라는 인물이 있다는 풍부한 증거가 있지만, 대상이 부재하다면 아동은 아쉬운 대로 다른 사람으로 만족하게 될 것이며, 그 사람은 가급적 아동이 잘 아는 인물이다. 이런 경우 대부분 아동들은 분명한 선호 위계를 보이게 되며, 극한 상황일 때와 활용할 수 있는 인물이 없을 때는 다정한 낯선 사람에게도 접근할 수 있다. 따라서 애착행동이 다른 상황에서 다양한 개인에게서 보여질 수 있지만 지속되는 애착 또는 애착 유대는 극히 소수에 제한된다. 아동이 명확한 구분을 보이지 않는다면 정서 문제가 있을 가능성이 있다(Bowlby, 1988, p. 28).

짧은 구절에서 몇 가지 중요 개념이 소개되었다. (1) 어머니는 일반적으로 최초의 애착 인물이다. (2) 아동은 애착 위계를 형성한다. (3) 지속되는 애착관계는 소수의 의미 있는 인물들과만 맺어진다. (4) 아동이 괴로운 상황에서 애착 인물을 찾지 않는 것은 일반적이지 않다. 이런 경우에는 애착관계를 발달시키거나 유지시키는 아동의 능력에 문제가 있을 가능성이 있다.

Bowlby의 독창적인 발상은 다수의 중요한 조사 연구에서 지지되었다. 생애 첫해 동안 대부분 유아의 최초 양육자는 어머니이다. 또한 대부분 유아가 애착을 형성하는 최초의 인물이기도 하다(Roopnarine, Fouts, Lamb, & Lewis-Elligan, 2005). 그다음에 일단 이 토대가 확립되면 다른 익숙한 인물과 애착을 형성하게 되며 애착 위계를 발달시키게 된다(Bretherton & Munholland, 2008; Steele et al., 1996). 진화론적 관점에서 이는 정말 그럴 듯한데 여러 양육자와 복합 애착을 형성하는 능력이 어느 시점에서 양육자가 이용 가능하지 않을 때 유아의 생존을 보장해주기 때문이다. 이 개념은 특히 때로는 생의 매우 초기에 다수 양육자를 포함하는 양육 방식에서의 문화적 차이를 고려할 수 있게 한다(Sagi et al., 1985; van IJzendoorn, Sagi, & Lambermon, 1992). 또한 특정 양육자가 아동의 욕구를 충족시킴에 있어 다른 역할을 하기 때문에 특정 양육자에 대한 선호를 발달시킨다는 사실을 인정하는 것이다.

유아는 아버지보다 보통 어머니와 더 많은 시간을 보내지만, 어머니와 아버지 모두에게 애착을 발달시킨다(Lamb, 2002; Lamb & Lewis, 2010). 애착 발달에 있어 함께하는 시간의 길이가 중요한 것이 아니라 상호작용의 질이 중요하다. 아버지는 유아의 삶에서 놀이친구라는 특별하고 유일한 역할을 맡게 되는데 실제로 양육보다는 놀이하는 데에 훨씬 많은 시간을 보낸다(Pleck & Masciadrelli, 2004). 그럼에도 불구하고, 나이가 위인 형제자매, 다른 양육자뿐만 아니라, 아버지 또한 유아와 일관되고 의미 있는 상호작용을 한다면 애착 대상이 된다(Ahnert, Pinquart, & Lamb, 2006; Goosens & van IJzendoorn, 1990; Grossman, Grossman, Kindler, & Zimmerman, 2008; Howes & Spieker, 2008; Stewart & Marvin, 1984; Teti & Ablard, 1989; van IJzendoorn & de Wolff, 1997). 복합 애착은 위계로 체계화되며 특히 위안이 필요할 때 주된 애착 인물에 대한 선호가 생기게 된다[Bowlby, 1969/1982가 '단향성(monotropy)'이라고 부른 개념]. 아기가 한 명 이상의 애착 대상과 함께 있으며 스트레스가 없는 상황이면, 다른 사람을 능가하는 한 사람에 대한 일관적인 선호를 보이지 않을 것이다. 만약 유아가 분리의 가능성으로 인해 괴로워지거나 피곤해지고 불확실해지거나 놀라게 되면 어머니는 유아가 위안을 좀 더 자주 구하는 애착 대상이 된다. 유아가 위안을 구하고자 다른 애착 대상을 찾는 것은 어머니가 부재할 경우에만 그렇다(Cassidy, 2008). 부모 모두가 존재할 때 10~18개월의 괴로움을 겪는 유아는 여전히 어머니를 선호하는 경향이 있다(Lamb & Lewis, 2011). 사실 Ainsworth(1982)는 일차적 애착 인물과의 분리에 대한 유아의 큰 괴로움 반응과 이차적 애착 인물과의 분리에 대한 유아의 덜 괴로운 반응을 비교하여 초창기에 해당 주장을 지지하는 근거를 제시하였다.

단향성은 왜 유아기에 발달하는 것일까? 주요한 애착 대상에 대한 유아의 선호는 돌봄이 제공될 것임을 보장해주며, 위험에 직면했을 때 유아의 생존 가능성을 증가시킨다. 더욱이 '상호 간 위계적 유대'(Cassidy, 2008)는 유아가 건강한 발달에 가장 많이 공을 들여 얻어낼 것이 많은 인물에 대한 애착을 발달시킬 것임을 암시한다. 상호 간 위계적 유대 과정은 또한 왜 어머니가 근원적 애착 대상인 경향이 있는지에 대한 이유를 설명하는데, 이는 어머니만이 임신 중에 신체 자원을 헌신하고, 아동의 진짜 생물학적 태생을 알고, 아버지보다 자손을 낳을 확률이 적기 때문이다(Cassidy, 2008).

시간이 흐르면서 복합 애착관계에는 어떤 일이 생길까? 우리는 유아가 생후 첫해에 보통은 어머니와 다른 가족 구성원 또는 양육에 참여한 중요한 인물과 2개 또는 3개의 애착 관계를 발달시킴을 알게 되었다. 사회적 세계가 확장되고 아동이 직계가족 이외의 또래나 성인과 더 많은 시간을 보내게 되면서 아동기와 청소년기에 새로운 애착관계를 형성할 기회가 생겨난다. 마지막으로 성적 파트너 또한 청소년 후기와 초기 성인기 동안 애착 대상이 된다(Bowlby, 1988; Cassidy, 2008). 이미 존재하는 애착(예 : 부모, 형제자매와의 애착)과 비교하여 애착관계가 어떻게 체계화되는지는 자료로 충분히 다뤄지지 않은 문제이다.

이후의 기능을 예측하기 위해 어떤 애착관계가 가장 중요한지에 대한 것 또한 설명하기 어렵다. 대부분의 연구는 단지 어머니의 애착만을 조사하고 있는데, 이는 어머니의 애착이 이후 사회적 · 정서적 기능을 예측하기 때문이다. 그러나 아버지의 애착이 유능감의 일부 영역을 예측하며 다른 부분은 어머니의 애착이 예측하는 것일 수도 있다. 그렇지 않다면 하나의 안정 애착이 이후의 발달에서의 유능감을 촉진하기 위해 필요한 모든 것일 수 있다. 기존의 연구는 어머니와의 안정 애착이 (그리고 아버지 또는 다른 애착 대상과의 불안정 애착) 아버지 또는 다른 인물에게 안정 애착(그리고 어머니와는 불안정 애착)인 경우보다 자녀를 더 유능한 행동으로 이끈다는 것을 보여주었다. 따라서 보통은 어머니인 초기 애착 대상과의 애착관계는 아동의 이후 발달에 가장 영향력이 클 수 있다(Boldt et al., 2014; Cassidy, 2008). 그러나 2개의 안정 애착을 맺고 있는 것은 이후 기능이 최선으로 발휘되게 하지만 2개의 불안정 애착은 유능한 행동의 발달을 가장 크게 낮춘다(Howes, Rodning, Galluzzo, & Myers, 1988; Main & Weston, 1981; Sagi-Schwartz & Aviezer, 2005). 그럼에도 불구하고 애착관계는 가족 체계 내에서 가장 잘 나타나므로 아동의 정서적 안정감과 초기 애착관계와 이후의 발달 사이의 연관성에 대한 모든 평가는 아동의 세계에서 의미 있는 다른 성인(예 : 보육 제공자, 보모, 조부모)뿐만 아니라(Howes & Spieker, 2008) 부모 모두를 포함할 수 있도록 해야 한다(Mikulincer, Florian, Cowan, & Cowan, 2002; Parke & Buriel, 2006).

이와 유사하게, 복합 애착관계와 그와 연관된 내적 작동 모델이 통합되고 관계와 자기에 대한 개인의 관점에 영향을 미치는 범위는 알려지지 않았다(Cassidy, 2008). 만약 초기의 애착 대상과의 상호작용에 기반하여 내적 작동 모델이 발달했고 그 모델이 다른 모든 관계의 본보기 역할을 할 것임을 예상한다면 그 모델은 다른 양육자와의 진행 중인 애착 경험에 기반하여 변형될 것인가? 만약 민감한 양육자와의 애착 관련 경험이 반응적인 돌봄을 누릴 만한 자기 모델에 기여한다면 통합된 관계모델이 구성될 것인가? 아니면 관계와 자기에 대해 생겨나는 내적 모델을 밝히는 것에 있어서 하나의 관계가 더 중요할까? 내적 모델이 순차적으로 형성되는 것과 비교하여 동시다발적으로 생겨날 때 어떤 일이 일어날까? 아동은 같은 발달 기간 동안에(예 : 어릴 때 어머니와 아버지와의 관계) 또는 이후의 기간 동안(예 : 초기 또는 후기 아동기의 보육 제공자, 양부모 또는 의붓 부모와의 관계) 발달되는 관계 모델을 구성하기 위해 인지적 · 사회적 유능감과 함께 같은 초기 애착관계에서의 정서적인 경험을 활용한다.

마지막으로 관계의 내적 작동 모델이 구성되는 몇 가지 방법이 있다. 여기에는 다음의 것들이 있다.

(1) **위계적 구성 모델** : 아동의 초기 애착 대상이 자기와 타인에 대한 내면화된 모델을 발달시키는 데 있어 가장 중요한데, 이차적 애착은 일차적 인물이 이용 불가능할 때 찾게 된다는 것이다(Bretherton, 1985).

(2) **통합적 구성모델** : 아동이 복합 애착으로부터의 경험과 지식을 통합하여 하나의 모델만을 발달시키며 자기와 타인을 이해하기 위해 해당 모델을 활용한다는 것이다(van IJzendoorn et al., 1992).

(3) **복합 애착관계의 독립적 구성 모델** : 질적으로 다른 애착관계가 발달되며(예 : 어머니와 아버지와의) 발달의 다른 영역에 영향을 미친다는 것이다(Bretherton, 1985; Steele & Steele, 2005).

이렇게 다른 모델을 지지하는 경험적 증거가 제시되었는데 애착 안정성의 일치에 초점을 맞춘 방식이거나(Ahnert et al., 2006; Boldt et al., 2014; Fox et al., 1991; Rosen & Burke, 1999) 다른 양육자와의 애착 안정에 기반한 이후의 결과들을 예측하는 것에 기반한 것이다(예 : Howes, Hamilton, & Phillipsen, 1998; Howes, Matheson, & Hamilton, 1994; Howes & Tonyan, 2000; Sagi-Schwartz & Avierzer, 2005, van IJzendoorn et al., 1992). 결국 복합 애착관계의 발달을 설명할 때 어떤 모델이 가장 적절한지를 결정하는 것은 조사하는 발달 기간과 예측되는 결과에 따라 다를 것이다. 이는 후속 연구를 타당하게 하는 중요한 문제이다.

## 애착관계의 신경과학

애착관계 연구와 신경과학 분야를 통합하는 것에 대해 큰 관심을 기울여왔다. 가장 초기 관계는 스트레스에 대처하고 정서를 조절하고 애착을 발달시키는 방식에 관여하는 신경 체계에 영향을 주고받는다(Coan, 2008). 애착 연구자들은 심리 및 생리적 과정 간의 관계를 평가하기 위해 두 가지 접근법을 사용해왔다. 한 가지 접근법은 특정 유형의 행동과 관련된 생리적 반응에서의 개인차를 조사하는 것이며, 나머지 하나는 행동 반응을 관찰한 후에 해당 행동이 관련된 생리적 체계를 평가하는 것이다(Fox & Hane, 2008). 따라서 예를 들자면 스트레스 반응을 유도한 후 시상하부-뇌하수체-부신(HPA) 축의 활동을 측정하는 방식을 사용한다. 애착 체계에의 위협과 같은 스트레스에 대해 개인이 반응할 때 HPA 축의 활성화 수준에서의 변화가 있을 것임을 가정한다(Gunnar & Donzella, 2002). 그 대신 연구자들은 스트레스 상황에 대한 자율신경계의 활동을 측정한다. 해당 연구에서 심박 수, 피부 전도성, 호흡의 측정이 가리키는 생리적 각성은 관계의 어려움에 대한 교감 또는 부교감 신경의 활동을 반영하는 것으로 보인다(Phillips, Carroll, Hunt, & Der, 2006). 주의력 상태의 변화는 자율적인 활동을 측정할 수 있는 지표가 되는데, 예를 들면 특정 장면 또는 소리에 지속적으로 주의를 기울일 때 전언어 시기(preverbal)에 있는 유아조차도 심장 박동수의 감소가 지속된다(Courage, Reynolds, & Richars, 2006).

이전부터 애착관계는 안정감을 제공하고자 하는 복합적 행동과 생리적 체계의 구조를 반영하는 것으로 보는 입장이 있었다(Bowlby, 1969/1982). 생리적 체계의 측정은 특히 관계의 어려움을 불러일으키는 상황에 대해 마음과 신체가 반응하는 방식과 관련하여 간접적인 정보를 제공한다. 그러나 신경과학적 접근과는 다르게 실제 뇌의 활동을 측정하지는 않는다. 유발 반응 전위(evoked response potentials, ERPs)의 측정과 같은 뇌 영상 기법은 특정 행동의 신경 회로를 기록하고 일시적인 신경의 흐름을 이해함에 있어 더 큰 정확성을 제공한다. 그리고 기능적 자기공명영상(fMRI)과 같은 기법은 뇌 활동 영역의 기저가 되는 구조적 특성에 관하여 더 좋은 실마리를 제공한다. 정신생리학적 접근법은 유아와 어린 아동을 대상으로 좀 더 쉽게 사용되었지만(예 : 애착관계의 안정에서의 개인차와 관련된 심박 수, 호흡, 코르티솔 분비 평가) 특히 뇌신경 영상 기술은 성인 애착에 관여하는 뇌 영역의 활성화를 더 잘 이해하는 데 도움이 된다. 두 접근법 모두 애착관계 연구를 진척시키는 데 매우 중요하다(폭넓은 검토는 Fox & Hane, 2008 참조).

급성장하는 연구 영역에서 규명된 결과는 애착 연구자에게 영향을 미쳐 연구자들이 생물학적 소인과 관계 경험의 상호 간 영향력을 고려하도록 자극하였다. 이에 따라 예를 들자면, 기질의 생리학적 표지(예 : 코르티솔 수준 또는 뇌파 비대칭)가 스트레스와 정서 표현에 대한 반응에서 개인차를 유발하고 낯선 상황 실험과 같은 실험실 기반의 애착 안정 측정에서의 행동에 영향을 미칠 가능성이 있는 것으로 확인되었다(Calkins, Fox, & Marshall, 1996; Fox & Davidson, 1988; Henriques & Davidson, 1990; Pizzagalli, Sherwood, Henriques, & Davidson, 2005). 흥미로운 한 연구에서 유아의 행동과 자율 신경계의 뇌 전기 활동을 수정된 낯선 상황 실험에서 탐구하였다(Dawson et al., 2001). 수정된 낯선 상황 실험에서 불안정 애착의 유아는 (즉, 어머니가 유아와 놀이하고 낯선 사람이 들어오고, 익숙한 실험자가 유아와 놀이하고, 그다음에는 어머니가 떠나게 됨) 안정 애착 유아와 비교했을 때 우측 전두엽 피질의 활동 수준이 더 높았고, 좌측은 낮았다. 우측 전두엽 피질은 두려움, 괴로움, 혐오감 표현을 담당하는 것으로 나타났다(Coan, Allen, & McKnight, 2006). 실제로 불안정 애착의 유아는 어머니에게 분노를 더 표출하거나 거리를 두는 모습을 보였고, 연구 결과는 우측 부분의 더 큰 활동 수준과 일치하였다. 좌측 전두엽 피질은 특히 기쁨, 흥미와 다른 긍정적 정서를 담당하는데, 안정 애착의 유아에게서 더 활동 수준이 높은 것으로 나타났다. 안정 애착의 유아는 또한 더 행복해했으며 어머니와의 상호작용에 흥미를 더 보일 가능성이 높았다. 그러므로 뇌 활동과 애착 간 명확한 관련이 있음이 규명되었다.

애착 체계가 작동하는 신경 매커니즘에 대해 더 많이 알게 됨에 따라 애착의 기저가되는 신경 구성을 활성화시키는 기질적 · 상황적 · 맥락적 요인에 대해 더 잘 이해할 수있을 것이다(Coan, 2008; Schore, 1994). 대인관계와 관련된 신경생물학 연구는 뇌 발달이 초기 관계 경험에서 트라우마의 영향을 받는다는 것을 강조하였다(Fonagy & Target, 2005; Leckman & March, 2011; Schore, 2003). 게다가 애착 경험은 실제로 최초의 기질적 소인과 상호작용하여 그 영향을 조절하거나 완화시키는데, 이를 통해 생리적 과정에 영향을 미치게 된다. 실제로 동물 연구 결과에 기반을 두어 유아를 대상으로 한 연구는(예 : Caldji et al., 1998; Francis, Diorio, Liu, & Meaney, 1999) 이런 주장을 지지한다. 어머니의 양육 행동은 스트레스에 대한 반응도에 관여하는 신경계에 영향을 미친다는 것을 발견하였다. 또한 어머니와의 상호작용 동안 부정적 정서를 표현하는 것은 양육의 질에 영향을 미치게 되며 그것 때문에 유아의 이후 행동에 영향을 주게 된다(Hane & Fox, 2006). 종합해보면, 해당 연구는 생물학과 경험이 복잡한 경로로 교류한다는 생각을 지지하는 것이다. 양육자의 행동은 스트레스에 대한 반응도와 정서 조절에 관여하는 신경계에 영향을 미치게 되어 유아의 선천적인 생리적 경향의 표출에 변화를 주는데, 이러한 변화는 뒤이어 양육 환경의 변화로 이어질 수도 있다.

성인들에게서 특정한 생리적 반응과 신경계는 양육 행동과 애착 패턴과도 역시 관련되어 있을 수 있다(Fox & Hane, 2008). 자기 자신과 낯선 유아에 대한 성인의 생리적 반응에서의 변화를 기록한 연구가 있다. 생리적 반응의 변화는 구별되는 행동 반응과 관련이 있었다(Donovan & Leavitt, 1985; Donovan, Leavitt, & Ballling, 1978, Frodi et al., 1978; Wiesenfeld & Klorman, 1978). 더욱이 어머니가 자신의 7개월 된 자녀의 행복하거나 슬픈 얼굴 이미지를 보았을 때 더 안정된 애착관계를 가진 어머니에게서는 [임신 기간 중 성인 애착 면접지(Adult Attachment Interview, AAI)를 사용하여 평가함] 뇌의 보상 영역의 활성 수준이 더 큰 것으로 나타났다. 따라서 본인의 아이의 신호에 민감하고 우발적인 반응성을 촉진하는 보상과 관계의 뇌 회로의 발달은 어머니 자신의 아동기 애착 경험의 영향을 받는다. 이러한 초기 경험은 이후 자녀의 신호에 대한 인식과 반응성에 영향을 미치는 신경 회로를 형성한다. 불안정 애착을 가진 어머니는 fMRI로 활동 수준을 측정했을 때 안정 애착의 어머니와 비교하여 아동에 대해 보람을 덜 느끼는 것으로 밝혀졌다(Strathearn et al., 2009). 신경 활성화에서의 차이는 결국 어머니와 아동 간의 상호작용 행동에서의 차이를 야기하며 이후의 애착관계 발달에도 영향을 미치게 된다.

게다가 성인 애착 구조에서의 개인차는 자율 신경계의 반응도에서의 차이와 정서 조절 패턴과 관련된다(Diamond, 2001). 그리고 뇌신경 영상 기술은 정서 표현과 애착 관련 행동에 관여하는 뇌 영역을 탐색하기 위해 사용되며(예 : Leibenluft, Gobbini, Harrison, & Haxby, 2004) 안정, 불안, 회피 애착 유형의 성인의 정서 조절 전략의 신경 기반을 구분 짓는 것도 포함한다(예 : Gillath, Bunge, Shaver, Wendelken, & Mikulincer, 2005). 불안정 애착 표상을 가진 개인은 유아가 우는 것을 들었을 때 편도체가 더 활성화되었다. 안정 애착의 개인과 비교할 때 불안정 애착의 성인이 유아의 울음소리에 대한 반응으로 편도체 활성화가 증가되는데, 이는 좀 더 부정적 정서를 보이는 애착 표상을 야기할 수 있고, 그 결과 비일관적이거나 거부적인 양육태도를 보일 수 있다(Riem et al., 2012). 이 분야에 대한 추후 연구가 성인 애착 구조에서의 차이와 관련된 인지적 처리와 정서 조절에 관여하는 신경 회로에 대한 흥미를 집중시킬 수 있을 것이다. 또한 이 연구는 양육 행동의 생리학적 및 신경 기반에 대한 이해를 폭넓게 할 것이다.

기억에 대한 연구 또한 애착관계의 신경과학에 대한 간접적인 실마리를 제공한다. 암묵적 기억과 외현 기억 체계는 구분되는 신경계에 의해 체계화된 다양한 기억의 하위 유형을 포함한다. 암묵 기억은 초기 양육에 대한 정서적 · 감각적 · 절차적 기억을 포함하는데 이는 관계의 영향을 받으며 관계에서의 경험을 지속적으로 조성하기도 한다(Cozolino, 2014). 초기 기억은 편도체, 시상, 소뇌, 안와 내측 전전두엽 구조를 포함한 특정한 신경계에 의해 조직화된다. 뇌가 성숙한 후에 외현 기억 체계가 발달하기 시작한다. 해마, 측두엽, 전두전엽이 성숙함에 따라 외현 기억 체계가 조직화되기 시작한다. 신경 구조는 기억의 부호화, 저장, 응고에 필수적이다(Fuster, 1996; Selden, Everitt, Jarrard, & Robbins, 1991). 특히 애착 발달에 중요한 것은 우리가 친숙한 얼굴을 인식하고, 기억하고, 언어와 사회 규범을 배우고, 정서를 조절하고, 자서전적 기억을 들려주게 하는 외현 기억의 여러 측면들이며, 이는 의미 기억, 일화 기억, 정서 기억을 자기의 인식과 함께 결합시킨다(Cozolino, 2014). 결국 암묵 및 외현 기억 체계는 애착 도식의 중심부 또는 내부 인지적 모델 또는 중요한 애착관계의 표상, 관계에서의 자기의 경험에 대한 기초를 형성하면서 뒤섞여 있는 것이다.

애착 도식은 초기 양육자와의 경험에 기반하여 발달한다. 도식은 암묵적인 사회 기억의 형태를 취한다. 도식은 안와전두피질과 편도체를 연결하고 감정, 각성, 정서 조절을 담당하는 많은 연결을 만들면서 시간 흐름에 따라 형성되는 경험–의존적 연결망에서 발달하게 된다(Coan, 2008; Cozolino, 2014). 신경계 내에서 특정 양육자와의 상호작용은 온정과 안전감과 관련되어 있거나 두려움, 불안과 관련되어 있을 수도 있다. 지지적이고 다정하며 반응적인 양육자와의 경험은 긍정적이고 안정적인 애착 도식의 발달을 촉진한다. 결국 정서 조절, 심리적 성장, 면역 기능을 촉진하는 뇌의 생화학적 환경을 확립시키도록 하는 것이다(Coan, 2008).

트라우마의 경우와 마찬가지로 통합이 잘되지 않을 때 발생하는 일에 대한 연구를 통해 정서와 행동을 조절하는 체계와 더불어 일관성 있는 기억 체계의 조직화에 대해 많은 것을 알게 되었다. 편도체는 정서와 신체 경험의 처리에 가장 중요한 역할을 하며 기능적으로는 의식적 기억의 발달과 협동적인 사회적 기능화에 필수적인 해마와 고위 피질 구조와 연결되어 있다(Tsoory et al., 2008). 연결의 질은 기질, 스트레스, 후천적 요인의 영향을 받는다(Canli et al., 2006). 편도체와 해마는 정서 조절, 학습, 불안 및 각성 상태, 성공적 관계 관리 능력과 관련되어 있다(Irle et al., 2010). 트라우마가 있을 때 기억 체계가 붕괴될 수 있으며, 기억, 정서, 행동, 인지에서의 장애가 발생할 수 있다(Cozolino,

2014; Dozier, Stovall-McClough, & Albus, 2008).

실제로 해마의 부피 감소는 아동기 학대 이력을 가진 성인 여성에게서 기록되었는데, 단기 기억을 장기 기억으로 부호화함에 있어 장애가 있는 것과 관련 있었다. 따라서 해마는 과거에 대한 개인적 이야기로 기억을 통합시키는 데 중요한 역할을 하는 것으로 보인다(Bremner et al., 1997; Stein, Koverola, Hanna, Torchia, & McClarty, 1997). 그 결과로 일관성 있는 회상 능력이 결핍되거나 기억과 경험이 분리될 수 있다(Cozolino, 2014). 그럼에도 불구하고 기억은 이후에 치료적 개입을 통해 암묵적 사회 기억을 안전하게 탐색하고 이해할 수 있는 맥락에서 표출시킬 때까지는 체내에 '붙잡혀' 있을 수 있다. 치료적 관계의 정서적 특성과 무의식적 기억의 '탐색 과정'의 가능성은 암묵적 사회 기억의 회상 및 심리적 변화라는 결과까지 가능하게 할 수 있다(Cozolino, 2002). 그러므로 애착관계의 토대가 되는 어린 시절의 경험은 초기 경험의 의식적 회상에 필수적인 해마-피질 간 연결망의 미성숙으로 인해 기억하기 어려울 것이다. 결과적으로 그런 경험은 발달 중인 애착 도식에 엄청난 영향력을 행사하게 되는 것이다.

애착 도식이 시간의 흐름에도 상대적으로 일관적인 것처럼 보이지만 양육 환경이나 특정 관계 경험에서의 변화의 영향을 받기 쉽다. 따라서 부정적이거나 불안정한 애착 도식이 전 생애를 통하여 정서적 어려움 및 신체 질병과 연관될 수 있는 것이다(Fox & Hane, 2008). 또한 도식이 수정될 수 있는 가능성이 있다. 애착 도식은 그러므로 작동 중인 암묵적 사회 기억의 아주 좋은 예가 된다(Cozolino, 2014). 애착 도식은 양육자와의 초기 경험 맥락 속에서 형성되고 우리가 의식하지 못한 채 접근성, 친밀함, 관계를 추구하거나 피하는 방법으로 초기 경험을 재현해내는 차후의 관계에서 활성화된다. 이 도식은 스트레스에 대한 우리의 반응에 영향을 미치며 우리가 각성을 조절하고 정서를 조절하기 위해 애착관계에 의존하고 활용할지의 여부를 결정하는 데에 가장 중요한 역할을 한다. 그리고 이 도식들은 새로운 관계 경험에 반복적으로 노출되는 것과 애착도식을 바꾸는 의식 과정을 통해 수정될 수 있다(Suomi, 2008). 따라서 애착 도식은 애착관계의 기저가 되는 경험적 · 생리적 · 신경학적 기반의 통합을 반영하는 것이다.

## 애착 이론과 연구의 임상적 함의

애착 이론은 모성 박탈과 초기 관계적 트라우마가 어린 아동에게 미치는 영향에 대한 John Bowlby의 주장에 기반하여 발전했다. Bowlby의 임상 관찰과 이론 저술은 규준적 발달에 대한 초기 애착관계의 중요성을 강조하였다(Bowlby, 1969/1982, 1973, 1980). 발달심리학자는 Bowlby의 견해에 매우 고무되었고 애착 이론 및 연구는 50년 이상 연구의 선두에 있었다. 대규모 연구는 초기 애착관계가 검사 당시와 이후의 사회적 · 정서적 · 인지적 유능감의 발달에 있어 매우 중요한 역할을 한다는 Bowlby의 의견을 뒷받침했다. 초기 애착관계의 정서적 중요성은 매우 크며 평생 지속된다.

연구자들은 규준적 발달에 대한 초점을 넘어서 양육자의 이용 가능성에 위협을 느끼거나 애착 유대가 붕괴된 아동의 발달적 결과를 연구하였다(예 : 부모의 적대감 또는 비일관성, 학대, 어머니에게 우울이 있을 때). 이에 더하여 애착 이론은 어떻게 초기 관계가 적응 또는 부적응의 가장 중요한 특정 발달 과정에 영향을 미치게 되는지에 관한 경험적인 의문에 대해 설명하기 위해 사용된다. 따라서 예를 들면, 발달 연구자들은 초기 애착 경험이 정서 조절, 행동 조직화, 대처 전략, 자기와 관계를 나타내는 인지 모델의 구성에 미치는 영향을 조사하였다(DeKlyen & Greenberg, 2008; Egeland & Carlson, 2004; Kobak, Cassidy, Lyons-Ruth, & Ziv, 2006 참조). 초기 애착관계의 질은 다른 위험의 완충제 역할을 하며 보호 요인으로 기능하거나(예 : 안정 애착은 학대의 트라우마 효과에 대항하여 보호할 수 있음) 발달 과업에 대한 부적응적 해결책의 위험을 늘릴 수 있음이 발견되었다(Cicchetti, Toth, & Lynch, 1995). 애착관계에서의 심각한 장애는 아동의 사회적 · 정서적 기능화에서의 장애와 관련되어 있으며 정신병리의 발달의 위험요인으로 기능할 수 있다.

경험적 결과는 발달정신병리에 관여하는 과정에 대한 이해를 확장해줄 뿐 아니라 임상적 중재 프로그램에 대한 새로운 지침도 되어준다. 정신건강전문가는 점점 더 안정 애착관계의 발달을 알리는 방식으로 지지적인 부모와 아동의 중요성을 인식하고 있다(Berlin, Zeanah, & Lieberman, 2008; Oppenheim & Goldsmith, 2007). 부모의 작동 모델을 평가하는 방향으로 중재하는 것, 반영하는 능력의 훈련, 초기에 부모-자녀 상호작용을 개선시키는 것들은 긍정적 변화가 애착관계의 질을 전반적으로 향상시켜줄 수 있다는 희망으로 고안한 것들이다(Steele, Murphy, & Steele, 2010). 임상가들은 특정 사람들에게는 안정 애착관계를 발달시키는 것에 대한 큰 도전 과제가 되리라는 것도 인식하고 있다. 예를 들어, 해결되지 않은 부모의 트라우마나 상실 경험이 반영하는 능력과 양육 행동을 위협한다면 어떤 일이 발생하게 될까? 부모가 사회적 고립과 복합적 스트레스를 경험하거나 개인사에 신체적 학대, 방임, 위탁 가정에 맡겨졌던 것, 성학대, 약물 남용, 가정 또는 공동체 내 폭력, 감금, 정신병리가 있다면 양육의 질과 자녀와의 애착관계의 발달은 위태로울 것이다. 위험이 큰 부모와 아동의 표본일지라도 임상적 개입은 안정 애착관계를 조성하는 것을 목표로 한다. 부모의 반영적 기능, 정서 조율, 정서 조절을 촉진시키면서 부모가 애정 어린 돌봄을 증진시키고 아동을 지지할 수 있도록 개입하는 프로그램은 임상가가 특히 정서적 이용 가능성, 반영하는 능력을 부모와의 작업에서 본보기로 보였을 때 매우 효과가 있는 것으로 나타났다(Murphy, Steele, & Steele, 2013).

흥미롭게도 Bowlby가 정신분석가이자 임상가였지만 정신분석학계에서는 그의 의견을 기꺼이 받아들이지 않았는데, 이는 그가 정신분석적 사고의 기반이 되는 가장 주요한 원리 몇 가지에 이의를 제기했기 때문이다(Slade, 2008). Bowlby가 정신병리연구와 그의 생각을 임상에서 적용하는 것에 관심이 있었음에도 불구하고(Bowlby, 1988), 임상가들이 애착 이론의 관점에서 장애를 이해하고 다루기 시작한 것은 지난 수십 년 동안일 뿐이다. 초기 애착관계의 중요성에 대한 Bowlby의 생각과 임상적 개입에 대한 애착 이론의 함의는 임상 현장과 이론적 저술에서 탐구되고 있는 중이다(Friedman, Ertegun, Lupi, Beebe, & Deutsch, 2013; Murphy et al., 2013; Slade, 2000, 2004, 2008). 애착과 정신분석 이론이 겹쳐지는 것처럼 보이는 부분이 많다. 차이점에도 불구하고 상호 간의 강화 및 아이디어의 교환에 대한 가능성이 매우 크다(Blom & Bargman, 2013; Fonagy et al., 2008; Fonagy & Target, 2007; Steele & Steele, 1998). 따라서 애착 이론과 정신분석의 이점과 한계점을 올바로 인식하는 것은 상호 간에 유익하다. 아마 더 중요한 것은 이를 통해 후속 연구와 아동, 청소년, 성인과 작업하는 임상가들의 전략적 개입의 경험적 문제에 대한 설명으로 이어진다는 것이다.

애착 연구의 가장 중심이 되는 것은 부모의 민감성, 반응성의 역할과 유아–부모 관계에서 상호 간의 조절이다. 애착 기반 사고는 전통적인 정신분석적 관점과 통합되어 유아–부모 상호작용을 분석하는 미세분석적 조사 기법이 개발되었다. 우발적 반응성, 최적의 단서 주기, 정서 상태에의 대응은 임상적 관점에서 조사되었다(Beebe, 2003; Jaffe, Beebe, Feldstein, Crown, & Jasnow, 2001; Stern, 1971, 1995). 상호 간의 조절을 이루는 것은 유아의 안정을 위한 최적의 것으로 여겨지는데, 그때 유아와 어머니는 서로에게 유연하게 조율되며 특히 어머니는 유아의 속도와 정서 상태에 맞게 미세한 조정을 한다(Beebe, 2005; Tronick, 2007). '충분히 좋은'(p. 145) 어머니의 양육 환경에서 유아를 '담아주는'(p. 44) 방법을 통해(Winnicott, 1965/1996), 유아는 민감하고 반응적인 부모로부터 뜻밖의 반응성을 경험하게 된다. '충분히 좋은' 어머니는 자율성과 자기 조절을 격려하며 돌봄과 조절을 지체 없이 제공한다. 어머니는 유아에게 거슬리지 않으면서 주의를 기울일 수 있으며, 현재에 머물며 정서적으로 조율된 상태에서의 유아의 점진적인 분리와 탐색의 욕구를 너그럽게 보아줄 수 있다. 종합해보면 상호 간 교류를 통해 어머니와 유아는 마음 상태를 확립하고 상호관계를 다루는 것의 성공이나 실패를 반영하는 양자 관계의 심적 표상을 함께 만들어낸다. 보통 수준의 공동 작업과 분리는 (양 극단이 아닌) 자기 조절 능력이 발달하고 점점 생겨나는 자율성을 연습하는 동안 애착 대상과 최적의 접촉 수준을 유지할 수 있도록 도와주며 어머니에 대한 안정적 내적 표상 형성에도 도움을 준다.

애착 기반의 임상 작업은 애착관계의 발달 과정에 대한 부모와 아동의 영향을 탐색하는 역동적, 양자 체계의 접근법을 포함한다. 이 접근법에는 관계적 행동 패턴이 활성화되고 사회적 맥락 내에서 유아와 어머니 모두에 의해 경계가 만들어진다 가정을 포함하고 있다(Bowlby, 1958, 1969/1982). 따라서 상호 조절은 애착 기반의 임상 작업에서 매우 중요하다. 부모는 부분적으로는 그들 자신의 애착과 관련된 정서, 인지, 행동의 활성화에 기반하여 아동의 욕구를 이해할 수 있는 도구를 제공받고, 이후에는 유아와의 애착관계를 증진시키는 목표에 대하여 그들의 반응을 증가시키는 훈련을 받을 필요가 있다(Beebe et al., 2000). 부모-유아 상호작용 비디오는 면대면 상호작용을 개선하고(Beebe & Stern, 1977), 안정 기반 행동을 평가하고 부모를 교육하며['Circle of Security' 프로젝트에서처럼(Marvin, Cooper, Hoffman, & Powell, 2002)], 고위험군의 양자 관계를 위한 개입에서 어머니의 반영적 기능을 증진시키기 위해 임상현장에서 자주 사용된다(Lyons-Ruth, Yellin, Melnick, & Atwood, 2005; Slade, 2008). 녹화된 부모-유아 상호작용과 피드백 또한 가정 기반의 개입에서 어머니의 민감성과 긍정적인 양육을 증진시키는 데 성공적으로 활용되었다(Juffer, Bakermans-Kranenburg, & van IJzendoorn, 2007; Klein Velderman, Bakermans-Kranenburg, Juffer, & van IJzendoorn, 2006).

효과적인 개입 프로그램에는 유아기, 아동기, 청소년기의 부모-자녀 관계에서의 발달적 변화의 인식이 임상적 개입에서의 새로운 목표를 필요로 하게 된다는 점 또한 포함시킬 필요가 있다. 아동의 발달적 진전은 새로운 방식으로 지속적으로 이용 가능하며, 반응적이면서 유연하게 적응해야 한다는 점을 아는 것을 필요로 한다. 예를 들어, 아동의 자율성 증가는 인지적·사회적·정서적 역량과 욕구의 발달의 맥락 내에서 이해하고 촉진해야 한다. 명확한 한계와 규율을 함께 세우면서 특정 목표를 성취해내는 과정에서의 협동과 협상은 아동의 탐색과 숙련에 있어 매우 중요하다. 그러므로 정서적 의사소통의 패턴을 강화하고 부모의 행동과 관련된 기대를 확립하는 것은 애착관계와 자기에 대한 내적 모델의 발달에 있어 매우 중요하다. 나이 든 아동을 대상으로 한 새롭고 매우 타당한 애착 척도를 역동적인 가족 체계 기반의 임상적 개입 모델로 통합시키는 것에 대한 임상가들의 지속적인 지지는 발달의 각 단계에서 아동-양육자의 상호작용 발달에 대해 주의를 기울이게 할 것이다.

애착 이론과 연구는 청소년과 성인의 치료에도 함의를 가지고 있다. 임상적 견해와 개입은 초기 애착의 본질, 애착관계의 역동, 관계의 내적 표상에 있어 초기 관계적 경험의 중요성에 대한 풍부한 이해를 특징이라고 할 수 있다. 그러므로 애착 이론은 치료사들에게 그들이 부모의 관계적 경험, 정서 조절 능력, 방어 전략의 의미를 형성할 수 있다는 중요한 생각을 제시한다. 진행 중인 임상 작업에서 치료사들은 이러한 이해를 다른 이론적 견해와 더불어 임상 작업, 환자에 대한 생각, 그들이 맺는 치료적 관계에 대한 지침으로 활용할 수 있을 것이다. 더욱이 치료사 자신의 애착 표상은 치료에 영향을 미칠 수 있으므로 치료사가 애착과 관련된 감정과 인지를 인식하여 이를 활용할 수 있도록 해야 할 것이다(Slade, 2008; Wallin, 2007). 따라서 환자와 치료사의 애착 이력 모두가 치료의 과정과 결과에 영향을 미치게 되는 것이다. 임상가가 애착과 관련한 이야기를 듣고 주의를 기울이며 애착 패턴과 과정을 치료에 포함시킬 방법을 이해하는 수준에서 치료 과정은 풍부해지며 완전히 변화할 것이다.

요약하자면, 애착 이론에서의 진전 그리고 원동력이 된 일련의 훌륭한 연구들은 임상 연구자들과 활동 중인 치료사들에게 매우 중요한 개념을 지속적으로 소개하고 있다. 성인의 관계에서의 작동 모델을 이해하는 것, 또는 아동에 대한 부모 자신의 행동적 상호작용에 민감하게 만드는 것은 궁극적으로는 초기 애착관계의 질을 촉진하고 강화시키는 방식으로 부모-유아 상호작용을 수정하는 역할을 하게 될 것이다. 초기 불안정 애착의 영향을 받아 발달 중인 역량은 어린 아동을 대상으로 한 임상적 개입이 적절한 영역이 될 것이다. 따라서 정서 조절 기술, 사회-인지적 이해, 공감 반응을 증진시키는 것은 아동을 사회적 연결망을 확장시키는 새로운 도전 과제에 접근하게 하면서 아동에게도 이득이 될 것이다. 아동, 청소년, 성인과의 임상 작업에서 애착 이론의 원리는 임상가들이 치료적 관계에서의 스스로에 대한 이해의 지침이 되어줄 것이며 환자의 애착 관련 사고, 감정, 행동, 이야기에 대한 임상가의 해석 및 이해를 돕고, 마지막으로는 치료적 변화를 증진시키는 데 도움을 줄 것이다.

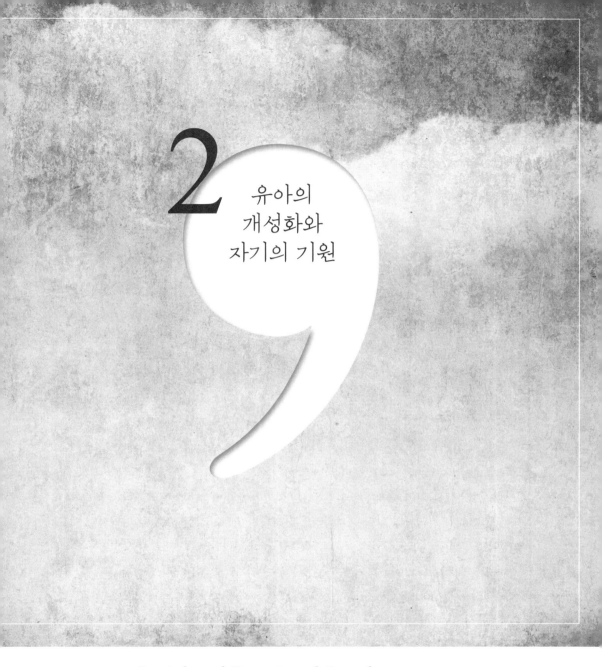

# 2

유아의
개성화와
자기의 기원

Social and Emotional Development
Attachment Relationships and the Emerging Self

# 제 2 장

# 유아의 개성화와
# 자기의 기원

그다음 아동은 이 감정과 다른 사람에 대한 인상을 가지고 관계를 맺는다. 안전한 애착관계를 맺고 있는 유아라면, 자신의 필요에 민감하고 반응적인 양육자가 있었을 가능성이 높다. 민감하고 반응적인 돌봄은 결과적으로 유아에게 자신이 반응적인 돌봄을 받을 만큼 가치 있는 존재라는 것을 전달한다. 따라서 인생 초기의 애착 경험은 유아기에 생겨나는 자기감에 영향을 미친다는 점에서 매우 중요하다. 그러나 자기감의 발달은 지속적으로 진행되며, 초기 애착 경험보다 더 복잡한 과정이 포함된다.

자기 체계(self-system)를 구성하는 것은 무엇인가? 그것은 내적 특성과 심리적 기능에 대한 감정으로 구성되는가? 혹은 그것은 사회적 특성과 성격 특성으로 구성되는가? 그것은 자기 자신 혹은 자신의 외모에 대한 생각과 태도를 포함하는 개념 체계인가? 여기에는 변화와 지속성에 대한 개념이 통합되어 있는가? 어린 아이는 어떻게 자기를 정의하는가? 또는 자기는 타인의 반영을 통해 정의되는가? 자기는 시간의 흐름에 따라 지속되는가 변화하는가? 이 장에서는 위의 질문에 대해 탐구할 것이다. 분명 자기를 이해하는 것은 중요한데, 자기는 개인이 자신에 대해 보고 느끼는 방식이고, 이를 통해 유능감 및 행복감과 영향을 주고받게 되기 때문이다. 이 감정은 이후에 다른 사람과 관계하는 방식에 영향을 미칠 것이다. 우리는 아동이 관계, 특히 초기 애착관계 속에서 자기를 타자와 구별된 존재로 깨닫게 된다는 것을 이해하게 될 것이다. 부수적으로, 자기 자신에 대한 생각(정체성)과 느낌(자존감)이 아동의 타인에 대한 이해 및 타인과 관계 맺는 방식에 어떻게 영향을 미치는지에 대해 알아보고자 한다. 이와 같이 애착과 자기의 불가분의 연결은 아주 어린 연령에서부터 증명되었다.

실제로, 아동의 자기감은 자신에게 중요한 사람들과의 상호작용에서 생겨난다. 비록 아기는 처음에는 돌봄을 받기 위해 타인에게 의존하지만, 자신의 기질적 성향과 정서적 역량을 가지고 세상으로 들어가고 또한 다른 사람과 구별되는 자기에 대한 인식을 서서히 발전시킨다. 이러한 특성은 타인에게 반응하는 독특한 프로파일을 만든다. 타인 또한 이 특성을 개인을 다른 사람과 구별되게 만드는 부분으로서 인식한다. 이와 같이, 특성은 초기 성격의 기초를 나타낸다(Thompson, Winer, & Goodvin, 2011). 한 가정에 억제되고 내향적이고, 소음과 소리에 매우 민감하며 괴로워할 때 진정시키기 어려운 아기가 있다. 양육자는 이 아기의 울음에 재빠르게 반응하는 방법을 배워 가는데, 재빨리 접촉하거나 안아주지 않으면 아기가 진정시키기 어려운 상태로 악화될 것임을 알기에, 양육자는 아기를 조용히 시키기 위해서 바로 안아줄 것이다. 아기의 부모는 그녀에 대해 대부분 사랑스럽지만 때때로 '예민한 아이'라고 설명하며 분명한 좌절감을 표현할 것이다. 같은 집에 사는 또 다른 아기는 더 율동적이고 편안하다. 그녀는 잘 울지 않는 편이고 많은 소음과 소통이 있을 때에도 유아용 의자에서 잠드는 놀라운 능력을 지녔다. 그녀는 조용히 잠에서 깨고, 자신의 오빠를 보면 기뻐하면서 발차기를 하거나 꿈틀대며, 고통스러울 때 건너편 방에 있는 엄마의 목소리만 듣고도 진정된다. 그녀는 '순한 아이'로 묘사될 것이다. 각 아기는 부모에게 다른 종류의 반응을 원했고, 결과적으로 부모는 각 아기를 구별된 방식으로 특징짓고 정의하였다. 그렇게 성격의 초기 뿌리가 심어졌다.

아기는 태어나는 순간부터 타인에게 영향력을 발휘하기 때문에 기질의 변화를 고려하는 것은 중요하다. 유아가 정서를 표현하고, 정서 표현을 이해하고, 자신의 정서 반응을 조절하기 시작하면서, 유아의 정서 세계는 확장되며, 자기 자신과 타인을 이해하는 새로운 길이 열린다. 인지 발달은 자기 이해의 변화에 기여한다. 결과적으로, 자기 이해의 진보는 아동이 타고난 기질적 자질과 정서 반응을 자기에 대한 일관되고 의미 있는 정의로 조직하도록 돕는다. 따라서 자기의 발생은 역동, 즉 아동의 성격 발달에 영향을 주는 타고난 성향과 아동의 사회 세계의 상호작용에 의한 발달 과정을 반영한다(Thompson et al., 2011).

비교적 짧은 기간인 영아기(출생~1세)부터 걸음마기(1~3세)를 거쳐, 유아기(3~5세), 아동기 초기(5~7세), 아동기 중기(7~9세), 그리고 아동기 후기(9~11세) 동안 자기가 생겨나면서 사회·정서 기능에 극적인 변화가 일어난다. 이 장에서 우리는 기질, 정서, 그리고 자율적인 자기 발달에 대해 생각해보려고 한다. 기질 특성에 대한 연구가 소개될 것이고, 정서 발달 및 정서 조절과 더불어, 이 독특한 개인차가 유아기와 아동기의 자기의 기원과 개성에 기여하는 바를 탐색할 것이다.

## 기질

유아의 개성은 출생 직후, 기질을 반영하는 특성으로 표현된다. 이 개인차는 생물학적 혹은 유전적 기반을 가진 것으로 추정되며, 소극적인 아기에 비해 적극적인 아기, 보다 요구적인 아기와 순한 아기, 적응적이고 침착한 행복한 아기와 달래기 어려운 신경질적인 아이로 구별된다. 부모는 아기를 단지 보는 것만으로는 자기 자녀의 기질을 '알 수' 없지만, 아기가 어떻게 부모 및 세계와 관계를 맺는지 보고 배움으로써 기질의 행동적 징후들을 관찰할 수 있다. 때로는 부모가 아기의 욕구에 맞추기 위해 자신의 행동을 조정한다. 또 다른 때에, 부모는 자신이 기질의 표현을 바꿀 수 있을 것이라는 희망을 가지고 아기의 행동을 수정하려고 노력할 것이다. 특정한 기질적 특질은 다른 사람으로부터 일정한 반응을 불러일으킬 수 있다. 쾌활한 성향의 순한 아기는 형제자매, 또래, 성인으로부터 미소를 끌어내기 쉽다. 이런 반응은 부정적인 혹은 까다로운 기질의 아기가 사회적으로 얻을 법한 반응과 다르고, 이는 결국 아기의 사교성에 영향을 미칠 것이다. 또한 부모는 자녀의 기질에 대한 자신의 이해를 아이가 어떤 성격이 될지 예측하는 데 사용한다(예 : '그는 사교적인 사람이 될 거야.' 혹은 '그녀는 진지하고 집중력 있는 사람이 될 거야.'). 이런 식으로, 기질의 구조는 아동이 자기 자신의 발달을 잘 이루어가는 것에 초기부터 중요한 역할을 한다.

초기의 발달 학자들(예 : Gesell, 1928; Shirley, 1933)은 규범적 행동 양식을 만들고자 했을 때부터 이미 아동 간의 기질적 차이를 확인했다. 그들의 연구는 몇 가지 중요한 아이디어를 강조했는데, 가장 중요한 것은 기질적 차원이 비교적 안정적이며 성격의 핵심을 제공한다는 것이다. 그들은 또한 다른 기질을 가진 아동이 유사한 발달 결과를 보이거나 유사한 기질을 가진 아동이 다른 발달 결과를 보이는 방식에 대해 기록하였다(Rothbart & Bates, 2008). 현재의 기질 연구는 Thomas와 Chess의 연구에 뿌리를 두고 있다(Thomas, Chess, Birch, Hertzig, & Korn, 1963). 그들은 종단연구를 통해 후에 그들이 기질이라고 부르는 아동의 행동 양식을 조사했고, 정서 기능 및 사회 적응에 있어 기질의 역할을 기록하였다. Thomas와 Chess 다음으로, 초기의 기질 연구자들은 기질의 특성을 가장 잘 측정하고 분류하는 방법뿐 아니라 시간의 흐름에 따른 기질의 안정성에 대해 계속 탐구했다. 최근의 종단 연구에서는 일반적인 사회적 상호작용 및 기능과 특별히 정신병리의 발달에 작용하는 기질의 역할에 대해 조사하고 있다(Pulkkinen, Kokko, & Rantanen, 2012; Rothbart, 2011).

오늘날 대부분의 기질 연구자는 기질이 타고나는 것이고, 상대적으로 안정적이며, 다양한 상황에서의 개인의 정서, 운동 및 주의 집중 반응을 반영한다는 점에 동의한다. 또한 기질적 차원이 별개의 행동으로 해석되지 않는다는 점에 동의한다. 오히려, 아동의 기질은 시간의 흐름에 따라 성숙과 경험에 의해 수정될 수 있는 행동 경향성을 반영한다. 기질에 관한 연구를 경험적 연구에 통합한 연구자들은 발달이 생물학적 요소와 경험 모두의 영향을 받는다는 아이디어를 발표하였다. 그러나 다음의 몇 가지 문제에서 상당한 불일치가 있다. (1) 기질을 구성하는 핵심적인 행동 차원을 식별하는 것, (2) 발달적으로 적절하고 맥락과 정보에 민감한 방식으로 기질을 측정하는 최선의 방법을 결정하는 것, (3) 기질이 동기 및 정서와 어떻게 관련되어 있는지 이해하는 것, (4) 시간의 흐름에 따라 기질이 어떻게 발달하는지 밝히는 것(Goldsmith et al., 1987; Shiner et al., 2012 참조).

## 기질은 어떻게 정의되고 측정되는가?

유아의 기질에 대한 초기 연구는 임상 연구자에 의해 수행되었고 'New York Longitudinal Study(뉴욕 종단 연구)'로 출판되었다(Thomas et al., 1963). 연구자는 영아의 부모에게 그들이 쉽게 관찰할 수 있는 일반적인 상황에서 자녀의 반응을 생각해보도록 요청했다. 부모를 대상으로 자녀의 행동 양식, 다양한 상황과 자극에 대한 자녀의 행동 패턴에 대한 광범위한 인터뷰가 진행되었고, 부모의 세밀한 묘사에 대한 내용 분석을 통해 나온 것은 다음의 아홉 가지, 즉 활동 수준, 접근/철회, 적응성, 정서, 역치, 강도, 주의 산만성, 리듬성, 주의 지속성/범위로 구별된 행동 차원이었다. 이 아홉 가지 차원은 세 가지 유형으로 나뉘었고, 이를 통해 아동을 '순한', '까다로운', 혹은 '반응이 느린' 것으로 특징지었다(Chess & Thomas, 1986; Thomas & Chess, 1977). 순한 기질의 아기(연구 대상 아기의 약 40%)는 행복하고, 친근하고, 쉽게 적응한다. 까다로운 기질의 아기(약 10%)는 불규칙적인 수면 및 식사 패턴을 보이고, 신경질적이며 많이 울고, 새로운 상황에서 쉽게 흥분한다. 그리고 반응이 느린 아기는 새로운 자극과 경험을 할 때 처음에는 부정적으로 반응한 후 천천히 적응한다. 그는 새로운 것에 대해 부정적인 반응을 보이는 경향이 있지만, 서서히 흥미를 보인다(Chess & Thomas, 1986).

이와 동시에, 다수의 발달 연구자가 아동의 사회 및 인지적 발달에서 개인의 역할을 강조하기 시작했다(Bell, 1968; Kohlberg, 1969; Sears et al., 1957). 그 결과, 아동이 어떻게 자기 자신과 자신의 정서, 자신을 둘러싼 사회적 세계에 대한 감각을 형성하는지, 그리고 이러한 개인차가 발달에 어떻게 영향을 미치는지에 대해 설명할 수 있는 주요 기질적 구조를 확인하는 데 관심이 쏟아졌다. 이와 같이 Thomas와 Chess의 중요한 연구에 자극을 받은 다른 다수의 연구자가 아동의 선천적 자질이 이후의 행동에 영향을 미칠 것이라는 아이디어를 탐구하기 시작했다. 그들은 차례로 이 자질의 특성을 측정하기 위한 전략을 개발하였다. 오늘날 관찰 가능한 행동 지표를 통해 기질을 평가하는 다양한 측정 방법이 존재한다. 이들 간에는 차원의 수, 정서가 아닌 행동에 대한 상대적 강조, 환경의 영향에 대한 견해의 차이가 있다(Fox, Henderson, & Marshall, 2001; Goldsmith et al., 1987). 측정 방법에는 실험실 기반의 평가와 양육자 또는 아동과 가까운 누군가가 작성한 질문지 모두가 포함되어 있다.

연구자에 의해 채택된 기질에 대한 근본적 정의를 반영한 다양한 평가 전략이 개발되고 사용되었다. 예를 들어, 어떤 연구자는 부모(보통 어머니)가 작성한, 1주일 동안 관찰된 특정 행동의 빈도 비율을 작성한 설문지를 통해 측정하는 전략을 사용했다. 일반적으로, 아동의 활동 수준, 정서성, 그리고 주의 차원을 반영한다(Buss & Plomin, 1984; Rothbart, 1981). 다른 연구자는 특정한 맥락에서 구체적인 감정(예 : 공포, 분노)을 경험하고 표현하려는 성향에 초점을 두었고(Goldsmith & Campos, 1990), 표현된 감정에 영향을 줄 수 있는 상호작용의 요인에 대해서는 관심을 기울이지 않았다. 어떤 연구자는 Thomas와 Chess의 '적합성'의 개념을 상세히 설명하면서, 기질에 대한 측정은 상황과 함께 유아와 부모의 행동, 부모의 기대를 고려할 필요가 있다고 주장하였다(Seifer et al., 1996). 또 다른 연구자는 Chess와 Thomas(1986)의 기질 특성 목록에 이의를 제기하면서, 그것이 경험적으로 구별되지 않는다고 주장하였다(De Pauw & Mervielde, 2010). 대신, 이 연구자는 보다 정교한 통계 기법을 사용하여 순한, 까다로운, 반응이 느린 유형에 대한 대안 유형을 확인하였다[예 : '탄력적인', '통제 불능', '과잉 통제'(Caspi & Shiner, 2006)]. 그리고 특히, '까다로운' 유형에 도전한 연구자들은 '까다로운' 아이들에 대한 부모의 인식과 반응의 차이에 대한 의문을 제기하였다(Bates & McFadyen

-Ketchum, 2000; Paulussen-Hoongeboom, Stams, Hermanns, Peetsma, & van den Wittenboer, 2008). 마지막으로 어떤 연구자는 기질에 대한 자신의 연구를 '억제된' 또는 '억제 되어 있지 않은' 두 극단적인 유아 집단을 식별하는 것과 같이, 별개의, 정의된 차원으로 제한하였다(Kagan, 1994). 억제된 아동은 새로운 사람이나 상황에 예민하며, 자극을 받고, 상황으로부터 철수하는 경향이 있는 반면, 억제되지 않은 아동은 낯선 사람에게 다가가려 하며 더 사교적이다. 접근과 회피의 두 가지 특징적인 패턴이 두 극단적 집단에서 독특하게 나타나는 별개의 생물 행동적 프로파일을 반영한다는 것과 아동기에 걸쳐 안정적으로 지속된다는 점을 발견하였다(Kagan & Snidman, 1991).

　Mary Rothbart와 동료는 기질의 두 가지 차원—반응성과 자기 조절—에 초점을 맞추었고, 이 2개의 차원에 하위 차원을 포함시켰다(Derryberry & Rothbart, 1997; Rothbart & Bates, 2006). 반응성과 자기 조절은 기질 특성의 범위를 조직화하는 데 사용되었다. 기질의 반응성 구성 요소는 다른 감각 자극에 대한 유아의 행동 및 심리사회적 반응을 나타낸다. 그것은 정서의 강도 및 지속 정도, 운동 반응, 역치 반응, 최고조에 이르는 시간 및 회복 시간과 관련된 반응으로 측정한다. 현재와 출생 당시에 관찰 가능한 반응성은 아동에게 있어 상대적으로 안정적인 특성로 간주되며(Rothbart, Derryberry, & Hershey, 2000), 반응 특성의 안정성과 표현을 조절하는 제어체계의 영향을 받는다(Rothbart, 2011). 초기의 반응은 처음에는 상당히 일반적이고 미분화된 상태이지만(예 : 부정적인 것에 대해 표정 및 음성 신호로 나타나는 일반적인 고통 반응), 인지가 발달하고 자기인식이 출현하면서 시간의 흐름에 따라 분화되고 정교화된다(예 : 슬픔, 분노, 두려움)(Bronson, 2000; Rothbart, 2011). 이런 방식으로 개념화할 때, 반응성은 정서와 인지 체계의 통합의 영향을 받는다(Derryberry & Tucker, 2006).

　자기 조절은 생후 첫 몇 년 동안 형성되고, 주의력과 행동 조절 기제를 반영한다[예 : 접근-철회, 행동 억제, 주의력, 스스로 진정시키는 능력(self-soothing)]. 이러한 과정은 유아기에 일어나는 생물학적 시스템의 발달에 영향을 받으며 반응성을 조절하도록 한다. 성숙해지면서 반응성과 자기 조절에서의 특정 행동 지표가 다양해지는 것은, 안정적인 기본 과정을 드러내는 것처럼 보일 수 있다. 예를 들면, 유아기의 접근-철회 또는 억제는 아동기나 청소년기의 발달에 적절한 형태로 다르게 나타날 가능성이 있지만, 여전히 기본적인 주의력 및 자기 조절 과정에서 안정성을 반영한다(Laucht, Becker, & Schmidt, 2006; Rothbart, 2011; Schwartz et al., 2012).

　기질 연구를 위한 조직 체계로서 반응성과 자기 조절을 사용한 것으로부터, 주의/조절과 정서(특정 기질의 특성과 일치하는)를 반영하는 세 가지의 광범위한 차원이 있다는 아이디어를 지지하는 연구가 파생되었다. 이 차원은 (1) 지향/조절(유아) 혹은 의식적 통제(예 : 주의 집중, 지각적 민감성, 쾌락의 낮은 역치, 억제적 통제) (더 나이 든 어린이들에게서 나타남), (2) 외향성/정열성(예 : 활동 수준, 미소와 웃음, 사회성, 쾌락의 높은 역치), (3) 부정적 정서성(예 : 슬픔, 분노, 두려움, 신체적 불편감, 진정 능력)이다. (Rothbart, Ahadi, Hershey, & Fisher, 2001; Rothbart & Bates, 2008). 흥미롭게도, 이 세 가지 차원은 비인간 동물 대상 연구에서 확인된 것과 유사하여 기질의 차이에 대한 정신생물학에 단서를 제공하였다(Gosling & Joh, 1999). 이제는 이러한 기질 차원을 측정할 수 있는 많은 새로운 질문지, 관찰 및 실험실 측정이 있다(Goldsmith & Rothbart, 1993; Putnam, Ellis, & Rothbart, 2001). 게다가, 미국뿐 아니라 일본과 중국에서도 반응성과 자기 조절의 광범위한 요소에 대해 연구해왔다(Ahadi, Rothbart, & Ye, 1993; Kochanska, DeVet, Goldman, Murray & Putnam, 1993; Rothbart et al., 2001). 그리고 연구자들은 아동기의 기질 차원과 성인의 성격 요인 간에 강한 개념적 유사성을 발견하였고(Ahadi & Rothbart, 1994; Evans & Rothbart, 2007), 이를 통해 초기 기질과 이후 성격 간의 관계를 설명하였다.

주의력을 유지하거나 초점을 전환하는 능력은 주의를 기울인 자극을 신경 수준에서 확장시켜 개인의 정서적 경험을 조절하는 역할을 한다(Rothbart, Posner, & Rosicky, 1994). 초기 응시(early gaze), 정서 동시성(affect synchrony), 공동주의 기술은 효과적인 자기 조절을 촉진하는 상호적인 행동의 예이다(Henderson & Mundy, 2013). 생후 첫해 동안 정서 조절에 질적 변화가 일어나는데, 같은 기간 동안 주의력도 바뀐다. 또한 유아가 정서 조절에 주의를 기울일 수 있는 능력에서도 명확한 차이가 발생한다. 이러한 관찰은 주의 및 다른 조절 기제의 역할을 강조하며, 심지어 초창기의 기질적 반응성과 적응을 연결한다. 궁극적으로, 조절 능력은 어린 아동이 발달상의 과업을 얼마나 잘 겪어내는지 그리고 사회적 기술을 습득하는지 그렇지 않으면 발달 파괴적인 행동 문제들을 발달시키는지 결정할 것이다(Calkins, 2009).

더불어, Rothbart와 그녀의 동료들은 반응성과 자기 조절의 차원을 성격의 핵심 구성 요소로 보았다. 그러나 성격에는 좀 더 많은 것들이 결합되는데, 여기에는 기질에 대한 부가적인 설명과 세상에 대해 우리가 구성한 사회적이고 인지적인 모델들 속에서의 경험이 반영된다(Rothbart, 2007; Rutter, 1987). 아동의 반응성과 자기 조절은 생물학적인 것에 기반을 두고 있는 반면, 기질의 행동 표현은 시간이 지나면서 성숙, 유전 및 경험에 의해 수정된 것이다(Rothbart, 1989; Rothbart & Derryberry, 1981). 특히, 자기 조절에는 행동, 사고, 정서에 대한 외적 통제를 점진적으로 내적 자원으로 전환하는 것이 포함된다(Henderson & Mundy, 2013; Kopp, 2002; Rothbart & Derryberry, 1981). 이 전환이 어떻게 발생하는지 명확히 밝혀지지 않았지만, 조절의 내재화는 애착 경험(Cassidy, 1994), 아동의 각성 수준을 부모가 성공적으로 관리하는 것(Schore, 1994), 형제간의 경험(Volling, 2001), 또래(Cassidy, 1994)의 영향을 받는 경향이 있다. 그러므로 이자 그리고 삼자 간의 사회적 상호작용의 양과 질 모두 자기 조절 기술의 발달을 예측한다(예 : Feldman, Greenbaum, & Yirmiya, 1999; Lecuyer & Houck, 2006; Schore, 1996).

어떤 연구자는 질문지로 측정한 모성 평가(maternal ratings)의 타당성을 확인하기 위해, 가정이나 실험실에서 기질을 직접 관찰하는 방법을 사용했다. 예를 들어, 실험실 기질 평가 배터리, 혹은 LAB-TAB(Goldsmith & Rothbart, 1993)은 실험실 환경에서 기질을 평가하기 위해 표준 작업 세트를 사용하는 측정법 중 하나이다. 관찰은 공포, 좌절, 그리고 긍정적 정서를 평가하는 몇 가지 차원에 따라 점수가 매겨진다. 실험실 기반의 측정은 보다 통제적이고 객관적인 환경에서 특정 행동을 직접 관찰할 수 있다. 모든 아이들은 유사한 환경에서, 편견 없이 그들의 행동을 평가하는 관찰자에 의해 관찰된다. 그러나 이러한 접근은 실행하는 데 더 많은 시간과 비용이 소요되며, 아동을 연구할 수 있는 상황과 맥락이 제한적이다. 게다가 실험실 기반의 관찰 평가는 비교적 짧은 시간에, 제한적인 범위의 행동을 관찰해서 평가하기 때문에 편향될 수 있다. 그럼에도 불구하고, 이러한 평가들은 가정에서의 행동 관찰에 대한 수렴타당도를 제시하기 위해 사용되기도 한다. 또한 기질과 사회 적응과의 연관성을 평가하는 데 사용할 수 있다(Buss & Goldsmith, 1998; Calkins & Dedmon, 2000 참조).

부모는 여러 상황에서 오랫동안 자녀를 관찰해왔기 때문에 자녀의 기질적 특성에 대해 유용한 정보를 제공할 수 있다. 부모의 보고는 빠르고 쉽게, 그리고 저렴하게 기질에 대한 중요한 데이터를 수집할 수 있는 방법이다. 그러나 부모는 편향된 평가를 할 수 있는데, 부모가 수용 가능하다고 여기는 특정 특질에 대해서는 강조하고 긍정적이지 않거나 부모가 지속되길 바라지 않는 자녀의 모습은 축소시킨다. 부모의 판단은 자녀와의 관계와 자녀의 기질적 특성으로 인해 겪게 되는 어려움을 다루는 부모의 능력에 의해 영향받을 수 있다. 따라서 부모 보고의 타당성 및 부모의 보고에 의존하는 것이 적절한지에 대한 의문이 지속된다(Rothbart & Bates, 2006).

실제 상황(예 : 가정, 아동 보육 시설, 놀이터)에서 아동을 자연스럽게 관찰하고 기질 특성에 대해 평가하는 것은 제한적이고 시간도 오래 걸린다. 예를 들면, 아동을 관찰할 수 있는 상황의 범위, 사람들의 존재, 혹은 유도된 행동들을 통제하는 데 한계가 있다. 어떤 아이는 관찰자가 기질 평가를 실시하는 시간 동안 놀이터에 자기보다 나이가 많은 아이들이 여러 명 나타났기 때문에 극도로 억제된 것처럼 보일 수 있지만, 안전하고 친숙한 교실에서는 완전히 편안하고 자유롭게 탐색할 수 있다.

기질의 행동 요소를 평가하기 위해서는 신뢰할 수 있고 타당한 측정 전략을 사용해야 한다. 그러나 평가된 특성 혹은 특질이 근본적인 생물학 과정에서 관찰 가능한 행동 징후를 나타낸다면, 기질에 대한 정신생물학적 평가를 통해서도 수렴 타당도를 제시할 수 있다. 정서 반응을 동반하는 생리적 반응을 기록하기 위해 다양한 측정 방법이 사용되었다(Calkins & Mackler, 2011). 예를 들면, 혈액, 타액 또는 소변을 통해 측정할 수 있고 스트레스에 대한 신체의 반응을 조절하는 호르몬인 코르티솔은 정서 반응을 측정하는 데 사용된다. 코르티솔의 기본 수치는 하루에도 다양하게 나타나며, 코르티솔 활동 패턴에도 발달상의 변화가 있다. 그럼에도 불구하고, 코르티솔의 기준치에서 스트레스 상태로의 변화는 부신 피질 시스템의 일주기와 관련 있는 것으로 고려되기 때문에, 코르티솔은 정서 반응성의 측정 도구로 사용될 수 있다(예 : Gunnar & Davis, 2003).

일부 연구에서는 극도로 억제된 아동이 억제되지 않은 아동에 비해 심장박동이 더 빠르고 변동이 적은 것으로 나타났는데, 이는 두 집단 간 교감 신경 활성화의 차이를 반영하는 것으로 생각된다(예 : Kagan, Reznick, & Snidman, 1987). 다른 연구에서, 연구자는 정서적 반응과 미주신경긴장도, 또는 부교감 신경 활동과 호흡 주기(호흡 부비동 부정맥)를 반영하는 심장박동 변화 사이의 관계에 초점을 두었다. 예를 들어, 미주신경 긴장도가 높은 유아는 정서적으로 더 반응적이고 정서 조절에 유능한 것으로 밝혀졌다(Porges, 1991; Porter, Porges, & Marshall, 1988). 정서 표현의 발달적 변화는 미주신경 긴장도의 규범적 변화의 결과일 수 있다(Porges, 1991). 더욱이, 호흡 부비동 부정맥의 억제 및 심장과 관련된 미주신경 조절은 적극적인 대처, 지속적인 주의, 그리고 우리가 학령 전기 아동에게서 볼 수 있는 정서 조절을 가능하게 하는 생물학적 반응과 관련이 있다(Porges, 1996; Wilson & Gottman, 1996).

좌우 대뇌 반구의 전기 활동 패턴을 기록하고, 한쪽 반구가 상응하는 영역보다 더 많이 활성화되는 정도를 결정하기 위해 비율 또는 차이점을 기록한 연구가 있다. 유아를 대상으로 한 해당 연구에서는 이 차이점과 정서와 같은 기질적인 개인화 간의 연구를 탐구하였다. 예를 들어, 엄마와 분리되기 전의 상태를 기준으로 할 때 전두부의 좌측 활성화가 적은 유아는 엄마가 방을 떠날 때 울 것이다(Fox & Davidson, 1987). 전두부의 우측 활성화는 부정 정서에 대한 낮은 역치의 특징일 수 있다(Fox & Davidson, 1991). 그리고 종단 연구에서는 유아기에 억제성을 예측하는 기질적 특징을 보일 뿐 아니라(Calkins et al., 1996) 아동기에도 억제성을 지속적으로 보이는 경우에 전두부 우측이 더 활성화된다고 밝혔다(Fox, Schmidt, Calkins, Rubin, & Coplan, 1996).

요약하면 기질을 측정하는 많은 방법이 있으며, 각각의 장점과 단점이 있다(Rothbart & Bates, 2008; Rothbart & Goldsmith, 1985). 따라서 기질 측정을 위해 다양한 방법으로 접근할 것을 권장한다. 관찰 평가 및 구조화된 환경에서의 생리 반응(예 : 연구실)과 부모의 보고 및 수일 혹은 수 주 동안의 행동을 고려한 기질 평가와 부모 보고용 질문지를 함께 사용할 수 있다(Calkins, Dedmon, Gill, Lomax, & Johnson, 2002). 또한 다중 접근 방법은 각각의 측정이 갖는 고유성과 공통성을 탐구하고(Kochanska, 1995 참조), 더 정교하며 발달에 적합한 질문을 검토할 수 있게 한다.

## 기질의 생물학적 토대는 무엇인가?

기질의 생물학적 기초는 복잡하다. 유전적 성향이 활동 수준, 정서성, 억제 조절, 두려움, 사교성 및 다른 기질적 특성에 영향을 미치지만(Caspi & Shaver, 2006; Goldsmith, 2002; Kagan & Fox, 2006), 개인 기질의 프로파일이 결정되는 과정에는 유전뿐 아니라 발달 및 경험의 상호작용이 포함된다. 분자유전학의 발전은 연구자가 특정 성격 및 기질의 특성과 관련이 있고, 환경의 영향에 대한 차별화된 민감성을 야기하는 일부 유전적 다형(genetic polymorphisms)을 확인할 수 있게 하였다(Thompson et al., 2011). 예를 들면, 충동 및 자극 추구와 관련된 도파민 D4 수용체(DRD4) 및 부정적 정서, 그리고 위험 회피와 관련된 세로토닌 전달 촉진 영역(5-HTTLPR)의 다형성이 있다(Bakermans -Kranenburg, van IJzendoorn, Pijlman, Mesman, & Juffer, 2008; Ebstein, Benjamin, & Belmaker, 2000). 더욱이, 유전적 개체성은 많은 생리적 시스템에서 전달될 것이다. 예를 들면, 우리는 신경 내분비 기능(Gunnar & Vasquez, 2006), 대뇌 비대칭성(Fox, Schmidt, & Henderson, 2000), 대뇌 피질 구조와 부교감 신경계의 반응성(Kagan & Fox, 2006), 부교감 신경 시스템의 조절(Porges, 2007), 주의력 과정(Rothbart, 2007; Rothbart, Posner, & Kieras, 2006) 및 기타 정신 생물학 과정(Martin & Fox, 2006 참조; Rothbart & Bates, 2006)에서의 개인차를 볼 수 있다. 생후 몇 주, 몇 달 동안 생겨나는 생물학적 시스템에서의 개인차는 사회 · 정서 역량에 영향을 미친다. 그러나 이 생물학적 시스템이 고정적인 것은 아니다. 아동이 발달함에 따라 신경 내분비계, 신피질계, 신경계 및 기타 계통이 성장하면서 기질의 특성에도 영향을 미칠 것이다. 또한 사회적 경험은 생물학적 시스템이 기질에 미치는 영향을 조절하는 역할을 할 수 있다. 예를 들어, 민감한 양육자는 기질적으로 위험에 반응적인 아동의 생리적 반응에 영향을 줄 수 있다(Nachmias, Gunnar, Mangelsdorf, Parritz, & Buss, 1996). 마찬가지로, 경계심과 과민성의 증가를 야기하는 학대 혹은 방임과 같은 초기의 경험은 코르티솔 수치 및 스트레스 반응에 대한 다른 생물학적 표시를 변화시킬 수 있다(Wiik & Gunnar, 2009). 이와 같이 생물학과 경험은 상호 작용하여 기질에 영향을 준다. 그러나 기질은 생물학적 시스템의 발달과 성숙, 궁극적으로는 아동의 사회 · 정서 행동에 영향을 줄 수 있다.

또한 기질의 개인차에 신경 화학 및 신경학이 토대가 된다. 도파민, 에피네프린, 옥시토신, 바소프레신 같은 신경 화학 물질은 모두 기질의 변화에 영향을 주는 것으로 보인다(Irizarry & Galbrai, 2004). 그리고 전두엽과 외측전전두엽의 활동은 충동성, 좌절 경향성, 의식적 통제와 관련이 있다(Posner & Rothbart, 2007). 새로운 사건에 대해 강한 반응을 보이고 소심한 유아 및 아동은 약한 반응을 보이는 대담한 아동보다 편도체 영역에서 더 많은 활동을 보인다. 신경(뇌) 영상 연구에서는 정서 조절과 관련된 상호 보완적이고 연결된 2개의 신경 시스템을 확인했다(Dennis, O'Toole, & DeCicco, 2013). 복부 계통(편도선, 섬엽, 선조체 및 안와 전두 내측 피질 포함)은 정서적 각성 상태에 따라 활성화된다. 등쪽 계통(외측 전두엽 피질, 내측 전전두엽 피질, 안와 전두 외측 피질 및 전방 대뇌 피질 포함)은 주의 집중 조절 및 수행 통제 기능에 관여한다. 이들 뇌 영역은 의식적 통제, 전반적 주의력, 행동을 계획하는 것과 같은 인지 제어 전략을 실시할 때 활성화되며, 정서 경험을 조절하는 역할을 한다(Critchley, 2005; Dennis et al., 2013; Luu, Tucker, & Derryberry, 1998). 최근의 연구에서는 유아기, 아동기, 청소년기 동안의 뇌 성숙을 도표화하였다. 이러한 조사는 정서 조절 능력의 발달뿐 아니라 정신병리 발달에서의 개인차와 관련된 뇌의 구조적 · 기능적 변화에 대한 근거를 제공한다(Adrian, Zeman, & Veits, 2011; Cole, Mischel, & Teti, 1994; Paus, Keshavan, & Giedd, 2008).

정서 조절의 발달에서 중요한 시기를 확인하고 '성숙한' 정서 조절의 신경학적 모델을 구체화하는 것은 추후 발달 신경 과학적 관점에서 더 연구해야 할 영역 중 하나이다(Dennis, Buss, & Hastings, 2012; Dennis et al., 2013). 연구 영역을 확장하는 것은 아동기 및 청소년기 장애에 대한 취약성 요인을 파악하고 적응 및 부적응 조절 과정의 기저를 이루는 신경생리학적 요인에 대한 이해를 넓히기 위해 중요하다. 예를 들어, 주의력 기제의 근간을 이루는 신경계는 성인기까지 계속 성숙이 이루어진다. 이러한 변화는 보다 반응적인 특성의 발달 궤도를 수정하고 역량 및 탄력성에 기여할 수 있다(Shiner & Masten, 2012). 또한 최근의 연구는 공격성 및 불안과 같은 심각한 행동 문제를 가진 아동이 신경 활성화에서 차이가 있다는 것과 인지 행동 치료 기술에 대한 개인의 치료 반응을 구별된 신경 활성화 패턴이 있다는 것에 대해 보고하였다(Pizzagalli et al., 2001). 뇌 활성화의 변화는 인지 행동 치료와 관련이 있으며, 부정적 정서 상태의 조절과 관련된 신경 회로의 변형으로 이어지는 것으로 밝혀졌다(Linden, 2006; Porto et al., 2009). 이 연구는 성공적인 치료 개입의 결과로 정서 조절 능력에 변화가 생길 수 있다는 것과 아동기의 행동 문제를 지속시키는 신경 기제를 조명할 수 있다는 가능성을 제시하였다. 궁극적으로, 이 연구는 정서 조절의 어려움을 겪을 위험이 있고, 치료를 하지 않으면 청소년기에 더 심각한 심리적 장애로 이어질 수 있는 아동을 확인하고 치료 전략을 세우는 데 도움이 될 것이다(Hum & Lewis, 2013).

## 시간이 흘러도 기질은 안정적인가?

어떤 기질 특성은 아동이 태어나기도 전에 발견될 수 있다. 임산부는 자주 자신의 아기가 태내에서 얼마나 활발하고, 율동적이고, 반응이 좋은지 언급한다. 심지어 임산부는 이전 임신과의 차이에 대해서도 설명할 수 있고, 이러한 차이가 신생아의 기질에 어떤 의미가 있는지 궁금해 할 수 있다. 한 연구에서는, 태내에서 더 활동적이었던 태아가 3개월과 6개월에 더 예측 불가능하고 까다롭다는 점을 발견했다(DiPietro, Hodgson, Costigan, & Johnson, 1996). 출생 직후, 고통과 진정 능력에서 명백한 차이가 나타난다. 약 2~3개월경에, 아기가 사회적 자극에 접근하고 웃거나 울고 부정적인 정서(예 : 분노, 좌절)를 나타내는 정도가 달라질 수 있다. 3개월까지 대부분의 유아는 자신의 각성 수준을 조절하기 위해 스스로를 진정시킬 수 있는 행동을 찾는 능력(예 : 엄지손가락 빨기)이 개발된다. 3~9개월 사이에, 유아는 자기 근처에 있는 장난감이나 물건에 다가가 움켜쥠으로써 환경에 관심을 기울이고 반응한다(Kopp, 2002). 생후 2년 동안, 아동은 초기 아동기까지 발달하며 안정되어 가는 또 다른 기질의 차원인 의식적 통제가 발달하면서 긍정 및 부정적 정서 표현을 통제하고 조절하기 시작한다(Kochanska & Knaack, 2003; Rothbart, Sheese, & Posner, 2007). 아동이 얼마나 빨리, 강렬하게, 지속적으로 반응하는지, 그리고 새로운 자극에 접근 혹은 회피하는지, 또는 외부의 광경이나 소리에 의해 산만해지는 정도는 모두 처음 2년 동안 측정된 기질적 특성과 관련이 있다. 모든 기질적 특성이 안정적일 것이라고 예상되지는 않는다. 조절 체계가 성숙해지면서, 반응적인 기질 차원이 안정되고 표현이 달라질 수 있다(Rothbart, 2011).

기질적 특성은 종종 행동 관찰을 통해 추론되기 때문에, 기질의 안정성 혹은 변화를 측정하고자 하는 시도에는 본질적인 문제가 있다. 우리는 행동이 발달에 따라 변화될 것이라고 예상한다. 예를 들면, 극도로 억제된 유아는 극도로 억제된 아동 혹은 청소년과 다르게 이 억제성을 나타낼 것이다. 따라서 명백한 행동의 변화가 예상된다. 그러나 여전히 조직화된 기질적 차원이 갖고 있는 기본적인 안정성이 있을 것이다. 이 아이디어는 다음과 같은 몇 가지 질문을 이끌어낸다. 우리는 발달적으로 적절한 측정을 통해 동일한 기질적 특성을 연령대에 따라 평가할 수 있는가? 시간 경과에 따른 특정 기질 특성에 대해 비교 가능한 측정들 간에, 우리가 기질적 차원은 안정적이라고 결론을 내릴 수 있을만한 중요한 연관성이 존재하는가? 연관성이 없다면, 이는 기질적 특성의 안정성이 부족하다는 것을 의미하는가? 아니면 어떤 기본적인 차원에 대해 발달적으로 적절하게 측정했더라도, 알아보고자 하는 동일한 기질의 특성을 정확히 포착하지 못해 결국 안정성 혹은 변화를 평가하는 데 있어 오류가 발생하는 것인가? 알아보고자 하는 차원을 측정할 때 개인이 동일한 것을 상대적인 위치에서도 유지하는지 여부가 안정성을 평가하는 더 좋은 방법일 수 있다(예 : Roberts & DelVecchio, 2000). 즉, 또래와의 비교에서, 그 아동의 동일한 기질적 차원이 연령이 달라져도 비슷한 순위를 보이는가? 또한 단순히 유아기에 확인된 특성을 검토하기만 하는 것이 아니라, 아동 및 청소년을 대상으로 연구할 때 통합되어야 하는 기질적 특성에 대한 발달적으로 적절한 새로운 지표가 있는가(Ganiban, Suadino, Ulbricht, Neiderhiser, & Reiss, 2008 참조)?

위의 질문에 대한 답은 측정된 특정 기질의 특징과 조사 연령에 따라 다르다. 예를 들면, 생후 첫 몇 주간 평가한 고통, 주의력 및 활동 수준에 대한 측정과 이후의 측정 간에는 약한 관계가 있거나 결과가 불일치한다(Thompson et al., 2011). 기질적 특성을 표현하는 생물학적 시스템이 성숙함에 따라 여러 차원에서 개인차가 나타나고, 이러한 변화가 기질 특성의 불안정성을 초래할 수 있다. 신생아는 처음에 일반화된 고통 반응을 나타내고 그것은 생후 1년 동안 보다 차별화된다. 신경 생리학 시스템이 성숙해지면서 유아는 공포의 울음, 좌절 및 분노의 구별에 기여하는 정서 평가의 과정에서 더 유능해진다(Buss & Goldsmith, 1998). 경계심과 행동 억제의 초기 징후는 약 8~9개월경에 나타나는데, 이는 활동 수준 및 부정적 정서에 대한 반응성에 영향을 줄 수 있다(Thompson & Limber, 1990). 이러한 진보와 동시에 주의력 주기의 변화와 신피질의 성숙으로 인해 시각적 주의력에 대한 조절이 일어난다. 결과적으로, 신경생리학, 인지 및 지각 시스템 내에서, 그리고 그들 간의 성숙이 이루어지면서 각각의 기질 특성은 명백하게 불안정해진다.

그러나 생후 1년 동안의 안정성에 대한 증거 또한 발견되었다. 가장 널리 사용되는 부모 보고식 기질 측정 방법인 유아 행동 질문지(Rothbart, 1981, 2011)를 유아의 기질과 모성을 평가하는 두 가지 조합의 연구에 사용했을 때, 긍정적 정서성(미소와 웃음, 자기 진정 능력, 집중력)과 부정적 정서성(활동 수준, 공포, 고통에 대한 한계)의 두 가지 일관된 요소가 나타났다. 상대적으로 짧은 기간(2~5개월과 5~13개월 사이) 동안 상당한 안정성이 관찰되었지만, 보다 긴 기간(2~13개월) 동안 검사했을 때 안정성의 정도는 약간 낮았다. 평가 전반에 걸쳐 유아의 순위가 매겨졌다. 별도의 발달 기간 동안 급속한 사회적·정서적·운동적·언어적·인지적 변화가 있었음에도 불구하고 유아는 상대적 지위를 보존했다. 안정성에 대한 몇 가지 잠재적 중재 요소가 있는데, 안정성은 성별, 월령별 발달단계(term status), 사회경제적 지위, 출생 순위에 따라 매우 달랐다(Bornstein et al., 2015). 이와 같이 발달에 민감한 분석을 통해 1년 동안 부정적 정서성과 긍정적 정서성 기질 요인의 일관된 안정성이 확인되었다. 더욱이, 기질은 시간이 지남에 따라 환경과 양육의 영향을 받아 별개의 특성이 다르게 나타나긴 하지만, 다양한 대조군에서 상대적으로 안정적인 것으로 나타났다.

생후 1년이 지나면, 어떤 기질적 특성은 짧은 기간 동안 보다 안정성을 갖는 것으로 보인다. 긍정적 정서성, 의식적 통제, 행동 억제 및 활동 수준과 같은 특성을 평가하기 위해 발달적으로 적절한 척도를 사용하여 몇 달 또는 몇 년에 걸쳐 적정 수준의 안정성이 발견되었다(Thompson et al., 2011). 그리고 유아기에 측정된 특정 기질적 특성은 이후의 성격 특성을 예측하는 것으로 밝혀졌다. 예를 들어, 유아기의 반응성과 조절의 차이는 학령 전기의 정서 조절 및 아동기의 불안과 관련된 문제를 예측한다(Bosquet & Egeland, 2006). 또한 새로운 것에 대해 높은 반응성을 보이는 유아는 청소년기에 미래에 대해 더 불안해하는 것으로 보인다(Kagan, Snidman, Kahn, & Townsley, 2007). 그러나 또 다른 다수의 연구에서는 초기의 기질 측정과 이후의 발달 결과 평가 간의 연관성이 약하거나 불일치한다고 보고하며, 이는 생후 몇 년간의 기질의 개인차가 상당히 가변적이며 이후 행동과의 연결이 제한적임을 시사한다.

기질적 특성은 취학 전 연령까지 상당한 안정성을 보이며, 나이가 들면서 더 일관성 있어진다는 연구 결과가 있다(Roberts & DelVecchio, 2000). 2세 이후에 측정된 기질과 초기 성인기의 발달적 결과 평가 사이에서 장기적 연속성이 발견되었다(Caspi et al., 2003 참조). 그러나 모든 연구에서 그리고 모든 아동에게서 강한 연관성을 발견한 것은 아니다(Pfeifer, Goldsmith, Davidson, & Rickman, 2002 참조). 그럼에도 불구하고, 기질적 차원이 유아기 이후에도 더 안정적일 것이라고 기대하는 많은 이유가 있다(Thompson et al., 2011). 기질의 기초가 되는 신경 생물학 시스템의 핵심의 일부는 생후 몇 년 동안 성숙하고 더욱 더 조직화된다. 결과적으로, 개인의 기질은 더욱 통합되어 보다 일관성 있게 표현될 것이다. 또한 아동은 자기감을 구성하는 개인적 특성을 인식하고 이해하기 시작하며(예 : '나는 수줍음이 많아.', '나는 항상 뛰어다니고 노는 것을 좋아해.') 자기 자신을 다른 사람과 차별화할 것이다. 그 자체로, 아동은 자신과 비슷한 상호작용 상대를 선택하고 자신의 선호와 일치하는 활동에 참여할 수 있다.

또한 초기 기질적 특성의 안정성은 양육자와의 상호작용에 의해 영향을 받을 수 있다. 부모가 따뜻하고 민감할 때 긍정적 정서는 강화되고, 두려움과 분노는 최소화되는 경향이 있다. 부모는 자녀에게 감정을 어떻게 조절하는지 가르칠 수 있으며, 이로 인해 부정적 감정 혹은 고통에 대한 반응의 표현이 달라질 수 있다(Putnam & Stifter, 2008). 최근의 연구는 사회적으로 조심스러운 학령 전기 아동이 어머니의 지나친 과보호를 받았거나 낮은 호흡 부비동 부정맥이 있을 때(부교감 신경계 조절 측정), 9세에 적응(내면화 및 불안 관련 문제들, 사회적 기술 측정, 학교에서의 수행을 평가)이 저조하였다. 미취학 아동이 사회적 경계심이 낮고 낮은 호흡 부비동 정맥을 보일 때, 어머니의 과보호는 보다 나은 적응과 관련 있는 것으로 나타났다. 따라서 내적 자기 조절 능력, 자율성, 역량을 위한 부모의 지원 모두 사회적으로 조심스러운 아동에게 유익한 것으로 보인다(Hastings, Kahle, & Nuselovici, 2014). 이 연구는 발달의 결과를 예측함에 있어서 기질적 측정과 양육 환경의 질 사이의 복잡한 관련성을 보여준다.

결론적으로, 유아기부터 청소년기까지의 기질의 안정성을 조사하는 연구는 영향력의 교류적 본질을 고려할 필요가 있다. 청소년-부모 관계와 양육 실제가 기질의 영향을 받을 수 있는 것처럼[예 : 분노 반응성(Katainen, Raikkonen, & Keltikangas-Jarvinen, 1998)] 부모는 자녀가 나이를 먹을수록 특정 특성의 표현을 수정하는 역할을 할 수 있다[예 : 반응성(Kagan et al., 2007)]. 따라서 기질의 안정성은 개인차 변수들이 통합되어 나타나는 결과이며 이후의 행동 특성을 예측할 수 있게 한다. 일부 연구자들은 유아기에서 아동기로 또는 아동기에서 청소년기로 전환되는 과정에서 일어나는 역량의 재구성으로 인해 기질 안정성이 더 커지고, 이는 발달 기간 사이보다 발달 기간 내에 더 크게 나타난다고 주장한다(Goldsmith et al., 1987). 발달적으로 적절한 지수들을 사용하고 특정한 기질적 특성들에서 도출되는 맥락적 요인들에 대해 고려하면서 이 주제들을 다루고 있는 연구들이 분명 많이 있는데, 이를 통해 우리는 언제 그리고 왜 기질이 지속되는지, 언제 그리고 왜 기질이 이후의 성격 특성과 연결될 것이라고 예측하게 되는지에 대해 좀 더 이해하게 될 것이다.

## 기질은 발달에 어떻게 영향을 미치는가?
## 기질이 이후의 행동을 예측하는가?

기질은 종종 발달에 직접적인 영향을 미친다고 여겨지지만, 기질 특성은 또한 다른 발달 과정 및 양육자와의 상호작용에 의해 영향을 받을 수 있다. 여러 연구에서 기질이 환경의 영향에 의해 매개된다고 밝히고 있다(Crockenberg, Leerkes, & Lekka, 2007; Porter, Wouden-Miller, Silva, & Porter, 2003; Sheese, Voelker, Rothbart, & Posner, 2007). 부모의 민감성과 반응, 사회적 스트레스와 요구, 그리고 다른 사회적 영향력의 가용성 모두 기질 변화의 영향을 중재하는 역할을 한다. 예를 들어, '순한' 혹은 '까다로운' 기질을 가진 아동 모두 다른 사람이 자신을 어떻게 이해하고 반응하는지, 이용 가능한 환경적 지원이 있는지 여부가 발달 결과에 영향을 줄 것이다. 또한 기질은 아동의 특정한 기질 특성에 대한 부모의 이해 및 반응에서 비롯되는 신념과 문화적 가치와 상호작용한다(Chen, Yang, & Fu, 2012; Cole & Packer, 2011). 예를 들면, 미국의 어머니는 산만함, 근접성 추구와 같은 아기의 행동이 발달상 문제가 되는 수준인지 알아보는 반면, 일본의 어머니는 동일한 행동에 대해 그 자체로 가치 있게 여긴다(Rothbaum et al., 2000). 따라서 초기의 각 기질이 항상 아동의 이후 성격을 예측하는 것은 아니라고 보는 것이 보다 적절할 것이다. 기질적 특성과 아동이 성장하고 있는 환경 사이에 역동적인 교류가 이루어질 때, 성격 발달은 매끄럽게 연속적으로 이어지기보다 불연속적으로 이루어지고 변화가 발생하는 경향이 있다.

몇몇 종단 연구에서 아동의 이후 사회적 발달을 통해 기질 변화의 결과와 관련된 의문을 탐색하였다. 이 연구에서 많은 흥미로운 결과가 도출되었다. 감정적이고 충동적이며 민감하거나 까다로운 아동들이 더 많은 심리적 문제를 보이는 것으로 나타났다(Goldsmith, Aksan, Essex, Smider, & Vandell, 2001; Rothbart & Bates, 2006). 슬픔,

공포, 불안, 철회, 죄책감과 같은 내면화 문제는 수줍거나 겁이 많은 아동에게 발생하기 쉽다(Lindhout, Markus, Hoogendijk, & Boer, 2009; Muris et al., 2009; Rothbart, 2007). 과잉활동성, 공격성, 파괴적 행동과 같은 외현화 행동 문제는 낮은 의식적 통제를 보이는 아동에게 자주 나타난다(Ormel et al., 2005; Valiente et al., 2003). 두 가지 유형의 문제 모두 높은 부정적 정서성을 가진 아동에게 나타날 수 있다.

왜 기질적 변화가 이후의 이러한 문제와 관련이 있을까? 이 질문에 답할 수 있는 몇 가지 설명이 있다. 연구자는 아동의 기질 프로파일이 사회적 상호작용에 영향을 미칠 수 있는 방법을 조사했다(Scarr & McCartney, 1983). 쾌활하고 순한 아기는 다른 사람으로부터(예 : 부모, 형제자매, 양육자, 또래) 긍정적인 반응을 이끌어내고, 이는 더 적극적이고 지속적인 상호작용 교류로 이어진다. 두려움이 많거나 부정적인 아기는 다른 사람과의 상호작용이 원활하지 않기 때문에 사회적 교류가 더 어려워진다. 아동의 기질은 또한 타고난 성향과 일치하는 특정한 활동 혹은 사회적 파트너를 선택하게 하고, 이는 다른 경험을 할 기회를 제한할 수 있다. 극도로 억제된 아동은 돌봄 기관에서 활동에 참여하지 않고 조용히 혼자 퍼즐을 맞추거나 그림 그리는 것을 선호하며, 그로 인해 사회적 놀이, 탐색, 새로운 관심사에 대한 실험 등이 제한될 수 있다. 그리고 기질 특성은 환경 스트레스 요인에 대한 아동의 반응에 영향을 줄 것이고, 그 결과 어떤 아동은 더 탄력적으로 되거나 혹은 더 취약해질 수 있다(Rothbart & Bates, 2006). 이렇게 더 까다로운 기질을 가진 아동은 돌보기가 더 어렵기 때문에 다른 사람으로부터 불리한 반응을 이끌어낸다. 부모는 민감성이 떨어지고 더 비판적으로 될 것이며 다른 아동 및 성인들은 더 거절할 수 있다. 또한 까다로운 기질의 간접적 효과는 부모의 스트레스와 짜증을 불러일으키는 아동이 부모의 폭언이나 가혹 행위의 대상이 될 수 있다는 것이다. 게다가 기질이 까다로운 아동들은 스트레스에 더 부정적으로 반응하고 상황에 따른 요구에 적응하기가 더 어려울 수 있다(Reiss, Neiderhiser, Hetherington, & Plomin, 2000).

또한 기질과 환경 조건 사이에는 상호작용이 있을 것이다. 예를 들면, 엄격한 훈육을 하는 부모를 둔 두려움이 많은 아동은 부모가 엄격한 훈육을 하지 않는 기질적으로 두려움이 적은 아동과 비교해볼 때 우울하고(Colder, Lochman, & Wells, 1997), 양심 수준이 낮은 경향이 있다(Kochanska, 1997). 소심한 기질을 가진 아동의 어머니가 부정적이고, 우울하거나 지지가 되지 않을 때, 아동은 부정적인 기분을 갖게 되고 자신의 부정적인 감정을 조절하는 데 덜 능숙하다(Feng et al., 2008). 또한 아동은 지속적으로 사회적으로 철수되고(Hane, Cheah, Rubin, & Fox, 2008) 두려움을 가질 가능성이 높다

(Gilissen, Bakermans-Kranenburg, van IJzendoorn, & van der Veen, 2008). 그러나 부모가 엄격한 훈육보다는 온화한 방법을 사용할 경우, 두려움이 많은 아동은 자제력을 더욱 발달시킬 수 있다(Kagan & Snidman, 2004).

아동이 까다로운 기질을 가지고 있고 부모가 결혼 생활에 갈등을 겪으며 스트레스를 받고 있거나 혹은 사회적 지지가 결핍되어 있는 경우, 부모가 갈등과 가정에서의 스트레스를 덜 경험하는 아동에 비해 외현화 문제를 겪을 가능성이 더 높다(Morris et al., 2002; Tschann, Kaiser, Chesney, Alkon, & Boyce, 1996). 둔감하거나 엄격한 어머니의 양육 방식과 까다로운 기질을 가진 아동의 조합은 이러한 어려움 중 하나만 가진 아동과 비교할 때, 학업 및 사회적 어려움(Stright, Gallagher, & Kelley, 2008)과 우울(Paulussen-Hoogeboom et al., 2008)을 보이고 공격적이거나 행동화를 나타낼 가능성이 높다(Miner & Clarke-Stewart, 2008). 차갑거나 둔감한 부모에 의해 양육되고 행동에 대한 요구가 부적절하거나 과도한 환경에서는 '순한' 기질의 아동조차도 이후에 행동 문제를 일으킬 수 있다.

종합해보면, 이러한 연구 결과는 기질과 부모의 행동이 결합된 효과를 보여준다. 만약 부모가 자녀의 독특한 기질 특성을 수용하고 자녀의 욕구를 이해하여 자신의 행동을 바꿀 수 있다면, 아동의 발달은 부모와 자녀 간의 '적합성'으로 인해 보다 부드럽게 이루어질 것이다(Thomas & Chess, 1986). 그러나 아동의 기질과 부모의 행동 사이의 일치(또는 불일치)는 환경의 변화에 따라 달라질 수 있다. 아동이 성숙해지면 부모와 교사는 아동에게 더 많은 것을 기대한다. 입학 및 다른 조직 활동(예 : 스포츠, 음악 또는 미술 수업)에 참여하려면 자제력, 협동심, 주도성, 규칙 준수, 유연성이 요구된다. 문화적 요구와 성 역할 기대 또한 다양한 상황에서의 적합한 행동을 위한 규범을 세우는 데 중요한 역할을 한다. 따라서 어떤 기질 차원이 특정 연령대에 특정 환경에서는 잘 일치할 수 있지만(어린이집에서 놀 때 높은 활동 수준과 낮은 주의 집중 주기를 보이는 것) 다른 곳에서는 그렇지 않을 수 있다(유치원에 입학할 때). 아동에 대한 부모나 교사의 다른 기대는 잠재적으로 더 긴장되는 상호작용 역동을 일으킬 수 있다. 이는 결과적으로 아동의 기질 프로파일을 완화시키거나 발달상의 문제를 야기하기도 한다.

마지막으로, 비교적 최근의 연구에서는 위험과 탄력성을 결정하는 것과 관련된 유전 및 환경적 요인을 탐색하였다(Shiner et al., 2012). 유아의 성마름과 같은 몇 가지 기질 특성은 특정 아동이 환경의 영향에 보다 취약해지게 만들 수 있다. 이런 격차가 큰 감수성은 매우 성마른 유아가 '좋은' 환경에서 자랄 경우 긍정적인 발달 결과로, '나쁜' 환경에서 자랄 경우 부정적인 결과로 나타날 수 있다(Belsky & Pluess, 2009; van IJzendoorn & Bakermans-Kranenburg, 2012). 아동의 기질적 변화와 아동이 발달하는 환경이 서로 영향을 주고받는 방식을 보다 명확하게 밝히기 위해서는 아동과 환경 사이에 이루어지는 지속적인 교류에 대해 더 이해할 필요가 있다.

## 기질 : 요약

현대의 이론가와 연구자에 의해 유지되고 있는 기질에 대한 현재의 견해는 생물학에 기반을 둔 특성은 시간의 흐름과 상황에 따라 변하지 않는다는 전통적인 개념과는 상당히 다르다. 이제 기질 차원은 진화하는 것으로 여겨지고, 발달과 더 일치한다. 안정성은 동일한 기본적인 기질 차원이 발달에 적합하게 표현되는 것을 의미한다(Bornstein et al., 2015, Schwartz et al., 2012 참조). 기본적인 기질 성향은 활동성, 주의 집중, 정서성, 사교성, 반응성 및 자기 조절의 영역을 포함한다(Shiner et al., 2012). 또한 각 개인의 고유함으로 정의되는 특성은 행동 경향성으로 조직화된다. 이는 사회적 파트너와 상호작용하고 새로운 경험에 접근하고 평가하며, 자기를 정의하고 반영하는 정서적 반응을 조직화하고 조절하는 방식이다. 기질의 차이는 유기체와 경험의 상호작용을 반영하며, 복잡한 방식으로 발달에 영향을 미친다. 따라서 유기체의 경험은 아동의 출생 전에도 기질에 영향을 주고(Huizink, 2012), 출생 후에도 지속적으로 영향을 미치며(Champagne & Mashood, 2009), 심지어 이후 발달 과정에서도 유전의 영향이 나타난다(Saudino & Wang, 2012). 이러한 독특한 개인차는 결과적으로 스트레스나 도전에 직면할 때, 아동을 취약하게 만들기도 하지만, 반면 환경 및 양육자의 지원에 따라 더 탄력적으로 만들기도 한다.

## 정서

정서는 복잡하고, 서로 관련된 여러 발달 과정을 반영하며, 유아에게 다양한 목적을 제공한다. 정서는 일시적이거나 지속적일 수 있다. 정서는 특정 상황에서 또는 다양한 맥락에서 경험되거나 표현될 수 있다. 아동은 정서 표현, 언어와 행동을 통해 다른 사람들에게 자신의 기분을 전하는데, 아동의 정서에 대한 이해는 시간의 흐름에 따라 달라진다. 정서 표현은 다른 사람의 행동에 영향을 주거나 영향을 받을 수 있다. 정서 발달은 경험을 평가하고 자신과 다른 사람을 이해하고, 사회적 규칙을 인식하고, 자기 조절 능력을 발휘하는 역량의 발달을 통해 이루어지는 정신생물학적 성숙, 인지 발달 및 사회적 경험과 관련이 있다.

## 정서 발달

유아는 생후 2개월 이내에 다른 사람의 정서를 감지하고 양육자와의 정서적 교류에 참여하기 시작한다(Abe & Izard, 1999). 이 상호작용에서, 유아는 자신이 지각한 양육자의 정서를 토대로 자신의 정서 표현과 행동을 수정하는 것으로 밝혀졌다(Tronick, 1989). 예를 들어, 양육자가 무표정으로 있는 실험에서 어떤 감정도 표현하지 않으면, 유아는 상당히 괴로워하면서 양육자가 자신이 알아차릴 수 있는 정서적 표현을 해줄 것을 기대하는 것이 관찰되었다(Mesman, van IJzendoorn, & Bakermans-Kranenburg, 2009). 다른 사람과의 정서적 교류에 대한 기대는 이후 사회적 상호작용에서의 정서적 의사소통과 조절의 중요한 기초가 된다.

일반적으로 유아기에는 유쾌하거나 불쾌한 극단적인 정서를 보이는 경향이 있다. 양육자의 민감한 개입 외에 유아의 정서 상태를 조절할 수 있는 것은 없다. 유아는 자신의 정서를 숨기는 방법을 배우지 않았기 때문에 유아의 불쾌감, 혐오감, 고통 또는 기쁨은 쉽게 드러난다. 사실, 유아기의 정서 조절은 환경과 양육자에게 달려 있다(Cassidy, 1994). 기쁨, 분노, 호기심 그리고 슬픔과 같은 기본적인 정서는 생애 초기부터 나타난다[7~8개월경의 유아는 두려움, 혐오감, 그리고 놀라움을 표현할 수 있다(Izard, Huebner, Risser, McGinnes, & Dougherty, 1980)]. 이들 정서는 앞서 일어난 사건과 직접적인 관련이 있으며 적응적이다(Izard et al., 2011). 병원에서의 주사에 대한 공포, 부모와의 분리에 따르는 두려움, 또는 형제와 함께 놀 때의 기쁨은 모두 유아의 얼굴에 분명하게 드러난다. 연구자들은 얼굴의 다른 부분(눈꺼풀, 이마, 입술)과 특정한 행동 패턴에 초점을 두고 기본적인 정서를 구별하기 위해 MAX(Maximally Discriminative Facial Movement, 최대한 얼굴의 움직임을 식별하는) 코딩 시스템(Izard & Dougherty, 1982) 같은 정교한 코딩 체계를 사용하여 정서를 구별하기도 하였다.

유아는 다른 사람의 표정에 나타난 정서에도 반응할 수 있다. 신경 처리에 대한 연구에서는 표정에 대한 반응으로, 유아에게도 정서를 감지하는 영역인 편도체가 활성화된다는 것을 증명했다(Leppänen & Nelson, 2009). 사건 관련 전위(ERPs)[1]의 구별된 각성 패턴이 보여주는 바와 같이, 두려움과 분노의 표정을 처리하는 동안 신경이 활성화되었는데, 이것은 유아가 각기 다른 정서 표현을 구별하고 감지할 수 있음을 시사하는 것이다(Hoehl & Striano, 2008). 그리고 유아는 단지 다른 사람의 정서에 반응할 뿐 아니라 상대방의 정서 표현을 사용하여 상호작용을 다루기도 한다. 예를 들면, 유아는 약 9개월경부터 사회적 참조 또는 모호한 상황에서 다른 사람의 정서 표현을 정보의 원천으로 사용하기 시작한다(Campos, 1983; Walden & Ogan, 1988). 1세경에, 유아는 자신이 물건에 접근해서 가질 수 있을지 예측하기 위해 실험자의 정서와 시선을 활용할 수 있다(Phillips, Wellman, & Spelke, 2002). 이와 같이, 유아는 아주 어린 시기부터 적절한 방식으로 정서 지식을 사용하고 있다.

2세 말 무렵, 죄책감, 수치심, 자부심, 시기심, 공감, 그리고 당황스러움 같은 새로운 정서가 나타난다. 이러한 자의식 또는 사회적 정서는 다른 사람들과의 관계에서 아동이 자신을 인식하고 자신에 대해 이야기하는 능력의 발달에 달려 있다(Lewis, 2007; Tracy, Robins, & Tangney, 2007). 이러한 감정은 또한 아동이 행동의 적절한 기준을 평가하고 그 기준을 자신의 행동에 적용하는 것에 달려 있다. 처음에는 죄책감 또는 자부심은 관계의 맥락에서 부모의 평가로부터 비롯된다("엄마는 네가 장난감을 나눠주는 게 너무 자랑스러워."). 점차로, 학령전기 아동들은 어려운 작업을 할 때 부모의 반응을 '확인'하는 것과(예 : "잘하고 있구나.") 부모의 정서적 반응을 기대하는 것(예 : 엄마가 웃으며 "잘했어! 네가 해냈어."라고 말할 때) 모두의 영향을 받게 된다. 이런 식으로 아동은 적절한 행동에 대한 기대와 기준에 대해 배운다. 아동은 이러한 기준을 충족시킴으로써 자부심 또는 자기가치감(self-worth)을 경험하고 표현하기 시작한다. 자기 이해의 발달은 부모-자녀 관계 내에서 이루어지는데, 이것은 정서 발달이 환경 안에서 일어난다는 것과 부모-자녀 관계에 어려움이 있거나 힘들 때 잠재적으로 부정적인 결과가 야기될 수 있다는 것을 다시 상기시킨다.

유아는 정서적 경험의 원인(예 : '그 여자는 남자가 자신에게 차례를 넘기지 않아서 슬퍼.')과 정서가 사회적 상호작용에 영향을 미칠 수 있는 방식(예 : '그 애가 화났기 때문에 우리는 오늘은 개랑 놀고 싶지 않아.')을 이해하기 시작한다. 자의식과 관련된 정서는 사회성 발달에서도 중요한 역할을 한다. 자기 자신 및 다른 사람에 대한 아동의 정

---

1) 역주 : 사건 관련 전위 또는 사건 유발 전위(event-related potential, ERP)는 뇌에서 어떠한 자극에 대해 반응한 결과로 나타나는 전위차를 의미하며, 이것은 뇌전도를 통해 측정할 수 있다(출처 : 위키백과).

서는 자신에 대한 자부심과 수치심에 의해 결정된다. 아동은 다른 사람이 자신보다 어떤 것을 더 잘하거나 많이 가지고 있다고 지각할 때 질투를 경험한다. 아동은 자신이 완성하기 너무 어렵다고 생각한 과제를 해내면 자부심을 느낀다. 아동에게는 규칙을 어기고 죄책감을 느낄 때 사과할 동기가 있다. 그리고 친사회적 행동은 아동이 다른 사람의 정서를 이해하고 공유하며 그에 대해 공감을 느낄 때 일어난다. 이와 같이, 유아기 동안 정서적 경험과 표현은 자기를 평가할 뿐 아니라 정서적 표현을 관리하고 각성을 조절하며 다른 사람의 표현을 이해하는 능력이 반영되면서 더욱 복잡해진다(Lewis, 1998; Saarni, Campos, Camras, & Witherington, 2006).

정서 조절은 유아기 초기부터 시작되지만, 5~6세가 되면 아동은 자신의 정서 경험을 조절하는 데 보다 능숙해진다. 이제 아동은 자신의 정서 반응을 수정하거나 반응의 강도나 지속 시간을 줄이기 위해 행동 전략(어려운 상황에서 벗어나는 것과 같은) 또는 인지 전략(기분 전환, 머리 식히기와 같은)을 사용할 수 있다(Denham et al., 2010). 게다가 아동은 다른 사람의 정서 상태를 더 잘 이해할 수 있고 심지어 '상대방'이 옆에 없더라도 진정으로 공감할 수 있게 된다(예 : 아동은 곤경에 처한 다른 사람의 이야기에 반응할 수 있다). 사회적 정서는 더 세련되고 정교해진다. 아동기 중반에 이르면, 아동은 정서 표현 규칙을 사용하여 특정 상황에서 어떤 정서를 표현할 수 있는지 이해할 수 있다. 아동은 언제, 누구와 이야기를 나누고 자신의 감정을 공유할 수 있는지 배우게 된다. 인지가 발달하고, 복잡한 정서에 대한 이해가 깊어지면서 정서 발달은 청소년기까지 지속되고, 사회적 상호작용은 개인의 정서 경험과 다른 사람의 정서적 상태 모두에 대해 깊이 정신적으로 이해하는 것을 돕는다.

## 정서와 정서 발달에 대한 관점

아동의 정서 발달에 영향을 미치는 여러 요인들을 설명하는 몇 가지 이론적 입장이 있다. 어떤 이론가는 기본적인 정서의 표현은 인간의 진화에 뿌리를 둔 선천적인 것이고, 정서는 비연속적(discrete)이며[2] 보편적으로 인식되는 정서 표현이 있다고 믿는다(Darwin, 1872; Ekman, 1972, 1984, 1993; Izard, 1991, 2007). 실제로, Darwin(1872)은 최초로 보편적인 기본 정서와 일치하는 해부학적 특징이 있다고 제안하였다. 어떤 연

---

2) 역주 : 모든 인간에게 볼 수 있는 몇 가지 유형의 기본 정서가 존재한다고 보는 '비연속적 정서이론'의 입장. 이외에 정서의 종류에 관한 이론으로는 Wunt의 이론으로부터 시작된 '차원이론'이 있다.

구는 행복, 슬픔, 분노, 두려움, 놀라움, 혐오감에 대한 표정은 다른 문화권에서도 동일하게 나타난다는 것을 규명하였지만(Ekman, 1972), 이 견해는 비교문화 연구에서 상반되는 증거를 제시하면서 점차 도전을 받고 있다(Kayyal & Russell, 2013; Nelson & Russell, 2013; Russell, 1994). 더욱이, 신뢰할만한 연구에서는 각각의 정서 표현과 관련된 분명한 얼굴 근육이 있다는 주장을 지지하고 있다(Ekman, 2003). 그러나 정서가 보편적으로 표현되고 인식되는지에 대한 의문은 여전히 남아 있다.

인지 신경 과학자들은 정서가 각기 다른 뇌의 영역과 관련되어 있다는 증거를 제시한다. 두려움은 우뇌 반구에 의해 통제되는 반면, 기쁨은 좌뇌 반구의 통제를 받는다(Davidson, 1994; Fox, 1991). 정서는 변연계와 특히 편도체와 같은 뇌의 원시 부위에 뿌리를 두고 있지만(Armony, 2013), 정서를 이끌어가는 것은 전전두엽 피질 같은 보다 정교한 대뇌피질 부위이다(Davidson, Fox, & Kalin, 2007). 호르몬과 신경 전달 물질(뇌의 다른 영역에 의해 조절됨) 또한 정서 반응에 영향을 미친다(Gunnar & Vasquez, 2006). 신경생리학 및 신경내분비 과정 역시 정서 행동에 영향을 미치면서 급격하게 변한다(LeDoux, 2000). 예를 들어, 부교감 신경 조절과 부신피질 활성화가 발달하면서 각성 상태를 조절하고 통제하는 능력에 기여한다(Gunnar & Davis, 2003). 그리고 피질하와 전두엽 체계의 기능이 연결되면서 아동기의 정서 조절이 용이해진다(Ochsner & Gross, 2007). 이와 같이, 생물학적 요인은 정서의 표현과 조절에 중요한 역할을 한다. 마지막으로, 유아기의 쌍둥이를 대상으로 한 연구에 따르면 미소 짓는 나이, 미소의 빈도, 정서 억제의 일반적인 정도, 두려움 반응은 이란성 쌍둥이보다 일란성 쌍둥이에게서 더 유사하게 나타났다(Plomin, DeFries, McClearn, & McGuffin, 2001; Robinson, Kagan, Reznick, & Corley, 1992; Rutter, 2006). 종합하면, 여러 연구 결과에서 유전자, 해부학적 구조, 뇌 조직을 비롯한 생물학적 과정이 정서 표현을 억압하기도 하고 촉진하기도 한다는 증거를 제시하고 있다.

그러나 부모, 형제자매, 또래, 양육자 또한 정서 발달에 영향을 미친다. 아동은 관계의 맥락 내에서 자신의 정서를 표현하는 것을 배운다. 부모는 정서 표현과 조절의 모델 역할을 한다. 실제로, 연구자들은 아동의 정서 표현 수준과 유형이 부모와 유사하다는 것을 발견했다. 아동은 부모가 어떤 반응을 보일 때 좀 더 긍정적인 반응을 보이거나, 좀 더 부정적이거나 적대적인 반응을 보이거나, 좀 더 공감적인 반응을 보이게 될 것이다(Ayoub et al., 2006; Denham, Bassett, & Wyatt, 2007; Halberstadt, Denham, & Dunsmore, 2001). 또한 아동은 부모와의 상호작용을 통해 자신의 정서를 조절하는 것을 배운다. 어떤 부모는 정서 표현을 격려하거나 특정 정서가 표현될 때 보상하는 반면, 어떤 부모는 자녀가 특정 정서를 표현할 때 가혹하게 대하거나 묵살 또는 거절한다. 결과적으로 아동은 자신에게 의미 있는 사회적 대상의 반응을 토대로 어떤 정서를 표현해도 되는지, 자신의 정서 표현이 반응을 얻을 수 있을지 없을지, 그리고 자신의 정서 반응을 어떻게 조절하거나 억압할지 배운다. 또한 구체적인 사건 혹은 상황이 공포 같은 특정한 정서 반응을 배우는 기회가 된다. 예를 들면, 병원에서 주사를 맞고 고통스러웠던 경험은 유아가 의사에 대한 공포를 갖게 되는 고전적인 조건이다. 형이 개를 보고 소리를 지르며 도망가는 것을 관찰하면서 개에 대한 공포 반응이 학습될 수 있다. 그리고 자전거에서 떨어지는 것 같은 부정적인 경험은 아동이 조작적 조건화를 통해 두려움을 느끼게 할 수 있다. 학습 과정의 유형과 상관없이, 위의 사례들은 학습 환경에 따라 아동의 정서가 부정적 또는 긍정적으로 달라질 수 있음을 보여준다.

정서가 아동에게 아주 중요한 목적 또는 기능을 제공한다고 믿는 이론가들이 있다. 정서는 아동이 생존하거나 사회적 목표를 성취하도록 동기를 부여한다. 위험하거나 위협적인 상황이 발생했을 때 발생하는 두려움은 아동이 도망가도록 한다. 특별한 사건을 기대하거나 새로운 사람을 만날 때, 희망과 흥분은 아동이 상호작용을 준비하도록 돕는다. 이 기능주의적 관점에서는 아동이 정서를 통해 목표를 성취하고 관계를 맺고 유지하며 환경에 적응하게 한다는 점을 강조한다(Saarni et al., 2006). 정서는 더 광범위하게 개념화되고 생물학적으로 적응적인 역할을 제공한다(Malatesta, 1990). 기능주의 이론 간에도 중대한 차이가 있지만, 대부분 정서가 가진 고유의 의사 전달 및 동기 부여 역할에 초점을 둔다(Saarni, Mumme, & Campos, 1998). 따라서 다른 사람의 정서 반응은 이후의 행동을 이끌어내는 데 도움을 줄 수 있다. 아동이 부모에게 안기기 위해 다가올 때 부모가 반응하는 방식은 아동의 느낌과 행동을 결정할 것이다. 만약 부모가 웃으면서 두 팔을 벌려 아동을 받아들인다면, 아동은 행복해하며 안길 것이다. 반면에, 부모가 물러나거나 얼어붙어 있거나 돌아선다면, 아동은 혼란스러울 것이고 상처받거나 슬퍼하며 멈출 것이다. 또한 과거의 상호작용에 대한 기억은 새로운 상황에서의 아동의 반응을 결정할 것이다. 새로운 친구를 사귀는 상황에서, 다른 사람과 긍정적인 상호작용을 나누는 데 성공한 아동은 더 자신감을 얻고 모르는 사람에게도 확신을 가지고 다가가게 된다. 만약 아동이 또래에게 환영받고 수용되는 데 어려움을 겪고 있다면, 그 아동은 정서적으로 더 철수되고 다른 사람들은 그를 더 거절할 것이다.

따라서 정서는 다른 사람의 잠재된 정신 상태와 예상되는 행동들에 대한 핵심 정보를 제공하는 매우 중요한 기능을 수행하는 것으로 간주된다. 동시에, 정서는 적응적인 목표 지향적 행동을 촉진하는 기능을 한다. 인지 발달, 사회화 경험 및 생물학적 성숙 모두 적응적인 정서의 기능을 구성하고 동기 부여하는 데 영향을 미친다(Denham, 1998; Saarni et al., 1998). 더욱이 정서는 일반적으로 적응적인 목적을 제공하지만, 생물학적·사회적 스트레스로 인해 방해를 받을 경우 정신병리의 발병으로 이어질 수 있다(Malatesta & Wilson, 1988; Plutchik, 1993). 부적응조차도 목표 지향적 행동과 대인관계 의사소통에서 정서를 효과적으로 사용하지 못한 경우로 이해할 수 있다.

마지막으로, 정서를 심리적 구성 개념으로 간주하는 이론적 입장이 있다(Barrett, 2009; Barrett & Russell, 2014; Kuppens, Tuerlinckx, Russell, & Barrett, 2013; Russell, 2009, 2014). 이 견해는 정서를 단일한 사건으로 보기보다 다양한 원인을 가지고 있고 핵심 정서의 영향을 받으며 각기 다른 과정에 의해 구성되는 것으로 본다(Russell, 2014). 즐거움-불쾌감과 활성화-비활성화의 기본적 차원은 통일된 주관적 느낌을 형성하기 위해 통합된다(Russell, 2003). 이 관점은 기본적인 정서가 선천적으로 내재되어 있다고 보는 생물학적 구성주의 관점(예 : Ekman, 1972; Izard, 1971) 및 정서가 문화에 의해 결정된다는 것을 강조하는 사회 구성주의 관점과 대조된다(예 : Dashiell, 1928; Landis, 1924). 대신에 심리적 구성주의 관점에서는 정서적 경험이 독특하고 주관적이라고 가정한다. 인지신경과학 연구에서는 인지 및 정서 처리 과정을 다루고 있는 뇌 영역을 강조하면서, 주의력, 지각, 그리고 정서적 언어가 함께 모여 다양한 범위의 정서를 구성한다는 관점을 지지한다(Barrett, 2009). 정서는 상황과 사람에 따라 다르며, 생리학, 핵심 정서, 행동 경향성 및 가치 평가에 영향을 받는다. 정서는 개인의 가치 판단과 역동적이고 시간의 흐름에 따라 변하는 경험으로부터 의미를 도출하고, 미묘한 정서적 경험과 단순한 기본 정서의 조합을 초월하는 반응을 이끌어낸다(Ellsworth & Scherer, 2003; Kuppens, Stouten, & Mesquita, 2009). 정서의 기간과 강도에는 개인차가 있다. 구성주의 관점에서는 정상과 병리에서 이 개인차를 이해하는 것을 중요하게 생각한다(예 : Tomarken & Keener, 1998; Verduyn, Delvaux, Van Coillie, Tuerlinckx, & Van Mechelen, 2009; Whittle et al., 2008). 이 견해에 따르면, 개인의 사정과 상황에 따라 정서의 자연스러운 경로와 특정 정서의 구성 요소가 시간에 따라 변하는 방식이 결정된다.

생물학, 학습, 기능주의, 구성주의 관점 모두 정서 발달의 결정적 측면을 이해하는 데 중요한 출발점을 제공한다. 이제 우리는 정서 표현, 정서 표현 규칙의 사용, 정서 이해 그리고 정서 조절에서의 발달적 진보에 대해 숙고해보고 관계와 정서 발달에 대한 논의로 결론을 맺을 것이다.

## 정서 표현

처음부터, 아동은 자신의 정서를 통해 자신이 무엇을 좋아하고 싫어하는지뿐만 아니라 자신이 느끼는 바를 다른 사람에게 알릴 수 있다. 정서를 어떻게 표현하고 해석하며 조절하는지 배우는 것은 아동의 정서 발달과 사회적 성공에 있어 중요하다(Goleman, 2005). 이 세 가지 필수 능력인 정서 표현, 이해 및 조절은 서로 관련되어 있다. 이 정서적 역량의 발달 양상은 따로따로 연구되어 왔지만, 곧 이 역량들이 본질적으로 연결되어 있다는 것이 명백해질 것이다.

정서 표현의 현저한 개인차는 생애 초기부터 분명하게 나타난다. 어떤 아기는 큰 소리나 새로운 경험에 대해 두려움으로 반응하는 반면, 어떤 아기는 그렇지 않다. 어떤 아기는 더 쉽게 미소 짓고 활기차게 웃는 반면 어떤 아기는 보다 조용하고 내성적이다. 이와 같은 정서 표현의 다양성은 기질과 관련이 있으며, 이는 자극과 상황에 따라 나타나는 아동의 반응의 강도가 생물학적 견지에 기초를 두고 있음을 시사한다.

유아기 동안, 정서 표현은 의사 전달의 목적으로 이루어지고 일반적으로 양육자가 유아의 욕구에 주목하도록 유도한다. 예를 들어, 울음은 유아가 양육자에게 자신의 고통에 대해 신호를 보내는 방식이다. 양육자는 아기의 불편함을 완화시키기 위해 노력할 것이다. 유사하게, 아기가 즐거움을 표현하는 것은 양육자가 긍정적인 정서적 교류를 나누고 상호작용을 유지하도록 만든다. 영아와 유아의 상호적 의사소통은 목소리와 표정에서 드러나는 정서에 의지하여 이루어진다. 중요한 것은, 이러한 정서적 교류가 유아의 정서 조절 능력에 영향을 미치고 애착관계의 발달을 촉진한다는 것이다(Cassidy, 1994). 따라서 양육자는 유아의 정서 표현에 반응하고 유아는 양육자가 자신의 정서를 조절하도록 도와줄 것이라는 긍정적 기대를 갖게 된다. 양육자를 정서적으로 활용할 수 없을 때, 유아는 정서 조절에 성공할 가능성이 적다(Bridges, Grolnick, & Connell, 1997). 영아기의 정서 조절은 주로 부모-자녀 관계를 통해서 이루어진다. 유아 스스로 자기 위안을 얻고 자율적으로 행동을 조절하기도 하지만(Woltering & Lewis, 2009 참조), 유아는 정서 조절을 위해 양육자가 자신을 달래주고 편안하게 해주며, 고통을 줄여주고, 긍정적인 교류를 유지하고 관계적 지지를 제공해주도록 양육자에게 의존한다.

학령전기 동안, 정서 표현은 사회적 의사소통에서 더 중요해진다. 언어 기술의 발달은 의사소통을 촉진한다. 이제, 정서에 이름을 붙이는 것은 아동으로 하여금 자신의 정서적 상태를 이해하도록 돕는다(Barrett, Lindquist, & Gendron, 2007; Cole, Dennis, Smith-Simon, & Cohen, 2009 참조). 아동은 자신의 정서를 묘사하기 위해 단어를 사용한다. 아동은 자신의 정서와 적절하게 관련된 인지를 연결하여 정서 도식을 개발한다. 예를 들면, 이제 아동은 다른 사람의 화난 표정이 공격적인 의도나 행동으로 이어질 수 있다는 것을 이해한다. 아동은 가정과 사회 환경을 통해 이러한 지식을 습득한다(Izard et al., 2011). 부모와 교사는 정서 표현, 정서와 관련된 언어 및 행동의 모델이 된다(Cunningham, Kliewer, & Garner, 2009; Garner, Dunsmore, & Southam-Gerrow, 2007; Warren & Stifter, 2008). 다른 사람의 정서 표현을 이해하는 능력이 발달하면서 아동은 기본적인 정서 이상의 것을 경험할 수 있게 된다. 정서에 대한 지식과 정서 조절 능력이 증가하면서, 학령전기 아동은 이제 자신의 긍정적 정서 및 부정적 정서 반응을 다루는 데 보다 능숙해지고 동시에 여러 정서를 경험할 수 있다는 것을 배우기 시작한다.

또한 중요한 생물학적 변화, 특히 안와 대뇌 피질과 전대뇌 피질의 변화가 아동의 정서 지식의 습득에 관여한다. 이 영역은 학령전기에 완전히 발달하지 않는다(Lewis & Todd, 2007). 연구자는 학령전기 아동들의 억제적 통제 및 주의 집중 유지 능력이 높은 가변성(variability)을 보인다는 것을 발견했다. 이러한 개인차는 아동이 자신의 행동 및 정서 반응에 초점을 맞추고 조절하는 방식에 영향을 줄 수 있다. 따라서 정서 지식이 아동의 정서 표현과 경험을 조절하는 능력에 영향을 미치기 때문에, 정서 지식에 영향을 주는 사회적 · 신경생물학적 과정 또한 학령 전기 아동의 정서 표현 및 조절에 영향을 미친다는 것을 알 수 있다(Izard et al., 2011).

부모는 계속해서 학령전기와 초기 아동기에도 아동이 자신의 정서 표현을 조절하는 방법을 배우도록 돕는 중요한 역할을 한다. 자녀가 화가 났을 때 부모가 건설적인 반응을 보여주거나, 아동이 슬퍼하거나 흥분했을 때 편안하게 해주면, 아동은 자신의 정서를 더 잘 표현하고 조절하는 방법을 배운다(McDowell & Parke, 2005). 또는 자녀가 정서를 표현할 때 부모가 아동을 자주 질책하거나(예 : "넌 아기처럼 구는구나!") 벌을 준다면("넌 지금 울 수 없어. 네 방으로 가."), 아동은 자신의 정서를 조절하는 데 어려움을 겪을 것이다(Parke, McDowell, Cladis, & Leidy, 2006; Valiente & Eisenberg, 2006). 또한 부모가 자신의 정서 조절에 능숙할 때, 자녀에게 긍정적 · 부정적 정서를 다루는 데 도움이 되는 가르침을 줄 수 있다(Perlman, Camras, & Pelphrey, 2008). 부모가 부부 간의 갈등을 건설적인 방식으로 해결하면, 아동은 자신의 정서를 조절하는 데 어려움을 겪지 않을 가능성이 높다(Cummings & Davies, 2010). 그러나 부모가 부부 갈등을 많이 겪고 있다면, 아동은 분노와 스트레스에 아주 민감하게 되고 부모의 갈등에 과도하게 개입하게 된다. 이 경우 아동은 자신의 정서를 다루기 어렵고 불안정해진다(Sturge-Apple, Davies, Winter, Cummings, & Schermerhorn, 2008).

가정 폭력에 노출되었거나(Katz, Hessler, & Annest, 2007) 학대당한 아동(Edwards, Shipman, & Brown, 2005; Shipman et al., 2007)은 특히 자신의 정서를 조절하는 데 취약하다. 부모가 우울증이나 다른 정서장애를 앓고 있는 경우에도 아동은 정서 조절에 취약하다(Goodman & Gotlib, 1999). 이와 같이, 부모-자녀 관계의 불안정성은 아동의 정서 표현에 영향을 미친다(Thompson & Goodman, 2010). 종합해보면, 양육의 질은 아동의 기질 및 유전적 취약성과 상호작용하여 아동의 정서 표현 및 조절과 관련된 문제를 완화시키거나 또는 더 취약해지게 만들 수 있다. 다시 우리는 아동의 정서 발달에 있어 초기 애착관계와 그로부터 제공되는 정서적 지지의 중요성을 확인하였다.

형제와 또래 또한 정서 표현에 영향을 미친다. 종종 형제나 자매가 화를 낼 때 '고자질'하거나 '바보짓'을 하려고 할 때 장난에 합류함으로써 형제는 긍정적이고 부정적인 정서 반응의 모델이 된다. 형제관계 개선에 초점을 둔 중재 프로그램에서는 아동에게 형제에 대한 자신의 정서 반응을 바꿀 수 있도록 도와주는 기술(예 : 자신의 정서를 확인하고 평가, 모니터링 하는 것)을 가르침으로써(Kennedy & Kramer, 2008), 정서 표현에 있어 소통의 가치를 강조한다. 또한 아동은 형제 및 또래와 가상 놀이를 하면서 다른 사람의 정서에 대해 배운다(Dunn & Hughes, 2001). 아동이 또래와 좋은 관계를 맺을 때 미묘한 정서의 뉘앙스에 대해 배운다(Dunsmore & Karn, 2004). 그리고 아동은 또래와의 상호작용에서 자신이 화가 나 있을 때 거절당하거나 반감을 사고, 행복할 때 인정받고 받아들여진다는 것을 배운다(Denham et al., 2007). 결과적으로, 아동은 서로에게 정서 반응의 강력한 모델이 된다.

연구는 긍정 및 부정적 정서의 개인차가 아동의 전반적인 적응과 관련이 있다는 것을 증명하였다. 예를 들어, 정서적으로 긍정적인 아동은 사회적으로 더 유능하고, 높은 자존감을 가지고 있으며 전반적인 적응이 더 좋은 경향이 있는 반면, 아동이 부정적인 정서를 더 많이 표현할 때 발달상 문제를 가지고 있다고 하였다(Goldsmith et al., 2001; Lengua, 2002; Rothbart & Bates, 2006). 정서 표현은 아동의 신체 및 정서의 건강과 관련이 있다. 아동이 의기소침하고 거의 즐거워하지 않고 대부분 슬픔을 표현한다면, 이는 사회적 철수, 집중의 어려움 그리고 일반적인 우울의 징후와 관련된 문제를 나타내는 것일 수 있다. 또한 신체의 건강은 스트레스, 불안을 관리하는 데 어려움을 야기하는 조건에 영향을 받을 수 있다. 예를 들어, 높은 코르티솔 수치는 신체적 문제를 야기할 것이고 부모의 적개심과 갈등 또한 건강을 해칠 수 있다(Gottman, Katz, & Hooven, 1996). 종합하면, 정서 표현의 발달 변화를 이해하는 것은 중요하다. 비록 생물학적 요인의 영향을 받지만, 아동으로 하여금 자신의 정서 상태를 표현하고 조절하는 방법을 배우도록 돕는 것은 의미 있는 관계의 경험이다. 우리는 이제, 정서 조절의 중요성에 대해 깊이 숙고해보기 전에, 특별히 정서 표현 규칙을 사용하는 것에 대해 생각해보려 한다.

## 정서 표현 규칙

정서는 사회적 맥락에서 표현되며 한 사람에 대한 많은 정보를 다른 사람에게 전달한다. 그런데 사람들이 항상 자신이 실제로 내면에 느끼고 있는 정서를 표현하는가? 개인에게나 관계에서 진짜 정서를 숨기는 것은 건강하지 않고 부적응적일 수 있지만, 여전히 진정한 정서의 표현을 가리거나 숨기는 많은 방법이 있다. 왜 우리는 우리의 진짜 정서를 숨기는가? 그 정서가 다른 사람에게 상처를 줄 수 있거나(예 : 당신의 장난감을 빌려가서 돌려주는 것을 잊어버린 상대방에 대한 분노), 불안감 또는 자기 의심(self-doubt)을 들킬까 봐(예 : 야구 경기에서 공을 놓쳤을 때의 당혹감), 혹은 중요한 관계에 영향을 줄 수 있을 때(예 : 친구가 당신 편을 들어주지 않았을 때의 고통) 가리거나 숨길 가능성이 높다. 유아는 사회적으로 받아들여질 수 있는 정서 표현 규칙에 대해 이해하지 못한다. 그래서 3세 유아는 자신이 피곤하고 불안정하고 놀이를 끝내고 싶을 때, 친구에게 "너 이제 집에 가."라고 선언하며 울음을 터뜨린다. 혹은 3세 반의 유아가 자기에게 본인이 가장 아끼는 인형을 나눠준 언니에게 "언니가 나한테 못생긴 인형을 줬어."라고 말한다. 또한 이 시기의 유아는 다른 아이가 울거나 화가 났을 때, 고통이나 불편감에서 벗어나 웃기도 한다. 그러나 아동은 성장하면서 점차 자신의 진짜 정서의 표현을 조절하는 규칙을 배운다.

4세 아동은 다른 사람의 정서를 보호하기 위해 자신의 표현을 조절하거나 통제할 수 있다(Banerjee, 1997). 그러나 대략 6~7세까지 아동에게는 정서 표현 규칙을 사용하는 이유와 중요성을 이해하는 데 필요한 인지 기술이 없다(Saarni, 1999). 정서 표현 규칙에 대한 이해가 증가하면서, 아동은 자신의 정서를 감출 수 있고 위장할 수 있다는 것을 배운다. 또한 아동은 다른 사람이 진짜로 느끼고 있는 것을 밝히지 않을 수도 있다는 것을 알게 된다. 현재까지의 연구에서 밝혀진 바로는, 정서 표현 규칙은 성별과 문화에 따라 다르다(예 : Cole & Tan, 2007 참조). 또한 표현된 감정의 종류에 따라 다를 수 있다. 따라서 아동의 성별, 연령뿐 아니라 상황에 따라 분노, 두려움, 슬픔과 같은 각기 다른 부정적 정서를 표현하는 규칙이 있을 수 있다(Roberts & Strayer, 1996). 예를 들어, 소녀는 자신의 두려움이나 슬픔을 드러내는 것이 바람직하다고 배우는 반면 소년에게는 이런 정서를 표현하는 것이 잘 용인되지 않는다(Fivush, 1994).

다른 사람이 앞에 있을 때 표현된 정서를 바꾸기 위해 사용할 수 있는 여러 표현 규칙이 있다(Ekman & Friesen, 1975). 형이 장난감을 가져갔을 때 부모가 곁에 있다면 아동은 더 크게 울면서 자신이 느끼는 스트레스를 '극대화'할 것이다. 또는 아동이 실제로 느끼는 정서를 '최소화'해서 자신이 진짜로 느끼는 정서의 영향을 줄일 수도 있다. 예를 들어, 모든 사람이 친척에게서 선물을 받았는데 자신은 못 받은 상황에서 그것에 대해 신경 쓰지 않는 것처럼 보이게 하거나, 친구 앞에서 부모님에게 꾸중을 들을 때 스트레스를 받지 않는 것처럼 보이게 할 수 있다. 아동이 실제 정서를 감추고자 할 때, 아동은 교사가 자신을 혼내는 동안 얼굴에 표정이 전혀 드러나지 않도록 자신의 정서 표현을 '중립화'할 것이다. 또는 정서 표현을 '숨기고' 아동이 실제로 느끼는 것과 반대되는 표현으로 대체하기도 한다. 그렇기 때문에 아동이 팀을 만들 때 자신을 선택하지 않은 친구에게 미소를 지으며 축하할 수 있는 것이다(Ekman, 2003; Thompson et al., 2011). 언급된 각각의 규칙은 중요한 의사소통 기능을 수행하며 상대에게 영향을 미친다.

정서는 본질적으로 사회적이며 사회적 교환 언어의 일부이기 때문에, 아동은 성공적으로 상호작용을 하기 위해 정서 표현 규칙을 이해할 필요가 있다. 아동은 성장하면서 표현 규칙을 적용하는 방법을 배워나간다. 아동은 다른 사람이 드러내는 정서 표현이 그 사람이 내적으로 느끼는 진정한 정서가 아닐 수도 있다는 것을 발견하고 이해하게 된다. 이 과정에서 아동은 자신 또한 정서를 드러내거나 위장할 수 있다는 것을 배운다. 결국 언제, 어디서, 누구와 자신의 진짜 정서를 편안하게 표현할 수 있는지에 대한 더 정교한 규칙이 만들어진다. 이에, 친밀해지기 위해서는 서로의 정서 상태를 솔직하게 표현하고 나누는 것이 중요함에도 불구하고, 내면의 정서 상태는 더 '적절한' 정서 표현으로 위장되어 상대방에게 전해진다. 정서 표현 규칙을 사용하는 데 개인, 관계, 가족 및 문화적 요소의 영향이 많지만, 아동은 6세경에 긍정 및 부정적 정서의 표시에 대한 관습을 인식하기 시작하고(Cole & Tan, 2007) 상황에 따라 자신의 정서 표현을 조절할 수 있다(Thompson et al., 2011).

# 정서 이해

정서를 표현하는 것, 그리고 자신의 표현을 조절하기 위해 정서 표현 규칙을 사용하는 것은 발달하는 사회적 역량의 발달 중 한 부분일 뿐이다. 또한 아동은 정서를 이해하고 자기 자신과 다른 사람의 감정 상태를 인식할 수 있어야 한다. 뿐만 아니라 아동은 다양한 감정의 선행 요인과 결과에 대해 배울 필요가 있다. 성장하면서, 아동은 자신과 타인의 정서를 다루는 방법을 발견하고 정서를 표현하거나 노출하기 적절한 맥락에 대해 배운다. 정서 인식은 양육자와 얼굴을 마주하는 상호작용에서 시작한다. 생후 첫 몇 개월 동안, 정서는 표정과 목소리의 톤으로 전달된다. 아기는 언어를 사용할 수 없음에도 몇몇 정서는 인식할 수 있는데, 화를 내기 전에 미소와 웃음을 짓는 것과 같이, 영아들 자신이 표현하는 방식과 일치하는 장면에서, 부정적인 정서보다는 긍정적인 정서를 좀 더 빨리 그리고 좀 더 자주 구분하게 된다(LaFreniere, 2000). 아기는 아버지보다 어머니의 정서 표현을 더 일찍 인식한다. 또한 어머니와 더 많은 시간을 보낸 아기는 (어머니와 보낸 시간이 적은 아기와 비교할 때) 어머니의 표현을 인식하는 데 더 능숙하다(Montague & Walker-Andrews, 2002). 따라서 초기 경험이 정서 인식에 영향을 미치는 것으로 보인다.

만 2세 후반~3세 초반에 이루어지는 자기 이해의 발달 또한 정서 이해에 기여한다. 아동이 다른 사람과 구별되는 자기에 대해 신체적·심리적으로 인식하게 되고 자율성이 새롭게 발달하면서, 자부심, 수치심, 당황스러움과 죄책감 같은 자기 의식적 감정이 분명하게 나타난다(Lagattuta & Thompson, 2007; Lewis, 1992a; Lewis, Alessandri, & Sullivan, 1992). 이제 아동은 신뢰하는 어른에게 칭찬을 받거나 뭔가를 잘 해낸 후에 자기에 대한 긍정적인 평가를 받으면 자부심을 느낀다. 또한 아동은 드러나거나 취약할 때, 패배감과 존엄성 또는 가치감의 부족을 느끼면서 '나쁜 자기'(Erikson, 1950/1963) 또는 수치심을 경험할 수 있다(Sroufe, 1996; Tomkins, 1963). 이러한 정서는 아동의 자기 인식(self-awareness)이 증가하고, 자기가 어떤 것을 만들어낼 수 있음을 이해하며(행위 주체자로서의 자기), 적절한 행동 기준을 알고 있을 때만 생길 수 있다. 비록 수치심이 죄책감보다 좀 더 일찍 선행되는 요인이라고 해도, 자부심과 죄책감은 외현적으로 부모가 지도한 기준에 반응하는 것보다는 행동의 기준을 내면화하는 것에 필요하다. 더욱이, 수치심과 자부심은 타인의 존재가 없어도 경험될 수 있는 반면, 죄책감과 당혹감은 누군가가 자신의 행동을 관찰하고 있다는 것을 이해할 때 생기는 반응이다(Sroufe, 1996). 이러한 남을 의식하는 정서는 자신의 행동과 관련된 감정, 그리고 그에 따른 결과에 대한 이해가 증가하면서 나타나고, 자기감의 핵심이 된다(Sroufe, 1996). 그리고 관계 맥락 안에서 아동은 자신의 정서 반응과 다른 사람의 반응("와 네가 저 블록으로 타워를 만들었단 말이지. 대단한 걸!"이라고 부모가 얼굴에 함박웃음을 지으면서 이야기하는 것)에 의존하게 되는데, 이것은 타인을 의식하는 정서의 기초가 된다. 그다음, 이 감정들은 아동에게 자신의 자기 가치감에 대해 중요한 단서를 제공하고, 그다음으로는 다른 사람과의 사회적 상호작용에 영향을 준다.

3세 혹은 4세가 되면, 아동은 행복, 슬픔, 두려움, 분노의 정서를 인식하고 정확하게 구분할 수 있다. 이런 능력은 나이에 따라 지속적으로 향상되는데, 이는 아동이 정서의 원인, 다른 정서를 불러일으키는 다양한 상황, 그리고 정서 표현을 정확히 구분할 수 있는 섬세한 방법들을 배워나가기 때문이다(Denham et al., 2010). 아동이 나이가 들면서 정서의 원인, 다양한 감정을 유발하는 상황의 유형, 그리고 정서 표현을 차별화하기 위한 미묘한 방법에 대해 배우기 때문에, 정서 인식 능력은 지속적으로 향상된다. 아동의 정서 이해는 부모와의 상호작용에 영향을 받는다. 부모-자녀 관계의 질이 손상되었을 때, 그것은 아동의 정서 이해에 영향을 미친다. 예를 들어, 부모와의 관계에서 학대와 높은 수준의 적대감을 경험한 아동은 학대받지 않은 아동에 비해 분노 표현은 보다 잘 구분하고 슬픔의 표현은 더 잘 구분하지 못한다(Pollak & Sinha, 2002). 또한 정서 이해의 결함은 학대 아동보다는 방임된 아동에게서 나타난다(Sullivan, Bennett, Carpenter, & Lewis, 2008). 이렇게 사회적 경험은 아동의 정서 인식 능력에 영향을 미친다. 유사하게, 정서 이해의 발달적 진보는 사회적 상호작용, 또래 집단에서의 성공, 그리고 대인관계 능력에 기여한다(Saarni et al., 2006).

또한 정서 이해는 아동 자신과 타인의 정서에 대한 아동의 사고와 관계되어 있다. 아동의 순진한 '마음 이론'이 확장되면서, 4~5세의 아동은 정서와 신념, 생각과 기대 간의 복잡한 연결을 이해하기 시작한다(Thompson & Lagattuta, 2006). 이제 아동은 정서란 신념('난 할머니가 보고 싶어서 빨리 집에 가고 싶어.' 또는 소원과 욕구가 충족되거나 좌절되는 것('내가 초콜릿 아이스크림 콘을 먹을 수 있다면 얼마나 좋을까!')과 연결된다는 것을 이해할 수 있다. 아동은 자신이 느낄 수 있는 정서의 범위에 대해, 그리고 자신이 동시에 한 가지 이상의 정서를 경험할 수 있는지에 대해 깊이 생각한다('만약 내가 오늘 학교에 가지 않고 집에 있으면, 나는 아빠와 핫초코도 마시고 눈 속에서 놀 수 있기 때문에 행복할 거야. 하지만 쉬는 시간에 친구들과 놀거나 농구를 할 수 없어서 슬플 거야.'). 그러나 만 6세까지는 아동이 동일한 가치를 지닌 두 가지 정서[예 : '행복'과

'자랑스러움' 또는 '화남'과 '속상함'(Harter, 2006)]를 경험하지만, 만 10세 또는 만 12세 까지는 서로 다른 두 가지 상반되는 감정도 느낄 수 있다[예 : '행복'과 '실망'(Harter, 2006)]. 이러한 정서 이해의 진보는 아동의 자기 인식의 발달과 관련이 있다. 또한 정서 이해의 진보는 아동의 자기 및 타인 인식과 사회적 관계에 영향을 미친다.

또한 아동이 자신의 정서에 대해 생각하는 시기와 어떻게 정서가 경험되고 표현되는 지 이해하는 시기는 다르다(Pons, Harris, & de Rosnay, 2004). 예를 들면, 만 3세는 기본 정서(행복, 슬픔, 두려움, 분노)를 인식하기 위해 외적 특성을 사용하지만, 만 5세가 되기 전에 이 기본 정서의 외부 원인을 확인하고 이해할 수 있다. 따라서 이들은 자신이 친구가 좋아하는 장난감을 망가뜨리면 친구가 슬플 수도 있다는 것을 이해할 수 있다. 그러나 이들은 동일한 상황에 있는 다른 두 친구가 서로 다른 욕구를 가지고 있기 때문에 서로 다른 감정을 경험할 수 있다는 것 또한 알 수 있다. 예를 들면, 한 친구는 생일에 정확히 자신이 원하던 선물을 받아 행복한 반면, 다른 친구는 원하는 장난감을 받지 못해 실망할 수도 있다. 정서가 심리적 구성 요소를 가지고 있음을 이해하는 것은 약 만 7세경, 아동이 정서적 표현이 단지 외적 상황뿐 아니라 내적 상태도 반영한다는 것을 알기 시작할 때부터이다. 사고와 신념은 개인의 정서적 반응에 영향을 미칠 수 있고 겉으로 드러나는 표현이 개인의 내적 감정과 일치하지 않을 수 있다. 자신이 원하는 선물을 받지 못해 실망한 아동은 자신의 실망감을 표현하는 것은 선물을 준 사람에게 무례하고 배은망덕한 행동임을 알기 때문에 웃으며 "감사합니다."라고 말할 것이다. 만 9세가 되면, 아동은 상황에 대해 생각하고 다양한 관점에서 고려할 수 있게 된다. 특정 상황에 서로 다른 정서가 관련되어 나타날 수 있고, 이들 정서는 양가적, 모순적이거나 섞여 있을 수 있다. 이 발달 진행의 위계적 구조에서는 좀 더 정교한 이해를 성취하기 전에 좀 더 초기단계의 이해를 습득해야 한다(Pons et al., 2004).

정서 대본 또는 내적 인지 표상은 아동이 어떤 사건에서 특유의 정서적 반응을 하게 되는지 이해하는 것을 촉진하고, 어떤 정서가 어떤 상황과 관계되는지 알게 하여 불확실성이 감소되도록 돕는다. 만 3~4세가 되면, 아동은 어떤 상황에서 두려워지고 놀라거나 흥분하는지 설명할 수 있다(Cole & Tan, 2007). 만 5세경, 아동의 정서 대본이 보다 복잡해지면서, 아동은 특정 상황에서 유발된 정서가 어떤 행동(예 : 우는 행동은 그 사람의 슬픔을 나타낸다) 또는 식별할 수 있는 표정(예 : 찡그리는 것은 분노의 징조다)과 관련이 있다는 것을 알게 된다. 만 7세 아동은 어떤 상황이 보다 모호한 표현이나 행동을 하게 하는 정서(걱정, 질투심 혹은 자부심)를 일으키는지 알게 되고, 만 10세가 되면 아동은 실망 혹은 안심하게 만드는 상황을 인식할 수 있다(Harris, Olthof, Meerum Terwogt, & Hardman, 1987). 정서 대본의 내용은 나라별로 다양하지만, 언급된 발달 순서는 미국뿐 아니라 영국, 네덜란드, 네팔에서도 관찰할 수 있었다(Harris, 1989).

아동은 어떻게 자신의 정서 이해를 확장할까? 아동에게 인지적 발달과 사회 경험이 아동에게 자신의 감정에 대해 배울 수 있는 풍부한 기회를 제공한다. 부모, 형제, 또래 와의 대화 또한 아동의 학습을 향상시킨다(Lagattuta & Wellman, 2002; Thompson, 2006). 아동은 자발적으로 자신의 경험을 공유하고, 일어난 사건, 자신이 참여하거나 목격한 사회적 교환 또는 경험한 감정에 대해 계속해서 설명한다. 부모는 아동의 이해 를 넓히고 정서의 원인과 결과를 밝힐 수 있도록 질문하거나 정교화, 해석 및 정보를 제공하기도 하며, 기대되는 적절한 정서적 반응과 행동에 대해 이야기를 나눌 것이다 (Thompson & Meyer, 2007). 이런 방법으로 부모는 아동이 이해하는 것과 관련된 중요 한 메시지와 문화적이고 심리적인 맥락 속에서 깊은 영향을 받은 부모 자신의 정서적 이 해가 반영된 중요한 메시지를 전달하게 된다. 예를 들어, 미국의 어머니들은 자신의 자 녀와 함께 과거 사건에 대해 이야기를 나눌 때 자녀와 다른 사람들의 감정과 생각에 대 한 토론을 포함시키는데, 그 빈도가 한국의 어머니들에 비해 두 배 더 많다(Mullen & Yi, 1995). 게다가 아동의 개인적 성격들은 제공된 메시지와 이를 받아들이는 방법에 영 향을 미칠 것이다. 연구에 따르면 부모는 자녀의 성별에 따라 정서에 대해 다른 가르침 을 주는 것으로 나타났다. 남아의 경우, 부모는 정서의 원인에 대해 외부 귀인을 하고 (예 : 비가 와서 수영하지 못하게 되어 분노가 생긴 것이다), 슬픔보다는 분노에 대해 더 자주 이야기하며, 부정적인 정서를 해결할 수 있는 선택권을 거의 주지 않는다. 대조적 으로 여아의 경우, 부모는 정서를 관계적 요인에 따라 설명하는 경향이 있고(예 : 친구가 심술궂게 대해서 슬픈 것이다), 분노보다 슬픔에 대해 더 많이 이야기를 나누며, 부정적 정서가 표현될 때 화해를 제안하고 안심시킨다(Fivush, 1994).

우리는 아동의 사회적 능력이 성장하는 것은 아동의 정서 표현 및 정서 표현 규칙을 사용하는 능력과 자신과 타인의 정서를 이해하는 능력에 달려 있음을 보았다. 그러나 정서 조절 능력은 또한 사회적으로 적절한 행동을 하는 데 있어 중요하다. 정서 표현을 조절하도록 하는 정서 표현 규칙을 사용하는 것과 다르게, 정서 조절 전략은 정서 그 자 체에 영향을 준다(Eisenberg & Spinrad, 2004). 더욱이, 앞으로 우리가 보게 될 내용처 럼, 정서 조절 능력은 초기의 사회적 상호작용에서 나오지만, 그다음에는 사회적 상호 작용에 영향을 미친다.

## 정서 조절

왜 아동은 자기 자신을 조절하는 방법을 배워야 할까? 일반적으로 아동은 자신의 정서 반응을 조절하고 각성이나 부정적인 영향의 강도와 지속성을 줄일 수 있을 때 기분이 좋아진다. 아동이 자신의 정서를 잘 조절할 때, 사람들은 아동에게 더 긍정적으로 반응하고 아동과 함께 있고 싶어 한다. 정서 조절 능력은 일반적으로 사회적 역량과 관련이 있다. 정서 조절에 관한 연구에서는 정서 경험이 정서 조절 전략에 의해 조절 또는 제한되거나 강화되는 방식을 다룬다. 이 과정은 자동적으로 또는 계획적으로 작동하면서(Calkins & Mackler, 2011; Eisenberg, Hofer, & Vaughan, 2007; Gross & Thompson, 2007), 개인이 특정 목표를 성취하는 것을 돕는(Thompson, 2014; Thompson, Virmani, Waters, Raikes, & Meyer, 2013) 전략, 행동과 기술을 포함한다.

유아의 자기 자신과 정서를 조절하는 능력은 제한적이지만, 양육자와의 상호작용을 통해 이자 관계에서 상호 간에 조절하는 것을 배운다. 즉, 아동은 걸음마기와 학령전기 동안 자신의 정서 조절을 돕는 추가적인 정서 조절 전략을 개발한다. 시간이 지남에 따라, 아동은 자신의 정서를 조절하는 것뿐 아니라, 다른 사람들이 자신의 정서를 조절하는 방법에 대해 배운다(예 : Campos, Frankel, & Camras, 2004; Cole, Martin, & Dennis, 2004). 궁극적으로, 적응적인 정서 조절은 단순히 아동이 자신의 부정적 정서를 줄이거나 부정적 정서를 긍정적인 것으로 전환할 수 있다는 것을 암시하지 않는다. 오히려, 정서 조절에 대한 대부분의 이론적 접근에서는 적응적인 조절이란 진정한 정서를 경험하고, 긍정적인 정서와 부정적인 정서 상태 사이에서 시작하고 유지하며 유연하게 움직이는 것뿐 아니라, 필요시에 고조된 긍정적인 또는 부정적 정서의 각성 상태를 줄일 수 있는 능력으로 본다(Bridges, Denham, & Ganiban, 2004; Thompson, 2014). 이러한 관점에서, 정서 조절은 자기와 사회적 상호작용 능력에 대한 자신감을 촉진시킨다.

연구자는 정서 조절에서 반응성과 같은 기질적 요인(Rothbart & Bates, 1998)과 의식적 통제(Valiente et al., 2003) 같은 주의력 과정의 영향을 포함한 다양한 이슈들을 고려하였다. 예를 들면, 정서 조절에서 기질이 미치는 직접적인 영향을 뒷받침하는 많은 문헌이 있다(Cole et al., 2004). 정서 조절은 정서적 반응성과 정서적 통제의 차원을 모두 포함한다. 이 두 차원은 서로 역동적인 관계로 작용하여 풀어내기 어려울 수 있다. 기질적 차원인 정서적 반응성은 유전과 생물적 요인의 영향을 받고 초기 몇 개월 동안 존재하는 반면, 정서적 통제는 시간이 지나면서 개발되고 정서를 관리하고자 하는 노력을 반영한다(Fox & Calkins, 2003). 양육 환경의 중재적 역할을 고려하여 기질과 정서 조절 같은 발달적 결과 간의 원인 관계에 대한 다양한 모델이 제시되었다(Bates & McFadyen-Ketchum, 2000). 그러나 기질 특성과 환경 요인, 그리고 정서 조절의 관련성을 설명하기 위해 그 과정을 탐색하는 것에는 중점을 두지 않았다. 예를 들면, 기질의 변화는 정서 조절 기술의 출현에 영향을 주고, 결국 부모-자녀 관계에 영향을 미칠 수 있다. 기질 특성은 행동 통제의 핵심이 되는 조절 행동을 직접적으로 제한하고, 양육 행동에 의해 완화되어 정서 조절에 영향을 미치거나 주의력 또는 정서 조절에 영향을 미치는 기타 요인(대안에 대해 논의한 Calkins & Mackler, 2011 참조)에 의해 중재될 수 있다.

생애 첫해 동안, 유아의 신경계가 성장하면서 흥분과 억제의 과정이 안정된다(Thompson, Easterbrooks, & Padilla-Walker, 2003). 피질 하부 구조는 태어날 때부터 활성화되는 반면, 어떤 피질 구조는 1년 동안 교감 신경계와 관련하여 급속히 성장한다(Sroufe, 1996). 생후 1년간, 부교감 신경계와 관련하여 미세하게 조율된 억제 과정이 훨씬 더 점진적으로 진행된다(Thompson, 1990). 만 2세가 되면, 자기 조절 행동의 발달에 있어 핵심적인 역할을 하는 전두엽이 더욱 성숙해진다(Dawson, Panagiotides, Klinger, & Hill, 1992). 특히, 안와 전두피질에서 측면 피개(억제성) 변연 회로의 성숙은 이 체계가 발달상 이미 성숙이 이루어진 복측 피개(활성화) 회로와 통합될 수 있게 한다. 안와 전두엽 영역은 애착관계와 직접적인 관련이 있다는 증거가 있고(Steklis & Kling, 1985, 특히 안와 전두엽의 피질 영역은 사회적 신호의 처리에 중요하다. 이제, 활성화 및 억제 체계의 위계적 구성 또한 정서와 동기 상태의 항상성 조절을 가능하게 한다. 그 결과 반응을 지연할 수 있을 뿐 아니라 다양한 정서 상태로 빠르게 변할 수 있게 된다. 이러한 진보는 걸음마기 유아의 정서 발달에 영향을 미친다(자기 발달과 애착관계의 신경생리학 및 심리생물학에 대한 보다 자세한 설명은 Schore, 2003 참조).

중추 신경계의 발달로 인한 변화는 애착관계와 함께 정서 조절에 영향을 미친다. 중추 신경계의 발달은 아동이 공동 조절(애착관계의 맥락)로부터 자기 조절로 진보하는 것을 지원하기도 하고, 영향을 받기도 한다(Schore, 1994). 따라서 정서 조절은 기질, 주의력 과정과 신경생리학, 특히 전두엽 피질의 발달(Davidson et al., 2007)의 영향으로 나타나는 동시에, 부모-자녀 관계의 영향도 받는다. 사회화 과정은 시간의 흐름에 따라 발달하는 신경계 및 기질과 상호작용하고 정서 조절 능력에 영향을 준다.

유아기 동안, 아기는 자신의 정서 상태의 조절을 도와주는 양육자에게 거의 전적으로 의존한다. 부모는 자녀의 각성 상태를 조절하고 적절한 수준의 자극을 제공하며, 정서적 반응을 지지하고 화답하려고 노력한다. 유아는 이러한 양육자의 행동과 자극에 반응하고 양육자의 정서 표현에 의존하여 반응을 보이며, 이는 결국 양육자의 정서를 조절한다. 이렇게 주고받는 '춤'과 같은 상호작용은 정서적 의사소통 여부에 따라 나타나는 정서적 행동이 잘 조율되게 하고, 유아의 조절 능력의 향상에 기여한다. 예를 들어 아기가 스트레스를 받을 때, 양육자는 아기에게 젖꼭지를 주거나 안아서 진정시킬 수 있다. 6개월 정도가 되면, 아기는 양육자로부터 반응을 이끌어내기 위해 보다 의도적으로 행동하는데, 예를 들면 부모가 자신을 안아주도록 하기 위해 손을 뻗는다. 심지어 아기는 부모에게 기어가거나 부모를 불러서 접근하고, 자신이 원하는 반응을 얻을 때까지 행동을 조정할 수 있다. 유아는 생후 1년간 발달한 계획 능력을 활용하여, 공동 조절에 더 적극적으로 참여한다(Sroufe, 2000). 부모는 아동이 필요로 하는 것을 들어주거나 아동이 정서를 관리할 수 있도록 방법을 알려줌으로써(예 : "무서울 때 담요를 가지고 있어도 돼.") 익숙한 환경을 원하는 아동의 요구를 조절할 수 있다. 유아가 자기 조절을 위한 초기 능력을 점차 습득할 수 있도록 양육자가 유아를 지지하면서 자기 조절을 안내하는 것은, 유아로 하여금 넓은 범위의 정서를 관리하고, 좌절과 실망을 인내하며, 양육자로부터 독립하여 스스로 자신의 정서를 조절할 수 있도록 한다. 진정한 자기 조절을 위해서 부모는 자녀의 조절을 위한 노력을 감독하고, 기대되는 정서 및 행동상의 반응에 대한 명확한 지침을 제공하며, 연습하고 숙달할 기회를 제공할 필요가 있다(Sroufe, 2000). 이제 유아는 낯선 사람을 외면하거나 얼굴을 가리거나 엄지손가락을 빨 것이다. 유아는 두려울 때 좋아하는 곰 인형을 끌어 안고, 자신이 원하는 것을 할 수 없을 때 다른 활동을 찾으며, 부모가 바쁠 때 형제와 놀 수 있다. 이러한 대안 행동은 두려움 또는 분노를 줄이는 데 목적이 있고, 그 결과 아동이 자기를 조절하고 궁극적으로는 혼자 있거나 사회적 활동에 참여하는 것 중 하나를 선택하도록 한다. 유아의 정서 반응이 광범위하게 개발되는 동시에, 정서 반응의 강도와 지속성을 최소화하는 능력 또한 향상된다. 유아는 걸음마기에 접어들면서, 자신의 정서적 각성을 더 잘 조절할 수 있다. 유아는 자신의 정서 반응을 지연하거나 스트레스 요인에 집중 또는 회피하기보다 대안적인 대처 전략을 선택할 것이다. 결과적으로, 정서와 행동 반응을 조절하는 것은 사회적 요구와 예상되는 사회적 결과 사이에서 완화될 수 있다(Saarni, Campos, Camras, & Witherington, 2008). 예를 들어, 두려움을 강하게 표현하거나 오랫동안 표현하는 것은 상호작용 파트너와 가까이에 있을 가능성을 높일 것이고, 유아는 양육자와 떨어지지 않으려는 욕구를 충족할 수 있다.

걸음마기와 학령 전 기간 동안 정서 이해에 대한 개념적 진보와 인지 및 운동 기술의 진보가 이루어지면서, 정서 조절 능력은 영아기에 비해 광범위해진다(Kopp & Neufeld, 2003; Thompson, 1994). 걸음마기에는 분노 발작(aggressive outbursts)이 가장 빈번하게 나타나고 양육자는 종종 스트레스 받은 유아를 진정시켜야 한다(Kochanska, Murray, & Harlan, 2000). 그러나 학령전기에 의도적 통제 능력이 향상되면서 적응적인 자기 조절 전략의 사용이 증가한다. 어린 유아는 때때로 상황의 부정적인 측면보다 긍정적인 것에 더 집중하기 위해 산만해지고 이를 통해 행동 문제를 줄인다. 자기의 분리나 주의를 돌리는 것, 또는 상황에서 벗어나거나 다가가려는 움직임은 학령전기 유아가 사용하는 일반적인 조절 전략이다.

시간이 흐르면서, 아동의 정서 조절 전략은 양육자로부터 학습한 행동 및 기술과 통합된다. 부모가 아동의 부정적인 정서 표현에 대해 수용적이고 지지적인 태도로 반응할 때, 아동은 보다 적응적인 방법으로 대처하는 것을 배우고 더 건설적인 정서 조절 전략을 개발한다(Denham, 1998). 이러한 전략은 결과적으로 아동의 생물학적 반응과 행동상의 적응에 영향을 미친다(Calkins, Graziano, Berdan, Keane, & Degnan, 2008; Calkins & Hill, 2007). 예를 들어, 아동은 병원 진료와 같이 정서적으로 각성되는 상황에서 아동은 치료가 끝난 후 자신이 받을 보상을 기대하면서 보다 긍정적으로 참여할 수 있게 된다. 또한 어린 아동은 스스로를 조절하려는 노력과 자신이 가진 감정 사이에 연관성이 있음을 알기 시작한다. 유아는 여전히 두려움, 흥분, 분노나 좌절을 경험하지만, 그들은 걸음마기의 특성인 짜증과 소리 지르기, 분노 폭발 없이 울거나 불평하거나 입을 삐죽거릴 수 있다. 따라서 지지적인 부모–자녀 관계의 맥락에서, 발달적 진보는 정서 조절을 촉진하고 정서 조절에 의해 촉진된다.

때때로 유아는 양육자에게 정기적으로 지원이나 안내를 받으면서 자신의 행동을 성공적으로 조절할 것이다. 양육자 또한 유아가 지원이 필요하다는 것을 예상하고, 유아의 자기 조절 행동이 이루어질 수 있도록 한다. 민감한 양육자는 도움이 필요한 순간(예 : 아동이 좌절을 경험하거나 통제력을 상실하기 시작할 때)을 예측하고 아주 고조된 정서 상태에서 아동을 통제하여(예 : 아동이 점점 화가 나고 있을 때), 아동이 자신의 행동과 감정을 통제하고 관리할 수 있도록 격려할 것이다. 이 역동적인 '춤'은 아동으로 하여금 양육자의 보호하에서 어떻게 관리하는지를 배울 수 있게 한다(Sroufe, 1996). 이와 동시에, 아동은 점점 충동(예 : 꼬집기, 밀기)과 감정이 강한 표현(예 : 분노 발작)을 억제하는 것을 배운다. 양육자를 가이드 삼아, 유아는 자신의 감정을 직접적으로 표현함으로써 정서 상태를 조절하는 것을 배우는 동시에 또한 자신의 표현을 통제하고 조절하는 것을 배운다. 안전한 양육자-유아의 관계를 맺은 경우, 유아는 이미 신뢰하고 확신할 수 있는 상호작용 파트너인 양육자와의 상호작용으로부터 감정을 '춤'처럼 표현하고, 또 반응을 얻을 수 있다는 것을 배운다. 마찬가지로, 애착-탐색의 균형은 유아가 편안함과 지지 또는 도움을 얻기 위해 돌아올 수 있다는 것을 알고, 확신을 가지고 양육자로부터 떠나갈 수 있도록 한다. 이제 유아는 이러한 기초 위에 설 수 있고 강한 감정도 표현할 수 있다는 것을 배우지만, 또한 조절되고 양육자로부터 도움을 받을 필요가 있다. 결국, 유아기 동안 이루어진 정서 조절 능력은 완성된 것이 아니다(Sroufe, 1996, 2000).

언어 발달은 정서 조절 능력의 또 다른 중요한 이정표이다. 아동은 자신의 정서에 대해 이야기하도록 권유받고, 부모는 아동이 자신의 정서 상태의 원인과 결과를 이해할 수 있도록 도울 것이다(Campos et al., 2004). 시간이 흐르면서, 아동은 초기 수준의 생리적 조절의 영향을 받으면서 동시에 자신의 언어, 행동, 사회 기술을 사용하는 데 보다 유연해지고, 결과적으로 정서 반응이 감소되고 조절이 증가한다(Blandon, Calkins, Keane, & O'Brien, 2008). 이제 부모, 형제와의 상호작용에서 아동은 가족의 정서적 기후를 직접 관찰함으로써 그들의 정서를 더 잘 이해할 수 있다(Morris, Silk, Steinberg, Myers, & Robinson, 2007). 그러나 부모가 자신의 정서를 표현하고 토론하고 조절하는 범위는 다양하다. 이러한 차이는 차례대로 자녀의 정서 조절 능력의 발달에 기여할 것이다. 부모와 정서에 대해 대화를 나누는 것은 아동이 정서 관리에 대한 규범적 기대를 더 잘 이해할 수 있도록 하고 정서 조절에 대한 자기 이해를 만들어내기 위한 개념적 기반을 제공한다. 또한 정서 반응에 접근하고 처리, 활성화 또는 조절하는 방식에 대한 가족의 메시지는 문화의 맥락에 포함된다. 예를 들면, 서구 문화의 아동은 문제 해결 중심의 전략을 사용하도록 권유받는 반면, 아시아 사회의 아동은 사회의 조화를 유지하기 위해 부정적인 상태를 견뎌야 한다(Lee & Yang, 1998). 아동은 가족, 문화적 가치와 성 기대감을 자신의 정서 및 정서 조절 개념의 발달에 반영한다.

정서 지식은 아동이 취학 연령에 이르면서 확장되고, 정서의 결과뿐 아니라 건설적인 방식으로 정서를 사용하는 방법을 이해하기 시작한다(Denham, 1998; Izard, 2009). 신경생물학, 정서, 사회성과 인지 체계의 발달은 정서를 보다 효과적으로 사용하도록 하는 기초를 제공한다. 예를 들어, 이제는 정서(특히 부정적인 것)가 더욱 더 분화되고, 그 것의 긍정적인 조절 기능이 이해될 수 있다(Barrett, Gross, Christensen, & Benvenuto,

2001). 따라서 아동의 분노와 관련된 행동은 부정적 반응을 억제하고 적응적인 대안을 촉진하는 죄책감이 각성되면서 영향을 받을 것이다(Kochanska, Barry, Jimenez, Hollatz, & Woodard, 2009). 정서에 대한 구성주의적 관점과 일관되게, 아동의 정서에 대한 이해의 증가는 정서와 욕구, 신념, 기대와 목표 간의 관련성에 대한 인식을 포함한다. 따라서 아동의 정서 지식이 깊어지면서 아동은 자기 정서의 의미를 갖게 된다. 그리고 이것은 보다 큰 확신과 역량을 가지고 자기 조절 전략을 사용하도록 촉진한다.

아동이 유치원에 입학할 준비가 될 때쯤이면, 일반적으로 보다 능동적으로 정서를 조절할 수 있다. 이제 아동은 정서 지식 또는 정서 도식을 정서, 인지와 행동 간의 연결에 대한 이해와 함께 통합하여 사회적 정보를 처리하고 자신의 정서 반응을 조절하도록 촉진할 수 있다(Lemerise & Arsenio, 2000). 아동은 보다 요구가 많은 학교 환경의 학문과 사회적 압력에 적응할 수 있게 하는 더 광범위한 조절 기술을 갖고 있다. 이제 아동은 인지와 행동 대처 전략을 사용할 수 있다. 아동은 좌절스러운 상황을 재평가하고 보다 긍정적인 방식으로 실망을 해석하며, 자신의 감정을 관리하기 위한 방법으로 적극적으로 주의를 전환시킬 것이다(Kalpidou, Power, Cherry, & Gottfried, 2004). 재평가와 같은 이러한 방법 중 일부는 학습을 촉진할 수 있지만, 반추와 같은 다른 방법은 그렇지 않다(Davis & Levine, 2013). 또한 귀인양식의 오류는 적응적인 사회 행동을 방해할 수 있다. 예를 들어, 만 5~7세 아동의 공격적인 행동은 적대적 귀인 편향성과 관련이 있다(즉, 정보가 모호한 상황에서 다른 사람의 의도를 적대적으로 귀인하는 경향성)(Halligan, Cooper, Healy, & Murray, 2007). 그렇기 때문에, 도전적인 상황에서 반응을 통제하기 위한 전략을 개발할 수 있도록 도와주지 않으면, 초기의 행동 문제와 정서 조절의 어려움이 이후의 학업 및 사회적 어려움으로 이어질 수 있다(Burr, Obradovic, Long, & Masten, 2008).

사춘기가 시작되면서 위험 감수와 감각 추구 행동이 증가하는데, 이는 위험과 보상을 발견하는 데 필요한 체계와 조절 능력이 성숙해지기 전에 각성 수준이 증가하기 때문에 나타난 결과일 수 있다(Calkins & Mackler, 2011; Steinberg, 2005b). 사춘기 동안, 부정적인 정서 경험과 정서적 불안정성이 증가하는 것은 호르몬 수준의 변동으로 인한 결과일 수 있는데, 이는 심지어 자신의 행동의 장기적인 결과를 잘 예측하고 구별하는 청소년에게도 나타난다(Moilanen, 2007). 비록 생물학적 과정과의 상호작용이 지속되며 영향을 미치지만, 양육자는 계속해서 청소년기 자녀의 정서 조절 기술에 영향을 주는 역할을 한다. 예를 들어, 어머니가 청소년기 자녀의 긍정적인 정서를 줄이거나, 생각이나 주장이 틀렸음을 입증할 때 청소년은 우울 증상과 관련된 조절장애 전략을 사용하고 또한 어머니에게 부정적인 행동으로 표현한다(Yap, Allen, & Ladouceur, 2008).

청소년기 동안, 아동이 또래 집단과 시간을 더 많이 보내면서, 전두엽 피질, 편도체와 전대상 피질을 포함하여 정서 조절 과정과 관련된 뇌 영역이 지속적으로 성숙해진다(Beauregard, Levesque, & Paquette, 2004). 뇌 안에서 일어나는 이러한 변화는 신체적 성장, 호르몬의 변화와 더불어 청소년의 사회 세계에서의 변화와 상호작용한다. 청소년의 사회 세계가 가정에서 또래 집단으로 이동하면서, 청소년은 양쪽 모두의 영향을 받고 자신이 경험하는 생물학적 변화가 제약을 받는다. 청소년은 친구와 대화하기, 운동, 음악 듣기와 같이 자신의 정서를 조절하기 위해 이미 개인적으로 도움이 된다고 배운 조절 기법들을 사용할 수 있다. 이 시기의 정서 도식은 보다 정교해지고 더 복잡한 인지 과정을 수반한다(Izard, 2009). 청소년의 동기 부여, 조절과 기능적 역량의 결과와 더불어 인지, 정서와 행동 요소 간 지속적인 상호작용이 이루어진다(Izard et al., 2011). 우리가 앞으로 살펴볼 내용처럼, 청소년이 어떻게 자기 자신을 조직하고, 자신의 정서를 조절하며 10대의 수많은 변화에 적응하는지는 청소년의 장기적인 적응에 영향을 미칠 것이다.

분명한 것은 정서 조절의 발달 변화에 대해 연구하고자 할 때, 발달 단계에 적합하게 개념화와 정서 조절 과정을 측정할 필요가 있다는 점이다(Bridges et al., 2004). 예를 들어, 주의력 과정은 유아기에 가장 적합한 반면, 정서 인식과 평가, 감독은 아동기와 청소년기에 더 적절할 수 있다. 정서 조절에 대해 널리 인정되는 하나의 정의가 없기 때문에, 측정 전략 또한 다양하다(Cole et al., 2004). 예를 들어, 영유아를 대상으로 하는 연구는 스트레스에 대해 반사적인 공동 조절을 평가하는 데 의존했다. 유아와 취학 전 기간에, 연구자는 발달적으로 적합한 구조화된 관찰을 사용하여 아동이 부정적인 정서를 조절하게끔 시도했다. 그리고 좀 더 나이 든 아동을 대상으로 한 연구에서는 대인 관계에서의 상호작용에 대한 정서적 역동을 분석하는 데 초점을 두었다(Trentacosta & Shaw, 2009). 실험실과 자연스러운 환경에서 연구가 수행되었고, 대조적인 조건, 예를 들면 사회적 환경을 조작하거나(예 : 아동 혼자 또는 엄마와 함께 또는 낯선 사람과 함께 있는 경우), 다른 정서 반응을 유도(예 : 분노 또는 두려움)한 상황에서의 정서 조절을 비교하는 것은 연구자로 하여금 다른 환경에서 활성화된 특정 정서의 조절을 면밀하게 기록할 수 있게 했다(Cole et al., 2004). 궁극적으로, 자기 보고, 행동 관찰과 실험을 포함하여 정서 조절을 측정하는 다양한 방법들을 수렴하는 것, 그리고 조절과 관련된 생리학상의 반응, 관찰된 행동, 정서 표현을 평가하는 것은 정서 조절의 발달 변화를 이해하는 데 보다 풍부한 접근을 제공할 것이다.

## 초기의 정서 조절과 이후의 발달

모든 아동이 결국 자신의 정서를 조절하는 것을 배우기는 하지만, 몇몇 아동은 다른 아이들보다 조절에 더 유능하다. 다수의 연구자가 초기의 정서 조절 능력이 이후 적응의 중요한 예측 요인이라고 보고하였다(Fox & Calkins, 2003). 예를 들어, 높은 정서 강도를 보인 만 4~6세의 아동들은 건설적인 대처의 수준이 낮았고 더 집중하지 못했으며(주의력 통제 수준이 낮았다), 또래는 그들을 덜 바람직한 놀이 상대로 간주하고, 교사는 사회적으로 덜 성숙하다고 보았다(Eisenberg et al., 1993). 자신의 정서를 잘 조절할 수 있는 아동은 더 많은 관심과 수용을 받고 성인들로부터 더 긍정적인 반응을 얻었다(Howes, 2000). 또한 아동이 정서와 관련된 사회적 표현 규칙을 인식하고 있을 때 사회적으로 더 유능하고, 또래에게 인기가 많았다(Parke et al., 2006). 그리고 아동은 유아원(preschool)에서 좌절하는 상황에서 주의를 돌려 자신의 분노를 조절하는 방법을 배운 경우에, 유치원(kindergarten)에서 덜 파괴적이고 공격적이었다(Gilliom, Shaw, Beck, Schonber, & Lukon, 2002). 이렇게 정서 조절의 개인차는 초기부터 존재하며, 상대적으로 안정적이며, 이후의 자기 조절 능력과 사회적 기능을 현저하게 예측한다(Eigsti et al., 2006).

어떤 아동은 자신의 정서 반응의 강도와 기간을 쉽게 조절할 수 있는 '기질적인 장점'을 타고난다. 이러한 아동은 생물학적으로 반응이 덜하고 시선 회피와 같은 활동을 통해 자신의 주의를 통제하는 데 더 능숙하다(Rothbart & Bates, 2006). 다른 아동은 기질적으로 더 반응적이고 자신의 주의를 통제하는 데 덜 능숙하기 때문에 결과적으로 처음부터 조절에 있어 취약하다. 이 아동(그리고 그의 부모)은 강한 정서적 경험으로부터 회복하거나 집중하기 위해서 더 많이 노력해야만 한다. 사실 그들의 어려움은 생물적 지표를 통해 반영되고 확인할 수 있다. 좌절하는 과제(예 : 보상 기다리기)에 직면할 때, 자기 조절에 덜 능숙한 아동은 더 낮은 부교감 신경 긴장도를 보였고 부정적인 정서의 수준이 더 높았다(Santucci et al., 2008). 이러한 아동은 자신의 정서를 조절하는 능력을 개발하기 위해 더 열심히 노력해야 한다. 높은 부정적인 정서성을 타고난 아동(정서적으로 각성되는 상황에서 높은 빈도와 강도로 부정적인 반응을 보이는 경우) 또한 자신의 정서 조절 능력을 과장할 수 있다(Kochanska & Coy, 2002).

　부정적인 정서성과 정서 조절 간에는 상호 영향력이 있을 가능성이 있지만, 보다 효과적인 정서 조절은 결국 부정적인 정서로 반응하는 경향을 감소시킬 수 있다. 좀 더 긍정적인 정서성을 가진 아동(긍정적인 정서를 더 잘 경험하고 긍정적인 반응을 유도할 수 있는)은 부정적인 정서가 각성된 상황에서 보다 빠르게 회복할 수 있고 정서 조절에 더 효과적일 수 있다(Izard, 2009). 이와 같이 초기에 나타나는 기질의 다양성은 정서 조절 능력에 영향을 미치고 이후에 발달에 영향을 줄 수 있다. 게다가 연구 결과는 기질의 영향이 아주 강력하기 때문에, 정서 조절의 개인차는 특별한 개입 없이도 시간의 흐름에 따라 안정적인 경향이 있다고 주장한다(Raffaelli, Crockett, & Shen, 2005).

　정서 조절 과정에서 일어나는 변화는 생물학적으로 결정된 제약과 아동의 발달에 영향을 미치는 사회 환경의 측면에 달려 있다(Bridges et al., 2004). 발달적으로 초기의 적응적인 자기 조절 전략은 이후의 적응과 관련이 있다(예 : Silk, Shaw, Skuban, Oland, & Kovacs, 2006). 예를 들어, 유치원 기간 동안 기다리는 과제 앞에서 만족 지연과 자기 조절 전략을 사용하는 능력은 이후 청소년기의 학업과 사회적 유능성과 관련이 있다(Mischel, Shoda, & Peake, 1988). 그러나 유치원 기간 동안 적응적인 정서 조절 전략을 숙달하지 못할 때 문제가 생길 수 있다. 환경의 변화에 대해 융통성 없는 반응을 보이거나 부적응적이고 조절이 어려운 경우는 사회적 유능성의 손상과 외현화 문제로 이어질 수 있다(Denham et al., 2003; Dishion & Patterson, 2006). 예를 들면, 연구자는 만 3세 반 경에 실시한 좌절 과제에서 지연 대상(예 : 쿠키)에 집중적으로 주의를 기울이는 것은 3년 후 교사가 측정한 외현화 행동 문제와 관련이 있었고, 반면에 좌절 과제에서 주의전환 전략을 사용하는 능력은 3년 후 교사에 의해 보고된 외현화 문제와의 관련성이 적었다고 보고하였다(Gilliom et al., 2002). 게다가 초기 아동기에 기다리는 과제에서 적응적인 정서적 자기 조절 전략을 사용하는 것은(적극적인 주의전환) 중기 아동기에 또래로부터의 거부가 적은 것과 직접적인 관련이 있었다. 차례로 또래 거부는 초기 청소년기의 반사회적 행동을 예측한다. 이와 같이, 초기 아동기의 자기 조절은 이후의 반사회적 행동과 직접적인 관련이 있는 것은 아니지만, 또래 거부를 통한 간접적인 관련이 있었다(Trentacosta & Shaw, 2009). 요약하면, 효과적으로 조절 전략을 사용하는 것, 그리고 맥락과 원하는 정서적 목표에 따라 대안 전략을 적용하는 능력은 이후의 발달 결과에 결정적인 것으로 보인다. 유아의 적응적인 자기 조절 전략을 발전시키면 이후의 사회·정서 문제의 위험을 줄일 수 있다.

그러나 어떤 상황에서는 임상적으로 문제가 있거나 병리적인 발달을 보이는 개인이 자신이 현재 겪고 있는 어려운 상황(학대나 방임와 같은 그들의 경험)을 다룰 수 있도록 돕는 적응적인 정서 조절의 패턴을 발달시킬 수도 있음을 인식하는 것이 중요하다. 심지어 조절 전략이 사회적 관계의 발달과 같은 다른 영역에서는 위험을 초래할지라도, 또한 현재 또는 이후의 발달에서 '위험한 방식'으로 평가될지라도, 개인이 자신의 정서 반응을 조절하는 위험한 방식이 현재의 맥락에서는 적응적인 기능을 제공할 수 있다. 일찍이 학대와 트라우마를 경험한 어떤 아동은 불안의 단서에 대한 민감성이 증가하고, 다른 사람의 행동을 잠재적으로 공격적인 것으로 해석하며, 위협적인 사건을 겪을 때 이전에 경험하고 학습한 것에 기반하여 촉진된 불안을 피하기 위한 자기 조절 전략을 발달시킬 수 있다. 이러한 정서적 행동의 집합체는 학대적인 부모와 함께 있을 때 자기 보호와 안전의 목적을 제공하기 때문에, 비록 또래 집단과 잘 지내는 것은 어렵더라도 부모-자녀의 맥락에서는 적응적인 정서 조절을 반영한다. 특정 가족의 과정이나 기질적 취약성이 병리적 발달을 증가시킬 수 있다는 것을 고려할 때, 아동이 성취하고자 하는 정서적 목표를 이해하는 것은 중요해진다. 이러한 목표는 비록 그것이 오랜 시간이 흐른 후에 부적응적인 해결책을 만들거나 지속시킬 수 있지만, 특정 상황에 있는 아동에게는 가장 적응적인 정서 조절 전략을 발달시키도록 이어지는 중요한 기능을 수행한다.

아동이 정서 조절을 더 잘할 수 있도록 돕거나 개입하는 것이 가능한가? 우리는 자신의 정서를 조절하기 위해 정서 지식을 사용하는 아동이 원하는 목표를 달성하는 데 더 능숙하다는 것을 알고 있다(Izard, 2002, 2007). 그리고 연구에서는 아동이 적응적인 방식으로 자신의 정서를 조절할 수 있을 때, 교실 환경과 학습 과정 자체가 개선되었음을 보여주었다(Trentacosta & Izard, 2007). 자기 자신과 다른 사람의 생각과 감정을 구별하는 능력이나 마음 이론을 이해하는 것은 적응적인 정서 조절에 의해 촉진될 수 있다(Wellman, Cross, & Watson, 2001). 대조적으로, 정서와 생각, 행동을 연결시킬 수 없고, 정서 표현을 식별하지 못하거나 정서 반응을 조절하지 못하는 것은 적응적인 정서 조절을 방해할 수 있다(Izard et al., 2011).

정서의 인식과 식별에 초점을 둔 개입은 궁극적으로 아동이 신경생물학적 반응을 통제하고 조절하도록 도울 수 있다. 아동은 정서의 종류(labels)과 서로 다른 정서를 표현할 때의 긍정적인 결과와 부정적인 결과를 비롯하여 다른 정서의 기능에 대해 배울 필요가 있다(Izard et al., 2001, 2008). 아동이 정서의 적응적인 기능에 대해 배울 때, 그는 또한 적응적인 정서 도식에 대해 배울 수 있다. 예를 들어, 아동이 두려움을 표현함으로써 다른 사람이 아동이 두려워한다는 것을 알게 된다는 것을 배운다면, 아동은 두려움을 도움과 지지를 얻을 수 있는 자극으로 연관 짓거나, 두려움을 줄일 수 있는 다른 환경으로 옮길 수 있다(Izard et al., 2011).

정서를 유발하는 상황에서 늘 하던 반응의 속도를 늦추거나 억제하는 방법을 배우는 것은 생산적일 수 있는 또 다른 개입이다. 특히 아동은 스트레스 상황을 다루기 위한 적응적인 방법으로 산만을 사용하는 것과 결합하여 도움을 얻을 수 있다. 실제로, 성공적인 예방 프로그램은 아동으로 하여금 이후의 사회적 어려움을 감소시키는 정서적 자기 조절 기술을 개발하는 데 도움이 된다. 아동이 자신의 정서를 이해하고 관리하며 정서적으로 자기 조절에 대한 긍정적인 결과를 얻는 데 초점을 둔 몇 가지 초기 아동기 예방 프로그램들이 있다(Domitrovich, Cortes, & Greenberg, 2007; Izard et al., 2008). 또한 유아의 신경생물학의 발달과 수행 통제(executive control)에 초점을 둔 연구는 정서 과정을 조절하기 위해 의도적 통제를 사용하는 취학 전 아동의 능력에는 개인차가 있다는 것을 증명하였다(Blair & Diamond, 2008; Rhoades, Greenberg, & Domitrovich, 2009). 아동에게 처음에 느낀 감정을 돌보도록 가르치는 것은 높은 각성 수준을 조절하는 데 도움이 되고, 그렇게 함으로써 아동이 우세 반응을 줄이도록 도와 억제 체계의 영향을 감소시킬 수 있다. 이러한 행동 전략을 사용하면 아동이 자신의 조절 능력을 지속적으로 발달시킬 때 특히 도움이 될 것이다. 아동이 다른 상황에서 자신의 정서 반응을 이해하는 방법을 배우게 되면, 아동은 자신의 반응과 행동을 더 잘 통제할 수 있게 될 것이다(Izard et al., 2011). 궁극적으로, 이러한 기술들은 아동이 자신의 정서 반응을 다른 사람들의 반응과 구별하고, 공감적이 되며, 다른 사람의 관점을 수용하고 또래와 더 나은 관계를 유지할 수 있도록 하는 적응적인 정서 도식에 접근하는 데 도움이 될 것이다(Vaish, Carpenter, & Tomasello, 2009). 이러한 모든 역량은 학교 환경으로의 전환을 용이하게 한다.

마지막으로, 정서 조절이 대처와 일치하는지 여부에 대한 또 다른 논쟁이 있다(Saarni et al., 2008). 대처는 정서 조절의 중요한 특징일 수 있다. 도전적인 상황에서, 목적이 있거나 의도적인 반응이 필요할 수 있다(예 : Compas, 1987 참조). 스트레스 상황에서 정서 조절과 대처는 둘 다 필요하고, 따라서 두 용어는 교대로(interchangeably) 사용되어 왔다(Brenner & Salovey, 1997). 그러나 스트레스 상황에 직면할 때, 아동은 스트레스 상황에 내재된 문제를 해결하고 대처하기 전에 정서적 각성을 조절하기 위해 먼저 정서 조절을 시도할 수 있다. 정서 조절과 대처 간에 상호 역동이 있는 것인지, 아니면 실제로 시간의 경로가 존재하는지에 대한 의문이 남아 있다(Campos et al., 2004). 정서 조절과 대처, 그리고 시간의 경과에 따른 정서 조절과 대처의 역동적인 연결과 이후의 발달을 예측할 때 선행 요인으로 개인차를 조사하는 또한 추후 연구되어야 할 중요한 영역으로 남아 있다.

## 관계와 정서 발달

이제까지 살펴본 것처럼, 우리는 가장 중요한 초기 관계의 맥락에서 정서를 언제, 어떻게 표현하는지, 정서를 어떻게 이해하며 조절하고 통제하는지에 대해 배우고 있다. 부모와의 애착의 질은 아동이 정서를 이해하고 경험하고 해석하는 방법에 영향을 준다. 이 관계가 안전할 때, 아동은 애착 대상에게 의존하여 대화나 정서적 안내, 정서 조절에 대한 도움과 민감한 지도를 통해 자신의 정서 발달을 지원받는다(Laible & Thompson, 2007). 초기의 애착관계가 안전하지 않거나 부모의 정신병리 또는 부부 갈등이 존재하는 경우, 이러한 지원이 제공되지 못하는 것은 아동의 정서 발달에 영향을 미친다(Thompson & Goodman, 2010). 따라서 아동의 정서에 대한 이해와 정서 조절 기술의 발달은 관계적 맥락에서 나타난다.

초기 애착 경험은 이론적으로나(Cassidy, 1994) 경험적으로(Cassidy & Shaver, 2008 참조) 정서 발달과 관련되어 있다. 안정 애착 아동은 분노와 두려움을 느끼도록 의도한 상황에 놓였을 때, 불안정 애착 아동에 비해 이러한 정서를 덜 표현한다. 안정 애착 유아의 어머니는 1세의 자녀와 상호작용할 때 긍정과 부정의 정서에 대해 더 많이 언급하는 반면, 불안정 애착 유아의 어머니는 부정적인 정서에 대해 우선적으로 언급하거나 감정에 대해 전혀 이야기하지 않는다(Goldberg, MacKay Soroka, & Rochester, 1994). 또한 안정 애착인 취학 전 아동은 어머니와 일상적인 상호작용에서 정서에 대해 더 많이 이야기하면서 자신의 정서 이해를 발달시키고, 어머니는 자녀의 정서에 대한 대화를 정교화하고 확장하는 경향이 있다는 증거가 있다(Thompson, 2006). 게다가 안정 애착을 형성한 18개월 남아는 만 3세 반경에 자신의 분노를 관리하기 위해 보다 건설적인 전략을 사용한다(Gilliom et al., 2002).

유아기 동안, 안정 애착관계의 양육자는 자녀의 긍정적이고 부정적인 정서 표현을 수용하고 보다 민감하다. 그리고 점차적으로 자녀는 양육자가 정서적 반응을 조절하는 데 도움이 된다는 것을 알게 된다. 생리 및 정서 상태의 변화가 양육자에 의해 이해되고 반응을 얻으면서(예 : 아기의 울음을 진정시키기, 아기가 가까이 왔을 때 웃어주기, 유아의 스트레스를 진정시키기), 유아는 양육자가 편안함과 차분함을 위해, 그리고 균형을 이루도록 돕기 위해 있다는 것을 알게 된다. 양육자가 있을 때, 유아는 각성이 분열로 이어지지 않고 진정시키고 조절하려는 양육자의 돌봄을 받게 된다는 것을 알게 된다. 아기가 양육자에 대한 기대감을 갖게 되면서, 이용 가능하고 반응적인 양육자와 함께 한 조절 경험으로부터 내적 작동 모델(Bowlby, 1973)이 형성된다. 양육자가 유아의 생리적, 정서적, 그리고 행동 각성에 대한 경험을 '반영'할 때, 유아는 양육자의 상태를 지각하고, 내적으로 표상함으로써 자신의 경험을 조직할 수 있다. 유아는 점차 이 내적 표상은 점차 '자기 상태'로 해석하고, 이는 '아동의 경험에 대한 더 높은 수준의 표상'을 제공한다(Fonagy et al., 2002, p. 30). 양육자가 유아의 반응(예 : 스트레스)을 너무 정확하게 반영하는 것은 유아에게 두려움을 일으킬 수 있다. 양육자가 유아의 반응을 반영하지 않거나 양육자 자신의 선입견에 치우진 방식으로 반영한다면 자기의 발달이 어려울 수 있다(Fonagy et al., 2002).

자기(유아)와 다른 사람(양육자) 사이의 정서에 대한 초기 표상으로부터 내적 상태에 대한 이해가 발달한다는 것은 분명한 사실이다. 이러한 이해는 궁극적으로 정서의 분류와 조절에 기여한다. 안전한 관계에 있는 아동의 어머니는 자녀와 정서 상태에 대해 이야기하는 것에 더 개방적이다. 이는 결과적으로 정서 인식을 높이고, 정서 이해를 깊어지게 하며, 정서 조절 능력을 길러준다(Thompson, 2014). 그러므로 안전한 관계에 있는 아동은 다른 사람에게 관심을 갖는 방법을 배우고 이는 아동이 다른 사람의 행동을 설명하는 데 도움이 된다. 대조적으로, 불안정한 관계에 있는 아동의 어머니는 어려운 정서에 대해 이야기를 나누는 것이 덜 편안하다. 그녀는 자녀의 정서 표현에 대해 덜 민감하고 반응적인 방식으로 반응하는 경향이 있다. 그 자녀는 자신의 정서에 대한 이해가 제한되어 있고 특히 스트레스가 많은 상황을 다뤄야 할 때 보다 쉽게 좌절한다. 불안정하고 회피적인 아동은 자기와 다른 사람의 정신 상태를 무시할 수 있고, 반면에 불안정하고 저항적인 아동은 오직 자신의 내적 상태에만 집중하고, 자신을 정서적으로 압도할 수 있는 상호작용을 막거나 배제할 수 있다. 그리고 애착관계가 붕괴된 아동의 경우, 양육자의 행동에 대한 정신적 표상은 만들어내지만 자기 자신의 내적 상태를 효과적으로 조직하는 방법을 배우지 못하여 높은 각성 상태를 유지하고 양육자의 상태에 과민해지는 경향이 있다. 따라서 안정 애착은 자기 가치와 자율성에 영향을 미치고, 자기 조직화를 강화하며, 자기 통제와 주체성을 촉진하는 반영적인 기능을 갖춘 아동으로 준비시키는 정서 조절의 발달을 강화하는 것처럼 보이는 반면, 불안정 애착은 이를 방해하는 것처럼 보인다.

결론적으로, 우리는 정서에 대한 이해와 표현 그리고 정서 조절이 사회적 맥락에서 발달하고 사회적 관계에 영향을 미친다는 것을 알 수 있다. 유전적 성향이나 특정한 양육 경험은 아동을 정서 발달에서의 문제로부터 보호할 수 있지만, 그것은 또한 아동을 발달상의 어려움에 더 취약해지게 만들 수도 있다. 기질, 신경생물학, 양육과 사회적 맥락 간의 교류를 탐색하는 것은 정서 발달과 자기의 출현에 미치는 영향을 이해하기 위해 매우 중요하다.

## 자율적인 자기의 발달

인생 초기 몇 년간의 사회, 정서 및 인지 기능의 발달과 자기와 다른 사람을 구별하는 과정은 점차 자율성 기능의 출현으로 이어진다. 이러한 자기 인식의 발전은 일련의 단계를 거쳐 진행되며(Bertenthal & Fischer, 1978; Damon & Hart, 1982) 기본적인 발달적 진보의 조직(organization of underlying developmental advances)을 반영한다(Case, 1991). 다양한 이론적 접근에 의해 어린 아동의 자기에 대한 연구가 이루어졌다. 예를 들어, Spitz(1957)는 의도에 대한 인식의 증가가 유아(toddler)의 '나'에 대한 경험을 이끌어 낸다고 제안한 바 있다. Erikson(1950/1963)은 약 만 2세경에 시작되는 자기 조절과 자율성에 대해 광범위하게 저술하였는데, 이는 일련의 과정을 거쳐 아동으로 하여금 환경을 숙달하면서 행동을 시작하고, 근면성을 키우고 정체감을 성취하도록 이끈다. Mahler와 동료들(Mahler et al., 1975)은 자기 인식의 증가를 반영하는 일련의 단계를 거쳐 아기가 엄마로부터 떨어져 움직임으로써 발생하는 분리 개별화 과정에 대해 기술하였다.

발달 연구자는 운동 기술의 습득(기기, 걷기, 기어오르기) 및 표현(언어)의 출현을 포함한 몇 가지의 발달이 유아의 자율성 기능을 이끌어내는 것을 확인했다. 유아는 점점 멀리 나가서 스스로 탐색해보고자 할 때, 때로는 양육자의 시야 밖에 있을 때 "난 괜찮아." 또는 "내가 할 거야."라고 말함으로써 자신의 자율성을 주장한다. 이제 유아는 신체적 접촉보다 시선을 공유하는 것, 정서적 신호, 거리를 유지하는 상호작용 혹은 음성을 더 편안해한다, 유아는 점점 더 양육자와 떨어져 시간을 보낼 수 있게 되고, 자신의 사회적·비사회적 세계를 탐색한다. 불확실한 것에 직면했을 때, 유아는 양육자의 곁으로 돌아가거나 혹은 사회적 참조에 의해 안심을 얻고자 할 것이다. 즉, 유아는 거리를 두고 양육자를 바라보고 양육자의 긍정적 또는 부정적인 정서적 신호에 의존하여 어떻게 할지 '결정'할 것이다(Boccia & Campos, 1989).

James(1892)는 주관적인 자기, 혹은 자신을 둘러싼 세계를 경험하고, 느끼고, 생각하고, 행동하는 자기에 관해 썼다. 이 주관적인 자기 또는 'I-self'의 가장 기본적인 기능 중 하나는 자기 인식이다. 주체로서의 자기에 대한 지식은 대상으로서의 자기에 대한 지식에 의해 뒤따른다. 관찰자로서, 'I-self'는 'Me-self'를 인식하게 되거나, 자기 자신은 다른 사람에 의해 대상으로서 관찰된다. 'Me-self'는 나에 대해 다른 사람이 알게 되는 모든 특성을 반영한다. 따라서 어린 아동은 다른 사람이 아동을 묘사하려고 사용하는 구체적인 용어를 사용하여 자신을 설명하기 시작한다. 처음에는 신체적 특징, 가족의 역할, 소유물을 반영하지만 나중에 감정, 가치, 신념과 같은 추상적·심리적 특성을 포함하게 된다(Damon & Hart, 1982; Harter, 1998b).

## 자기 측면에서의 발달적 변화

자기에 대해 배우는 과정은 매우 일찍 시작된다(Legerstee, 2006; Rochat, 2009). 어린 영아가 매일의 일상과 경험을 주관적인 자기에 대한 인식으로 편성함에 따라 인생 초기에 **자기 인식**(self-awareness)이 발달하기 시작한다(Meltzoff, 2007). 유아는 접촉하고 주변을 돌아다니는 것과 같은 본능적인 감각의 결과로 물리적으로 자기 몸을 인식하게 된다. 유아는 자신의 초기 사회적 파트너와 상호작용하면서 행위 주체자로서의 자기 감각(sense of agency)[3]을 습득한다. 또한 유아는 보호자가 유아에게 우연히 반응할 때 자신의 행동의 결과에 대해 배우게 된다. 예를 들어 유아가 두 팔을 보호자를 향해 뻗으면 보호자가 자신을 안아준다는 것을 배운다. 이와 같은 사회적 상호작용을 통해 유아는 새로운 감정을 인식하게 되는 것과 더불어 생후 6~8개월경 이루어지는 주관적 자기의 출현에 영향을 받는다(Thompson et al., 2011). 2세 동안, 유아는 자신처럼 다른 사람도 주관적인 상태에 있다는 것을 배운다. 유아는 공통된 것에 주의를 기울이고 있을 때 제 3자 또는 대상과 관련된 양육자의 정신 상태에 자신을 점점 더 맞출 수 있게 된다. 유아는 또한 사회적 참조를 사용할 수 있고, 인지적으로 불확실한 상황에서 양육자 또는 다

---

3) 역주 : agency는 '자신의 판단에 근거하여 주체적으로 행동하는 존재'라는 의미로 사용한다.

른 사람을 돌볼 수 있으며, 무엇을 하고 어떻게 느껴야 할지 결정하기 위해 자신의 정서적 반응에 의존할 수 있다. 공동 관심, 사회적 참조, 파트너가 아주 싫어하면서 바라본 후에 다시 관계 맺는 것과 같은 활동을 통해, 유아는 자신이 다른 사람들의 주관적 상태와 영향을 주고받는 것을 보게 된다.

  **시각적 자기 인식**(visual self-recognition) 또는 자신이 어떻게 보이는지 인식할 수 있는 능력은 만 2세 끝 무렵에 성취되는데, 이는 유아 및 영장류의 자기 인식 발달 순서 중 가장 첫 번째 단계이다(Amsterdam, 1972; Bertenthal & Fischer, 1978; Dixon, 1957; Gallup, 1977; Lewis & Brooks-Gunn, 1979). 시각적 자기 인식 능력을 가진 유아는 사진, 거울, 비디오 영상에 비치는 자신을 식별하고, 시각적으로 표현된 자기가 이미지에 반영된 것이라는 사실을 이해한다. 만 1세 미만의 아기는 거울 앞에 세워두면 거울에 반사된 자신의 모습을 행복하게 바라보지만 자신이 자기 자신의 이미지를 보고 있다는 것을 이해하지 못한다. 유아는 거울에 비친 자신을 보며 미소 짓거나 소리를 내고, 심지어 놀이 상대를 바라볼 때 것처럼 거울을 만질 수 있다. 5~18개월 사이의 이런 거울 지시 행동(mirror-directed behavior)은 일반적이다. 경험적 연구는 자신의 움직임에 대한 자기 수용적 피드백과 거울 이미지의 움직임에 의해 제공되는 시각적 단서 간의 관련성을 통해 유아가 자신의 이미지를 반대 성의 아기, 나이 많은 아동, 성인과 구별하기 시작한다는 것을 증명한다(Lewis & Brooks-Gunn, 1979).

  만 2세가 되면, 유아는 이미지의 특성을 토대로 자기 자신의 이미지를 인식하는 능력을 발달시킬 때, 더 이상 관련 단서에만 의존하지 않아도 된다(Amsterdam & Greenberg, 1977). 예를 들어, 유아는 이제 자신의 사진을 관찰하는 것과 같은 관련 없는 상황에서 자기를 인식할 수 있다(Harter, 2006). 유아는 내부 도식을 사용하여 자신과 다른 사람의 시각적 이미지를 유지할 수 있으며, 자신의 거울 이미지 또는 즉각적인 환경에서의 타인의 외부 관찰과 비교할 수 있다. 따라서 유아는 관련 단서가 있는 상황과 단서가 없는 상황 모두에서 자신과 타인을 구별할 수 있게 된다(Lewis & Brooks-Gunn, 1979). 자신과 다른 사람의 내적 표현을 적극적으로 구성하고 사용함으로써 이 과정이 촉진된다. 만 2세 중반까지, 거울을 향한 행동은 자의식 반응의 증가와 함께 감소한다. 예를 들면 약 15개월경, 얼굴이 빨개지거나 흘끗 보는 행동이 관찰되기 시작하고, 만 2세 끝 무렵에는 시선을 피하고 거만하게 걷는 것을 보게 된다. 자신에게 감탄하고 자기를 보는 것에 대해 당황스러워 하는 것과 같은 자의식 반응은 초기의 자아 인식을 암시한다.

  시각적 자기 인식 작업은 자기 인식의 발달 변화를 기록하는 데 사용되었다. 만 2세 중반(15~18개월 사이)에 어떤 유아는 스스로를 알아보기 시작하고, 22개월이 지나면 대부분의 유아가 자신의 거울 이미지를 인식할 수 있게 된다(Amsterdam, 1972). 시각적 자기 인식은 어떻게 평가되는가? 어린 침팬지들을 대상으로 한 기존의 연구를 따라(Gallup, 1970), 연구자는 유아를 거울 앞에 세워두고, 뒤로 돌아서게 한 후 코에 몰래 빨간 점을 찍는다. 다시 거울을 마주보았을 때, 유아가 거울에 비친 자신을 보는 동시에 빨간 점이 표시된 코를 만지는 것이 자기 인식을 나타내는 중요한 행동이다(Brooks-Gunn & Lewis, 1984; Bullock & Lutkenhaus, 1990). 자신을 인식하는 유아는 빨간 점이 자신에게 있다는 것을 아는 것처럼 보인다. 표시 인지 행동(mark-directed behavior)은 이러한 인식에서 비롯된다. 유아는 자신이 어떻게 보일지 알고 있는데, 현재 거울의 이미지가 자신의 생각과 다른 것을 보고, 코를 만지는 행동을 통해 이러한 모순에 대한 '의견'을 표시한다.

15개월 이전에는 어떤 아이도 이러한 이해를 보이지 않는다. 유아는 립스틱이 묻은 자신의 코를 볼 때, 조용해지고 호기심 있어 하며 집중하는 경향이 있지만 표시 인지 행동을 보이기 전까지 수줍어하거나 당황하는 행동은 보이지 않는다(Lewis & Brooks-Gunn, 1979). 심지어 어떤 아이들은 빨갛게 표시된 코를 보고 웃거나 바보처럼 행동한다. 시각적 자기 인식과 정서는 유사하다. 유아가 거울 또는 사진에서 자기 자신을 인식할 때, 수줍어하고 자화자찬하는 반응(예 : 거만하게 걷기, 우쭐하기)뿐 아니라 긍정적인 감정 표현 또한 증가할 것이다(Schneider-Rosen & Cicchetti,1991). 그리고 자기 인식 능력은 인지 발달의 진보와도 관련이 있다(Mans, Cicchetti, & Sroufe, 1978). 예를 들면, 약 15~18개월경에는 '나', '나는'과 같은 개인 대명사의 사용이 증가하고(Lewis & Ramsay, 2004) 어떤 아이는 자기 이미지를 바라보면서 자신의 이름을 밝히기도 한다(Bates, 1990). 이렇게 자기 기술적 말하기와 개인 대명사는 유아가 자신의 행동을 묘사할 때 사용된다. 약 18~20개월에, 유아는 감정 상태를 나타내는 용어를 사용하고 자신과 다른 사람의 감정 경험에 대해 묘사하기 시작한다(Bretherton, McNew, & Beeghly-Smith, 1981).

연령 집단 내의 개인차를 조사한 연구에서는 양육자와의 초기 경험이 시각적 자기 인식에 영향을 미친다고 시사하였다. 예를 들어 19개월의 자기 인식은 어머니-유아 애착 관계의 질을 반영하는 것으로 밝혀졌고(Schneider-Rosen & Cicchetti, 1984), 이 연령대에 스스로를 인식할 수 있는 유아가 어머니와 더 안전한 애착을 맺고 있다고 판명되었다. 또한 안전한 애착은 2~3세경의 보다 깊은 자기 이해와 관련이 있는 것으로 밝혀졌다(Pipp, Easterbrooks, & Harmon, 1992). 자기 인식의 초기 출현은 유아의 사회적 세계 내에서 발전하고, 초기 경험의 질적 차이를 반영한다(Keller et al., 2004). 네 가지 다른 사회 문화적 환경의 아동을 대상으로 거울 자기 인식 연구를 실시하였다. 흥미롭게도, 시각적 인식 능력은 모든 문화권에서 동일하게 연령에 따라 증가하지만, 어머니가 자녀의 자율성 발달을 가치 있게 여기고 지지하는 문화에서 더 빨리 나타났다. 거울에 대한 익숙함, 표현 행동이 많은 문화는 유아의 거울 자기 인식에 영향을 미치지 않았다. 그리고 자기 자신을 인식하는 아동 또한 개인 대명사를 더 많이 사용했다(Kärtner, Keller, Chaudhary, & Yovsi, 2012). 따라서 시각적 자기 인식은 자기의 조기 표현과 문화적으로 특정한 방식에 따라 이뤄지는 자기 발달을 반영하는 타당한 지표로 보인다(Greenfield, Keller, Fuligni, & Maynard, 2003).

또한 초기 부모-자녀 관계의 맥락에서, 아동은 **자기 조절**(self-regulation) 혹은 **자기 통제**(self-control)를 배우기 시작한다. 자기 조절 또는 자기 통제의 발달에는 여러 단계가 있다(Kopp, 2002). 처음 **통제** 단계에서, 아동은 수용 가능한 행동에 대한 지시와 조언을 얻기 위해 자기 주변에 있는 어른에게 의존한다. **자기 통제** 단계에서, 아동은 누군가 지켜보지 않을 때에도 자신에게 기대되는 바를 준수한다. 아동이 유혹과 충동적인 행동을 저지하고 자신의 행동을 이끌기 위해 자신의 계획과 전략을 사용할 수 있는 것은 **자기 조절** 단계이다. 유아가 자기 조절을 지속적으로 개발하는 만 2~3세 동안 만족 지연 능력은 증가한다(Kochanska, Coy, & Murray, 2001). 유아는 자신이 정말로 원하는 무언가를 위해 기다려야 한다는 말을 들을 때(예 : 먹고 싶어 하는 특별한 음식, 정말 하고 싶어 하는 활동) 점차 기다림으로 인한 좌절에 대한 인내가 커지고 만족 지연이 가능해진다. 이 변화와 함께 '미운 두 살'의 분노 발작의 빈도가 감소한다. 이 분노는 기다려야 하는 것, 그들이 원하는 대로 되지 않는 것, 그들이 원하는 것을 얻지 못한 것, 혹은 다른 사람들을 통제할 수 없는 것에 대한 좌절에 대한 표현이다. 이와 같이 분노 빈도가 감소한 것은 유아의 자기 조절 발달에서 중요한 변화가 있음을 의미한다.

아동이 자신의 행동을 보다 충분히 통제하기까지 여전히 갈 길이 멀지만, 자신과 타인을 구별하는 능력, 타인이 자신과 다른 욕구를 가질 수 있다는 것을 이해하는 것은 자신의 행동과 반응을 조절 방법을 배우는 과정을 돕는다. 전두엽 피질의 발달 또한 자아 조절의 성숙을 이끈다(Shonkoff & Phillips, 2000). 그리고 기질적 특질 또한 자기 조절의 개인차와 관련된 것으로 보인다. 특히 의도적 통제는 행동을 적극적으로 억제하려는 의도적이고 의식적인 시도로 이어지고, 주의 집중력의 증가, 느린 운동 동작, 혹은 지시에 따라 하고 있던 행동을 억제하거나 시작한다. 자신의 행동을 조기에 억제할 수 있는 유아는 아동기 초기에 자기 조절 능력이 향상된다(Kochanska et al., 2000, 2001). 이런 아동은 심지어 성인이 없을 때에도 규칙을 준수하며 적절한 행동에 대한 규준을 더 잘 내재화한다는 것이 증명되었다. 두려움이 많고 억제된 기질의 아동은 동기 부여에 중점을 둔 온화한 훈육 기술이 자기 조절을 촉진한다(Kochanska, 1995, 1997).

초등학교 저학년 때 지속적으로 행동 조절 능력을 개발하면서 아동은 다양한 사회적 맥락에서 자기 자신을 더 잘 관리할 수 있게 된다. 예를 들면, 아동은 이제 쉬는 시간이나 체육 수업 시간 동안 야외에서는 보다 적극적으로 활동에 참여하는 반면 교실에서는 조용히 앉아 집중할 필요가 있다는 것을 이해한다. 아동은 특히 감정 표현과 관련해서 자기 자신을 다른 사람들에게 어떻게 표현할지에 대해 보다 능숙해진다. 이제 아동은 감정 조절 기술이 발달해서 다른 사람에게 어떤 감정을 보일지 결정할 수 있다(Saarni, 1999). 동시에, 자신의 사회적 유능성에 대한 아동의 지각이 증가한다(Cole et al., 2001). 따라서 점차적으로 성숙한 사회적 자아는 다른 사람에게 어떻게 보일지에 대해 훨씬 더 자의식적이고 예민하게 인식하며 동시에 다양한 사회적 상황과 다양한 사회적 요구에 적절히 대응할 필요성을 염두에 두어야 한다.

유사하게 나타나는 또 다른 이해는 자기와 다른 사람이 행동의 주체자이라는 인식이다. 유아는 자신의 행동과 일어난 일에 대한 책임을 질 수 있다는 것에 감사하기 시작한다. 그들은 숨겨진 물건을 찾고, 퍼즐을 완성하고, 책을 '읽는 척'하거나 블록 탑을 쌓을 수 있다. 이 **행위 주체자로서의 자기 감각**은 'I-self'가 표현된 것이며, 자신의 생각과 행동을 자신이 통제할 수 있다는 믿음을 반영한다. 만 2세 동안, 유아는 자기 자신과 타인의 행동을 통제하려는 시도를 통해 발달된 자율성을 실험해보려 한다. 유아는 자기 자신을 다른 사람들로부터 독립되어 있으며 환경에 영향을 줄 수 있는 능동적인 주체자로서 인식하기 시작한다. 유아는 행동을 위한 계획을 개념화하기 위해 자신과 다른 사람의 내적 표현을 사용할 수 있으며, 이는 다른 사람의 행동을 통제하기 위한 적극적인 시도와 자신의 언행을 신중히 하는 것으로 나타난다.

게다가 만 2세 동안 유아의 활동에 수반되는 정서적 반응은 행위 주체자로서 발달한 자기 인식을 의미한다. 우리는 유아가 자신의 문제 해결 능력을 넘어서는 불확실성을 마주했을 때 어려움을 느끼거나 과제 실행 중 의미-결과의 관계나 인과관계를 발견하고 이해하는 과정에서 흥미로워하고, 개념화하고 계획한 과제를 완성했을 때 기뻐하는 것을 볼 수 있다. 긍정적 표현의 증가는 대개 즐거움과 자부심으로 드러나는데, 이것은 유아가 자신이 결과에 기여한 바를 알게 되면서 행동의 주체자로서의 자기 자신에 대한 느낌을 나타낸다. 예를 들면, 유아는 연구자가 과제를 완수했을 때보다 자기 스스로 그 것을 해냈을 때 더 기뻐하는 모습을 보였다(Stipek, Recchia, & McClintic, 1992). 이제 유아는 자신의 행동에 대한 책임감을 인식하며, 뭔가를 올바르게 마쳤을 때 좋은 기분을 느끼고, 자신의 행동이 잘못되었다는 말을 들을 때 수치심을 경험한다.

유아는 또한 다른 사람의 행동에 목표와 목적이 있을 수 있다는 것을 이해하기 시작한다(Thompson, 2006). 예를 들면 유아는 누군가가 물건을 보거나, 손을 뻗거나, 물건을 가리킬 때 그 사람이 그 물건에 관심이 있다는 것을 아는 것처럼 보인다(Woodward, 2003). 또한 유아는 성인으로 하여금 자신이 보고 있는 것을 성인이 보도록 가리키거나 손을 뻗는 것 같은 행동을 사용해서 성인과 함께 공동 주의 상태를 만들어낼 수 있다(Tomasello & Rakoczy, 2003). 유아가 적절한 행동 규준 및 규칙을 점점 더 알게 되면서, 유아는 또한 규칙 위반에 대해서도 인식하게 된다. 유아는 (시각적 자기 인식 패러다임에서처럼) 코 위의 빨간 점이 자신의 본 모습이 아니라는 것 혹은 물건이 부서졌을 때 그 것이 물건의 원래 상태가 아니라는 것을 인식한다.

만 2세 중반까지도, 유아는 자신이 규칙을 이해하고 행동을 통제할 수 있다는 것을 보여줌으로써 양육자를 기쁘게 하고 싶어 한다(Maccoby, 1980). 유아는 어떤 행동이 금지되어 있는지 알고, 양육자가 보는 바로 앞에서 금지된 행동을 시작하고 멈추면서 규칙의 한계를 '시험'할 수 있다(Kochanska, 1993; Kopp, 1989). 유아는 자신이 해야 하는 일이 아니거나 요청받은 대로 뭔가를 할 수 없을 때, 고민하게 될 것이다(Emde, Biringen, Clyman, & Oppenheim, 1991; Stipek et al., 1992). 또한 유아는 다른 사람의 잘못을 인식하며(Dunn & Munn, 1985) 타인의 고통에 민감하게 반응한다(Zahn-Waxler, Radke-Yarrow, Wagner, & Chapman, 1992). 그러나 만 2세 동안, 유아의 고통에 대한 반응은 차별화되지 않고 (유아가 양육 규칙 혹은 행동 규준을 어겼다면) 자신이 하지 말아야 할 뭔가를 했다는 것에 대한 불편감과 불안감으로 인해 일반적인 각성 상태를 나타내는 것으로 볼 수 있다(Kochanska, 1993). 가장 중요한 것은, 이와 같은 반응은 유아가 자신의 행동으로부터 자부심, 죄책감 또는 수치심과 같은 감정 반응 느끼게 된다는 것을 이해하기 시작했다는 것을 보여준다는 점이다. 유아는 규칙을 어길 경우 (예 : 장난감을 부수거나 바닥에 우유를 엎지르는 등) 고민하며 일반적으로 허용되지 않는 행동(예 : 테이블에 올라가기)에 대한 제지에 반응한다. 그러나 여전히 유아가 기준을 지키는 것은 성인의 존재 여부에 달려 있는 것처럼 보인다.

만 2세 끝 무렵에, 유아는 타인과 독립적이며 능동적인 주체자로서 자기 자신에 대한 기본적인 감각을 갖게 된다. 유아는 자기 자신의 이미지를 인식할 수 있게 하는, 변하지 않는 자신의 물리적 특징에 대한 이해를 얻는다. 유아는 자기 자신과 타인을 위해 행동을 계획하고, 대안을 개념화하며, 자신의 행동을 조절하도록 돕는 도식을 내면화한다. 유아는 자신을 식별하고 내적 감정 상태와 하고 있는 행동을 설명하기 위해 언어를 사용하기 시작한다. 그리고 유아는 자기, 사회 규칙 및 적절한 행동 반응에 대한 이해가 발달함에 따라 수반되는 정서적 반응을 보인다.

만 3세가 되면, 유아는 사회적 규범과 자신 및 타인의 일과에 대한 각본을 점점 인식하게 된다—"내가 이를 닦고 나면 엄마는 내게 책을 읽어줘.", "엄마는 일을 하러 갔다가 돌아올 거야.", "아빠는 식탁에서 항상 내 옆에 앉아." 이 각본에 대한 유아의 지식은 자신을 둘러싼 세계를 이해하도록 돕고 상황을 예측 가능하게 만든다. 또한 이 지식은 유아에게 환경에 대한 통제감을 주며, 일어나고 있거나 앞으로 일어날 일을 이해하도록 돕는다. 만 2세 끝 무렵 유아는 가족 규칙, 잠자리에 들기 혹은 어린이집에 도착했을 때 해야 하는 것과 같은 사회적 규칙에 대한 각본에 익숙해지며 이를 사용하여 다른 사람에게 자신의 일과를 설명할 수 있게 된다(Bauer, 2002; Nelson, 1993). 이 초기 각본은 이후의 사회적 이해(예 : 게임 규칙을 따르는 방법, 새로운 친구에게 자신을 소개하는 방법 혹은 어린이집 및 추후 학교에서의 일과를 따르는 것)에 대한 토대를 제공한다.

계속해서 만 3세에, 유아는 **자기 표상**(self-representation)을 통해 자기 인식의 출현을 반영하는 다양한 진보를 보여준다. 유아는 거울을 볼 때 자기("나야!")와 자신의 소지품("내 인형.")을 언급하고, 자신의 이름을 사용하며("제이슨") 감정 단어를 사용하여 내적 상태를 설명한다("나는 행복해.")(Bretherton, Fritz, Zahn-Waxler, & Ridgeway, 1986). 수치심, 자부심, 죄책감과 같은 자의식과 관련된 감정이 나타나기 시작한다(Lagattuta & Thompson, 2007). 유아는 자신의 유능성과 독립성을 주장하고("난 스스로 할 수 있어.")(Bullock & Lutkenhaus, 1988; Stipek, Gralinski, & Kopp, 1990) 성별에 따라 자신을 식별한다("나는 언니야!")(Ruble, Martin, & Berenbaum, 2006). 시간이 지나면 만 3세 유아는 기준과 규칙을 이해하고(Kochanska et al., 2008) 양심이 발달하기 시작한다(Thompson, Flood, & Goodvin, 2006). 학령전기 아동의 내적 상태에 대한 이해의 증가는 아동이 자신의 심리적 상태뿐 아니라 다른 사람의 심리적 상태를 이해하는 데 도움이 된다. '마음 이론'(Miller, 2012; Wellman, 2002)의 기초가 발달함에 따라, 유아는 점차 자신의 정신 상태에 자기 자신 및 타인의 욕구, 의도, 감정, 생각 및 신념을 통합한다. 유아는 자기 자신에 대해 생각할 수 있게 되고 이러한 생각을 자기에 대한 표현으로 통합한다.

이제 유아는 부모가 자신과 자기의 행동을 평가하는 방법에 민감하다. 유아는 부정적인 반응을 피하고 부모의 승인을 얻고자 한다. 또한 유아는 부모의 기준을 자신의 관점에 포함시킨다. 사실 유아의 자기 표현의 특징 중 하나는 자신의 삶에서 중요한 사람들이 자기를 어떻게 보는지에 대한 깊은 염려이다(Lagattuta & Thompson, 2007). 제니의 엄마가 그녀를 안아주면서 "장난감 치운 거 정말 잘했어."라고 칭찬한다면, 제니는 엄마가 자신에게 장난감 정리를 기대하고 자신의 노력을 고마워한다는 것을 알게 되며, 결과가 좋았다고 느낀다. 또한 제니는 엄마가 자신을 자랑스러워한다는 것을 알고 좋은 느낌을 내면화할 것이다. 이와 같은 일상의 작은 교류는 아동에게 자기에 대한 명확한 메시지를 준다. 이 메시지는 암묵적으로 아동에 대한 양육자의 시각을 전달한다. 일상의 대화에서 이런 경험을 반복적으로 말하면서, 부모는 아동에게 자기에 대한 가르침을 전달한다―"카일라, 오늘 아침에 유치원 갈 준비하면서 옷 입는 게 얼마나 힘들었니? 우리는 씨름을 했어. 그렇지? 그리고 안타깝게도 네가 울면서 집을 나와야 했어. 하지만 우린 널 유치원에 데려다 줘야 했잖아. 그렇지?" 카일라의 엄마는 카일라가 유치원 갈 준비를 하는 과정에서 어려움이 있었고, 카일라는 비협조적이었으며 집을 정시에 나와야 했던 상황 때문에 카일라가 울었다고 말하고 있다. 이 사건에 대한 카일라의 표현은 이 사건을 구조화하고 정교화한 엄마의 회상을 따라, 자신은 '나빴거나' 혹은 '잘못했거나' 피곤하고 옷을 입고 싶지 않았으며 집(혹은 엄마)을 떠나고 싶지 않았다는 메시지를 포함하게 될 것이다.

아동과 함께 개인적인 경험이나 사건에 대해 자세하게 말해주는 것은 부모가 아동에게 자서전적 추억과 개인 서사(narratives)의 토대를 제공하는 한 방법이다(Nelson & Fivush, 2004; Welch-Ross, 1995; Welch-Ross, Fasig, & Farrar, 1999). 이 아이디어를 지지하는 다수의 연구가 있다. 부모가 자녀에게 개인적인 경험 및 사건의 중요성에 대해 말할 때, 풍부한 감정 언어를 사용하여 긍정적 사건을 평가하고 부정적 감정의 원인과 결과를 강조하면, 유아가 그 사건의 개인적 의미를 이해하고 이를 자신의 자기 표현에 통합하기 시작하면서 유아의 자기 개념의 연속성이 향상된다(Bird & Reese, 2006; Reese, Bird, & Tripp, 2007). 따라서 부모는 자녀가 자신을 이해하는 데 도움이 되는 이야기를 통해 유아의 자기 인식을 촉진한다. 부모는 자녀에게 자서전적 추억을 만들어주기 위해 자신의 생각 및 감정과 함께 통합된 이야기를 들려준다. 의심할 여지없이, 부모는 자신이 중요하다고 생각하는 사건에 대해 이야기할 것이고, 이에 따라 아동의 현재 및 과거 경험에서 기억의 특정 측면이 강화될 것이다(Haden, 2003; Nelson, 2003). 따라서 부모는 자녀가 자기 자신에 대한 이야기의 구조를 구성하고, 자신의 경험 또는 행동을 되돌아보게 하고, 자기에 대한 초상화를 형성하는 데 있어 양육자와 협력하도록 하는 중요한 역할을 담당한다.

흥미롭게도, 아버지와 어머니는 딸과 아들에게 경험을 공유할 때 각기 다른 서술 방식을 선택한다. 예를 들어, 어머니는 아들보다 딸과의 대화에서 사회적 관계와 감정에 대해 더 많이 이야기한다(Fivush & Buckner, 2003; Hayne & MacDonald, 2003). 이러한 부모의 행동은 다른 문화적 요인(장난감, 옷, 책, TV, 광고에서 볼 수 있듯)과 함께 아동의 자기 표현의 내용 및 구조에 있어 성차가 나타나도록 기여한다(Fivush & Buckner, 2003; Harter, 2012). 유아의 언어 능력이 발달함에 따라, 유아는 부모와 함께 자신에 대한 개인 서술을 공동 제작하는 데 보다 적극적인 역할을 하기 시작한다(Nelson & Fivush, 2004; Reese, 2002; Rogoff, 1990). 이렇게 자기에 대한 자서전이 만들어지며, 여기에는 아동의 자기 표현의 일부가 되는 연속적이고 영구적인 핵심 감각이 포함된다(Nelson, 2003). 개인적인 경험을 다시 말하는 것은 추억을 재현하고 부모에게 자녀가 어떤 의미를 갖는지 강조한다. 이런 경험은 차례로 유아의 자기 표현 네트워크에 통합되고, 아동의 자기 감각이 발달하는 데 있어 매우 의미 있는 영향을 미친다(Thompson et al., 2011).

만 3세 이전 유아의 자기 인식에는 한계가 있다. 또한 자기를 시간이 지나도 지속되는 것으로 인식하지 못한다(Povinelli & Simon, 1998). 유아는 경험을 자전적으로 표현할 수 있는 능력을 갖고 있지 않다(Nelson & Fivush, 2004). 그 결과, 대부분의 사람은 유아기 혹은 아동기 기억 상실증이라고 불리는, 만 3세 이전의 사건을 기억하지 못하는 현상을 겪는다(Harley & Reese, 1999). 만 4세 초반에, 자기의 연속성에 대한 인식과 부모와 의미 있는 대화를 나눌 수 있는 역량이 생기면서, 유아의 자전적 서술 혹은 자기에 대한 작업 모델이 나타나기 시작한다(Reese, 2002; Thompson, 2006). 이제 추억은 자기와 관련된 또는 '나'에게 일어난 경험으로 저장될 것이다(Howe, 1998).

결과적으로 우리는 부모가 과거의 사건을 기억하는 데 있어 중요한 역할을 하고, 때때로 자전적 기억에 기여하는 정교한 양식을 사용하는 것을 알 수 있다(Harley & Reese, 1999). 회상에는 자녀에게(개인적인 대화에서) 또는 다른 사람에게 자녀를 묘사할 때 부모가 사용하는 감정 언어, 도덕적 가치, 그 외 속성들뿐 아니라 (공유된 기억에 반영된)

자녀에 대한 부모의 관점이 포함될 수 있다. 이러한 대화는 아동의 자기 표현에 큰 영향을 미친다. 놀라울 것도 없이, 어린 아이의 자기 자신에 대한 관점은 아동의 어머니가 아동을 보는 시각과 유사하다(Brown, Mangelsdorf, Agathen, & Ho, 2008). 만약 어머니가 아동을 까다롭고, 변덕스럽고, 통제적이거나 수줍다고 본다면, 그 아동은 일상의 사건 또는 과거의 경험에 대해 다음과 같은 인상으로 기억하게 될 것이다(예: "네가 얼마나 아침을 안 먹었는지 기억하니?" 혹은 "네가 동생에게 네 트럭을 갖고 놀게 해줄 때 별로 친절하지 않았어. 네가 동생에게 '저리 가'라고 해서 동생을 울렸지."). 이는 아동의 자기에 대한 관점에 동일하게 포함된다('나는 까다로워.' 혹은 '나는 대장이 될 수 있어.'). 나이가 들수록, 아동은 기억을 회상하고 자기 표현으로 통합하는 데 있어 부모와의 대화에 덜 의존하게 된다. 그러나 부모에 의한 초기의 평가와 판단은 지속되는 경향이 있으며, 아동의 자기 표현의 구조 및 조직에 영향을 미친다. 이렇게 우리는 또다시 초기 관계가 자기 개념의 발생에 영향을 미치는 것을 알 수 있다.

아동의 자기 기술 또한 초기 관계의 맥락에서 자기 자신에 대해 배운 것에 영향을 받는다. **자기 기술**(self-description)은 연령 및 발달 수준에 따라 다른 특징을 토대로 이루어진다. 예를 들면, 가장 초기에, 자기 기술은 관찰 가능한 물리적 특성을 기반으로 한다. 한 가지 예로, 전형적인 학령전기 아동은 "나는 남자야." 또는 "나는 세 살이야." 또는 "나는 눈이 파랗고 금발이야."와 같이 말할 것이다. 후에, 아동의 언어 능력이 증가하면서 행동 및 심리적 특성이 자기 기술에 통합된다. 이제 아동은 'Me-self'에 대한 'I-self'의 인식을 반영하는 언어를 사용하여 특정한 행동("나는 한 발로 깡충깡충 뛸 수 있어." 또는 "나는 퍼즐을 좋아해.")과 속성("나는 친절해." 또는 "나는 수줍음이 많아.")을 언급할 것이다(Harter, 2012). 만 3~4세 남아는 자신이 숙달한 활동 및 기술을 자기 기술에 포함시키는 반면[예: "나는 알파벳을 다 알고… 나는 진짜 빨리 달릴 수 있고…."(Harter, 2012, p. 29)], 여아는 더 정서적·사회적·관계적인 기술을 포함하는 경향이 있다(Fivush & Buckner, 2003). 예를 들면, 만 4세 여아는 다음과 같이 말할 것이다. "나는 엄마, 아빠와 살고 있고 부모님은 나를 정말 사랑해요." 혹은 "우리 유치원 선생님 너무 좋아요…."(Harter, 2012, p. 29), 또는 "나는 친구와 내 인형을 가지고 노는 게 정말 행복해…. 할머니가 떠나실 때 난 정말 슬퍼"(p. 30). 흥미롭게도, 연구자가 일반적인 질문에 대답하는 기술 방식을 선택하기보다 양자택일의 선택 형식을 취했을 때(예: 아동에게 자기 자신에 대해 가장 잘 묘사한 두 가지 진술 중 어느 것을 선택할지 묻는 것), 심지어 만 세 살 반 정도의 유아조차도 차원에 걸쳐 일관되고 시간의 흐름에 따라서

도 안정적으로 나타나는 심리적 자질(예 : 사회적 친밀감, 공격성)에 대해 이해하고 있음을 보여주었다(Eder, 1990).

이러한 초기 자기 기술이 유아가 자기 자신을 관찰한 것에 대한 아주 구체적인 인지적 표현이라는 견해를 지지하는 다수의 이론적 설명과 연구 결과가 있다(Damon & Hart, 1988; Griffin, 1992; Harter, 2006; Watson, 1990). 유아는 종종 자신의 소유물에 대한 설명을 포함시킨다[예 : "내가 가지고 있는 키티 인형은 주황색이고 내 방에는 TV가 있고, 다 내 거야"(Harter, 2012, p. 29)]. 또한 유아는 어린 소년이 "난 정말 힘이 세. 난 이 의자도 들 수 있어. 날 봐!"라고 말할 때처럼, 자신의 능력과 기술을 증명해보이고 싶어 한다(p. 30). 인지적 발달 관점에서 보면, 유아의 자기 묘사는 자신의 행동, 소유물, 정서적 반응, 그리고 타인에 의해 관찰 가능한 자질과 매우 관련되어 있다. 이러한 묘사는 연결되지 않고 일관되지 않으며 각기 다른 조각처럼 보일 수 있지만, 이 연령대 유아의 전형적인 사고방식이다.

또한 유아의 자기 기술에 영향을 미치는 인지적 한계는 유아를 비현실적으로 긍정적으로 만든다(Harter, 2012; Trzesniewski,Kinal, & Donnellan, 2010). 예를 들면, 어린 아이는 자신의 실제 역량과 이상적인 혹은 원하는 능력을 구별하지 못한다. 유아의 자기 기술에는 자신의 실제 역량을 초월한 과장된 재능 또는 능력이 포함될 수 있다[예 : "나는 운동장의 한쪽 끝에서 반대편 끝까지 멀리 공을 찰 수 있어"(Harter 2012, p. 29)]. 자기에 대한 지나치게 낙관적인 시각은 또한 사회적 비교에서의 어려움을 반영할 수 있다(Ruble & Frey, 1991). 유아는 자신의 능력을 다른 사람의 능력과 비교하기보다, 어렸을 적 자신의 제한된 기술과 자신의 행동을 비교하는 경향이 있다(예 : "내가 이 퍼즐 못했던 거 기억 나? 난 이제 정말 똑똑해."). 유아는 제한된 조망수용 능력으로 인해 자신을 비판하는 중요한 타인의 의견을 고려하지 못하고, 그 결과 자기 자신에 대해 지나치게 긍정적인 견해를 갖게 될 수 있다(Harter, 2006). 게다가 오늘날 많은 부모가 자신의 자녀를 지나치게 긍정적으로 평가하며("넌 너희 반에서 가장 똑똑한 애야." 또는 "모두 너랑 친구가 되고 싶어 할 거야.") 자녀가 실패를 겪지 않도록 하기 위해 지속적으로 개입하려 애쓴다. 결과적으로, 유아는 제한된 조망수용 능력으로 인해 그 상태에 '갇히게' 되고 유아의 자기 기술은 과장되게 긍정적이고, 편파적이며 비현실적으로 웅장해지는 경향이 있다. 그리고 재능의 범위에 대한 고려('나는 수학은 잘하지만 독서에는 약해.') 없이, 한 가지 또는 다른 방식('똑똑해' 혹은 '멍청해')처럼 개인의 역량 및 자기에 대해 극단적으로 생각하거나, 또한 자기에 대한 비현실적으로 긍정적인 시각(예 : '나는 항상

학교에서 뛰어나.') 혹은 융통성 없이 부정적인 시각(예 : '내가 노력하지 않기 때문에 학교에서 못하는 거야.')을 부여한다(예 : Fischer & Bidell, 2006; Harter, 2012).

중기 아동기에 이르면, 아동은 자신에 대한 일반화에 구체적인 특성 또는 성격의 예시를 포함하기 시작한다(Harter, 2003). 예를 들면, 한 소년이 자기 자신을 친절하다고 생각하는 것은 그가 학교에서 친구에게 말을 걸고, 귀갓길에 버스 운전기사에게 인사를 했으며, 집으로 걸어가면서 이웃에게 손을 흔들었기 때문이다. 이 시기에는 사회적 평가 과정이 보다 발달하고 자연스럽게 자기 평가에 통합된다(Harter, 2012). 아동은 자신의 능력을 타인과 비교하고 또래관계에서 자신이 어디에 위치하고 있는지 보고자 한다(Frey & Ruble, 1990). 이제 자기 기술은 '친구들과 잘 지내는' 또는 '형제자매를 잘 돕는'과 같이 자기 자신을 식별하면서, 보다 관계적인 방향으로 이루어진다. 따라서 아동 중기의 자기 기술은 아동이 다른 사람이 자신을 바라보는 시선을 어떻게 느끼는지 그리고 심리적 · 대인관계적 속성을 더 많이 반영하는지에 따라 달라진다.

중기 아동기 동안의 인지적 발달은 아동으로 하여금 구별된 것을 넘어 자기 개념을 통합해갈 수 있도록 한다(Case, 1991). 이제 아동은 수많은 활동 또는 상황을 넘어 자기 자신을 유능하다고 볼 수 있다(예 : "나는 수학, 노래, 그리고 농구를 잘해.", "나는 집, 학교에서 그리고 친구와 놀 때 잘 도와줘."). 아동은 자기 자신에 대해 보다 현실적이고 차별화된 시각을 발달시키게 되며, 자신이 어떤 영역에서는 다른 사람보다 유능하다는 것을 이해하기 시작한다(Cole et al., 2001). 아동은 자기에 대해 보다 세련되고 독특한 시각을 제공할 수 있다("나는 정말 좋은 친구이고, 나는 예술과 음악을 좋아하지만 운동은 잘 못해."). 사회적 압력, 학교 정책 및 조직 활동(학교 안과 밖 모두에서)은 자기 기술의 토대로서 사회적 비교를 사용하게 만든다(Wigfield, Eccles, Schiefele, Roeser, & Davis-Kean, 2006). 아동은 더 이상 단지 최선을 다해 노력한다고 해서 칭찬을 받을 것이라고 기대하지 않는다. 이제 연령 집단 내에서, 그리고 다양한 영역에서 어느 정도 유능성에 대한 구별이 이루어진다. 결과적으로 아동은 또래관계로부터 자신의 수행 능력을 측정할 수 있는 명확한 정보를 얻게 된다.

이 시기에, 아동의 자기 기술은 강점과 한계 모두를 포함한 외모, 행동 수행, 학업 성취, 운동 능력, 또래 인기도와 같은 다양한 영역을 고려하는 경향이 있다(Cole et al., 2001; Harter, 2006). 게다가 아동은 개인차가 쉽게 수정되지 않으며 심지어 가능한 선택 혹은 성취 수준을 제한할 수도 있다는 사실(예 : 상대적으로 작은 소녀가 학교 농구팀의 우수 선수가 될 가능성이 낮다는 것)을 인식하기 시작한다. 아동은 앞으로 자신이 어떻게 될 것인지 예측할 때, 특히 자기 인식과 과거의 경험을 토대로 할 경우, 더 정확한 판단을 내린다(Thompson et al., 2011). 그리고 우리는 청소년의 자기 기술에서 질적인 변화를 계속해서 보게 된다. 청소년은 이제 자신의 다양한 역할(딸, 자매, 학생, 친구, 클럽 회원)을 이해할 수 있고, 자기 자신을 이 다양한 역할로부터 구별하며, 어떤 것은 다른 것보다 잘 수행한다고 인식할 것이다(예 : '나는 정말 좋은 친구지만, 부모님이나 여동생에게는 그렇게 생각되지 않을 것이다.'). 청소년기에는 자기 기술이 훨씬 차별화되고 복잡하며 통찰력이 생긴다. 청소년은 그에게 여전히 중요하게 남아 있는 초기의 몇 가지 묘사(예 : 신체적 특징)를 지속적으로 포함하긴 하지만, 유아기에 비해 훨씬 더 많은 차원으로 자기 자신을 설명한다(Damon & Hart, 1988).

우리는 일단 아동이 자기 자신을 인식할 수 있게 되면, 'Me-self', 즉 범주적 자기 또는 타인에 의해 관찰되는 대상으로서의 자기에 대한 초기 특성을 보여주기 시작한다는 것을 알게 되었다. 아동의 자기 기술은 신체적 인식으로부터 시작해서(거울과 립스틱 패러다임에서 보듯이) 신체적 특성을 토대로 자기를 묘사하고(예 : 연령, 성별, 인종 및 민족), 성격 특성을 식별하고(예 : 친절한, 강한, 수줍은) 마침내 동기, 태도, 사고, 감정을 통합하는 과정으로 진행된다. 이와 같은 자기 정의의 구성 요소는 궁극적으로 사회적 비교 및 더욱 차별화된 자기 기술을 가능하게 한다(Cole et al., 2001; Harter, 2006). 다른 사람의 평가를 내면화하고 자기에 대한 이해가 증가하는 것은 자기 평가에 영향을 미친다(Stipek, 1995). 이러한 초기의 평가를 토대로, 아동의 자기에 대한 느낌, 또는 자기를 좋게 혹은 나쁘게 보는 지각에 발달적 변화가 일어난다.

자기의 평가 구성 요소는 **자아존중감**(self-esteem, Rosenberg, 1979) 또는 **자기 가치**(self-worth, Harter, 1982)라고 불린다. 사실, 이 두 용어는 자주 상호 교환적으로 사용된다. 그러나 '한 사람으로서 인식되는 가치'(Harter, 2012, p. 24)로 언급되는 총제적 자아존중감, 또는 자기 가치와 행동, 외모, 인지 능력, 신체 능력 및 또래 수용의 구체적인 영역으로 언급되는 영역 특성별 자아존중감 또는 자기 가치 사이에는 명확한 차이를 만들어내는 몇 가지 가치가 있다. 어린 아이들은 자신이 어떻게 보이고 행동하는지, 자신의 신체 및 인지적 역량 및 우정에 대해 평가할 수 있지만, 이 영역을 명확히 구별하지는 못한다(Harter, 1990, 2012; Harter & Pike, 1984). 한 사람으로서의 전반적인 가치 개념을 형성하기 위한 전제 조건은 먼저 다양한 영역에서의 속성에 대해 차별화된 설명을 할 수 있어야 한다는 것이다(Harter, 2012). 그러나 유아가 인지적 한계로 인해 제한적으로 자기를 설명하는 것과 마찬가지로, 인지 능력의 한계로 인해 구별된 영역 특성별 자질과 언어로 표현된 자신의 총체적 자아 존중감 혹은 전반적인 자기 가치를 통합하는 능력은 제한된다(Harter, 2012). 아동은 약 만 8세 전까지는 자기에 대한 총체적인 평가를 언어로 표현할 수 없다(Harter, 2012).

유아의 자아존중감을 측정하기 위해서는 교사 혹은 유아를 잘 아는 다른 성인이 총체적 가치를 반영하는 구체적인 행동을 평가하는 것이 필요하다. 이 접근법은 유아가 관찰 가능한 행동을 통해 나타내는 자아존중감의 개념을 포함한다. 호기심, 자신감, 주도성, 독립성과 변화 또는 스트레스에 적응적으로 반응할 수 있는 능력이 높은 자아존중감을 가진 유아에게서 나타나는 특징이다(Harter, 2012). 연령에 적합하게, 영역 특성별로, 역량의 구체적인 영역(인지 및 신체적 역량, 또래 수용성, 신체적 외형 및 행동)과 총체적인 자기 가치를 나타내기 위해 발달적으로 민감한 측정 방법을 사용하였다(Harter, 2012 참조). 또한, 자아존중감의 예측 인자 및 결과에 대한 연구들은 총체적 자기 가치에 기여하는 많은 요소들을 강조한다. 이 요소들은 연령 및 발달 수준에 따라 다를 것이다.

부모, 양육자, 교사 및 광범위한 사회문화적 맥락에서의 초기 사회화 경험이 유아의 자기 기술 및 자아존중감에 영향을 미치는 것으로 밝혀졌다(Harter, 2008). 자아의 건설에 아동이 적극적인 역할을 담당하는 반면, 자기 가치는 중요한 타인의 반응 및 상호작용에 의해 영향을 받는다. 애정, 칭찬, 찬사와 같은 명백한 표현으로 자녀를 지지하는 부모는 자아존중감을 높이는 데 중요한 초기 역할을 하는 것이다. 다른 중요한 성인이 유아를 사랑받을 만하고, 가치 있고, 유능한 사람으로 대할 때, 이 또한 총체적인 긍정적 자아존중감의 기초가 된다(Harter, 2012). 자아존중감의 높고 낮음은 심지어 아동의 언어적 자기 기술에서 나타나기도 전에 유아의 행동에서 먼저 드러날 수 있다.

교사는 자아존중감이 높은 아동이 독립적으로 학습하고 주도적이며, 호기심을 가지고 탐구하며, 자신감을 나타내는 동시에 변화를 맞거나 좌절을 인내하는 것처럼 스트레스에 반응할 때 더 적응적인 행동을 보인다고 정의한다. 반대로, 자아존중감이 낮은 아동은 새로운 상황이나 도전에 자신감을 갖고 적극적으로 접근하지 않으며 탐험을 피하는 경향이 있다. 이러한 아동은 스트레스 또는 변화를 다룰 때, 쉽게 포기하고 좌절을 표현하거나 부적절하게 행동한다(Harter, 2012). 자신감은 유아의 능력과 관련이 없는 것처럼 보인다. 오히려 지지하고 반응적이며, 호기심과 탐색 및 숙달을 격려하고, 자신감을 촉진하는 것 같은 특정 양육 행동이 자아존중감이 높아지는 데 기여한다(Harter, 2012). 그다음에 아동이 나이가 들면서 이 자신감을 새로운 발달 과업에 적용할 것이고, 그것에 의해 발달한 자신감과 기술은 궁극적으로 아동이 자신의 자존감을 정의하는 한 부분이 될 것이다. 따라서 부모의 사회화 작업은 유아의 자존감에서 중요한 역할을 한다. 아동기 중반에 접어들면서, 사회화 작업은 아동의 자아존중감을 높이기 위해 탐색과 숙달 및 유능감을 지지한다. 그러나 이 발달 기간 동안 아동은 인지가 발달하고 사회적 이해가 증가하며 사회적 비교 과정의 개선이 이루어지면서 자기 가치에 대한 평가를 좀 더 정확히 반영한 자기 기술이 가능해진다. 아동기 중반의 좀 더 현실적인 평가 또한 자아존중감의 저하와 관련이 있다. 이제 아동은 좀 더 자기 비판적이다. 아동의 시각에서는 자신의 지적·신체적 능력이 감퇴하고 있다(Wigfield et al., 2006). 우리가 아동기 중기에 나타나는 자아존중감의 차이가 갖는 함의에 관심을 보이는 것은 당연하다(Dweck, 2002). 후기 아동기와 초기 청소년기에, 부모의 사회화 과정 및 또래의 승인과 지지는 다시 한 번 높은 자아존중감과 관련된다(Allen, 2008; Harter, 2006; Thompson, 2006).

자아존중감이 유용한 구조인지 그리고 자아존중감이 긍정적 혹은 부정적 결과의 원인인지 결과인지 여부에 대한 질문은 계속된다. 어떤 연구자는(예 : Baumeister, Campbell, Kreuger, & Vohs, 2003) 높은 자아 존중감이 단지 긍정적인 삶의 결과라고 주장한다. 다른 연구자는 자아존중감의 변화가 사람들의 선택에 영향을 미친다는 점을 고려해야 한다고 주장한다(예 : Swann, Chang-Schneider, & McClarty, 2007). 자기가 일반적으로 대인관계의 맥락에서 구성되고, 특히 가족 내의 사회화 경험에 의존하는 것이라고 볼 때, 자기 발달이 혼란에 빠질 수 있는 함정이 있다. 부모와 자녀가 함께 구성하는 서술의 왜곡 또는 자기를 보호하기 위해 방어적으로 현실을 와전시키는 것은 자기에 대한 부정확하거나 잘못된 관점을 초래할 것이고(Harter, 2002), 결국 낮은 자아존중감과 부정적 정서를 야기할 수 있다(Impett, Sorsoli, Schooler, Henson, & Tolman, 2008). 실제 자아와 이상적인 자아의 차이, 다양한 자기의 구조, 그리고 다른 사람이 자신에 대해 생각하고 있는 것에 대한 선입견은 특히 청소년기 동안 정체성, 낮은 자아존중감, 불안 및 우울에 기여할 수 있다(Harter, 2012). 따라서 자아존중감을 연구하는 것은 정신병리학의 발전에 기여할 수 있다.

결론적으로, 우리는 유아기 동안 자기 체계의 출현에 대한 초기 징후가 나타나고, 오랜 시간에 걸쳐 자기 인식, 자기 조절, 행위자로서의 자기, 자기의 표현, 평가 과정 및 자아존중감으로의 발달 변화가 일어나는 것을 살펴보았다. 자기감은 자기 자신과 경험을 이해할 뿐 아니라 다른 사람과 그들의 경험을 이해하는 주관적인 시각을 제공한다(Harter, 2006; Sroufe, 1996; Stern, 1985). 자기는 관계의 뿌리로부터 성장하며, 결과적으로 이후의 관계에 영향을 미친다.

# 자기의 발달과 애착관계

초기의 애착관계는 아동에게 자아의 표현을 발전시키는 기초를 제공한다. 규칙적이고 예측 가능한 일상을 통해 유아는 특정 행동 및 사건을 예상하는 방법을 배운다. 유아는 울음, 웃기와 같은 애착행동에 의지하여 양육자와 소통할 준비가 되어 있다(Bowlby, 1973, 1988). 게다가 유아는 이러한 신호에 대한 적절한 반응과 돌봄을 기대한다(Bretherton & Munholland, 2008). 일관되고 정서적으로 반응하는 정서적 환경에서 부모는 자녀의 신호와 단서에 반응하고 자녀가 보낸 신호가 의미 있는 것임을 알려준다. 자기감은 민감한 부모의 긍정적이고 사랑스러운 반응을 토대로 조직화되며, 아기는 자신을 가치 있고 중요하며 좋은 것으로 자기에 대한 관점을 통합한다. 따라서 자기감의 출현에 대한 발달 전조는 부모의 민감성, 지지 및 우발적인(contingent) 반응성을 포함하며, 이는 안전한 애착관계를 발달시키는 데 있어 매우 중요한 행동이다(Thompson, 2006).

그러나 애착관계가 불안정할 때, 부모는 거부적이고 비일관적인 반응을 보이며, 자녀에게 둔감하거나 짜증을 낼 수 있다. 아동은 관계의 작업 모델에 타인은 믿을 수 없는 존재라는 개념을 통합하고 자신이 돌봄을 받을만한 가치가 없는 사람이라는 시각을 발전시키게 된다. 게다가 비난("넌 나쁜 아이야!")과 가혹한 표현("넌 항상 문제를 일으켜!") 및 지지적이지 않은 의견("왜 그렇게 어렵게 하려고 해?")은 초기 몇 년 동안 긍정적인 자기 표현이 발달하는 것을 저해한다. 그 결과 우리는 심지어 유아가 언어로 자기에 대한 느낌을 표현할 수 있게 되기도 전에, 새로운 경험을 피하고 불안정성과 수치심을 경험하며, 주도성이 결여되거나, 열정 또는 긍정적 정서를 나타내지 않는 것을 볼 수 있다. 위와 같은 부모의 행동은 유아기의 불안정 애착뿐 아니라, 만 2~3세경 유아의 자기 표현의 발달에도 영향을 미칠 수 있다(Goodvin, Meyer, Thompson, & Hayes, 2008). 감정 반영 및 조절이 잘 이루어지지 않고, 반응적이지 않은 양육을 받을 때 유아기와 아동기의 자기 발달은 심각하게 방해를 받는다(Fonagy et al., 2002; Slade, 2005).

아동은 부모 및 다른 사회적 파트너를 포함한 초기 상호작용의 맥락에서, 자기감의 발달에 통합될 수 있는 다양한 주관적 관점에 노출되어 있다. 언어 및 비언어적 의사소통, 사회적 참조, 관찰 및 초기의 놀이를 통해 영아 및 걸음마기 유아는 다른 사람의 생각과 관점을 배우는 데 필요한 기술을 연습한다. 부모는 습득한 기술을 사용해볼 수 있는 환경을 제공하여 유아에게 급성장하는 독립성을 실행해볼 기회를 주고 자녀가 자부심 혹은 수치심을 느끼도록 할 것이다. 부모는 또한 자녀의 행동에 대해 자부심 또는 실망을 표현함으로써 아동의 자기 표현의 발달을 강화하게 된다. 차례대로, 이러한 경험은 자녀에게 다른 사람이 자신을 어떻게 보는지에 대한 반영을 제공하고['거울자기[4]' (Mead, 1934)], 그것을 통해 아동은 자기 자신을 보기 시작한다(Thompson et al., 2011). 부모의 평가적 의견("넌 정말 똑똑해!" "오늘 네 행동은 정말 나빴어.") 또는 설명("넌 키가 커.")은 긍정적이든 부정적이든지 시간이 지나면서 자기 자신에 대한 아동의 느낌과 평가로 통합된다.

또한 안전한 애착관계를 발달시키는 행동은 긍정적인 자기 관점과 관련이 있다. 양육자와 안전하게 연결된 유아는 양육자가 접근할 수 있는 범위 내에서 자신감과 신뢰를 가지고 자신의 사회 및 비사회적 환경을 탐색할 가능성이 크다. 유아의 정서적 성장은 시각적 자기 인식 능력과 같은 초기의 자기 발달의 밑바탕이 되는 기술을 촉진할 것이다. 실제로, 양육자와 안정 애착을 형성한 유아가 불안정한 애착을 가진 유아에 비해 시각적 자기 인식 능력이 일찍 발달된다는 연구 결과가 있다(Schneider-Rosen & Cicchetti, 1984). 또한 시각적 자기 인식이 가능한 유아는 자신의 거울 이미지, 즉 자기 자신에 대한 감정을 반영하는 유아의 초기 반응에 대해 더 긍정적이고 자발적인 정서 반응을 보였다(Schneider-Rosen & Cicchetti, 1991). 개인차에 대한 탐구가 자기 체계의 발전에 기여하는 요인에 대해 중요한 통찰을 제공하긴 하지만, 효과의 방향성은 더 고려할 필요가 있다. 자기에 대한 긍정적인 감정이 자기와 타인을 구별하도록 이끌거나 자기를 타인과 구별된 존재로 인식하는 것이 자기에 대한 긍정적인 감정을 갖도록 이끌 수 있다. 그렇지 않으면, 자기를 타인과 구별하는 능력과 자기에 대한 긍정적 감정을 경험하는 것은 모두 부모-자녀 관계의 질에 의해 영향을 받을 것이다(Schneider-Rosen & Cicchetti, 1984 참조).

또 다른 예로, 애착 이론과 연구는 또한 자서전적 기억에 통합되는 개인 서사에 대한 우리의 이해와 관련이 있다. 안정 애착은 유아의 서술적 보고의 질에 영향을 미친다(Haden, 2003). 이것은 어머니가 정서에 초점을 둔 내적 언어를 더 많이 사용하는 안전한 애착관계에서 일어난다(Newcombe & Reese, 2004). 자녀와 안전한 애착을 형성한 어머니는 자녀의 경험에 대해 보다 정교한 묘사를 사용하여 반영하고, 이는 이후 자녀의 자서전적 기억과 보다 일치하고 연결되게 한다(Reese, 2002). 따라서 초기 관계의 질과

---

4) 역주 : 사회적 관계에서 처음으로 '자기'를 설명한 Cooley의 용어로, 다른 사람의 눈에 비친 자기를 의미한다[출처 : 한국교육심리학회(2000). 교육심리학용어사전. 서울 : 학지사].

자기 표현의 발달 간에는 분명한 관계가 있는 것으로 보이나, 이들 연합이 갖는 인과적 방향에 대해서는 더 탐색될 필요가 있다.

초기 아동기에 자기 발달 영역에서 문제가 생기면 무슨 일이 일어날까? 유아의 자기감에 부정적 영향을 미치는 불안정 애착 패턴이 형성될 뿐 아니라 부모의 양육 스트레스, 트라우마, 사회적 지지의 결핍을 야기하고 비효과적인 양육 행동에도 한 몫을 할 것이다. 더욱이 아동 학대나 방임은 자기 인식의 발달을 방해하고 결과적으로 'I-self'와 'Me-self' 기능에 영향을 줄 수 있다(좀 더 자세히 알고 싶다면 Harter, 1998b 참조). 학대 아동은 외부의 위험 및 타인의 반응에 과도하게 각성되어 있기 때문에, 자기 인식을 개발하는 데 중요한 자신의 생각, 감정 또는 욕구에 집중하기가 어렵다(Briere, 1992). 실제로, 유아기의 학대 및 방임 경험이 자기 발달의 초기에 영향을 줄 것이라는 생각을 뒷받침하는 실질적인 연구가 있다. 예를 들면, 학대받은 유아는 비학대 유아에 비해 자신의 감정과 행동(Coster, Gersten, Beeghly, & Cicchetti, 1989) 그리고 (부정적 감정 및 생리적 상태를 설명하는) 내적 상태에 대한 설명이 적다. 장기간 학대를 받은 아동 또한 비학대 아동에 비해 감정과 내적 상태에 대해 덜 묘사한다(Gralinsky, Fesbach, Powell & Derrington, 1993). 그 결과 학대 아동이 방어적으로 타인의 반응에 주의를 기울이고 경계하는 것은 자신의 내적 감정이나 사고에 대한 인식을 방해할 수 있다. 더욱이 학대 아동은 양육자와 불안정 애착을 형성하는 경향이 있고(Cicchetti, Rogosch, & Toth, 2006), 이는 결국 자기와 관계에 대한 내적 모델에 영향을 미친다.

초기 애착관계의 질은 유아의 유전적 취약성, 기질적 특성, 양육 행동 및 상황에 따른 스트레스와 상호작용할 수 있으며, 자기 체계가 발달하는 과정에서 생길 수 있는 문제의 위험성을 높이거나 탄력성을 증진시킨다. 친밀한 관계는 아동이 자신을 타인과 구별하고, 자기를 인식하고, 자기 조절 및 행동 통제를 하고, 행위의 주체자로서의 자기를 발달시키고, 보다 차별화된 방식으로 자신을 표현하고 설명하며, 자기를 평가하는 데 필요한 지지를 제공한다. 유아기에 시작되어 아동기를 거쳐 청소년기까지 발달하는 자기와 관련된 역량은 초기 관계에서 아동에게 민감하고 정서적인 지지가 제공될 때 가장 잘 촉진된다. 불행히도, 자아가 발달하는 과정에서 겪게 되는 문제는 현재 혹은 미래의 사회 및 정서 발달에 어려움을 줄 수 있다. 그러므로 대인관계의 맥락에서 아동은 타인과 의미 있는 관계를 맺고 자기와 관련된 중요한 역량을 발달시킨다. 차례대로 시간에 따라 전개되는 자기감의 발달은 현재 진행 중인, 그리고 미래의 관계에 기여한다.

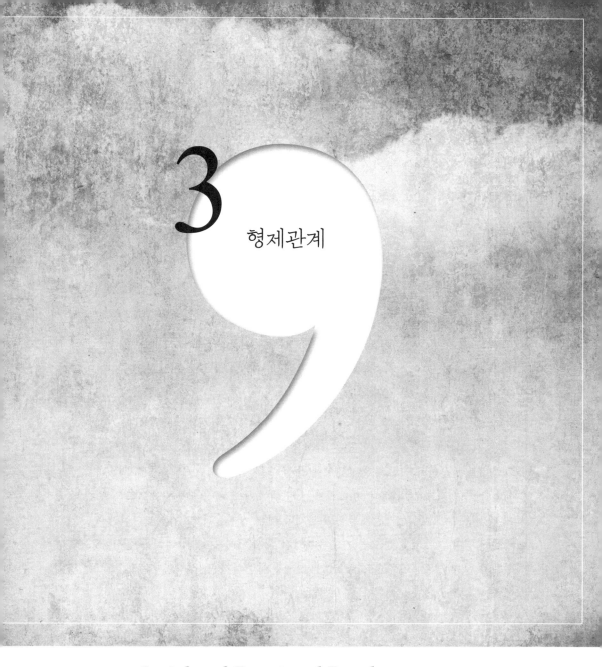

# 3
형제관계

Social and Emotional Development
Attachment Relationships and the Emerging Self

**제 3 장**

# 형제관계

*아동기 동안 형제와*
*함께 시간을 보내는*
*경험은 발달에*
*중대한 영향력을*
*갖는다.*

형제는 아동의 성격, 정서의 기능, 학업 수행, 그리고 가정 내
외의 관계에 미묘하거나 명백한 방식으로 영향을 미친다. 대
부분의 아동은 부모나 그들의 생활에서 중요한 사람들보다
더 많은 시간을 형제와 직접적인 상호작용을 하며 보낸다.

그럼에도 불구하고 아동의 형제관계에 중점을 둔 연구는 부모-자녀 관계에 대한 연구
에 비해 상대적으로 더 적다. 형제관계는 전 생애 동안 가장 오랫동안 지속되는 관계 중
에 하나일 수 있다. 형제관계는 또래관계나 다른 성인들과의 관계뿐 아니라 부모와의
관계에 영향을 주기도 하고 받기도 한다. 전 세계의 80~85%의 아이들이 적어도 1명의
형제와 함께 성장하기에(Dunn, 2007), 형제관계가 사회 및 정서의 기능에 미치는 영향
에 대해 관심을 기울이는 것이 중요하다.

초기에, 형제의 영향을 살펴본 연구자들은 출생 순위, 성별 또는 연령차 같은 형제 지
위 변인에 초점을 두었고, 자아존중감, 지능(IQ) 또는 성인이 되었을 때의 성취 등과 같
은 발달의 결과들과 형제 지위 변인들 사이에서 존재할 수 있는 관계에 대해 탐구했다.
지금은 이런 지위 변인 또는 가족 구도(family constellation)[5] 변인과 관련된 광범위한

---

5) 역주 : 가족 구성원 간의 관계 유형 및 가족의 사회심리학적인 형태, 즉 배치를 설명하는 개인 심리학
의 주요 개념으로 개인의 성격 및 생활 양식 형성의 주요 요소다. 가족 구성원 각각의 성격 특성, 가족
구성원 간의 감정적인 유대, 출생 순위, 다양한 구성원 간의 지배와 복종, 나이 차이, 성, 그리고 가족
의 크기가 모두 가족 구도의 요인이 된다[참고: 김춘경 외(2016). 상담학 사전 1. 서울: 학지사].

사회 정서 발달 : 애착관계와 자기의 발달

문헌이 존재한다. 이 연구는 동생과 비교한 맏이의 행동, 아동에게 동성의 형제가 있는 것이 좋은지 아니면 이성의 형제가 있는 것이 좋은지, 또는 연령차가 많이 나는 것이 연령차가 적은 것에 비해 더 나은지 또는 더 나쁜지 등에 대해 많은 결론을 도출하고 있다. 그렇지만 연구마다 결론이 다른데, 이는 표집과 연구 방법의 차이가 있기 때문이다. 게다가 이러한 상관 연구에서 더 어려운 점은 결과를 해석하는 부분이다. 지위 변인 그 자체는 단독으로 출생 순위, 성별 또는 연령차와 몇몇 발달의 결과 사이에서 관찰된 연관성에 영향을 줄 수 없다. 아마도 아동 기질, 부모 자녀 상호작용, 그리고 부모의 관심의 차이 등과 같은 다른 변인들이 형제 지위 변인과 발달의 결과 사이의 관계에 영향을 미칠 수 있다. 그렇지만 가장 중요한 점은 이러한 연구가 어린 형제 사이에 발달하는 관계의 질에 대한 이해를 어렵게 하지는 않는다는 점이다.

형제관계 및 아동이 자신의 사회 세계(social world) 내에서 타인과 관계를 맺는 방법의 모델이 되는 것은 자신의 부모와 맺은 초기 애착이다. 그러므로 다시 말하자면 애착이라는 주제는 우리가 이 장에서 살펴보고 있듯이, 아동의 확장된 사회 세계와 관련이 있다. 형제는 그 세계의 일부다. 아동기부터 노년기까지, 아동은 가족이라는 큰 체계 내에서 서로의 발달에 영향을 미치면서 자신의 형제관계를 만들어간다. 연구자는 형제관계의 다양한 패턴에 대해 이해하고 형제관계의 질의 변화를 이끄는 요인들을 탐구해왔다. 예를 들어, 부모의 차별적 양육 태도와 부모의 관계의 질은 형제관계의 질의 차이와 관련이 있다. 각 개인의 사회 및 정서의 발달과 관련하여 형제관계의 질의 차이가 가져오는 결과에 대한 연구 또한 이루어지고 있다. 예를 들어, 질적으로 빈약한 형제관계는 더 높은 수준의 우울감과 관계가 있는 것으로 밝혀졌다. 형제 사이에 갈등이 있고 그 갈등을 해결하는 것에 어려움을 느끼는 것은 또래관계의 문제와 관계되어 있다. 이러한 연구에 대해 논의하면서, 형제관계의 상호 호혜성, 상호 보완성 및 형제관계의 각기 다른 질의 균형에 대한 논점을 다룰 것이고, 시간이 지남에 따라 형제관계에서 생기는 질의 연속성과 불연속성에 대한 문제도 다룰 것이다. 마지막으로 외둥이의 지위에 대해 다룰 것이다. 이때 연구 문헌들의 결과가 일치하지 않는 것과, 외둥이 지위가 갖는 중요성을 새롭게 이해하는 것에 초점을 둘 것이다.

## 왜 형제를 연구하는가?

부모–자녀 관계는 아동의 발달에 영향을 미치고 있는 것이 확실하고, 아동이 형제와 맺는 관계 역시 중요하지만, 형제관계는 자주 간과되고 있다. 어린 아동은 형제와 자주 상호 작용하고, 형제간의 유대는 부모와의 관계보다 더 오랫동안 지속될 가능성이 있으며, 형제관계의 정서적 강도는 강렬하다. 대다수의 미국 아동은 적어도 한 명의 형제와 함께 성장한다. 실제로 가정 내에서 아동은 아버지보다 형제와 더 많은 시간을 함께 보낼 수 있다(McHale, Kim, & Whiteman, 2006). 아동기 중기까지, 아동은 부모보다 형제와 더 많은 시간을 보낸다(McHale & Crouter, 1996). 형제관계가 상호적인 특성을 가진다는 것은 형제가 비교적 동등하게 상호작용하는 파트너가 된다는 것으로, 형제는 정서적으로 중요한 관계를 발달시킨다는 것을 의미한다. 이는 형제관계 안에서 서로 적극적으로 참여하고 사회적으로 이해하며 사회적 지지를 받을 기회가 많아질 뿐 아니라, 갈등, 경쟁 및 형제간 경쟁도 많이 경험하기 때문이다. 이에 더하여 형제관계는 서로에게 보완이 되기도 하는데, 이들은 사회적 역량, 학교에 참여하는 것, 또래관계에 대한 모델이 되기 때문이다. 형제관계의 위계적 특성은 출생 순위와 연령 차로 정의되는데, 이는 윗 형제의 경우 돌보고 가르치고, 사회화된 역할을 더 많이 하게 되는 반면, 동생은 자신의 윗 형제를 모방하며 그들처럼 되고 싶어 한다는 것을 의미한다. 아동이 자신의 형제를 선택할 수 없지만 그들의 관계는 강력하다. 형제 관계의 질이 긍정적이고 적응적이든지 또는 문제가 있고 갈등이 있든지 간에, 형제관계는 가족 안에서와 가족 밖에서 이뤄지는 경험에 영향을 미치고 정체성과 발달에 중요한 영향을 미친다.

## 형제관계 연구를 위한 이론적 관점

처음에 애착 이론가는 애착관계를 유아와 주 양육자 사이에 발달하는 지속적인 정서적 유대라고 기술하였다. 이 상대적으로 한정된 정의는 이후의 발달 기간 동안의 다른 주요 애착 대상을 포함하면서 확대되었다. 애착 이론가는 형제관계가 아동에게 안전감(Ainsworth, 1989)이나 정서적 유대(Berlin, Cassidy, & Appleyard, 2008)를 제공한다고 보았다. 유아가 주 양육자와 안전한 애착을 형성할 때, 유아는 자기 모델을 가치 있는 것으로 내면화하고 자신의 사회 세계에 있는 타인 모델을 반응적이며 신뢰로운 것으로 내면화한다(Bowlby, 1973; Bretherton, 1985). 이 내적 모델은 다른 관계에 대한 아동의 이해, 기대, 그리고 감정에 영향을 미친다. 따라서 부모와 안정적인 애착을 맺은 아동은 이자 관계에서 온정, 긍정적인 정서, 신뢰감을 기대하며 결과적으로 긍정적인 형제관계를 경험한다. 불안정 애착을 경험한 아동은 두려움, 부정성 및 불신을 예측하고 이로 인해 부정적인 형제관계를 경험하게 된다.

그러므로 형제관계의 질은 각 형제가 주 양육자와 맺은 애착과 관련되어 있다(Berlin et al., 2008). 애착 이론의 관점에서, 초기 애착은 형제관계 발달에 기초가 된다. 형제는 각자의 내적 작동 모델을 통해 관계를 맺는다. 내적 작동 모델은 형제관계가 발달하는 것에 영향을 주고, 지속적으로 이루어지는 애착 경험을 통해 수정될 가능성이 있다. 형제관계를 구성하는 중요한 요소의 발달상의 변화와 새로운 관계가 형제의 사회 세계 안으로 통합되며 발생하는 변화 역시 형제관계의 질에 영향을 미칠 수 있다. 그러나 애착 이론의 관점에서 형제관계의 질을 탐구하는 연구는 제한적이다.

그러나 형제관계에 애착 이론이 미치는 영향을 이해하는 것과 관련한 몇 가지 연구가 있다. 일부 연구자는 한 가족에 여러 자녀가 있는 경우의 부모 자녀의 애착 안정성에 대하여 조사했다. 대부분의 연구에서 부모와 각각의 형제가 맺은 애착은 중간 정도(40~70%)의 일치를 보이는 것을 확인하였다(O'Connor & Croft, 2001; Rosen & Burke, 1999; van IJzendoorn et al., 2000). 애착 이론의 견해와 일치하여, 부모의 행동은 안정 또는 불안정 애착 발달에 중요한 역할을 한다는 것을 동일하게 예측한다. 비록 메타 분석 결과는 효과 크기(magnitude of the effect)가 단지 중간 정도의 수준으로 보고하고 있지만, 사용 가능한 자료들은 부모의 민감성과 반응성이 애착 안정성에 관련되어 있다는 것을 지지한다(Atkinson et al., 2000; de Wolff & van Ijzendoorn, 1997; Goldsmith & Alansky, 1987). 또한 우리는 내적 모델이 부모의 민감성과 반응성을 조절하고 안내할 것으로 추정한다. 부모의 내적 작동 모델과 유아-부모 애착관계의 질 사이의 관련성에 대해 경험적으로 지지할 수 있다(van IJzendoorn, 1995). 이와 같이, 한 가정 내에서 부모와 두 명의 자녀 사이의 애착관계를 연구할 때, 부모가 자녀를 대하는 행동이 비슷하기 때문에 자녀의 애착 유형은 유사할 수 있다고 가정한다.

그러나 부모와 각 자녀와 맺는 애착이 단지 중간 정도의 수준으로 일치한다는 결과는 부모가 각 자녀와 별개의 애착 패턴을 발달시킬 수도 있다는 것을 시사한다. 이는 각 자녀를 대하는 부모의 세심함이 다를 수도 있다는 문제를 제기한다. 또한 한 가족 내에서 부모와 각 자녀가 맺은 애착의 질이 다른 것을 설명하는 다른 요인이 있을 수 있는데, 그 예로는 형제간 성별과 연령 차이, 부부 관계의 질 및 부모의 행동의 불안정성을 일으킬 수 있는 삶의 스트레스 등이 있다(Rosen & Burke, 1999). 내적 작동 모델이 가족 내의 특정한 아동과의 관계에 독특하게 작용하는지에 대해서도 조사해야 한다(Slade, Belsky, Aber, & Phelps, 1999). 그럼에도 형제의 부모에 대한 애착의 유사성을 조사한 연구에서 얻은 증거는 애착 이론의 틀 안에서 형제관계를 이해하기 시작하는 하나의 방법을 제시한다.

형제관계를 이해하는 것과 관련된 또 다른 연구 방식은 부모에 대한 초기 애착과 형제에 대한 후속 행동을 탐구하는 것이다. 실제로 유아-어머니 애착의 안정성은 아동이 윗 형제에 대하여 보다 긍정적으로 대우하고 윗 형제에게 보다 긍정적인 대우를 받는 것과 관계가 있다(Teti & Ablard, 1989). 그러므로 어머니와 안정 애착을 형성한 동생은 어머니가 윗 형제에게 관심을 기울일 때, 괴로움을 보다 적게 느끼게 된다. 또한 윗 형제가 어머니와 안정 애착을 형성한 경우 어머니가 부재할 때 윗 형제는 동생을 안심시키면서 동생의 고통에 민감하게 반응한다. 그리고 윗 형제가 어머니와 안정 애착을 형성했을 때에만 동생이 윗 형제에게 보살핌을 구하는 듯하다(Teti & Ablard, 1989). 윗 형제가 아버지와는 아니지만 어머니와 안정된 애착을 형성했을 때(윗 형제가 12~13개월쯤 되었을 때 평가한 것으로), 5년 후에 가정에서 형제간 갈등과 공격성이 보다 적게 나타났다(Volling & Belsky, 1992b). 유사하게 12개월에 어머니와 맺은 애착이 불안정-저항 유형이라고 분류되었던 아동이 만 4세가 되었을 때 실험실에서 진행된 형제 상호작용 평가에서, 윗 형제는 동생과 보다 많은 갈등과 적대감을 보였다. 만 4세 아동이 12개월이었을 때 아버지와 맺은 애착의 질은 동생에 대한 정서적 반응과 유의미한 관계가 없었다(Volling, 2001). 비록 애착의 틀에 기반을 두지는 않았지만, 일부 연구는 윗 형제가 함께 있는 것은 유아가 어머니로부터 멀리 떨어질 수 있도록 안전감을 제공하여 유아가 편하게 탐색할 수 있다는 것을 보여준다(Samuels, 1980). 이와 같이, 어머니와의 초기 애착관계는 부분적으로 이후의 형제간 상호작용에 영향을 미친다.

윗 형제를 대상으로 한 연구에서, 애착 표상은 성인기 초기의 형제관계에도 영향을 미치는 것이 규명되었다(Fortuna, Roisman, Haydon, Groh, & Holland, 2011). 부모와 함께 했던 초기 애착 경험의 작동모델은 만 18~25세 사이의 형제관계의 질, 그리고 갈등을 협상하는 맥락 내에서 정서 조절을 예측하는 것으로 밝혀졌다. 애착관계에서 무시형(dismissing states of mind)은 [성인 애착 면접(AAI)으로 측정된(George et al., 1984, 1985, 1996)], 형제와 논쟁적인 협상을 하는 동안 정서적인 표현을 적게 하는 것과 관련이 있다. 만약 한 형제가 자신의 애착 경험과 욕구의 표상이 무시형이라면, 현재 형제관계에서 애정과 지지가 부족하다고 인식한다. 갈등 협상 시 부정적 정서를 강력하게 표현하는 것은 초기 애착 경험이 몰입형(preoccupied states of mind)인 형제에게 찾아볼 수 있고, 몰입형은 형제관계에 갈등이 더 심하다고 인식한다(Fortuna et al., 2011;

Haydon, Roisman, & Burt, 2012). 이와 같이 초기의 애착 경험은 현재의 형제간 상호작용과 성인기 초기의 형제관계에 대한 인식에 영향을 미치는 것 같다. 복합적인 관계의 내적 모델들이 서로 영향을 미치는 것과 내적 모델들의 구성 및 작동에 관여하는 근원적 발달 과정에 대해 보다 나은 이해를 위해 후속 연구는 필수적이다.

연구자는 윗 형제가 동생에게 애착 대상의 역할을 맡거나 안전 기지를 제공하는지 여부에 대한 질문 또한 다루고 있다. 물론 형제가 이러한 능력을 발휘할 가능성은 형제관계의 전반적인 질에 영향을 주는 개인, 가족 및 맥락 요인에 따라 다르다. 청소년기 초기까지는 형제가 비슷한 청소년기의 사회 경험을 공유함에 따라 형제관계의 질은 향상된다(Buist, Deković, Meeus, & van Aken, 2002). 더욱이 스트레스가 많은 상황일 때 형제는 평생 동안 다양한 시점에서 서로에게 안전 기지와 정서적 위로 및 지지의 원천이 될 수도 있다(Cicirelli, 1995; Kim, McHale, Osgood, & Crouter, 2006, Voorpostel & Blieszner, 2008). 성인 쌍둥이의 연구 또한 경험을 공유하는 것, 공감적 반응, 지지 및 애착관계의 다른 특성들을 탐구하는 것의 중요성을 보여준다(Cicirelli, 1995; Neyer, 2002; Tancredy & Fraley, 2006). 이와 같이, 형제는 아동기, 청소년기 및 성인기 동안 편안함, 안전감 및 친밀감을 제공하며 서로에게 애착 대상으로 행동할 수 있다. 동생은 윗 형제를 지지 자원으로 삼을 수도 있고, 윗 형제는 보살피고 돕는 것에 관여할 수도 있다. 친밀감을 찾고 유지하는 것과 관련된 이러한 애착행동은 형제가 서로에게 강한 애착을 발달시키고 이 애착은 전 생애에 걸쳐 지속될 가능성이 높다는 개념과 일치한다.

연구자가 아동의 사회 및 정서적 역량을 발달시키는 어머니 및 아버지와의 안전한 애착관계의 결과를 탐구해온 것과 마찬가지로, 형제관계의 각각 다른 질(예 : 온정, 지지, 갈등)과 이후의 역량 사이의 관계성을 지지하는 연구도 증가하고 있다. 예를 들어, 형제의 온정은 아동기와 청소년기에 발생할 내재화 문제가 감소되는 것과 관련이 있다(East & Rook, 1992; Kim, McHale, Crouter, & Osgood, 2007; Noller, 2005; Pike, Coldwell, & Dunn, 2005). 그리고 스트레스가 될 수 있는 삶의 사건들을 처리해야 할 때, 지지적인 형제관계는 내재화 문제의 발달을 완화한다(Gass, Jenkins, & Dunn, 2007). 더욱이 높은 수준의 형제의 온정은 정서 조절을 보다 잘하는 것(Kennedy & Kramer, 2008) 그리고 친사회적 행동을 보다 많이 하는 것(Pike et al., 2005)과 관련이 있고, 그로 인해 잠재적으로 외현화 문제의 발생을 예방할 수 있다(DeKlyen & Greenberg, 2008 참조). 이와 같이, 긍정적인 형제 애착 경험 안에서 정서를 관리하고 조절하기 위한 보다 많은 적응적인 전략들이 촉진될 수 있다. 이 전략들은 결과적으로 우울감, 불안감 또는 공격적 행동 문제의 발생 가능성을 감소시킬지도 모른다(Guttmann-Steinmetz & Crowell, 2006). 결과적으로 형제관계 내에서의 온정과 지지는 정서 역량과 적응적인 사회 기능을 촉진한다.

애착 이론은 유아기부터 청소년기까지의 형제관계를 탐색할 수 있는 견고한 기반을 제공한다. 형제 애착과 부모-자녀 애착 사이에는 유사성이 있을 수 있고, 적응적이고 부적응적인 형제 상호작용의 확실한 특징들은 초기 애착 경험에 뿌리를 두고 있을 수 있다. 형제관계는 평생 유지될 수 있으므로 형제관계에서 질적 차이가 생기는 원인과 결과를 조사하는 것은 중요하다. 그러므로 형제관계를 연구하는 것은 시간에 따른 관계의 질의 연속성과 변화를 이해하는 데 도움이 된다. 애착 이론은 이 분야 내의 후속 연구를 위한 중요한 근거를 제공한다. 더욱이 형제 연구는 애착 이론의 주요 원리의 일부를 개선하고 명확히 하는 데 도움이 될 수 있다

사회학습 이론가는 형제관계 연구를 위한 대안적인 이론 틀을 제안한다. 사회학습 이론가들은 아동이 관찰과 강화의 과정을 통해 신념과 태도는 물론, 새로운 행동도 습득한다고 주장한다(Bandura, 1977). 예를 들어 부모는 자신의 언쟁을 다루는 방식으로 자녀에게 어떻게 갈등을 해결할 수 있는지에 대해 교육한다. 부모는 또한 자녀가 사이좋게 지내거나 그들의 갈등을 해결하는 것을 칭찬하고 또는 의견 충돌이 있고 다투는 것을 중재하고 통제하면서 자녀를 가르친다. 부모의 빈약한 갈등 해결 전략 또는 다른 형제와 부모 사이의 긍정적이거나 부정적인 행동 및 상호작용을 관찰하고 모방하는 것은 아동에게 큰 영향을 미친다(Whiteman, McHale, & Soli, 2011). 기능이 원활한 가족 안에서는 협력, 친밀감, 그리고 나누는 것 등이 촉진되지만, 형제간에 경쟁과 공격성이 나타날 때 성인이 개입하지 않는 등, 기능이 빈약한 가족 안에서는 공격적이고 반사회적 행동이 학습되고 실행되며, 이는 이후의 대인관계 문제로 연결된다. 이와 같이 가족은 사회 학습을 위한 필수적인 훈련의 기반이다. 형제관계의 맥락에서 사회 이해를 돕는 상호작용의 특정 패턴과 기술을 습득할 수 있고, 이는 타인과의 관계로 일반화할 수 있다. 더욱이 형제는 서로에게 갈등 및 언쟁을 다루는 방법뿐 아니라 사회 기술과 상호작용 스타일을 연습하는 기회를 제공하는데, 이를 통해 형제는 형제 자신의 관계를 형성하고 형제 사이에서 연습한 것을 가정 밖에서의 사회적 상호작용에 활용할 수 있다(Stauffacher & DeHart, 2006).

어린 아동은 종종 윗 형제를 모방하고 배우는데, 윗 형제는 결과적으로 동생의 행동에 대해 교사, 감독관, 모델의 역할을 한다. 아동은 보살펴주고 따뜻하고, 유능하고

강하며 지위가 높아 보이면서 자신과 비슷해 보이는 모델을 모방할 가능성이 더 높다 (Bandura, 1977; Furman & Buhrmester, 1985a). 동성의 윗 형제는 특히 강력한 본보기가 될 수 있다. 형제가 따뜻함과 친밀한 관계를 공유할 때 사회적 모방 과정은 보다 자주 일어난다. 실제로, 관계의 질과 관련된 이 변인들은 청소년기의 결과에 영향을 미치는 것으로 밝혀졌다(East & Khoo, 2005; Gamble, Yu, & Card, 2010).

그러나 형제의 특성은 사회 학습 과정에 영향을 미칠 수 있으므로, 추론하기보다는 행동의 유사성에 대한 관찰을 기반으로 하여 형제의 사회화 과정에 대한 영향력에 대해 검증할 필요가 있다(Whiteman, Becerra, & Killoren, 2009; Whiteman, McHale, & Soli, 2011). 윗 형제는 가족 밖의 다른 아동과의 경험을 제한하거나 확대함으로써 '문지기' 역할을 할 수도 있다(Zukow-Goldring, 2002). 아동은 또한 부모와 다른 형제가 상호작용하는 것을 관찰하며 이를 간접적으로 학습할 수도 있다(Dunn, 1993). 예를 들어, 아동은 부모가 윗 형제 또는 동생을 관리하는 방법의 유사점 또는 차이점을 파악할 수도 있다. 아동이 부모의 행동과 부모–형제 상호작용을 인식하는 것은 또한 특정한 귀인과 정서적 반응으로 이어질 수도 있다. 이러한 모든 경험들을 통해 형제는 부모의 차별적 양육 태도 및 그것이 형제 행동에 미치는 영향력에 대하여, 그뿐 아니라 질투와 형제 간 경쟁과 같은 복잡한 사회적 정서에 대하여 많은 것을 배울 수 있다.

형제관계는 공격적이고 적대적인 행동이 학습되는 맥락일 수도 있다. 예를 들어 일부 연구는 아동의 규범적인 표본에서, 한 형제의 공격적인 행동이 다른 형제의 공격성의 증가와 어떻게 관계될 수 있는가에 대해 탐구해왔다(Brody, Stoneman & Burke, 1987; Dunn & Munn, 1986a). 동생은 윗 형제의 공격적인 행동을 모방할 가능성이 더 높고 윗 형제는 서로의 관계에서 먼저 공격할 가능성이 더 높다(Abramovitch, Corter, & Lanso, 1979; Dunn & Kendrick, 1982). 형제는 자신의 형제와 대립적인 말싸움에서 적개심의 수준을 높임으로써 자신이 원하는 것을 얻는 법을 배울 수 있다. 다른 형제가 수그러들면 공격적인 형제는 부정적 행동을 늘리며 정적으로 강화되며, 수그러든 형제는 부적으로 강화된다. 이 순환은 후속 상호작용에서 부정성의 증가로 이어지고 두 형제는 더욱 부정적이 됨으로써 자신의 마음대로 할 수 있다는 것을 배운다. 실제로 공격적인 학령기 아동에 대한 연구를 했을 때, 그들의 형제 상호작용에는 갈등과 공격이 더 치열하고 빈번하게 나타나며 부정적 상호작용의 주기도 더욱 길어지는 것이 관찰되었다(Aguilar, O'Brien, August, Aoun, & Hektner, 2001; Loeber & Tengs, 1986; Patterson, 1984, 1986). 이와 같이, 형제관계는 공격적인 행동을 학습할 수 있는 맥락을 제공하는데, 이는 결과적으로 청소년기의 적응 문제로 이어질 수 있다. 즉, 초기에 갈등이 지속될 때 형제 행동은 부정적인 강압적 주기(negative coercive cycle) 안에서 언어적으로 공격적인 행동이, 그리고 형제가 나이가 들어가면서 신체적으로 공격적인 행동이 악화될 수 있다(Patterson, 1986; Slomkowski, Rende, Conger, Simons, & Conger, 2001). 사실 강압적인 갈등 관계에 있는 남자 형제에 대한 동시대연구(concurrent study) 및 종단연구는 그들이 비행 행동에 관여할 가능성이 더 높다고 밝혔다(Bank, Patterson, & Reid, 1996). 청소년기 초기 및 중기의 여자 형제에 대한 연구 결과 역시 동일하였다(Slomkowski et al., 2001).

아동기 초기의 형제 갈등은 또한 아동기 초기와 이후의 내재화 행동 문제와도 관련이 있다(Dunn, Slomkowski, Beardsall, & Rende, 1994). 예를 들어, 아동기 초기의 형제 갈등은 아동이 자신의 감정이나 타인의 감정에 대해 이야기를 나눌 가능성이 감소하는 것과 관련이 있고(Howe, Petrakos, & Rinaldi, 1998), 초등학교 시기의 빈약한 자존감, 외로움 및 우울한 기분과 관련된다(Stocker, 1994). 아동기 중기의 형제 갈등 또한 이전에 경험한 부모의 부부 갈등 및 부모-자녀 적대감을 통제한 후에도 청소년 초기의 우울감, 불안 및 비행 행동을 예측하였다(Stocker, Burwell, & Briggs, 2002). 아동기 중기에서 청소년기로 전환하는 시기에 형제관계에서 갈등이 감소하고 온정이 점점 증가한다면, 아동의 우울감은 감소한다. 반대로, 갈등이 증가하고 온정이 줄어드는 것은 우울 증상의 증가로 이어진다(Richmond, Stocker, & Rienks, 2005).

위의 연구 결과들을 종합하면, 사회학습 이론가들이 제안하는 것과 마찬가지로 초기의 형제 갈등은 상호작용 패턴의 발달로 이어질 수 있으며 이 패턴은 이후의 다른 관계 맥락에서 드러날 수 있다. 하지만 초기 형제관계에 갈등이 있을 때 학습된 것들은 아동의 정서 조절 능력 또는 사회적 이해의 발달에도 영향을 미칠 수도 있는데, 그로 인해 공감 및 조망 수용의 발달이 약화된다(이에 대한 상세한 내용은 5장에서 설명할 것이다). 실제로 청소년 초기의 형제관계에서, 갈등 수준이 높고 공감 수준이 낮은 것은 약한 형제를 괴롭히는 것과 관련이 있는데, 이는 결국 약한 또래를 괴롭히는 것과 관련된다(Menesini, Camodeca, & Nocentini, 2010). 또한 형제 갈등은 관계 안에서의 자기에 대하여 전반적이고 안정적이며 부정적인 귀인 양식을 내재화하는 것으로 이어질 수 있다. 이 인지 양식은 아동이 우울감이나 다른 내재화 장애와 같은 위험에 처하게 할 수 있다(Nolen-Hoeksema, Girgus, & Seligman, 1992). 이와 같이, 형제 갈등의 수준이 높은 것은 내재화 장애를 발전시키는 위험 요인이 될 수 있으며(Kim et al., 2007; Stocker et al., 2002; Vogt Yuan, 2009), 일부 연구에서는 형제 갈등이 많은 것은 시간이 지남에 따라 우울 증상이 증가하는 것으로 이어질 수 있다고 제안한다(Brody, 1998; Richmond et al., 2005). 그리고 형제 갈등은 또한 아동기와 청소년기의 외현화 장애의 위험 요인 이 되기도 한다(Kim, Hetherington, & Reiss, 1999; Natsuaki, Ge, Reiss, & Neiderhiser, 2009). 이 결과들은 형제관계의 질을 향상시키는 직접적인 노력은 청소년기로 전환되는 시기에 발생할 수 있는 여러 어려움을 완충하는 데 도움이 될 수 있음을 시사한다.

부모는 자녀의 상호작용을 규제하고 영향을 줌으로써 형제관계를 형성하는 역할을 할 수 있다. 부모가 자녀의 논쟁에 개입하고 적절하게 추론하는 방법들을 모델링하거 나 갈등 해결을 위해 아동이 전략을 세우는 데 발판이 되는 역할을 할 때, 자녀의 관계 에 긍정적 효과가 있다. 이때 아동은 의견 차이를 좁히고 해결하는 데 효과적인 것처럼 보이는 무시하기, 규칙 준수하기 및 조망 수용 능력을 사용할 가능성이 높다(Perlman & Ross, 1997). 하지만 형제의 연령에 따라 부모 중재의 효과는 다를 수 있는데, 상대적 으로 나이가 어린 형제가 나이가 많은 형제보다 도움을 더 많이 받는다. 부모가 어린 자 녀에게 중재 전략을 사용할 수 있도록 훈련하는 중재 프로그램은 자녀의 사회적 이해, 정서에 대해 이야기를 나누는 것 및 긍정적 상호작용을 촉진하고, 그로 인해 형제 갈등 을 감소시키는 데 효과적이다(Siddiqui & Ross, 2004). 그렇지만 나이가 많은 아동과 청 소년에게 이 방법은 효과적이지 않은 듯하다. 어린 아동과는 달리, 나이가 많은 아동 은 부모가 갈등을 중재하려고 할 때 더욱 부정적으로 반응한다(Kramer, Perozynski, & Chung, 1999). 윗 형제는 부모의 중재를 원하지 않거나 갈등을 해결하는 것을 원치 않 을 때 어머니가 통제 전략(처벌, 위협, 방해) 또는 아동 중심 전략(의사소통 격려하기, 협 상, 타협)을 사용하면 이를 동생과 갈등을 해결하고 잘 지내라는 압박으로 지각할 수 있 다(Dunn, 1988). 이는 결과적으로 형제 사이를 멀어지게 하거나, 이미 다정하지 않은 형 제 사이를 악화시킬 수 있다.

부모 중재의 가치는 또한 갈등에 대한 부모의 반응성과 갈등 해결 전략 규칙을 어떻 게 정하는가에 따라 달라질 수 있다(Kramer et al., 1999). 또한 부모의 영향은 관찰학 습을 넘어 확장될 수 있다. 부모는 효과적인 상호작용 또는 사회적 관계를 약화시키는 부적절한 언쟁에 어떻게 보다 적절하게 행동할 수 있는지를 부모 자신의 결혼 관계 맥 락이나 자녀를 대하는 방법을 통해 간접적으로 보여줄 수 있다(Whiteman, McHale, & Soli, 2011). 부부생활과 형제 갈등의 관련성에 대해서 많은 연구가 진행되었다. 예를 들 어 부모 사이의 갈등 수준이 높을 때, 형제 사이에 부정성과 갈등이 더 많이 발생하였다(Brody, Stoneman, McCoy, & Forehand, 1992; Erel, Margolin, & John, 1998). 어머니와 파트너의 관계에 대한 적대감은 4년 후의 형제관계 부정성과 관계되는 것으로 밝혀졌다(Dunn, Deater-Deckard, Pickering, & Golding, 1999). 그러나 형제는 부모의 관계에서 그들이 관찰한 행동을 단순히 모델링하는 것은 아닌듯하다. 오히려 부모-아동/청소년 관계 내에서의 갈등 해결이 부부간 갈등과 형제 갈등의 해결을 중재하는 듯하다(Dunn et al., 1999; Reese-Weber, 2000; Reese-Weber & Kahn, 2005; Stocker & Youngblade, 1999). 따라서 아동은 부모와 상호작용하며 갈등 양식을 배우는 것처럼 보이고, '상호작용에 기반을 둔 전달'을 통해 배운 양식대로 형제와 상호작용한다(Noller, Feeney, Sheehan, & Peterson, 2000).

결혼 관계에 어려움이 있을 때 부모-자녀 관계는 더욱 적대적이고, 형제관계에 갈등이 증가하는 경향이 있다(Cox, 2010; Minuchin, 1985). 어떤 형제는 부모 사이에 강한 갈등이 있을 때 서로에게 의지하기도 한다. 대부분의 형제들은 부모가 부부 관계에서 협상과 갈등을 다루는 법에 대해 적절한 모델을 제공하더라도 형제 갈등을 경험한다. 형제 갈등, 부모-자녀 갈등 그리고 결혼생활에서의 갈등 간에 관계가 있음이 관찰되었고, 이는 형제관계의 발달에 기초를 이루는 과정에 대해서는 보다 깊이 탐구해야 하는 중요성을 강조한다. 형제, 부모-자녀, 그리고 결혼 관계에서 상호 미치는 영향은 청소년기로의 전환(예 : Kim et al., 2006), 부모의 별거와 이혼(예 : Sheehan, Darlington, Noller, & Feeney, 2004), 그리고 맏형제의 독립(Whiteman, McHale, & Crouter, 2011)과 같은 가족 체계에서의 다른 스트레스와 갈등에 따라 달라진다.

형제 행동을 이해하기 위해 활용된 이론으로 사회 비교 이론(Festinger, 1954)도 있다. 아동과 성인은 자기 자신을 평가하는 방법으로 유사하고 신체적으로 가까운 사람들과 사회적 비교를 한다. 형제관계는 자존감을 발달시키는 데 기여하는 비교의 맥락을 제공한다. 더욱이 아동이 부모가 자신과 형제를 대하는 방식을 비교하며 부모의 차별적 양육태도에 대해 인식하는 것은 형제 사이의 관계적 어려움을 가져올 수 있다. 따라서 부모가 한 아동에게 더욱 다정하게 애정을 표현하거나, 다른 자녀보다 한 자녀에게 더욱 비판적인 태도를 보이는 것은 덜 예쁨받는 자녀의 혼란, 불안정감, 불공평하다는 느낌 및 불안으로 이어질 수 있다(Boyle et al., 2004; Feinberg, Neiderhiser, Simmens, Reiss, & Hetherington, 2000). 이처럼 아동이 부모의 차별 대우를 지각하는 것은 더 예쁨받는 자녀(왜 자신이 예쁨받는지에 대한 혼란, 죄책감 및 예쁨받는 자신의 자질에 대해 대단치 않게 생각함, 혹은 예쁨받는 상태를 잃을까 봐 두려워함) 그리고 덜 예쁨받는 자녀(낮은 자기 가치감에 기여함)의 자존감에 영향을 미친다(Buist, Deković, & Prinzie, 2013). 이에 더하여 부모의 차별적 양육 태도는 형제의 혼란, 반감 및 긴장을 '유발'하기 때문에 형제관계의 질에 영향을 미친다. 이는 형제 사이의 경쟁과 갈등의 증가 및 양가 감정이나 부정적인 감정의 증가로 이어질 수 있다. 덜 예쁨받는 아동은 부모로부터 부정적 반응을 이끌어내도록 행동함으로써 부모의 주의를 얻고자 할 수 있고, 그로 인해 부모의 차별적 양육 태도가 지속되도록 한다.

형제간 경쟁은 형제관계에 관한 초기 연구의 주요 관심사였다. Adler의 '열등의식(inferiority complex)'에 대한 개념과 Adler가 수정한 전통적 정신분석 이론에 기반하여, 가족 고유의 힘의 역동 및 사회 비교는 개인의 자기감 발달의 핵심으로 간주된다(Adler, 1927). 형제 경험에 대하여 Adler는 형제간 경쟁은 가족 내에서 인정을 받고 제한된 부모의 자원을 확보하기 위한 노력으로 발생한다고 주장했다. 다른 형제들과 자신을 차별화하면서, 형제는 자신만의 고유한 성격 특성과 지위를 만들게 되는데, 이를 통해 부모의 사랑과 관심에서의 자신의 몫을 지켜나가게 된다. 이러한 형제 탈동일시 과정(Ansbacher & Ansbacher, 1956; Whiteman, Becerra, & Killoren, 2009)은 형제 사이에 갈등을 줄이고 열등감이 감소하면서, 형제가 보다 조화로운 상호작용을 하도록 이끌 것이다. 그러나 부모가 다른 형제에 비해 한 아동만 유독 편애한다면, 결국 형제관계는 나빠지게 된다.

또한 Sulloway(1996)는 형제가 경쟁을 한 후에 형제간의 분화가 이루어지는 것은 가족 내에서 경쟁을 최소화시킨다고 주장하면서, 부모의 관심과 시간에 대한 형제간 경쟁을 주된 논점으로 제시하였다. 자신의 독특한 위치를 차지하게 되면서 형제는 제한된 자원에 접근하는 것을 증가시키기 때문에 형제간의 분화는 적응적이고(진화론적 의미에서) 보다 긍정적인 형제관계를 촉진한다. 몇몇 연구는 이런 분화가 형제관계를 증진시킨다고 주장하였다(Feinberg, McHale, Crouter, & Cumsille, 2003; Whiteman & Christiansen, 2008). 그러나 연구 결과는 확실하지는 않으며(예 : Whiteman, Bernard, & McHale, 2010; Whiteman, McHale, & Couter, 2007), 형제에게 독특한 특성, 능력, 행동이 서서히 나타나는 것과 이것이 전반적인 형제관계의 질을 결정하는 데 어떤 역할을 하는지를 탐구하는 더 많은 연구가 필요하다.

형제관계는 발달 기간에 따라 다르며 관찰된 가족, 발달 및 집단 차이 모두를 설명하는 최상의 단일한 이론적 관점은 없을 것이다(Whiteman, McHale, & Soli, 2011). 확실히, 일부 역동(애착관계 또는 사회 학습 경험과 같은)은 특정 발달 시기 동안 다른 것보다 더 적절할 수 있다. 형제간 경쟁은 중요하게 고려되어야 하지만, 이것이 형제 사이의 상호작용을 특징짓는 유일한 방법은 아니다. 더욱이 차별적 양육 태도와 맥락, 예를 들어 가정, 학교 및 또래 집단의 맥락과 같은 특정한 과정은 형제관계의 질을 탐구하는 후속 연구에서 고려할 필요가 있다. 가족 경험과 형제관계의 질을 중재할 수 있는 많은 변수가 있다(Brody, 1998). 이와 같이, 형제의 공유된(그리고 공유되지 않은) 부모 및 환경 경험과 형제관계의 질에 관한 형제의 경험에 영향을 둘러싼 복잡한 질문은 여전히 남아 있다.

## 다른 발달 시기에 걸친 형제관계

### 형제를 맞이하는 전환기

신생아 형제가 태어나는 것이 가족 안에서 윗 형제에게 미치는 영향을 조사한 연구는 거의 없다. 일부 연구는 신생아의 출생에 따른 전환은 양 부모와 윗 형제 모두에게 스트레스를 준다는 것을 보여주지만(예 : Field & Reite, 1984; Nadelman & Begun, 1982), 새로운 형제에 대한 윗 형제의 반응에는 큰 차이가 있다. 실제로 많은 윗 형제들이 흥분과 고통 모두를 경험한다. 그들은 또한 아기를 보살피는 것에 참여하고 싶은 욕구 또는 아기를 향한 공격 같은 행동을 보일 수 있다. 이러한 양가적 반응은 아주 일반적이다 (Dunn & Kendrick, 1982). 일부 윗 형제는 아기인 동생에 대한 마음에서 우러나오는 복합적 걱정을 표하면서, 언어, 화장실 훈련 및 협동 행동에 퇴행을 보인다. 새로운 형제의 탄생과 동시에 발생하는 개인적·가족적·맥락상의 조정이 윗 형제의 행동에 영향을 미칠 수 있다(Volling, 2005). 드물긴 하지만, 윗 형제의 발달 궤도를 추적한 연구(예 : Stewart, Mobley, Van Tuyl, & Salvador, 1987)는 새로운 형제의 탄생에 대한 윗 형제의 적응의 개인차를 설명하는 요인들을 탐구하는 중요한 기회를 제공한다.

새로운 형제의 출생에 대한 맏이의 초기 반응, 새로운 형제의 출생에 따른 가족의 역할과 책임의 변화는 맏이의 과도기 및 아기 출생 이후 첫해 동안 가족 체계의 정서적 분위기에 영향을 줄 수 있다. 동생의 출생 후에 행동 문제를 보이고 동생 출생 후 몇 주 또는 몇 달 동안 계속해서 어려움을 표현하는 윗 형제는 부모의 스트레스를 증가시킬 수 있다. 이 스트레스는 양육법이 가혹해지는 결과를 낳고, 산후우울증에 기여하며 그리고/또는 결혼생활의 질을 위태롭게 하는 관계적 도전을 만들거나 악화시킬 수 있다. 형제가 생기는 시기로 전환되는 동안 아동과 가족 기능의 변화를 고려한 발달상의 생태학적 체계 모델은 후속 연구를 위해 유익하다(Volling, 2005). 시간이 지남에 따른 아동과 부모의 심리적 특성을 비롯하여 가족 환경과 가족이 기능하는 더 큰 사회적 맥락을 포함한 다양한 역동 체계를 동시에 고려함으로써, 연구자는 형제의 현재 적응 및 발달 결과의 복잡한 특징을 보다 정확하게 파악할 수 있다.

외둥이였던 맏이가 새로운 형제가 태어나며 윗 형제가 되는 전환도 둘째 또는 셋째 아동과는 다를 수 있는데, 왜냐하면 출생 순위가 두 번째 또는 그 이후인 아동은 다른 아동이 있는 가족의 구성원이 되는 경험을 알고 있기 때문이다. 새 형제가 태어났을 때의 윗 형제의 나이 또한 윗 형제와 가족 모두에게 도움이 되는 적응에 영향을 줄 가능성이 높다. 동생을 보살피는 윗 형제 역할의 문화 및 민족 차이, 가정 내에서 한명 또는 그이상의 아동을 돌보는 부모의 사회경제적 차이 및 직업 상태는 모두 윗 형제의 적응에 영향을 미친다. 마지막으로, 형제로 전환되는 것에 대한 대다수의 연구가 윗 형제의 질투와 부정적 반응에 초점을 두고 있지만 윗 형제가 되는 것에는 이점도 있다 (Dunn & Kendrick, 1982). 형제와의 초기 경험에서 중요한 학습 교훈을 얻을 수 있다. 이 경험은 형제 사이뿐 아니라 가족 외의 다른 관계에서의 조망 수용, 공감 반응 및 정서적 이해 능력을 증가시킬 수 있다. 따라서 형제가 생기는 시기로의 전환에 관한 후속 연구는 발생 가능한 변화의 다양한 양식을 고려할 필요가 있다.

## 아동기

어린 아동은 대략 만 4살이 될 때까지(윗 형제와 함께) 형제간 상호작용에 적극적으로 참여하지 않는다(Dunn, Creps, & Brown, 1996). 이 시점에, 윗 형제는 동생과 함께 하는 것에 더 많은 관심을 가지기 시작하고 그들을 잠재적 놀이 친구로 여기기 시작한다. 이제 동생은 짝꿍이자 친구가 될 수 있다. 아동기 중기 동안, 형제 상호작용은 더욱 평등해진다(예 : Buhrmester & Furman, 1990). 이것이 동생이 힘을 발휘하고자 노력한 결과인지 아니면 윗 형제가 자신의 우월함을 발휘하고자 하는 필요에서인지, 또는 두 가지 모두 다인지에 대해서는 명확하지 않다. 청소년기의 외부 압력이 잠재적으로 형제관계의 강도와 온정에 영향을 미치기 전까지, 윗 형제는 동생과의 관계에 여전히 관여한다(Dunn, 2002).

형제관계의 질, 특히 갈등과 아동 개인의 적응 간의 관계를 보여주는 연구는 많이 있다(예 : Brody, 1998과 Volling, 2003 참조). 유치원 시기의 형제관계의 질과 형제 각각의 아동기 중기 적응의 차이에 대한 종단 연구는 장기간에 걸친 관계를 보고하였다 (Dunn, Slomkowski, Beardsall, et al., 1994). 아동기 동안의 형제관계의 긍정적 측면은 공감, 협력 및 공유와 같은 더 높은 수준의 대인관계 기술과도 관계되어 있다(Downey & Condron, 2004; Pike et al., 2005). 긍정적이고 부정적인 또래 상호작용 모두 형제관계의 질에 기여할 수 있기에, 후속 연구에서는 효과의 방향에 대해 더 연구해야 할 필요가 있다.

## 청소년기

아동기부터 청소년기까지 형제관계의 질에는 연속성이 있는 것처럼 보이지만(Dunn, 1996a), 아동기에 형제관계가 좋았다고 청소년기에도 형제관계가 좋을 것이라 예상할 수 없다. 형제가 청소년기가 되면 발달상 지위와 역량이 유사하기 때문에 형제관계가 보다 균형 잡히고 평등해진다(Buhrmester, 1992). 동시에 형제관계가 여전히 중요하고 친밀할지라도 형제가 상호작용하는 데 보내는 시간뿐 아니라 친밀함과 애정이 감소할 수 있다. 형제관계는 또한 중요한 생물학적 변화와 사회 및 인지 능력의 발달로 인해 조절될 수 있다(Yeh & Lempers, 2004). 그리고 형제는 청소년기에 접하기 쉬운 다른 사회적 자원들이 있을지라도 정서적 지지를 제공하는 것과 같은 중요한 역할을 지속적으로 수행할 수 있다.

초기 청소년기 동안, 형제관계는 종종 그들의 힘과 지위가 차이를 보인다는 측면에서 부모와 다르지 않은 것으로 묘사된다. 형제는 부모와의 관계와 유사한 방식으로 도움과 만족을 제공하는 것처럼 보인다. 하지만 형제관계는 그 중요성과 그들이 어린 청소년 (young adolescents)에게 동료애를 보인다는 측면에서 우정과 더 비슷해 보인다(Furman & Buhrmester, 1985a). 하지만 아동기에서 초기 청소년기로 전환되며 갈등이 증가하는 경향이 있으며(Brody, Stoneman, & McCoy, 1994) 친구와의 관계에서보다 형제관계에서 부정적인 면이 더 많이 보고된다(Buhrmester & Furman, 1990). 청소년기 중기와 후기 동안, 형제관계는 보다 지지적이고 평등해지며 높았던 갈등이 감소하는데(부모-청소년 갈등에서 보여진 것과 마찬가지로), 이는 가족 외부에서의 관계가 점차 확장되어도 지속된다(Hetherington, Henderson, & Reiss, 1999). 청소년기 후기에 보다 평등한 지위와 상대적인 힘을 공유하는 것은 형제로부터 이해받고 존중받는 느낌이 더욱 증가하는 것으로 이어진다. 결과적으로, 청소년기 후기에는 데이트나 성적 탐구 및 친구와의 문제 등을 둘러싼 논쟁에 대해 부모보다 형제에게 도움을 얻고자 하는데, 이는 부모로부터의 분리가 증가하고 자율성을 얻고자 하는 시도가 증가하는 것으로 이를 통해 부모에 대한 의존성이 감소한다(Moser, Paternite, & Dixon, 1996). 따라서 청소년에게 자율성과 독립성이 향상되더라도 친밀한 형제관계에 의해 가족관계가 유지될 수 있다.

## 성인 진입기

형제관계는 독립과 새로운 책임감이 커지는 중요한 변화를 맞이하는 만 18~25세 사이 혹은 성인 '진입기'(emerging adulthood, Argert, 2000) 동안 지속적으로 발달한다(Conger & Little, 2010). 청소년기와 대조적으로, 대부분의 형제는 성인 진입기에 함께하는 시간이 훨씬 적어진다. 윗 형제는 분가하여 부모뿐 아니라 자신의 동생과도 분리된다. 그들은 다른 도시, 다른 주 또는 다른 나라에 살고 있을 수 있다. 이제 연락을 하려면 더 노력해야 하고 더 신중해야 한다. 물리적 거리는 멀어졌지만, 형제는 SNS, 영상통화, 전화, 문자 및 이메일로 연락을 유지할 수 있다. 그들은 또한 계속 여가, 취미를 함께하고 서로의 집에 방문한다. 형제를 향한 양가감정이 지속될 수 있지만 상호관계가 적어 관계의 강렬함은 감소한다(Hetherington & Kelly, 2002). 이는 오랜 갈등이 사라지거나 해결되는 것으로 이어지기도 하고, 갈등으로 거리 두기와 소외가 지속되기도 한다. 형제관계의 질에 따라 형제는 다른 형제의 생활에 지속적으로 관여한다는 결정을 내릴 수도 있는데, 이는 형제관계의 질을 반영하고 도움이 되기도 한다.

성인기에 진입하면서, 형제의 사회적 상호작용 양식과 애착관계가 더욱 조정됨에 따라 형제간 접촉은 감소하는 경향이 있는데, 왜냐하면 과업과, 특히 자녀가 있는 경우에는 가족에 대한 책임감이 증가하기 때문이다(Noller, 2005). 형제는 집을 떠나고, 대학 교과과정을 수행하고 끝마치는 것, 그리고 직업 세계에 참여하는 것에 대한 역할모델을 제공할 수 있다. 더욱이, 결혼과 출산 시기는 형제가 더 가까워지거나 오래된 갈등을 악화시킬 수 있는 역할 전환의 시기다(Conger & Little, 2010). 이러한 역할 변화는 항상 서로 다른 시점에서 발생하는데, 이로 인해 형제관계를 위해 다시 조정해야 할 필요가 있는 것과 그 결과들이 보다 복잡해진다. 그리고 성인기 후기에, 육아에 대한 책임감이 점차 줄어들면서, 형제는 특히 노령의 부모를 돌보는 경우 다시 자주 연락하게 된다. 물론, 형제의 수와 성별, 형제의 돌봄에 대한 가족의 기대, 형제관계의 정서적 친밀감, 그리고 갈등을 관리하고 해결하는 형제의 경험 모두 성인기 형제 사이의 연락의 양과 질에 영향을 미친다. 성인기의 애착관계는 친구, 동반자 그리고 형제를 포함하여 확장되면서 형제는 자녀가 없고 나이가 든 사람이나, 배우자가 없는 사람에게 점차 중요해질 수 있다. 일부 성인의 경우 형제는 안전 기지와 안전한 피난처를 제공하는 중요한 기능을 수행하는데, 이때 근접 추구와 분리를 둘러싼 저항을 자주 보고한다(Doherty & Feeney, 2004).

## 시간이 지남에 따라 형제관계에는 어떤 일이 일어나는가?

시간의 경과에 따른 부모-자녀 애착관계에 대한 연구가 상당히 많이 이루어지고 있고, 자녀의 발달 결과에 어머니와 아버지의 애착이 미치는 영향이 중요하다는 것을 예측할 수 있지만 형제관계의 질의 연속성에 관한 종단 연구는 상대적으로 부족하다. 그동안 이루어진 몇몇 연구에서, 스트레스 요인이나 중요한 삶의 변화가 거의 없다면, 형제관계의 질은 새로운 형제가 태어날 때부터 청소년기에 이르기까지 꽤 일관적인 것으로 보고되었다(Slomkowski & Manke, 2004). 형제관계의 질의 연속성에 대한 증거는 영국 캐임브리지의 40가족에 대한 Judy Dunn의 권위 있는 종단 연구에서도 찾을 수 있다. 1980년대 초, 연구 당시 연구에 참여한 가족들은 두 번째 자녀를 기다리고 있었다. 그 이후 윗형제가 만 9세, 만 11세, 만 13세가 되었을 때 추적 연구를 했다(Dunn, Slomkowski, & Beardsall, 1994). 동생을 대하는 윗 형제의 긍정적 및 부정적 행동에 대한 어머니의 보고에 기초하여, 이는 7년 동안 중간 정도의 안정성이 있었고, 특히 아동기 중기 동안에 안정적이었다. 이 안정성은 아마도 가족 환경, 가족 역동 및 아동의 성격적 특성의 연속성으로 인한 결과일 수 있다. 하지만 청소년기가 시작되면 형제의 친밀감이 감소하였는데(Dunn et al., 1994), 이는 아마도 사회적 역량의 발달적 변화와 자신과 가족 외의 관계에 대한 관점이 변했기 때문인 듯하다.

이 연구 결과와 일치하여, 다른 연구자는 아동이 청소년기에 진입하면서 부분적으로 가족 외의 보다 다양한 사회적 기회에서 또래와의 관계가 증가했기 때문에 형제관계 내의 친밀감이 감소했다는 것을 발견했다(Buhrmester, 1992, Conger, Bryant, & Brennom, 2004; Dunn et al., 1994; Dunn, Slomkowski, Beardsall et al., 1994). 또한 일부 연구자는 형제가 부모와 차이가 더 많이 나타나기 때문에 형제관계의 질이 향상되었다고 보고한 연구도 있다(Feinberg et al., 2003). 더욱이 부부간 별거나 이혼과 같은 가족의 스트레스 요인은 형제관계의 질을 저하시킬 수도 있고(Dunn, Slomkowski, Beardsall et al., 1994; Hetherington, 1988) 친밀함의 증가하며, 형제관계가 어려운 가정 환경을 보상하기 위한 보호 기능을 할 수도 있다(Jenkins, 1992). 경제적 스트레스를 포함한 가족이 겪는 어려움은 간접적으로 형제관계에 영향을 미칠 수 있다. 결과적으로 가족 스트레스로 인한 양육의 붕괴는 형제간에 더욱 부정적인 상호작용으로 이어질 수 있다 (Conger & Conger, 1996). 따라서 형제관계의 질의 안정성이나 변화에 관한 질문에 대한 답을 구할 때 대인관계 및 가족 변수를 보다 자세히 조사할 필요가 있다. 후속의 종단 연구는 형제가 성인기의 적응과 탄력성을 증진하는 지지적 역할을 밝히는 데 도움이 될 것이다. 가족의 역동 및 문화적 가치와 함께 개인의 역할 전환의 영향을 탐구하는 것은 평생에 걸쳐 이루어지는 형제관계의 중요성에 대해 이해하는 것에 도움을 줄 것이다.

## 형제관계는 어떻게 측정되고 기술되는가?
## 갈등, 형제간 경쟁, 그리고 더 많은 것들

갈등은 형제 사이에서 흔하게 일어나지만, 이는 형제관계의 여러 차원 중 하나일 뿐이다 (Conger & Kramer, 2010; Howe, Ross, & Recchia, 2011). 형제는 함께 놀고, 나누고, 돕고, 경쟁하고, 안내하고, 싸우고, 갈등을 해결하며 더불어 시간을 보낸다. 그리고 발달의 다른 시점에서 그들은 타인보다 더 많은 역할을 맡을 수 있다. 예를 들어, 어린 형제는 함께 하는 활동(예 : 게임 및 스포츠), 창의적인 활동(예 : 음악, 예술 및 취미), TV 및 영화 시청, 컴퓨터 게임하기, 식사하기 및 야외놀이에 더 많은 시간을 함께 한다. 청소년 형제관계는 이러한 모든 활동들도 함께 하지만, 또한 정서적으로 지지하고 아이디어를 나누고 조언과 편안함을 제공하기도 하고, 어려운 문제에 대해 의논하기도 하고, 논쟁적인 언쟁에 참여하기도 한다. 청소년기의 형제관계는 어린 시절보다 강렬하거나 친밀하지는 않더라도 보다 평등한 경향이 있다(East, 2009).

형제관계에 대한 초기 연구는 주로 갈등과 형제간 경쟁에 초점을 두었다. 형제 사이의 갈등은 일반적인 형태로 나타나고, 부모는 자녀의 갈등을 어떻게 다룰 것인지에 대해 특히 걱정하고, 형제간 경쟁과 갈등을 줄이기 위해 여러 육아 서적을 읽는다(예 : Faber & Mazlish, 1998). 몇몇 연구자들은 형제간의 경쟁과 형제간의 질투와 같은 부정적 감정 사이의 뚜렷한 차이를 지적한다. 질투는 다른 사람이 의미 있는 타인의 관심과 애정을 얻는다고 믿을 때 발생한다. 형제의 경우, 이 사회적 삼각관계는 한 아동이(예 : 윗 형제의 질투) 타인(예 : 새로 태어난 동생)을 중요한 성인(the desired adult)(예 : 어머니 또는 아버지)으로부터 받는 사랑과 관심을 위협하는 존재로 여기는 것을 포함한다.

그러므로 질투는 인지적 판단, 정서적인 반응, 그리고 행동의 결과를 포함하는 복잡한 사회적 정서다(Volling, Kennedy, & Jackey, 2013). 질투심 많은 아동은 아마도 다른 형제를 향한 부모의 관심을 배신으로 해석할 수 있으며, 이는 상실과 분노의 감정으로 이어져 '편애를 받는' 형제를 향한 공격적인 행동으로 나타날 수 있다. 형제간 질투는 아직 널리 연구되지는 않았지만, 취학 전 형제관계에서도 분명히 드러난다. 2년에 걸쳐 형제를 관찰하며 평가해보았을 때, 윗 형제의 질투 반응은 형제관계의 전반적인 특징, 특히 형제 갈등을 강력하게 예측하였는데, 이는 형제가 아버지와 함께 있는 것도 관찰하였을 때 두드러졌다(Kolak & Volling, 2011).

형제간 질투에 대한 연구에 비해 형제 갈등은 더욱 광범위하게 연구되고 있다. 표면적으로, 형제간 갈등은 질투와 유사해보일 수 있지만 갈등과 질투는 서로 다른 근본적 동기를 반영할 수 있다. 갈등은 형제간의 질투에 의해 동기화될 수 있고 부모의 관심을 얻기 위한 경쟁적인 대립에서 비롯되는 부정적 역동과 관계가 있다. 하지만 갈등은 단순히 다른 요구나 목표의 결과일 수 있기에 형제간의 갈등을 유발하는 다른 요소들이 있을 수 있다. 갈등과 경쟁적인 대립의 차이를 탐구하는 것뿐 아니라, 형제 갈등의 이유를 규명하는 것은 갈등과 형제간 경쟁의 발달 과정을 이해하는 데 중요하다(Whiteman, McHale, & Soli, 2011). 또한 갈등을 해결하기 위해 사용하는 전략들을 조사하였는데, 형제관계에 대한 다양한 결과들은 연령, 상대적 출생 순위, 형제관계의 질, 그리고 양육자의 중재와 관계되었다(Recchia & Howe, 2009; Smith & Ross, 2007). 형제관계의 질은 문제 해결을 보다 지향하고, 비난을 지양하며, 논쟁을 적게 하는 것과 같은 건설적 갈등 전략과 정적인 관계를 가진다. 관계의 질이 좋은 형제는 협상을 할 때 서로의 입장을 고수하기보다 타협적 해결안을 찾는다(Howe, Rinaldi, Jennings, Petrakos, 2002; Ram & Ross, 2001; Ross, Ross, Stein, & Trabasso, 2006).

현재까지, 형제관계에 대한 주된 관심사는 갈등을 기술하고 측정하는 것이었다. 발달학적 연구를 살펴보면 초기 청소년기에 갈등이 정점에 이르는 것처럼 보인다(Laursen, Coy, & Collins, 1998). 예를 들어, 3학년, 6학년, 9학년, 12학년의 어린 형제들 사이의 형제 갈등에 대한 비교 연구 결과, 형제 갈등은 6학년 때 가장 많이 보고되었다(Buhrmester & Furman, 1990). 아동기 초기와 중기의 형제가 갈등을 해결하기 위해 사용하는 전략은 다양하고(Howe et al., 2002), 그들은 종종 개인 소지품을 함께 사용하는 것과 같은 문제로 싸우게 된다(McGuire, Manke, Eftekhari, & Dunn, 2000). 청소년기까지 가장 흔한 갈등의 원인은 개인 영역의 침범이다(형제간의 공정성과 평등에 대한 투쟁과는 대조적이다). 자기 및 관계(예 : 친구와의)에 대한 위협을 포함한 이러한 갈등은 윗 형제가 초기 청소년기(약 만 13세)일 때 가장 강렬하고 빈번하게 나타난다(Campione -Barr & Smetana, 2010). 이는 더 많은 불안을 유발하며 자아존중감에 영향을 미치는데 (Campione-Barr, Greer, & Kruse, 2013), 아마도 청소년기는 자율성과 주체적 행위의 이슈를 극복하기 시작하기 때문일 것이다. 따라서 형제와 부모의 관점 모두를 고려하여 갈등을 유발하는 이슈를 평가하는 것은 이슈가 각각 다른 발달적 결과로 이어지는 관련 성을 이해하는 데 중요하다.

형제 갈등의 장기적 영향은 무엇인가? 저소득층의 5세 소년들을 대상으로 한 연구에 서, 어머니의 적대감과 아동의 초기 적응을 통제한 후에도 형제 갈등은 품행 문제와 관 계가 있다는 것이 증명되었다(Garcia, Shaw, Winslow, & Yaggi, 2000). 중산층 가정의 청소년들을 대상으로 한 연구 또한 어머니와 부모의 적대감을 통제한 후, 형제 갈등의 피해자의 2년 전 보고와 그들의 적응 간의 관계를 살펴본 결과, 피해자들의 2년 전 보 고는 적응에 영향을 미쳤다(Stocker et al., 2002). 더욱이, 형제 갈등이 부적절한 양육과 함께 발생한다면 해로운 결과로 이어질 수 있다(East, 2009; Kramer, 2010; Milevsky, 2011). 만 10~12세의 아동들을 대상으로 한 연구에서, 형제 갈등(싸움, 때리기, 속임수 쓰기, 훔치기)과 부적절한 양육(지도감독을 잘하지 않는 것, 부모-청소년 자녀 간의 갈 등, 빈약한 문제 해결 기술)을 함께 고려했을 때, 만 12~16세의 빈약한 또래관계는 반사 회적 행동과 관계가 있음이 증명되었다(Bank, Burraston, & Snyder, 2004). 그리고 다른 종단연구에서도, 형제 갈등의 증가(윗 형제가 만 12~17세일 때부터 동생이 평균적으로 만 9~15세였을 때까지)는 우울감 증가에 대한 청소년의 보고 (youth report)와 관계가 있었고, 형제간 친밀감의 증가는 지각된 또래 유능감이 높은 것과 소녀들의 경우, 우울 감 호소가 낮은 것은 것과 관계가 있었다(Kim et al., 2007).

이와 같이 형제관계의 부정적 측면이 청소년에게 부정적인 결과를 가져오는 기제는 무엇인가? 윗 형제의 행동이 직접적인 모델이 되어, 동생이 윗 형제에게 배운 대로 비행 행동을 하거나, 마약이나 술을 마시거나 나쁜 학습 습관을 가지게 되었을 수도 있다. 혹 은 부모-자녀 관계가 형제관계로 이어질 수도 있고, 가족 환경이 위와 같은 학습을 지 지할 수도 있다. 최근 몇몇 연구들은 형제관계 특성의 긍정, 부정적인 면과 개인의 적 응 간의 관계를 규명하기 위해 부모-자녀 관계, 양육 행동, 그리고 일반적 가정환경을 통제하여 연구를 진행하고 있다. 연구 결과 형제관계의 질과 적응 사이의 관계는 양육 과 부모 자녀관계의 질을 통제한 후에도 지속된다는 것을 지지하였다(Kim et al., 2007;

Pike et al., 2005; Stocker et al., 2002).

중요하게, 종단 연구들은 형제관계의 질과 개인의 적응 사이의 상호 관련성에 대해 탐구해왔다. 예를 들어, 형제관계에서 갈등을 적게 경험하는 것은 높은 자아존중감과 관계되는 것과 마찬가지로, 자존감의 높은 청소년들은 형제관계에서 갈등이 적게 발생하는 것처럼 보인다(Yeh & Lempers, 2004). 형제 갈등은 시간이 지남에 따라 증상을 내재화하는 데 영향을 미치고, 한 형제의 내재화 증상은 형제관계에 문제가 된다. 청소년기에 스트레스가 많은 상황에 처해 있을 때, 형제는 부정적인 영향을 완화하고 적응 기능을 증진하는 데 도움을 줄 수 있다(East, 2009). 더욱이 형제관계의 질과 적응 사이의 관계를 중재하는 요인으로 두 형제의 서열 지위와 성별 구성과 같은 것이 있다(Campione-Barr et al., 2013). 시간이 지날수록 연구자는 이러한 중재의 영향을 가족과 이자 관계의 분석 수준의 차이, 그리고 관계의 과정을 증명하는 보다 정교한 자료 분석 기술을 사용하여 보다 잘 탐구할 수 있다(예 : 양자 관계 내에 중첩되는 형제의 상호의존성을 통제한 다수준 모형(multilevel modeling)(Kim et al., 2007) 또는 APIM[6](actor-partner interdependence model, 자기–상대방 상호의존 모델)(Kenny, Kashy, & Cook, 2006)].

형제 연구의 주요 초점은 갈등에 대한 것이지만 우리는 형제관계에서 단지 경쟁과 대립과 갈등을 다루는 것만은 아니라는 것을 안다. 형제는 또한 다정하고 협조적이며 도움이 되고 지지적인 교류를 함께 한다. 그리고 갈등이 없다고 형제관계가 더 긍정적이라고 단언할 수 없다. 형제관계를 가장 잘 묘사할 수 있는 방법은 무엇일까? 형제관계는 정서의 질, 익숙함, 그리고 친밀감의 차이를 통해 다양한 방법으로 설명할 수 있다(Dunn, 2007). 사실, 이러한 차원은 상당히 겹치고 서로 관계될 수 있다. 형제는 서로를 잘 알고 있기에, 이 이해를 근거하여 서로 지지하거나 도울 수도 있고, 또는 서로의 취약함을 폭로하거나 놀릴 수도 있다. 상황과 형제관계의 질에 따라, 형제는 서로에 대한 깊은 지식을 긍정적으로 이용하기도 하고 부정적으로 이용하기도 한다. 예를 들면, 그들은 한 형제를 위협해야 할 때에도 변함없는 충성심을 보이거나 또는 곤경에 처해 있을 때 다른 형제를 자극하기 위해 어떤 행동을 해야 하는지 알고 있을 수 있다. 그리고 발달의 특정한 시기 동안, 형제는 그들의 관계를 다른 발달 시기보다 더 긍정적으로 표현

---

6) 역주 : 관계에서 누가 더 큰 영향력을 지니고 있는지와 같은 정보를 제공하는 최근의 통계적 방법으로, 대인 간의 상호작용을 이해하는 데 중요한 시사점을 제공해준다. 특히 부부나 커플, 모자 관계에서 상호 간에 어떤 영향을 주는지를 살펴볼 수 있으며, 다수준 모형에서 사용하고 있다.

하는데, 이는 부분적으로 형제관계뿐 아니라 그들이 개별적으로 경험하는 다른 스트레스와 긴장에 영향을 받는다. 따라서 형제가 서로에게 느끼는 감정은 상당히 다양할 수 있다. 형제는 자신들의 관계를 따뜻하고 지지적이라고 표현할 수 있고 서로를 향해 강렬하고 긍정적인 감정들을 표현하며, 매우 애정 어린 느낌을 가질 때가 있는 반면, 형제에게 느껴지는 부정적 감정에만 초점을 두어 형제가 얼마나 짜증나고 성가신지에 대해서만 강조할 때도 있다. 하지만 대부분의 형제는 자신들의 관계가 다양하고 복합적이라 말한다.

형제관계에는 긍정적이고 부정적인 정서와 행동의 다양한 조합이 있다는 증거가 있지만, 이상적인 균형이 무엇인지 그리고 이것이 서로 다른 발달 기간 동안 변하는지에 대해서는 알지 못한다. 만약 형제가 형제관계 내에서 갈등을 경험하지 않으면, 그들은 다른 관계에서 갈등을 다루는 기술을 학습하는 기회를 갖지 못할 수도 있다(Shantz & Hobart, 1989). 형제는 관계에서 부정적인 정서를 부인하는 것, 갈등이 생겼을 때 자신의 형제나 자매로부터 거리를 유지하는 것, 거리를 두고 분리하는 방법을 배울 수도 있다. 너무 많은 갈등은 가족의 일관성을 해칠 수 있고(Kramer & Baron, 1995) 또는 형제가 반복해서 보여주는 가족 기능 내의 일반적 장애를 반영할 수 있다. 그에 반해, 형제 사이의 건설적이고 온건한 갈등은 부정적인 정서를 감내하고(Katz, Kramer, & Gottman, 1992), 갈등 관리 기술을 발달시키고(Vandell & Bailey, 1992), 사회 이해를 증진시키는 데(Dunn & Slomkowski, 1992) 도움이 될 수 있다. 긍정적인 형제 행동과 부정적인 형제행동의 이상적인 수준은 형제의 성별 구성의 차이에 따라 차별화될 수 있고 발달의 서로 다른 시점에 따라 달라질 수 있는데, 이에 대한 이해를 높이는 연구 활동이 이루어져야 한다(Kramer, 2010).

몇 가지 질적 요인들은 긍정적 · 부정적인 경험과 정서를 통합하여 보다 균형 잡힌 형제관계를 설명한다(Rosen, 2015). 이 역량들에 대한 최근 목록에는 갈등 협상 및 문제 해결 기술, 부모의 자녀 차별에 대한 개방형 토론뿐 아니라 함께하는 경험들, 긍정적인 참여, 정서 조절, 응집력, 조망 수용 등을 포함한다(Kramer, 2010). 형제관계 내에서 이와 같은 역량의 발달을 증명하고 지지하는 선행연구에 근거하여 역량을 묘사하는 것은 보다 성공적인 관계를 구축하기 위한 예방 및 중재 활동에 도움이 될 수 있다(예 : Kennedy & Kramer, 2008 참조). 그럼에도 불구하고 서로 다른 발달 시기 동안 형제의 역량이 발달하는 것에 따라서 정제되어야 한다. 예를 들어, 부모의 차별적 양육 태도에 대한 대화는 형제가 청소년기 초기가 되어야 가능하지만(예 : Kowal, Krull, & Kramer,

2006), 형제관계의 맥락 내에서 정서 조절의 근원은 유치원 시기와 아동기 초기에서 찾을 수 있다(Volling, McElwain, & Miller, 2002). 따라서 다양한 역량의 적응적이고 부적응적인 징후는 각각 발달적으로 적절한 척도로 민감성을 갖고 측정될 필요가 있고, 시간이 지남에 따른 연속성 및 불연속성은 형제간의 관계 내에서 이러한 역량의 상대적 중요성의 측면에서 탐구되어야 한다. 협동, 함께 나누기, 지지하기, 개방성, 그리고 양육과 같은 긍정적인 형제 행동의 발달 과정을 추적하는 것은 형제관계 내에서 전 생애에 걸쳐 나타나고 발달하는 행동을 상세히 설명하기 위하여 우선적으로 연구되어야만 한다.

형제관계가 시간에 따라 발달하면서, 형제와 자매들은 각 형제가 새로운 발달 과업을 이루어가면서 친밀감과 지지받는 감정을 표현하게 된다. 특히, 각 형제의 자기 발달과 정체감의 발달뿐 아니라 가족 외의 관계의 발달은 형제 사이의 애착을 깊어지게 하고 갈등과 형제간 경쟁을 줄일 수 있다. 또한 지지, 애정, 협동과 같은 형제관계의 긍정적인 질적인 면과, 경쟁, 갈등, 그리고 통제와 같은 형제관계의 부정적인 특징은 시간이 흐르면서 형제관계를 특징짓기보다 더욱 안정적인 상호작용 양식으로 통합될 수 있다(Kramer, 2010). 결국 상호작용의 특징에 따라 형제관계를 기술하는 것이 더욱 효과적일 수 있다. 예를 들어 형제관계의 긍정적인 행동과 부정적인 행동의 다양한 조합을 통해, 형제관계의 양식을 조화롭거나, 갈등을 겪거나, 적대적이거나, 균형을 이루거나, 단절된 것으로 기술할 수 있다(Brody et al., 1994; Hetherington, 1989; Rosen, 2015). 형제관계를 갈등이 높고 낮은 것으로 특징짓기보다 고려해야 하는 다른 측면이 있다. 이는 이후 형제관계 연구에서 다루어야 할 좀 더 포괄적인 관점이고 이를 통해 형제관계에 대해 좀 더 깊게 이해할 수 있게 될 것이다.

## 형제관계 연구를 위한 측정 방법

### 행동 관찰

어린 형제에 대한 초기 연구는 가정이나 연구실에서 형제의 상호작용을 관찰한 것을 기반으로 하여 이루어졌다. 자연스러운 상황에서 관찰된 것과 녹화한 것을 긍정적이고(또는 친사회적) 부정적인(또는 공격적인) 행동으로 부호화하였다. 웃기, 애정 어린 접촉, 미소 짓기, 도와주기, 편안하게 해주기, 그리고 장난감 같이 갖고 놀기 등이 일반적으로 나타나는 친사회적 행동으로 규정되어 부호화되었다. 공격 범주에 해당하는 행동들에는 고함 지르기, 때리기, 비명 지르기, 밀기, 모욕하기, 거절하기, 장난감을 뺏고 던지기 등이 포함되었다. 보통, 그다음 이자 관계에서 보이는 긍정적[예를 들면, 협력적, 친사회적 그리고 놀이를 순서대로 하는 것(Dunn & Munn, 1986b)] 그리고 부정적[예를 들면, 갈등적인(Dunn & Munn, 19861a)] 행동에 대한 상대적인 빈도 또는 비율을 결정하기 위한 몇몇 방법들을 사용하여 그 행동들을 합산하였다. 이 방법은 형제관계의 긍정적이고 부정적인 특성을 묘사하는 데 아주 유용했다[좋은(긍정적인 행동들) 또는 나쁜(부정적인 행동들)처럼]. 그러나 이렇게 이분화하는 것은 긍정적 그리고 부정적으로 구분하는 것 속에 내재되어 있는 가치 판단에 해당하는 것이고 관계 특징이란 변하지 않는다는 것을 제시하는 것이다. 나아가 형제가 상호작용하는 맥락에 영향을 미치는 그 밖의 변인과 선행 조건 그리고 다른 상호작용 파트너에 대해 고려하기 시작했다. 예를 들어, 겉보기에 부정적으로 보이는 행동(예 : 장난감 뺏기)도 어린 동생을 위험한 상황에서 보호하기 위한 행동이라면 친사회적인 의도일 수 있다. 또는 정서적인 요구에 도움이 되지 않는 부모의 개입을 원하기 때문에 갈등을 일으킨 후 부모의 중재를 요구할 수 있다. 마찬가지로, 화가 나고 억울한 마음으로 또는 긍정적인 정서나 공유된 열정이 없는 방식으로 여러 친사회적 행동(가르치기, 도와주기, 장난감 같이 갖고 놀기)을 수행할 수 있다.

이에 형제관계를 입증하기 위한 새로운 행동 범주를 만들고, 포괄적 척도로 행동을 평가하는 대안적 방법이 발전되었다. 일부 연구자는 관찰을 통해 새로운 척도를 개발했지만 또 다른 연구자는 요인 분석 같은 통계 기법을 사용하여 형제 행동을 범주로 나누었다(예 : Stocker, Dunn, & Plomin, 1989). 예를 들어, 아동 후기의 형제를 대상으로 한 개방형 인터뷰를 통해, 온정/친밀감, 상대적 지위/권력, 갈등, 그리고 경쟁 의식(rivalry)의 네 가지 요인 또는 차원을 증명하였다(Furman, Jones, Buhrmester, & Adler, 1989). 만 4~11세의 형제를 대상으로 한 실험관찰 연구를 요인 분석 결과에서도 이와 유사하게 권력/지위, 가르치기, 도와주기, 갈등, 긍정적인 말투, 동료애, 자기 칭찬의 범주가 도출되었다(Vandell, Minnett, & Santrock, 1987). Judy Dunn과 동료들은 어린 형제의 관찰 가능한 행동을 보다 잘 반영하기 위해 이 차원을 개정하였다(Stocker & Dunn, 1990; Stocker et al., 1989). 연구팀은 형제를 대하는 아동의 행동을 측정하기 위해 협조, 통제, 갈등, 경쟁의 네 가지 척도를 만들었고, 형제 상호작용을 확실하게 구별하기 위해 이 척도를 사용했다. 이 척도는 다른 형제 연구자를 위한 기준을 설정했고, 연구자가 갈등과 형제 사이의 경쟁만 연구하는 것을 넘어 다른 것도 연구하기 위한 시도로 도입되었다. 하지만 연구되었던 행동은 여전히 형제관계의 부정적인 측면에 보다 더 중점을 두었다.

후에, 연구자는 정서적으로 과부하된 측면과 애정, 양육 및 민감성을 포함한 형제관계의 긍정적 측면에 관심을 가지기 시작했다. 더하여 긍정적 형제 차원과 부정적 형제 차원이 각각 독립적으로 존재하는 차원이 아니라는 것을 확인하였다. 예를 들어, 형제 관계의 질에 대한 몇몇 연구에서는 형제간 애정과 보호의 요인과 경쟁의 요인이 같이 있음을 밝혔고 그 요인을 측정하였다(Brody, 1998; Stocker, 1994). 애정이나 온정이 적으면서 형제 사이의 갈등 수준이 높을 때, 아동은 자신의 친구와 형제에게 공격적으로 대할 가능성이 더 높다(Brody, 2004). 그 대신, 애정과 갈등의 균형을 특징으로 하는 형제 관계는 아동은 타인의 정서와 관점을 배우고 사회 기술을 발달시킬 수 있는 자연스러운 맥락을 제공한다.

연구자는 또한 각 형제의 행동을 개별적으로 부호화하기 시작했고, 그다음에 형제 행동을 각 형제가 제공한 원인을 반영하는 패턴이나 스타일로 정확하게 분류하기 시작했다. 예를 들어, 아동기 중기부터 청소년 시기의 형제를 대상으로 이뤄진 두 가지 연구는 조화로운 스타일, 전형적인 스타일, 갈등이 있는 스타일 등, 비이혼 가정의 형제 스타일을 확인하였다(Brody et al., 1994). 이는 각기 다른 결혼 상태, 즉 비이혼, 이혼, 재혼가정을 대상으로 한 연구에서 '인정이 많은-돌봐주는', '양가적인', '적대적인-소외된' 스타일 등으로 형제 스타일을 확인한 결과와 유사하였는데(Hetherington, 1989), 이 연구는 '얽히는(enmeshed)' 스타일도 추가적으로 확인하였다. 계속해서 어린 형제(윗 형제가 만 4~5세, 동생이 18~24개월)를 대상으로 연구한 다른 연구자는 형제 행동과 형제 관계의 정서적 특징을 조사하였고, '조화로운', '균형이 있는', '적대적인', '무심한' 등, 관찰된 형제 행동의 다양한 조합을 유사하게 반영한 네 가지 패턴을 입증하였다(Rosen, 2015). 종합하면, 이 연구는 형제 사이에 긍정적인 행동과 부정적인 행동의 상대적인 균형을 고려하는 것이 긍정적인 차원과 부정적인 차원을 분리하여 각각 따로 관찰하고 부호화하는 것이나 관계적인 질의 연속성을 고려하는 것보다 훨씬 더 중요하다는 것을 보여준다. 상호작용 패턴은 형제관계 안에 구조화되어 있고, 이는 별개의 긍정적 또는 부정적 행동에 대한 단순한 설명보다 더욱 의미가 있다.

앞으로 다양한 문화적 및 사회경제적 배경을 가진 형제 쌍을 대상으로 이러한 패턴을 연구하는 것은 형제 패턴이 발달하는 방식에 영향을 미칠 수 있는 발달적이고 맥락적인 요인을 밝히는 데 도움이 될 것이다.

## 형제관계에 대한 자기 보고식 측정과 다양한 관점

어린 형제의 행동 관찰은 관계의 특징에 관한 가치 있는 정보를 제공할 수도 있지만, 이는 맥락, 과업의 요구, 사람의 존재 여부, 그리고 사용된 부호화 방법에 따라 제한적일 수 있다. 결과적으로 많은 연구자는 형제관계에 대한 아동 또는 부모의 인식 또한 필요로 한다. 형제는 그들의 관계의 특징에 대하여 그들 자신만의 견해를 가지며, 이를 고려할 필요가 있다(Kowal & Kramer, 1997). 형제관계 설문지(The Sibling Relationship Questionnaire, Furman & Buhmester, 1985b)는 형제관계의 특징 차원을 평가하기 위하여 광범위하게 사용되고 있고, 하위 요인으로는 온정/친밀감(동료애, 애정, 존중, 친밀함, 그리고 친사회적 행동), 상대적 지위/권력(우세함, 그리고 형제의 애정 어린 돌봄), 갈등(적대감 및 다툼), 그리고 경쟁 의식(부모의 편애 및 경쟁)이 있다. 형제관계에 대한 아동의 인식을 평가할 때 이 설문지를 가장 광범위하게 사용한다(Volling, 2003). 또한 형제관계에 대한 초기 청소년의 보고를 연구할 때에도 사용한다(Hetherington & Clingempeel, 1992; Stocker & McHale, 1992).

형제관계 설문지에 대한 평가는 여러 맥락에서 이뤄지는 형제 상호작용에 대한 인식을 반영하지만, 이는 형제가 함께한 경험에 대한 형제의 기억과 주관적 평가에 영향을 받을 가능성이 있다. 연구자는 종종 형제 중 단지 한 형제의 주관적 경험을 평가하기 위하여 설문지를 사용하는데, 대인관계를 이해하기 위하여 모든 형제의 인식을 확보해야 한다. 더하여, 'Maternal Interview of Sibling Relationships(형제관계에 대한 어머니 면접, Stocker et al., 1989)'처럼, 연구자는 종종 부모를 대상으로 자녀의 관계를 설명하도록 요청할 수 있다. 이는 부모가 자신이 설명하는 자녀의 관계를 자주 접하고, 관계에 대한 이해를 가진다는 것을 가정으로 한다. 이번에도 형제관계의 특징에 대하여 어머니 보고에만 의존하기보다 아버지와 어머니의 인식 둘 다 조사하는 것이 필수적이다. 이러한 이유로 인해, 일부 연구자는 형제관계에 대한 양 부모 및 모든 형제의 인식을 평가해야 하고 그들이 평가한 내용의 유사점과 차이점을 고려해야 한다고 주장한다.

부모와 자녀는 형제관계에 대한 그들의 전반적인 평가에 동의하는가? 현존하는 연구 결과에 따르면 자녀의 인식은 일반적으로 형제와 부모의 평가와 일치한다(Pike et al., 2005). 형제관계의 온정, 갈등, 그리고 상대적 권력/지위에 대한 어머니와 아버지의 평가는 좀 더 일관적이었지만 경쟁 의식에 대한 평가는 서로 다른 편이었다(Kramer & Baron, 1995). 흥미롭게도, 모든 가족 구성원이 형제관계에 대한 그들의 인식을 공유하고 나면, 그들은 가족 단위로서 안정되며 응집력을 가질 가능성이 더 높다(Minuchin, 1974). 이 응집력은 가족 구성원 간의 관계의 본질에 영향을 미치고 보다 긍정적인 적응과 관계를 가진다(Howe, Karos, & Aquan-Assee, 2011; Kowal et al., 2006). 만약 가족의 인식이 공유되지 않는다면, 이는 가족 구성원 사이에 응집력이 낮고 보다 문제 있는 관계를 가질 수 있음을 시사한다(Rinaldi & Howe, 2003).

형제관계에 대한 부모의 인식이 서로 다르면, 이는 자녀의 상호작용에 대하여 부모가 가진 지식, 부모가 자녀 사이의 친밀감 또는 갈등의 수준에 대해 알고 있는 정도, 자녀가 자신의 형제관계에 대하여 정직하게 공유하고자 하는 정도, 형제의 상호작용하는 행동이 의미하는 바에 대한 아동의(또는 부모의) 이해의 깊이에 대한 상대적인 차이에서 비롯될 수 있다(Dunn, 1988). 또한 자녀가 사이좋게 '지내야만' 하는가 그리고 형제 사이에 온정과 친밀감, 또는 적대감 및 형제간 경쟁이 얼마나 '있어야만' 하는가에 대한 부모의 기대는 부모의 인식이 한쪽으로 치우치게 할 수 있고, 형제관계의 특징의 평가에 영향을 미칠 수 있다. 부모는 특정한 방식으로 자녀를 보거나 자녀에게 주는 것에 자신의 시간과 노력을 투자한다. 부모는 자신의 형제 경험에 영향을 받을 수도 있다. 결국 부모의 설명은 편향될 수도 있고, 궁극적으로 부와 모 각각의 평가 또는 외부 관찰자의 평가는 일치하지 않을 수 있다(예 : Furman et al., 1989). 확실히 아마도 부모는 자녀와 맺는 관계에 일관성이 '있어야만' 한다고 기대하기 때문에, 그들이 가족 안에서 각각의 자녀와 맺는 관계의 일관성에 대해 과대평가 하기도 한다(Pike, Reiss, Hetherington, & Plomin, 1996). 유사하게 부모는 자녀가 어떻게 행동해야 하는지에 대한 기준을 유지할 수 있다. 이 기준은 결과적으로 형제관계에 대한 부모 자신과 자녀의 인식과 부모의 사회화 훈련(socialization practices)에도 영향을 미칠 수 있다(Howe et al., 2011). 후속 연구는 형제관계의 보다 포괄적이고 의미 있는 관점을 구하기 위하여 여러 가지 인식의 통합과 형제 사이에서 인식되고 관찰된 상호적인 행동을 평가하는 다양한 방법의 사용을 지속해야만 한다.

## 왜 형제는 그리 다른가?

대부분의 부모는 자녀의 기질과 행동이 매우 다르다는 것을 알고 있다. 부모는 자녀 사이의 차이를 지각하고 이에 대해 설명하고자 할 때 종종 혼잣말을 한다―"저 아이들이 같은 뱃속에서 나왔다니 믿을 수 없어!" 심지어 같은 가정에서 자라난 아이들도, 비숫하지 않은 특한 경험을 한다. 서로 다르게 경험하는 것이 비공유 환경(nonshared environments)을 만들어낸다고 추정한다. 형제 사이에서 나타나는 차이, 성격, 적응 및 발달적 결과의 차이는 그렇다면 대부분 이런 비공유된 영향과 관련된 측면으로 설명할 수 있다(Daniels & Plomin, 1985; Rowe & Plomin, 1981; Turkheimer & Waldron, 2000). 비공유된 환경 요인으로는 나이, 출생 순위, 부모와의 관계, 장애 또는 질병, 부모의 차별적 양육 태도, 학교에서의 경험, 그리고 또래관계가 있고(Dunn & Plomin, 1990; Harris, 2006), 이는 형제간 차이를 만드는 데 기여한다(Hetherington et al., 1994; Pike, Manke, Reiss, & Plomin, 2000; Plomin & Daniels, 1987; Vandell, 2000). 하지만 형제간 발달적 또는 행동적 결과에서 나타나는 차이(variance)를 비공유 환경 변인이 어느 정도 설명하는가와 관련된 주제에 대해서는 여전히 논란이 있다(예 : Plomin, Asbury, & Dunn, 2001 참조).

초기에, 연구자는 형제간 차이를 가져오는 요인을 이해하기 위하여 연령 차, 형제의 성별 구성, 출생 순위 같은 구도 변인을 조사하였다. 예를 들어, 몇몇 연구는 형제관계의 질에 대한 연령 차의 영향을 탐구하였는데, 일부 연구에서는 연령 차가 관계의 질에 미치는 영향이 유의하지 않았고(Lee, Mancini, & Maxwell, 1990), 다른 연구에서는 형제의 연령 차가 적을수록 관계의 질이 낮음을 발견하여(예 : Milevsky, Smoot, Leh, & Ruppe, 2005) 결과가 일치하지 않았다. 맏이가 비교적 나이가 든 후(만 4~5세경) 동생이 태어나, 연령 차가 4~5년 정도 있는 형제는 맏이와 동생의 연령 차가 3년 이하인 형제에 비해 청소년기에 이르렀을 때 경합과 경쟁이 감소하는 경향이 있다. 동생이 태어나기 전 어머니와 맏이의 관계의 질과 청소년기의 형제관계의 질은 정적으로 유의한 상관을 보였는데, 맏이와 동생의 나이가 4~5년 정도 차이가 날 때 연령 차가 적을 때보다 강한 상관을 보였다(Kramer & Kowal, 2005). 이와 같이 연령 차는 전반적 형제관계의 질의 차이를 가져올 수 있지만, 어머니 또는 또래와의 초기 관계 능력과 같은 다른 요인 역시 고려하는 것은 중요할 수 있다.

형제간의 성별 구성 또한 형제관계의 질에 영향을 줄 수 있다(Brody, 1996). 여자 형제는 남자 형제에 비해 보다 지지적이고 애정 어린 것처럼 보이고, 적대감과 갈등을 적게 경험하는 듯하다(Dunn, 2002; Hetherington et al., 1999). 이에 반해 남자 형제는 괴롭히기와 신체적 폭력 등 보다 위협적이고 적대적으로 행동하고 형제와 보다 빈번하게 충돌하는 경향이 있다(Brody, 2004). 형제의 성별이 다를 때보다 형제의 성별이 동일할 때 (특히 여자 형제) 형제관계의 질이 높다는 연구 결과도 있다. 형이 있는 소년은 누나가 있는 소년과 다른 경향이 있고, 형제관계의 질이 가장 낮은 형제는 오빠-여동생 형제였다(Aguilar et al., 2001; Buist, 2010). 그리고 동성의 형제가 비행 행동에서 보다 유사하다는 것을 포함하여, 형제의 성별은 심리사회적 적응(예 : 비행)에 영향을 미치는 듯하다(Fagan & Najman, 2003; Rowe & Gulley, 1992, Slomkowski et al., 2001).

연구자는 출생 순위도 조사하였는데, 형제 출생 순위와 관련된 특정한 성격 특성이 있음을 발견했다. 예를 들어 맏이는 보다 양심적이고 총명하며, 자제력이 있고, 성취 지향적이며 부모와 동일시하고 현상을 유지하려 하는 경향이 있다. 이에 반해, 동생은 보다 쾌활하고 자유로우며 창조적이고 반항적이며 현상 유지를 거부할 가능성이 있다(Paulhus, Trapnell, & Chen, 1999; Sulloway, 1996). 맏이는 동생이 태어나기 전에 부모에게 독점적인 보살핌과 관심을 받기 때문에 권위적인 인물을 보다 쉽게 알아볼 수 있고, 동생에게 보다 권위주의적인 행동을 보일 수 있다(Sulloway, 1996). 그러므로 동생은 맏이와의 친밀감을 추구하고 관계를 맺는 것을 원하는 반면 맏이는 동생과 거리를 두고 차이를 두는 듯하다(Dunn, 2002). 하지만 출생 순위의 영향을 탐구하는 연구는 상관 결과에만 의존하며 출생 순위 간 약간의 차이만을 보고하는 경향이 있다. 그러므로 많은 형제 연구자는 출생 순위에 초점을 맞추는 것을 넘어, 발달적 결과에 영향을 미칠 수 있는 다른 변인을 고려하기 위하여 연구를 확장하고 있다.

같은 가족 내의 윗 형제와 동생은 부모, 형제와 관련하여 서로 다른 역할을 맡는다. 연구자는 윗 형제와 동생이 하는 각각 다른 역할과 이것이 형제관계에 미치는 중요성을 이해하고자 시도해왔다. 윗 형제는 보다 지배적이고 통제하고자 하며(Vandell et al., 1987), 부모가 동생과 자신을 차별한다고 지각할 때 보다 분개하는 경향이 있다. 이는 결과적으로 형제관계에 영향을 미칠 수 있다. 하지만 청소년기에 형제관계는 평등함을 보다 지지한다는 개념과 일치하여(Buhrmester, 1992), 청소년기 초기와 중기에 맏이가 동생을 통제하고자 하는 노력이 감소한다(Tucker, Updegraff, & Baril, 2010). 또한 형제관계 내 지배력이 균형이 있거나(또래관계와 유사하게) 관계에서 동생이 보다 지배적인 경우 둘째는 맏이와의 관계에서 먼저 갈등을 일으킬 가능성이 더 높다(Tucker et al., 2010).

오늘날 여러 연구자는 출생 순위가 고려해야 하는 여러 주요한 가족 구도 변인 중 단지 하나일 뿐이라고 주장한다. 확실히 연령 및 성별 구성의 차이는 맏이와 동생의 행동을 관찰할 때 나타나는 차이에 영향을 미칠 수 있기 때문에 조사해야 한다. 게다가 이 구도 변인의 영향은 어느 발달 시기의 형제를 관찰했는지에 따라 달라질 수 있다. 예를 들어, 형제는 청소년기 및 성인 진입기에 비해 아동기 초기 및 중기에 훨씬 중요할 수 있다. 또한 구도 변인의 영향은 가족의 사회 및 문화 맥락에 따라 달라질 수 있다. 입양된 형제, 위탁되어 양육된 형제, 이복형제, 재혼가정의 형제가 경험하는 것은 전통 가족의 형제가 경험하는 것과 다를 수 있다. 또한 형제의 발달장애나 만성질환, 부모의 질환 또는 가족 내의 학대 등의 가족을 둘러싼 환경도 형제의 발달 결과가 각각 다른 원인일 수 있다.

연구자는 한 가족 내의 복합적인 형제관계를 고려해야 하는 중요성 또한 강조하기 시작했다(예 : Jenkins, Rasbash, Leckie, Gass, & Dunn, 2012). 그러므로 둘째는 두 형제 중의 막내인지 아니면 세 명 이상의 형제의 중간인지 구별되어야 할 필요가 있다. 동생은 또래와 보다 사교적으로 지내는 경향이 있는데, 아마도 태어난 직후부터 윗 형제와 함께 생활하였고 타인과의 상호작용 경험이 많았기 때문인 듯하다. 중간 형제는 종종 형제 사이의 갈등과 분쟁을 조정하며 중재자가 되는 경향이 있다. 막내는 청소년이나 성인이 되어도 종종 가족의 '아기' 취급을 받는다. 가족은 막내가 외부의 기준(예 : 학업의 성공 및 사회적 성취)을 증명하더라도, 역량, 경험, 선호도 및 의견 면에서 충분한 지식을 갖지 못하고 미성숙하며 단순하다고 여긴다(Sutton-Smith, 1982).

요컨대, 연구자는 형제 출생 순위, 연령 차, 그리고 성별의 영향이 개개인의 적응을 좌지우지하기에 이에 대해 조사해왔다. 하지만 같은 가정 안에서 성장한 아동은 기질과 유전적 소인 또한 서로 다를 수 있기에, 형제가 공유하지 못하는 또 다른 요인군을 제안한다. 이와 같이 사회화 이론과 행동 유전학 연구에서 나타나는 현재의 관점은 가족 구도 변인과 유전적 요인 모두 형제에게 서로 다른 환경을 조성하고 이는 잠재적으로 서로 다른 발달 결과에 영향을 미치고 서로 다른 발달 결과의 원인이 된다.

부모는 자신의 형제관계에 영향을 주었던 똑같은 구도 변인의 일부에 근거하여 자녀에게 다르게 반응할 수도 있다. 예를 들어, 어머니는 자신의 딸이나 자신과 출생 순위가 같은 자녀와 보다 더 많이 동일시할 수 있고 어머니 자신의 형제 또는 원가족 관계에서의 오래된 패턴을 현재의 가족에서 되풀이하고자 할 수 있다. 3명의 형제 중 첫째로, 책임감을 갖고 성장한 맏형은 아버지가 되었을 때 자신의 큰아들이 형제를 대할 때 자신과 똑같이 책임감 있는 역할을 할 것으로 기대한다. 하지만 현재의 개인적, 가족적, 문화적 또는 경제적 요인은 큰아들의 행동 패턴이 아버지와 달라지게 할 수 있기에, 부모–자녀 관계에 긴장감이 발생할 수 있으며 또는 이 다음 세대의 형제간의 갈등을 일으킬 수 있다. 이와 같이, 부모의 기대, 부모가 형제와 함께한 초기의 경험, 그리고 현재의 환경은 자녀를 향한 부모의 행동에 큰 영향을 줄 수 있으며, 후에 자녀 사이에 발달하는 형제관계에 영향을 미친다.

## 부모의 차별적 양육태도와 이것이 형제에 미치는 영향

대부분의 부모는 자녀가 독특한 성격, 행동, 그리고 욕구를 가지고 있음을 인식한다. 부모가 자녀의 개인차에 민감하고 즉각 반응하기 위하여 이 독특한 특성을 수용하고 연령과 성별에 따라 다르게 반응하는 것은 필수적이다(Kowal & Kramer, 1997). 부모는 자녀 사이에 관찰되는 기질적 차원에서의 차이(예 : "우리 아들은 한시도 가만있지 않지만, 우리 딸은 조용히 놀아서 만족스러워요." 또는 "우리 딸은 모든 사람에게 말을 건네는 걸 좋아하지만 우리 아들은 수줍음이 너무 많아요.") 또는 관심 분야(예 : "우리 딸은 운동선수야." 또는 "우리 아들은 음악가야.")를 과장할 수 있다. 이러한 경향은 결국 자녀의 행동에 대한 부모의 기대에 영향을 미쳐 부모가 자녀를 다르게 대하는 결과로 이어질 수 있다.

부모는 자녀 개개인의 성격, 관심사 및 욕구에 대하여 부모가 지각한 것에 따르는 차별적인 양육태도가 옳다고 한다(Atzaba-Poria & Pike, 2008; McHale & Crouter, 2003; Plomin & Daniels, 1987; Saudino, Wertz, Gagne, & Chawla, 2004). 그러나 형제는 왜 부모의 양육태도가 차별적인지에 대하여 이해하는 데 어려움을 겪을 수 있으며, 사실상 차별받는 것을 억울해한다. 부모의 온정 또는 적대감의 차이, 또는 형제 갈등에 대하여 부모가 보이는 반응의 차이는 자녀가 다른 형제와 맺는 관계에 영향을 미칠 수 있다. 더하여 부모 변인과 자녀 변인 사이의 상호작용은 형제가 어떻게 어울리는가에 영향을 미칠 수 있다. 예를 들어, 형제 모두가 '순한' 기질이고 부모에게 상대적으로 동등한 대우를 받았을 때 형제는 보다 더 잘 어울리는 경향이 있다. 형제 한 명 또는 모두가 '까다로운' 기질이거나 부모가 한 형제를 특별 대우할 때 형제관계에 더 많은 문제가 있다(Brody, 1998; Brody et al., 1987). 이와 같이, 연구자는 차별적 양육태도가 형제의 성격 특성과 관계에 영향을 미칠 수 있는 비공유 환경의 중요한 요인 중 한 부분이기에 차별적 양육태도에 대하여 조사하고 있다.

비록 형제의 비공유 환경에는 형제 상호작용(예 : 형제간 적대감, 돌봄, 질투 및 친밀감)에서 상호 관계적이지 않은 것의 차이, 또래와 함께한 경험의 차이(예 : 비행, 인기, 학교/대학이 지향하는 것), 그리고 각 형제의 특정한 사건(예 : 연애 관계, 교사와의 관계, 사고)도 있지만, 형제의 비공유 환경을 탐구하는 연구는 전형적으로 부모의 차별적 양육태도에 초점을 둔다(Daniels & Plomin, 1985; Harris, 1998). 행동유전학자는 형제 간의 차이는 발달 과정에 걸쳐 더욱 분명해진다고 주장하며, 아동기보다 청소년기에 차별적 양육태도를 발견하는 것이 보다 일반적이라고 제안한다(McCartney et al., 1990; Scarr & McCartney, 1983). 아동기와 청소년기의 부모는 부모의 성별과 형제의 연령 및 성별 구도에 따라 자녀를 대하는 태도가 다른 것으로 밝혀졌다. 자녀를 대하는 부모 태도의 특정한 측면(예: 온정 또는 통제)은 또한 위에서 관찰한 차이에 영향을 미친다. 예를 들어, 남자 형제는 다른 성별 조합의 형제보다 어머니의 온정과 개입의 수준이 낮다고 보고하며 부모는 자녀가 남매일 때 아버지는 아들에게, 어머니는 딸에게 보다 더 개입한다(McHale, Updegraff, Jackson-Newson, Tucker, & Crouter, 2000). 이와 같이 부모의 양육태도가 다른 것에 기여하는 요인이 많다.

부모의 차별적 양육태도의 영향에 대한 초기 연구는 차별적 양육태도가 형제 개개인의 빈약한 적응과 형제관계의 질을 저하시키는 결과를 가져온다는 견해를 뒷받침했다(Brody et al., 1987; Dunn, Stocker, & Plomin, 1990; Volling & Belsky, 1992b). 부모가 자녀를 차별할 때, 아동기와 청소년기의 심리사회적 기능에 해로운 결과가 발생할 수도 있다(Boyle et al., 2004; Coldwell, Pike, & Dunn, 2008). 일반적으로 차별적 양육태도는 내재화 문제보다는 외현화 문제에 더 강한 영향을 미치는 것으로 밝혀졌다(Richmond et al., 2005). 부모의 온정과 부정성에 차이가 있고(Feinberg & Hetherington, 2001) 부모 간 갈등의 차이가 있는 것(Mekos, Hetherington, & Reiss, 1996)은 외현화 행동 문제와 보다 더 관계가 있다. 내재화 문제에 대해서는 엇갈린 결과가 있는데, 부모의 애정의 차이가 내재화 문제에 미치는 영향이 제한적이거나 영향이 없다는 연구가 있는 반면(Kowal, Kramer, Krull, & Crick, 2002; Richmond et al., 2005), 부모 간의 갈등과 온정에 차이가 있는 것은 우울한 증상과 관련이 있다는 연구도 있다(Shanahan, McHale, Crouter, & Osgood, 2008). 흥미롭게도, 형제의 차별적 태도는 청소년기보다 아동기의 내재화 행동 문제와 더 밀접한 관계가 있는데(Buist et al., 2013), 이는 아동기에 가족 및 형제의 영향이 강하게 나타나고 청소년기에는 행동에 대한 또래의 영향이 증가함에 따라 가족 및 형제의 영향은 감소한다는 개념과 일치한다. 연구 대상인 형제의 발달 시기는 발달적 결과에 차별적 양육태도가 미치는 영향을 중재하는 중요한 요인인 듯하다.

아동은 형제와 비교해 부모가 자신을 대하는 방식에 차이가 있는 것에 상당히 민감하고, 이러한 지각된 차이는 행동 문제를 발달시키는 것과 관계가 있다. 현존하는 연구의 종합적인 메타 분석은 부모의 차별적 양육태도를 적게 경험하고 형제간 온정이 깊으며 갈등이 적은 아동은 내재화 및 외현화 문제가 적게 발생한다는 것을 발견하였다(Buist et al., 2013). 아동은 자신의 요구에 주의 깊고 민감하게 반응하는 부모와 상호작용하며 이익을 얻는 것처럼 보인다. 이러한 맥락에서 각 아동의 주관적 안녕감과 형제관계의 질은 향상한다. 그러나 아동이 차별적 양육태도를 지각할 때 이는 아동이 행동화하는 것과 같은 행동 문제로 이어질 수 있고 아동이 지각한 관심의 부족을 보상하고자 하는 시도로 불안해하거나 우울해질 수 있다. 또는 자녀의 성격이나 행동의 차이에 대한 지각으로 인해 부모는 자녀를 다르게 대할 수도 있다. 그러므로 내재화 행동 문제나 외현화 행동 문제가 나타났을 때, 이는 부모의 차별적 양육태도의 원인이기도 하고 결과이기도 하다.

형제가 지각한 차이는 그것이 공정하고 적당하다고 보이든 질투와 경쟁의 감정으로 이어지든 상관없이 형제관계의 질의 측정과 개인의 주관적 안녕감과 관계된다. 예를 들어 형제가 차별적 양육태도가 합리적이고 공정하다고 판단하고 다른 형제와 비교하여 자신이 받는 대우가 동등하거나 호의적이라고 묘사하는 경우, 그는 높은 자존감과 형제에 대한 보다 긍정적인 관심을 보고한다. 그러나 냉담한 대우를 받았지만 이것이 공정하다고 지각하는 형제는 낮은 자존감을 보고한다. 이와 같이 부모의 공정함에 대한 형제의 지각(McHale et al., 2000)과 부모의 차별적 양육태도가 그럴만한 이유가 있는지 아닌지에 대한 형제의 귀인(Kowal & Kramer, 1997)을 고려하는 것은 매우 중요하다. 차별적 양육태도의 정도보다는 자녀가 이러한 차별에 대해 갖는 의미가 더 중요하다.

특정 분야(예 : 훈육, 부모의 온정 및 지원, 집안일 나누기)와 그리고 특정 아동(연령, 인지 능력 및 신체 능력에 따라 다름)에게 평등한 대우는 타당하지 않거나 유익하지 않을 수 있다. 가족 중 맏이는 아마도 차별적 양육태도에 보다 잘 익숙해질 수 있다(Reid, Ramey, & Burchinal, 1990). 맏이는 또한 정교한 조망 수용 능력과 공감 능력을 가질 수 있기에 이러한 차이에 대해 보다 잘 이해하는 경향이 있다. 또한 서로 다른 형제의 요구에 근거하여 차별적 양육태도를 판단할 수 있는 역량은 분한 감정, 질투, 그리고 형제간 경쟁 등이 단독으로 형제를 동기화하는 것은 아니라는 점을 시사한다(Kowal & Kramer, 1997). 차별적 양육태도에 기여하는 의미에 영향을 미치는 문화적 요인도 있을 수 있다. 연령과 성별에 따라 기대와 역할이 다른 집단주의적 문화에서는 차별적 양육태도에 대한 분명한 이유가 있고 차별적 양육태도의 부정적인 기여도는 아주 적을 수 있다(Nuckolls, 1993; Weisner, 1993). 이와는 반대로 개인주의 문화에서 차별적 양육태도는 보다 부정적인 반향을 일으킬 수 있다(McHale, Updegraff, Shanahan, Crouter, & Killoren, 2005).

자존감이 낮은 사람이기 때문에 자신이 받은 냉담한 대우를 공정한 것으로 정당화할 수도 있는지, 또는 부모의 차별적 양육태도를 공정한 것으로 수용하고 그래서 자존감이 낮아지는 것인지에 대한 영향의 방향성은 분명하지 않다(McHale et al., 2000). 차별적 양육태도는 아동과 부모 모두에 의해 유도될 수 있다(Reiss et al., 1995). 보다 까다로운 아동에게 양육적으로 반응할 수 있고(Jenkins, Rasbash, & O'Connor, 2003; Zadeh, Jenkins, & Pepler, 2010), 까다로운 아동은 보다 부정적인 양육을 유도할 수 있다(Lytton & Romney, 1991). 영향의 방향성과 상관없이, 이러한 결과는 부모의 차별적 양육태도가 형제의 결과에 영향을 미치는 과정을 탐구하는 후속 연구에서는 차별적 양육태도를 경험한 형제의 주관적 평가를 고려해야 함을 제안한다.

차별적 양육태도와 상호작용하고 형제의 적응의 차이를 이끄는 다른 요인이 있을 수도 있다. 윗 형제는 차별적 양육태도에 보다 민감한 듯하기에(Feinberg et al., 2000; Shebloski, Conger, & Widaman, 2005) 차별적 양육태도와 그것의 결과의 관계를 연구할 때는 연령을 고려해야 한다. 더욱이 부모의 차별적 양육태도에 따라 모든 형제의 관계의 질과 적응이 달라질 수 있어, 위계적 선형 모형과 같이 종속 관계를 검토하는 통계 모형을 사용하는 것을 고려할 필요가 있다(Richmond et al., 2005). 아동기와 청소년기 자녀의 차별적 양육태도에 대한 평가는 부모-자녀 관계뿐 아니라 형제관계에도 영향을 미친다(Kowal & Kramer, 1997; Kowal, Krull, & Kramer, 2004). 자녀를 대하는 부모 행동의 차이에 대하여 대화를 나누는 것은 자녀가 차별적 양육태도에 대하여 이해하고 경험하는 것을 가능하게 한다. 마지막으로 영향력의 기제를 탐색하는 보다 복합적 모델을 검토할 필요가 있다. 예를 들어, 청소년 쌍둥이 형제(만 15~18세)에 대한 한 연구에 따르면, 자신의 쌍둥이 형제에 비해 부모에게 냉담한 대우를 받았다고 보고하는 형제는 불안정 애착 및 낮은 심리적 적응을 보고하는 비율이 높았다. 또한 불안정 애착은 쌍둥이 형제가 보고한 아버지의 차별적인 애정 및 낮은 자아존중감의 관계뿐 아니라 어머니의 차별적인 애정 및 높은 수준의 불안의 관계를 중재하는 것으로 밝혀졌다(Sheehan & Noller, 2002). 다양하고 보다 많은 표본을 대상으로 하는 종단적 설계를 사용한 후속 연구는 이러한 영향력의 경로를 검증하는 데 도움이 될 것이다.

또한 차별적 양육태도는 부모나 형제의 보고에 기반한 연구, 관찰 측정을 사용한 연구, 그리고 두 가지 모두를 사용하는 연구 등으로 다양하게 측정한다. 부모의 차별적 양육태도는 객관적으로 평가된 부정적 관계의 역동과 관련이 있고 이는 빈약한 의사소통을 특징으로 하며 공격적인 형제 행동의 악순환을 지속시킬 수 있기에(Bedford & Volling, 2004; Sheehan, 1997), 다양한 방법과 여러 정보 제공자를 사용하는 것이 좋다. 384명의 청소년 형제와 그들의 부모를 대상으로 조사한 종단연구에서 관찰자는 자녀 각각에 대한 부모의 적개심(화를 내거나, 비판적이거나, 거절하는 행동), 화나게 하는 강요(비난하거나, 위협하거나 요구하는 행동), 그리고 반사회적 행동(민감하지 않거나 사려 깊지 않은 태도)을 평가하였다. 3년에 걸쳐 진행된 연례 평가에서 어머니의 26%와 아버지의 30%만이 자녀를 평등하게 대한다고 평가하는 것으로 밝혀졌다. 더욱이 세 번째 해의 연구에서는 차이가 없었지만, 첫 번째와 두 번째 해의 연구에서 윗 형제는 부모가 동생의 편을 들고, 동생에게 더 잘해주고, 위의 세 가지 영역을 평가할 때 동생에게 더 주의를 기울인다는 면에서 부모가 동생을 더 예뻐한다고 지각했다(Shebloski et al., 2005).

어머니와 아버지의 차별적 양육태도의 정도에 대한 자녀의 지각을 고려하는 것은 분명히 중요하다. 부모의 양육태도의 차이가 적당하다면 형제의 비교를 촉발하지 않을 수 있고, 정당하다고 여겨질 수 있으므로 형제관계의 질에 영향을 미치지 않을 수 있다(Coldwell et al., 2008; Kowal et al., 2006). 또한 차별적 양육태도에 대한 연구는 자녀가 둘인 가족에만 국한하는 것을 넘어서 확장할 필요가 있는데, 이는 자녀가 셋 이상인 대가족에 내재하는 역동을 정확히 나타내지 않을 수 있고, 차별적 양육태도의 영향을 혼동할 수 있기 때문이다(Meunier, Bisceglia, & Jenkins, 2012). 다수준 모형 기법을 사용하여 가족 내의 다양한 형제 쌍을 연구하는 것은 형제가 시간이 지남에 따라 서로 관계하는 방식을 설명할 수도 있는 가족의 과정을 조사하는 것을 가능하게 한다(Jenkins et al., 2012).

결론적으로 연구가 계속 진행됨에 따라 차별적 양육태도는 형제의 부정적인 결과와 드물거나 일관적으로 관계가 있지 않다고 여겨진다. 사실 부모의 차별적 양육태도는 필요할 수 있다. 그리고 차별적 양육태도의 결과는 유전적 요인을 통제한 후에 형제의 개인 특성에 영향을 미치는 비공유 환경의 극히 일부만을 설명하는 것으로 밝혀졌다(Plomin et al., 2001). 연구자는 이제 부모의 양육태도의 차이, 특히 정당성과 공정성의 차이에 자녀가 어떤 주관적 의미를 부여하는가에 따라 성장 결과가 달라진다고 믿는다(Kowal & Kramer, 1997; McHale & Pawletko, 1992). 예쁨을 적게 받는 형제는 차별적 양육태도에 가장 많이 영향받는 것처럼 보이고, 자존감이 낮으며 관계적 의사소통이 빈약하고 문제 행동을 가장 많이 보인다(Brody et al., 1987; McHale et al., 2000). 반대로 예쁨을 많이 받는 형제 역시 발달적 문제를 일으킬 위험이 있다(Meunier et al., 2012). 차별적 양육태도에 대한 연구 결과는 부모가 차별적 양육태도에 대한 자녀의 정서적 반응에 민감해야 하고 차별적 양육태도의 합리적인 이유를 설명해야 하며, 자녀를 불공정하게 대하는 것을 최소화해야 함을 시사한다.

## 형제관계의 질에 대한 그 외의 영향

형제관계의 질은 현재까지 충분히 검토되지 않은 다른 많은 요인에 의해 영향을 받을 수 있다. 관계의 질에 대한 가족의 독특한 경험의 영향을 보다 잘 이해하기 위하여 민족적 및 구조적으로 다양한 가족 내의 형제를 고려해야 할 필요성이 증가하였다(McGuire & Shanahan, 2010). 예를 들어, 여러 임시 체류하는 가정의 형제, 다문화 가정(ethnically diverse families)의 형제(예 : 미국의 여러 아시아계 미국인 하위집단), 여러 세대에 걸쳐 함께 살고 있는 대가족 내의 형제에 대하여 광범위하게 연구하지 않았다(Taylor, 2001). 재혼 가정의 아동, 이복형제를 가진 아동, 위탁 가정 아동 및 입양 아동 또한 발달하는 형제관계에 영향을 미치는, 그리고 적응의 차이로 이어지는 독특한 경험을 할 수 있다. 국제 입양된 자녀를 조사하는 것에 더 많은 관심을 가질 수도 있다. 그들의 형제관계는 그들의 인종적 · 민족적 정체성뿐 아니라 적응에 영향을 미칠 수 있다(Lee, Grotevant, Hellerstedt, Gunnar, & the Minnesota International Adoption Project Team, 2006). 그리고 위탁 가정에서 함께 자란 형제는 가족의 분열에 직면했을 때에도 스트레스를 관리하고 회복력을 촉진하는 보호 기능을 할 수 있다(Linares, Li, Shrout, Brody, & Pettit, 2007). 동성애자인 성소수자 부모의 자녀의 형제 경험을 탐구하는 것 또한 가족 맥락과 부모의 차별적 양육태도에서 성별의 기능을 이해하는 것에 이바지할 수 있다. 또한 성소수자 청소년과 그의 형제관계에 대한 연구는 정체성 발달에서의 형제 경험의 역할을 강조할 것이다(Gottlieb, 2005).

마지막으로 대가족 맥락 외의 요인을 탐색하는 것은 형제관계에 대하여 보다 깊게 이해하는 데 중요한 역할을 할 것이다. 형제관계의 질을 결정하는 데 사회경제적 지위나 가족의 주변 환경과 같은 형제의 공유 환경 특성의 역할을 이해하기 위하여 형제의 공유 환경을 조사하는 것은 중요하다. 사회경제적 지위나 이웃의 영향을 조사한 연구의 결과는 일관성이 없다. 일부 연구는 사회경제적 지위가 낮은 가족의 형제관계가 보다 긍정적이라고 보고하는 반면(McHale, Whiteman, Kim, & Crouter, 2007), 다른 연구는 형제관계가 보다 부정적이라고 보고한다(Updegraff, McHale, Whiteman, Thayer, & Delgado, 2005). 또한 공원이나 운동장 같은 가족의 주변 환경의 특성과 자원 또한 형제의 경험과 관계되어 있다(Updegraff & Obeidallah, 1999). 가족의 주변 환경이 또래와 상호작용하는 기회를 보다 많이 제공할 때, 청소년의 대인관계 경험은 맥락적 요인에 의해 영향을 받을 가능성이 더 높고 이는 형제관계 패턴의 차이로 이어질 수 있다. 청소년기의 윗 형제의 경험은 대학에 입학하며 동생과 떨어진 후에도 서로 의사소통 할 수 있고 연락할 수 있도록 돕는 과학 기술의 영향을 받을 가능성 또한 더 높다(Whiteman, McHale, & Soli, 2011). 문자 메시지, 소셜 미디어 플랫폼, 영상 통화, 그리고 이메일 교환의 유용성은 지리적으로 떨어져 있는 형제가 연락하는 것을 돕는다. 갈등과 어려움을 바로잡는 것과 연결되어 있다는 감정과 지지받는 감정을 유지하는 이러한 의사소통 자원의 영향은 후속 연구에서 다뤄져야 한다.

문화적 요인 또한 형제관계에 영향을 미친다. 실제로 일부 이론가는 형제관계가 민족, 인종, 그리고 문화적 틈새에 포함되어 있기에 형제관계를 탐구할 때 문화는 가장 중요하게 고려해야 하는 단독 요인이라고 믿는다(Weisner, 1993). 문화적 가치는 양육 방식(parenting practices)에 영향을 미치고 문화적 집단을 구분하는 독특한 경험을 형성한다(예 : 차별, 가족의 충성, 성 역할). 예를 들어 아프리카계 미국인의 형제관계에 대한 연구는 민족 정체성, 가족 개입의 확대 및 차별 경험이 형제관계의 질과 관계 있는 주요한 문화적 요소라는 것을 증명한다(McHale et al., 2007). 멕시코계 미국인 가정에서의 가족 간의 의존성, 연대감 및 가족의 의무는 형제의 친밀성과 관계가 있다(Updegraff et al., 2005). 윗 형제가 양육의 책임을 맡는 것을 기대하고 형제 역할이 위계적으로 구조화되어 있는 일부 비서구 문화에서 형제관계의 질은 대립, 형제간 경쟁 그리고 협동 등으로 각기 다를 수 있다(Maynard, 2004; Nuckolls, 1993; Zukow, 1989). 현재의 연구는 형제관계의 질의 개인차와 관계된 보다 복잡한 가족 환경의 모형을 검증하는 것의 중요성을 강조하지만 후속 연구는 사회문화적 요인, 형제관계의 질, 그리고 심리사회적 발달 사이의 상호 영향을 탐구해야 한다.

## 형제관계가 사회 정서 발달에 미치는 영향

형제관계의 정서적 강렬함과 형제가 함께 보내는 시간은 형제간 상호작용을 사회적 역량과 정서적인 사회화에 영향을 미치는 주요한 맥락이다. 형제가 기여하는 것은 직접적일 수 있으며, 이는 형제관계의 질을 반영한다. 그렇지 않으면 형제의 영향은 자녀 중 하나가 부모에게 영향을 미치고 부모가 그 뒤에 다른 형제에게 영향을 미치는 것을 반영하여 간접적일 수 있다. 같은 가정에서 성장하는 형제는 결과적으로 서로 매우 다른 경험을 할 수 있다. 형제는 단순히 함께 머무르는 기능만으로도, 서로에게 다른 환경을 조성할 수도 있다(Dunn & Plomin, 1990). 예를 들어, 취학 전 연령의 동생의 정서에 긍정적으로 반응하고 대처하는 윗 형제는 동생의 정서 지식(예 : 정서의 원인을 이해하고 적절하게 정서를 표현하는 규칙)과 친사회적 반응성을 발달시키는 역할을 한다. 동생의 연령과 형제의 연령 차, 그리고 윗 형제의 성별은 이 영향력을 조절한다(Sawyer et al., 2002). 아동기 중기 동안, 윗 형제의 돌봄의 질(예 : 자율성의 격려, 양육, 그리고 훈육)은 동생의 조망 수용 및 공감과 관계가 있다(Bryant, 1989). 형제가 그들 사이의 갈등을 다루는 것은 사회적 이해를 촉진한다(Dunn, Slomkowski, Donelan, & Herrera, 1995, Kramer & Conger, 2009). 이와 같이 형제가 상호작용하는 동안 동생은 긍정적이고 부정적인 정서를 더 강하게 표현하기 때문에[부모-자녀 상호작용과 비교하여(Dunn et al., 1996], 형제관계는 아동이 정서와 적절한 사회적 역량에 대하여 많은 것을 배울 수 있는 맥락을 제공한다.

일부 연구자는 형제가 부모나 또래보다 강력한 사교적인 영향을 가진다고 제안한다. 아동기 중기의 형제관계의 질은 청소년기 초기의 전반적인 적응과 긍정적인 또래관계와도 관계가 있다(Stocker et al., 2002). 청소년기의 긍정적 형제관계는 긍정적 자기 가치감, 자율성의 증가, 그리고 사교성 및 학업 수행의 향상과 관계를 가진다(Hetherington et al., 1999). 형제간 연령차가 부모보다 적기 때문에, 형제는 부모가 할 수 없는 방법으로 청소년기의 사회적 문제(예 : 또래와의 사회적 문제 또는 첫 성 경험)를 다루거나 이해하는 데 도움을 줄 수 있다. 스트레스가 많은 삶의 사건을 경험할 때(분리, 죽음, 사고, 질병, 결혼 혹은 가족 문제), 형제애는 스트레스 사건과 외현화 증상의 관계에는 영향을 미치지 않지만 스트레스 사건과 내재화 증상 사이의 관계는 조절한다. 형제애의 보호 효과는 부모-자녀 관계의 질과는 관계가 없다(Gass et al., 2007). 또한 형제는 서로 대안이 되는 활동에 참여하며 그들의 초점이 스트레스에서 벗어나 다른 것으로 이동하도록 돕는 중요한 역할을 할 수 있다. 형제와의 친밀한 관계는 부부간 갈등과 적대감이 자녀의 적응에 미치는 부정적 영향을 감소시킬 수 있다(Conger, Stocker, & McGuire, 2009, Deković & Buist, 2005). 이와 같이, 형제는 아동이 스트레스를 받을 때 편안함과 안전감을 주는 애착 대상이 될 수 있다.

　형제는 서로를 학업 및 사회 활동을 지도하고 지지하는 원천으로 보기도 한다 (Tucker, McHale, & Crouter, 2001). 형제의 온정은 또래에게 괴롭힘을 당하는 아동의 긍정적인 행동적·정서적 적응을 증진시킨다. 그리고 형제와의 친밀한 관계는 친한 친구가 없는 것의 부정적인 결과를 보완할 수 있다(East & Rook, 1992). 그러나 형제는 또한 부정적인 방식으로 서로에게 영향을 미칠 수도 있다. 일부 연구는 특히 비행을 저지르거나 공격적인 형제가 있는 남자 형제의 형제관계가 긍정적인 것은 외현화 문제의 위험 요인이 될 수 있음을 시사한다(Fagan & Najma, 2003; Rende, Slomkowski, Lloyd-Richardson, & Niaura, 2005). 더욱이 형제는 공격적인 비행 행동과 약물 사용 그리고 이른 성행위와 임신의 위험 같은 문제 행동을 따라한다(Rowe, Rodgers, Meseck-Bushey, & St. John, 1989). 실제로, 부모의 물질 사용과 가족의 주변 환경 요인과 같은 청소년 형제가 공유하는 환경의 다른 요인을 통제하더라도, 청소년 형제의 물질에 대한 태도와 물질의 실질적인 사용은 서로 관계되어 있다(Pomery et al., 2005).

　초점을 형제의 온정과 지지에 두는지 또는 형제 갈등에 두는지에 따라 형제관계의 심리적 적응에 미치는 영향은 달라진다. 형제 갈등이 문제 행동에 미치는 영향은 형제의 온정 또는 부모의 차별적 양육 태도의 영향보다 강한 편이다(Buist et al., 2013). 형제 갈등에 대한 연구는 형제와 싸우거나 다른 형제 사이의 적대적인 행동을 관찰한 아동은 다른 맥락에 일반화할 수 있는 부정적 행동을 학습함을 보여주었다(Stauffacher & DeHart, 2006). 더하여, 일부 연구는 규준 집단에 초점을 두는 것 이상으로 범위를 확장했다. 공격적인 아동의 형제관계에 대한 연구는 주로 두 형제 사이의 부정적 행동에 초점을 두었다. 하지만 지지 및 온정과 같은 긍정적 행동도 연구한 결과, 온정과 갈등이 적정 수준으로 있을 때 형제의 정서 통제와 사회적 역량이 보다 좋았다. 이에 반해, 공격적인 아동의 형제관계가 지지적이고 온정적이지 않고 갈등만 있을 때, 또래와의 관계에서 보다 많은 문제 행동과 어려움이 있음을 발견하였다(Stormshak, Bellanti, & Bierman, 1996).

　이와 같이, 형제관계의 질은 긍정적이고 부정적인 발달적 결과 둘 다로 이루어져 있다(Deater-Deckard, Dunn, & Lussier, 2002; Gass et al., 2007; Modry-Mandell, Gamble, & Taylor, 2007). 긍정적 형제관계는 일반적으로 적응을 촉진하거나 부정적인 또래, 부모, 가족 경험이 사회 및 정서적 적응에 미치는 영향을 조절할 수 있다. 또한 긍정적 적응이 형제 사이의 보다 질적인 상호작용을 촉진하는 것과 같이, 형제관계의 질과 적응은 양방향적인 영향이 있을 수도 있다. 또한 형제관계의 역동이 발달적 결과에 영향을 미치는 경로에 대한 질문은 여전히 남아 있다. 예를 들어, 아동은 사회적 조망 수용, 정서 조절 또는 관계에서의 긍정적인 내적 작동 모델 등 초기 형제관계에서 학습된 기술을 이후의 또래관계를 형성하는 데 바로 적용할 수 있고, 아니면 아동이 학습한 기술은 형제관계가 이후의 적응에 미치는 영향을 중재할 수 있다.

초기 형제관계에 부정적으로 작용할 수 있는 몇 가지 잠재적인 과정도 있다. 아동은 형제와 부정적으로 상호작용한 것을 가족 밖에서 재연할 수 있고, 그로 인해 또래와 학교 환경에서 강압적인 상호작용 방식이 발달할 수 있다(Patterson, 1986). 관계에서 갈등을 경험한 형제는 또래 압력에도 보다 취약할 수 있다. 그들은 형제의 일탈적인 훈련과 관계된 공격적이거나 반사회적인 활동에 대하여 이야기하거나 참여하거나 모방한 결과, 또래와 함께 일탈 행동을 공모할 수도 있다(Slomkowski et al., 2001; Snyder, Bank, & Burraston, 2005). 마지막으로 형제 갈등은 육아 시 스트레스가 가중되는 것, 그리고 유능하게 자녀의 관계를 관찰하고 다루는 부모의 능력을 방해하는 것을 떠올리게 할 수 있다(Brody, 2003; Dishion, Nelson, & Bullock, 2004). 최근 연구는 부모와 자녀 사이의 양방향적인 영향의 근원적인 기제는 환경적, 유전적, 그리고 유전과 환경의 상호작용의 과정을 반영할 수 있다고 제안한다(Marceau et al., 2013). 이 견해와 일치하여, 형제 갈등은 부모의 부정성을 증가시킬 수도 있고 형제 갈등이 부모의 부정성에 의한 결과일 수도 있다. 부모와 자녀 모두의 유전적인 영향은 부정적인 형제 상호작용 및 부모-자녀 상호작용을 결정하고 지속시키는 것과 관계될 수 있다. 이와 같이 형제관계가 개인의 적응과 가족 역동에 미치는 영향은 다양한 경로가 있다. 이 관점은 가족 내/외에서 발달하는 상호 간의 영향을 탐구해야 하는 필요성을 강조한다.

보다 광범위한 이론적 틀은 형제 갈등을 줄이고 긍정적인 형제 역동 및 가족 역동을 증진하는 중재 프로그램을 목표로 할 가능성이 있다. 몇 가지 중재 프로그램이 개발되어 어린 형제에게 사용되고 있다(Stormshak, Bullock, & Falkenstein, 2009). 예를 들어 품행장애를 일으킬 위험이 높은 형제를 대상으로 한 부모의 관리 훈련은 부모의 지지를 받고 있다(Bank et al., 2004). 'The More Fun with Sisters and Brothers(형제자매와 함께 더욱 신나게)' 프로그램은 만 4세부터 만 8세까지의 형제를 대상으로 진행하며 갈등을 줄이고 친사회적 관계를 강화하는 것을 목표로 하는 정서 조절 기술을 발달시키는 데 중점을 둔다(Kennedy & Kramer, 2008). 부모는 자녀 사이의 갈등을 조절하도록 교육받는다. 아동기 중기의 형제가 자신의 문제를 인식하고 해결하도록 돕는 것은 관계 내에서 타협이 증가하고 갈등이 감소하는 것으로 이어진다(Smith & Ross, 2007). 그리고 'Siblings are Special(형제는 특별해)' 프로그램은 5학년 아동과 그의 동생에게 정서 조절 기술과 문제 해결 기술을 가르칠 때 사용된다. 부정적인 형제관계 경험이 청소년기의 적응 문제의 위험 요인일 수 있다는 생각을 기반으로 하여 중재는 형제관계를 강화하는 것에 중점을 둔다(Feinberg, Sakuma, Hostetler, & McHale, 2013). 건설적인 활동에 부모뿐 아니라 형제와 함께 참여하도록 격려함으로써 친밀감을 강화하고 갈등을 감소시키는 것은 또래와 긍정적인 관계가 보다 증가하는 것과 물질 사용 관련 문제 및 학교 관련 문제가 보다 감소하게 하는 것으로 이어질 것이라고 예상된다(Feinberg, Solmeyer, & McHale, 2012). 부모가 형제간 상호작용을 모니터링하고 형제관계가 일탈 행동을 훈련하는 장이 되는 방식에 대하여 교육하는 것 역시 형제 갈등과 부모의 스트레스를 감소시키고 가족 간 온정을 증진시키는 데 도움이 될 것이라고 예상된다. 이와 같이, 형제가 서로에게, 그리고 가족 역동에 영향을 미치고 영향을 받는 인과적인 과정에 대한 심도 깊은 이해는 미래의 예방과 중재 활동에 지속적으로 이바지할 것이다.

## 형제관계와 친구관계

아동이 형제와 함께한 초기의 사회적 경험은 친한 친구와의 관계로 바로 일반화되는가? 애착이론가는 초기의 안정 애착과 아동이 형제와 친한 친구와 맺는 관계 사이에 인과관계가 있다고 예측한다(Berlin et al., 2008). 부모-자녀 관계에서의 초기 경험은 애착관계의 내적 모델을 세울 것이라고 기대한다. 후에 이 모델은 아동이 정서적으로 친밀한 유대(또래나 친구가 아닌 사람들과 비교하여)를 지속하는 형제 및 친구와 맺은 관계에서 아동의 행동과 기대를 인도한다. 더하여, 형제관계의 정서적 의미, 강도와 친밀감은 아동에게 관계 기술을 발달시키고 훈련하는 장을 제공하는데, 이 기술은 친밀한 친구관계를 형성하기 위하여 필요한 역량과 동일할 수 있다. 친한 친구와 맺은 관계가 강렬하고 중요하다는 점에서 친구는 형제와 유사하다. 형제와 친구 사이에는 애정, 나누기, 호혜성 또한 있다. 그러므로 이러한 관계적 시스템에 걸친 정적인 관계가 예상되며 형제관계와 친구관계는 유사할 것이다.

그러나 친구관계와 형제관계의 중요한 차이를 예상할 수 있는 많은 근거도 있다. 친구와 형제는 서로에 대한 헌신과 신뢰가 다르며, 형제는 선택할 수 없는 반면 친구는 선택할 수 있고, 형제는 부모의 사랑과 관심을 공유하는 걸 필요로 하기 때문에 본질적으로 보다 경쟁적이다. 형제관계와 친구관계를 구체적이며 영역을 각각 분리한 상호 작용 행동 척도를 사용하여 평가하거나 전반적인 관계의 특성에 대하여 보다 일반적인 평가를 하거나 하는 것과 관계없이, 평가는 관계에도 영향을 미칠 수 있다. 형제를 대상으로 하는 연구는 주로 가정(그들이 다양한 긍정적·부정적 정서와 행동을 나타낼 가능성이 높은 맥락)에서 이뤄지는 반면 친구를 대상으로 하는 연구는 가정 밖, 종종 다양한 기대와 요구가 있는 학교 환경에서 이뤄진다(Cutting & Dunn, 2006). 이와 같이 형제관계와 친구관계의 유사성이나 차이점에 대한 질문을 탐구할 때 그들을 평가하는 데 사용된 방법뿐 아니라 관계 자체에 내재하는 차이에 대해서도 고려할 필요가 있다.

관계 전반에 직접적인 '이월(carryover)' 효과가 있다는 생각을 지지하는 몇 가지 증거가 있다. 예를 들어, 어린 아동은 형제와 협동 놀이 및 가상 놀이를 함께하며 친사회적 이해에 필요한 기술을 학습한다(Dunn, 1999). 또한 초기 형제관계에서 발달한 사회적 역량은 이후의 친구관계를 위한 토대를 마련할 수 있다(McCoy, Brody, & Stoneman, 2002). 그러나 아동기의 형제관계와 친구관계의 특정 측면은 관계가 없다는 것을 보여주는 연구가 상당히 많다(Abramovitch, Corter, Pepler, & Stanhope, 1986, Mendelson, Aboud, & Lanthier, 1994). 갈등, 협동, 함께 가상 놀이하기, 그리고 의사소통의 특징에서 형제와 친구의 차이를 발견하였다(Cutting & Dunn, 2006; Stocker & Dunn, 1990). 흥미롭게도 같은 연구 안에서도, 정적 관계와 부적 관계가 모두 발견되었다(예 : Updegraff & Obeidallah, 1999; Volling, Youngblade, & Belsky, 1997).

아동의 형제관계의 질과 친구관계의 질의 차이는 연령, 출생 순위, 그리고 형제의 성별과 같은 다른 요인의 영향을 받는 듯하다(Dunn, 1993, 2004). 비일관적인 부모의 훈육과 부모의 소홀한 지도감독 등의 가족 변인과 아동기 시기의 형제의 부정적인 행동은 청소년기의 학업적인 어려움, 우울, 불안, 공포증은 물론 빈약한 관계와 반사회적 행동에도 영향을 미치는 것으로 밝혀졌다(Bank et al., 1996). 더하여 형제관계의 특정한 특성(온정과 갈등)은 아동기에 평가된 가족 환경의 측면(부부간 갈등과 형제 각각과 부모와의 관계의 질)과 청소년기 초기에 평가된 가장 친한 친구와의 우정의 질의 관계를 중재한다(McCoy, Brody, & Stoneman, 1994). 형제관계와 친구관계에 영향을 미치는 자아존중감의 역할도 조사하였다. 형제관계와 친구관계에서 모두 온정을 보다 많이 경험하고 갈등을 적게 경험한 청소년은 매우 높은 수준의 자아존중감과 매우 낮은 수준의 외로움을 보고한다. 형제, 친구와 맺는 따뜻하고 지지적인 질 높은 관계는 자기에 대하여 보다 긍정적으로 느끼는 것과 관계되어 있다. 높은 자아존중감은 결과적으로 관계 영역 전반에 걸쳐 사회적 역량을 향상시킬 수 있다(Sherman, Lansford, & Volling, 2006). 친구관계의 질과 자아존중감을 함께 고려한 것은 형제관계의 질이 이후의 적응에 미치는 영향을 매개할 수 있다(Feinberg et al., 2012). 요컨대, 형제관계와 친밀한 친구관계 사이에는 보다 복잡한 관계가 있는 듯하다. 후속 연구에서는 보다 정교한 분석 모형을 사용하여 이러한 관계에 영향을 미치는 과정과 기제를 평가하는 것은 중요하다.

형제관계가 친구관계에 영향을 줄 뿐 아니라 친구관계도 형제관계의 질에 영향을 미친다고 가정하는 양방향적인 영향을 탐구한 연구도 있다(Kramer & Gottman, 1992; Kramer & Kowal, 2005). 예를 들어 긍정적인 친구관계는 새로 태어난 형제에 대한 적응을 촉진하는 것이 밝혀졌다. 만 4세 아동은 윗 형제가 가장 친한 친구와 긍정적 상호작용을 하고 그 관계 내에서 부정적 정서와 갈등을 보다 효과적으로 다룰 때 새로운 형제(새로 태어난 형제가 6~14개월이 됐을 때 평가됨)에게 보다 긍정적으로 행동할 수 있었다(Kramer & Gottman, 1992). 맏이와 가장 친한 친구와 나누는 상호작용은 대인관계 역량을 강화하는 듯하다. 이 역량은 새로운 형제관계에 영향을 미친다. 아동기 초기 및 중기에 친구는 지속적인 사회적 지지를 제공하고 아동이 중요한 사회적 능력을 배우는 것을 돕는다(Berndt & Perry, 1986; Parker & Asher, 1993). 이와 같이 친구관계는 아동기의 형제관계 발달에 중요할 수 있다. 이 결과는 초기에 사회적 및 정서적 역량을 키우는 것은 친구와 친사회적인 상호작용을 하도록 장려하고, 이는 결과적으로 보다 긍정적인 형제관계로 이어지기 때문에 부모에게 실질적인 의미를 갖는다.

형제관계를 협상하는 데 내재하는 어려움에 직면할 때, 우정을 발달시킨 아동은 보다 효과적으로 반응할 것이다. 친구 관계는 또래 관계보다 친밀하고, 그러므로 친구관계(또래관계와 대조적으로)와 형제와의 관계 사이에서 보고된 매우 강력한 관련성을 설명한다(Stocker & Dunn, 1990). 형제관계와 친구관계의 관련성은 발달에 따라 서로 다를 수 있으며 형제의 성별 구성에 의해 어느 정도 좌우된다(Conger et al., 2004). 연구자는 청소년기 초기의 친구관계와 후기의 친구관계 간의 관련성과 청소년기 초기의 친구관계의 질과 청소년기의 덜 부정적인 형제관계 간의 관련성에서 연속성을 발견하였다(Kramer & Kowal, 2005). 이와 같이 초기의 친구관계는 긍정적인 표현 또는 아동이 이용하는 '작동 모델'(Howes, 1996)을 확고히 할 수 있으며, 이는 초기와 후기의 친구관계의 관계에도 도움이 될 수 있다(Dunn, Cutting, & Fisher, 2002).

관계를 맺는 파트너와의 상호작용 과정과 상호작용 역량을 고려할 때 발달적 결과에 대한 관계의 관점은 특히 의미 있을 수 있다. 형제관계는 보완적(보살핌, 가르침과 같은 위계적인 관계)이고 호혜적(나누기와 놀이 같은 동등한 것)인 특성을 통합한다는 점에서 독특하다(Dunn, 1983). 형제간 호혜적 상호작용은 친구와의 상호작용과 유사하다. 아동은 친구와 상호작용하며 형제와 상호작용할 때 필요한 대인관계 기술을 발달시키고 연습한다. 예를 들어 부모와의 직접적 상호작용보다 친구와의 상호작용에서 갈등을 다루는 법을 자세히 배울 수 있다. 그런 다음 형제와 상호작용을 할 때 자신이 학습한 내용을 적용한다. 또한 아동의 필요와 정서적인 상태에 맞게 부모가 자신의 행동을 조절하는 위계적인 부모-자녀 상호작용과는 달리, 친구와의 상호작용은 제한적일 수 있다. 결국 아동은 친구와 상호작용을 할 때 자신의 필요를 정당화하거나 관계 내에서 자신의 감정을 표현하기 위하여 더 많이 노력해야 한다(Kramer & Gottman, 1992). 아동은 이러한 기술을 습득한 후 윗 형제 또는 동생과 상호작용할 때 사용할 수 있다. 우리는 한 번 더 관계를 맺는 파트너에게 영향을 미치는 역동의 중요성을 확인할 수 있다.

또한 일부 연구는 다른 사회적 관계에 문제가 있을 때 형제관계가 만족스러운 대안을 제공하는 보완적 역할을 할 수 있다는 것을 증명한다. 예를 들어, 하나 이상의 긍정적인 관계를 맺는 대상(형제, 어머니 또는 친구)이 있는 것은 아동이 품행 문제를 일으키는 것을 방지하는 역할을 한다(McElwain & Volling, 2005; Stocker, 1994). 그리고 선호하는 형제와 긍정적인 관계를 맺는 것은 사회적으로 고립된 아동이 적응의 어려움을 경험하지 않도록 돕는다(East & Rook, 1992). 이러한 결과는 형제관계의 질을 증진하기 위한 중재 프로그램의 실행이 타당함을 증명하고 지지한다. 만 4~6세인 윗 형제를 대상으로 한 사회 기술 훈련 프로그램은 동생과 긍정적 관계를 증진하고 부정적 관계를 감소시키는 데 효과적인 것으로 나타났다(Kramer, 2004). 보다 적응적인 정서 조절 기술을 훈련하는 프로그램에 참여한 만 4~8세 아동 또한 형제관계의 질적 향상을 보였다(Kennedy & Kramer, 2008). 이러한 중재는 조망 수용, 갈등 관리 및 자기 통제 등의 기술을 증진시키는 데 긍정적 영향을 미칠 수 있으며, 이는 형제관계 및 친한 친구와의 관계도 궁극적으로 향상시킬 수 있다.

흥미롭게도 청소년기까지 형제로부터의 지지는 친구로부터의 지지가 낮은 것을 보상하지 않는다(Sherman et al., 2006; van Aken & Asendorpf, 1997). 오히려 부모-자녀 관계와 형제관계 그리고 친구관계 간의 관련성은 보다 복잡한 것처럼 보인다. 청소년 자녀가 부모와 맺은 관계의 질에 대한 지각은 청소년기의 형제관계의 질에 대한 평가에 영향을 미치고, 이는 결과적으로 또래관계에 영향을 미친다는 것이 밝혀졌다(MacKinnon-Lewis, Starnes, Volling, & Johnson, 1997). 일부 연구는 청소년기의 형제관계와 친구관계 사이의 인과 관계의 근원이 되는 기제를 증명하고자 하였다. 예를 들어 청소년기 초기의 형제관계의 질이 좋은 것은 1년 후의 친구관계의 질과 자아존중감에 영향을 미치는 것으로 밝혀졌다(비록 초기의 친구관계의 질이 1년 후에 형제관계의 질을 강력하게 예측하지는 않지만). 긍정적인 형제관계와 높은 자아존중감 사이에도 양방향적인 관계가 있다. 형제관계가 좋은 청소년은 2년 후에 우울함 및 외로움을 경험하는 정도가 낮았고 비행 행동에 적게 연루되었다(Yeh & Lempers, 2004). 그러므로 초기 형제관계는 긍정적인 친구관계와 높은 자아존중감을 촉진하며 이를 통해 이후의 적응에 간접적으로 영향을 미칠 수 있다. 보다 정교한 종단적인 예측 모형을 검증하는 것은 관계의 시스템 간의 관계에 대한 이해를 지속적으로 향상시킬 것이다.

　　요약하면 지금까지의 연구는 형제간 경험에서 아동이 배운 기술을 다른 관계에 적용하는 데 도움이 되는 방법을 탐구하였다. 이와 관련된 연구의 대부분은 형제관계의 구체적인 긍정적 또는 부정적 측면과 친구관계 사이의 관계를 조사한 것이다. 예를 들어, 형제관계에서의 갈등과 친구관계에서의 갈등은 관계가 없는 반면(Cutting & Dunn, 2006; East & Rook, 1992; Mendelson et al., 1994; Stocker & Dunn, 1990) 친구와의 친사회적 상호작용과 형제와의 친사회적 상호작용은 관계되어 있다(Kramer & Kowel, 2005). 별개의 행동의 일관성을 기대하는 것보다 이 관계의 전반적인 질을 평가하는 것이 보다 의미 있을 수 있다. 후속 연구는 두 형제 사이의 형제 행동의 구조(예 : Kramer, 2010; Rosen, 2015; Sherman et al., 2006)와 보다 나은 친구관계의 질을 발달시키기 위하여 행동의 구조가 중요한 이유를 탐색해야 한다.

　　형제관계의 질과 친구관계에 대한 선행 연구는 두 가지 견해로 나뉜다. 조화로운 형제관계는 이후의 관계 문제 및 일탈 행동에 대하여 완충 역할을 하고 또는 빈약한 형제관계는 상호작용의 어려움을 위한 잠재적 훈련의 장이며 건강한 관계의 확립을 방해한다. 이러한 각각의 관계의 질은 몇몇 발달적 결과와 관계가 보다 많이 있을 수 있으며, 예측되는 관계는 발달 시기에 따라 서로 다를 수 있다. 이러한 관계를 뒷받침하는 과정을 탐구하는 것은 중요하다. 발달의 다른 시점에서 형제와 친구가 사회적 · 정서적 적응을 촉진하는 보상적인 역할에 하는 것에 대한 이해는 후속 연구의 또 다른 중요한 방향이다. 궁극적으로 형제관계의 중요성에 대한 이해는 아동의 정서적 역량과 관계적 기술을 증진시키는 데 관심이 있는 부모와 임상가에게 실질적인 함의를 가질 것이다.

# 그렇다면, 외둥이는 어떠한가?

형제가 있는 것은 성공적 삶을 위한 중요한 핵심이라고 정신분석 이론가가 주장한 개념에 이의를 제기하는 행복하고 생산적이며 사회적으로 유능한 외둥이 세대가 있다(Kluger, 2011). 그러나 외둥이에 대한 편견은 역사적으로 오랫동안 지속되었으며(Brill, 1922; Fenton, 1928), 외둥이에 대한 일반적인 인상은 자기 중심적이고 의존적이며 요구적이고, 자기 통제감이 부족하고, 일반적으로 불안해보이고 행복하지 않고, 응석을 부리는 경향이 있다는 것이다(Falbo & Polit, 1986; Thompson, 1974). 아주 적은 외둥이 표본을 대상으로 한 1898년의 연구에서, 선구적 심리학자 G. Stanley Hall은 "외둥이로 지내는 건 질병 그 자체다."(p. 547)라고 결론지었다(Fenton, 1928). Hall의 부정적인 견해는 지금도 여전히 지속되는 보편적 관점을 영구화했고, 외둥이는 버릇없고 외로워하며(Roberts & Blanton, 2001), 외둥이의 부모가 자녀를 과보호 및 과소평가한다는 신념이 외둥이의 일반적안 불행감, 이기심, 그리고 고립감에 기여함을 시사한다(Veenhoven & Verkuyten, 1989).

사랑하는 부모에게 애지중지 사랑받으며 어린 시절을 보낸 것은 빈약한 사회 기술, 나르시시즘, 융통성의 부족을 야기한다는 주장이 있다. 사실 형제가 있는 아동과 비교할 때 외둥이는 또래 집단에서 보다 공격적이고 부당하게 괴롭힘을 당하는 경우가 많고, 가정에서 형제와 갈등을 다뤘던 경험이 부족하기 때문에 또래들의 호감을 적게 얻는 경향이 있다(Kitzmann, Cohen, & Lockwood , 2002). 외둥이에 대한 부정적 고정관념은 지속으로 나타났고, 한국(Doh & Falbo, 1999), 네덜란드(Veenhoven & Verkuyten, 1989), 중국(Falbo & Poston, 1993), 영국(Laybourn, 1990)의 연구에서 밝혀진 것과 같이 문화 집단 전반에서 일반적인 듯하다. 더욱이 출생 순위는 자기 자신과 타인의 성격에 대한 지각에 영향을 미치며(Herrera, Zajonc, Wieczorkowska, & Cichomski, 2003, Nyman, 1995), 임상가가 가상의 내담자에 대해 갖는 첫인상에도 영향을 미친다는 사실이 밝혀졌다(Stewart, 2004). 이와 같이, 외둥이에 대한 주장의 타당성을 탐구하려는 경험적 시도가 있었음에도, 외둥이에 대한 부정적 고정관념의 효력은 우세하다(예 : Mancillas, 2006 참조).

1920년대부터 1980년대까지, 형제 없이 성장하는 것의 도전과 결과를 기록하고자 시도한 200개 이상의 경험적 연구가 있었다(Falbo & Polit, 1986). 일부 연구는 외둥이와 형제가 있는 아동의 차이가 없다고 했으나, 다른 연구는 형제가 없는 아동에게 확실한 발달적 결과를 밝혔다. 여러 연구자는 방법론의 차이와 이론적 틀에 대한 설명이 빈약한 것은 결과가 있음을 해석하는 것을 어렵게 하고(Polit & Falbo, 1987; Sulloway, 1996), 연구 참여자의 인구통계학적인 차이는 의미 있는 결과를 이끌어내는 것을 불가능하게 하기에(Falbo & Poston, 1993) 출생 순위에 대한 연구는 시간과 노력을 낭비하는 것(Ernst & Angst, 1983)이라고 주장하였다. 보다 나은 방법론을 포함한 최근의 연구 결과는 더욱 신뢰할 수 있고 타당하다. 예를 들어 부모로부터 전적인 관심을 받는 혜택을 얻는 것처럼 보이는 외둥이는 여러 긍정적인 결과가 있고, 결과적으로 인지적 및 사회적 기능을 측정할 때 형제가 있는 아동보다 나은 수행을 하지 않더라도, 수행을 잘할 수 있다. 그리고 외둥이는 지능 검사와 성취 동기를 측정할 때 형이 있는 아동보다 높은 점수를 기록한다. 성인이 되었을 때에도 외둥이는 교육 수준이 높고 높은 지위를 성취한다 (Falbo & Poston, 1993; Herrera et al., 2003; Mellor, 1990; Polit & Falbo, 1987; Travis & Kohli, 1995).

그러나 외둥이는 부모의 기대와 가족의 책임이 자신에게만 집중되고 부모의 독점적인 관심을 받으며 성취에 대한 압력을 경험할 수도 있다. 비록 일관적으로 적용되진 않았지만 약 35년 전부터 한 자녀 정책을 도입한 중국에서 이 압력은 보다 강렬하다. 예를 들어, 농촌 지역에서는 정책을 덜 엄격하게 시행하고, 부유한 가정은 한 자녀 이상을 갖는 특권을 사기 위한 방법을 찾는데, 이는 가족 수에 따른 계급 구분으로 이어진다. 또한 가족 규모를 한 자녀로 제한하기 위한 재정 및 고용 우대 정책으로 인해 많은 중국 아기는 유기된 후 해외로 입양되거나, 남자 아기는 대를 이을 수 있고 가족의 지위와 부를 보장할 가능성이 높다는 이유로 여자 아기를 선택적으로 낙태하였다(Kluger, 2011). 그 결과 성비가 매우 불균형해졌고 지나친 응석쟁이로 전락할 위험과 동시에 성공을 성취해야만 하는 막대한 부담을 지는 중국(특히 남자) 아동 세대가 등장하였다. 그리고 중국의 외둥이를 대상으로 한 여러 연구에서 외둥이가 형제가 있는 아동보다 학업적 성취가 높음을 증명하였지만 형제가 있는 아동과 외둥이의 성격의 일관된 차이가 적은 것으로 나타나(Falbo & Poston, 1993) 결과가 일관적이지는 않았다.

불행히도, 외둥이에 관한 현존하는 연구의 대부분은 일관된 이론적 틀로 설명되지 않는다. 여러 연구는 외둥이와 형제가 있는 아동의 결과를 비교하고 이를 통해 관찰된 유사점이나 차이점을 설명하고자 했다. 또는 해석을 제공하는 관점에 변화를 주면서 연구 결과를 설명하고자 하였다. 예를 들어, 외둥이의 약점은 형제를 가질 권리를 박탈당했다는 것이다(예 : Belmont, Wittes, & Stein, 1977). 이와 같이 대인관계와 관련된 외둥이의 지능이나 문제, 정체성 형성 또는 자율성 발달의 수준이 낮은 것은 외둥이가 서로에게 중요한 학습 경험을 제공하는 형제가 없다는 개념에 근거하여 설명한다. 아니면 그 대신에 외둥이의 독특한 측면을 이점으로 설명하기도 한다(예 : Adler, 1964). 따라서 외둥이가 보다 자율적이고, 지도자의 역할을 맡고, 보다 성숙하고 협동적이라는 연구 결과는 외둥이의 독특한 측면과 외둥이가 형제 중 첫째로 태어난 아동과 막내로 태어난 아동과 다른 결정적인 방식을 근거로 한다(Falbo & Polit, 1986).

부모-자녀 관계 역시 외둥이의 발달적 결과를 설명하는 중요한 기제다. 외둥이가 많은 성인과 많은 시간을 보냈기에 보다 성숙하고 협동적인지(Falbo & Cooper, 1980) 또는 외둥이의 응석을 받아주거나 자녀에게 너무 많은 기대를 하는 부모의 과도한 개입으로 인해 부적응의 위험이 더 큰지(Polit & Falbo, 1987)에 대해서는 아직 논란이 있다. 외둥이의 부모는 첫째로 태어난 아동의 부모와 마찬가지로 부모가 되는 것이 처음이기에 보다 불안해하고, 양육 경험이 적으며, 아동에게 더 많은 주의를 기울이기 때문에 자녀의 발달적 결과에 영향을 미치는 듯하다(Falbo & Cooper, 1980). 그러나 부모로부터의 독점적인 관심은 첫째로 태어난 아동과 외둥이를 성취 지향적이고 성숙하게 하기도 하지만 보다 이기적이고 의존적인 태도를 갖게 할 수도 있다(비록 맏이는 동생이 태어나면 '폐위'되지만).

자녀가 한 명뿐인 부모는 보다 불안해하는 경향이 있다. 이것은 결과적으로 그들의 양육 행동에 영향을 미칠 수 있다. 부모는 종종 외둥이인 자녀가 그들의 핵심 가치와 신념을 유지하고 그들과 똑같을 것이라고 기대한다. 서로 다른 역할, 태도, 발달 궤도를 수용할 수 있는 대가족과는 달리, 외둥이를 둔 가족은 서로 다른 의견이나 생각, 그리고 특성에 대하여 관용이 적고, 극단적인 경우에는 다른 것을 수용하지 않는다. 부모의 철저한 감시와 부모가 아동에게 '바르게 행동하길' 바라는 희망을 수행하기 위해 필요한 감각을 통하여 외둥이는 부모에게 순응하거나 부모가 용인할 수 있는 한계까지만 일탈하도록 하는 막대한 압박을 내면화한다(Sandler, 2013). 실제로 부모의 기대치가 미치는 영향을 완화하도록 도와주는 다른 형제가 없거나, 청소년기의 긴장이나 가족 환경의 변화(예 : 부모의 실업)를 다루도록 도와주는 친구 역할을 하는 형제가 없는 외둥이는 특히 취약함을 느끼고 부모와의 관계를 강렬하게 경험한다(Roberts & Blanton, 2001; Veenhoven & Verkuyten, 1989).

외둥이가 직면한 것처럼 보이는 한 일관된 도전은 나이가 들어가는 부모와 부모를 모시는 것을 홀로 수행하는 것에 대한 걱정이다(Roberts & Blanton, 2001). 또한 부모에게 손주를 안겨드려야 한다는 걱정, 그들의 자녀를 양육하는 것에 대한 걱정, 그리고 (만약 그들이 한 명 이상의 자녀를 갖기로 선택했을 때) 시간과 관심을 자녀들에게 어떻게 나눌 것인가에 대하여 걱정한다(Mancillas, 2006). 마지막으로, 외둥이의 부모는 그들의 기대감에 영향을 미칠 수 있는, 예를 들면 발달 단계와 관련된 경험이 부족하다. 자녀에게 높은 기준을 두는 것은 성취 동기를 높일 수 있고, 결과적으로 이는 외둥이(및 맏이)의 보다 나은 성취로 이어질 수 있다. 그러나 외둥이의 부모는 또한 그들의 자녀가 오직 한 명이기에 보다 긍정적인 관계를 발달시키고 유지해야 할 필요가 있음을 깨달을 수도 있다. 긍정적인 관계는 결과적으로 부모의 높은 기대감의 잠재적인 부정적 결과를 줄이는 데 도움이 될 수 있으며, 이는 외둥이가 보다 긍정적인 자기상과 높은 성취 동기를 발달시키는 것을 돕는다.

형제가 있는 아동과 외둥이를 비교한 115개의 연구에 대한 메타 분석은 그들의 발달적 결과에 차이가 없음을 발견했는데, 이는 외둥이는 형제가 있는 아동에 비해 상대적인 불리한 점이 없고, 부모와의 보다 긍정적인 관계는 외둥이의 보다 긍정적인 발달적 결과에 기여하는 듯하다. 여러 사람이 외둥이가 보다 외로울 것이라고 걱정하는 것에 반해, 메타 분석은 외둥이의 자기 보고와 타인의 보고를 통해 측정한 외둥이의 외로움은 형제가 있는 아동과 차이가 없었다(Falbo & Polit, 1986). 실제로, 외둥이는 자기 자신과 동행하는 법, 혼자만의 시간을 소중하게 여기는 법, 더욱 독립적이고 자급자족하는 법을 배운다(Pickhardt, 2008). 이에 성인이 된 외둥이의 결과에 대한 몇몇 연구는 그들의 사회 기술과 전반적 사회적 역량이 대가족에서 성장한 성인과 차이를 보이지 않음을 밝혔다(Glenn & Hoppe, 1984, Polit, Nuttall, & Nuttall, 1980). 또한 외둥이로 자란 청년의 주관적 경험을 기록한 인터뷰에서, 그들은 자신이 받은 부모의 자원과 관심, 그리고 부모와 맺은 친밀한 관계에 대하여 고마워하고 있다고 보고하였다. 그들은 홀로 보내는 시간과 그 시간에서 오는 창의력을 소중히 여겼다. 그들은 자신이 또래보다 성숙하며, 그렇기 때문에 성인과 보다 잘 어울릴 수 있다고 느꼈다(Roberts & Blanton, 2001). 현재의 적응이나 외둥이의 지위를 입증해야 하기에 그들의 보고가 편향되었을 수도 있지만, 현존하는 경험적 증거는 외둥이는 형제가 있는 또래와 여러 중요한 면에서 유사하며, 외둥이에 관한 부정적 고정관념을 반박한다.

그러나 고려해야 하는 몇 가지 매개 변인이 있는데, 왜냐하면 이것이 형제가 있는 아동과 외둥이 모두에 대한 발달적 결과를 결정하는 역할을 할 수 있기 때문이다. 외둥이, 맏이, 동생의 부모 간의 경제력 및 성숙함의 차이는 발달적 결과에 영향을 미칠 수 있다.

사회 정서 발달 : 애착관계와 자기의 발달

결혼 관계의 질, 그리고 외둥이와 형제가 있는 아동의 분리와 자율성에 대한 부모의 격려 또한 고려되어야 한다. 또한 발달적 결과는 연구 대상의 연령과 발달 단계에 따라 달라질 수 있다. 예를 들어, 외둥이로 존재하는 것은 신생아와 유아(자신의 외둥이 지위 외에 아무것도 알지 못하는)에게는 훌륭한 경험일 수 있지만, 사회의 비교 과정이 형제 지위와 관련되는 인식과 그와 관련된 모든 부수적인 영향들로 이어질 때 외둥이로 존재하는 경험은 달라질 수 있다. 또한 외부의 학업적 및 사회적 요구가 부모의 압박을 불러일으키고 적응을 필요로 할 때, 정상적인 발달적 이행(예 : 학교 입학 또는 대학 입학을 위해 집을 떠나는) 시기를 지날 때, 그리고 예기치 않은 도전(예 : 부모의 별거 또는 이혼을 겪거나 병약하거나 나이가 든 부모를 돌보는 일)을 겪을 때에도 변할 수 있다. 외둥이와 형제가 있는 아동의 결과를 비교하는 것은 맏이와 비교할 것인지, 동생 그리고/또는 막내와 비교할 것인지에 따라 다를 수 있다. 유아기의 외둥이는 갓 부모가 된 그들이 자녀에 대해 갖는 기대감과 관련하여 맏이와 유사할 수 있지만, 청소년기의 외둥이는 가정과 분리되어 떠나는 마지막 (또는 유일한) 자녀라는 점에서 막내와 유사할 수 있다.

외둥이의 성격 특성에 대한 추가 연구에서 외둥이와 형제가 있는 아동의 성격이나 사회 기술이 다르지 않았다. 부모와 맺는 강력한 상호작용 경험은 성공적인 대인 상호작용으로 이어지는 기술을 발달시키는 데 부분적으로 기여하는 형제와의 경험 부재를 보완할 수 있다(Polit & Falbo, 1987). 그리고 부모와의 상호작용이 외둥이의 형제의 부재를 '보완'할 수 있는 것과 마찬가지로, 형제가 존재하는 것은 형제가 있는 아동이 부모와 독점적으로 맺는 관계가 부족한 것을 '보완'할 수 있다. 결과적으로, 외둥이와 형제가 있는 아동은 성격 특성의 범위 면에서 유사하다. 그러므로 외둥이를 '보완'이 필요한 부정적인 면으로 보기보다, 외둥이 혹은 형제가 있는 아동으로 존재하는 것의 특별한 이점을 고려하는 것은 보다 유익할 것이다.

마지막으로, Crittenden(2010), Folbre(2010), Last(2014) 및 McKibben(1999)의 중요한 서적을 포함하여 가족 및 육아와 관련된 여러 정치 · 경제적 쟁점에 관한 문헌이 급증하고 있다. 저자는 가족의 인구통계적 변화와 부모에게 주어진 선택 및 가족 규모에 대한 결정과 뒤엉켜 있는 경제적 · 사회적 · 윤리적 · 개인적 논쟁을 강조한다. 확실히 연구자가 신뢰롭고 타당한 방법으로 양육과 가족에 관한 질문을 증명하고 외둥이와 관계된 부정적인 견해와 고정관념에 대하여 도전을 지속할수록, 부모, 교육자, 보건 전문가, 정책 입안자는 아동과 가족에 대해 정보에 입각한 결정을 내릴 수 있는 기회가 많아진다.

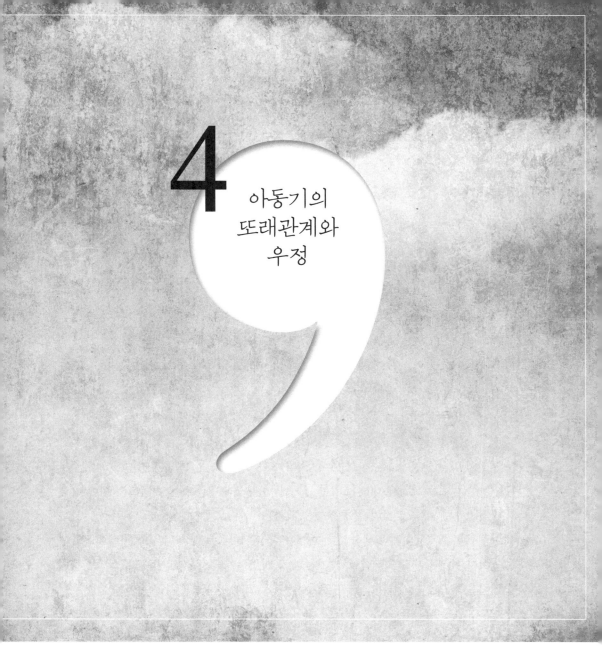

# 4

아동기의
또래관계와
우정

Social and Emotional Development
*Attachment Relationships and the Emerging Self*

**제 4 장**

# 아동기의
# 또래관계와 우정

*아동들의*

*사회적 세계가*

*확장됨에 따라*

*그들이 만드는*

*연결망도 확대된다.*

아동기 동안 부모와 형제관계의 애착이 중요하지만, 또래와 상호작용을 위한 토대 또한 마련된다. 이 장에서 우리는 또래관계의 특수한 본질과 그것이 아동의 사회적 발달에 미치는 영향을 고려할 것이다. 또한 아동기의 또래 상호작용과 새로운 우정의 발달 양상을 탐구하고, 우정에 대한 아동의 개념 변화와 우정을 선택하는 것에 영향을 미치는 요소에 대해 조사할 것이다. 현재의 연구는 어린 아동들의 삶에서 우정이 차지하는 역할, 우정의 질에 영향을 미치는 요인, 또래관계와 친밀한 우정의 사회적·정서적 결과에 대해 탐색하였다. 예를 들면, 특별히 문제 행동을 보이는 아동들에게 있어서 우정을 위해 치러야 할 대가들과 또래 거부와 외로움이라는 고통스러운 경험 등과 같은 특별한 주제들이 고려될 것이다. 부모, 또래, 친구들과의 관계에 중점을 두어 아동의 통합된 사회적 세계를 탐구할 것이다. 관계 체계 간의 이러한 연관성에 영향을 줄 수 있는 요인들 중 일부가 탐색될 것이다. 성별 차이와 이 연구의 임상적 함의도 논의할 것이다. 이와 함께, 아동기에 다른 사람들과 관계를 맺거나 또는 관계를 맺는 것이 부족하다는 것은 '자기'에 대한 감정을 반영하고 영향을 미치기 때문에, 이 문제들은 애착과 분리의 주제와 밀접한 관련이 있음을 알 수 있다.

그러나 우선, 어린 아동들에게서 발달할 수 있는 관계의 종류에 대한 몇 가지 예를 고려해보겠다.

로렌과 레베카는 태어나자마자 만났다. 그들의 어머니는 아주 친한 친구였기 때문에 그들은 말을 못하던 아기 때부터 함께 시간을 보냈다. 어린 소녀들 사이에서 발전하는 우정은 형제들 사이에서 보이는 것과는 완전히 다르지만, 이 소녀들은 비슷한 연결 고리를 가지고 태어났다. 시간과 활동, 우정, 애정, 이해를 나눌 때 이들은 초기 영유아기에 사랑스럽게 구축된 보이지 않는 유대감으로 영원히 연결되었다. 그들은 우정에서 힘과 위안을 찾았다. 그들은 새로운 환경에서 다른 아동들과 관계를 발전시키는 데 열린 자세를 유지했다. 그럼에도 불구하고, 그들은 서로의 관심사를 지지하고 신뢰와 걱정을 나누며, 깊고 지속적인 관계에서 안전감을 느끼는 것을 더 좋아하였다.

마이클과 재커리는 유치원 첫날에 만났다. 그들은 기질과 지적 능력에서뿐 아니라 운동과 음악에서도 서로 능력이 뛰어났다. 그들은 함께 앉아서 점심을 먹고 교실과 운동장에서도 단짝이었으며, 자유 시간에 다른 친구들과 놀지라도, 결국 가능할 때마다 서로를 찾았다. 그들은 유머 감각이 뛰어났고, 집중력, 호기심, 열정을 가지고 학교 생활과 놀이에 열심히 참여할 수 있었다. 그들은 학교 밖에서도 함께 행복하게 시간을 보냈고, 협력하거나 서로 간의 사소한 다툼을 해결했는지 여부에 관계없이 그들의 우정에 대한 노력은 지속되었다.

사라와 마리사는 10살 때 여름캠프 프로그램에서 처음 만났다. 그들은 각자의 학교에서 친한 친구가 있었다. 그들의 특별한 접촉은 그들이 캠프에서 함께 보낸 소중한 8주 동안이었다. 그들의 가족은 멀리 떨어져 있었기에, 전화 통화, 문자, 이메일로 떨어져 있는 오랜 기간 동안 연락을 유지할 수 있었다. 때때로 방학 중에 만나는 것을 오랫동안 고대하였고 함께 시간을 보낼 때에는 쉬지 않고 이야기하면서 비밀을 나누었다. 그들은 첫째 아이였고, 상대적으로 사회-인지적 이해가 성숙했으며, 자신의 동생들에게 잘 반응하였고 민감했다. 그들은 서로 잘 알고 있었기 때문에 이심전심으로 잘 통했고 개인적 선호와 기분을 존중할 수 있었다. 그들은 어떠한 갈등에 직면하든 서로의 차이를 공평하게 해결하고 서로를 옹호하는 것을 배웠다.

이 초기 우정에 대해 생각해보면, 그들이 만난 나이 또는 그들이 맺고 있던 다른 관계와 상관없이 친한 친구를 이어주는 생각과 감정, 정신과 마음에 대해 알 수 있는 기회가 된다. 우리는 그들이 충성과 헌신, 이해, 안전감, 깊은 보살핌을 공유함을 알았다. 갈등이 발생할 때 그들은 이야기한다. 다툼이 필연적으로 발생할 때 그들은 이를 다룬다. 이러한 관계가 어떻게 진화하는지에 대해 많은 요인으로 설명할 수 있다. 우리는 이미 초기 애착관계 및 영아기와 아동기 동안 자기가 발달되는 근원에 대하여 고찰하였다. 그만큼 초기 관계의 질, 아동의 기질적인 특성, 감정적인 능력의 발달 양상, 자신에 대한 개념 및 감정 모두가 아동이 친구들과 새로운 관계를 맺는 것에 영향을 줄 수 있다. 또한 형제의 존재와 형제관계의 질은 또래 상호 작용과 우정에 영향을 미칠 수 있다. 이 장에서는 초기 애착관계가 또래관계와 우정에 미치는 영향을 고려해보겠다. 다음 장에서는 초기 관계에 뿌리를 두고 있으며 관계를 풍부하게 하고 자기에 대한 개념의 전개를 정교하게 만드는 자기의 발달 측면에 대해 탐구한다.

## 사회·정서·인지 발달 연구에 있어서 또래관계를 독특한 맥락으로 만드는 것은 무엇인가?

또래 집단을 연구하는 것이 개개인의 발달에 대한 우리의 이해에 필수적인 이유가 몇 가지 있다(예 : Bukowski, Buhrmester, & Underwood, 2011). 첫째, 그들은 함께 많은 시간을 보내기 때문에 또래들은 놀이와 사회 학습에 대한 무수한 기회를 제공한다. 시간이 지남에 따라 또래는 놀이성이 있는 교류와 지속적인 상호작용을 통해 더 큰 또래 집단이 받아들일 수 있는(또는 금지된) 특정 행동과 정서적 반응에 대하여 보상(또는 처벌)을 제공한다. 둘째, 또래의 사회적 세계는 성인의 세계와 완전히 구별된다. 또래는 바람직한 역할(예 : 이타주의) 또는 바람직하지 않은(예 : 공격성) 행동을 모방하는 기회를 제공하면서 서로에게 역할 모델이 된다. Piaget(1932)는 또래는 서로 동등한 지위와 경험을 공유함으로써 다른 견해를 토론하고, 아이디어를 협의하고, 갈등을 해결하기 위한 중요한 맥락을 서로에게 제공하는데, 이것은 생각, 정서적 상태, 타인의 의도를 이해하는 데 필수적이라고 믿었다. Piaget에게 있어서 또래와 경험을 공유하면서 나타나는 이러한 '협력구성(co-construction)'은 성인과의 상호작용에 비해 상대적으로 좀 더 평등주의적이고 덜 계층적으로 구조화되어 있기 때문에 중요하다. 또한 Vygotsky(1978)는 아동들이 협력하여 문제를 해결할 때 서로의 강점을 활용하고 인지 발달을 자극한다고 하였다. 그리고 Sullivan(1953)은 아동들의 경우 또래와 상호작용하면서 자기와 타인에 대해 학습하는 기회가 증진된다고 하였는데, 이는 또래관계가 아동들에게 자기-검증(self-validation)과 다른 아동들에게 인식되는 자신의 모습에 대해 알 수 있는 기회를 제공하기 때문이다. 셋째, 친구가 없다는 경험은 아동기, 청소년기, 성인기에 걸친 다양한 적응 문제의 위험을 초래한다(Bagwell, Newcomb, & Bukowski, 1998). 네 번째로, 많은 연구들에서 아동기와 청소년기에 또래들과의 문제(예 : 또래 거부)가 낮은 자존심, 외로움, 우울(Ladd & Troop-Gordon, 2003; Sandstrom, Villessen, & Eisenhower, 2003)과 같은 내면화 문제부터 주의 집중의 어려움, 품행장애, 약물남용, 반사회적 행동과 같은 외현화 문제에 이르기까지(Boivin, Vitaro, & Poulin, 2005; Kupersmidt & Coie, 1990) 행동 문제와 관련이 있다는 주장을 지지하였다.

## 또래 상호작용의 발달적 변화

아동들이 또래와 상호작용하는 것을 고려해볼 때 유아기부터 아동기까지 비교적 짧은 기간 동안 관찰할 수 있는 큰 발달적 차이점이 있다. 예를 들어, 유아는 상호작용을 시작하고 유지하는 능력이 매우 제한적이다. 그럼에도 불구하고, 그들은 또래들에 대한 사회적 행동에 참여할 수 있다. 심지어 2개월의 영아도 또래의 존재에 자극을 받고 서로를 응시한다(Eckerman, 1979). 생후 6개월 동안 영아들은 또한 또래에게 미소 짓고 손을 뻗고 소리를 내는 것이 관찰되었다(Fogel,1979). 그리고 생후 첫해의 후반기에는 또래를 쳐다보고, 또래에게 소리 내는 것과 비슷하게, 쳐다보고, 미소 짓고, 소리 내는 것이 좀 더 일반적이다(Hay, Pederson, & Nash, 1982). 영아들은 서로 '친숙한(friendly)' 방법으로 서로에게 다가가고 접촉하지만, 때로는 서로 때리거나 밀어낼 수도 있다(Hay, Castle, & Davies, 2000). 이러한 사회 지향적 행동은 생애 첫해 동안 극적으로 증가한다. 영아들은 이러한 행동을 시작할 뿐 아니라 특히 첫 번째 생일이 다가올 때 사회적 교류에 점점 더 부응한다(Jacobson, 1981). 물건을 사용하는 것에 초점을 맞춘 모방 행동으로 종종 개념화되었지만(Mueller & Silverman, 1989), 이러한 행동은 협동 놀이의 중요한 전 단계인, 영아들이 의미를 공유하는 첫 번째 사례로 나타난다. 그러나 이러한 교류는 간결하고 드물며 예측할 수 없는 경향이 있다.

생후 2년부터 사회적 기술에 대한 걸음마기의 모든 목록에서 중요한 변화가 나타난다(Brownell & Kopp, 2007). 운동, 인지, 언어 기술의 발달은 점점 더 복잡해지고 길어지는 사회적 교류로 이어진다(Adolph & Berger, 2010; Dunn, 1993, 2005; MacWhinney, 2010; Ross & Conant, 1992; Rubin, Bukowski, & Parker, 2006). 이제 걸음마기에는 놀이성을 가진 게임의 형태를 취하는 좀 더 협력적인 상호작용이 나타난다. 주고받는(give and take) 상황이 나타나는데(Howes, 1988; Ross, Lollis, & Elliot, 1982; Warneken, Chen, & Tomasello, 2006), 종종 상호 모방, 주고받기, 놀이에서 역할 바꾸기가 포함된다. 긍정적인 사회적 상호작용은 긍정적인 영향을 공유하면서 미소 짓는 것과 웃는 것이 함께 나타나고(Mueller & Brenner, 1977) 증대된다(Denham, McKinley, Couchoud, & Holt, 1990). 그리고 유아는 성인보다는 또래와의 상호작용을 더 좋아하게 된다 (Eckerman, Whatley, & Kutz, 1975).

걸음마기 후기(late toddler)와 유치원 초기 기간 동안, 가장 중요한 사회적 진보는 놀이성이 있는 교류에서 의미를 공유하는 아동들의 능력이다(Howes & Matheson, 1992; Mueller, 1989). 아동들은 이제 서로 놀면서 보완적인 역할을 한다. 그리고 언어 능력의 발달은 사회적 역량에 크게 기여한다. 예를 들어, 한 아동이 아기 인형의 '엄마'를 하고 싶다고 주장하고, 다른 아동이 "이제 내 차례야."라고 말할 때까지 인형을 안고 있다. 두 번째 아동이 '엄마'가 되고, 첫 번째 아동은 '아기' 대신 인형 크기의 유모차를 갖게 되면서 상상의 역할에 대해 공통된 이해를 가진다. 가장(pretense)하는 동안 의미를 공유하는 능력, 또는 상호주관성이라고 칭했던 것을 통해(Trevarthen, 1979), 아동들은 다양한 범주의 가상 게임을 할 수 있다. 사회적 교류의 상호주관성의 발달은 만 3세에서 만 4세 6개월 사이에 발생하며(Goncu, 1993), 장기간의 가상 놀이에서 역할과 규칙을 보다 잘 조정하게 된다.

가상 놀이는 아동들이 다른 사람의 역할을 수행하고 놀이성의 맥락에서 타인의 감정을 경험할 수 있게 한다. 가상 놀이에 참여할 때 아동들은 다른 아동들과 활동을 조율하고 사회 집단의 일원으로 협력해야 한다. 그러므로 가상 놀이는 초기 아동기의 사회성 발달에 중요하다. 일반적으로 이 능력은 아동이 부모 또는 형제자매와 상호작용할 때 발달하기 시작하지만, 다른 아동들과 만나고 상호작용할 기회가 많아짐에 따라 또래는 좀 더 일반적인 파트너가 된다(Dunn, 1988; Haight & Miller, 1993). 더 중요한 것은 가상 놀이의 질이 연령에 따라 변한다는 것이다. 만 3세 때, 복잡하고 극적일지 몰라도, 모든 아동들은 특별히 자기가 정한 역할(예 : 아빠, 엄마, 의사, 배트맨)을 맡고 싶어 할 수 있으며, 다른 아동이 같은 역할을 주장하는 경우 차례를 기다리기 어려워할 수 있다. 만 4세 때 아동들은 자신이 맡은 역할을 받아들일 수 있으며, 나중에 자신이 좀 더 '원했던' 역할을 할 수 있다는 것을 알게 된다. 만 5세 때는 변장하고 복잡한 장면에 대해 역할 연기를 하며, 결혼식, 병원, 교실, 위험에서 구조하는 것, 또는 느린 동작의 패거리들 간 싸움과 같이 좀 더 정교하고 장기적인(prolonged) 가상 놀이를 한다.

이러한 가상 놀이는 발달에 있어서 새로운 의미를 가지지만, 아동들은 다양한 놀이 활동에 계속 참여한다. 아동들의 가상 놀이를 묘사하는 여섯 가지 사회적 참여의 범주가 확인되었는데, 이 범주들은 시간이 지남에 따라 특정한 발달 과정을 따른다(Parten,

1932). 구체적으로 살펴보면, 만 3세 이전에 아동들은 빈둥거리는 행동, 혼자 놀이, 방관자적 행동(onlooker behavior, 다른 아동의 활동을 관찰하지만 참여하지는 않음), 또는 평행 놀이(비슷한 활동을 하지만 서로 함께 놀지는 않음)를 하면서 대부분의 시간을 보낸다. 만 3~5세 사이의 아동들은 이러한 유형의 놀이를 하지 않으며, 대신 더 자주 연합 놀이(다른 아동과 놀고 공유함)와 협동 놀이(아동들이 공동의 목표를 공유함)를 한다. 후속 연구에 따르면 아동들은 한 종류의 놀이 활동을 다른 활동으로 대체하지 않고, 모든 유형의 놀이 활동에 여전히 시간을 보낸다. 미취학 아동의 놀이에서 일어나는 주요한 발달적 변화는 활동의 유형이 아니라 이러한 활동의 인지적 성숙에 있는 것처럼 보인다(Rubin, Watson, & Jambor, 1978). 만 5세 때, 아동들은 혼자서 또는 가까운 타인과 많은 시간을 보내고, 학교나 놀이터에서 혼자 또는 평행 놀이 활동을 한다. 그러나 혼자 놀이와 평행 놀이의 상호작용의 질은, 집단 활동의 질과 마찬가지로, 아동의 사회적·인지적 성숙에 따라 다르다. 예를 들어, 규칙의 의미를 이해하게 되면서 규칙이 있는 연합 게임을 더 많이 하게 된다.

상호작용 형태의 변화뿐 아니라, 상호작용의 의미에도 질적인 차이가 있다. 학령전기 아동은 친사회적(도움과 공유)인 것과 공격적인 사회적 교류 모두에 참여한다. 걸음마기부터 학령전기와 아동기 중기까지 사회-인지, 정서적 능력에서 현저한 진보를 보인다(Paulus, 2014). 사회적 이해력이 보다 발달하면서 도움과 나눔 행동이 증가되고(Benenson, Markovits, Roy, & Denko, 2003; Eisenberg, Fabes, & Spinrad, 2006; Warneken, 2015), 이를 통해 공동의 목표를 향해 함께 노력하는 협동 놀이를 보다 많이 하게 된다(Brownell, Ramani, & Zerwas, 2006). 실제로, 또래들에게 협조적이고 도움이 되는 미취학 아동들은 더 호감이 가고 인기 있다고 평가받는다(Howes et al., 1998; Slaughter, Dennis, & Pritchard, 2002).

그러나 초기의 또래와의 놀이가 긍정적이고 협력적이기만 한 것은 아니다. 학령전기 아동들 사이에서는 종종 매우 흥분되고 감정적인 상호 교환이 나타난다. 놀잇감에 대한 다툼은 신체적·언어적 공격으로 이어질 수 있다. 사실 공격은 이 발달 기간 동안 절정에 이른다(Campbell, 2002). 행동과 감정을 조절하는 능력(긍정적이든 부정적이든)은 또래와의 상호작용을 잘하기 위에 결정적인 것으로 보인다. 학령전기 동안 우리는 사회적 상호작용에서의 정서적·행동적 조절의 뿌리뿐만 아니라 조절장애와 관련된 정서적·사회적 문제의 근원을 보게 된다. 예를 들어, 학령전기의 아동은 다른 사람들이 자신과는 다른 생각, 감정, 의도를 가지고 있다는 사실을 이해하고 인식하게 된다(Izard, 2009).

이는 아동들이 자신의 필요에 대한 만족을 늦추거나 자신과 또래의 다양한 요구와 목표를 조정함으로써 궁극적으로 차이점을 협상하고 사회적 목표를 달성하며 대인관계 갈등을 해결하도록 돕는다(Rubin & Rose-Krasnor, 1992). 아동들은 계속해서 또래들과 의미를 공유하는 데 더욱 숙련되어간다(Goldstein, Kaczmarek, & English, 2002). 다른 사람들의 생각과 느낌에 대한 보다 정교한 이해는 취학 전 시기에 공감의 초기 발달을 촉진한다. 일부 연구자들은 공감적 반응이 계속 발전하면 또래 상호작용에서 더 많은 친사회적·이타적 행동이 나타날 수 있다고 제안했다(Vaish et al., 2009). 다른 사람의 동기와 의도에 대한 이해가 높아지는 것은 또한 아동들의 부정적인 사회적 상호작용에도 영향을 미친다. 도구적 공격성이나 물건과 놀잇감에 대한 다툼은 걸음마기에 시작하여 학령전기에 이르면서 감소하지만(NICHD Early Child Care Research Network, 2001), 사회적·관계적 공격성은 증가한다. 이제 학령전기 아동들은 그들의 말이 다른 사람을 해칠 수 있고 적대적인 의도를 전달할 수 있음을 이해하기 시작한다.

아동이 학교에 입학할 때 일어나는 주된 변화는 성인과의 사회적 상호작용의 빈도가 줄고, 다른 아동들과의 사회적 교류가 더욱 증가한다는 것이다. 부모-자녀 관계의 수직적 또는 계층적 성격과는 대조적으로, 또래관계는 보다 **균등**하다는 점에서 좀 더 수평적이다. 따라서 또래들은 공정성과 평등이라는 개념을 발달시키는 데 중요하다. 또래 상호작용의 질은 너그러움과 도움이 되는 면이 증대되고 신체적 공격성이 감소함에 따라 변화된다(Eisenberg, Fabes, et al., 2006). 아동기 중기에는 또래와 어울리고 또래에게 수용되는 것에 대해 큰 관심이 생기고 특정한 친구들은 특별한 지위를 가지게 된다. 아동들은 친구와 함께 어울리는 것을 더 즐거워하고 친구와의 즐거운 교류에 긍정적 특성을 부여할 가능성이 더 크다. 아동들은 친구가 아닌 사람들보다 친구들과 상호작용할 때 정서적 강도, 정서적 상호성, 정서적 이해 수준의 증대를 나타낸다(Newcomb & Bagwell, 1995). 이제 친구들은 우정을 지키고, 우정의 연속성을 유지하는 방식으로 갈등을 해결할 가능성이 더 크다(Laursen, Finkelstein, & Townsend Betts, 2001).

또래 집단은 아동기 동안의 몇 가지 중요한 기능을 수행한다. 또래들을 통해 수용 가능한 사회적 규범과 대중 문화에 대한 가치 있는 시각을 제공받는다. 아동기 중후반기 동안, 아동은 또래들과 비교하면서 자신의 행동과 태도에 대해 직·간접적인 피드백을 받는다. 아동은 또래 집단을 통해 조망 수용과 같은 사회-인지적 기술뿐 아니라, 타협, 협력, 갈등 해결과 같은 중요한 사회적 기술을 배울 수 있다. 마지막으로, 또래 집단과의 동일시는 아동들이 수용되는 것과 자신의 정체성을 확립하는 데 도움이 된다.

# 아동기 우정 발달시키기

아동기의 중요한 발달 과업은 특정 또래들과 친밀한 우정을 쌓는 것이다. 친구들과 상호 간에 맺게 되는 친밀하고 애정 어린 유대 관계는 각 개인의 정서적인 안정감과 편안함에 중요한 영향을 미친다. 친구를 사귀고 유지하는 것은 아동기를 넘어 청소년기와 성인기까지 영향을 미치는 중요한 일이다. 우정을 형성하고 유지하는 데 기여하는 요인은 발달에 따라 다양하다. 우정의 심리적 의미 또한 시간이 지남에 따라 변한다. 우리는 우정이 필수적이며, 각 발달 단계에서 다른 사람들과의 유대감뿐 아니라 아동의 자기감 또한 성장한다는 것을 알게 될 것이다. 초기 우정은 다양한 발달 기간(Ladd, 2005)을 거쳐 우정에 중요한 토대를 제공하고, 초기 아동기에 우정을 형성할 수 있는 능력은 추후의 긍정적 적응과 관련이 있다(Hay, Payne, & Chadwick, 2004).

우정은 아동에게 안심하기, 친밀감과 자기 개방, 자기 검증, 지지와 지도, 자존감 향상을 제공한다. 우정은 직접적인 예를 들어, 모델링, 또래의 압력과 같은 과정을 통해 아동의 목표, 태도, 행동에 영향을 미친다(Berndt & Murphy, 2002). 또래관계는 또한 친밀한 관계 및 부모 관계를 위한 모델 역할을 한다(Newcomb & Bagwell, 1995; Sullivan, 1953). 친구는 아동들에게 자신의 행동이 또래나 더 큰 사회적 세계에 미치는 영향을 탐색할 수 있는 안전한 장소를 제공한다(Rubin, Coplan, Chen, Bowker, & McDonald, 2011). 그리고 아동은 지속적으로 개인적 정체성을 정의하며 친구는 이에 필수적인 피드백과 지원을 제공한다. 따라서 우정은 여러 가지 중요한 기능을 제공하는 애착 대상과 다르지 않다(단, 이들이 제공하는 특정 기능은 주요 애착 대상의 기능과는 상당히 다르다). 더욱이, 이러한 기능은 발달의 다른 지점마다 변화한다. 그리고 거부되거나 고립된 아동들처럼 우정을 잃게 되는 것은 아동의 자기감과 미래의 다른 사람들과의 관계에 중대한 결과를 가져온다.

우정이 또래관계와 구별되는 독특한 점은 무엇일까? 우정은 아동이 또래에게 얼마나 잘 수용되는지를 넘어서는 개념이다. 즉, 한 아동은 같은 반 친구들에게 잘 수용될 수 있지만, 절친한 친구는 없을 수도 있다. 반대로, 아동은 한 명의 친한 친구가 있지만 반 친구들에게서는 거부당할 수도 있다. 그렇다면 우정을 어떻게 정의할까? 우정은 서로 간의 애정이 있고, 상호관계(reciprocity)이며, 공유할 수 있는 가깝고 친밀한 관계이다. 친구들은 함께 있는 것에서 즐거움을 느끼고 서로를 위해, 서로를 편안하게 하는 동반자이다.

발달적 관점에서, 우정은 영아기, 학령전기, 아동기에 따라 다르게 형성된다(Howes, 1996; Parker & Gottman, 1989). 영아기에 아동은 특정 놀이 친구에 대해 선호를 보인다(Ross & Lollis, 1989). 이러한 '우정'의 50~70%가 1년 이상(Howes, 1996), 때로는 수년간 지속된다는 점에서 영아기 때 보이는 선호는 일시적이지 않다고 볼 수 있다(Dunn, 2005). 우정은 상호작용, 공유된 정서, 상호보완적인 놀이(Howes, 1983)를 위한 서로 간의 선호에 의해 입증된다. 이렇게 우정을 정의할 때 학령전기 아동의 75%는 친구가 있으며, 심지어 더 어린 아동도 친구에 대한 명확한 선호를 보인다(Dunn, 1993). 함께 생각해보면, 영유아가 특정 또래에 대한 선호를 나타내고, 긍정적 정서를 표현하고, 돕고, 나누는 것을 배우고, 지속되는 상호 간의 놀이에 참여하는 것을 배움으로써 우정의 기반이 일찌감치 정해짐을 알 수 있다. 그러나 모든 영유아가 가족 외의 다른 아동과 관계를 형성할 수 있는 기회를 가지는 것은 아니다. 더욱이, 이 관계의 발달적 의미는 좀 더 나이가 있는 아동들의 경우와 동일하지 않을 수 있다(Bagwell & Schmidt, 2011). 그러므로 우리는 걸음마기 동안 친구들이 부모, 형제들, 그리고 다른 또래들 이상으로 사회성과 정서 발달에 더 큰 영향을 미치는지 알 수 없다.

학령전기 동안, 아동은 일반적으로 또래들과 더 많은 시간을 보내기 시작한다. 이제 친구들은 공통의 활동과 관심사를 공유하고 함께 즐길 수 있으며, 우정은 일반적으로 놀이를 중심으로 이루어진다(Lindsey, 2002; Sebanc, 2003). 만 3~5세의 아동들에게서 감정을 나누고, 서로의 놀이를 정교하게 하고(elaborate), 질문하고 답하며, 의사소통하고 서로 이해하고, 공동의 활동에 참여하고, 갈등을 해결하는 것이 관찰되었다(Gottman, 1983). 우정을 맺는 데 필수적인 사회적·정서적·인지적 기술 또한 우정 안에서 더욱 발달한다. 따라서 학령전기 아동은 친구들이 서로 돌보고, 지지하고, 돕고, 의지한다는 것을 배운다. 그들은 친구란 '내가 좋아하고, 나를 좋아하는' 사람이라고 이해한다. 유치원 시기의 우정은 일반적으로 더 나이가 있는 아동들보다 안정적이지는 못하지만, 적어도 1년 이상 지속될 수 있다(Howes, 1988). 그렇다 하더라도, 학령전기 아동들은 여전히 우정의 개념을 자신이 좋아하거나 또는 좋아하지 않는 사람("너는 오늘 내 친구가 될 수 없어.")을 지칭하는 것으로 사용하거나 또는 다른 사람을 통제하기 위한 것("그 인형을 나한테 주면 너는 내 친구가 될 수 있어.")으로 사용하는 등, 우정에 대해 가변적이다. 부모와 교사는 아동에게 적절한 사회적 기술을 가르치고 다른 사람들과 어떻게 어울리는지 가르칠 때 친구를 거론한다("우리는 그런 식으로 친구를 대하지 않아." 또는 "친구와 함께 나눠야만 해.")(Bagwell & Schmidt, 2011).

학령전기에 성공적으로 우정을 쌓았던 아동은 좀 더 성숙한 사회-인지적 기술을 가지고 있다. 그들은 다른 사람들의 사회적 의도를 이해하고, 다른 사람들의 감정을 읽고, 감정적인 신호를 보내고, 자신의 감정 상태를 조절하는 데 더 능숙하다(Dunsmore, Noguchi, Garner, Casey, & Bhullar, 2008). 또한 이러한 학령전기 아동은 학령기에 놀이가 더 세련되며(Howes, 1983), 더 복합적인 놀이를 하는 아동은 더 친사회적이고 덜 공격적이다(Howes & Phillipsen, 1992). 효과가 명시되지는 않았지만, 우리는 이러한 관계에서 안정적인 우정이 학령기 아동에게 정서적·사회적·인지적인 이익이 된다는 것을 알 수 있다.

걸음마기와 학령전기의 초기 관계에서 나타난 사회적 관계는 아동기 초기, 중기, 후기에 그들의 직계 가족을 넘어 학교, 놀이터, 이웃, 조직적인 활동, 비조직화된 집단에서 또래 집단과 상호작용하는 것으로 확장된다. 따라서 유치원 시기가 끝나고 청소년기가 시작될 때까지 한때 상대적으로 잠잠한 시간으로 여겨지던 시기가 실제로는 중요한 분수령이 된다. 이 기간 동안 우정을 통해 행동 규범이 습득된다. 또한 아동은 자기 자신을 다른 사람들에게 나타내는 데 필요한 기술을 배우게 된다(Rubin et al., 2011). 우정은 아동이 우정을 통해 더 넓은 사회적 연결망에 자리할 때 새로운 의미를 가지게 된다.

특히 아동기 중기는 종종 간과된 발달 시기로 여겨지지만, 많은 중대한 변화가 있다(Lancy & Grove, 2011). 가장 중요한 것은 우리는 이제 뇌가 특정한 기본 인지적 과업이 숙달되는 조직을 이루기 때문에 학습하기 위한 최고점에 있음을 알고 있으며, 탄력적(elastic)이고 새로운 학습과 새로운 아이디어에 개방적이다. 이는 아동이 성별에 따라 나누어지고, 소녀들은 소녀들끼리, 소년들은 소년들끼리 노는 것에 초점을 맞추게 되는 시기이다. 더 중요한 것은, 이는 아동이 잘 발달된 '마음 이론'을 가지고 다른 사람들이 자신의 소망, 계획, 욕구, 마음을 가지고 있음을 배우는 때라는 것이다. 아동이 다른 사람의 생각과 감정에 대해 이해하는 것의 이러한 변화는 보다 복잡하고 효과적인 사회적 교류로 이어진다(Slaughter, Imuta, Peterson, & Henry, 2015). 아동은 공정성과 정의의 문제를 정확히 인식하고, 다른 사람들이 이기적이고, 심술궂고, 불쾌해하는 것에도 주목한다. 사회적 상호작용의 규칙은 이제 가장 중요하며, 아동은 옷을 입고, 행동하고, 말하고, 다른 사람과 어떻게 어울리는지에 대한 지역 사회 규칙에 주의를 기울이고 이를 고수한다.

이러한 사회-인지적 변화는 아동의 학교 입학에 영향을 주고받으며, 따라서 아동기 전체 기간은 우정이 점점 정교해지는 시기이다. 만 5~11세의 아동은 가장 친한 친구와 함께 시간을 보내고 놀이하는 것이 중요하다고 설명한다. 우정에 대한 기대에는 이제 동반자 관계, 공유, 도움, 수용, 헌신을 포함한다. 초기 청소년기 이전까지 더 깊은 친밀감, 이해, 충성도, 신뢰가 기대된다(Berndt, 1986, 2004). 실제로 아동과 초기 청소년기의 우정에 대한 실제 행동과 정서적 징후를 비교한 80가지 연구를 분석한 메타분석 연구에서, 충성도, 서로 좋아하는 것, 친밀감의 영역에서 친구와 친구가 아닌 사람 간에 분명한 차이점을 규명하였다. 친구는 친구가 아닌 사람과 비교했을 때, 갈등을 좀 더 잘 해결할 수 있고, 서로 긍정적인 영향(예 : 긍정적 정서, 공유, 협력)을 주며, 과제 관련 활동에서 더 우수하였는데, 이러한 차이점 중 일부는 중요한 반면, 효과 크기가 작다(Newcomb & Bagwell, 1995; Simpkins & Parke, 2002). 따라서 긍정적인 참여, 공유, 협동, 긍정적 정서, 교제의 특징은 유치원 시기부터 아동기, 초기 청소년기까지의 우정과 관련되어 있는 것으로 보인다. 그러나 충성도, 친밀감을 포함한 관계의 더 깊은 특징은 청소년기에 가까워짐에 따라 가장 관련 있는 것으로 나타난다(Bagwell & Schmidt, 2011). 우리는 아동의 우정의 질이 시간이 지남에 따라 변하고, 사회적 행동과 정서적 역량뿐 아니라 신념과 기대의 변화도 반영한다는 것을 알 수 있다. 친구와 함께 아동들은 헌신과 충성, 동료애와 친밀감에 대해 배우고, 갈등을 다루는 능력을 함께 발달시킨다. 따라서 아동들의 우정은 대인관계 기술을 발달시키는 데 중요한 맥락을 제공한다.

## 우정의 안정성

가족과 달리 친구는 서로를 자유롭게 선택할 수 있으며 관계를 끝낼 수도 있다. 친구와 함께 시간을 보내거나 돌봄, 애정, 충성도, 헌신을 나타내는 것 모두는 협상, 타협과 균형을 이룬다. 차이점을 표현하고 불일치를 해결하는 법을 배우는 것 또한 중요하다. 더욱이, 우정에 대한 각 개인의 헌신과 친밀함을 위한 능력의 발달적 변화는 관계의 안정성에 중요하다. 경험적 연구는 시간이 지남에 따라 우정의 안정성이 증가한다는 것을 지지한다. 예를 들어, 학령기 동안, 1학년 학생들은 우정의 약 50%를 유지하는 반면, 4학년 학생들은 약 75%를 유지한다. 대조적으로, 친구 집단(cliques)은 덜 안정적인 경향이 있으며, 학령기 동안 약 30%만이 동일하게 유지된다(Poulin & Chan, 2010). 초기 청소년기에는 사회적 기회와 연결망의 재구성이 수반되는 새로운 학교로의 전환 때문만이 아니라(예 : 초등학교에서 중학교로 가는 것), 이 시기에 발생하는 많은 생물학적 · 사회적 · 인지적 변화의 영향으로 우정의 약 3분의 1에서 2분의 1 정도가 불안정하다(Bowker,

2004; Cantin & Bouvin, 2004). 후기 청소년기 동안, 우정의 안정성은 향상되어 우정의 50~75%가 유지되고(Degirmencioglu, Urberg, Tolson, & Richard, 1998) 새로운 친구가 생기는 것보다 더 많은 옛 친구를 잃는다(Berndt & Hoyle, 1985). 청소년기에는 친구의 숫자는 더 적어지지만, 더 친밀한 우정의 관계를 맺는 특징을 보인다. 게다가, 50~80%가 1년 이상 그대로 유지되어 더 큰 사회적 연결망은 좀 더 안정적인 것처럼 보인다 (Degirmencioglu et al., 1998). 연령에 따른 우정의 안정성을 비교하기 위해 다양한 방법론이 사용되었는데, 아동기부터 청소년기까지 안정성에 발달적 변화가 나타났다(Poulin & Chan, 2010).

아동기 우정의 안정성에 영향을 미치는 요인은 무엇인가? 이 질문에 관심 있는 연구자들이 우정의 구성(예 : 연령, 성별, 인종), 우정의 질, 우정의 사회적 · 환경적 맥락에 이르기까지 몇 가지 관계적이고 맥락적인 특성을 연구하였다(예 : Nangle, Erdley, Newman, Mason, & Capenter, 2003; Poulin & Chan, 2010; Rubin, Wojslawowicz, Rose-Krasnor, Booth-LaForce, & Burgess, 2006; Vitaro, Tremblay, & Bukowski, 2001). 연구자들은 비슷한 연령, 성별, 인종의 아동들 사이에 우정이 형성될 때 우정이 발전되고 유지될 가능성이 크다는 것을 규명하였다. 대부분의 학교 환경 구조는 초등학교, 중학교, 심지어 고등학교까지 같은 연령 집단으로 이어진다. 이 기간 동안 혼합 연령의 (mixed-age) 우정에 대해서는 거의 알려진 것이 없다. 청소년들이 고등학교에 입학하면서부터는 나이 차이가 나는 친구와의 우정이 보다 흔하게 발생하지만, 발달상의 차이는 여전히 분명하게 드러날 수 있으며, 잠재적으로 우정의 불안정과 갈등을 초래할 수 있다(Poulin & Chan, 2010).

일반적으로 모든 사람들은 동일한 성별끼리 우정을 맺는다. 소녀들은 둘 또는 소그룹에서 상호작용하면서, 자신에 대해 좀 더 공개하고 공유하며, 우정이 깨질 수 있는 상황에 더 영향을 받는 경향이 있다. 소녀들은 또한 우정을 독점하려는 경향이 있어 더 큰 안정성을 이끌어낼 수 있다. 반면에 소년들은 여러 명의 참여자와 함께하는 활동을 기반으로 한 상호작용을 지향하며, 그중 일부는 아는 사람이지만 친구는 아닐 수 있다. 우정의 안정성에 성별 차이가 있는지에 대해서는 그 결과가 일치하지 않는다. 차이가 발견된 연구에서는(예 : Benenson & Christakos, 2003), 소년들의 우정은 보다 안정적인 경향이 있다고 하였다. 청소년기 동안 소년들보다 소녀들에게서 이성 간 우정이 크게 증가하면서(Poulin & Pedersen, 2007) 이성 간의 우정이 형성되기 시작한다(Feiring, 1999; Maccoby, 1998). 그러나 소녀들은 이성 간 우정에 더 큰 불안정성을 보고하였는데(Chan

& Poulin, 2007), 이는 소년들은 좀 더 나이가 들어서 또한 학교 밖에서 이성 간 우정을 맺는다는 사실에 의해 설명될 수 있다(Poulin & Pedersen, 2007). 마지막으로, 같은 인종 간 우정은 다른 인종 간의 우정보다 더 안정적인 것으로 나타났다(Aboud, Mendelson, & Purdy, 2003; Lee, Howes, & Chamberlain, 2007). 다른 인종 간의 우정은 고등학생 때 전형적으로 감소하고 친밀감이 낮은 경향이 있으며, 이러한 우정에 있어서 더 큰 불안정성이 나타난다(Aboud & Janani, 2007; Poulin & Chan, 2010). 중요한 것은 우정의 정의, 우정에 관한 데이터를 모아서 활용하는 절차, 평가된 시간 간격과 같은 방법론이 제한점으로 고려될 수 있다는 것이다(Poulin & Chan, 2010).

아동들의 우정의 질적인 특성이 우정의 안정성에 어떻게 영향을 미치는지 알아보기 위해 연구가 이루어졌다. 우정의 질이 자기 개방, 친밀감, 친사회적 행동과 같은 긍정적 특징으로 정의될 때, 이러한 특징의 수준이 높을수록 우정의 안정성이 높아졌다(Berndt, Hawkins, & Hoyle, 1986; Branje, Frijns, Finkenauer, Engels, & Meeus, 2007; Schneider, Fonzi, Tani, & Tomada, 1997). 친구들과의 친밀감, 충성도, 애정의 수준이 낮은 것이 우정의 불안정성의 원인 또는 결과가 되는지 관계없이, 질 높은 우정을 발전시키고 유지하는 것에 어려움이 있는 아동은 불안정함을 더 많이 경험할 수 있다. 유사하게, 우정의 안정성이 낮은 것은 더 높은 갈등 수준과 관련 있다(Bukowski, Hoza, & Boivin, 1994). 그러나 갈등을 해결하기 위해 채택된 전략은 갈등 그 자체의 경험보다 더 중요한 것으로 보인다. 소녀들은 주장적이거나 대립적인 전략을 사용할 때 우정을 유지할 가능성이 더 크고, 소년들은 문제를 최소화하는 전략을 채택할 때 우정이 보다 안정적으로 유지되었다(Bowker, 2004).

우정이 발생하는 환경과 사회적 맥락 또한 우정의 안정성에 영향을 미치는 것으로 규명되었다(Poulin & Chan, 2010). 예를 들어, 학급이 2년째 동일하게 유지될 때 사회적 연결망은 훨씬 안정적으로 유지된다(Neckerman,1996). 진학할 때(초등학교에서 중학교 또는 중학교에서 고등학교) 우정의 안정성이 감소된다. 이웃과 과외 활동을 포함하는 사회적 연결망의 확장은 다양한 학습 경험과 여러 가지 맥락에서 우정을 쌓을 수 있는 기회를 제공한다. 사실, 연구 결과에 따르면 한 가지 상황에서만 발생하는 우정보다 학교와 학교가 아닌 상황 모두에서 우정을 쌓아갈 때 이것이 더 안정적인 경향이 있다(Chan & Poulin, 2007). 일부는 한 가지 상황 이상으로 확대될 때 더 친밀해지고 더 많이 공유할 수 있게 되므로 우정의 질이 향상된다고 추측한다. 또는 한 가지 상황에서 안정된 우정이 시간이 지남에 따라 다른 사람들에게까지 확장될 수 있다(Poulin & Chan,

2010). 따라서 4학년 교실에서 이미 친구인 소녀들은 부모에게 그 친구와 동일한 축구팀에 합류할 수 있는지 또는 지역사회센터에서 함께 미술 수업을 들을 수 있는지 물을 수 있다.

이러한 상황적/맥락적 영향에 더하여, 행동 특성과 개인적 적응의 개인차에 따라 우정의 안정성에 차이가 보고되었다(Poulin & Chan, 2010). 예를 들어, 우울한 아동에게서 우정의 불안정성이 발견되었고(Chan & Poulin, 2009), 안정된 우정을 유지하는 아동들은 또래에 의해 괴롭힘당할 확률이 적었다(Wojslawowicz, Rubin, Burgess, Booth-LaForce, & Rose-Krasnor, 2006). 외현화 행동을 나타내는 아동의 우정 안정성은 낮았다. 그러므로 예를 들어, 우정을 유지하는 것은 관계적 공격성과 명백한 공격성에 영향을 받고(Ellis & Zarbatany, 2007a) 주의력결핍 과잉행동장애가 있는 소녀는 친구를 사귀기가 더 어렵다(Blachman & Hinshaw, 2002). 이에 대한 인과관계의 방향은 명확하지는 않지만, 이러한 결과는 특정 행동장애 또는 개인적 특성과 우정의 불안정성 사이의 높은 관련성이 있음을 시사한다.

## 아동의 우정 선택에는 무엇이 영향을 미치는가?

유치원 시기에는 종종 나이와 성별이 비슷한 아동을 상호작용 파트너로 선택한다. 그들은 또한 흥분 상태에서 행동을 체계화하는 데 도움을 주는 친구를 선택하고, 긍정적 경험을 최대화하고, 부정적 상태를 최소화함으로써 선호도를 표현한다(Rubin et al., 2011). 따라서 적극적이고 외향적인 아동들은 서로를 찾을 가능성이 더 높고, 보다 말수가 적고 내향적인 아동끼리 함께 모인다. 심지어 유치원 시기에는 친구와 함께 할 때와 친구가 아닌 사람과 함께 할 때 다르게 행동한다. 그들은 좀 더 협력하고, 긍정적인 행동을 보다 더 보이며, 친구들과의 상호작용을 추구한다(Dunn, 2005). 이러한 우정은 독점적일 수 있으며(Sebanc, 2003) 위안과 지지를 제공하는 것으로 밝혀졌다(Howes & Farver, 1987). 그리고 친구 간 갈등이 발생할 수도 있지만, 친구가 아닌 아동과의 갈등보다 해결될 가능성이 높고, 그 이후로도 지속적으로 상호작용을 한다(Hartup, Laursen, Stewart, & Eastenson, 1988).

아동기 중기에 친구끼리는 친구가 아닌 아동보다 친사회적, 반사회적/비행 행동(Popp, Laursen, Kerr, Burk, & Stattin, 2008), 내면화된 고통과 수줍음(Rubin, Wojslawowicz et al., 2006), 인기, 수용에 있어서 더 유사하다(Kupersmidt, DeRosier, &

Patterson, 1995). 친구들과 상호작용할 때 그들의 놀이가 더 세련되게 나타난다(예 : 보다 긍정적인 상상 놀이, 보다 많은 협상과 타협)(Simpkins & Parke, 2002). 협력, 관대함, 도움, 다른 이타적 행동들은 연령에 따라 증가하며(Berndt, 1985), 친구들 간에는 이러한 특성의 유사점이 발견된다.

이러한 유사점은 아동기 중기와 후기에 아동들의 친구 선택에 어떤 영향을 미치는가? 아동은 자신의 개인적 특성과 행동이 자신과 비슷하여 결과적으로 우정이 발전할 수 있는 다른 아동을 찾을 수 있다. 이러한 유사성은 강화되고 지지된다. 반대로, 우정이 지속되면서 아동은 서로 영향을 미치고, 시간이 지나면서 보다 더 비슷해질 수 있다. 친구 사이의 유사성에 대한 선택과 사회화의 효과를 규명하는 한 가지 방법은 시간에 따른 아동의 우정을 연구하는 것이다. 종단연구에서 친구 간 유사성을 결정하는 데 두 과정 모두 중요한 역할을 하는 것으로 나타났다. 중학교에 들어가기 전에, 5학년 때 아동의 특성과 사회적 능력이 평가될 때, 대인관계적 유사성이 우정을 발달시키는 선행 요인이 되었다(Newcomb, Bukowski, & Bagwell, 1999). 또한 학교에서 첫 학년부터 계속 관계를 유지했던(즉, 가을과 봄학기에 서로 호감 있는 친구로 나타난) 서로 비슷하지 않은 짝끼리는 사회적 능력과 공격성이 보다 더 비슷하게 나타났다. 따라서 아동들은 특정 사회화 경험을 제공하는 특정 친구들을 선택하는 것으로 보인다. 확실히 친구 사이의 단순한 관계 이상으로 관계가 확장되는 것과, 누가 아동의 친구인지와 그들 사이의 유사성을 확인하는 보다 더 과정 지향적 연구는 아동의 친구 선택과 그것으로 인해 아동이 영향을 받는 방식을 더 깊이 이해하기 위해 필요하다(Bagwell & Schmidt, 2011).

## 우정에 대한 아동의 이해

아동들은 우정의 의미에 대해 어떻게 이해하고 생각할까? 그리고 우정을 어떻게 정의할까? "가장 친한 친구란 무엇인가요?"라는 질문을 받으면 모든 연령대의 아동은 상호관계와 의견을 주고 받을 수 있는 능력을 중요한 특성으로 생각한다(Hartup & Stevens, 1999). 그러나 시간이 지남에 따라 친밀감에 대한 필요가 더 정교해지고, 우정에 대한 이해가 증진되면서 우정에 대한 아동의 설명은 눈에 띄는 발달적 차이를 나타냈다. 예를 들어, 만 5~6세까지 친구는 '나와 가까이 사는 아이들' 또는 '내가 좋아하는 장난감을 가지고 있는 아이들'이다. 저학년 시기 동안 친구는 규칙과 가치를 공유하고, 같은 활동을 좋아하며, 서로에게 충실하고, 서로 옹호해야 한다. 아동기 중기까지 우정은 서로에 대한 친밀한 지식을 특징으로 하고, 지속되는 특성을 가진 것으로 보며(Berndt, 2002), 친구에 대한 생각은 더 차별화되고 통합된다(Peevers & Secord, 1975). 아동기 중기에 갈등을 해결하여 관계의 연속성을 유지하려는 경향이 증가하는 것은 우정의 개념을 응집력 있고, 통일되며, 오래 지속되는 것이라고 보는 결과일 수 있다.

아동의 이러한 우정에 대한 개념의 변화 원인은 무엇인가? 일부 연구자들은 조망 수용 능력(perspective-taking abilities)이 우정에 대한 아동의 이해의 핵심이라고 하였다(Selman & Schultz, 1990). 유치원 시기에 아동은 어떤 것에 대하여 타인이 자신과 다른 방식으로 생각하고 느끼는 것을 이해하기가 어려울 때, 놀고 싶은 것을 가지고 있거나 신체적으로 가까이에 있는 친구를 찾을 가능성이 더 높다. 아동이 입학할 때 자기 중심성이 상호 조망 수용으로 전환되는데, 이는 다른 사람들의 관점을 취하고, 충성심, 활동, 명백한 특성, 가치를 공유하는 면에서 우정을 이해하는 데 도움이 된다. 이제 교제의 필요성이 아동의 우정의 가장 큰 특징이 된다. 아동은 우정의 의미에 대한 질문을 받으면 서로 돕는 것 또는 공통된 활동을 함께하는 것에 대하여 이야기한다(McDougall & Hymel, 2007).

아동기와 초기 청소년기까지는, 교제권 밖에 있는 사람의 관점에서 자신과 자신이 맺고 있는 관계를 관찰하게 되면서, 우정에 대한 이해가 다시 변화한다. 인지적 진보와 사회적 변화로 인해 충성도와 상호관계 그리고 문제 해결 기술의 개념이 점점 복잡해진다. 우정에 대한 보다 성숙한 개념을 가지고 친밀감과 더 깊은 자기 개방, 그리고 좀 더 정서적인 지지를 찾는다. 청소년기에서의 친밀감은 단순히 활동을 공유하고 자기 개방을 하는 것 이상으로 정의된다. 친구 사이에 연결되어 있다는 느낌, 헌신, 서로 영향을 미치는 것이 내포되어 있다(Bauminger, Finzi-Dottan, Chason, & Har-Even, 2008; Radmacher & Azmitia, 2006). 성별에 따른 차이 또한 나타나는데, 소녀들에게는 자기 개방이 친밀감을 갖게 되는 기본 방법이 되지만, 소년들에게는 친밀감 형성을 위해 활동을 공유하는 것이 가장 중요하다(McNelles & Connolly, 1999). 청소년들은 친구를 선택하는 것이 보다 더 자율적이기 때문에, 친구로 선택하는 사람, 우정에서 원하는 친밀감의 수준, 우정이 유지되는 방식을 보다 잘 통제한다.

## 또래 지위와 우정의 질의 개인차

아동의 또래 상호작용의 발달적 변화는 아동이 다른 사람들과 관계 맺는 능력과 그들 자신에 대한 이해도의 변화를 반영하고 영향을 미친다. 아동이 또래 집단에서 그들의 상호작용을 다루는 방식에 차이가 있는데, 이로 인하여 또래에게 수용되거나 거부당하게 된다. 또한 친한 우정의 질적인 변화도 있다. 또래 지위와 우정의 질에 대한 개인차가 확인되고 연구되고 있는데, 아동이 사회적 세계를 확장하고 적응하는 발달적 과업을 이루는 다양한 방식을 모색하고 있다.

## 또래 지위 : 아동이 수용되거나 거부당할 때 무슨 일이 일어나는가?

아동의 소속감과 그들 자신에 대한 감정은 또래들이 보는 방식에 의해 큰 영향을 받는다. 또래 지위는 아동이 얼마나 좋아하고 받아들여졌는지 또는 싫어하고 거절되었는지에 대한 척도이며, 아동은 또래 집단에 속해 있다. 만약 아동이 받아들여진다면, 자신에 대해 기분이 좋고, 또래에게 기꺼이 돌아오고, 더 큰 또래 집단에 속해 있다는 느낌을 유지하기 위해 할 수 있는 모든 일을 하고 싶어 한다. 그러나 거부당하면, 그 이유를 이해하기 위해 노력할 수도 있다. 그들 자신에 대하여 나쁘게 느낄지 모르고, 자신을 보호하기 위해 소속되려고 열심히 노력하거나 물러날 수도 있다. 개인 간 특정 관계를 뜻하는 우정과 다르게, 또래 지위는 아동에 대해 다른 아동이 어떻게 느끼고, 또래 집단의 맥락에서만 의미가 있는지를 나타낸다(Rubin, Bukowski, et al., 2006). 그러나 아동이 친구를 사귈 수 있도록 기여하는 동일한 사회적 역량 및 기술의 일부가 사회적 수용을 향상시키기 때문에 또래 수용은 아동이 가진 상호적인 친구의 수를 예측하는 것으로 밝혀졌다(Ladd, Kochenderfer, & Coleman, 1996; Parker & Asher, 1993). 받아들여지거나 거부당하는 이유가 무엇이든 간에, 아동은 자신의 또래 지위에 기여하고, 그들의 지위나 상태에 영향을 받는다. 그렇다면 또래 수용 또는 거부와 또래 집단에서 아동의 지위에 기여하는 요인을 어떻게 연구할 수 있을까?

아동들이 서로 좋아하거나 싫어하는 정도를 묻는 사회관계평가(sociometric ratings)는 아동의 또래 지위를 연구하는 가장 일반적인 방법이다(Hymel, Closson, Caravita, & Vaillancourt, 2010). '명단 및 평가(roster and rating)' 사회관계평가 기법이라고 하는 한 가지 방법으로, 아동은 반 친구들 전체의 명단을 받는다. 그런 다음 5점 척도를 사용하여, 예를 들어 함께 놀이하거나 활동하는 것이 얼마나 좋은지 평가한다. 아동의 평균 평점은 각 아동의 수용 수준을 결정하는 데 사용된다. 따라서 이 방법은 연구자가 각 아동이 교실에 있는 다른 모든 아동에 대해 어떻게 느끼는지를 결정하는 데 도움이 된다.

'지명(nomination)' 사회관계평가 기법이라고 하는 다른 방법은 비교적 빠르고 사용하기 쉽다(Coie, Dodge, & Coppotelli, 1982). 아동은 반에서 가장 좋아하는 또래를 특정 숫자만큼(예 : 3명) 지명하고, 가장 좋아하지 않는 또래도 같은 숫자만큼 지명한다. 각 아동에게 가장 좋아하는 또래와 가장 싫어하는 또래에 대한 점수를 추가하여 요약 평가가 작성된다. 가장 좋아하는 또래로 지명된 아동 중 가장 높은 점수를 받고, 가장 좋아하지 않는 또래로 지명된 점수가 낮은 아동이 인기가 많은 아동으로 기술된다. 거부당한 아동은 가장 좋아하지 않는 또래로 지목되고 가장 좋아하는 또래의 점수가 낮다. 평균적인 아동은 어느 정도 두 가지 유형 모두의 점수를 받지만, 인기 있는 아동만큼 가장 좋아하는 또래는 아니다. 친구들이 관심을 두지 않는 아동은 가장 좋아하는 또래에 대한 점수가 매우 낮고, 가장 좋아하지 않는 또래 점수도 매우 낮다. 그들은 싫어하지는 않지만 단순히 무시된 고립된 아동이다. 마지막으로, 논란이 되는 아동은 가장 좋아하는, 그리고 가장 싫어하는 또래로 많이 지명된 아동인데, 이들은 다른 아동들이 자신에 대해 강한 긍정적 또는 부정적 감정을 갖게 하는 무언가가 있음을 나타낸다. 이러한 지명 기법은 또래들이 이미 좋아하지 않는 아동에 대한 사회적 문제를 증가시킬 가능성이 있다는 비판을 받았다. 그러나 주의 깊게 관리한다면, 아동은 효과적으로 위험성 없이 교실에서 또래 지위에 대한 문제를 해결할 수 있다(Mayeux, Underwood, & Risser, 2007).

아동의 또래 지위에 영향을 미치는 요인은 무엇인가? 아동이 수용되거나 거부되거나 무시되는 것은, 행동(친절함, 친사회적, 공격적), 생물학적 기질(기질, 코르티솔 수준), 사회 인지적 기술(다른 사람의 마음 상태를 이해하는 것, 감정을 인식하고 이해하는 것) 등 많은 요인에 달려 있다. 또한 수많은 연구에서 신체적인 겉모습과 '조화를 이룰 수 있는' 능력은 인기와 연결시켜 왔다(예 : Langlois et al., 2000). 유치원 시기와 아동기 기간 모두에서 또래 지위는 다른 사람의 마음 상태에 대한 아동의 이해와 민감함에 관련되어 있다(Slaughter et al., 2015, 메타 분석 참조). 또래에게 수용되는 아동은 사회적으로 유능하고 협조적인 경향이 있다. 그들은 의사소통을 잘하고 자신의 감정을 효과적으로 조절한다. 대조적으로, 거부당한 아동은 미성숙하고, 충동적인 행동을 보이며, 공격적이고 파괴적인 경향이 있다.

또래 지위와 우정은 경험적 · 개념적으로 관련이 있지만, 다양한 적응 방법도 관련 있다(Bukowski, Hoza, & Boivin, 1993). 예를 들어, 또래 거부는 동시에 또는 시간 흐름에 따라 외로움, 반사회적 행동, 비행 및 희생을 포함하는 다양한 학업적 · 행동적 · 심리적 문제의 위험 요소로 여겨진다(Bierman, 2004; Deater-Deckard, 2001; Newcomb, Bukowski, & Pattee, 1993). 수용되고 거부당한 아동의 우정에는 의미 있는 차이가 있다.

거부당한 아동은 우정의 질이 낮은 경향이 있고(Parker & Asher, 1993), 친구와 상호작용을 관찰하였을 때, 수용된 아동에 비해 미성숙하고 갈등 해결 기술이 부족한 것으로 나타났다(Lansford et al., 2006). 따라서 거부당한 아동은 양질의 우정의 상호작용을 통해 제공되는 많은 혜택을 놓칠 수 있다. 거부당하는 것 그 자체보다는 거부당한 아동들이 성장의 기회를 제한시키는 질 낮은 우정 속에서 겪게 되는 경험들이 나쁜 결과를 초래하는 것 같다.

또래 거부의 시기가 차후의 기능에 영향을 미치는지의 여부를 이해하는 것에 많은 관심이 있었다(Pedersen, Vitaro, Barker, & Borge, 2007). 흥미롭게도, 또래 거부는 상호적인 우정의 발달과 부정적인 관계가 있었지만, 거부당한 많은 아동들은 적어도 한 명의 친구와는 가까운 관계를 유지하고 있었다(그리고 많은 인기 있는 아동은 이자 관계의 우정을 맺지 못하였다(Asher & Paquette, 2003). 아동기의 이러한 상호적인 또래 경험이 초기 청소년기의 내면화 및 외현화 행동 문제에 미치는 영향에 대한 연구는 몇 가지 중요한 결론을 이끌어냈다. 특히, 연구된 많은 영향에 대한 경로 분석 결과 학령기 초기에 나타난 행동 문제는 아동기 중기에 친밀한 우정을 발달시키는 데 있어서 문제와 또래 거부를 예측하였다. 아동기 중기의 상호적이고 친밀한 우정의 부족은 초기 청소년기의 내면화 문제의 토대가 된다(Pedersen et al., 2007). 따라서 어린 아동이 파괴적인 행동과 같은 초기 행동 문제를 보일 경우 이후에 부정적인 또래 경험과 적응 문제를 겪을 위험에 처하게 된다.

공격적으로 행동하는 아동은 일반적으로 또래들이 별로 좋아하지 않는다. 실제로, 공격적 행동과 또래 거부 사이의 연관성을 뒷받침하는 상당한 연구 결과가 제시되었다. 초등학교 시기 동안, 또래 거부의 가장 좋은 예측 인자 중 하나는 공격적 행동이다(Coie, Dodge, & Kupersmidt, 1990; Parker & Asher, 1987). 또한 또래 거부는 이후에 공격성을 초래한다(Coie, Lochman, Terry, & Hyman, 1992). 아동은 또래 집단에서 적응적인 사회적 행동을 배우기 때문에 또래에게 거부당하면 이러한 학습 기회가 박탈되고, 심지어 부정적인 사회적 상호작용이 지속될 수도 있다(Dodge et al., 2003). 더욱이 인지 구조는 또래 거부 경험과 같은 사건을 아동이 이해하는 방식에 영향을 줄 수 있는데, 이는 거부에 대한 그들의 반응에 영향을 미칠 수 있다. 사회 정보 처리 이론(Crick & Dodge, 1994)에서는 사회적 사건에 대한 아동의 이해가 아동의 공격적 반응을 결정할 것이라고 한다. 마찬가지로 또래 거부는 예를 들어, 다른 사람의 적대적인 의도에 대한 부정확한 추론을 포함하여 사회적 상황에서 정보를 처리하는 데 결함을 초래할 수 있다

(Dodge et al., 2003).

발달정신병리학적인 측면에서 또래 거부에 대한 최근의 연구는 발달적 결과에 영향을 미치는 위험 요인에 대한 연구를 넘어 확장되었다. '발달 계단식 모델(developmental cascade model)'(Masten, Burt, & Coatsworth, 2006)은 서로 영향을 주고 잠재적으로 악화시키는 변수 쌍 간의 상호 및 거래 연결을 고려한다. 예를 들어, 환경적(또래 거부), 인지적(사회 정보 처리), 행동적(또래 공격성) 요인이 함께 고려되면, 변수 쌍 사이의 연결을 고려하는 것 이상이 가능하고(예 : 또래 거부와 사회 정보 처리 간, 사회 정보 처리와 공격성 간, 또래 거부와 공격성 간), 시간이 지남에 따라 서로 영향을 미치는 방식을 탐색한다. 유치원생과 3학년 아동들에 대한 대규모 연구에서 또래 거부, 사회적 정보 처리, 공격성은 일련의 입증된 계단식 효과에서 시간 경과에 따른 예측 변수와 결과로서 서로 관련이 있는 것으로 나타났다(Lansford, Malone, Dodge, Pettit, & Bates, 2010). 정확한 예측변인과 결과 모델은 연구된 발달 시기에 따라 달라지는데, 이 연구에서는 공격성, 사회 정보 처리 과정의 결핍, 그리고 또래에게 거부당하는 것이 가지는 폭포 효과를 중단시킬 수 있는 초기 개입의 중요성에 대해 강력하게 설명하고 있다. 초기 개입은 아동이 좀 더 적응적인 발달을 해나갈 수 있게 하는 보완기제가 되기 때문이다.

## 우정의 질

또래 지위를 연구하는 것은 더 큰 또래 집단의 맥락에서 아동을 이해하는 데 중요하지만, 아동기 동안 우정의 경험도 의미가 있다. 특정 우정의 중요성과 이러한 관계가 아동의 발달에 미치는 영향도 고려하는 것이 중요하다. 앞서 살펴보았듯이, 아동은 우정에 대해 말할 수 있기 전에, 초기 몇 년 동안 특정 또래에 대한 선호를 나타내기 시작한다. 취학 전 아동, 특히 사회적 역량과 인식이 좋은 아동은 '가장 친한 친구'가 있는 것으로 나타났다. 유치원과 1학년 때 아동들 가운데 가장 친한 친구가 있는 경험은 소년들보다 소녀들에게 더 일반적으로 나타나고, 이를 통해 또래 집단에서 긍정적인 사회적 경험을 할 수 있다. 가장 친한 친구가 있는 아동은 친사회적 행동 수준이 더 높고, 또래에게 더 많이 수용된다(Sebanc, Kearns, Hernandez, & Galvin, 2007). 상호 간 우정을 쌓는 능력은 소녀들에게 더 일반적인데, 이는 아동의 의사소통 및 감정 조절 능력(Dunsmore et al., 2008)과 관련이 있고, 사회적 기술과 긍정적인 적응을 촉진한다(Hay et al., 2004). 따라서 효과는 분명하지 않지만, 초기 아동기에 우정을 발달시키는 것은 아동을 더 성숙하고, 안정적이게 하며, 아동기와 청소년기 동안 우정을 지속시킬 수 있게 한다.

우정은 상호적이기 때문에 이자 관계에서는 상호성을 차지하는 상호 지명(reciprocal nominations)과 같은, 우정의 존재와 질을 평가하는 기술을 필요로 한다(Newcomb & Bagwell, 1995). 때때로 부모님이나 교사가 아동의 우정에 대해 보고해야 하지만, 이러한 평가에는 문제가 있다. 예를 들어, 단 한 가지 상황에서 아동의 상호 작용을 관찰한다는 제한점이 있다(예 : 교실 또는 학교 밖)(Bagwell & Schmidt, 2011; Gest, 2006). 아동에게 우정에 대해 묻는 것이 보다 신뢰할 수 있고 효과적인 평가로 나타났다. 서로 지명하는 것이 포함된 방법은, 예를 들어 세 명의 친구를 지명한 다음 자신이 '가장 친한 친구'라고 생각하는 한 명을 선택하도록 하는 것이다(Parker & Asher, 1993). '가장 친한 친구'라고 서로 지명하는 경우, 그 관계는 '최고의 우정'으로 간주된다. 이 방법을 사용하면, 아동은 '친한 친구'를 세 명까지 가질 수 있지만, '가장 친한 친구'는 오직 한 명만 가질 수 있다. 또 다른 친구를 좋아하거나 다른 누군가의 친구가 되고 싶어하는 아동에게 이 방법은 충분하지 않다. 오히려, 지명된 친구 간의 상호성이 문제이다(Newcomb & Bagwell, 1995).

모두 참여자가 되어야만 하는 학교 친구들에 한하여 연구가 이루어지면, 학교 밖에서 친구로 지명되는 것은 제외되기 때문에 이 방법에는 여전히 문제가 발생할 수 있다(Kiesner, Kerr, & Stattin, 2004). 게다가 이 기법에는 아동이 친구를 무제한으로 지명하거나 우정을 독점적인 관계로 제한하는 두 친구가 서로를 가장 친한 친구로 지명할 수 있는 변수가 있다(Bagwell et al., 1998). 보다 더 제한적인 방법은 특히 연구자가 우정의 질을 평가하는 것에 관심이 있을 때 유용하다.

아동의 우정의 질에 대한 개인차를 이해하려면 교제, 친밀감, 자기 개방, 질투심, 경쟁 및 갈등과 같은 아동의 친구관계의 본질적 특성을 탐구해야 한다(Bagwell & Schmidt, 2011; Berndt, 2002). 평가된 특정 기능에도 불구하고, 우정은 우선 긍정적 특성이 있을 때 두 아동 모두에게 편안함과 만족감을 제공하는 양질의 관계로 간주된다. 반대로 질이 낮은 우정에는 많은 부정적인 요소가 있으며, 긍정적 특징이 거의 없고 매우 만족스럽지 않다.

우정의 질의 다양성은 아동의 현재와 미래의 적응에 영향을 줄 수 있는 것으로서 연구되었다. 경험적 연구는 우정의 특정한 측면에 대한 아동의 인식에 관해 묻는 자기보고식 인터뷰로 이루어졌다. 이 측정 방법의 사용에 많은 논란이 있었다. 즉, 얼마나 많은 특성이나 범위로 측정해야 하는지, 특성이 구체적으로 측정되었는지(예 : 교제, 도움, 친밀감, 갈등) 또는 전반적으로(긍정적 vs 부정적) 측정되었는지의 여부, 동일한 관계에 대한 아동의 인식이나 아동과 외부 관찰자 간 평가에 일관성이 있는지 여부 등이 포함된다. 우정의 질에 대한 평가는 여러 척도를 사용하는 것이 이상적이며, 우정에 대한 두 친구의 관점과 다른 정보 제공자의 관점 모두를 고려해야 한다(Bagwell & Schmidt, 2011). 그래야 우정과 또래관계뿐 아니라 특정 우정의 특징과 다양한 측정 결과와의 연관성의 차이에 대한 이해를 신뢰할 수 있다. 그러므로 아동의 우정에 있어서 개인차를 평가하는 방법은 궁극적으로 관계에 대한 이해에 영향을 미친다.

## 우정이 아동의 사회-정서적 기능에 미치는 영향

아동이 친구관계에서 경험한 것은 아동이 자신과 이후의 관계에 대하여 어떻게 생각하고 느끼는지를 반영하고, 이에 영향을 미친다. 우리는 일반적으로 친구관계에서의 문제가 아동의 어려움에서 기인하고, 양질의 우정은 모든 긍정적인 결과를 가져올 것이라고 가정한다. Harry Stack Sullivan(1953)의 대상관계이론에서 우정에 대한 개념은 이러한 가정에 대하여 이론적 정당성을 제시하며, 발달 연구자들이 제기한 많은 현대의 경험적 질문에 영향을 미친다. Sullivan의 견해와 일치하여, 연구자들은 질 높은 우정이 자존감이 높은 것과 적응을 잘하는 것과 같은 긍정적인 결과로 이어지는지를 탐구하는 데 관심을 가졌는데, 이는 질 높은 우정이 지속적인 친밀한 관계를 위한 기초를 제공하고 외로움, 불안, 우울과 같은 감정을 방지한다는 것이다. Sullivan의 우정에 관한 이론적 개념은 각 발달 기간 동안 사회적 상호작용을 통해 나타나는 공감과 조망수용 능력과 같은 중요한 사회적 역량을 이해하는 것을 포함하여 확장된다(Buhrmester & Furman, 1986). 다른 이론가들은 우정에서 상호관계, 협력, 책임감의 중요성에 초점을 두었고, Piaget의 인지발달이론(Youniss, 1980)과 일치하는 대인관계에서의 발달적 변화를 강조하였다. 또 다른 이들은 친구를 사귀는 것, 우정의 고유한 특성, 이러한 관계의 질적인 차이에 대한 중요성을 강조하면서(Hartup, 1996; Hartup & Stevens, 1999) 우정을 삶의 전반적인 발달을 위한 중요한 맥락으로 보았다. 따라서 Sullivan의 견해는 정신과 의사로서 대인관계의 어려움이 있는 환자를 치료한 임상 연구에서 영감을 얻어 발달 연구자들이 연구한 많은 중요한 경험적 질문들이 활발히 이루어지게 하였다.

우정이 자기 가치에 대한 확인을 제공한다는 Sullivan(1953)의 주장을 뒷받침하는 몇 가지 증거가 있다. 예를 들어, 높은 수준의 우정은 높은 자존감과 관련이 있다(Bukowski, Motzoi, & Meyer, 2009). 그러나 우정의 질이 시간이 지나면서 자존감에 긍정적이든 부정적이든 영향을 미친다는 주장은 거의 지지되지 않는다(Keefe & Berndt, 1996). 높은 수준의 우정과 또래에게 평가된 사회성과 리더십 사이에 정적인 상관이 있다는 것이 규명되었다(Berndt, Hawkins, & Jiao, 1999). 좋고(good) 지지적인 우정은 낮은 수준의 외로움과 관련이 있으며(Parker & Asher, 1993), 수줍음이 있는 아동들에게서는 특성 불안(trait anxiety)의 정도가 낮았다(Fordham & Stevenson-Hinde, 1999). 후기 아동기와 초기 청소년기에 우정의 질은 좋은 사회적 능력과 높은 자기 가치와 관련이 있다(Erdley, Nangle, Newman, & Carpenter, 2001; Rubin et al., 2004). 양질의 안정된 우정은 특히 스트레스가 많은 전환기에 놓인 아동에게 도움이 된다. 예를 들어, 초등학교(Ladd et al., 1996) 또는 중학교(Aikins, Bierman, & Parker, 2005)에 입학할 때 아동은 높은 수준의 안정적인 우정을 가지면 새로운 학교의 과제와 요구 사항을 더 잘 다룰 수 있다. 친구가 있다는 것은 가정에서 초기에 스트레스가 많은 사회화 경험을 보상할 수 있으므로 또래에게 괴롭힘당할 가능성이 감소된다(Schwartz, Dodge, Petit, Bates, & Conduct Problems Prevention Research Group, 2000). 따라서 우정은 특히 스트레스를 받는 동안 완충 작용이나 보호적인 역할을 하는 것으로 보인다.

우정의 질이 낮거나 친구가 없는 아동에게 초점을 둔 많은 문헌들도 있는데, 이것은 아마도 이러한 아동들이 임상가들의 관심을 끌고 정신병리학의 발달적 뿌리를 탐구하는 연구자들의 흥미를 끌기 때문일 것이다. 친구가 없거나, 낮은 질의 우정을 가진 아동은 자존감이 낮으며(Berndt, 2002), 특히 친구관계가 불안정하거나 친구에게 불합리한 기대를 할 때 친구관계의 질이 안 좋은 아동에 비해 더 외로움을 느낀다(Asher & Paquette, 2003). 수줍고 내성적인 5학년 아동은 친구도 내성적인데, 그들의 우정은 질이 낮고, 내성적이지 않은 아동보다 또래에게 괴롭힘을 당하기 쉽다(Rubin, Wojslawowicz, et al., 2006). 우정에 상호성이 부족하고 갈등이 있을 때 아동(특히 소녀들)은 우울 증상을 더 많이 나타낸다(Prinstein, Borelli, Cheah, Simon, & Aikins, 2005). 어떤 경우에는 친구가 있지만 더 많은 다툼과 적대감이 있는 친구관계를 가진 아동은 파괴적 행동이 강화됨에 따라, 학교에서 더 공격적이고 파괴적인 행동 문제를 보인다(Hoza, Molina, Bukowski, & Sippola, 1995; Poulin, Dishion, & Haas, 1999). 그러나 이러한 아동, 특히 소년들이 다른 위험한 환경의 청소년들과 함께 일탈(토론, 모방, 공격적이거나 반사회적인 활동의 참여) 행동에 참여하지 않거나 친구가 없는 경우는 비행을 거의 입증하지 않는다(Dishion, McCord, & Poulin, 1999; Vitaro, Brendgen, & Wanner, 2005). 결론적으로 상당한 양의 증거들은 아동기의 질 낮은 우정이나 친구가 없는 것이 내면화 행동 문제(외로움, 낮은 자존감, 우울), 외현화 행동 문제(공격성, 비행, 품행장애)뿐만 아니라 낮은 학업 성취와 학교 중퇴를 포함하는 부정적인 발달적 결과와 관련이 있다.

우정의 질이 다양한 긍정적·부정적인 발달적 결과의 원인인지 결과인지 또는 다른 변수가 우정의 경험과 결과에 영향을 미치는지의 여부는 명확하지 않다. 예를 들어, 질이 낮은 우정을 가진 아동이 비행 행동을 보일 때, 우정의 질과 비행은 모두 또래 집단 내에서 지위가 낮은 상태 또는 거부로 인해 야기될 수 있다. 따라서 우정의 질 자체보다는 집단의 지위가 비행과 관련될 수 있다(Vitaro, Boivin, & Bukowski, 2009). 또한 우정의 질은 문제에 대한 완충 역할을 할 수 있으며, 아동이 발달에 있어서 부정적인 결과를 피할 수 있도록 돕는다. 예를 들어, 위기의 가정의 아동은 질이 낮거나 친구가 없는 경우보다 양질의 우정을 가지고 있을 때 문제가 덜 발생한다(Bukowski et al., 2009).

또한 가장 친한 친구가 있는 것은 4, 5학년에서 또래에게 괴롭힘 당하는 것을 감소시키고 부정적 적응에 완충 작용이 된다(Hodges, Boivin, Vitaro, & Bukowski, 1999). 아동이 내적으로 또는 외적으로 행동 문제를 보이기 때문에 또래에게 괴롭힘 당하는 것은 아동이 위험에 처할 때 가장 많이 발생한다. 그러나 가장 친한 친구가 있는 것은 아동의 행동 문제 여부와 관계 없이 4, 5학년에서 괴롭힘당하는 것이 감소되는 것과 관련이 있다. 특히 주목해야 할 것은 내면화 문제가 있는 아동이 친구로부터 많은 보호를 받는다고 느낄 때 내면화 문제와 괴롭힘당하는 것 간에 관계가 없었는데 이처럼 우정의 질이 중요한 역할을 한다는 사실이다. 이 연구 결과는 행동 문제가 있는 아동이 특히 가장 친한 친구가 없는 경우 희생자가 될 위험이 있음을 시사한다. 양질의 우정을 가짐으로써 또래에게 괴롭힘당하는 것의 가능성을 완화하고 희생의 결과로 행동 문제가 악화되는 것을 방지할 수 있다(Hodges et al., 1999).

아동기 중기와 후기 그리고 초기 청소년기에 우정이 점점 중요해지는데, 부모와의 관계 또한 여전히 중요하다. 사실, 부모-자녀 관계의 질은 우정과 상호작용하여 사회적·정서적 기능을 예측할 수 있게 한다(Booth-LaForce, Rubin, Rose-Krasnor, & Burgess, 2005). 애착 안정성과 우정의 질은 아동의 기능에 각각 독특하게 기여할 수 있다. 또는 애착 안정성은 추후에 사회적·정서적 역량을 예측하는 요소가 될 수 있지만, 우정의 특성이 이를 중재한다. 즉, 애착 안정성은 특정한 우정의 특성과 관련될 수 있으며, 이후의 결과를 예측할 수 있게 한다. 또는 우정은 친구가 보상 역할을 하는 것과 같이 애착 안정성과 적응 사이를 조절할 수 있으며, 잠재적으로 모성 부족 또는 불안정성의 부정적 효과를 감소시킨다.

사실, 여러 연구에서 우정의 질이 초기 가족 특성과 발달 결과를 조절한다는 주장을 지지해왔다. 예를 들어, 가족 내에서의 경험이 좋지 않은 아동의 경우, 4, 5, 6학년 아동의 우정의 질은 자기 가치와 사회적 능력을 보다 강하게 예측한다. 특히, 높은 수준의 우정은 가족의 응집력과 적응력이 낮은 아동을 보호한다. 이러한 가족 척도와 아동의 적응은 양질의 우정을 가진 아동보다 우정의 질이 낮은 아동, 그리고 친구가 있는 아동에 비해 친구가 없는 아동의 경우 더 강력하게 연결된다(Gauze, Bukowski, Aquan-Assee, & Sippola, 1996). 다른 연구에서는 부부 갈등, 학대, 어머니의 적대감(maternal hostility)을 포함한 엄한 가정 환경에서 자란 학령전기 아동이 특히 친구의 숫자가 적을 때 또래에게 괴롭힘을 당할 가능성이 높다고 하였다(Schwartz et al., 2000). 가족의 역경과 아동의 외현화 행동 문제 간의 관련성을 탐색하였을 때, 우정의 네트워크가 더 큰 아동에게는 이런 관련성이 보고되지 않았다. 여전히 우정의 질과 적응이 평가되는 다양성 때문에, 그리고 우정의 질이 적응에 미치는 영향을 조사하기 위한 종단적 연구가 거의 실시되지 않았기 때문에, 아동의 적응에 대한 우정의 역할을 밝힐 수 있는 연구가 필요하다.

지금까지 경험적 연구에서 나타난 매우 중요한 발견에도 불구하고, 이 분야에서 보고된 연구에는 몇 가지 문제가 있다. 우정이 자존감을 높이고, 사회적·정서적 역량을 촉진하고, 지원을 제공하고, 전환에 도움을 주고, 외로움, 우울 및 불안감으로부터 보호하기 위한 발달적 맥락을 제공할 것을 기대하는 데에는 여러 가지 이유가 있다. 그러나 우정의 질을 정의하고, 측정하는 데 사용되는 지표에는 많은 차이가 있다. 우정의 질은 부모-자녀 관계의 질, 형제/자매 관계, 이전의 또래 경험, 기질적 요인, 성별, 사회·문화적인 변인을 포함한 많은 다양한 요인에 의해 결정될 수 있다. 이러한 요인들이 단독으로 또는 결합하여 우정의 질을 결정하는 데 중요한 역할을 한다는 것을 분명히 규명한 연구는 거의 없다(Bagwell & Schmidt, 2011). 게다가 이들 변수 중 어느 것이든 고유한 방식으로 발달에 영향을 미칠 수 있다. 예를 들어, 우정의 질이나 가족과 친구관계 경험에서의 몇 가지 결합이 낮은 자존감에 영향을 미치는지는 불분명하다. 발달 결과를 중재하거나 조절할 수 있는 우정의 질을 탐구하는 것은 후속 연구에 특히 중요하다. 또한 우리는 우정의 질은 아동에게 다른 맥락을 제공하고, 관계 내에서 뚜렷한 경험을 제공함으로써 잠재적으로 서로 다른 방식으로 발달에 영향을 미친다는 것을 알고 있다(Bagwell & Schmidt, 2011). 양질의 우정이 아동과 청소년에게 긍정적인 결과를 가져올 수 있게 하는 가능한 원인 매커니즘을 탐색하는 것은 아동의 삶에서 우정의 발달적 함의를 더 깊이 이해하는 데 필수적이다. 마지막으로, 우정이 보호 역할을 하거나 문제에 대한 취약성을 증가시킬 수 있는 상황을 명확히 하는 것은 적응을 촉진시키고 또래에게 괴롭힘을 당하는 것을 감소시키는 것에 관심이 있는 임상가에게 큰 영향을 미친다.

## 아동의 부모-자녀 관계와 또래관계의 연관성

아동은 부모와 또래에 의해 사회화된다. 일부 연구자는 부모에 의한 사회화가 아동의 또래관계에 거의 영향을 미치지 않는다고 주장하지만(예 : Harris, 1995), 다른 이들은 아동이 가정 내에서 경험하는 것과 또래관계의 질 사이에 강한 관련이 있다고 주장한다 (예 : Booth-LaForce & Kerns, 2009; Sroufe, Egeland, & Carlson, 1999). 아동의 사회적 발달에 미치는 이러한 각각의 영향력에 관한 질문은 복잡하며 많은 개념적 · 이론적 쟁점들이 아직 답을 얻지 못하고 있다(Knoester, Haynie, & Stephens, 2006 참조). 그럼에도 불구하고, 이러한 관계 체계와 추후의 발달에 대한 상대적인 영향력 사이의 관련성을 연구하는 데는 중요한 이론적인 이유가 있다.

애착 이론가들은 부모가 관계를 형성하는 가장 초기의 모델을 제공한다고 주장한다. 아동이 민감하고 반응적인 양육을 경험한다면, 사회적 상호작용에서 상호관계를 배우고(Elicker, Englund, & Sroufe, 1992), 가족 밖의 관계에서 사용되는 사회적 기술에 영향을 미치는 공감과 친사회성(Clark & Ladd, 2000)을 발달시키게 된다. 아동과 안정 애착을 형성한 양육자로부터 안정적인 기반을 제공받은 아동은 사회를 탐색하고, 또래와 상호작용하고 놀이하며, 관계에 대해 긍정적인 기대를 형성하는 데 필요한 역량과 기술을 발달시킬 수 있다(Sroufe, 1988). 또는 양육이 불일치하거나 예측할 수 없을 때 아동은 빈약한 사회적 기술, 관계에 대한 부정적 기대, 감정 조절의 어려움, 또래 행동에 대한 부정적 귀인을 발달시킨다(Cassidy, 1994; Cassidy et al., 1996). 이러한 경험을 통해 아동은 관계와 자기에 대한 인지적 표현이나 모델을 내재화하게 된다(Bowlby, 1980; Sroufe & Fleeson, 1986). 따라서 애착관계의 초기 경험은 자기 이해에 영향을 미치고 새로운 관계의 발전을 이끌어내면서 인지적, 정서적, 역동적으로 표현된다.

따라서 애착 이론가들은 또래관계란 초기 부모-자녀의 애착관계의 질에 크게 영향을 받는다고 주장한다. 몇몇 경험적 연구는 실제로 이 이론적인 가정을 확인하였다. 어머니와 안정 애착을 형성한 아동은 또래관계에서 더 유능하고(Waters, Wippman, & Sroufe, 1979), 또래들이 더 좋아하고(LaFreniere & Sroufe, 1985), 다른 사람들에게 더 공감적이고, 덜 적대적이며(Sroufe, 1983), 또래 상호작용에 더 긍정적인 영향을 미친다(Sroufe, Schork, Motti, Lawroski, & LaFreniere, 1984). 안정 애착을 맺은 아동은 5세 때 또래와 더 긍정적이고 동시에 우정을 맺고(Youngblade & Belsky, 1992), 6세 때는 애착 안정성이 또래 수용과 관련이 있었다(Cohn, 1990). 초기와 중기 아동기에는 애착 아동성이 또래에게 사교적으로 행동하는 경향성(Belsky & Cassidy, 1994) 및 사회적 역량, 인기와 관련이 있었다(Kerns et al., 1996; Sroufe et al., 1993). 다른 연구는 학령전기 아동의 애착과 우정의 질 간의 연관성을 뒷받침하며(Park & Waters, 1989), 안정 애착의 학령전기 아동은 괴롭힘을 당하거나 다른 아동을 괴롭힐 가능성이 적음을 발견하였다(Troy & Sroufe, 1987). 불안정-회피 애착을 맺은 15개월 아동은 안정 애착이나 불안정 애착을 맺은 아동보다 3세 때 도구적 공격성(instrumental aggression)을 더 많이 나타내고, 불안정-저항 애착 아동은 불안정-회피 애착 아동과 비교하였을 때, 친구와의 상호작용에서 덜 적극적이었다(McElwain, Cox, Burchinal, & Macfie, 2003). 초등학교 저학년 때, 안정 애착 아동은 또래에게 덜 공격적이며(Renken, Egeland, Marvinney, Mangelsdorf, & Sroufe, 1989), 불안정-혼돈 애착 아동은 또래 집단에서 보다 공격적인 행동 문제를 나타낸다(Lyons-Ruth, 1996).

또한 애착 안정성은 학령전기 아동과 초등학생의 독립 표본에서 또래 수용 및 거부와 관련이 있었다(Cassidy et al., 1996; Shulman, Elicker, & Sroufe, 1994). 저소득 가정의 아동에 대한 후속 연구에서, 안정 애착 유아는 불안정 애착 유아와 비교하였을 때 더 양질의 우정을 쌓았고, 교사와 캠프 지도자들은 이들이 또래관계에서 더 유능하다고 평가하였다(Shulman et al., 1994; Sroufe, Egeland, & Kreutzer, 1990). 다른 연구들은 유아기의 안정 애착과 초기 아동기의 더 큰 사회적 역량 간에(Belsky & Fearson, 2002; Stams, Juffer, & van IJzendoorn, 2002), 유아기의 애착과 초기 아동기의 사회적 기능 간에(Bohlin, Hagekull, & Rydell, 2000), 동시에 평가된 애착과 아동기 중기의 또래 유능성 간의 연관성이 있다는 것을 지속적으로 지지하였다(예 : Contreras, Kerns, Weimer, Gentzler, & Tomich, 2000).

마지막으로, 만 8~11세 사이의 아동 표본을 포함하여 중기 아동기에 초점을 둔 애착과 또래 수용 간의 관계성을 조사하는 연구도 있다. 결과는 일치되지 않았다. 예를 들어, 어머니와의 애착 안정성 또는 아버지와의 애착 안정성과 또래 인기 간에는 관계성이 보고되지 않았다(Lieberman, Doyle, & Markiewicz, 1999). 그러나 다른 연구에서 아버지와의 안정 애착(어머니와의 애착은 아님)과 또래 인기(Verschueren & Marcoes,

2002, 2005) 간에, 그리고 애착 안정성과 또래 수용 사이(Bohlin et al., 2000; Granot & Mayseless, 2001)에 관계성이 보고되었다. 적응적인(adaptive) 감정 조절 전략과 같이 또래에게 수용되도록 하는 특성 중 일부는 안정 애착 아동에게서 발견될 가능성이 더 있지만, 신체적 매력과 같은 다른 특성은 그렇지 않을 수도 있다(Booth-LaForce & Kerns, 2009). 또한 중기 아동기에는 대부분의 아동이 적어도 한 명의 친구가 있기 때문에 애착 안정성과 또래관계의 일반적인 측면 사이의 관계성을 조사하는 것이 적절하지 않다.

대조적으로, 애착 안정성과 아동의 우정의 질에 대한 연구들에서 일관된 결과가 보고되었다(예 : Howes & Tonyan, 1999; McElwain & Volling, 2004; Rubin et al., 2004). 초기의 안정 애착관계는 4학년 때 보다 더 긍정적인 우정의 질과 관계가 있고(예 : 친밀감, 협력, 친해지는 능력, 긍정적 영향)(Freitag, Belsky, Grossman, Grossman, & Scheuerer -Englisch, 1996), 아동기 중기의 우정 증진(Freitag, Belsky, Grossman, Grossman, & Scheuerer-Englisch, 1996), 비슷한 애착관계를 가진 친구를 선택하는 능력, 아동기에 친구를 사귀는 보다 더 큰 능력과 관계가 있었다(Elicker et al., 1992). 63개의 애착 안정성과 또래 집단의 기능(Schneider et al., 2001) 연구에 대한 메타 분석 연구에서, 중소 크기의 효과가 나타났다. 이러한 결과가 흥미롭긴 하지만, 우정은 안정적인 부모-자녀 관계에서 기대되는 친밀감, 강도, 밀착도와 더 유사하기 때문에 안정 애착과 우정 사이에서보다 더 관련성이 있다. 실제로, 애착 안정성이 또래관계보다 우정과 더 관련이 있을 때더 큰 효과 크기가 나타났다(Hodges, Finnegan, & Perry, 1999; Schneider et al., 2001).

확장된 메타 분석에서 4,000명이 넘는 아동을 포함하여 80개의 샘플 데이터를 추출하였는데, 초기 애착은 아동의 또래 능력과 관계가 있었다(Groh et al., 2014). 구체적으로 말하면, 초기 안정 애착은 또래에 대한 사회적 역량을 촉진시키고, 불안정 애착은 이를 손상시키는 것으로 나타났다. 불안정 애착을 하위 유형으로 구분하였는데(회피, 저항, 혼돈), 이들은 모두 아동의 또래 역량을 감소시키는 위험성이 비슷한 것으로 나타났다. 이러한 결과는 사회적 역량이 연령에 따라 다르지 않지만, 관계성의 크기는 사용된 애착 척도에 따라 다르게 보고되었다(그리고 애착 평가의 연령과 유형이 혼동되었다). 이전의 메타 분석(Schneider et al., 2001)과 달리, 애착 안정성은 친구와 친구가 아닌 또래모두와 함께 아동의 역량에 크게 기여했다. 사실, 친구와 비교하여 친구가 아닌 또래에대한 사회적 역량을 평가하였을 때 그 결과가 가장 크게 나타났다. 이 예기치 않은 결과는 표본추출(sampling) 및 방법론적 차이뿐 아니라 메타 분석 전반에 사용된 기준과 더많은 연구의 현재 이용 가능성에 의해 설명되었다. 이 모든 것을 함께 고려해볼 때, 초기 애착 안정성은 우정의 지위와 관계없이 아동의 또래 능력에 대해 광범위한 의미를 갖는 것으로 보인다.

아동기 중기에서 초기 청소년기가 되는 아동은 필요하다면 어머니가 도움이 될 수 있다고 느끼며, 자율성을 발달시키고, 보다 지지적이고 친밀한 우정을 나눈다. 더욱이, 어머니와 아버지와의 관계에서 안정감을 느끼고 스트레스를 받는 시간 동안 자기 자신을 돌보는 아동은 갈등 수준이 낮고 우정의 질이 더 좋으며(Lieberman et al., 1999), 보다 덜 안정적인 애착의 아동과 비교하였을 때 더 상호호혜적인 우정을 나눈다(Kerns et al., 1996). 따라서 수용이나 인기에 대한 보다 일반적인 측정과 달리, 부모-자녀 간 애착 안정성은 친밀한 관계와 관련된 신뢰, 친밀감, 안정성과 같은 아동기 우정의 더 깊은 측면과 관계가 있는 것으로 보인다.

기존 문헌에 대한 검토에서 볼 수 있듯이, 초기 애착은 또래관계와 우정에 중요한 역할을 하는 것으로 보인다. 그러나 초기 애착관계에서의 경험은 또래관계에서의 기대와 행동에 어떻게 기여하는가? 애착 이론가들은 아동이 부모, 자기, 관계에 대한 내적 표상(internal representations)을 발달시킨다고 주장한다(Bowlby, 1969/1982: Sroufe & Fleeson, 1986). 아동이 발달하면서, 이러한 표상은 또래를 포함한 다른 사람들의 표상으로 일반화되고, 다른 사람과의 관계에서 자기의 견해를 통합한 다음 또래관계에서 실제 행동에 영향을 준다(Cassidy et al., 1996). 따라서 긍정적인 표상은 또래에 대한 긍정적인 행동으로 이어진다(Dodge, Murphy, & Buchsbaum, 1984). 이러한 긍정적인 행동은 아동의 또래들이 아동을 좋아하도록 하며(Dodge, 1983), 아동이 긍정적인 행동을 할 수 있는 기회가 증가되어(Dodge & Frame, 1982), 또래의 긍정적인 표상에 기여할 수 있게 한다.

이처럼 계속 반복되는 순환은 부모의 양육 행동에서 시작된다. 대개 어머니와 이루어지는 최초의 애착관계의 초기 표현은 새로운 표상의 발달에 기여할 수 있다. 이러한 표상은 특정 양육자의 민감성, 이용 가능성, 반응성으로부터 나타나기 때문에 다른 애착 대상에 따라 다를 수 있다. 어머니와 아버지 각각에 대한 애착 안정성은 서로 관련이 없을 수 있다(Belsky & Rovine, 1987; Rosen & Burke, 1999). 따라서 이러한 관계에 대한 아동의 표상은 다를 수 있다. 또한 형제 자매 및 대리 양육자와의 경험은 아동의 표상 모델에 다른 중요한 영향을 미칠 수 있다. 이러한 여러 애착관계의 표상이 또래들과의 행동에 어떻게 영향을 주게 되는지는 애착 표상의 일반화(Bretherton, 1990; Main et al., 1985 참조)와 애착 체계(attachment hierarchy)에 따라 달라질 수 있다(Cassidy, 2008;

Kobak, Rosenthal, & Serwik, 2005). 초기 표상은 시간이 지남에 따라 일관성을 유지하는 것으로 보이지만, 임상 및 연구 증거는 애착 관련 행동과 그 표상이 바뀔 수 있다는 것을 입증한다(예 : Mason & Mendoza, 1998; Suomi, 2008). 따라서 관계 특유의 내적 모델 또는 보다 일반적인 작동 모델이 존재하는지에 대한 논쟁이 지속된다. 또한 이러한 모델이 우정과 같은 다른 친밀한 관계에 어떻게 영향을 미치는지에 대한 논쟁도 존재한다.

일부 연구자들은 애착 안정성이 아동의 친밀한 관계에서 단지 작은 변화만 설명한다고 주장하였다(Thompson, 2008). 모든 발달 결과를 설명하기 위한 내적 모델 개념에 의존하기보다는 애착의 내적 표상 모델과 아동의 사회 · 정서 발달의 특정 측면 사이의 관계에 대한 이론적 또는 경험적 타당성이 있는지에 대한 질문이 제기되었다(Hinde, 1988; Thompson & Raikes, 2003 참조). 따라서 Bowlby의 내적 작동 모델에 대한 개념은 개념적 은유로 보고(Thompson, 2005), 모든 경험적 발견을 설명할 수 있는 틀은 아니라고 보는 것이 가장 좋다. 예를 들어, 애착 안정성과 또래 역량 사이의 관계성이 발견된다면, 이는 애착과 또래관계 사이에 직접적인 연결 때문일 수 있는데(관계 작동 모델에 의해 영향을 받음), 중재적 영향(예 : 감정 조절이 역할을 한 경우) 때문이거나, 둘 다 다른 영향(예 : 부모의 지지)과의 관계에 영향을 받았기 때문이다(Thompson, 2005). 이러한 방식으로 볼 때, 애착 안정성의 내적 모델은 경험적 질문을 안내하는 데 중요한 역할을 하지만 명확한 설명의 본보기를 제시하지는 못한다.

또한 Bowlby가 원래 언급한 문제는 모든 관계가 애착관계가 아니라는 사실과 관련이 있다(Bowlby, 1982). 아동은 형제 자매, 대리 양육자, 이모와 삼촌, 조부모와 밀접한 관계를 맺고 있다. 이혼, 재혼, 한부모가 있을 때 새로운 양육자가 애착 대상이 될 수 있으며, 기존의 애착 대상자는 아동의 삶에 더 많은 접촉을 하지 못하거나 영향을 주지 못할 수 있다. 따라서 애착관계의 재조직에 대한 질문과 아동의 나이에 따라 애착과 친밀한 다른 관계들 간의 경계의 침투성이 점차 중요해지고 있다(Thompson, 2005 참조). 또한 어머니와 아버지는 애착 대상 이상의 역할을 수행한다. 어머니와 아버지는 놀이 상대, 교사, 사회화시키는 사람, 적절한 행동 모델을 제공하는 사람이다. 애착 안정성만이 아니라 어머니와 자녀, 아버지와 자녀의 관계를 발전시키는 것이 다른 관계에서의 아동 행동에 영향을 미칠 수 있다.

그리고 애착 문헌에서 지속적으로 제기되는 질문은 초기 애착 안정성과 후기의 발달 결과의 관계성이 일부 '원형(prototype)'의 결과인지, 또는 후기 경험의 선택(Sroufe et al., 1990)을 안내하는 내적 모델인지 또는 모자 관계나 부자 관계의 질적인 면에서 지속적인 안정성을 유도하는 것인가에 대한 것이다. 원형 모델은 개인차보다는 초기 경험이 지속적으로 영향을 미친다고 주장한다(Roisman et al., 2005). 이와 같이, 초기 안정 애착관계는 특정 발달 경로(예 : 보다 나은 우정)가 가능하도록 한다. 그 대신, '수정주의(revisionist)' 관점(fraley, 2002)은 사회적 경험의 연속성이 애착 안정성의 안정을 가져오고, 변화는 상호작용 질의 변화로 인한 것이라고 주장한다. 따라서 결혼 생활의 스트레스, 아동 학대 또는 기타 불리한 경험이 증가하면 모자 간의 상호작용의 질이 감소될 수 있고, 시간이 지남에 따라 애착의 질이 바뀌어 다른 친밀한 관계에서의 상호작용도 어려워질 수 있다. 상호교류의 영향력(transactional influences)을 조사하는 연구에서는 자녀에게 영향을 줄 수 있는 개인적·가족적·사회적 스트레스뿐 아니라 양육 환경을 주의 깊게 조사할 필요가 있다고 주장한다. 초기 애착과 이후의 관계 간의 관계성을 조사하는 연구에 이러한 가능한 대안을 통합하는 것은 작동 모델의 역할에 대해 이해할 수 있도록 한다.

바로 이러한 이유 때문에 초기 애착과 또래관계 간 관련성을 설명하기 위하여 보다 섬세하고 개념적으로 풍부하며 흥미로운 틀이 필요하다. 이러한 관점을 가진 한 연구에서는 초기 애착에서 기대감이 유래되므로 애착 안정성은 또래관계 발달에 영향을 줄 것이라고 하였다(Sroufe, Egeland, Carlson, & Collins, 2005b). 구체적으로는 다음과 같다.

- 서로 유대감을 갖게 될 것이라고 기대하는 동기적 근거
- 민감하게 반응할 것이라고 기대하는 태도적 근거
- 탐색하고 놀이하는 역량을 중심으로 한 도구적 근거
- 각성과 정서 조절을 함께 해나갈 수 있는 역량을 포함하고 있는 정서적 근거
- 공감과 상호교류를 할 것이라고 기대하는 관계적 근거

이러한 기대는 특정 상호작용 기술과 능력뿐 아니라 다른 사람과의 관계로 이어진다. 따라서 애착관계와 또래관계 사이의 가정된 연결성과 관련된 더 구체적이고 역동적인 이행 과정이 경험적으로 확인되고 탐구될 필요가 있다.

사실, 내적 작동 모델의 개념에 대한 대안이 제시되고 연구되었다. 예를 들어, 부모와 안정적인 애착을 맺은 아동은 좌절을 견딜 수 있고, 자신의 감정과 행동을 조절하며, 자신에 대해 전반적으로 만족하기 때문에 다른 사람들이 좋아하는 것일 수 있다(Elicker et al., 1992; Sroufe, 1983). 자신을 유능하다고 인식하고, 긍정적으로 평가하면 다른 사람들이 그들을 좋아하는 데 도움이 될 수 있으며, 또래가 좋아하는 경우 긍정적인 또래 표상을 유도할 수 있다. 그러므로 또래 표상은 애착 대상의 표상으로만 일반화될 수 없겠지만(Cassidy et al., 1996 참조), 자기와 감정 조절에 대한 긍정적 관점은 또래관계의 표상이 발달하는 데 중요한 역할을 할 수 있다.

사실, 정서 조절 능력은 애착 안정성 및 또래관계 모두와 관련이 있다는 견해를 뒷받침하는 연구가 있다. 애착 이론가들은 애착 체계의 기능 중 하나가 정서 조절이라고 주장한다. 안정 애착 아동의 경우, 부모가 아동의 긍정적·부정적 정서를 조절하도록 도울 수 있다(Bowlby, 1982; Cassidy, 1994; Sroufe & Waters, 1977). 또한 안정 애착관계에 기여하는 부모의 특성(예 : 민감성, 반응성, 개방적 의사소통)은 효과적인 감정 조절의 예를 제공한다(Contreras & Kerns, 2000). 또한, 아동은 부모-자녀 관계에서 습득한 감정 조절 패턴을 내면화하고 다른 사회적 상호작용에서 그러한 패턴을 사용하게 된다(Cassidy, 1994). 예를 들어, 안정 애착의 미취학 아동은 또래 상호 작용을 시작하고 유지하며 또래들에게 반응하는 데 긍정적인 정서를 활용한다(Sroufe et al., 1984). 그들은 또한 애착관계에서 회피 성향을 보이는 아동보다 경쟁적 과제에서 실패한 뒤 슬픔을 표현하는 데 보다 더 개방적이다(Lutkenhaus, Grossman, & Grossman, 1985). 불안정 애착 아동과 비교하여, 안정 애착 학령전기 아동은 친숙한 또래와 놀 때 부정적 정서를 덜 보인다(Sroufe et al., 1984). 그리고 어머니와 안정 애착을 형성한 학령전기 아동 집단은 안정-불안정 집단과 비교할 때 놀이하는 동안 더 긍정적인 정서를 보인다(Park & Waters, 1989). 따라서 애착과 정서 조절 사이에 중요한 관계성이 있는 것으로 보인다.

정서 조절과 아동의 또래관계 사이의 관계성 또한 규명되었다. 갈등 해결과 같은 대인관계 상호작용의 요구를 잘하려면 특히 정서 조절 기술이 필요하다. 정서 조절 수단과 아동의 사회적으로 적절한 행동 사이에 관계성이 관찰되었다(Eisenberg et al., 1995; Eisenberg, Fabes, et al., 1997). 예를 들어, 사회적 상황에서 비효과적인 대처 기술[예 : 감정 분출(venting), 공격성]을 사용하는 아동은 부적절한 사회적 행동을 보인다. 부정적 정서 상태를 경험하는 경향이 있는 아동은 학교와 가정 모두에서 비교적 부적절한 사회적 행동을 한다. 또한 아동이 높은 부정적 감정을 나타낼 때 감정 조절은 사회적으로 적절한 행동과 더욱 밀접한 관계가 있다. 따라서 부정적 감정은 행동 조절과 주의력 통제와 같은 조절의 특정 측면과 또래에 대한 유능한 행동 사이의 관계성을 완화시킨다(Eisenberg, Guthrie, et al., 1997).

아마도 가장 중요한 것은, 정서 조절을 애착과 또래 집단에서의 능력 사이에 잠재적 조절변인으로 연구하는 것은 초기 부모-자녀의 애착이 또래관계와 관련될 수 있는 또 다른 매커니즘을 조사할 수 있게 한다는 것이다. 실제로 정서 조절 기술은 부모-자녀의 애착과 또래관계에서의 능력 사이를 중재하는 것으로 나타났다. 한 연구에서 건설적인 대처 전략을 사용하는(부모에 의해 평가된) 만 9~11세의 아동은 지지체계를 잘 찾을 수 있고, 인지적 의사 결정이나 문제 해결에 참여하고, 문제가 생기거나 감정적으로 화가 났을 때 공격적이거나 회피하는 전략을 보다 적게 사용하였다. 건설적인 대처 방법은 (아동이 보고한) 애착 측정 및 또래 집단에서의 능력(교사가 평가한)과 관련이 있었다. 더욱이, 건설적인 대처 방법은 애착과 또래 능력 사이의 관계성을 중재하는 것으로 나타났다(Contreras et al., 2000). 표본추출과 방법론적인 한계가 있기 때문에 최종 결론을 내릴 수 없지만, 이 연구는 초기 부모-자녀의 애착 안정성과 아동의 사회적 관계 간의 관계성을 설명하는 기본 과정 또는 매커니즘을 탐구하는 문헌이 증가되는 예시가 된다.

애착 이론가들은 또한 초기 애착관계가 아동의 자기에 대한 관점과 관련되며, 이는 다시 다른 관계로 옮겨간다고 예측하였다(예 : Bretherton, 1985; Cassidy, 1990). 애착과 아동기 중기의 자기 간의 관계성을 조사한 연구는 제한적이다. 지금까지는 어머니와 아버지에 대한 애착 안정성이 자기 가치의 인식과 사회적 역량을 예측하는 것으로 밝혀졌다(Rubin et al., 2004). 어떤 연구는 유치원 아동(Verschueren & Marcoen, 1999)과 초기 청소년기(Engels, Finkenauer, Meeus, & Deković, 2001)에서 어머니와의 애착 안정성과 자아존중감 간의 관계성에 대해 연구하였다. 또한 자기 가치에 대한 인식은 학교 적응(예 : Verschueren, Buyck, & Marcoen, 2001), 또래 역량과 (부정적인) 행동문제(예 : Easterbrooks & Abeles, 2000), 수줍고 외롭고 불안한 아동의 사회적 수용에 대한 인식(Fordham & Stevenson-Hinde, 1999), 우정의 질 등과 같은 아동기 중기의 사회적 · 정서적 발달 결과와 관계가 있었다(Franco & Levitt, 1998). 이러한 결과를 감안하여, 아동의 자기 가치에 대한 인식이 애착과 아동의 친밀한 관계 사이에서 중재 역할을 하는지는 추후 연구에서 탐색해야 하는 중요한 주제이다.

이와 유사하게, 애착 이론에 따르면, 정서적 지지의 인식은 초기 애착 안정성과 가족 외부의 사회적 관계에서의 사회-정서 기능 사이를 중재할 수 있다. 사실, 일부 연구는 이 의견도 지지한다. 예를 들어, 만 4세 아동의 애착 안정성은 애착과 사회적 역량의 관계에 대해 사회적 지지 네트워크가 중재한다고 예측하였다(Bost, Vaughn, Washington, Cielinski, & Bradbard, 1998). 비슷하게 초기 애착 안정성은 만 6세 아동의 사회적 지지와 관계가 있었고, 사회적 지지는 초기 애착 안정성과 이후 적응 간의 관계를 중재하는 것으로 나타났다(Anan & Barnett, 1999).

그렇다면 이러한 구조들을 어떻게 개념적으로 연결시킬 수 있을까? 보고된 몇몇 연구는 아동기 중기의 애착 안정성, 우정, 심리 사회적 기능을 연결하는 개념적 모델을 조사하였다. 그들은 정서적 지지와 자기 가치 인식의 중재 역할을 동시에 평가하였다(Booth-LaForce et al., 2005). 아마도 가장 중요한 것은, 이 인상적인 작업에서 보고된 결과는 자기 가치에 대한 인식이 애착 안정성과 우정의 질, 심리사회적 기능 간의 연관성을 중재한다는 생각을 지지한다는 것이다(Booth-LaForce et al., 2006). 자기 가치의 중재 역할을 다양한 시점에서 연구하고, 초기 애착관계와 이후의 친구관계 간 관계성을 중재할 수 있는 다른 과정들(예 : 내적 작동 모델, 정서 조절)을 고려하는 추후 연구가 필요하다.

## 몇 가지 최종 고려 사항

애착과 또래관계 간의 관계성에 대해 보고한 현재의 문헌들에 남아 있는 몇 가지 이슈가 있다(Booth-LaForce & Kerns, 2009). 예를 들어, 애착 안정성과 또래관계에 영향을 미치는 '제3의 변수'[예 : 관계에 대한 부모의 가치 평가(Kerns, Cole, & Andrews, 1998], 적절한 사회적 행동을 가르치는 어머니의 능력(Contreras & Kerns, 2000)]가 있을 수 있다. 인지, 정신 상태에 대한 2세 아동과 어머니의 대화[어머니다운 마음가짐(Meins, 1997)과 반사 기능(Fonagy & Target, 1997)과 유사한]는 안정 애착의 맥락에서 더 자주 나타난다. 이는 또한 관찰된 것과 어머니의 보고 모두에 따르면 보다 더 긍정적인 우정과 관계가 있는 것으로 나타났고, 어머니가 보고한 54개월에서 1학년 사이의 부정적 우정에서 더 급격한 감소를 나타냈다. 따라서 어머니의 인지적 정신 상태 이야기는 애착과 우정 사이에 개입하는 매커니즘인 것으로 보인다(McElwain, Booth-LaForce, & Wu, 2011). 각각 다른 발달 시기에 아동의 친구관계 양상을 예측할 때 모자 간, 부자 간의 애착 안정성의 차별적 역할을 고려할 필요가 있다. 예를 들어, 아버지와 자녀 간의 안정성은 아동기 중기의 가장 친한 친구와의 관계의 질과 관계가 있으며(Rubin et al., 2004), 가장 친한 친구와 갈등이 더 적게 나타난다(Lieberman et al., 1999). 아버지와 안정적인 관계를 맺은 초등학교 저학년 아동은 다른 아이들보다 2년 정도 더 빠르게 상호관계를 맺는 친구를 사귀었다(Verissimo et al., 2011). 어머니와 아버지는 서로 다른 상호작용 방식을 보일 수 있으며 우정의 다양한 발달 결과를 촉진하는 방법으로 놀이를 한다.

우정의 질은 애착과 또래에 대한 사회적 능력 간의 관계성을 중재할 수 있다(Booth-LaForce et al., 2005). 친밀한 친구가 불안정 애착관계를 보완하거나 애착 이력과 이후의 결과 간의 관계성을 약화시킨다는 것은 명확하지 않다. 또한 애착 안정성은 우정을 유지하고 회복하는 것과 같은 우정의 다른 측면과 다르게 우정의 시작이나 발전과 같은 우정의 특정 구성 요소에 영향을 미칠 수 있다. 마지막으로, 비슷한 애착 이력을 가진 다른 아동과의 우정을 나누는 정도까지, 개입 전략은 불안정 애착 이력을 가진 아동의 사회적 역량을 촉진시키는 데 도움이 될 수 있다.

우정은 여러 관계들(constellation of relationship) 안에 포함된다. 각 친구는 우정을 발달시키는 관계의 연결망을 가져오고 더 큰 연결망의 특징은 특정 우정의 발전과 연속성에 영향을 미칠 수 있다(Bukowski, Newcomb, & Hartup, 1996). 앞으로는 우정을 촉진하거나 방해하는 사회적 상황을 탐색하는 연구가 이루어져야 한다. 예를 들어, 우리는 형제관계와 우정 사이의 관계성에 대해 거의 잘 모른다(Kramer & Gottman, 1992). 가족관계가 우정에 미치는 영향에서 대부분 부모-자녀 관계의 역할을 강조하지만, 형제관계는 여러 면에서 아동과 친구들과의 관계와 훨씬 더 비슷하다. 아동은 형제 자매와의 상호작용 방식을 친구관계에 전이하는가? 여러 형제가 있는 아동은 외둥이인 아동보다 더 적은 (혹은 더 많은) 친구를 필요로 하는가? 우정을 발전시키고 특정 우정을 유지하기 위한 다양한 동기가 추후에 더 연구되어야 한다. 개인적 특징과 관계적 특성은 우정을 촉진하고 영향을 미치는 데 어떤 역할을 하는가? 그리고 이러한 요소는 시간이 지남에 따라 어떻게 변하는가? 보다 넓은 사회적 지지 연결망에 의해 촉진되는 역량에 문화의 가치와 목표가 반영된다는 것이 입증됨에 따라 우정의 문화적 차이에 대한 연구는 특히 중요하다(Bagwell & Schmidt, 2011).

아마도 가장 중요한 것은, 연구자들이 이제 아동의 자아존중감(Booth-LaForce et al., 2006; Verschueren & Marcoen, 2002)과 정서 조절 전략(Contreras & Kerns, 2000; Kerns et al., 2007)과 같은 중재 변인의 역할에 초점을 맞추고 있다는 것이다. 이는 초기의 관계 경험과 또래와의 사회적 능력 간의 관계성에 관여하는 과정을 이해하는 것이 필수적이라는 인식을 반영하는 것이다. 애착 이론가들은 내적 작동 모델이 이러한 연관성을 이해하는 데 중요하다고 주장하지만, 다른 발달 기간과 특정 발달 상황에서 예상될 수 있는 초기 애착 경험에 대한 관계성이 예상될 수 있는 특정 영역에 초점을 둔 보다 더 정제된 질문은 추후 연구에서 탐색해야 한다(Booth-LaForce & Kerns, 2009).

결론적으로, 연구자가 또래관계 및 우정에 영향을 미치는 초기 사회적 경험에 대한 구체적인 질문을 검증할 수 있는 발달적 틀을 채택하는 것이 필요하다. 취학 전까지는 일반적으로 또래가 상호작용의 중요한 상대라고 여긴다. 초기 아동기 동안에는 공유된 의미를 나누며 소통하는 것에서 또래 집단에 대한 사회적 지식을 발달시키는 것으로 초점이 바뀐다(Howes, 1988). 아동은 조화를 이룬 상호작용과 또래와의 긍정적인 교제를 하는 것에서 아동기 중·후기가 되면서 또래 세계가 확장되고, 집중하는 쪽으로 이동한다. 상대를 선택하고 상호작용을 조율하고 유지하는 방법을 배우면서 안정적인 또래 집단에서 친밀한 우정을 쌓고 기능을 발휘하게 된다. 이러한 발달적 변화는 애착, 또래관계, 우정의 연관성을 탐색하는 데 영향을 미친다. 또한 또래관계의 발달적 측면과 관계성을 조사할 때(Sroufe et al., 1999), 아동기의 애착 안정성을 평가하기 위해 연령에 적합한 방법을 사용해야 한다(Kerns & Richardson, 2005; Solomon & George, 2008). 예를 들어, 애착과 또래와의 조율된 상호작용 사이의 관계성을 탐색하는 것은 초기 아동기에 중요하지만, 애착과 우정의 질 사이의 관계성을 조사하는 것은 아동기 중기 및 후기와 청소년기의 문제로 남아 있다.

　마지막으로, 현재의 연구는 더 이상 또래관계와 우정이 부모-자녀 관계에 의해 영향을 받는지의 문제에 초점을 두지 않는 것으로 보인다. 대신, 이러한 관계적 체계 사이의 관계성을 설명하는 데 도움이 되는 기본 과정과 매커니즘을 이해하는 것이 중요하다. 이 지식은 궁극적으로 적응과 부적응의 명확한 패턴을 밝히는 것에 영향을 미칠 수 있으며, 아동에게 또래와 친구들과의 보다 확장된 사회적 세계의 경험을 향상시킬 수 있는 발달적으로 적합한 개입의 확인을 용이하게 할 수 있다.

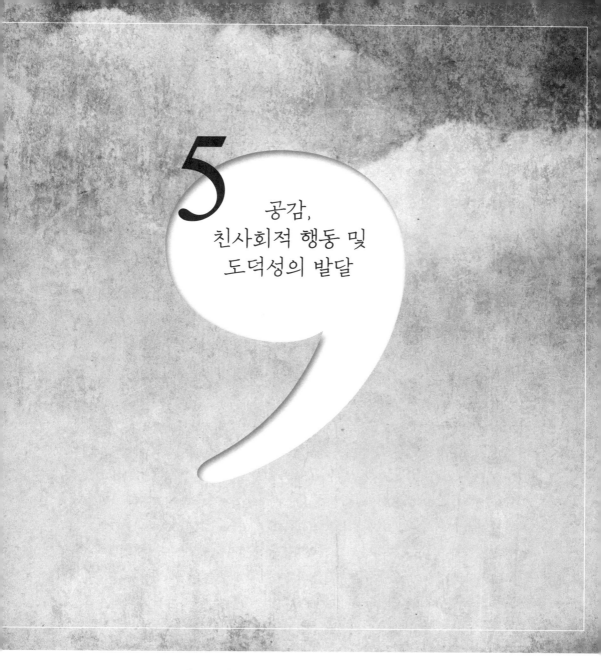

# 5

공감,
친사회적 행동 및
도덕성의 발달

Social and Emotional Development
*Attachment Relationships and the Emerging Self*

제 5 장

# 공감, 친사회적 행동 및 도덕성의 발달

*아동이 친사회적인 태도로*

*행동하기 위해서,*

*아동은 타인을 공감하거나*

*타인의 정서 또는 느낌을*

*나누어야 한다.*

타인을 돕고, 나누고 위로하는 등의 친사회적 행동은 타인에게 이익이 되길 바라는 자발적인 행동이다. 유달리 공감적인 아동은 보다 친사회적이다(Eisenberg, Fabes, et al., 2006). 공감적 반응을 보이려면 먼저 자기와 타인을 구별해야 하는 듯하다. 자기와 타인의 차이를 구별하는 것은 개인이 타인의 감정 상태를 이해하고, 타인의 걱정을 나누는 동안에 자기 초점화된 반응을 자제하는 것을 가능하게 한다(Bischof-Köhler, 2012). 그렇지만 경험에 비추어 보았을 때 공감, 즉 자기와 타인 사이의 공유된 정서의 핵심은 타인과 연결하는 능력 또한 필요로 한다. 공감은 종종 관심을 표현하거나 타인을 돕는 등의 어느 정도의 대인관계 역량을 요구하는 친사회적 반응으로 정의된다. 이와 같이, 초기 관계와 자기와 타인을 구별하는 것은 공감과 친사회적 행동을 이해하는 데 대단히 중요한 듯하다.

발달하면서, 아동은 타인의 정서 상태를 적절하게 이해하고 반응하는 것에 보다 능숙해지기 때문에 타인을 공감하는 아동의 능력은 성장한다. 아동은 먼저 자신의 정서를 인식한 다음에 타인의 정서를 구별하고 이해하는 법을 배운다. 타인의 정서 표현을 인식하고 타인의 신념, 의도 또는 정서가 자신과 다를 수도 있다는 것을 인식하는 아동의 능력에 대한 이론과 연구가 많이 있다(Denham, 1998; Harris, 2000; Thompson et al. 2003). 물론, 이러한 발달은 아동이 자신의 정서 표현에 대한 자각의 증가, 다양한 정서 상태의 원인과 행동적 결과를 이해하는 능력, 그리고 공감하는 역량과 동시에 나타난다

(Saarni et al., 2008).

비록 어린 아기가 다른 아기의 울음소리를 듣고 긴장하거나 초조한 듯 울부짖더라도 (Hay, Nash, & Pedersen, 1981; Sagi & Hoffman, 1976), 이 반응은 다른 아기의 정서에 대한 이해보다 '정서의 전염'을 더 많이 반영한다. 영아는 생후 첫해 동안 지속적으로 고통스러워하고 전염된 울음을 보이는데(Geangu, Benga, Stahl, & Striano, 2010), 특히 타인의 고통이 강렬하거나 오랜 시간 표현되거나, 친숙하지 않은 환경에 있을 때 그러하다. 일부 연구자는 첫돌 전에 타인에 대한 관심을 보이는 증거가 있다고 주장하지만, 다른 연구자는 첫돌이 지난 후에 유아가 뚜렷이 구별되는 개인으로서의 자기감을 발달시키기 시작하고, 타인의 변화에 반응하며 공감적 반응의 초기 형태의 일부를 보인다고 주장한다(Davidov, Zahn-Waxler, Roth-Hanania, & Knafo, 2013; Roth-Hanania, Davidov, & Zahn-Waxler, 2011). 만 1세 중반부터 후반까지 어머니에 대한 공감적 관심이 증가함에 따라(van der Mark, van Ijzendoorn, & Bakermans-Kranenburg, 2002), 이제 걸음마기 아기는 어머니가 고통받는 것을 관찰하면 어머니에게 관심을 갖고 집중하며 반응할 수 있다(Zahn-Waxler, 2000). 걸음마기 아기는 자신의 편안함에 관심을 갖는 것에서 타인의 편안함을 소망하는 것으로 태도를 바꾼다. 하지만 걸음마기 아기의 인지는 제한적이고 전반적으로 미성숙하기에, 타인의 관점을 취하는 것은 어렵다. 이로 인해, 예를 들어 18개월 아기는 속상해하는 성인에게 자신의 특별한 테디 베어 인형을 줄 수 있다. 18개월에서 36개월 사이에, 유아가 타인의 슬픔을 반영할 때, 타인의 정서적이고 개인적인 고통에 대하여 증가한 이해를 담아 반영하며 아동이 더 나이가 들면 슬픔과 관련된 타인의 고통에 대해 보다 많은 관심을 나타낸다(Bandstra, Chambra, McGrath, & Moore, 2011).

취학 전과 아동기 초기 동안, 아동은 자기 자신의 정서적 욕구를 타인의 정서적 욕구와 구별하는 법을 배우기 때문에, 아동은 덜 자기중심적이고 보다 민감한 방법으로 반응할 수 있다. 아동은 때로 고통받는 사람을 위로하거나 다른 형태의 친사회적 행동을 하려고 노력할 것이다. 실제로 만 4세 아동은 만 3세 아동보다 자신의 또래에 대해 친사회적 행동을 많이 하는 것과 같이(Benenson et al., 2003), 친사회적 도움, 공유하기 그리고 돌보기의 빈도는 연령에 따라 증가한다. 하지만 도와주고자 하는 동기는 복잡하고 언제나 공감만을 반영하지는 않는다(Eisenberg, Spinrad, & Sadovsky, 2006). 실제로 '공감이 친사회적인 행동으로 이어지는가 아니면 그렇지 않은가' 하는 질문은 논란이 되는 주제다(Eisenberg, 2003). 우리가 살펴볼 것은 자신 자신과 타인의 정서 표현에 대한 아동의 정서적·인지적 이해가 발달하는 것은 공감의 발달에 영향을 미친다는 것이다. 또한 자기의 발달과 부모, 형제 및 또래와의 관계는 아동의 공감 능력과 친사회적 행동의 발달에 영향을 주고 받을 수 있다. 이렇게 우리는 타인에 대한 애착과 자기의 발달 간의 상호 관계를 한 번 더 상기한다.

자기에 대한 인식을 발달시키는 것과 관계된 사회적·정서적·인지적 역량은 아동의 옳고 그름에 대한 생각에도 영향을 미친다. 바람직한 것으로 간주되는 특정한 가치와 행동은 문화에 따라 그리고 가족 내에서도 달라지긴 하지만, 성인은 아동이 도덕 규칙을 배우도록 도와준다. 처음에는 부모가 어린 자녀에게 적절한 행동에 대한 규칙을 가르치며 자녀의 행동을 통제한다. 시간이 지나고 성숙함에 따라, 아동은 외부의 제약이 없더라도 자기 통제를 하기 위해 자기 자신의 행동을 조절하기 시작한다. 발달 연구자는 다양한 도덕적 요소인 정서, 인지, 행동에 대하여 연구해왔다. 우리는 도덕적 추론과 행동 발달의 변화를 이해하기 위한 방법으로 관계 속에서 자기에 초점을 맞추는 것과 함께 이 구성요소를 논의할 것이다.

# 공감

## 공감이란 무엇인가?

공감은 우리와 타인을 연결하는 즉각적인 정서적 반응이다. 공감은 우리가 누군가의 정서적인 상태를 목격하고, 그들의 관점을 취하고, 우리가 그들이 느끼고 있다고 믿는 정서를 경험할 때 일어난다. 이는 동정과 구분되는데, 동정이란 우리가 고통을 받는 사람에 대한 염려 또는 슬픔을 느끼는 것이다(예 : 우리가 알지 못하는 불행한 경험에 대해 읽을 때). 우리가 동정심을 느낄 때, 우리 스스로 부정적인 정서 반응을 경험할 필요는 없다(Eisenberg, 2003). 공감은 개인이 타인의 정서 상태를 공유(정서적 구성 요소)하며 또한 타인의 정서 상태를 이해(인지적 구성 요소)할 수 있는 것을 필요로 한다(Feshbach, 1975, Hoffman, 1983; Strayer, 1987). 공감은 또한 타인의 경험과 유사하게 고통이나 불안 등의 정서를 느끼는 것에서 비롯되는 부정적인 정서의 각성을 조절할 수 있는 능력을 필요로 한다. 연구는 아동이 부정적 정서를 조절할 능력이 있을 때 공감적 관심이 더 크다는 것을 입증하였다. 자기 조절 능력이 빈약할 때, 아동은 자신의 고통에 머무르고 타인의 관심에는 반응하지 않을 가능성이 더 높다(Davidov & Grusec, 2006;

Eisenberg, Fabes, et al., 2006).

공감할 수 있는 능력은 아동의 친사회적 행동, 사회적 역량 그리고 정신병리의 발달에 중요한 영향을 미친다(Strayer & Roberts, 2004). 실제로, 일부 연구자는 아동이 고통을 받는 타인이나 도움이 필요한 타인을 관찰하는 것을 조사하였다. 생리적으로, 안면으로, 또는 행동으로 나타난 공감의 표시는 어린 아동의 친사회적 행동과 관계되어 있는 것으로 밝혀졌다(Holmgren, Eisenberg, & Fabes, 1998, Zahn-Waxler, Cole, Welch, & Fox, 1995, Zahn-Waxler, Radke-Yarrow et al., 1992). 따라서 연구자는 타인이 생각하고 느끼는 것을 아는 역량, 그리고 공감적 정서가 느껴지는 타인의 고통을 덜어주고자 하는 동기라는 두 측면으로 공감을 조사하였다(Batson, 2009).

연구자는 어린 아동의 공감적 반응의 몇 가지 다른 유형을 설명하였다(Hoffman, 2000). 공감적 반응의 최초의 신호는 기초적인 **공감 반응**, 즉 그것은 신생아가 다른 아기가 우는 소리를 듣고 반응하여 울 때 발견할 수 있다. 첫돌이 될 때까지, 영아는 다른 아동이 우는 것을 들을 때 괴로워하거나 불안해한다. 결과적으로, 영아는 자기 스스로 편안함을 추구한다. 영아는 이 **자기중심적 공감적 고통**으로 다른 아동을 돕는 것이 아니라, 다른 아동이 느끼고 있는 듯한 것의 결과로 불안해지고, 각성되며 고통스러움을 느끼게된다. 유아가 첫돌이 지난 후에는 고통받는 아동에게 접근하고 위로할 가능성이 더 높다. 이제, 유아는 자기와 타인을 구별하기 시작하기 때문에, 타인의 고통에 진정한 관심을 표현할 수 있다. 이 공감적 감정은 초기 친사회적 행동으로 이어질 수 있다. 그렇기때문에, 유아가 18개월이 되면 더욱 구체적이고 집중적인 도움을 제공하기 시작하는 것을 볼 수 있다. 예를 들어, 다른 또래에게 장난감을 빼앗긴 아동에게 쿠키를 주는 대신에(쿠키가 그 아동의 기분을 나아지게 할 거라고 생각해서), 걸음마기 아기는 그 아동을행복하게 할 새로운 장난감을 찾을 것이다. 유사-자기중심적 공감적 고통(quasi-egocentric empathic distress)은 여전히 자신의 정서 상태와 타인의 정서 상태를 명확하게 구별할수 없기 때문에 유아 자신의 감정을 반영한다. 만 1세 후반에, 걸음마기 아기는 타인과구별되는 자기의 감각이 더욱 발달함에 따라, 그들은 타인의 고통에 더욱 적절한 행동으로 반응하는 등의 진실한 **공감적 고통**을 보일 수 있다(예 : 넘어져서 우는 친구/유아에게 휴지를 가져다주거나 또래와 어울려 놀기에는 너무 지쳐 있지만 혼자 앉아 있는 것은 원치 않는 친구 옆에 조용히 앉아 있는 것을 선택함).

처음에, 아동은 타인이 있을 때에만 공감을 느낄 수 있으며 또래의 괴로움(Lamb & Zakhireh, 1997)과 어머니의 괴로움(van der Mark et al., 2002) 둘 다에 반응하며 분명한 발달적 진보를 보인다. 아동이 타인의 괴로움에 대한 이야기를 듣고 공감적으로 반응할 수 있으려면 나이가 좀 더 들어야 한다. 타인의 전반적 상태(예 : 가난하거나, 장애가 있거나, 중증인 질환이 있는)에 대한 이해는 아동기 중기에 일어나는 반면, 행복하지 못한 사람들(예 : 영양 결핍인 인구 또는 정치적으로 억압받는 인구)의 심리적 상태에 대하여 심도 깊게 이해하고, 진정한 변화로 이어지는 대안적인 행동 과정에 대하여 고려하도록 돕는 인지적인 진보는 청소년기가 되어야 나타난다.

공감의 개인차는 부모 및 양육자와의 경험(Bischof-Köhler, 2012, Davidov & Grusec, 2006, Hoffman, 1975, Kiang, Moreno, & Robinson, 2004)과 유아의 기질적 성향(예 : 두려워하는, 과민한, 사교적인, 조절된)(Eisenberg, 2000; van der Mark et al., 2002, Young, Fox, & Zahn-Waxler, 1999) 같은 많은 변수에 의해 결정되는 것 같다. 예를 들어, 4개월 된 영아의 자기 조절의 차이는, 영아가 만 1세가 되었을 때 타인의 고통에 대해 나타나는 반응의 차이와 관계되어 있다(Ungerer et al., 1990). 더욱이, 영아가 8개월과 10개월 때 보인 정서 · 인지적 공감 반응의 개인차는 영아가 만 1세 동안 나타낸 보다 친사회적인 행동과 관계되어 있었다(Roth-Hanania et al., 2011). 유아기의 두려움은 부모가 보고한 학령기의 공감적 관심과 관계되어 있다(Rothbart, Ahadi, & Hershey, 1994). 그리고 생후 첫해에 반응을 많이 하고 만 2세에 낯선 성인을 향한 반응의 억제가 적은 영아는 보다 억제된 유아와 비교하여 낯선 성인의 괴로움에 공감을 더 많이 보인다(van der Mark et al., 2002; Young et al., 1999).

양육자가 아기의 정서적 욕구를 이해하고자 노력하는 공감적 상호작용은 최초로 나타나는 공감의 발달을 위한 토대 중 하나일 수 있다. 유아의 정서적 욕구와 신호에 대한 어머니의 민감성이 어린 아동의 공감을 예측한다는 몇몇 증거가 있다(Kiang et al., 2004; Robinson, Zahn-Waxler, & Emde, 1994; Zahn-Waxler & Radke-Yarrow, 1990). 민감성은 양육자가 아동의 정서적 단서에 반응하면서 아동의 욕구를 충족하도록 하고, 그로 인한 안전하고 편안한 기반을 제공한다. 민감성은 타인을 위한 동정 어린 보살핌의 성향 또한 전달한다(Hastings, Utendale, & Sullivan, 2007). 부모의 사회화 훈련(socialization practices)은 공감의 발달에 지속적인 역할을 할 가능성이 높다(Grusec & Sherman, 2011, 더 많은 자료를 원하면 참조할 것). 더하여, 부모와 자녀의 공감 능력 사이에는 직접적인 일치가 없을 수도 있다. 오히려 분노와 같은 정서적 반응이 부모-자녀 관계에 영향을 미칠 수 있다. 예를 들어, 공감을 많이 하는 부모는 화를 덜 내고 공감을 많이 하는 자녀를 갖는다. 대조적으로 공감을 적게 하는 부모는 통제 또한 많이 하고,

화를 보다 많이 내고 덜 공감적인 자녀를 갖는다(Strayer & Roberts, 2004). 240명의 만 6세 아동을 관찰한 연구에서, 부모가 분노를 자주 표현하는 것은 자녀가 분노를 자주 표현하고, 슬픔과 두려움을 적게 표현하는 것과 관계되어 있었다(Snyder, Stoolmiller, Wilson, & Yamamoto, 2003). 아동은 분노가 모든 부정적인 감정 상태를 표현하는 방법임을 배우고, 슬프거나 두려울 때 자신의 취약성을 표현할 가능성이 더 낮으며, 자기 자신이나 타인의 구별된 정서를 이해하고 반응하는 데 어려움을 느낄 가능성이 더 높다.

  양육 행동이 공감에 지속적으로 영향을 미치더라도, 일란성(1개의 수정란이 분열된) 쌍생아와 이란성(2개의 수정란에서 자란) 쌍생아의 연구에서 증명된 것과 같이, 유전적 요인은 아동에게서 나타나는 초기 공감 수준의 차이를 설명할 수 있다(Zahn-Waxler, Robinson, & Emde, 1992). 예를 들어, 만 1세에 보다 공감적인 것은 어머니의 온정과 관계되어 있다(Robinson et al., 1994). 지지적이고 민감한 부모의 행동은 공감적 상호작용의 모델을 제공하는데, 특히 부모의 행동이 안정 애착관계의 일부일 때 그렇다(van IJzendoorn, 1997). 실제로, 애착 안정성은 공감의 발달과 관계되어 있다는 몇몇 연구 결과가 있다. 안정적으로 애착된 아동은 유치원에서 또래에게 보다 공감적이며(Kestenbaum, Farber, & Sroufe, 1989; Waters, Wippman, & Sroufe, 1979) 어머니가 부재할 때 어린 형제가 고통스러워하면 공감적으로 보살피는 반응을 할 가능성이 더 높다는 것(Teti & Ablard, 1989)이 밝혀졌다.

  어머니의 정서 상태, 아동의 정서 조절과 애착 안정성이 서로 영향을 미치는 과정을 탐구한 결과, 연구자는 흥미로운 패턴을 관찰하였다. 구체적으로, 안정적으로 애착되었고 정서를 조절하는 데 문제가 없는 우울하지 않거나 우울함의 정도가 적당한 어머니의 만 2~4세까지의 자녀는 공감적 반응의 빈도가 적당한 반면, 안정적으로 애착되었지만 자기 자신의 정서를 조절하는 데 어려움이 있는 우울함의 정도가 심각한 어머니의 자녀는 가장 높은 빈도의 공감적 반응을 보였다. 아마도 이러한 아동은 '부적절한' 어머니의 돌봄과 자신의 정서적 욕구를 포기하는 것과 필요한 정서 조절 기술의 학습에 실패하는 것과, 비조직적으로 애착된 아동이 전형적으로 보이는 양육 행동을 나타내는 것에 지나치게 몰두하는 것일 수도 있다(van IJzendoorn, 1999). 이와 같이 안정적으로 애착된 아동은 민감하고 공감적인 반응을 특징으로 하는 돌봄을 경험할 가능성이 더 높다. 결국, 안정적으로 애착된 아동은 정서적 표현력이 풍부하고 자신의 정서를 보다 정확하게 전달하는 경향이 있는데, 이는 공감을 위해 필요한 바로 그 기술이다. 또한 부모의 민감하지 않거나 반응적이지 않거나 거부하는 행동에 더하여 부모의 정서적 상태는 무엇보다

도 아동의 정서적 이해 발달에 영향을 미칠 수 있으며 이는 공감적 반응에서 보이는 문제의 원인이 될 수 있다.

흥미롭게도 공감에 성별 차이가 있다고 가정하였지만, 연구 결과는 이와 일치하지 않는다. 일부 연구는 소년과 소녀의 공감적 관심 또는 친사회적 반응에 차이가 있다고 보고하지만(예: Knafo, Zahn-Waxler, Van Hulle, Robinson, & Rhee, 2008; Volvocht, Lemery-Chalfant, Aksan, Zahn-Waxler, & Goldsmith, 2007) 다른 연구는 그렇지 않다(Roth-Hanania et al., 2011; Vaish, Carpenter, & Tomasello, 2009). 연령이 높은 아동을 대상으로 한 연구는 일관적으로 소녀가 소년보다 공감적이라는 것을 밝히지만(Eisenberg, Fabes, et al., 2006), 이는 공감 능력에서의 본질적인 성차를 반영한다기보다는 이러한 기대에 적합한, 사회적으로 용인되는 성 역할과 행동의 내면화를 반영하는 것일지도 모른다.

현대의 인지 신경과학자는 대뇌 피질을 포함한 뇌 구조의 맥락에서 공감을 연구해왔다(Lamm, Batson, & Decety, 2007). 공감을 표현하는 데 필요한 신경 기전을 탐구하는 연구자는 최소한 근본적인 생리적 기전의 일부는 사교성을 포함한 보다 일반적인 정서성의 특성을 공유한다고 밝혔다(Carter, Harris, & Porges, 2009). 공감과 정서성은 뇌의 하부 구조와 자율 신경계에 따라 달라진다. 신체의 상태를 감지하고 반응하는 데 필요한 신경계 및 내분비계를 조사하는 것은 감정과 정서의 상태를 이해하는 데 도움이 된다. 따라서 공감은 정서 조절과 각성 수준의 관점으로 볼 수 있으며 적응적인 자율 신경계와 신경 내분비 과정을 필요로 한다(Porges, 2007). 더욱이 타인의 감정을 느끼는 능력, 타인의 정서를 인식하는 능력 그리고 똑같은 정서를 경험하는 능력은 비록 타인의 정서를 느끼고 인식하고 경험하며 느끼는 것이 자기-괴로움과 공감적 관심의 조합일지라도(Davidov et al., 2013) 뇌의 신경 회로가 중복되는 것에서 기인한다고 추측된다(Decety & Meyer, 2008; Preston & de Waal, 2002).

공감은 또한 보다 일반적인 마음 이론의 능력과 구별된다. 마음 이론은 타인의 마음 상태에 대한 추론을 가능하게 하는 인지 과정과 관련 있지만, 공감은 타인의 정서에 대한 민감성과 이해력을 포함하는 정서적 반응으로 평가된다(Wellman, 1991). 마음 이론 능력의 발달은 아동기에 걸쳐 확장하는 과정이다(Wellman & Lui, 2004). 그에 반해서, 정서의 공유와 정서의 전염 등 자동적으로 일어나는 공감의 정서적 측면은 영아와 걸음마기 아기에게 나타나며, 공감적 반응에 영향을 미치는 보다 진보된 인지적인 조망 수용 능력은 아동기에 걸쳐 발달한다(Hoffman, 2000). 신경과학 연구는 공감의 정서적 및 인지적 구성 요소를 뒷받침한다. 구체적으로, 조망 수용과 자기와 타인의 구별 및 마음에 영향을 미치는 과업(mentalizing tasks)에 관련되는 두뇌 영역은 신경계의 뚜렷한 연관성이 공감의 명쾌한 인지적 증거를 제시하며, 이는 다른 종류의 사회적 및 비사회적인 인지 과업(마음 이론의 몇몇 과업과 같은)과 관련된 두뇌 영역의 방식과는 완전히 다른 방식이라는 것을 시사한다(Pfeifer & Dapretto, 2009).

또한 거울 뉴런 시스템은 아동의 공감적 반응과 대인관계 능력을 지지하는 정서적 과정과 관련되는 듯하다(Pfeifer, Iacoboni, Mazziotta, & Dapretto, 2008). 실제로 자폐스펙트럼장애가 있는 개인이 거울 뉴런 시스템의 기능 장애가 있다는 것에 대한 증거는 매우 일관적이다(Oberman & Ramachandran, 2007). 거울 뉴런 시스템과 공감의 정서적 구성 요소에서의 개인차는 관계가 있는 것 같지만, 공감의 인지적 측면(예 : 조망 수용)에서 거울 뉴런 시스템의 역할은 분명하지 않다(Pfeifer & Dapretto, 2009). 발달과 관련된 사회신경과학의 관점은 공감의 정서적 · 인지적 구성 요소에 대한 많은 중요한 통찰을 분명하게 제공하였다. 궁극적으로, 후속 연구는 발달 과정 전반에 걸친 신경 시스템에 대하여 이해할 수 있도록 지속적으로 정보를 제공할 것이고 사회 인지 기술의 발달을 촉진할 수 있는 중재 전략의 목표를 제공할 것이다

마지막으로, 우리가 공감에 대하여 아는 것 중의 일부는 공감의 부재에 대한 연구와 공감과 관련된 사회적 기능 장애의 연구에서 시작되었다. 예를 들어, 자폐스펙트럼장애 또는 품행장애를 가진 유아와 어린 아동, 그리고 외현화 행동 및 다른 반사회적 행동을 하는 아동 및 청소년은 그들의 사회적 관계 안에서, 그리고 공감적 반응에서도 결핍을 경험한다(비록 이 결핍의 근원적 이유는 서로 다르지만)(Blair, 2005, Miller & Eisenberg, 1988; Oberman & Ramachandran, 2007; Preston & de Waal, 2002). 학대를 당하거나 정서를 구별하고 타인의 정서적 표현과 정서적인 상태를 충분히 이해하는 데 문제가 있는 아동은 타인에 대하여 마음으로부터 공감하는 것 또는 친사회적 행동에 참여하는 데 어려움을 겪는다(Pollak, Cicchetti, Hornung, & Reed, 2000 참조). 공감이 결핍된 것을 초기에 발견하는 것은 특정 발달의 장애를 선별하는 데 도움이 될 수 있으며, 이는 아동이 아주 어렸을 때부터 중재를 하는 것을 가능하게 한다. 만일 아동의 공감과 친사회적 행동이 타인의 정서적 상태를 정확하게 인식하고 반응하는 능력과 밀접한 관계가 있다면, 우리는 양육자와 아동이 맺는 초기의 정서적 관계가 이후의 사회적 · 정서적 역량을 훈련하는 장으로 중요하다는 것을 다시 한 번 확인할 수 있다.

## 공감과 조망 수용

조망 수용은 타인의 관점을 이해하는 능력이다. 조망 수용 능력은 친사회적 행동과 관계되어 있다는 것이 밝혀졌다(Strayer & Roberts, 2004; Zahn-Waxler et al., 1995). 그러나 조망 수용은 그 자체로 아동을 친사회적 방식으로 행동하도록 안내하는 데 충분하지 않을 수 있다. 즉, 돕고자 하는 동기는 공감 능력 또한 필요로 할 수 있다(Denham, 1998). 실제로 여러 연구는 조망 수용 능력이 좋고 동시에 타인의 감정을 이해하는 데 보다 유능한 아동은 조망 수용 능력만 좋은 아동과 비교하였을 때 보다 친사회적인 태도로 행동한다는 것을 증명하였다(Denham, 1998; Knight, Johnson, Carlo, & Eisenberg, 1994; Stams, Deković, Brugman, Rutten, Van den Wittenboer, Tavecchio, Hendriks, & Van Schijndel, 2008). 조망 수용이 공감에 도움이 되고 결과적으로 친사회적 행동에 도움이 된다는 것을 예측하는 분명한 모형을 조사하였는데(Roberts & Strayer, 1996), 만 5세, 만 9세, 만 13세 아동 집단을 대상으로 이 모형을 증명하였다. 더하여, 소녀의 경우 공감은 친구를 향한 친사회적 행동을 예측하는 데 보다 중요했는데, 아마도 소년에 비해 소녀가 친구와 보다 가깝고 친밀하기 때문일 것이다.

정서적인 조망 수용에 대한 연구는 자기 자신을 타인의 입장에 놓고, 그의 정서적 상태에 대하여 추론한 다음에 자신이 세운 가설에 근거하여 타인에게 반응하는 능력에 초점을 두었다(Hoffman, 1984; Thompson, 1987). 최근 연구는, 발달적으로 민감하게 공감하는 반응을 측정하였고 이 능력은 만 2세 정도의 아동에게 출현한다는 것을 밝혔다(Vaish et al., 2011). 연령에 적절한 척도를 사용하여 만 2세 정도의 아동에게서 마음 이론 능력을 입증한 연구에서도 유사한 결과가 나온 것을 주목한다면 이는 유의미하다(Onishi & Baillargeon, 2005; Southgate, Senju, & Csibra, 2007). 이와 같이, 정서적·인지적 조망 수용 능력은 서로 관련될 가능성이 높은데, 타인의 상태에 대한 정서적 반응이 인지적 이해로 이어질 수 있고, 그렇지 않으면 인지적 구조가 정서적 반응을 일으킬 수도 있다. 더욱이 인지적 이해는 아주 어린 아동조차도 친사회적 행동을 하도록 동기 부여할 수 있으며, 측정 방식은 조망 수용 능력에 대해 발달적으로 적절하게 평가한 것을 통합해야만 한다.

## 조망 수용과 관계

타인의 마음에 대한 아동의 이해를 탐구하는 것에 대한 관심이 증가해왔다. 어떻게 아동은 타인의 내적 상태와 감정을 알아차리게 되는가? 그리고 어떻게 아동은 타인의 생각, 욕구 또는 신념과 타인의 행동의 관계를 아는가? 사실 지난 20년간의 여러 인지발달 연구는 마음 이론과 마음 이론에 대한 이해를 획득하는 연령대에 대한 연구 결과를 확장하는 것과 서로 다른 문화 집단에서의 마음 이론 이해 능력을 탐구하는 데 초점을 두어왔다. 더욱이, 아동이 타인의 정서 상태에 대하여 정서적 · 인지적으로 이해하는 것 과 정서적 · 인지적 이해가 아동의 사회 관계의 질에 미치는 영향의 관련성은 발달 연구자들의 관심이 증가하고 있는 영역이다(Dunn, 2000). 예를 들어, 타인의 정서 상태에 대한 이해가 빠른 것은 타인의 인지 상태에 대한 이해를 증가시키는가에 대한 논란이 있다(예 : 왜 그들은 그들이 하는 것을 하는가)(Bartsch & Wellman, 1995). 그리고 보다 일반적인 사회 관계에 대한 인지적 · 정서적 조망 수용의 영향을 감안하면 정서적 · 인지적 이해 역량의 개인차에서 오는 발달적 결과를 고려하는 것은 중요하다(Dunn, 2000). 그러므로, 예를 들어, 연결된 의사소통이 많은 것과 역할 놀이가 빈번한 것을 특징으로 하는 보다 정교한 또래관계는 초기의 마음 읽기 기술과 관련되어 있다(Dunn, 1996b). 그리고 이후에 또래에게 인기가 있는 것, 정서의 이해가 발달한 것과 도덕적 의식은 초기의 정서 이해 능력과 관계되어 있다(Dunn, 1995; Dunn, Cutting, & Demetriou, 2000). 애착 안정성 또한 이후의 마음 읽기 능력과 관계된다(Meins, 1997). 이러한 영향의 방향이 불분명하고, 다른 과정이 이 관계를 중재할 수도 있음에도 불구하고, 이 연구 분야에 대한 관심이 증가하는 것은 인지와 정서의 발달 사이의 복잡한 관계에 대한 인식이 높아지는 것을 반영한다.

가장 중요한 것은 아동이 타인의 정서 상태를 정서적 또는 인지적으로 이해하는 것은 아동이 자신의 주 애착 대상과 맺은 관계의 질과 관계가 있고, 아동의 사회적 발달에 영향을 미칠 가능성이 높다는 것일 수 있다(Dunn & Cutting, 1999; Fonagy, Redfern, & Charman, 1997). 더하여 (예 : 어머니, 또래, 형제와의) 관계의 본질은 아동이 타인의 내적 상태에 대해 이해하는 방식에 영향을 미치는 것 같다(Dunn, 1996b). 상상력이 풍부한 놀이에 참여하고, 마음의 상태에 대하여 대화를 나누고, 갈등을 다룰 때, 아동의 행동은 상호작용을 하는 파트너에 따라 달라진다는 것이 밝혀졌다. 실제로 형제와의 경험은 마음 이론의 이해 능력의 일반적인 발달 경향에 영향을 미치는 것으로 나타났다(Perner, Ruffman, & Leekam, 1994; Ruffman, Perner, Naito, Parkin, & Clements, 1998). 이 연구는 마음, 정서, 그리고 사회적 이해 사이의 중요한 관계를 한 번 더 강조한다. 또한 자폐스펙트럼장애, 품행장애 및 주의력 문제 등 행동적·정서적 문제가 있는 아동에게서 발견되는 다른 경로뿐 아니라 발달의 규범적인 패턴을 명확하게 해야 할 필요성을 강조한다. 결국, 이 연구는 아동의 사회적 관계에 영향을 미치는 본질적인 정서적·인지적 능력에 대한 이해의 증가에 기여할 것이다.

## 친사회적 행동

아동이 돕거나, 나누거나, 위로하거나, 협력하거나, 친절하게 행동하는 것과 같이 누군가를 도우려는 의도를 가진 행동에 참여하고, 타인이 도움을 요청하지 않아도 그러한 행동을 할 때, 우리는 그들이 친사회적 행동을 표현한다고 말한다. 친사회적 행동을 하면 어떤 이득이 있는지에 대한 관심 없이, 감사, 승인 또는 상호 호혜를 필요로 하지 않은 채 친사회적 행동을 표현한다면, 그 행동은 이타주의적이다. 친사회적 행동은 어린 유아에게서도 나타날 수 있지만, 아동기가 되어야 진정으로 이타적인 행동을 하게 된다 (Eisenberg, Fabes, et al., 2006).

흥미롭게도, 친사회적 행동에 대한 연구는 반사회적 행동에 대한 연구보다 훨씬 더 복잡하다. 연구자는 명확하게 확인할 수 있고 잠재적으로 해를 입힐 수도 있는 파괴적이고 부적응적 행동에 보다 관여하는 경향이 있지만, 타인에 대한 걱정을 표현하고 보살피는 기꺼이 돕는 행동을 발견하는 것은 보다 도전이 된다. 친사회적 행동을 구성하는 행동은 보편적으로 합의되지 않았으므로, 어떻게 친사회적 행동을 조작하고 조사하는지에 대하여 세심한 주의를 기울여야 하며, 신중하게 정의하고 조사한 행동으로만 그 결론을 제한해야 한다(Grusec & Sherman, 2011). 더욱이, 친사회적 행동에 참여하는 동기에 대한 가정 또는 친사회적 행동을 행하는 사람과 친사회적 행동을 받는 사람의 의도는 보편적이지 않다. 다시 말하면, 이러한 고려 사항은 연구자가 탐구해야 할 중요한 질문을 제기한다.

### 친사회적 행동의 발달

대부분의 아기는 사회적 파트너에게 주의를 기울이고 사회적 상호작용에 참여하기 위한 생물학적인 준비가 되어 있다. 신생아는 중립적이거나 두려운 표정에 비해, 행복한 표정 등의 친사회적 자극을 선호한다(Farroni, Menon, Rigato, & Johnson, 2007). 생후 3개월이 되면, 유아는 보기 선호 과제에서 타인의 행동을 평가할 수 있는 능력을 나타 내며, 반사회적 행동을 하는 연기자에게 혐오감을 갖는 것처럼 보인다(Hamlin, Wynn, & Bloom, 2010). 또한 6개월 내지 10개월 된 유아는 타인이 목표를 달성하는 데 도움을 준 연기자에게 선택적으로 주의를 기울이고 접근한다(Hamlin & Wynn, 2011; Hamlin, Wynn, & Bloom, 2007). 이와 같이, 사회적 평가는 비록 타인의 좋거나 나쁜 행동의 결 과가 어땠는지에 대한 직접적인 경험이 없을지라도, 타인의 사회적 행동을 관찰하는 것 의 결과인 듯하다.

아주 어린 영아에게도 특정한 도덕적 민감성이 나타나는 듯하다(Decety & Howard, 2013). 사회적 자극에 대한 영아의 반응은 정서적 흥분의 결과일 수 있으며, 인지 능력 과 거의 관련이 없다(Vaish & Warneken, 2012). 영아의 초기 신경계 발달은 긍정적 및 부정적 자극 두 가지 모두에 대하여 나타나는 내재적이고 각성에 근거한 반응에 영향 을 미칠 수 있다(Decety, 2010). 추론적 사회 인지 능력과 사회 학습 경험의 발달에 더 하여, 이후에 뇌 섬엽(insula)과 안와 전두 피질(orbitofrontal cortex) 등 정서를 처리하 는 뇌 영역의 활동이 증가하는 것(Blasi et al., 2011)은 나누기, 돕기, 그리고 이타적인 반 응보다 적극적인 친사회적 반응의 기반이 된다(Decety & Howard, 2013). 실제로, 심지 어 어린 아동조차 최소한의 단서에 기반을 두고 도움이 필요한 때를 추론할 수 있는데, 이 추론이 타인의 정서적인 괴로움에 대한 반응인 공감적 관심에 의해 주도되는 것이든 (Eisenberg, Fabes, et al., 2006; Hoffman, 2000) 타인이 보다 실용적인 목표를 성취하도 록 돕고자 하는 바람에 의해 주도되는 것이든(Warneken, 2015), 친사회적 방법으로 융 통성 있게 반응할 수 있다.

친사회적 행동에 참여하고자 하는 아동의 경향은 발달하며 향상된다. 나눔의 초기 신 호는 공동주의에 참여하는 것 또는 유아가 자신이 본 흥미로운 대상을 타인도 보기를 원하여 가리키는 것을 포함한다(Hay, 1994). 12~18개월에 이르면, 유아는 지시나 강화 를 필요로 하지 않은 채 장난감이나 물건을 타인에게 매우 주고 싶어 한다(Warneken & Tomasello, 2007). 친사회적 행동에 역할을 하는 것처럼 보이는 인지적 성취가 있다. 만 2세 시작 무렵에, 유아는 타인의 이전 행동을 관찰함으로써 그들이 필요한 것이 무엇인 지를 도울 것이며, 심지어 일부 유아는 타인의 행동적 신호나 단서가 없을 때에도 도움 을 줄 수 있다(Pettygrove, Hammond, Karahuta, Waugh, & Brownell, 2013; Warneken,

2013, 2015). 만 1세에, 유아는 고통받는 유아를 어루만지거나 언어로 위로할 것이다. 그들은 이제 타인과 구별되는 자기에 대한 가장 기초적인 감각을 가지며, 때때로 테디 베어 또는 담요가 자신을 진정시키는 것처럼 타인을 위로할 것이라고 추측된다면 이를 기꺼이 내놓는다. 유아가 만 2세가 되면, 도움을 주고, 보호하고, 조언을 제공하고, 나누는 것과 같은 다양한 친사회적 행동이 증가한다(Garner, Jones, & Palmer, 1994). 이제 거울 속에서 스스로를 인식할 수 있고 또 다른 관점을 취할 수 있게 되면 보다 진보한 친사회적 행동을 하는 게 가능해진다. 이와 같이, 친사회적 행동은 공감에 비해 이후에 나타날 수 있는데, 이는 타인의 괴로움에 대한 인지적 이해와 정서적 관심 둘 다 필요하기 때문이다(Decety & Meyer, 2008). 친사회적 행동은 목표 지향적 반응에 참여하기 위하여 정서와 인지와 행동 또한 통합해야 한다. 만 1~2세 동안, 틀린 믿음 귀인(Baillargeon, Scott, & He, 2010), 정서 조절(McGuigan & Nunez, 2006), 의식적 통제를 유지하는 능력(Kochanska et al., 2010) 및 마음 이론(Carlson, 2009)에서의 중요한 진보는 모두 친사회적 행동에 도움이 되며 친사회적 행동을 촉진한다. 우리는 친사회적 행동이 걸음마기와 취학 전 시기에는 상당히 가파르게 성장하고, 아동기, 청소년기, 그리고 성인기 초기에는 상대적으로 느리지만 지속적으로 성장하는 것을 본다(Hastings et al., 2007).

어린 아동의 친사회적 반응성과 도덕성에 관련된 근본적 신경 처리 절차를 조사한 뇌 영상 연구는 아주 많지는 않다. 하지만 도덕적인 면이 두드러지는 상황에 대한 인식을 탐구하는 일부 연구는 정서적으로 과부하된 경험을 처리하는 것과 관계된 구조(예: 뇌 섬엽과 편도체)의 발달적인 변화에 대하여 밝혔다. 연령에 따라 뇌 섬엽과 편도체의 활성화가 감소하고 내측 및 복측 전두엽 피질의 활동이 함께 동반 상승하는 것은 보다 진보된 도덕적인 평가를 하도록 돕는다(Decety & Howard, 2013). 이와 같이, 해를 끼치려는 의도와 부도덕한 행동의 결말을 평가하는 능력은 타인의 마음 상태에 대한 이해를 반영하는데, 이는 도덕적 판단과 관계 있는 정서 및 동기 상태와 함께 인지 처리 과정은 확실한 신경망과 연관되어 있다는 것에 의해 뒷받침된다(Young & Dungan, 2012). 신경 연결망과 뇌 영역의 활성화의 발달적 변화를 탐구하는 후속 연구는 부도덕적 행동을 야기할 수 있는 개별 신경망 및 연결된 신경망에 더하여 도덕적 추론에 관여하는 뇌 체계에 대한 중요한 통찰을 제공할 것이다(Decety & Howard, 2013).

아동의 인지 능력과 정서에 대한 이해가 점점 성숙해짐에 따라, 그들은 더욱 미묘한 정서 단서를 감지할 수 있고, 타인이 도움이 필요할 때를 파악할 수 있으며, 보다 목적을 가진 적절한 친사회적 행동에 참여할 수 있다(Eisenberg, Fabes, et al., 2006). 발달하면서 도덕적인 감수성이 진보함에도 불구하고, 어린 아동은 타인이 괴로워할 때, 무시하거나, 웃음을 터뜨리거나, 공격적으로 행동하는 것과 같이 민감하지 않거나 부적절한 반응을 보일 수도 있다(Radke-Yarrow, Zahn-Waxler, & Chapman, 1982). 우리는 종단연구를 통해 친사회적 행동으로 이어지는 개인 및 환경 요인에 대해 이해할 수 있다. 예를 들어, 아동기 초기 동안 친사회적 특징의 개인차는 낮은 정도에서 중간 정도의 안정성을 보임을 밝힌 일부 연구와 더불어(Hay, Castle, Davies, Demetriou, & Stimson, 1999; Zahn-Waxler, Radke-Yarrow, et al., 1992), 아동기에는 공감의 안정성이 점차 증가한다는 연구(Zhou et al., 2002) 및 청소년기에는 또래에게 향하는 친사회적 행동의 안정성이 점차 증가한다는 연구(Wentzel, Barry, & Caldwell, 2004)가 있다. 친사회적 행동에 이러한 개인차가 있는 것이 설명하는 것은 무엇인가? 친사회적인 방식으로 행동하는 아동 능력의 발달이 개인마다 다른 것의 원인은 무엇인가? 이것이 우리가 지금부터 주의를 전환시킬 이슈다.

## 친사회적 행동의 개인차

아동이 친사회적 행동에 참여하는 경향은 서로 다르다. 이러한 개인차는 초기에 나타나고 시간이 지남에 따라 비교적 안정적이다. 예를 들어, 만 2세 유아가 엄마의 고통에 대해 보이는 반응은 만 7세에 다시 관찰했을 때 반응하는 방식과 유사하다(Radke-Yarrow & Zahn-Waxler, 1984). 유치원 시기에서 초등학교 시기로 이어지는 기간 동안, 또래에 대한 아동의 애정 어린 돌봄 및 공감적인 행동은 중간 정도의 안정성을 보인다(Baumrind, 1971). 초등학교에 다니는 동안, 형편이 어려운 아동에게 기부하고 어른을 돕고, 또래에게 도움을 제공하고자 하는 아동의 의지는 일관적이다(Eisenberg, Fabes, et al., 2006). 청소년기에 보이는 친사회적인 행동과(Wentzel et al., 2004) 성인기 초기에 보이는 타인에 대해 추론하고 타인을 향한 관심을 소중하게 생각하는 것(Pratt, Skoe, & Arnold, 2004)에는 상대적 안정성이 있다.

  비록 특정 행동을 연구한 것에 근거한 것이더라도, 친사회적 행동에는 성차가 있다(Eisenberg, Fabes, et al., 2006). 예를 들어, 소녀는 소년보다 배려와 친절을 표현하고, 타인의 정서를 경험하고, 공감할 가능성이 높다(Zahn-Waxler, Schiro, Robinson, Emde, & Schmitz, 2001). 소년에 비해 소녀는 만 2세에서 청소년기에 이르기까지 타인에게 보다 많은 관심을 보이는 것으로 나타났다(Eisenberg & Fabes, 1998). 그리고 소년에 비해 소녀가 나누고, 위로하고, 기부하고, 중요한 도움을 주는 행동에 참여할 가능성이 조금 더 높다는, 작지만 중요한 차이를 발견하였다. 또한 또래에게 나누는 행동에 더 많이 참여하는 만 2세 유아는 민감할 가능성이 더 높고 또래의 고통에 부정적으로 반응할 가능성이 더 높다(Hay et al., 1999).

흥미롭게도, 친사회적 행동이 익명으로 이뤄질 때에는 성차가 없는 듯하다(Carlo, Hausmann, Christiansen, & Randall, 2003). 그리고 친사회적 행동에 대하여 자기 보고식 조사를 하거나 가족 구성원의 반응을 조사할 때 성차는 보다 뚜렷하다(Hastings, Rubin, & DeRose, 2005). 객관적인 관찰자가 보고한 친사회적 행동의 성차는 아주 적다. 부모는 딸의 친사회적 행동의 가치를 강조하며 그것이 선천적인 경향이라고 가정할 가능성이 높은 반면, 아들의 친사회적 행동은 종종 사회화의 결과라고 본다. 또한 성차는 연령이 증가함에 따라 증가하는 듯하다(Eisenberg, Fabes, et al., 2006). 이와 같이, 획득된 성차는 소년과 소녀가 실제로 어떻게 행동하는가보다는 어떻게 그들이 행동해야 하는지에 대한 젠더 개념을 반영할 수 있다(Hastings et al., 2007). 더욱이, 아동이 성 고정관념에 대해 보다 많이 알게 되고, 그것에 자기 이미지를 통합시키면, 아동은 이러한 견해에 자신의 자기 표상을 통합하고 이 고정관념에 일치하는 행동을 보고할 가능성이 더 높다(Eisenberg, Fabes, et al., 2006).

친사회적 행동을 예측하기 위하여 공감의 개인차를 고려할 때 도덕적 가치와 같은 다른 변인과 함께 고려해야 한다(Saarni et al., 2008). 공감은 도덕 발달의 선구자로 여겨진다. 공감적인 아동은 보다 많은 관심을 보이고, 보다 많은 도움과 다른 친사회적 행동을 보이며 공격적인 모습이 적고, 보다 진보된 도덕적 판단을 보여준다는 것이 밝혀졌다(Mehrabian, Young, & Sato, 1988; van IJzendoorn, 1997). 도덕적 추론이나 행동을 나타내기 위하여, 아동은 자기 자신과 타인의 차이를 알고, 타인의 조망을 수용해야 하며, 지지적인 도덕적 행동을 하도록 동기가 부여되어야 한다. 공감과 도덕적 발달을 위한 인지적·정서적 전제 조건은 만 1세에 확립되며(Kagan, 1981; Lamb, 1993), 아동기를 지나 청소년를 거쳐 이후의 친사회적 행동에 영향을 미친다. 예를 들어, 품행장애를 가진 청소년은 공감에 실패하는 것으로 나타났다(Cohen & Strayer, 1996). 또한 공감의 결여는 도덕적 가치와 괴롭힘 사이를 잠재적으로 중재하는 요인 중 하나라는 것이 확인되었다(Arsenio & Lemerise, 2004). 그리고 아동은 타인을 돕는 일에 개인적으로 책임감을 느낄 때 친사회적 행동에 참여할 가능성이 더 높다(Chapman, Zahn-Waxler, Cooperman, & Iannotti, 1987). 따라서 다양한 변인을 탐구하고 더욱 정교한 통계 모형을 사용하는 후속 연구는 친사회적 행동에 참여하는 아동이 가지는 경향의 개인차를 설명하는 여러 요인을 밝히는 데 도움이 될 것이다.

## 친사회적 행동에서 나타나는 개인차의 기원은 무엇인가?

진화론자는 발달심리학자가 친사회적 행동의 원인을 이해하는 데 필요한 접근법에 기여하고 정보를 제공해왔다(McAndrew, 2002). 진화론적 관점은 친사회적 행동의 태초의 원인 또는 친사회적 행동의 기원과 기능에 초점을 맞추고 있으며, 그렇기에 모든 인간은 친사회적 방식으로 행동하는 경향이 있다는 사실을 발달론자에게 상기시키는 역할을 한다. 이 친사회적 경향은 인간에게는 상당히 적응적이다. 이는 우리가 도움이 되고 협동하도록 하며, 상호 관계 내에서 사회적 유대를 구축하는 데 기여하는 동시에 보다 큰 사회 집단 내에 신뢰를 확립하는 데 도움이 된다(Sober & Wilson, 1998). 발달심리학자는 친사회적 행동의 보다 즉각적이거나 근원적인 원인에 초점을 두는 경향이 있으며, 유전자, 경험, 또는 이 두 영향의 일부 조합에 의해 설명할 수 있는 개인차를 보다 잘 이해하는 것에 관심이 있다(Grusec & Sherman, 2011). 진화론자와 발달론자 둘 다 친사회적 행동에 영향을 미치는 진화된 경향, 규범적 패턴 및 사회적 영향을 강조하면서 서로에게 정보를 제공한다. 더욱이 행동 유전학 연구자도 친사회적 행동의 발달에 초점을 두었고 유전적 영향과 공유된 환경의 영향 모두를 발견하였다.

흥미롭게도, 걸음마기 아기와 어린 아동의 친사회적 행동의 유전적 기여도는 공유된 환경의 영향에 비해 낮다(Knafo & Plomin, 2006; Zahn-Waxler et al., 2001). 그러나 공유된 환경의 영향을 좌우하는 문화적 요인이 있다(Knafo & Israel, 2009). 연구자는 유전적 영향이 또는 공유된 환경의 영향 중 어떤 것이 중요한지는 특정한 친사회적 행동에 따라 다르다고 밝혔다(Grusec & Sherman, 2011). 연령이 증가함에 따라, 공유된 환경의 영향은 감소하는 것처럼 보이는 반면, 유전적 영향은 증가하는 것처럼 보인다. 이 변화는 부분적으로 만 2~7세 사이에 나타나는, 예를 들면 조망 수용 능력과 같은 인지적 역량이 친사회적 행동에 영향을 미치고, 그로 인해 유전적 영향의 중요성을 증가시킨다는 사실 때문이다. 아동이 만 7세가 되면, 사회 경험이 보다 다양해지고 부모의 양육 행동이 아동의 기질적인 경향과 상호작용하고, 아동이 자신의 기질과 잘 맞는 환경과 사회적 파트너를 선택하기 때문에(Grusec & Sherman, 2011), 공유된 환경의 영향력은 중요하지 않게 된다(Knufo & Plomin, 2006). 청소년기와 성인기 초기에도 유전적 영향은 지속적으로 중요한 반면(70% 또는 그 이상으로 높음), 공유된 환경의 영향은 거의 없다(Knafo & Plomin, 2006). 이는 방법론적인 요인의 결과일 수 있는데, 청소년과 성인의 연구는 자기 보고식 측정을 사용하였고(어린 아동의 친사회적 행동을 측정하기 위하여 관찰자 평가를 사용한 것과 대조적으로) 이는 반응의 편향에 영향을 받을 수 있기 때문이다(Grusec & Sherman, 2011). 그럼에도 불구하고, 우리는 아동의 행동이 자신의 환경과 영향을 주고받을 때 생물학과 환경이 함께 협력하여 발달적 영향을 미치는 것을 발견한다(Bell, 1968; Sameroff, 1975). 그러므로 유전적 영향과 공유된 환경의 영향 모두 아동의 친사회적 행동의 발달에 중요한 역할을 하는 것으로 보인다(Scourfield, John, Martin, & McGuffin, 2004; Zahn-Waxler, Robinson, et al., 1992).

또한 분자 유전학 연구자는 친사회적 행동과 관계된 특정 유전자를 확인했다. 예를 들어, 도파민 D4(dopamine D4) 수용체 유전자의 다형성은 취학 전 연령의 쌍둥이가 서로 나누어 갖는 것과 관계되었다(DiLalla, Elam, & Smolen, 2009). 옥시토신 수용체 유전자의 다형성과 아르기닌 바소프레신 활동을 담당하는 유전자의 다형성은 사회적 유대와 연대와 같은 행동과 관계되어 있다(Israel et al., 2008). 보다 많은 유전자가 친사회적 행동과 관계되었다고 밝혀질 수 있다(예 : Chakrabarti et al., 2009 참조). 연구자는 유전자에 의한 유전자와 환경에 의한 유전자 상호작용(Grusec & Sherman, 2011)에 더하여 친사회적 행동과 관계되어 있는 유전자 활성화의 시기가 다른 것을 지속적으로 탐구하고 있고, 이를 통해 특정한 친사회적 행동의 발달에 유전자가 어떤 역할을 하는지에 대하여 보다 많은 증거를 제공한다.

그러나 유전자가 공감과 친사회적 행동에 영향을 미치지만(Zahn-Waxler et al., 2001), 전적으로 유전의 영향이라고 볼 수는 없다. 사실상, 초기 사회화 경험과 애착관계는 특히 친사회적 발달에 결정적인 듯하다. 초기 애착관계에서 발생하는 역동적인 정서 교류에서 우리는 친사회적이고 이타적인 행동의 가장 최초의 기원을 일부 발견한다. 확실히 공동주의, 상호 교류 및 주고받는 말하기의 결과로, 유아와 양육자는 '공유하는 의미, 공감적 이해 및 자기 자신의 정서를 타인의 정서와 적절하게 연결시킨 세계를 만들고 그러고 나서 이를 부모-자녀 이자 관계를 넘어 일반화한다'(Zahn-Waxler, 1991, p. 156). 이와 같이 어머니의 민감성이 안정 애착관계의 발달을 촉진하며, 이는 부모가 자녀의 신호와 단서에 반응하려는 의지를 자녀에게 전달하는 상호작용의 역사를 통해서도 가능하다. 부모가 자녀의 괴로움을 완화시키고, 필요할 때 편안함과 지지를 제공하고, 자녀의 신호에 발달적으로 적절한 반응을 하는 것이 가능할 때, 유아는 결과적으로 현재 및 미래의 상호작용에 대한 예상을 발달시킨다. 유아는 또한 어떻게 타인에게 민감하고 도움이 되는 방법으로 반응하는지 배운다.

유아의 초기 애착 안정성과 이후 아동의 친사회적 행동 사이의 관계를 탐구한 연구는 둘 사이의 강력한 관계를 발견했다. 특히, 12개월과 18개월 유아의 애착 안정성은 30개월 후에 다시 조사하였을 때 만 3세 6개월 아동(Waters et al., 1979)과 만 4세 아동(Kestenbaum et al., 1989)이 괴로워하는 또래를 향한 직접적인, 보다 동감하는 반응 및 도움이 되는 행동과 관계된다. 또한 보다 안정적으로 애착된 걸음마기 아기를 3년 후에 조사하면 또래에게 보다 친사회적이다. 어머니의 모성 행동은 아동이 또래에게 하는 친사회적 행동을 애착 안정성만큼 강하게 예측하지 못한다(Iannotti, Cummings, Pierrehumbert, Milano, & Zahn-Waxler, 1992). 안정 애착관계는 친사회적 역량으로 이어질 수 있는데, 이는 보살피고, 염려하고, 공감적인 방법으로 타인에게 관계를 맺는 요소를 포함하는 내적 작동 모델과 관계가 있기 때문이고, 타인의 신호와 단서에 반응할 준비가 되어 있기 때문이다(예: Mikulciner & Shaver, 2005 참조). 또한 부모가 효과적으로 진정시키고 달래준 경험으로부터 유래한 안정 애착은 초기의 정서 조절의 발달을 지지하며(특히 괴로워하는 누군가를 볼 때), 이는 결과적으로 타인을 향한 보다 큰 민감성과 지지와 도움을 제공하고자 하는 의지로 이어질 수 있다(Cassidy, 1994).

유아기에 부모는 유아의 친사회적 행동의 사회화에 주요한 역할을 한다. 어머니가 유아의 괴로움에 민감하게 반응할 때, 어머니는 스트레스와 관련된 유아는 신경생리 시스템의 발달을 촉진하고(Gunnar, 2000), 자기 자신과 타인의 괴로움과 부정적 정서에 대처하는 유아의 능력을 발달시킨다(Cassidy, 1994). 만 1~2세까지, 유아는 타인에게 공감을 표현하고 타인에게 도움을 주는 방식으로 반응하는 것에도 보다 능숙한데, 이는 부분적으로 스트레스에 직면하였을 때 유아가 자신의 정서적 각성을 조절할 수 있는 능력에 기인한다(Grusec & Sherman, 2011). 이와 같이, 자기 자신의 반응을 타인의 반응과 구별하는 것이 가능해지고 타인과 분리된 자기에 대하여 보다 일반적으로 이해하게 되며, 아동은 타인의 개인적 괴로움에 압도되는 느낌을 피할 수 있고, 타인의 문제나 어려움에 계속해서 집중할 수 있고, 상황을 개선시키기 위한 무언가를 하려고 노력할 수 있다(Davidov & Grusec, 2006; Eisenberg, Fabes, et al., 2006; Eisenberg, Wentzel, & Harris, 1998).

취학 전과 아동기 초기에 아동의 사회라는 세계가 확장될 때, 또래, 교사 및 다른 성인은 아동의 친사회적 행동의 사회화에 점점 더 중요한 영향을 미친다. 부모는 특히 자녀가 부정적 정서를 어떻게 다루는지 지속적으로 관심을 갖는다. 어머니가 만 8~11세의 아들과 딸의 타인을 위로하는 행동의 빈도와 질에 중요한 역할을 한다는 것을 밝힌 연구가 있다(Eisenberg, Fabes, & Murphy, 1996). 그리고 어머니가 만 10~12세의 자녀가 괴로워할 때 자녀를 위로하는 데 무엇이 도움이 되는지 안다면, 자녀는 결과적으로 보다 잘 대처하고 교사에게 보다 친사회적임을 밝혔다(Vinik, Almas, & Grusec, 2011). 부모, 교사, 그리고 다른 성인은 친사회적 행동을 보여주고 정보를 제공하며 아동에게 영향을 미친다. 그들은 또한 적절한 친사회적 행동을 격려하고, 부적절한 친사회적 행동을 억제하고, 친사회성의 발달을 지원하는 정서적인 분위기를 구축한다(Eisenberg & Murphy, 1995). 또한 형제는 조망 수용과 사회적 이해를 발전시키는 데 중요한 역할을 하고, 이는 공감과 친사회적 반응성을 촉진한다(Tucker, Updegraff, McHale, & Crouter, 1999).

최근에야 청소년기의 친사회적 행동을 탐구하였다(예 : Smetana, Campione-Barr, & Metzger, 2006 참조). 청소년기에는 자율성이 증가하고 가족과 떨어져 또래와 보내는 시간이 많아지며(Larson, Richards, Moneta, Holmbeck, & Duckett, 1996), 친사회적 행동은 또래 집단에서 시작되고 지속된다(Bukowski & Sippola, 1996). 이는 특히 신체적 매력의 영향이 큰 청소년 집단(특히 소녀)과 스포츠 팀의 회원인 경우 그렇다(Ellis & Zarbatany, 2007b). 또래의 영향의 부정적인 결과도 있는데, 특히 친사회적 행동에 대해 그렇다. 비행을 저지르는 남자 동성친구 쌍은 친사회적 대화에 참여할 가능성이 더 적고 규칙 위반과 관련이 있는 주제에 긍정적으로 반응할 가능성이 더 높다(Dishion, Spracklen, Andrews, & Patterson, 1996). 청소년기에 또래의 엄청난 영향에도 불구하고, 여전히 어머니와 아버지는 청소년의 도덕적 추론과 친사회적 행동에 지속적으로 영향을 미친다(Carlo, Fabes, Laible, & Kupanoff, 1999). 예를 들어, 어머니와 많은 것을 공유하고 어머니에게 정서적 지지를 받기 위해 의지하는 청소년은 친절, 공정성, 정직과 같은 도덕적 가치의 내면화를 보고할 가능성이 더 높다(Barry, Padilla-Walker, Madsen, & Nelson, 2008). 그리고 청소년기에 부모와의 안정 애착 또한 다양한 친사회적 행동과 관계되어 있다(Laible, Carlo, & Roesch, 2004).

마지막으로, 자기 자신과 타인의 정서적 경험에 대한 아동의 이해력의 발달을 증진시키는 것과 관련된 정서의 사회화를 탐구하였는데, 이는 부모가 자녀의 정서 조절을 증진시키고자 하는 노력을 포함하고 결과적으로 친사회적 행동에 영향을 미칠 수 있기 때문이다. 정서적 역량을 지지하는 것을 통하여 부모는 결국 보다 친절하고 도움이 되며 공감적인 자녀를 가질 수 있다(Hastings et al., 2007). 이러한 개념을 탐구하는 종단적 연구는 없지만, 몇몇 어머니의 행동은 친사회적 행동의 뚜렷한 측정치와 관계되어 있는 것으로 밝혀졌다. 예를 들어, 설명을 해주고 정서에 대해 이야기하고 정서 표현을 장려하며 동시에 타인에게 상처를 줄 수 있는 정서의 표현을 통제하는 어머니는 보다 친사회적인 자녀를 갖는다(Eisenberg et al., 1996; Eisenberg, Fabes, Schaller, Carlo, & Miller, 1991; Garner et al., 2007). 일부 연구는 공감이 부모의 행동과 자녀의 친사회적 행동 사이의 관계를 중재한다는 생각을 지지하지만, 부모의 사회화 훈련(socialization practices)에 영향을 받는 공감 과정에 대해 탐구한 연구는 거의 없다(Hastings et al., 2007). 한 연구는 아동의 기본적인 정서 과정(affective processes)(예 : 정서의 표현, 정서의 통찰력, 분노)은 부모의 사회화 훈련(예 : 온정, 성숙에 대한 요구, 정서 표현의 격려)과 공감의 관계를 중재하는 것을 밝혔다(Strayer & Roberts, 2004). 보다 통찰력이 있고 보다 많이 표현하며 화를 덜 내는 아동은 공감을 보다 많이 표현한다는 것이 밝혀졌다. 그러나 친사회적 행동에 관여하는 가장 중요한 정서 상태인 아동의 공감 발달을 지지하는 부모가 결과적으로 자녀의 친사회적 발달을 촉진한다고 결론을 내리기 위해서는 보다 많은 연구가 이루어져야 한다.

아동의 친사회적 발달에 아버지가 어떤 역할을 하는지에 대한 연구는 더욱 적다. 구체적으로, 상관연구는 비록 아버지는 자녀의 친사회적 행동에 어머니보다 적게 대응하는 경향이 있지만(Grusec, Goodnow, & Cohen, 1996), 온정을 많이 표현하고 귀납적 추론과 훈육을 하는 아버지는 보다 친사회적인 자녀를 갖는다고 밝힌다(Janssens & Gerris, 1992; Sturgess, Dunn, & Davies, 2001). 그리고 언제나 그런 것이 아니라는 몇몇 증거가 있긴 하지만(Hastings et al., 2005), 일부 종단 연구는 아버지가 지지적인 양육을 제공할 때, 아동이 아버지와(Eberly & Montemayor, 1999) 형제에게(Volling & Belsky, 1992b) 친사회적인 행동을 보다 많이 표현하는 것을 밝혔다. 결과적으로 자녀의 친사회적 행동이 사회화될 때 아버지의 영향력이 어머니의 영향력과 구별되는지 아닌지에 대해서는 불분명하다

연구자는 형제가 친사회적 발달에서 하는 역할에 대한 질문을 제기하였다. 형제와 나누고 놀이하는 것은 타인의 필요에 대한 어느 정도의 민감성과 협상 능력을 필요로 하기 때문에, 연구자는 아동이 형제와 상호작용할 때 친사회적 행동이 촉진된다는 생각을 탐구하였다. 윗 형제든 동생이든 혹은 동성이든 이성이든, 형제는 친사회적 행동에 영향을 미칠 수 있다(Hay et al., 1999). 또래와 친구의 영향을 조사한 연구와는 대조적으

로 형제의 영향을 탐구하는 연구는 많지 않다.

보다 친사회적인 아동은 덜 친사회적인 아동과 비교하여, 보다 많이 사랑받고, 보다 인기가 있으며, 친한 친구가 있는 것으로 밝혀졌다(Clark & Ladd, 2000; Dekovic & Gerris, 1994; Gest, Graham-Bermann, & Hartup, 2001). 그러나 영향의 방향은 불분명하다. 보다 많이 사랑받고 친한 친구를 가진 아동이 친사회적일 가능성이 더 높은가? 아니면 보다 친사회적인 아동이 보다 사랑받고 인기가 많을 가능성이 더 높은가? 이 질문을 탐구한 몇 가지 종단 연구가 있다(Haselager, Cillessen, Van-Lieshout, Riksen-Walraven, & Hartup, 2002; Persson, 2005; Wentzel, 2003; Wentzel et al., 2004). 일반적인 결론은 친사회적 행동을 많이 하는 것은 타인으로부터 보다 긍정적인 반응을 이끌어내는 것으로 보인다는 것이다. 협동적이고 친절한 친구를 갖는 것은 친사회적 행동의 발달을 지속적으로 돕는다. 그리고 어머니와 아버지의 양육 스타일은 또래 집단에서의 아동의 사회적 역량, 인기 및 수용 그리고 친사회적 행동에도 영향을 미치는 것처럼 보인다. 또한 친사회적 행동은 부분적으로 양육과 아동의 사회 측정적 지위 사이의 관계를 중재한다(Dekovic & Janssens, 1992).

교사는 아동의 친사회적 행동에 중요한 방식으로 영향을 미친다. 교사가 따뜻하고 학생과의 관계가 친밀하며 갈등을 겪지 않으면, 아동은 보다 친사회적인 방식으로 행동하는 경향이 있다(Birch & Ladd, 1998; Howes, 2000). 아동과 교사의 애착이 안정적일 때, 아동은 친사회적 행동에 보다 유능한 경향이 있다(Copeland-Mitchell, Denham & DeMulder, 1997). 유사하게, 교사가 긍정적인 행동을 칭찬하고 학교 기반의 중재 전략을 사용하여 아동의 분노를 약화시킬 때, 아동은 나눔과 도움을 주는 행동에 보다 많이 참여하고, 실수에 대하여 사과할 가능성이 더 높다(Flannery et al., 2003).

일부 연구자는 친사회적 행동에 영향을 미칠 수 있는 다른 요인을 탐구해왔다. 예를 들어 조기 보육 경험을 검토하였다. 비록 보육의 질이 아동이 그곳에서 보내는 시간보다 중요하지만, 유아기와 걸음마기에 가정 밖에서 보살핌을 받은 경험을 많이 가진 아동이 보다 친사회적임이 밝혀졌다(NICHD Early Child Care Research Network, 2002). 마지막으로, 지역사회 봉사활동에 참여하는 아동은 도움, 보살핌 및 되돌려주는 것의 가치에 대해 배울 수 있는데, 이는 궁극적으로 장래의 친사회적 활동을 발달시킬 수 있다(Pancer & Pratt, 1999). 그리고 몇몇 연구는 개인주의의 문화적 가치와 반대되는 집단주의적 문화의 가치의 역할(예 : Carlo, Koller, Eisenberg, DaSilva, & Frohlich, 1996, Zaff, Moore, Papillo, & Williams, 2003) 그리고 사회경제적 지위(예 : Lichter,

Shanahan, & Gardner, 2002)를 탐구했는데, 이는 이것이 아동의 친사회적 지향의 발달과 관계되기 때문이다.

결론적으로 우리는 사회적 · 진화적 적응과 유전적으로 결정된 소인, 그리고 친사회적 행동에 중요한 영향을 미치는 가정 내외에서의 사회적 경험 사이에서 매우 복잡한 상호작용이 있을 것이라고 판단한다. 친사회적 행동을 정의하고 측정하는 다양한 방식을 함께 고려할 때, 이 분야의 현존하는 연구로부터 이러한 복잡한 상호 작용의 영향의 일반적인 결론을 도출하는 것은 어렵다. 아동이 타인에 대한 보살핌과 관심을 발달시키는 방법, 공감과 친사회적 행동의 초기 근원, 그리고 이후의 적응을 위한 역량의 개인차의 결과에 대하여 배울 것은 많이 남아 있다.

## 아동이 타인에 대한 관심을 발달시키지 않을 때 어떤 일이 일어나는가?

조망 수용 능력과 타인에 대한 민감성이 사회적 책임감을 증진시키고 타인의 주관적 안녕감에 해가 되는 행동에 참여할 가능성을 감소시킨다면(Feshbach, 1975; Hoffman, 1982), 아동이 이러한 대인관계적 관심을 발달시키지 않을 때 어떤 일이 일어나는가? 품행장애로 진단받은 아동은 일반적으로 공감이나 죄책감이 부족하다는 것이 증명되었다. 이러한 공격적이고 저항하는 아동은 충동적이거나 타인에게 해를 끼치는 방식으로 행동하며, 사회적 맥락에서 자신의 행동이 미치는 영향에 거의 관심을 갖지 않는 듯하고 양심의 가책을 느끼지 않는 듯하다. 그들은 타인을 협박하거나 겁을 줄 수 있고, 몸싸움을 걸거나 참여할 수 있고, 재물을 손상시키거나 훼손하거나 도벽이 있거나 부모의 규칙이나 금지사항을 위반하는 행동에 참여할 수도 있다(American Psychiatric Association, 2013). 친사회적 관심이 부족한 것이 품행장애나 공격성 또는 충동 통제가 빈약한 것과 같은 다른 외현화 행동 문제의 원인 또는 결과인지 아닌지는 불분명하다. 그러나 분명한 것은 품행장애를 가진 아동은 타인이 어떻게 느끼는지에 대해 혹은 자신의 행동이 타인에게 미치는 영향에 대해 거의 관심을 보이지 않는다는 것이다.

일부 연구는 파괴적 행동 문제를 가진 취학 전 아동과 이러한 문제가 없는 취학 전 아동의 타인에 대한 관심 사이에 차이가 없다는 것을 발견했다(예 : MacQuiddy, Maise, & Hamilton, 1987). 하지만 다른 연구는 자기 조절 능력이 빈약한 걸음마기 아기(불복종에 의해 측정된)는 6~8년 후에 다시 보았을 때, 타인에게 대한 도덕적 위반(wrongdoings)

에 관련된 이야기에 친사회적 반응을 할 가능성이 더 낮다는 것을 발견했다(Kochanska, 1991). 초등학교 저학년에서의 파괴적이거나 공격적인 행동은 타인에 대한 관심이 낮은 것과 관계된다(Tremblay, Vitaro, Gagnon, Piche, & Royer, 1992). 그리고 반사회적인 청소년 또한 타인에 대한 관심의 결여를 보임이 밝혀졌다(Cohen & Strayer, 1996). 이와 같이, 초기에 나타난 공격적이거나 반사회적인 행동은 이후의 친사회적 행동의 문제에 대한 위험 요인으로 여겨진다. 대조적으로, 보다 친사회적인 걸음마기 아기와 취학 전 아동은 외현화 문제가 거의 없고 초등학교에 입학했을 때 덜 공격적이다(Hay & Pawlby, 2003). 흥미롭게도, 타인에 대한 관심은 시간이 지남에 따라 파괴적 행동과 외현화 문제의 안정성을 완화시키는 것이 밝혀졌다. 유치원에서 높은 외현화 문제를 가지는 것이 확인됐지만, 타인에게 높은 관심을 보이는 아동은 아동기 중기에 외현화 문제가 감소하였다(Hastings, Zahn-Waxler, Robinson, Usher, & Bridges, 2000).

이러한 결과는 특히 어머니의 사회화 훈련이 행동 문제가 있는 아동이나 행동 문제가 없는 아동의 친사회적 발달과 관계되어 있다는 것을 고려한다면, 중재 전략에 대한 의미를 갖는다. 예를 들어, 규칙을 세우는 데 일관성이 없고 처벌적이고 가혹하며, 실망감과 분노를 거침없이 표현하는 어머니는 친사회적인 모습이 적은 자녀를 갖는다. 무서운 양육 행동과 고위험 아동의 외현화 문제 사이의 복잡한 관계를 증명한 다른 연구를 함께 고려할 때(예 : Denham et al., 2000), 이러한 어머니의 행동은 아동이 공격성이나 파괴적 행동을 이미 표현하였을 때 특히 친사회적 행동에 매우 강력할 수 있다. 즉, 이 아동은 타인에 대한 관심을 발달시킬 가능성이 더 낮고, 문제가 있는 행동을 유지하게 하거나 증가시킬 가능성이 더 높다(Hastings et al., 2000). 분명히 특히 초기의 공격성과 충동 조절이 빈약하다고 확인된 아동에게, 타인에 대한 관심을 격려하거나 유지하게 하는 발달적으로 적절한 중재는 보다 바람직한 결과로 이어질 수 있다. 그러므로 이 분야의 연구는 어린 아동을 대상으로 연구하는 임상가에게 중요한 함의를 가진다.

## 도덕성

왜 규칙을 따르는 아동이 있고 따르지 않는 아동이 있는가? 왜 자신의 행동이 다른 아동에게 미치는 영향에 대해 염려하지 않고 규칙을 어기는 아동이 있는 반면 나누고, 돕고, 규칙에 순응하는 것에 관심이 있는 아동이 있는가? 아동의 도덕적 행동의 차이에 기여하는 것은 무엇인가? 도덕과 관련된 철학적 문헌은 상당히 많다. 심리학자 역시 도덕성의 본질 및 도덕적 행동이 어떻게 발달하는지에 대해 글을 쓰고 연구하였다. 도덕적 정서, 도덕적 판단 또는 아동이 규칙에 대해 어떻게 생각하는지에 대한 주제와 도덕적 행동 또는 아동이 도덕적 방식으로 어떻게 행동하는가에 대한 많은 연구와 이론이 있다. 도덕성에 대한 연구는 자기의 발달 및 아동과 타인과의 관계에 영향을 미치는 중요한 측면을 반영하고 있기에 좀 더 자세히 살펴보고자 한다.

도덕성에 대한 심리학 이론과 연구의 기원은 초자아의 발달에 대한 Freud(1923/1961)의 정신분석 논문에서 찾을 수 있다. Freud는 아동이 오이디푸스 또는 엘렉트라 갈등을 해결하는 과정을 통해 동성 부모를 동일시하며 적절한 행동에 대한 기준을 내면화한다고 제안하였다 — 초자아는 이렇게 발전하고, (자아 이상 및) 양심을 포함하고, 행동을 지도하고 억제한다. 아동은 도덕적 행동을 조절하기 위하여 정서적 기제 또한 내면화한다. Skinner(1938)는 Freud의 생각에 반박하며 도덕적 행동은 환경적 우연성에 의해 형성된다고 주장하였다. Skinner는 아동이 행동의 결과에 대하여 학습한 것을 기반으로 특정 방식으로 행동하는 법을 배운다고 믿었다. 행동이 미래에 한 번 더 반복될 것인지에 대한 여부는 그 행동이 과거에 강화되었는가 아니면 처벌되었는가에 따라 다르다. 도덕적 행동은 본질적으로 좋거나 나쁘기 때문에 학습되는 것이 아니다. 오히려 도덕적 행동은 한 사람이 소속된 사회적 집단의 가치와 일치하는 조건화된 반응이다. Skinner는 결국 정서 및 인지적 과정은 도덕성과 관계되어 있지 않다고 지속적으로 주장했다(Skinner, 1971).

Jean Piaget(1932/1977)는 도덕적 판단에 대한 인지적–발달 접근을 제안하였다. 또래와 성인과의 게임 및 다른 사회적 교환의 맥락 내에서의 쌍방적 상호작용을 통하여, 아동은 자신의 경험에 대한 이해를 구성하고 규칙, 관계, 권위 및 위반에 대한 판단을 점차적으로 형성한다. Piaget는 아동의 도덕적 추론 수준에 영향을 미치는 도덕 발달단계 이론을 제안하였는데, 도덕 발달단계 이론은 아동이 이전 단계에서 습득한 개념을 기반으로 하는 인지적 능력이 있어야 한다. Kohlberg(1969)가 도덕과 관련 있는 쟁점에 대한 아동의 판단과 추론에 초점을 두고 발달적 변화를 특징짓는 일정한 과정을 구하며 Piaget의 연구를 확장하는 동안, 다른 연구자(Gilligan, 1982; Gilligan & Attanucci, 1988)는 공정의 도덕성보다 돌봄의 도덕성에 근거한 도덕적 추론의 명백한 차이를 밝혔다.

사회인지 이론가는 도덕 규칙의 인지적 표상에 초점을 두고 이러한 역사적 전통을 지속하고 있다(Smetana, 1997; Turiel, 1998; Turiel, Killen, & Helwig, 1997). 하지만 사회인지 이론가는 아동이 부모 및 또래와 상호작용하는 것을 포함하는 확장된 견해를 제시하였다. 그리고 사회화 이론가(socialization theorists)(예 : Maccoby, 1984, Sears, Rau, & Alpert, 1965)의 전통을 따르는 발달 연구자는 아동은 어떻게 도덕적 정서를 경험하고 표현하는지와 언제 아동이 외부의 감시가 없을 때에도 규칙 및 가치와 일치하는 방식으로 행동하는 것을 배우는가에 대한 질문을 탐구하였다(Grusec, 1997; Kagan, 2005). 또한 발달 연구자는 맥락과 시간에 걸쳐 도덕과 관련된 정서, 인지 및 행동, 그리고 아동의 발달 경로의 개인차와 관계되어 있는 과정과 요인을 조사하였다(예 : Eisenberg, 1998; Hoffman, 1983; Kochanska, 1995). 예를 들어, 최근 연구는 도덕적 행동의 주체자로서 아동이 자신과 타인을 이해하는 데 형제와 친구가 확실하게 기여한다는 것을 강조한다(Recchia, Wainryb, & Pasupathi, 2013). 이와 같이 현대 연구는 발달정신병리학의 연구에 기여하는 정상적 발달경로와 개인차 둘 다에 대한 탐구를 지속하고 있다(예 : Blair, 1995; Frick & Ellis, 1999). 종합하면, 이 이론가들은 도덕적 정서, 도덕적 사고 및 도덕적 행동의 세 가지 필수 요소를 강조하며 도덕 발달에 대한 생각을 제시한다. 이 세 가지 요소는 연령에 따라 변화하며 가족 및 또래 집단의 영향을 받고, 사회·문화적 맥락 안에 내재되어 있다. 아동은 자신의 '올바른' 행동과 '잘못된' 행동에 대한 느낌을 가지며, 윤리적인 규칙을 배우고 도덕적 행동을 판단하고, 도덕적 딜레마에 대하여 생각하며, 도덕적 결정이 필요한 상황에서, '좋은' 또는 '나쁜' 방식으로 행동할 수 있다.

## 정서와 도덕성

아동은 아주 어린 나이일 때부터 도덕적 감각을 갖는 듯하다. Kagan(1981)은 어린 아동이 사물이 어떻게 보여야만 하는지에 대한 기준을 자각한다고 제안하였고 기준을 위반하는 것에 대한 아동의 관심과 걱정은 무엇이 옳고 그른지에 대한 감각이 나타나고 있음을 반영한다고 제안하였다. 실제로, 연구자는 만 2~3세 유아를 대상으로 한 인위적인 실험실 기반 평가에서 고장 난 물건에 대한 유아의 정서적 반응과 유아 자신의 잘못에 대한 정서적 반응 사이에서 일관성을 발견하였다(Kochanska, Casey, & Fukumoto, 1995). 아동은 자신이 연구자의 소중한 물건에 손상을 입혔다고 믿을 때 괴로워하고, 부정적인 정서를 표현하고, 사과하고, 물건을 고치려고 노력한다. 관련 연구에서, 망가지도록 조작된 장난감이 떨어져 분리되었을 때의 아동의 반응을 비교하면, 22개월 유아부터 45개월 아동 사이에 반응이 변하는 것으로 나타난다. 아동이 자랄수록, 신체적 긴장이 증가하고, 부정적 정서와 전반적 고통 반응이 감소하며 시선을 피하는 것은 감소한다(Kochanska, Gross, Lin, & Nichols, 2002). 정서 조절 능력이 증가하며 아동은 작은 불행에 대해 사회적으로 적절한 반응을 유지할 수 있고 자신의 고통이 신체적 긴장 및 태도의 변화로 나타날 수 있음에도 불구하고, 부정적 정서 표현을 조절하거나 감출 수 있다(예 : 몹시 창피하면, 고개를 숙이고, 어깨를 구부림). 이 연구는 만 2세 유아도 무엇이 옳고 무엇이 그른지에 대한 기준 및 걱정에 대해 인식할 수 있는, 아마도 양심의 초기 신호(Kochanska & Thompson, 1997; Stipek et al., 1990) 또는 '도덕적 본능'(Pinker, 2008)을 반영하는 능력이 있다는 것을 제안한다(Pinker, 2008).

죄책감, 수치심, 그리고 당혹감은 자의식이 높은 도덕적 정서로 여겨진다. 이러한 정서 또는 감정 상태는 자기에 대한 개인적인 이해 및 평가와 관계되어 있다(Eisenberg, 2000). 만 1세 유아는 자기 인식이 발달하면서 거울 안의 자기 자신을 인식할 수 있고(Lewis & Brooks-Gunn, 1979), '나를/나에게(me)'와 '나는(I)'의 인칭 대명사를 사용하고(Pipp, Fischer, & Jennings, 1987), 자신의 주체적 행위를 주장하고(Mascolo & Fischer, 1998), 초기의 도덕적이고, 자의식적인 정서를 경험하고 표현하기 시작한다(Mascolo & Fischer, 1998, Zahn-Waxler & Kochanska, 1990). 당혹감은 부정적이고 심각한 정도가 가장 적은 정서로, 우연히 일어난 사건에 대해 놀란 것과 자신에 대해서는 거의 화가 나지 않은 것과 관련된다(Keltner & Buswell, 1997). 일반적으로, 당혹감은 그 자체로 도덕에 중요한 영향을 미치지 않는다. 죄책감은 아동의 양심이 서서히 나타나고 있음을 반영하며(Groenendyk & Volling, 2007) 아동 자신이 도덕적 행동에 참여하도록 동기를 부여하는 데 효과적이다(Tangney, Stuewig, & Mashek, 2007). 죄책감은 특히 내면화된 기준과 맞지 않는 행동에 책임감을 느끼는 경우나 타인을 괴롭히는 원인이 되는 위반 행동에 대한 보상을 하길 원하는 경우다(Tangney, 1991). 따라서 죄책감은 자의식이 높은 도덕적 정서의 예이며, 수치심과 마찬가지로 사회적 맥락 내에서 아동의 자기에 대한 인식이 발달하는 것에 영향을 미치고 영향을 받는다(Mascolo & Fischer, 2007).

수치심과 죄책감을 구별하는 것에 대해서는 논란이 많이 있다(Tangney et al., 2007 참조). 예를 들어, 일부 연구자는 수치심과 죄책감은 서로 다른 행동과 태도로 이어진다고 주장해왔다(Sheikh & Janoff-Bulman, 2010). 수치심은 자기에게 초점화되어 있는데, 자기에게 결함이 있고, 자기의 부도덕한 행동을 억제하는 데 실패했다는 감각으로, 종종 수치심을 유발하는 상황을 감추거나, 부인하거나, 벗어나도록 개인을 동기화한다. 수치심이 있을 때, 개인은 타인의 시선에서 자신의 자기가 손상되었다고 느낀다. 감추고자 하는 소망은 감춰왔던 것이 폭로될 것 같은 감각에서 비롯된다. 행위에 초점이 있는 죄책감과는 달리, 수치심은 타인이 바라보는 자기에 초점이 있다. 수치심을 경험하는 것은 자기 인식과 타인이 바라보는 자기를 평가하기 위하여 사회적·도덕적 지침을 사용하는 아동의 능력 또한 필요로 한다. 우리는 만 1~2세 아동이 수치심을 경험할 때, 연령에 따른 중요한 변화를 볼 수 있는데, 이는 보편적인 기준, 규칙 및 바람직한 목표에 대한 자각과 자기와 자기 자신의 행동에 대한 평가를 보다 많이 할 수 있게 하는 인지적 진보를 반영한다(Mascolo & Fischer, 2007 참조). 아동기에 지속적인 자기에 대한 평가와 타인의 시선에서 부적절하거나 결함이 있거나 열등한 것처럼 자기를 지각하는 경험을 하는 것은 부정적인 평가와 자기에 대한 위협으로 이어지며 이는 자기와 관련된 정서와 인지로부터 영향을 받기도 하고 주기도 한다.

연구자는 사회적 자기를 위협하는 것에 대한 정신생물학적 반응을 보여주는 생리적인 표시를 발견하였다. 예를 들어, 실험실 과제에서 아동에게 여러 비언어적인 표현을 주고 반응하게 했을 때, 다른 비언어적 표현보다 수치심의 비언어적 표현에서 아동의 코르티솔의 수준이 크게 변화하는 것을 관찰하였다(Lewis & Ramsay, 2002). 수치심은 또한 복종과 자기 은폐를 보여주는 특징적인 자세의 변화를 이끌어낼 수도 있다. 이와 같이, 수치심은 타인으로부터 숨는 것을 목적으로 동기가 부여되고, 생물학적이며 행동적 변화를 준비하는 역할을 하는 정서 상태다(Dickerson, Gruenaewald, & Kemeny, 2004). 대조적으로, 죄책감을 경험하는 것은 사회적 폭로와는 큰 관계가 없다. 우리는 적절한 행동이라고 인식되는 요구에 부응하지 못하거나 타인이 알지 못하더라도 특정한 상황에서 실패를 경험할 때 죄책감을 느낄 수 있다. 그러나 죄책감은 타인으로부터 자기 자신을 은폐하려고 하기보다, 종종 대인관계를 회복하고 행동을 변화시키도록 동기를 부여한다(Barrett, Zahn-Waxler, & Cole, 1993).

죄책감과 수치심은 또한 공감에 각기 다르게 연결된다. 어떤 사람이 죄책감을 느낄 때, 그/그녀는 타인의 조망을 수용하고 공감적 관심을 나타낼 가능성이 더 높다. 하지만, 한 개인이 수치심을 느낄 때, 수치심은 자기 자신의 괴로움에 초점을 보다 많이 두고, 타인을 향한 공감을 느끼는 그 자신의 능력이 방해받게 된다(Tangney & Dearing, 2002). 공감과 죄책감은 둘 다 타인의 괴로움에 대한 관심과 그로부터 타인을 편하게 해 주기 위해 무언가를 하는 책임감과 관계되어 있다(Hoffman, 1982). 공감이 죄책감의 밑바탕이 되는 것처럼, 불안은 수치심의 원인인 듯하다(Sheikh & Janoff-Bulman, 2010). 이러한 불안은 '나쁜 자기(bad self)'에 대한 자기 지향적(self-oriented)인 초점이나, 개인의 개인적 결함, 결핍 및 실패와 관계되어 있으며, 이는 타인과 공감적으로 연결되는 능력을 방해한다(Tangney et al., 2007). 수치심을 느끼는 것은(죄책감과는 대조적으로) 종종 타인에 대한 분노와 자신의 문제로 타인을 비난하려는 경향과 관련되어 있기에 (Bennett, Sullivan, & Lewis, 2005), 이는 고통스럽고 관계적으로 파괴적인 수치심-격노의 악순환을 지속시키고(Lewis , 1971; Scheff, 1987, 확실한 임상적 실례를 위해 참조할 것), 공감을 위한 능력을 방해한다.

마지막으로 수치심 또는 죄책감을 갖기 쉬운 경향은 아동에게 효과적인 중재를 실행하는 것과 정신병리학의 발달에 특별한 중요성을 갖는다(Tangney, Burggraf, & Wagner, 1995). 임상 연구자는 죄책감과 수치심은 서로 다른 심리학적 증상과 관계되어 있음을 밝혔다. 수치심은 낮은 자존감부터 우울에서 불안, 섭식장애, 그리고 외상후 스트레스장애에 이르기까지 다양한 문제로 이어진다(Tangney & Dearing, 2002 참조). 죄책감은 반추적인 사고와 만성적인 자기 비난으로 이어질 수 있다(Freud, 1924/1961; Hartmann & Loewenstein, 1962). 그러나 수치심과 결합되지 않는다면, 죄책감은 특히 대인관계에 관련된 행동에 적응적인 역할을 할 수도 있는데, 죄책감은 개인이 책임감을 인식하고 보상을 하기 위한 적극적인 시도를 하도록 이끌기 때문이다(Baumeister, Stillwell, & Heatherton, 1994; Tangney, 1995; Tangney et al., 2007). 이와 같이, 죄책감은 회복하는 행동과 사과를 하는 이유이지만, 수치심은 철회와 자기 처벌로 이어지기 때문에 죄책감보다 고통스러운 경험이다(Lewis, 1971; Morrison, 1996; Tangney, Wagner, Fletcher, & Gramzow, 1992). 물론, 두 정서가 함께 발생할 수도 있다. 그리고 어떤 위반은 두 가지 정서 중 하나를 이끌어낼 수 있다. 예를 들어, 어떤 아동은 게임에서 이기거나 더 나은 상을 받기 위하여 의도적으로 친구를 '속일 수' 있다. 죄책감 또는 수치심 중 어느 정서를 경험하는가는 아동이 어디에 초점을 두는지에 따라 달라지는데, 아동이 자신의 부정 행동에 초점을 두었다면, 그것은 부도덕적이며 이는 수치심으로 이어지고, 아동이 친구가 이기거나 보다 나은 상을 얻도록 돕지 않은 것에 초점을 둔다면, 이는 죄책감으로 이어진다.

연구자는 이제 만 2~3세 사이의 시기에 어린 아동에게 처음으로 죄책감이 나타난다는 것에 대하여 일반적으로 동의한다. 하지만 죄책감에는 기쁨이나 분노와 같은 몇몇 기본적인 정서에서 볼 수 있는 분명한 표현, 즉 뚜렷이 구별되는 '특징'이 없으며 (Darwin, 1872), 죄책감의 표현은 발달상의 변화가 있는 것으로 보인다. 또한 아동의 죄책감 반응에는 개인차가 있다. 소녀는 소년보다 죄책감을 많이 드러내는 경향이 있다. 아동기 중기(Zahn-Waxler, 2000)는 물론 아동기 초기(Kochanska et al., 2002)에도 이러한 성차가 발견된다. 부모가 평가하기에 두려워하는 정도가 높은 유아는 아동기에 죄책감을 보다 많이 느끼는 경향이 있다(Rothbart, Ahadi, et al., 1994). 또한 (어머니가 보고하였을 때) 자기 발달의 신호를 이른 시기에 나타낸 18개월 유아는, 33개월이 되었을 때 실험실 연구에서 '계획된' 위반을 한 후에 보다 강렬한 죄책감 반응을 보인다. 더욱이 22개월과 45개월에 보다 많은 죄책감을 표현했던 아동은, 이후에 56개월이 되었을 때 규칙에 일치하는 행동에 대한 강한 수행과 규칙에 대한 보다 큰 관심을 포함하여 자기에 대한 설명을 보다 '도덕적'이라고 규정한다(Kochanska et al., 2002).

취학 전 시기에, 아동은 대상, 행동 또는 사건을 기준에 부합하거나 부합하지 않는 것으로 보기 시작한다. 이러한 민감성은 가족 간 대화와 상호작용의 맥락에서 학습되며(Dunn, 1987, 1988), 양심의 발달을 위한 단계를 설정하고, 초기 도덕성을 반영한다(Emde et al., 1991, Lamb, 1993). 사실, 기준을 위반하는 것과 관계되어 있는 죄책감, 수치심 및 당혹감 등의 부정적인 정서를 회피하고자 하는 시도는 도덕적 행동을 동기화할 수 있다. 공감 또는 자신감같이, '옳거나' 부정적 행동을 '수정하는' 것과 관계되어 있는 긍정적인 정서도 도덕적 행동을 동기화할 수 있다. 이러한 모든 정서는 자기에 대한 인식을 필요로 한다. 더하여, 도덕적 정서는 도덕적 행동을 필요로 하는 상황과 도덕적 행동을 조절하는 상황에 대하여 우리가 충분히 생각하도록 돕는 데 중요한 역할을 한다.

## 도덕적 정서는 어떻게 사회화되는가?

아동의 자기 발달과 상호작용하여 도덕적 정서에 영향을 미치는 여러 가지 사회화 요인이 있다. 부모-자녀 관계의 분명한 특성은 죄책감의 발달에 기여한다(Kochanska et al., 2005). 예를 들어, 어머니와 긍정적인 정서를 공유한 14개월 유아는 22개월이 되었을 때 죄책감을 보다 많이 표현한다. 만 2살이 될 때까지 유아에 대한 어머니의 반응성과 어머니와 유아가 공유한 정서는 유치원에서의 유아가 느끼는 보다 큰 죄책감과 관계된다(Kochanska, Forman, & Coy, 1999; Kochanska, Aksan, & Carlson, 2005). 양육행동은 또한 아동의 도덕적 정서를 결정하는 데 중요한 역할을 한다. 아동은 부모가 지지적이고 반응적인 보살핌을 제공할 때 부모의 수치심 및 죄책감과 같은 정서적 반응을 내면화하고 부모의 대화에 귀 기울이고 반응할 가능성이 더 높다(Kochanska et al., 2008). 온정적이고 애정 어린 부모는 도덕적인 사람이 된다는 것은 타인을 돌보는 것과 온정적이고 사랑하는 관계를 유지하려는 성향을 의미한다고 가르친다(Zahn-Waxler &

Kochanska, 1990).

　흥미롭게도, 자신의 수치심에 취약한 부모는 자녀를 더욱 구속하는 경향이 있다. 부모가 자신의 수치심 반응을 조절하기 위해 사용하는 전략은, 결과적으로 아동이 자기가 수용될 수 있는가에 대하여 불안해 할 가능성을 높일 수 있다(Mills et al., 2007). 부모가 자녀에게 규칙과 규칙을 위반하면 안 되는 이유를 설명하는 경우, 자녀는 무례한 행동을 할 때 죄책감과 후회를 느낄 가능성이 더 높다. 하지만 만약 부모가 어떠한 설명 없이 자녀의 위반에 대해 처벌하는 것을 통해 자신의 힘과 권위를 확고히 한다면, 자녀는 죄책감을 느낄 가능성이 더 낮다(Forman, Aksan, & Kochanska, 2004). 부모는 자녀에게 무례한 행동이나 규칙 위반과 관계되어 있는 도덕적 정서를 가르치는 역할을 한다. 예를 들어, 부모가 자녀에게 "음식을 바닥에 던지는 것을 멈춰. 너는 나쁜 아이야!"라고 말한다면, 그는 정서적인 측면에서 어머니의 전반적인 판단을 사용하여 자기 자신을 나쁜 일을 하는 나쁜 사람으로 평가한다(만약 이 과정이 여러 번 반복된다면 이는 자녀의 자기 평가와 표현이 '나는 때때로 나쁜 일을 하는 좋은 아이야.' 보다 '나는 나쁜 소년이야.'로 내면화될 것이다). 만약 부모가 "너는 토미의 트럭을 망가뜨린 것에 대해 스스로 부끄러워해야만 해."라고 이야기한다면, 자녀의 잘못된 행동은 도덕적 정서 중 수치심과 관계될 수 있다(Stipek et al., 1992). 이러한 부모의 메시지는 비록 이후의 잘못된 행동을 방지하려는 의도가 있다 하더라도, 규칙 위반과 관련하여 아동에게 수치심과 죄책감의 도덕적 정서를 가르친다.

　정서적 반응을 솔직하게 표현하는 부모 또한 자녀의 도덕적 정서에 영향을 미칠 수 있다. 아동은 부모가 자신의 화를 분명하게 표현하고 왜 자신이 괴로운지에 대하여 이해할 수 있는 메시지를 제공하면 아동은 자신이 일으킨 피해나 문제에 초점을 맞출 가능성이 높다(Arsenio & Lemerise, 2004). 어머니가 정서적으로 중립적인 방식으로 반응하는 경우, 부정적인 정서를 표현하는 것과 대조적으로, 자녀는 자신의 도덕적인 위반을 수정하려는 시도를 할 가능성이 더 적다(Grusec, Dix, & Mills, 1982). 이와 같이 부모가 자녀의 위반과 무례한 행동에 반응하여 자신의 정서적 반응을 정직하게 표현하는 것은 도움이 된다. 하지만 부모는 일반적으로 극적이거나, 강렬하거나 무서운 방법으로 자신의 분노를 표현해서는 안 되는데, 왜냐하면 자녀가 이를 처리하기는 너무 어려울 수 있기 때문이다. 만약 부모의 정서적 표현에 대한 반응으로, 아동이 두려워하거나 과도하게 각성된다면 아동은 두려움이나 슬픔에 반응을 보이는 것이거나, 자신의 정서를 억제하거나, 자기 안으로 침잠하여 정서적으로 자기 자신을 보호하는 방법에 대하여 걱정하는 것일 수 있다. 대조적으로, 아동이 죄책감, 후회 또는 수치심에 대하여 표현할 때, 부모가 긍정적이고 건설적인 태도로 이러한 정서적 표현에 반응하는 시간을 갖는다면, 아동이 부모가 자신을 꾸짖을 때조차 관계를 회복하고 복원할 수 있다는 것을 배우는 데 도움이 된다(Thompson, Meyer, & McGinley, 2006).

극단적인 육아 경험이 도덕적 발달에 미치는 영향에 대한 질문을 추가적으로 조사해야 한다. 예를 들어, 아동이 학대받거나 방임되었고 부모가 아동에게 실망, 분노, 비난 또는 거부를 빈번하게 표현한다면 어떤 일이 발생하는가? 학대받은 취학 전 연령 아동은 학대받지 않은 취학 전 연령 아동보다 융통성이 없고, 두려워하며 '강박적인' 규칙 준수를 나타냈고, 어머니가 실험실의 놀이방을 청소하자고 요청하였을 때 덜 열성적으로 준법 준수가 이루어졌음을 증명한 연구가 있다. 아동이 경험한 학대 유형을 근거로 한 정서와 행동에도 분명한 차이가 있다(Koenig, Cicchetti, & Rogosch, 2000). 관찰된 뚜렷한 차이점은 학대를 받았거나 방임된 아동의 자기의 발달(Crittenden & DiLalla, 1988), 도덕적 기준의 내면화, 그리고 죄책감과 수치심의 도덕적 정서의 부적응적 경로를 반영할 수 있다. 이 연구는 임상의에게 중요한 의미를 갖는다. 예를 들어, 신체, 정서, 성 학대는 전형적으로 비밀리에 이야기하고 공개를 거의 하지 않는데, 이는 종종 깊은 수치심으로 이어진다. 학대받은 아동과 청소년의 자기에 영향을 미치는 수치심의 여파와 수치심의 결과에 대한 민감한 이해는 초기에 학대를 받은 경험의 정서적·심리적 결과를 밝히기 위해 구성된 임상적 중재에서 가장 중요하다.

사회화 경험은 아동의 기질적 소인과 상호작용하고 도덕적 정서에도 영향을 미친다. 부모의 반응은 기질적으로 억제가 힘든 아동에게 특히 중요하다. 규칙에 근거한 접근법과 일관된 훈육(신체적 체벌을 포함하지는 않지만)은 억제가 힘든 아동이 죄책감을 발달시킬 수 있도록 돕는다. 대조적으로 양육은 억제된 취학 전 아동의 죄책감의 수준과는 관련이 없다(Cornell & Frick, 2007). 이와 같이, 기질은 궁극적으로 아동의 특정한 결과와 관계된 구체적인 양육 행동의 본성과 후천적 특성에 영향을 미치고, 적응적이거나 부적응적인 발달적 결과를 가져오는 단일한 인과 과정은 없다는 것을 상기시킨다(예 : Cicchetti & Rogosch, 1996). 또한 임상적 중재는 기질과 양육 행동의 상호작용을 고려해야만 한다. 예를 들어, 기질적으로 취약한 아동(억제가 힘든 아동같이)의 품행장애를 예방하기 위하여 도덕적 발달을 촉진하는 것은 구체적인 양육의 중재가 필요하며 아동의 기질 스타일과 일치하도록 대처해야 한다(Hawes & Dadds, 2005).

마지막으로, 도덕적 발달의 다른 측면에 더하여 아동의 죄책감에 대한 대부분의 연구는 위험도가 낮고, 상대적으로 동질적인 집단을 대상으로 했다는 점에 주목해야 한다. 죄책감은 고위험 환경에서 부적응적 기능에 기여할 수 있으며, 죄책감의 발달 과정은 위험이 적은 가족과는 다를 수 있다(Zahn-Waxler, 2000; Zahn-Waxler, Kochanska, Krupnick, & McNew, 1990). 게다가 비교 문화적 연구는 아동의 기질(Kagan et al., 1994), 자기 발달 및 자의식 정서(Kitayama, Markus, & Matsumoto, 1995), 죄책감 및 수치심의 사회화와 이러한 정서와 관계된 문화적 의미(Miyake & Yamazaki, 1995), 그리고 초기의 가족관계(Rothbaum, Pott, Azuma, Miyake, & Weisz, 2000)를 포함하여 죄책감의 발달과 관계된 관련 변인 간의 차이를 밝혔다. 후속 연구는 도덕적 정서의 발달에 기여하는 깊숙이 내재된 관습과 문화적 가치에 대하여 보다 포괄적인 이해를 위해 문화적 차이를 탐구하여야 한다.

도덕적 정서가 아동의 행동에 어떻게 영향을 주는가? 수치심과 죄책감의 경험이나 예상되는 경험들의 도덕적 정서는 도덕적 행동을 조절하는 데 중요한 역할을 한다(Sheikh & Janoff-Bulman, 2010). 도덕적 정서는 그 자체로 아동의 도덕 발달에 긍정적 기능을 제공하는 듯하다. 아동의 죄책감 반응과 도덕적 행동 사이의 관계에 대하여 탐구한 한 연구에서, 아동이 만 4세가 될 때까지, 도덕적 정서는 어머니가 제시한 규칙이나(예 : 어머니가 방에서 나갔을 때 매력적인 물건을 만지지 않을 것 또는 어머니가 부재할 때 장난감 정리를 끝낼 것) 실험자가 제시한 규칙(예 : 어려운 추리 게임에서 속임수를 쓰려고 하지 말 것)에 대한 아동의 반응에 영향을 미치지 않았다(Aksan & Kochanska, 2005). 또 다른 연구에서, 만 4세 6개월 된 아동은 그가 더 어렸을 때 평가한 죄책감 반응이 많았다면 금지된 장난감을 가지고 놀 가능성이 더 낮았다. 그들은 죄책감을 느낄 것을 예상했고, 이는 결과적으로 그들의 이후의 행동에 영향을 미쳐 규칙을 어기는 경향이 감소하였다(Kochanska et al., 2002). 그리고 죄책감의 초기 징후를 보인 아동(특히 소년)은 공감, 기준 위반 후의 죄책감 또는 정서적 불편감, 기준 위반에 대한 민감성, 내면화된 행동, 자백, 사과하기, 부모와의 좋은 감정에 대한 관심과 같은 차원에서 높은 '도덕적 자기' 점수를 입증하였다(Kochanska, 2002). 이와 같이, 어린 아동은 도덕적 행동에 중요한 방식으로 영향을 미치는 풍요롭고 다양한 도덕적 정서를 가지고 있는 것처럼 보인다.

도덕적 정서와 행동은 아동기 후기 및 청소년기와도 관계되어 있다. 예를 들어, 가족의 수입과 어머니의 교육 수준을 통제하고, 조사한 결과 죄책감을 많이 느끼는 5학년 학생은 청소년기에 체포되거나 유죄 판결을 받거나, 투옥될 가능성이 더 적었다

(Tangney & Dearing, 2002). 그리고 부도덕한 행동을 저지르는 것에 참여했다는 것을 상상할 때조차 강렬한 도덕적 감정을 느낀다고 답한 청소년은 비행 행동에 덜 참여하였다(Krettenauer & Eichler, 2006). 흥미롭게도, 죄책감은 수치심보다 도덕적 행동을 장려하는 데 효과적이다. 게다가 죄책감에 대한 취약성은 조망 수용과 공감의 측정과 관계되어 있다(Tangney & Dearing, 2002). 죄책감을 느끼기 쉬운 경향(guilt proneness)은 수치심보다 강력한 억제 기능을 담당할 수 있는(Stuewig & McCloskey, 2005) 반면, 수치심은 해로울 수 있고 아동이 보다 많은 외현화 행동을 하도록 이끌 수 있으며(Ferguson, Stegge, Miller, & Olsen, 1999), 청소년의 불법 행동을 향한 성향으로 이어질 수 있다(Tibbetts, 1997). 그러므로 죄책감은 도덕적 행동을 발전시키는 가장 적절한 도덕적 정서일 수 있다(Tangney et al., 2007).

## 도덕적 판단

Jean Piaget(1932)는 두 가지 방법을 사용하여 아동의 도덕적 추론을 연구하였다 — (1) 게임을 하고 노는 아동을 관찰하고 게임의 규칙에 대한 아동의 태도를 조사하기, (2) 위반의 심각성에 대한 아동의 판단을 조사하기. 아동은 자신의 환경과 직접적으로 상호작용하며 적극적으로 세상에 대한 자신의 이해를 구축한다는 그의 개념에 근거하여, Piaget는 아동이 매일 놀이하는 게임 안에서 자각하는 것과 훈련하는 것을 탐구하였다. 그는 또한 부도덕한 행동이나 위반에 대하여 추론해야 하는 도덕적 상황(거짓말 또는 도둑질)에 대하여 아동과 이야기했다. 마침내, Piaget는 이러한 관찰을 근거로 하여 그의 단계 이론을 발달시켰다. 그는 법, 규칙, 권위에 대한 판단은 다른 아동 및 성인과 함께 하는 사회 세계에서 이뤄지는 아동의 경험으로부터 비롯된다는 관점을 유지하였다. 도덕적 판단은 공감이나 동정심 같은 정서적 반응에 더하여 아동의 이러한 경험에 의해서도 영향을 받으며, 연속적으로 일어나는 일련의 단계를 통해 발달한다.

전 도덕적 단계 동안, 아동은 자신이 하는 게임의 규칙에 대해 인식하지 못하거나 걱정하지 않는다. 오히려, 그들은 탐구하고 즐겁게 놀기 위한 목적으로 놀이한다. 5세 무렵, 아동의 타율적 관점은 아동이 권위적인 인물(부모와 같은)이 제시한 규칙을 엄격히 지키는 것으로 이어지며, 아동은 규칙에 대하여 의문을 제기하거나 규칙을 변경할 수 없다. 규칙에 대하여 엄격하게 준수하고 권위에 대하여 순종하는 것은 어린 아동의 인지 능력의 한계에 기인한다. 어린 아동은 자기 자신의 관점과 동시에 다른 누군가의 관점을 고려할 수 없고, 도덕적 절대주의가 지배하기 때문에('그것이 바로 그 길이다.'), 그들은 전 세계 어디에서나 '규칙은 규칙이다.'라고 확신한다. 그리고 '우리 엄마(또는 아빠)가 그렇게 말했기' 때문에 규칙은 옳다. 규칙이 깨졌을 때, '내재적 정의'가 우선한다. 즉, 규칙에서 벗어나면 처벌을 받는 것이 당연하다고 생각한다. 예를 들어, 한 아동이 아빠의 말을 듣지 않은 후에 자신이 가장 좋아하는 장난감이 망가졌을 때 아동은 자신이 마땅한 일을 당했다고 생각할 수 있다. 사회 세계에서 또래 상호작용과 경험을 지속적으로 하며, 아동은 자신을 안내하는 규칙을 평가하기 시작한다. 11세 정도가 되면, 게임을 하거나 문제를 해결하거나 결정을 내릴 때 아동은 규칙을 보다 비판적으로 고려하기 시작한다. 이러한 자율적인 지향은 규칙과 규범이 협동, 호혜주의 그리고 상호 간의 존중을 통해 확립되었다는 것을 시사한다. 규칙은 때때로 깨질 수 있고 규칙 위반이 항상 처벌로 이어지는 것은 아니라는 것을 이해하게 되면서 아동은 타인의 관점과 자기자신의 관점을 고려할 수 있다. 처벌이 적용될 때, 그것은 잘못된 행동과 규칙을 위반한 사람의 의도에 적절해야 하며, 규칙을 위반한 사람은 어떤 피해가 있든지 간에 보상해야만 한다. 처벌은 또한 후에 아동이 잘못된 행동을 하는 것을 예방하기 위해 교훈을 제공해야만 한다. 이와 같이, Piaget는 아동이 대인관계 상호 작용의 맥락 안에서 평등, 호혜주의 그리고 평등한 정의에 대해 배운다고 믿었다. 사고의 변화는 아동이 타인의 조망을 수용할 수 있도록 도우며, 아동이 관련된 모든 사람을 고려하여 공정한 규칙을 수립하도록 돕는다.

여러 연구자는 도덕적 실재론(moral realism)에서 도덕적 호혜성(moral reciprocity)으로 변화하는 것에 대한 Piaget의 개념은 문화 집단에 걸쳐 보편적이지 않다고 주장하며 Piaget의 이론을 비판한다(Havighurst & Neugarten, 1955). 또한 일부 연구자는 특정한 인지 능력이 나타나는 연령에 대한 Piaget의 개념이 도덕적 상황을 이해하는 아동의 능력을 과소평가한다는 의문을 제기해왔다(Chandler, Greenspan & Barenboim, 1973; Helwig, Zelazo, & Wilson, 2001; Zelazo, Helwig, & Lau, 1996). 오랜 시간에 걸쳐 연구자들은 Piaget의 개념을 개선해왔다. 예를 들어, 연구자는 아동의 도덕적 판단은 부분적으로 잘못된 행동이 우발적인지 아니면 의도적인지의 여부와 이러한 잘못된 행동이 긍정적 결과를 가져오는지 또는 부정적 결과를 가져오는지의 여부를 구분하는 것에 따라 결정된다는 것을 알게 됐다.

Lawrence Kohlberg(1969)는 Piaget의 도덕 발달 단계를 수정하고 확장했으며, 도덕성 발달에 대한 연구에 중대한 영향을 미쳤다. 그는 Piaget 연구의 토대, 즉 아동의 도덕적 추론 수준은 이전의 단계에서 성취한 인지 능력을 기반으로 한다는 가정과 동일한 가정을 유지했다. 그러나 그는 아동과 청소년이 관계의 의무, 삶, 법, 권위 및 신뢰를 둘러싼 갈등을 포함하는 가상의 상황에 대하여 사고하는 방식에 초점을 두어 도덕성 발달을 연구하였다. 그는 성숙한 도덕적 사고를 성취하는 것은 길고 점진적인 과정이라고 주장하면서 도덕성 발달을 아동기 이후로 확장하였고, 도덕성 발달의(세 가지 수준으로 분류되는) 여섯 단계를 확인하였다. Kohlberg는 도덕성 발달 단계는 각 개인마다 다른 연령대에서 성취될 수 있지만, 단계의 발달은 순차적으로 이루어진다고 믿었다. 개인의 도덕적 추론이 일정 수준에 도달하면, 그/그녀는 이전 수준으로 돌아가지 않으며, 모든 사람이 최고 수준을 달성하는 것은 아니다(Colby & Kohlberg, 1987). 게다가 단계의 순서는 보편적이지만, 도덕적 추론의 최고 수준은 문화 내에서 그리고 문화 전반에 따라 다를 수 있다(Kohlberg, 1985).

Kohlberg(1969)는 도덕적 추론을 세 가지 수준으로 구분하고 다음과 같이 각 수준 내의 두 단계를 확인했다.

수준 Ⅰ — 전인습적 도덕성
　　단계 1 : 복종과 처벌 지향
　　단계 2 : 순진한 쾌락주의와 거래 지향
수준 Ⅱ — 인습적 도덕성
　　단계 3 : 착한 소년 혹은 착한 소녀 도덕성
　　단계 4 : 사회 체제를 유지하는 권위/양심과 도덕성
수준 Ⅲ — 후인습적 도덕성
　　단계 5 : 계약, 개인의 권리 및 법으로 수용되는 민주주의의 도덕성(사회 계약 도덕성)
　　단계 6 : 개인적인 원칙과 양심의 도덕성

첫 번째 전인습적 수준에서, 도덕적 추론은 이기주의적이고 실체적인 관점에 기반을 둔다. 수준 Ⅰ의 단계 1 판단은 규칙을 위반하지 않음으로써 처벌을 피하는 것에 초점을 둔다. 이 타율적인 지향은 타인의 관점을 고려하는 능력이 없다는 Piaget의 개념과 유사하다. 도덕적 호혜성은 단계 2에서 나타나기 시작하는데, 행동의 실제적 가치에 중점을 둔다. 옳거나 공정한 것은 합의 또는 교환을 반영한다는 감각이 있고 자기 이익이 즉각적으로 충족될 때 개인은 규칙을 준수한다. 갈등이 있을 때, 개인은 상대적인 의미에서

옳은 것을 결정하고 정당화한다(예 : "당신이 나를 아프게 해서 나는 당신을 아프게 할수 있다."). 수준 Ⅰ에서 사회적 교환을 이끄는 규칙과 규범은 추론을 이끌어내는 데 도움이 되지 않는다. 이러한 규범과 인습을 필요에 따라 이해하고 도덕적 추론을 이끄는데 사용하는 것은 두 번째 단계인 인습적 단계에서 가능하다. 단계 2에서는 보다 일관적으로 사용되는 법과 규칙에 대하여 보다 많이 순응한다. 단계 3에 있는 사람은 자신과가까운 사람(예 : 가족 또는 지역사회 구성원)으로부터 배운 규칙을 따를 것이다. 타인의 승인을 얻고 집단에 충성하는 것은 무엇보다 중요하다. 단계 4에서는 올바른 것이 무엇인지를 정의하는 기준이 가까운 사람들의 집단의 규칙에서 사회적 시스템의 규범과규칙으로 이동한다. 이 단계에서는 법은 모든 사람을 보호하기 위한 것이기에 도덕적인 것은 사회의 법을 따르는 것을 요구한다(법과 규정된 사회적 책임 사이에 분쟁이 있는 경우는 예외로 함). 마지막으로, 수준 Ⅲ 후인습적 도덕성에서 이뤄지는 도덕적 추론은 규칙 및 규범에 대하여 언제나 같은 원칙을 고수하지 않고 독립적으로 적용될 수 있는 윤리적 규범에 기초한다. 단계 5에서의 도덕적 추론은 사회적 규범과 규칙을 뒷받침하는 기본 원칙에 근거하고, 갈등이 있을 때는 규정된 대책을 통해 해결한다. 단계 6의도덕성은 유일하게 인권, 공정함, 그리고 사회·문화적 요구를 넘어서 삶에 대한 배려를기초로 한다. 이 단계에서는 법을 자동적으로 따르지 않는다. 오히려 무엇이 옳고 공정한가에 대하여 보다 추상적인 원칙에 법이 얼마나 일관적인가를 평가한다.

Kohlberg의 도덕 단계는 연령에 따라 아동의 도덕적 사고가 타율적인 것에서 자율적인 것으로 변화한다는 Piaget의 의견을 반영한다. Kohlberg는 청소년기의 인습적 도덕성 추론이 이루어지기 전까지 아동은 권위나 규칙에 대한 존중을 지속하지 못한다고 주장한 반면, Piaget는 도덕적 판단이 타율적인 수준에 있는 어린 아동도 이러한 존중이가능하다고 믿었다. 더욱이 Kohlberg는 공평성과 상호 존중의 개념은 청소년기 후기,심지어 (후인습적 수준에 있는) 성인기에도 나타나지 않을 수도 있다고 믿었고, Piaget가아동기 후기 또는 청소년기 초기에 자율적 추론이 나타난다고 제안한 것과 달리, 그 시기에 자율적 추론은 나타나지 않는다고 믿었다. 그러나 Kohlberg의 영향은 그가 제시한도덕 발달 이론 이상으로 확장되었다. 그는 도덕성에 대한 철학적인 고려 안에서 도덕적 발달에 대한 연구를 시작할 필요가 있다고 주장했다(Kohlberg, 1971). 그는 또한 아동의 도덕적 판단을 구성하는 사회적 상호작용의 중요성을 강조했다. Kohlberg의 이론화 과정에서 보다 광범위한 질문이 제기되었고, 이 질문에 초점을 두어, 개인주의 및 집단주의의 성향과 특정 지역에 기반한 보편적인 도덕적 관점에 대하여 고려하는 연구와 도덕적 판단에 대한 연구에서 성별과 관련한 경험과 정서의 역할에 대한 연구, 또래와 학교 교육이 도덕적 추론에 미치는 영향에 대한 연구 등 동시대 연구가 이루어지고 있다(Turiel, 2008 참조). 예를 들어 아동은 또래를 관찰하거나 역할 놀이를 하면서 자신의 도덕적 추론을 더 높은 단계로 발달시키는 법을 배울 수도 있다는 것이 밝혀졌다(Turiel, 2006). 문화적 유사성과 차이점을 탐구하는 연구는 도덕성의 고유한 영역을 확인했다(Shweder, Much, Mahapatra, & Park, 1997). 그리고 역사적, 정치적, 경제적 요인 역시 도덕적 판단에 영향을 미치는 것으로 밝혀졌다(Rest, Narvaez, Thoma, & Bebeau, 2000; Turiel, 2002).

더하여 점차적으로 관련성이 높다고 평가되고 있는 다음의 두 가지 독립적인 분야에 대하여 지난 20년간 연구해왔다 — (1) 어린 아동의 도덕적 판단, (2) 마음 이론 또는 타인의 마음의 상태에 대한 이해. 보다 진보된 도덕적 판단을 하기 위해서 타인의 마음 상태를 보다 정교하게 이해할 필요가 있다고 가정한다. 사실, 많은 연구는 취학 전 연령 동안 마음 이론이 발달하는 것이 아동의 도덕적 판단의 기저를 이룬다는 개념을 지지해왔다(Flavell, Mumme, Green, & Flavell, 1992; Killen, Mulvey, Richardson, Jampol, & Woodward, 2011; Lane, Wellman, Olson, LaBounty, & Kerr, 2010). 다른 연구는 도덕적 판단은 아동(Leslie, Knobe, & Cohen, 2006)과 성인(Knobe, 2005, 2010) 모두의 마음 이론에 영향을 미친다는 대안적 입장을 지지한다. 마지막으로, 최근 연구는 마음 이론과 초기의 도덕적 판단은 취학 전 연령 동안 양 방향적으로 교류하는 과정으로 발달한다는 개념을 지지한다(Smetana, Jambon, Conry-Murray, & Sturge-Apple, 2012).

아동은 타인의 마음의 상태에 대하여 생각하며 이해하게 된다. 아동은 또한 사회적 관계에 대하여 이해하고, 무엇이 옳고 그른지에 대하여 결정을 내리고, 타인과의 상호작용에 완전히 참여하도록 노력하면서 자신의 사회 세계를 되돌아본다. Piaget와 Kohlberg는 규칙, 법 그리고 잘못된 행동의 결과에 초점을 둔다. 그들은 부모-자녀 관계, 형제관계 및 또래관계에 원인을 두고 있기에, 긍정적인 도덕적 정서나 도덕적 판단의 복잡성을 강조하지 않았다(Turiel, 2008 참조). 도덕과 관련된 영역에 대한 폭넓은 관점은 이제 정의의 도덕성 그리고 타인에 대한 배려와 관심의 도덕성도 포함한다. 이 확장된 관점은 어린 소녀와 여성의 연구에서 처음으로 나타났는데, 이들은 가상의 도덕적 딜레마에 대하여 소년이나 남성과는 완전히 다른 도덕적 추론의 패턴을 보였다(Gilligan, 1982, 1993). 여성의 반응은 개인이 사회적 네트워크에 연결된 것으로 이해하는 대인관계적인 것에 초점을 둔 것을 반영하며, 도덕적 추론은 배려의 맥락 내에서 타인에 대한 책임을 수행하는 것을 지향한다. 현재 배려의 도덕성에 대한 탐구는 소년과 남성에 대한 여러 연구를 포함한다. 그들은 소녀나 여성과 크게 다르지 않은 방식으로 가상의 딜레마를 추론하는 것으로 밝혀졌다. 이와 같이, 가상의 도덕적 딜레마 및 실제의 도덕적 딜레마에 대하여 추론할 때 배려와 정의의 관점은 남성과 여성에게 모두 적절하다.

흥미롭게도, 신경 영상 연구는 보살핌에 대한 주제와 정의에 대한 주제에 대한 결정을 내릴 때 두뇌의 다른 부분이 활성화된다는 개념을 뒷받침한다(Robertson et al., 2007). 더욱이 신경 영상 연구는 도덕적 판단을 중재하는 것과 관계되어 있는 뇌 영역의 특정 신경망에 대한 이해를 확장시켰다. 예를 들어, 정서를 처리하는 과정에 결정적인 역할을 하는 뇌 영역─내측 전두엽(medial prefrontal cortex), 후측 대상(posterior cingulate)과 각회(angular gyrus)의 좌측과 우측(Greene & Haidt, 2002; Raine & Yang, 2006)─은 개인의 도덕적 의사 결정에 또한 영향을 미친다. 우측 측두 두정의 접합(temporoparietal junction)은 도덕적 상태를 추론하는 것에 관여하는 영역인 듯한데(Young, Camprodon, Hauser, Pascual-Leone, & Saxe, 2010), 도덕적 판단을 내릴 때 의도와 결과의 식별을 용이하게 한다. 뇌 관련 연구의 상당 부분이 성인에 초점을 두었지만, 방법론이 진보하며 마음 이론과 관계되어 있는 어린 아동의 뇌 영역도 조사가 가능해졌다. 연구 결과는 타인의 사고에 대하여 추론할 때, 아동과 성인 모두 같은 뇌 영역이 활성화된다고 제안한다(Saxe, Whitfield-Gabrieli, Scholz, & Pelphrey, 2009). 신경 영상 기술을 활용한 후속 연구는 타인의 마음을 추론할 때 사용되는 뇌 시스템과 관련하여 지속적으로 제기되는 중요한 발달적 질문에 대한 이해를 높이는 데 기여할 것이다(Saxe, Carey, & Kanwisher, 2004 참조).

도덕적 추론의 발달을 사회적 상호작용의 맥락에서 고려할 때, 정서적인 경험은 또한 보다 중요한 역할을 하는 듯하다. 사회적·정서적 경험이 도덕적 사고와 추론에 영향을 주기도 하고 받기도 한다는 인식이 있다. 이러한 인식 내에서 도덕적 의사 결정의 연구는 가상의 상황과 실제 생활에서의 상황을 모두 활용했다. 우리는 실제 생활에서, 보통 도덕적 갈등을 경험하는 사람을 알고 있고 그가 살아온 삶을 알고 있다고 가정한다. 갈등은 또한 우리에게 강한 정서를 이끌어낼 수 있으며, 우리는 결과에 대하여 특히 관심을 가질 수 있다(Frank, 2001; Greene, Sommerville, Nystrom, Darley, & Cohen, 2001; Haidt, 2001). 가상의 상황과 실제 상황은 돕기, 기부하기 및 다른 긍정적인 사회적 행동에 대한 친사회적인 도덕적 추론 또는 판단(Eisenberg, Miller, Shell, McNalley, & Shea,

1991)과 소유하고 있는 물건을 공유하고 분배하는 것(Damon, 1977, 1988)에 대한 아동의 개념을 연구하는 데 사용되어 왔다.

도덕 발달에 대한 연구의 또 하나의 동향은 사회 영역 이론(social domain theory)의 정교화를 통해 확대되었다(Helwig & Turiel, 2001; Smetana, 2006). 도덕성은 아동의 사회적 지식의 여러 영역 중 하나로 여겨지며, 공정성, 복지 및 우리의 행동이 타인에게 미치는 영향을 고려하여 구성된다. 그러나 사회 세계에는 사회적 규범, 시스템 및 관계에 대한 지식(사회-관습적 영역)과 개인의 선택, 정서 및 사생활에 대한 관심(개인적 영역) 등 다른 측면도 있다. 이러한 사회적 관습의 상황은 예측 가능하고 사회적으로 합의되고, 사회 집단이 기능하는 데 필수적인 규칙에서 비롯된다. 사회 영역 이론에 관심이 있는 연구자들은 초기에 도덕적, 사회-관습적, 개인적 영역과 관련된 규칙에 대한 아동의 이해 사이의 유사점과 차이점에 관심을 기울였다. 예를 들어, 어떻게 개인은 도덕적 규칙이나 사회적 판단의 특정 영역 외의 행동에 대해 '개인적' 판단을 내리는가? 사회적 판단의 영역을 탐구하는 과정에서 어린 아동은 관습적, 도덕적, 그리고 개인적 영역 사이를 실제로 구분한다는 것을 발견했다.

도덕적 및 관습적인 무례한 행동을 구분하는 것은 만 3세 아동에게서 나타나며 (Smetana & Braeges, 1990), 만 4~5세 아동 사이에 상당히 일관적이다(Turiel, 2008). 아동은 사회 관습적 규칙(예 : 식기 대신 손가락으로 음식을 먹거나 선생님을 부를 때 선생님의 이름을 부르는 등)을 위반하는 것보다 도덕적 위반(예 : 거짓말, 도둑질 또는 타인을 때리기)이 나쁘다고 생각한다(Turiel, 2006; Turiel & Wainryb, 2000). 아동은 도덕적 위반을 복지, 공정성, 정의의 개념에 어긋나는 것으로 생각하고, 이러한 위반은 타인에게 해를 끼치기 때문에 아동은 부분적으로 이를 구별하는 듯하다(Turiel, 1983). 그러나 이를 구분할 수 있는 능력은 초기 사회 경험에 기반을 둔 친숙한 상황을 고려할 때에만 발생한다. 친숙한 상황과 낯선 상황을 구별할 수 있는 능력은 만 9~10세가 될 때까지 나타나지 않는다(Turiel, 2006). 더욱이 해를 끼친다고 여겨지는 것에 대한 아동의 이해에 대한 발달적 진전이 있다(Smetana, 2006). 도덕적 규칙은 보편적이고 절대적인 것으로 여겨지지만, 해로움에 대한 아동의 견해는 아동기 초기부터 청소년기까지 변하며, 이로 인해 아동기 후기에는 도덕적 위반과 사회적 관습의 위반의 차이를 구분하는 것이 보다 복잡해진다. 마지막으로 사회적 관습은 점차적으로 더 사회적 기대 및 규범, 그리고 부모 또는 교사의 기대에 따라 결정되는 것이라고 이해되고 있다(Helwig, 2006; Wainryb, 2006).

최근의 연구는 여러 영역에서의 아동의 사회적 추론을 탐구하는 것에 초점을 두었고, 이는 영역을 고려할 때 사용되는 기준과 특정한 행동에 제시된 정당성이 복잡한 특징을 가졌다는 사실을 인식하는 것으로 이어졌다(Turiel, 2008). 사회 영역 이론가들은 연구를 통해 사회적 지식의 또 다른 중요한 영역이며, 도덕적·사회 관습적 영역과는 별개의 영역인 심리적 영역을 확인했다. 심리적 영역과 관련된 주제는 자기와 타인에 대한 이해를 반영한다. 또한 자기와 타인에 대한 지식과 개인의 신상 공개에 대한 선택을 포함한 심리적 염려와 단지 자기에게만 영향을 주는 외모, 친구 및 취미의 선택 등의 **개인적 염려**, 그리고 **분별력 있는 염려**, 혹은 자기와 즉각적으로 관련되는 안전, 건강 및 복지에 대한 관심을 구별하는 것을 고려하였다

예를 들어, 어린 아동은 타인에게 영향을 미치는 도덕적 위반이 자기에게만 해를 끼치는 분별력 있는 위반보다 심각하다고 생각한다는 연구가 있다(Smetana, 1988; Tisak & Turiel, 1984). 나이가 들면서, 아동은 개인적인 염려와 도덕적 규칙을 구분할 수 있고 (Nucci, 2002; Yau & Smetana, 2003), 종종 도덕적 규칙이나 행동이 옳다는 것을 증명할 때 다른 대안이 없다면 개인적인 선택에 의지한다. 그리고 사회적 집단에서 타인을 배제해도 괜찮은지 아닌지에 대한 여부와 같은 복잡한 판단을 내리는 문제에 직면했을 때, 아동은 특정 행동을 정당화하기 위하여 사회-관습적, 도덕적, 그리고 개인적인 근거를 고려한다(Killen & Stangor, 2001; Killen, Lee Kim, McGlothlin, & Stangor, 2002; Killen, Margie, & Sinno, 2006). 예를 들어, 아동은 만약 자기 자신이 다른 인종이나 다른 성별의 친구가 있다면 공정한 것과 정의는 무엇인가와 관계된 도덕적 원칙에 근거하여 타인을 배제하는 것을 반대할 수 있지만, 아동이 동질적인 친구를 갖길 원한다면 타인을 배제할 가능성이 더 높다(관습적인 정당화에 근거하여). 만약 아동이 친구를 선택하는 것이 전문성('우리는 더 똑똑한 학생이야.') 또는 관계의 본질('나는 우리 언니/여동생과 같이 해야만 해.')에 관련한 결정에 근거한다면, 배제를 정당화하기 위해 개인적 또는 사회-관습적 논쟁이 이뤄질 것이다.

아동기 후기와 청소년기 초기에는 배제와 관련하여 여러 가지 관점과 각 선택에 대하여 설득력 있는 근거를 제공할 가능성이 더 높다. 예를 들어, 그들은 누구를 포함시킬지 결정하는 것에 대하여 그 아동에게 결정의 책임이 있다는 것(개인적 선택) 또는 성별에 따라 집단을 분리했을 때 그들이 더 잘 지낼 수 있을 때는 분리하는 것은 합리적이라는 것(관습적인 선택) 또는 인종이나 성별 집단에 대한 다른 경험과 기회를 만들어 내기 때문에 타인을 배재하는 일은 용납할 수 없다는 것(도덕적인 선택)을 믿을 수 있다

(Clarke-Stewart & Parke, 2014). 이와 같이 연령, 경험 및 추론 능력은 모두 여러 사회 영역과 관련된 복잡한 주제에 대한 아동의 판단에 영향을 미친다. 이 영역들은 전 세계의 아동에게 중요하지만, 사회 관습적인 내용은 문화 전통, 규범, 문화 집단에 걸쳐 달라질 수 있다. 이러한 내용의 차이가 있음에도 불구하고, 아동은 보편적으로 사회-관습적·심리적 영역에서의 위반을 도덕적 영역에서 위반한 것보다 심각하지 않다고 생각한다(Clarke-Stewart & Parke, 2014).

어떻게 아동은 서로 다른 사회 영역에 대해 배우고 구별하는가? 우리는 도덕성을 자기 기제의 발달에 필수적인 측면으로 생각하고 있지만, 여기서 우리는 자기에 영향을 주기도 하고 받기도 하는 관계의 중요성을 다시 한 번 확인할 수 있다. 사회 영역 이론가들은 중요한 타인과의 경험을 통해 아동은 사회적 지식을 구성하고 이를 자신의 도덕적 추론을 안내하는 데 사용한다고 주장한다. 만 1세 동안에, 아동은 무엇이 옳고 그른지에 대해 구별하기 시작한다. 연구자는 어머니와 상호작용하는 어린 아동을 관찰하며 어머니가 유아에게 사회적이고 도덕적인 규칙을 가르치는 것을 밝혔고, 만 3세가 되면 아동은 도덕적 추론 및 사회-관습적 추론을 모두 이해할 수 있다는 것을 밝혔다(Dunn, Bretherton, & Munn, 1987). 부모가 결정에 대하여 설명하고, 가족 구성원 간의 민주적인 토론을 지지하고 훈육의 근거를 제시하는 것은 자녀의 능력을 촉진하는 데 효율적이다(Walker, Hennig, & Krettenauer, 2000). 부모는 특히 아동의 행동이 도덕적 규칙을 위반하였을 때, 아동이 자신의 행동의 결과와 그 행동이 타인의 감정에 미치는 영향에 대하여 생각하도록 격려하며, 자녀의 도덕적 발달을 돕는다.

가족 상호작용의 맥락 안에서, 아동은 형제를 때리거나 장난감을 가져가는 행동(도덕적 기준을 위반하는 행동)의 결과와 바닥에 음식을 엎지르거나 신발을 거꾸로 신거나 용변 후 변기의 물을 내리는 것을 잊는 행동(사회-관습적 기준을 위반하는 행동) 사이의 차이에 대해 배운다. 예를 들어, 부모는 자녀가 타인의 권리와 감정에 대해 생각하도록 요청하며("만약 네가 제인에게 상처를 준 것처럼, 제인이 네게도 상처를 주면 어떻게 느낄 것 같니?") 도덕적 위반에 대응할 가능성이 더 높다. 사회-관습적 위반에 대응할 때는 지저분해진 상태나 위반 사항을 바로잡기 위해 무엇이 필요한지에 초점을 둘 가능성이 더 높다(Nucci, 1984; Smetana, 2006). 부모가 이와 같이 다른 반응을 보이는 것은 아동이 사회적 관습은 보다 유연하고 개인적인 반면 도덕적 규칙은 보다 명확하게 정의되고 보편적이라는, 도덕적·사회-관습적 위반의 서로 다른 특성과 결과를 이해하는 데 도움이 된다. 더욱이 교사와 부모와 같이, 각각 다른 성인의 반응이 다르다는 것을 경험하는 것은, 아동은 각 성인의 권위가 우세한 영역(학교 대 가정)이 있다는 것과 자신의 잘못된 행동에 대한 그들 반응의 유사점과 차이점을 이해하는 데 도움이 된다(Killen, Breton, Ferguson, & Handler, 1994; Smetana, 1997, 2006).

성인이 아동에게 주는 메시지가 영역에 적합한지 여부는 그 효과에 영향을 미친다. 아동은 메시지가 영역에 적합할 때 메시지를 받아들일 가능성이 더 높다. 성인의 설명이 아동의 연령에 적합한지 여부 또한 아동이 성인으로부터 배우고 자신의 도덕적 이해를 확장하는 정도에 영향을 미친다(Turiel, 2006). 또한 아동이 나이가 들수록, 아동은 도덕적 행동에 대한 부모의 규제를 일부 영역(예 : 도덕, 분별력 있는 영역)에서는 수용할 수 있으나, 다른 영역(예 : 개인)에서는 수용하지 않을 수 있다(Hasebe, Nucci, & Nucci, 2004; Padilla-Walker & Carlo, 2006). 실제로, 청소년이 자랄수록 부모와 자녀 사이의 갈등은 개인적인 주제를 둘러싼 갈등의 빈도가 증가하며 자주 발생한다(Smetana, 2006). 청소년 자녀가 개인적 영역과 관련된 주제(예 : 옷이나 듣는 음악을 고르는 것)에 대하여 점차적으로 통제권을 갖도록 허용하면서, 사회-관습적 및 분별력 있는 것과 관련된 주제를 지속적으로 규제하는 부모는 청소년 자녀의 자율성에 대한 감각을 장려한다.

형제와 또래는 또한 아동이 사회적 영역에서의 규칙을 이해하도록 돕는 역할을 한다. 다른 어린 아동과 즐거운 역할놀이를 하는 맥락 안에서, 아동은 나누어 갖고, 순서를 지키고, 게임과 장난감을 소유하고, 놀리고, 배제하고, 타인을 돌보거나 아프게 하는 것과 관련된 규칙을 배울 수 있다. 이와 같이, 아동이 파트너와 상호작용을 한 경험은 도덕적 발달에 영향을 미친다. 예를 들어, 친한 친구가 있는 만 4세 아동은, 친한 친구가 없는 같은 나이의 아동과 비교하였을 때 가상의 도덕적 위반에 대하여 고려할 때 보다 성숙한 추론을 한다(Dunn et al., 2000). 만 2~3세의 형제와 친밀하게 지낸 아동이 만 5~6세가 되었을 때, 형제와의 경쟁 행동을 많이 경험한 아동보다 성숙한 도덕적 추론을 한다(Dunn, Brown, & Maguire, 1995). 그들은 타인이 배제될 때 어떻게 느낄지 이해하고, 도덕적 상황에 대해 배우기 위해 충성하고 배신한 자신의 경험을 사용한다(Singer & Doornenbal, 2006). 그리고 심지어 다른 아동과 상호작용을 할 때에도, 만 2~3세 아동은 사회-관습적인 위반보다 도덕적 위반이 더욱 문제가 많고, 나중에 더욱 심각한 반응을 이끌어낼 수 있다고 생각한다(Smetana, 2006). 아동이 부모, 또래, 형제와 함께하는 경험은 각기 다르고, 경험을 하는 맥락 또한 다르다. 이러한 차이는 관습적이고, 도덕적이고, 개인적인 주제에 대한 아동의 학습과 차별화에 영향을 미친다. 대화와 놀이 안에서, 어린 아동은 도덕적ㆍ사회적 규칙을 배우고 그리고 나서 이 규칙을 자신의 행동을 정당화하고, 무엇이 옳고 그른가에 대해 설명하는 규칙을 언어로 표현하고 자신의 상호 작용을 다루는 데 사용한다.

## 도덕적 행동

도덕적 발달은 무엇이 옳은지, 무엇이 윤리적인지, 또는 무엇이 공평한지에 대해 배우는 것에만 관계가 있는 것은 아니다. 도덕적 발달은 규칙을 따르는 법을 배우는 것과도 관계된다. 그리고 규칙을 따르고, 제멋대로 또는 충동적으로 또는 타인을 배려하지 않고 행동하고자 하는 유혹에 저항하는 능력은 자기 통제력의 발달에 따라 달라진다. 그러므로 우리는 자기가 발달하는 것, 특히 자기 조절력이 발달하는 것은 아동이 자신의 넓은 사회 세계에서 역할을 하고, 넓은 사회 세계와 연결을 유지하는 방식에 필수적이라는 것을 다시 한 번 이해할 수 있다. 우리가 이미 보았듯이 자기 조절력은 생물학적인 기초 위에 발달 전반에 걸쳐 나타나고, 보다 반응적인 정서 시스템을 관리하는 데 도움이 되며, 사회적 · 환경적 영향을 받기 쉬운 기질의 중요한 차원으로 여겨진다(Rothbart, 2011; Rothbart, Ahadi, & Evans, 2000; Rothbart & Bates, 2006). 자기 조절력은 각성, 반응성 및 충동성을 조절하고, 행동 억제에 영향을 미치며, 의식적 통제에 관여하는 능력을 용이하게 하는 과정을 포함한다(Rothbart, Ellis, & Posner, 2011). 자기 조절을 하는 능력은 아동기에 걸쳐 발달한다. 실제로 최근 연구는 청소년기에 이르기까지 행동 및 신경생리학적 수준에서 자기 조절력에 중대한 변화가 있음을 시사한다(Dahl, 2004; King, Lengua, & Monahan, 2013; Monahan, Steinberg, Cauffman, & Mulvey, 2009).

초기에, 아동이 자신의 충동성을 억제하고, 제한을 애써 지키고, 사회적으로 수용되는 방식으로 행동하기 위해서는 외부의 지지를 필요로 한다. 시간이 지남에 따라 아동은 도덕적 행동과 관련이 있는 자기 조절력을 발달시키기는 세 단계를 거친다(Kopp, 1982, 1991). 첫 번째 **통제** 단계에서 아동은 적절한 도덕적 행동을 상기하기 위해 부모 또는 다른 성인에게 의존한다. 두 번째 **자기 통제** 단계에서 아동은 점차적으로 성인이 자신의 행동을 감시하지 않더라도 성인의 기대에 따라 행동할 수 있다. 세 번째 **자기 조절** 단계에서 아동은 유혹이나 도덕적 기준을 위반하는 것을 방지하기 위하여 자신이 배운 전략을 사용하여 자기 자신의 행동을 감독한다. 자기 조절력의 발달은 성공적인 적응을 하기 위하여 대단히 중요하다. 실제로 빈약한 자기 조절력은 내재화 및 외현화 문제, 낮은 공감 능력, 물질 사용 및 사회 및 학업 문제를 포함하여 아동기와 청소년기의 사회 및 행동의 문제의 위험 요인을 증가시키는 것과 관계되어 있다(Eisenberg, Valiente, et al., 2003; Kochanska, Murray, Jacques, Koenig, & Vandegeest, 1996; Krueger et al., 2002; Rudolph, Troop-Gordon, & Liewellyn, 2013). 그리고 자기 조절력의 발달이 비교적 더딘 청소년은 청소년기 반사회적 행동에 대한 취약성에 노출될 기회가 더 많다(Monahan et al., 2009; Monahan, Steinberg, Cauffman, & Mulvey, 2013).

아동, 특히 18개월에서 만 3세 사이의 아동은 좌절을 견디고 만족 지연을 배우면서 자기 통제력의 향상을 보인다(Vaughn, Kopp, & Krakow, 1984). 아동의 자기 조절력은 취학 전 연령 동안 지속적으로 향상되는데(Kochanska et al., 2001), 이는 부분적으로 전두엽의 성숙에 의해 촉진되는 과정이다(Shonkoff & Phillips, 2000). 더욱이 이 기간 동안 아동은 선반 위에 있는 매력적인 장난감을 만지지 말라는 것과 같이, 무언가를 하지 말라는 요구가 있는 상황에서 '자발적 순응'이 증가한다는 증거가 있다(Kochanska, 2002). 자발적 순응은 외부의 통제 없이 부모의 가치와 이상을 준수하고 수용하고자 하는 내적인 동기를 반영하며(지속되는 부모의 통제에 따라 달라지는 상황적 순응과 비교하여) 긍정적인 정서 및 자부심과 관련된다. 정서적 반응, 부모의 가치와 신념의 내면화 및 자기 규제 역량의 발달은 아동의 자기감의 출현의 중요한 부분을 구성한다(Stipek et al., 1992). 결국, 아동은 자기를 '선량'하고 도덕적인 사람으로 생각하게 된다. 결과적으로 도덕적 자기에 대한 개념은 특히 소년과 어머니가 자녀에게 무언가를 하지 말 것을 요구하는 상황(예 : "장난감을 만지지 말아라.")에서 도덕적 행동을 조절하는 역할을 한다(Kochanska, 2002). 이와 같이 역동적이고 교류하는 입장은 행동을 조절하는 지침으로서의 '자기'의 중요성을 확인한다. 부모의 가치는 도덕적 행위를 지시하는 내재화된 기준에 통합되며(Harter, 1998a; Stipek et al., 1990), 이는 결과적으로 자기에 대한 개념을 발달하는 데 기여한다.

그러나 아동이 타인의 통제에 의한 자기 통제에서 자기 조절로 발달하는 방식에는 개인차가 있다. 일부 아동은 만 4~5세에 이 단계를 거치며 스스로 자기 조절을 할 수 있는 반면, 다른 아동은 주변 성인에게 의지할 때만 규칙을 준수할 수 있다. 자기 조절력이 초기에 발달한 아동은 만족 지연이 필요한 상황에서조차 자신의 행동을 통제할 수 있다. 그들은 또한 부모로부터 배운 가치와 규칙을 지지하고 내면화하며 더 강한 '도덕적 자기'를 갖는 듯하다(Kochanska et al., 2001). 또한 시간이 지나며 도덕적 행동의 상대적인 일관성에는 차이가 있다. 22개월에 도덕 규칙을 따르는 유아는 45개월에도 규칙을 따르는 경향이 있다(Aksan & Kochanska, 2005). 더욱이, 취학 전 연령에 만족 지연을 할 수 있는 아동은 청소년기에 자기 조절을 더 잘하는 것으로 밝혀졌다(Shoda, Mischel, & Peake, 1990). 아동기에 규칙을 내재화하는 과정에서 제약이 있고 도덕적 정서가 손상되는 것은 청소년기와 성인기의 부도덕한 행동으로 이어지는 것으로 보인다(Frick, Cornell, Barry, Bodin, & Dane, 2003; Shaw & Winslow, 1997).

그렇다면, 자기 조절의 개인차와 관련된 요인은 무엇인가? 이 질문과 관련된 두 가지 연구가 있다. 첫째, 양육 차원에 초점을 둔 연구가 있는데, 이는 양육 스타일의 다양한 조합 및 각각 분리된 것으로 여겨지는 제재적 양육(parental restrictiveness)과 애정 어린 양육(nurturance)과 같은 양육 차원을 연구해왔다(Baumrind, 1966, 1967, 1991; Maccoby & Martin, 1983). 양육 차원은 사회화 연구의 핵심이며 아동의 행동을 조절하는 데 중요한 역할을 하는 것으로 나타났다. 제재적 양육은 아동의 요구에 반응하지 않는 융통성 없고 까다로운 통제 규칙을 사용하는데, 아동에게 융통성 없는 제한을 설정하고 감시하는 것과 관련되며, 부도덕한 행동과 (자기 지향적) 불안에 주로 초점을 두어 사회화시킨다. 이는 복종하고 행동을 제한하는 것("해서는 안 된다.", "하지 마라.")에 중점을 둔 양육인데, 이는 신체적 및/또는 심리적 통제 그리고 처벌의 위협을 사용하기 때문에, 아동의 불안을 야기하는 듯하다(Sheikh & Janoff-Bulman, 2010). 어느 정도의 제재는 아동이 해롭거나 심지어 위험할 수 있는 상황이나 행동에 개입하지 못하게 하기 위해 필요할 수 있더라도, 존중감을 보이고, 온정적이고 지지적인 태도로 제한을 시행하고 성숙한 행동에 대한 기대를 전달할 때 이는 가장 잘 활용될 수 있다. 대조적으로 온정적이고 애정 어린 양육을 거의 하지 않고 제재하고 처벌적인 양육을 하는 것은 아동이 부도덕할 수 있거나 부도덕적 행동에 개입하고 있어 제지될 필요가 있음을 아동에게 암시할지도 모른다. 이는 아동에게 불안감을 갖게 하는데, 아동은 부도덕적으로 행동하지 않기 위하여 엄격하고 금지하는 메시지를 부모에게 지속적으로 요구할 수 있고, 따라서 아동은 자립하기가 어려울 것이다. 실제로 연구에서 제재적 양육과 청소년기의 불안 간 정적 상관을 입증했다. 또한 제재는 청소년기의 외로움, 높은 자기 손상감, 낮은 자기 의지, 낮은 자존감, 낮은 학업 성취도와 관련된다(Barber & Harmon, 2002 참조). 이와 같이, 매우 제재적인 양육의 결과로 나타날 불안은 고통스러운 정서적 상태를 약화시키기 위한 자기 초점적인 시도로 이어지며, 이는 타인에 대한 걱정을 느끼는 아동의 능력을 방해한다. 실제로, 연구에서는 부모가 처벌적일 때 아동의 공감 및 친사회적 행동의 수준이 낮다는 것을 입증했다(Eisenberg, Spinrad, et al., 2006 참조).

부모와 자녀 사이의 상호작용 맥락에서 표현된 칭찬, 격려, 애정, 온정을 포함한 애

정 어린 양육은 도덕성과 (타인 지향적인) 공감에 중점을 두어 가르친다(Sheikh & Janoff
-Bulman, 2010). 부모가 양육할 때, 아동은 온정적이고 애정 어린 관계를 유지하기 위
하여 상호 간의 보살핌과 관심을 제공하는 데 관심을 갖는다. 따라서 아동은 부모가 명
확한 기대치("해야 한다.")를 제시할 때 타인을 도울 가능성이 더 높다. 아동에게 보내
는 메시지는 그들은 존중받으며 소중히 여겨진다는 것이다. 이와 같이 따뜻하고 애정
어린 상호작용은 소중하게 여겨진다는 감각과 타인을 보살필 수 있다는 감각(Sheikh
& Janoff-Bulman, 2010)으로 이어지고 공감적 관심과 친사회적인 돕기 행동의 증가
(Grusec et al., 1996)로 이어진다. 이 견해는 공감적 관심이 초기 애착관계에 근거한다고
주장하는 애착 연구자들의 연구와 일치한다(Bowlby, 1969). 실제로 어머니의 반응성과
안전 애착관계는 아동의 현재 및 미래의 공감적 반응과 관련이 있다(Eisenberg, Spinrad,
et al., 2006; Kochanska et al., 1999). 도덕성의 발달에서 애착관계가 하는 역할을 탐구
하는 연구가 더 많이 있다면 도움이 될 것이다. 예를 들어, 만약 민감하고 반응적인 양
육은 안전 애착과 아동의 자율성의 출현에 기여한다면, 그렇다면 안전 애착은 또한 자
발적 순응을 촉진할 것이고 부모의 이상과 가치를 핵심적인 자기감으로 통합할 수 있는
아동의 능력을 향상시킬 것이다. 어떻게 애착 경험과 내면화된 신념이 아동의 자전적 기
억(autobiographical memories)과 관련되고, 자기, 타인, 그들 사이의 상호작용의 인지
적 표상으로 통합되며, 결과적으로 도덕적 행동에 영향을 주는가에 대한 질문은 탐구할
가치가 있는 경험적 질문이다.

둘째, 아동의 위반에 대한 부모의 훈육에 중점을 둔 상당이 많은 연구가 있다(Dienstbier,
1984; Hoffman, 1983; Maccoby, 1999; Maccoby & Martin, 1983). 연구에서 도출된 증
거는 권한의 사용을 덜 강조하고 설득하는 방법을 신뢰하는 부모의 온화한 훈육 전략은
부모의 규칙에 맞게 행동하고자 하는 아동의 욕구와 의지를 고취한다는 사실을 뒷받침
한다. 또 다른 관련 연구 영역은 애착관계 발달의 중심 개념인 부모의 민감성과 아동이
원할 때 접근할 수 있는 가능성 사이의 관련을 탐구하며 부모-자녀 관계에 초점을 둔다
(Londerville & Main, 1981; Matas, Arend, & Sroufe, 1978; Parpal & Maccoby, 1985;
van IJzendoorn, 1997; Volling, McElwain, Notaro, & Herrera, 2002). 부모와 애정 어
리고 즉각적으로 반응하는 관계를 맺은 아동은 자신의 부모가 보다 민감하고 자신이 원
할 때 더욱 원활하게 접근할 수 있다면, 좀 더 어린 나이에 자신의 기준과 도덕적 가치를
내면화할 가능성이 더 높다. 아동은 또한 부모와 긍정적이고 협력적인 관계를 유지하기
원하기 때문에 부모의 지시와 내면화된 규칙에 더욱 순응하고 싶어 한다. 이 내면화된

가치는 아동이 부모와 함께 있지 않을 때조차 아동의 행동을 안내하는 데 도움이 된다 (Kochanska & Murray, 2000).

이와 같이, 비록 제안된 영향의 메커니즘이 개념적 틀마다 서로 다르지만, 개념의 공통적인 주제는 초기의 상호적이고 안전한 관계는 의식적이고 자율적인 자기 조절력의 발달을 위해 대단히 중요한 맥락을 대표한다는 것이다(Kochanska & Aksan, 2006). 또한 긍정적인 정서로 서로 반응하고 스며드는 상호적이고 지지적인 부모-자녀 관계는 상호 반응적 지향성(mutually responsive orientation)의 구성으로 이어진다(Aksan, Kochanska, & Ortmann, 2006; Kochanska, 2002). 상호 반응적 지향성을 구성하는 필수적인 요소인 부모의 반응성, 상호 협력성, 그리고 부모 자녀 사이의 긍정적인 정서는 모두 양심의 발달에 기여하며(Kochanska & Murray, 2000), 이후의 도덕적 행동에 영향을 미친다.

그러나 아동의 도덕적 행동에 대한 조절은 부모와의 상호작용을 통해서만 발생하는 것은 아니다. 아동의 기질의 두 가지 측면 또한 자기 조절력에 영향을 미칠 수 있으며, 이는 다양한 영역에서 아동의 정상 및 비정형적인 기능에 대단히 중요한 것으로 밝혀졌다— (1) 두려움이나 불안과 관련된 무의식적으로 작동하는 수동적인 억제, (2) 의식적 통제와 관계되어 있고 의도적이고 의식적인 능동적 억제(Caspi, Henry, McGee, Moffitt, & Silva, 1995; Derryberry & Rothbart, 1997; Kagan & Snidman, 1999; Kochanska et al., 2001; Posner & Rothbart, 2000 참조). 능동적인 억제는 아동이 자신의 운동 움직임을 줄이면서, 구체적인 지시에 반응하여 목적이 있는 움직임을 시작하거나 행동을 억제하면서(예 : '가라사대'와 같은 게임에 참여하면서) 또는 분명하게 주의를 집중하며 성취될 수 있다. 자신의 행동을 능동적으로 억제할 수 있는 아동은 더 나은 자기 조절력을 보인다. 아동은 적절한 행동을 위한 규칙을 내면화하고 성인이 보고 있지 않을 때에도 지침과 지시를 준수한다(Kochanska, Murray, & Koy, 1997). 이러한 관계는 걸음마기부터 저학년 아동을 대상으로 한 동시대 연구와 종단 연구에서 둘 다 발견된다(Kochanska et al., 1996). 수동적인 억제를 하고 보다 두려워하는(특히 새로운 상황과 사람에 직면한) 아동의 경우, 위반 행동을 하는 동안 일어나는 불안하게 하는 각성은 내면화된 도덕적 행동을 촉진한다(Kochanska et al., 2001).

기질과 부모의 행동 사이에 흥미로운 상호작용이 자기 조절력의 발달에 영향을 미치는 것으로 밝혀졌다. 부모의 훈육 기술은 수동적인 억제를 보이는 아동을 위해 수정되어야만 한다. 수동적인 억제를 하는 아동은 더 많이 두려워하고 불안해하기 때문에,

동시대 및 시간이 지남에 따라 아동의 양심의 발달을 촉진하고 결과적으로 자기 조절력을 장려하는 긍정적 동기가 서서히 자라나게 하기 위하여 온화한 훈육을 해야 한다(Kochanska, 1997). 대조적으로 의식적 통제를 보다 잘하는 아동은(두려워하는 경향이 적은) 어머니의 반응성과 애착 안정성은 동시대 및 장기적으로 관찰된 내재화 행동과 관계되어 있다(Kochanska, 1995). 다시 말하면, 두려움이 적은 아동에게는 안전한 애착 관계에 기여하고 긍정적 대인관계를 지향하는 상호 반응성을 반영하는 동일한 부모의 양육 행동이 부모의 가치를 지키고 준수하고자 하는 동기의 근거를 아동에게 제공한다(Kochanska & Aksan, 2006).

초기의 양심과 이후의 도덕적 행동의 자기 조절력 사이의 관계를 담당하는 주요한 구조 중의 하나는 자기 체계의 발달인 듯하다(Kochanska & Aksan, 2006). 어떻게 청소년기에 자기와 도덕성이 통합되고 도덕적 자기가 형성되는가에 대해서는 후에 연구되어야 하는 중요한 영역이다. 예를 들어, 우리는 청소년기에 자기 이해에 대한 발달적 변화가 있고, 이는 도덕적 이상이 자기 개념으로 통합되는 것을 가능하게 한다는 것을 알고 있다(Damon & Hart, 1988). 또한 도덕적 지식에 대한 상위인지적인 이해(metacognitive understanding)의 변화가 있고, 이는 도덕적 신념을 개인의 신념 체계로 통합하도록 돕는다. 청소년기의 도덕적 판단에 대한 확신과 자기 귀인적(self-attributed) 도덕적 정서는 서로 관련이 있다는 연구 결과는 청소년기에 더 활발히 통합되는 자기와 도덕성에 대한 개념을 뒷받침한다. 이와 같이 아동기부터 시작되는 도덕적 정서 귀인(moral emotion attributions)과 도덕적 판단을 조정하는 과정은 청소년기까지 지속된다(Krettenauer & Eichler, 2006).

마지막으로, 양심의 발달은 정서, 인지 그리고 행동의 세 가지 관련 메커니즘을 모두 포함하고, 가장 적절한 자기 조절력의 내적 시스템이라고 여겨질 수 있다(Kochanska & Aksan, 2006). 아동은 양심의 발달에 따라 다른 경로를 따르며, 자기 규제 시스템의 궁극적인 구성은 아동의 기질과 가족 내에서의 사회화에 영향을 받는다. 도덕적 사회화에서 정서의 역할을 연구한 이론가(Dienstbier, 1984), 행동장애의 발달을 연구한 이론가(Gray, 1991; Quay, 1988), 양심의 발달을 탐구한 이론가(Hoffman, 1983)는 불안하게 하는 각성은 잘못된 행동을 하는 아동 대부분이 경험하는 정서적인 상태라고 추정한다. 이는 궁극적으로 행동 규칙의 내재화를 촉진하고 이후의 위반을 억제하는 불편한 정서 상태다(Damasio, 1994).

중요한 것은, 우리가 도덕적 발달에 분명한 요소인 도덕적 정서, 사고 및 행동에 대해 논의하긴 했지만, 이 세 가지 구성 요소는 동시에 발달하고 시간이 지남에 따라 점차 일관성을 가진다는 것은 분명하다. 만 2세 전후에, 아동은 규칙을 따르는 능력과 위반에 따르는 고통을 느끼는 것에서 개인차를 보인다. 아동이 만 3~4세가 되면 도덕적 정서와 행동 사이의 응집력이 증가한다(Kochanska et al., 2005). 이제 아동은 감독이 없더라도 도덕적 행동을 할 수 있고 규칙을 지킬 수 있다. 아동은 규칙에 어긋나거나 심지어 위반을 예상할 때에도 죄책감과 같은 도덕적 정서를 느낄 가능성이 더 높다. 도덕적 정서와 규칙과 양립할 수 있는 행동의 두 가지 구성 요소는 상황에 따라 일관되고 시간이 지남에 따라 안정적이라는 것이 발견되었다(Kochanska & Akson, 2006). 아동은 인지적 진보로 인해 도덕성의 인지적 구성 요소를 자신의 행동과 정서적 반응에 통합하는 것이 가능해지기 때문에 사회적 계약, 도덕적 규칙 및 자기 자신과 타인에 대한 기준을 위반하는 결과에 대한 이해를 점차적으로 발달시킨다.

대부분의 아동은 유치원에 입학할 때 초기의 하지만 성장하는 도덕적 자기 또는 도덕적 양심을 갖는다. 그들은 규칙의 중요성을 인식하고 금지된 행동을 자제하고 위반의 결과에 대하여 이해하며 규칙을 위반할 때 죄책감을 느낀다. 도덕의 인지적·정서적 요소의 통합은 궁극적으로 도덕적 선택과 활동을 유도하고 아동의 도덕적 행동에 반영된다. 하지만 아동이 도덕적 발달의 정서적·인지적·행동적 요소를 통합하는 데 실패하면 어떤 일이 일어날까? 아동은 자신의 행동의 결과를 예상하지 못하거나 사회적 상호작용을 이해하는 데 제한적일 수 있다. 그들은 또한 규칙을 위반했을 때 죄책감이나 후회하는 마음을 거의 느끼지 못할 수도 있다. 점차적으로 도덕성 및 양심의 발달에 대한 연구와 정신병리의 발달에 대한 연구 사이의 관계가 증명되고 있다(Blair, 1995; Frick & Ellis, 1999; Quay, 1988). 이와 같이 우리는 도덕적 체계의 필수적인 정서적·인지적 측면을 극단적으로 발달시키지 못한 아동은 적응적인 사회 기능을 방해하는 행동을 한다는 것을 이해할 수 있다. 다시 한 번 말하자면, 이러한 상호 관계적인 도덕성의 구성요소는 아동기부터 청소년기를 걸쳐 지속적으로 발달하는 자기 체계를 반영하고, 영향을 미치며 정서적으로 중요한 관계에 지속적으로 영향을 주기도 하고 받기도 한다.

# 6

## 청소년기의
## 사회적 관계

Social and Emotional Development
Attachment Relationships and the Emerging Self

## 제 6 장

# 청소년기의
# 사회적 관계

*청소년기에는*

*사회적 세계가 확장되면서*

*친구관계는 더 깊은*

*의미를 갖게 된다.*

또한 자기와 다른 사람을 이해하는 능력이 발달하면서 우정의 본질과 의미, 중요성 그리고 사회·정서 기능에 미치는 영향이 달라진다. 청소년기에는 자신과 타인의 감정에 대해 더 잘 이해하게 됨에 따라 자기 개방과 정서적 친밀감에 대한 욕구가 증가한다. 청소년이 얼마나 타인을 신뢰하고 자신의 비밀을 진실하게 공유할지 결정하는 것은 초기와 현재의 애착관계와 관련이 있다. 또한 사회성과 인지의 발달이 청소년의 친구 선택과 갈등 해결 전략에 기여한다. 청소년기 우정의 질은 결과적으로 학업과 사회성 및 정서 발달에 영향을 줄 수 있다. 이 장에서는 이러한 이슈뿐 아니라 청소년기의 성적 탐구(sexual exploration)와 연인관계의 발달에 대해서도 논의할 것이다.

애착관계는 청소년기에도 여전히 중요하다. 비록 청소년기에는 애착의 형태와 기능이 발달적으로 적절한 방식으로 변하지만, 애착의 구조와 의미는 유아기와 아동기에 경험한 초기 애착으로부터 서서히 발달된다. 안정 애착관계의 내적 작동 모델을 갖고 있는 청소년은 독립적으로 자신의 정체성, 관심사, 생각, 가치를 탐색할 수 있다. 동시에 안정 모델은 청소년이 자기 자신에 대한 생각과 가정뿐 아니라, 자신과 연결된 다른 사람과 사회 세계에 대해 관계를 위협하지 않으면서도 이의를 제기할 수 있게 한다. 예를 들어, 애착관계가 안정적일 때, 정체성을 탐색하는 시기에 부모에 대해 생겨나는 피할 수 없는 불일치는 갈등이 양쪽의 감정과 욕구를 존중하는 방식으로 해결될 경우에 궁극적으로 관계를 강화시킬 수도 있다. 따라서 청소년기의 정체성을 싹틔우고 관계를 유지하기 위해서는 여전히 안정 애착이 주는 편안함과 지지가 필수적이다. 반대로 관계가 불안정할 때, 청소년은 자신의 사고와 감정을 이해하고 주장하는 데 어려움을 겪을 수 있고, 결국 자율성을 확립하는 데 자신감이 떨어진다. 이런 청소년은 갈등이 생겼을 때, 타인의 욕구를 우선시하는 반면 자신의 욕구를 부정 또는 감소시키거나, 본인의 욕구나 신념을 약화시키면서 부모에게 동조하는 방법으로 불일치를 해결할 것이다. 초기의 불안정한 관계는 자기에 대한 불안정성과 불확실성을 고조시키고, 그로 인해 청소년은 더 복잡한 관계를 경험할 때 또는 이후에 어려움을 겪을 수 있다. 따라서 청소년기의 애착관계를 탐색하는 것은 발달적으로 적절한 결과와 가족 외의 다른 관계에 미치는 애착의 계속적인 영향과 더불어 그것의 전조를 이해함에 있어 매우 중요하다. 우리는 자율성과 관계의 주제가 복잡하게 관련되어 있어, 청소년의 자기감 발달에서도 여전히 애착관계가 매우 중요하다는 점을 알게 될 것이다.

이 장에서는 청소년기의 애착 안정성 측정에 대한 쟁점을 논의하고 비판적으로 검토하려고 한다. 유아기부터 아동기를 거쳐 청소년기에 이르기까지 애착 패턴의 안정성에 대해 조사한 종단 연구의 경험적인 결과를 고려할 것이다. 부모와의 애착, 청소년의 사회적 역량, 정서 적응 간의 관련성을 탐색한 연구를 살펴보고, 이러한 연관성을 설명하는 기제를 확인하고자 한다. 마지막으로 초기에 불안정 애착을 경험한 청소년의 발달 경로에 대한 의문점을 살펴보고, 변화할 수 있는 능력과 탄력성에 대한 쟁점을 강조할 것이다.

## 청소년기의 맥락

우리가 청소년기라고 부르는 이 기간은 무엇일까? '청소년기'라는 용어는 대개 아동기와 성인기 사이의 기간을 가리키지만, 실제로는 사춘기에 시작하여 다소 장기간에 걸친 발달 기간으로, 사회·정서 기능의 주요한 변화와 관련이 있다. 생물학적 변화는 청소년의 신체적 외양과 기능에 중대한 변화를 일으킨다. 인지 능력이 발달하면서 청소년은 이제 보다 추상적인 사고 과정에 참여할 수 있게 된다. 도덕적 추론 및 의사 결정 능력의 진보와 더불어 대인관계 기술이 발달하는 것은 인지 능력이 보다 정교해졌다는 것을 반영한다. 이미 형성된 관계(부모, 형제, 또래 집단, 친구)와 새로 생겨나는 관계(연인, 단짝 친구, 그 외 다른 성인)에서의 연결이 달라진다. 또한 정서적 역량과 기술이 보다 정교해지면서 독립심과 자율성이 증가한다.

그럼에도 불구하고 어린 청소년과 나이가 많은 청소년의 사고, 감정, 행동, 능력에는 현저한 차이가 있다. 그렇기에 심리학자와 발달 연구자는 보통 초기(만 11~13세 이하), 중기(만 14~16세 이하), 후기(만 17세 이상) 청소년으로 구분한다. 이러한 개념화는 아동기에서 청소년기로 이동할 때 갑작스럽고 극적인 변화가 일어나지 않는다는 점을 상기시킨다. 오히려 청소년의 개인적 세계와 대인관계는 장기간에 걸쳐 서서히 발달한다. 그리고 뚜렷한 정체성과 가족, 연인관계와 우정의 문제를 가지고 성인기를 향한 탐색을 시작하는 10대 후반과 20대 초반의 발달 기간을 나타내는 '성인 진입기'라는 용어가 사용되었다. 이 기간에는 갓 성인이 된 사람과 그의 가족 구성원 모두에게 많은 도전이 있다(Arnett & Fishel, 2013). 몇몇 연구에서는 성인 진입기에 발생하는 자존감, 독립성, 관계에서 예상되는 발달적 변화에 대해 기록하였다(Arnett, 2004; Galambos, Barker, & Krahn, 2006; Schulenberg & Zarrell, 2006).

인지 · 사회 · 정서적 역량의 발달이 통합되고 청소년의 기능에 영향을 미치게 되는 방식을 이해하려면 청소년기의 3단계를 각각, 그리고 전반적으로 살펴볼 필요가 있다. 이 시기에는 관계 맺고 유지하기, 또래 및 성인과 함께 일하고 협력하기, 갈등 협상, 효과적으로 지지 얻기처럼 새롭고 다양한 관계에서 도전이 이루어진다. 동시에 청소년은 가족과 또래 집단뿐 아니라 교사와 다른 중요한 성인과의 관계망을 통해 광범위한 사회문화적 맥락에서 영향을 받는다. 청소년의 도전 과제는 가족 안팎의 변화를 관리함으로써, 그리고 자신의 고유함과 독립심을 유지하고 중요한 애착을 지속시킴으로써, 대인관계에서의 변화를 잘 통과하는 것이다.

아동이 청소년기에 근접함에 따라, 아동기에 부모-자녀 관계에서 확립된 균형을 깨뜨리는 생물학적 · 사회적 · 인지적 변화가 발생한다. 특히 이 중요한 성장과 발달의 시기에 뇌의 생물학적 성숙과 인지, 의사 결정, 자기 조절과 관련된 변화가 일어난다(Paus, 2005; Steinberg, & Sheffield Morris, 2001). 뇌 영상 기법을 활용한 종단 연구는 뇌의 구조적 변화를 조사하여 뇌가 청소년기와 성인 진입기에 계속해서 발달한다는 사실을 입증했다. 사춘기 이후 가장 중요한 변화가 일어나는 뇌 영역은 전전두엽 피질로, 이는 주의, 계획, 조직, 감독, 문제 해결 같은 '실행' 기능과 그 외의 다른 정신 활동을 포함한 정신 기능에 관여한다. 또한 전전두엽 피질은 충동성 조절 능력의 증가와 관련이 있다(Nelson, Thomas, & deHaan, 2008). 전전두엽 피질은 전체 뇌 영역 중에서 가장 긴 기간에 걸쳐 발달되는 부분 중 하나이다(Luciana, 2003). 실제로 인지발달학자와 신경과

학자는 실행 과정과 관련된 높은 수준의 인지적 기능은 상대적으로 장기적인 기간에 걸쳐 발달하고, 일반적으로는 후기 청소년기나(Anderson, Anderson, Northam, Jacobs, & Catroppa, 2001) 성인 진입기에 이르기까지는(Blakemore & Choudbury, 2006) 성인 수준으로 수행하지 못한다는 것을 증명하였다. 또한 전전두엽 피질의 장애를 가진 환자를 대상으로 한 연구에서는 해당 영역의 손상이 행동 조절 장애를 야기하고, 초점 주의(focused attention), 작업 기억, 계획의 어려움뿐만 아니라, 사회적으로 부적절한 행동과 충동성 같은 결과를 초래한다는 것을 발견했다(Fuster, 1997).

종합하면 발달 인지 신경 과학 문헌에서는 전전두엽 피질의 발달과 실행 기능 기술의 발달 간의 매우 명확한 연관성을 밝혀냈다(Nelson et al., 2008). 이러한 기술은 나이와 연습에 따라 향상되는 것처럼 보이지만, 동기, 지능, 경험과 영향을 주고받는다. 특히 신경 촬영 연구에서는 적어도 부분적으로는 경험에 의해 유도되는 신경 세포들의 연결에서 나타나는 두 종류의 변화에 대해 입증하였다—하나는 사용되지 않는 신경 세포 연결을 축소하거나 가지 치기하는 것이고, 다른 하나는 연결된 수초화를 강화하여 더 효율적으로 만드는 것이다. 따라서 청소년이 특정 활동에 참여하는 것은 어떤 신경 세포의 연결을 강화하고 어떤 것을 '가지 치기' 또는 약화시킬지에 영향을 줄 것이다. 이와 같은 신경의 변화는 생물학과 경험 간의 진정한 상호 작용을 반영하는 활동의 특수화를 지속적으로 지원하며 청소년의 인지 및 사회 기능 변화에 기여한다.

## 가족 내의 청소년

청소년의 생물학적·사회적·인지적 변화는 가족 전체에 영향을 미치며, 그 결과 가족 관계는 달라진다(Collins & Steinberg, 2008). 연구자 부모-자녀 관계의 변화에 따라 나타나는 자율성, 갈등, 조화의 세 가지 차원을 확인하였다(Collins & Laursen, 2004). 청소년은 의사 결정에 있어 더 많은 통제권을 갖고 싶어 하고, 스스로 일부의 결정을 내릴 수 있기를 바란다. 또한 자신의 결정에 대해 부모가 지지해주기를 원한다. 그러나 자녀의 결정이 부모가 적절하게 여기는 행동 기준이나 가치와 대조될 때, 부모는 자녀에 대한 통제를 멈추거나 지지하기가 어려울 수 있다. 마찬가지로 청소년은 자신의 자율성에 대한 부모의 저항에 대해 분노와 갈등으로 반응할 수 있다. 실제로 청소년이 부모와 시간을 덜 보내고 자율성 발달을 위해 분투할 때 나타나는 적당한 수준의 갈등은 일반적이고 예상되는 일이다. 부모와의 갈등은 초기부터 중기 청소년기에 가장 많이 일어나는 경향이 있다. 중기에서 후기 청소년기까지는 일반적으로 갈등의 강도가 증가하면서 그 빈도는 감소한다(DeGoede, Branje, & Meeus, 2009; Laursen, Coy, & Collins, 1998). 따라서 청소년기 전반에 걸쳐 빈번하고 강도 높은 논쟁이 나타나는 것은 일반적이지 않지만, 이 시기에는 의견 충돌이 흔하고 말다툼이 많아지는 경향이 있다. 그리고 연구 결과에 따르면, 청소년이 부모와 형성한 전반적인 정서적 친밀감은 갈등이 발생함에도 불구하고 나이가 들수록 안정적이다(Mayseless, Wiseman, & Hai, 1998; Smetana, Metzger, & Campione-Barr, 2004).

이러한 갈등이 일어나는 대부분의 이유와 갈등을 해결하는 방식은 청소년의 추론 능력 변화로 인한 결과이다. 이제 어린 청소년은 부모의 권위에 이의를 제기한다. 청소년은 다양한 수준에서 부모의 가치와 신념을 시험하기 시작한다. 청소년은 흔히 자신을 주장하고 자신의 행동 조절 능력을 증명하기 위해 도덕적인 문제, 일상에서의 결정(practical decisions) 또는 개인적인 문제에 관해 언쟁을 벌인다. 때때로 이런 언쟁이 청소년의 삶을 장악하고, 근본적인 문제보다 언쟁 자체가 더 중요해진다. 그러나 추론 능력이 정교해지면서, 청소년은 언제 어른의 권위에 도전하는 것이 합리적인지 구분하기 시작하고(예 : 도덕적인 문제가 걸려 있을 때) 어른은 청소년과 어떤 '투쟁(battle)'을 하는 것이 가치 있는 것인지 알게 된다(예 : 안전 또는 장기적인 목표가 문제가 될 때). 또한 청소년기에 갈등을 해결하는 전형적인 방법은 부모와 아동 모두에게 좌절감을 줄 수 있다. 초기와 중기 청소년기에는 항복(예 : "그래요, 아빠, 엄마가 이겼어요!)이나 회피(예 : 자리 피하기)로 갈등을 해결하는 경향이 있다. 일반적으로 토론과 타협은 거의 나타나지 않고(Laursen & Collins, 1994) 분노 또는 중립적인 정서가 우세하다(Adams & Laursen, 2001). 그에 비해, 좀 더 나이 든 청소년과 부모는 서로의 차이에 대해 이야기를 나누고 갈등을 해결하는 과정이 결과만큼이나 중요하다는 것을 인식할 때, 더 토론을 하고 문제가 명확해지며, 자발적으로 타협하는 경향이 있다.

또한 청소년기에는 부모에게 느끼는 친밀감과 정서의 표현도 달라진다. 실제로, 중기 청소년기 자녀를 둔 부모는 자녀가 부정적인 정서를 더 표현하고 긍정적인 정서는 적게 표현한다고 보고한 반면, 좀 더 어린 청소년 자녀를 둔 부모의 보고에서는 긍정적인 정서 표현의 빈도가 높았다. 그러나 긍정적인 정서는 10대 초반에 감소했다가, 청소년이 나이가 들면서 가족 간 상호작용에서 좀 더 긍정적인 정서가 표현된다는 보고가 있다(Larson et al., 1996). 또한 청소년기 동안 주관적인 친밀감이 감소한다는 증거가 있는데, 이는 객관적인 상호의존성의 측정에서도 동일하게 나타났다(Colins & Repinski,

2001). 그러나 중기와 후기 아동기에 부모와 친밀한 관계를 맺고 있던 아동은 청소년기에는 전반적으로 긍정적인 상호작용의 빈도가 감소한다는 사실에도 불구하고 청소년기 동안 부모와 친밀함을 유지하는 경향이 있다(Collins & Laursen, 2004).

마지막으로, 청소년과 부모의 관계에서 자율성, 조화, 갈등의 변화를 살펴본 연구들은 일관된 결과를 보고한다. 청소년이 부모와 관계를 유지하면서 동시에 자신의 개성을 표현할 수 있도록 격려하는 따뜻한 가정환경에서 가장 긍정적인 변화를 보인 것으로 나타났다(McElhaney & Allen, 2001). 부모와의 친밀감은 높은 자립의지, 학업 수행, 자아 존중감뿐 아니라, 약물과 알코올 남용을 포함한 사회적 문제, 우울증이 거의 나타나지 않는 것과 관련이 있었다(Steinberg & Silk, 2002). 이와 유사하게, 부모와 함께 의사결정에 참여하고 자신의 의견을 제시하도록 격려받는 청소년은 부모가 최종 결정을 내리더라도, 부모(또는 청소년)가 일방적으로 결정을 내리는 경우보다 더 긍정적이었다. 따라서 자율성과 유대감이 균형이 잡힐 때 생기는 이득이 있다. 대조적으로 부모가 과도하게 관여하거나 침범할 때 문제가 발생하는데, 이는 자율성을 확립하는 것을 어렵게 하고 불안, 우울과 같은 문제를 초래할 수 있다(McElhaney & Allen, 2011). 그리고 청소년이 너무 많은 자율성을 부여받고 부모로부터 떨어져 있거나 거리감을 느낄 때도 부정적인 적응이 야기될 수 있다(Ryan & Lynch, 1989). 이런 경우, 청소년은 자신의 자율성을 증명하고자 하거나, 동시에 잠재적으로 위험한 행동을 함으로써 한계를 '시험'하려 한다. 여기에서 '행동화(acting out)'는 제한 설정과 부모의 개입에 대한 '비명(crying out)'으로 간주된다.

부모의 애착 유형은 청소년과의 관계에서 일어나는 부모의 사고와 감정, 행동에 영향을 미치는 것으로 생각된다. 특히 애착 유형은 부모가 자녀의 자율성을 인정하고 자녀에게 온정과 친밀함을 전달하는 수준에 영향을 준다고 여겨지며, 이는 부모를 대하는 청소년의 행동 또는 관계의 어려움을 야기한다. 유의해야 할 것은 '애착 유형'이라는 용어가 친밀한 관계에서의 경험을 설명하기 위해 사회심리학자들이 개발한 자기보고식 척도에 기인한 평가라는 것이다(예: Brennan, Clark, & Shaver, 1998; Mikulincer & Shaver, 2007 참조). 이는 청소년기와 성인기의 애착의 질을 평가하는 척도로 측정한 애착의 내적 작동 모델 평가와 대조된다. 최근의 연구에서는 가족 환경을 고려하면서, 부모의 애착 유형과 부모가 청소년 자녀와의 상호작용에서 보이는 안전한 행동 간의 관련성을 탐색하였다. 예를 들어, 청소년에 대한 부모의 적대적 행동, 결혼 생활의 질, 부모의 심리적 고충을 조사하였다. 부모의 양육 유형, 부모에 대한 청소년의 인식, 부모와 논쟁을 벌일 때 청소년의 안전 기지 사용 간의 관련성에 대해 복합적인 결과가 도출되었다(Jones & Cassidy, 2014; Jones, Cassidy, & Shaver, 2015). 그럼에도 이 연구는 부모의 애착 유형과 부모를 대하는 청소년의 행동 간의 관련성을 탐구하는 후속 연구에 흥미로운 새 방향을 제시한다. 또한 이는 청소년과 부모가 시간이 지남에 따라 부모-자녀 관계의 질에 중대하게 기여하는 역동과 교류 과정에 참여한다는 의견과도 일치한다.

많은 부모가 과도하게 밀착하거나 통제하지 않으면서도 관계를 유지하는 것과 자율성을 부여하는 것의 균형을 맞추지 못한 상태에서 청소년 자녀의 삶에 관여하는 방식을 유지하고 있다. 일반적으로 10대 청소년들은 부모에게 자신을 잘 개방하지 않지만, 부모가 자녀의 활동과 친구에 대해 아는 것은 여전히 매우 중요하다(Cheung, Pomerantz, & Dong, 2012; Keijers, Frijns, Branje, & Meeus, 2009). 부모는 자녀를 감독함으로써 자녀에게 부모의 기대감을 전달하고, 자녀의 활동과 친구, 책임감을 지속적으로 파악하며, 규칙을 어길 시의 결과를(그리고 바라건대 그 결과를 이행할 것을) 전할 수 있다(Guilamo-Ramos, Jaccard, & Dittus, 2010). 자녀에 대한 부모의 감독은 청소년기 이전부터 이루어지지만, 특히 10대 청소년기에 더 중요하다. 부모는 10대 자녀와 적극적으로 대화하고 시간을 보내면서 자녀를 감독할 수 있고, 휴대폰, 이메일, SNS를 통해서도 가능하다. 실제로 부모의 감독이 효과적인 경우 10대 자녀는 보다 긍정적으로 적응하고 높은 수준의 학업 성취를 보인다는 연구 결과가 있는데, 이러한 10대 자녀는 흡연, 음주, 조기 성행위, 신체적인 공격성, 빈약한 결정 능력, 또는 학업 중단과의 관련성이 적은 경향이 있었다(Brendgen, Vitaro, Tramblay, & Lavoie, 2001; Li, Feigelman, & Stanton, 2000; Markham et al., 2010).

감독으로 인한 유익한 결과가 감독 그 자체에서 기인하는지, 아니면 부모와 청소년 자녀의 관계가 발전되어 10대 청소년이 부모에게 기꺼이 자신의 정보를 드러내는 친밀한 관계로 인한 것인지에 대해 고려하는 것은 중요하다(Stuättin & Kerr, 2000). 또한 자율성에 대한 지지가 높고 부모의 통제가 낮은 좋은 부모-자녀 관계에서 나타나는 개방성은 부모의 통제로 인해 자녀의 자율성과 동기가 손상되었거나 부모-자녀 관계가 나쁜 경우보다 학업 적응과 자발적인 동기를 더 촉진하였다(Cheung et al., 2012). 따라서 부모가 10대 자녀의 활동과 행동에 대한 지식을 얻는 방법을 이해하는 것은 자녀에 대해(Collins & Steinberg, 2008) 또는 개방성이 이루어지는 사회화 맥락에 대해 배우는 것만큼이나 매우 중요하다. 종합하면, 이 견해는 감독이라는 개념을 중요한 방법으로 확장하고 있다.

# 청소년기 적응에 미치는 양육의 영향력

우리가 양육에 대해 말할 때 어떤 뜻으로 말하는 걸까? 행동 관찰을 통해 측정할 수 있는 것일까? 아니면 자녀를 키우는 것에 대한 태도, 신념, 느낌에 대해 말하고 있는 것일까? 양육을 연구하는 방법에는 여러 가지가 있는데, 이는 부분적으로는 양육을 정의하고 측정하는 것이 어렵고 복잡하기 때문이다. 몇몇 연구자들은 부모의 주요 역할을 자녀에게 보상과 처벌을 제공하는 것으로 보는 사회 학습적 입장(social learning orientation)을 옹호한다. 다른 연구자들은 아동의 특성이나 부모의 특정 반응을 끌어내는 아동의 특정 행동의 영향력에 초점을 두었다. 부모의 사고가 양육 행동에 영향을 미치는 방식에 중점을 두고, 아동에 대한 부모의 태도, 신념, 지식을 탐색하였다. 비교적 최근에 이루어진 종단 연구에서는 양육 행동과 아동의 발달 결과 간의 연관성을 살펴보면서, 최신 통계 방법(예 : 구조 방정식 모형)을 사용하여 이들의 연관성을 중재하거나 조절하는 변인을 조사하였다. 마지막으로 가장 잘 정착된 일반적인 접근은 양육의 특성이나 유형의 범주를 확인하고 그것이 청소년의 발달에 미치는 영향을 살펴보는 것이다(Holden, Vittrup, & Rosen, 2011).

다양한 양육 방식에 대한 연구가 이루어져 왔지만(Holden & Miller, 1999), Baumrind (1971)의 연구 결과가 가장 많이 알려져 있다. 해당 연구에서는 부모의 온정(warmth)과 권위의 다양한 조합에 따라 세 가지의 자녀 양육 유형을 발견했다. 온정은 부모가 자녀의 감정과 욕구에 민감하고 반응적이며 지지하는 수준에 따라 정의된다. 권위는 부모가 자녀의 행동을 통제하고자 하는 정도와 과도한 요구로 정의할 수 있다. 권위적인 (authoritative) 부모는 온정과 권위 모두 높다. 이런 부모는 자녀에게 반응적이고, 필요할 때 일관적인 훈육을 통해 적절한 행동에 대한 명확한 기대를 제공한다. 권위적인 부모는 아동과의 논의를 촉진하며 자신의 논리를 공유하고 나이에 적절한 방식으로 아동의 자율성을 지지한다. 독재적인(authoritarian) 부모는 아동에게 엄격하며 요구가 많고 반응이 없다. 이 부모는 아동의 욕구나 관점을 고려하지 않으며, 자율성을 인정해주는 것을 주저한다. 허용적인 부모는 반응적이며 지지적이지만 요구가 많지는 않다. 이들은 아동에게 한계를 설정하지 않고 오히려 너무 일찍 자율성과 의사 결정을 용인한다(Baumrind, 1971). 네 번째 양육 범주는 이후에 포함되었다(Baumrind, 2005; Maccoby & Martin, 1983). 방임하는(uninvolved, 또는 거부적인/무시하는) 부모는 반응적이지도 요구적이지도 않다. 이들은 온정이나 민감성을 거의 보이지 않으며, 권위 또는 요구를 최소한으로 제시한다. 또한 양육에 있어 부모의 책임감을 도외시하고 아동을 거부하며, 아동에게 맞추기보다는 부모 자신의 욕구를 더 중시한다.

상당히 많은 연구에서 다양한 양육 유형과 발달 결과 사이의 연관성을 탐색해왔다. 일반적으로 권위 있는 양육을 경험한 청소년은 더 큰 책임감과 자기 확신, 사회적 역량, 학업 성취와 같은 긍정적인 결과를 보인다. 대조적으로, 독재적인 부모에게서 자란 청소년은 전형적으로 보다 수동적이고 의존적이며, 자기 확신과 사회적 능숙함, 지적 호기심이 덜하다. 허용적인 부모를 둔 청소년은 좀 더 또래 압력에 순응하는 경향이 있다. 방임적인 양육을 받은 청소년은 충동성 또는 비행 행동을 보이고, 또래관계와 인지 발달, 학업 수행에서 혼란을 경험하며, 너무 일찍 술이나 약물, 성적 행동에 참여할 가능성이 더 높았다(Steinberg & Silk, 2002). 이러한 연구 결과는 권위 있는 양육과 청소년기의 건강한 발달 간의 연관성을 지지한다. 실제로, 미국뿐 아니라 국제적으로 다양한 사회 계층, 인종, 가족 구조 전반에 걸쳐 동일한 연구 결과가 확인되었다(Steinberg, 2001). 그러나 일부 연구에서는 높은 위협과 위험이 존재하는 특정 환경에서는 독재적인 양육 전략(권위 있는 것과 반대되는)이 보다 일반적이고 긍정적인 결과를 낳는다고 밝혔다(Dodge, McLoyd, & Lansford, 2005; Furstenberg, Cook, Eccles, Elder, & Sameroff, 1999).

이 결과는 상호 연관성이 있으며 관찰된 연관성을 설명하는 과정에서 특별한 주의를 요한다. 양육 유형과 결과에 영향을 줄 수 있는 다른 중요한 변수들의 역할과 양방향적인 영향에 대한 의문이 제기되어 왔다(Sameroff, 1994 참조). 이는 특정 양육 방식이 청소년의 기질이나 행동 특성에 대한 부모의 반응 또는 자녀에 대한 부모의 목표의 차이를 반영할 수 있다는 것이다. 양육이 청소년 발달, 관찰된 연관성을 매개하는 요인들에 영향을 미치는 과정을 확인하는 것 또한 매우 중요하다. 발달 시기에 따라 다양한 양육 방식이 필요하다. 따라서 비록 부모의 가치, 문화적 관습, 청소년의 정서적 의존성에 따라 달라질 수 있지만, 청소년기 동안 자율성을 인정받는 것이 중요해지는 시기에, 유연한 양육 방식을 취하는 것이 필요하다(Darling & Steinberg, 1993). 양육 행동과 아동의 특성의 역동적·교류적 본질 그리고 양육 유형에 영향을 미치는 맥락적 요인을 이해하는 데 더 많은 관심을 가질 필요가 있다.

청소년기 자녀와의 관계에서 아버지와 어머니의 영향을 구별하여 살펴보고, 또한 청소년의 발달에서 공동 육아의 역할에 대해 조사한 흥미로운 연구가 있다(예 : Holmes, Dunn, Harper, Dyer, & Day, 2013). 이 연구는 부모-청소년과 공동 양육 관계와 같이 상호 의존적인 하위체계 간의 영향을 강조한 가족 체계 이론가(예 : Minuchin, 1974, 1982)의 영향을 받았다. 예를 들어, 어머니와 청소년의 관계가 좋은 경우 친사회적 행동의 수준이 더 높았고(Day & Padilla-Walker, 2009), 내재화 및 외현화 행동의 비율은 낮았으며(Kim & Cicchetti, 2004), 위험한 성적 행동과의 관련성이 더 적은 것으로 나타났다(Jaccard, Dittus, & Gordon, 1996). 연구자들은 어머니의 문지기 역할(maternal gatekeeping)[7]과 아버지와 청소년 자녀 관계(Allen & Hawkins, 1999; Cannon, Schoppe-Sullivan, Mangelsdorf, Brown & Sokolowski, 2008; DeLuccie, 1995; Fagan & Barnett, 2003; Gaunt, 2008) 그리고 어머니와 청소년의 관계(Holmes et al., 2013) 둘 모두와의 연관성에 대해 조사하였다. 공동 양육이 청소년기 발달에 미치는 영향에 대해 조사한 연구에서는 공동 양육에서의 갈등이 청소년의 반사회적 행동(Feinberg, Kan, & Hetherington, 2007)과 위험한 행동(Baril, Crouter, & McHale, 2007)을 증가시키는 것으로 나타났다. 또한 결혼 관계 그 자체보다는, 공동 양육에서의 상호작용이 아동의 발달에 더 큰 영향력을 갖는 것으로 나타났다(McHale, 2009; Teubert & Pinquart, 2010). 물론 부모의 심리적 통제와 같이 공동 양육 또는 부모의 문지기 역할과 청소년기의 발달 결과를 매개하는 다른 변수들이 있을 것이다(예 : Holmes et al., 2013). 청소년기 적응에서 양육이 미치는 직간접적인 영향을 더 잘 이해하기 위해, 해당 변인과 다른 중요한 양육 관련 변인을 조사하는 종단연구가 이루어질 필요가 있다.

물론 더 처벌적인 또는 엄격한 훈육을 하기 어렵거나, 좀 더 거리를 두는 또는 소극적인 양육 행동을 하게 만드는 청소년이 있을 수 있다. 부모가 청소년 자녀를 호기심과 책임감이 있고 자기 확신이 있으며 역량이 있다고 지각할 때, 온정, 유연성, 신중하게 안내하는 태도로 자녀에게 반응하기 쉽다. 더욱이 까다로운 청소년은 부모 간 갈등을 초래할 수 있는 공동 양육 관계에서 더 많은 문제를 야기할 수 있으며, 이는 결국 청소년의 적응에 부정적인 방식으로 영향을 줄 수 있다. 혹은 반대로, 청소년이 권위 있는 양육 태도나 협동하고 공유하는 양육 경험을 이끄는 상호 순환을 만들어냄으로써, 결과적으로 이후의 심리사회적 역량을 키우고 지원하도록 할 수 있다(Collins & Steinberg, 2008).

마지막으로 양육 유형과 행동 결과에 관한 연구가 제시하는 정보는 유익하나, 특정

---

7) 역주 : 남편이 육아에 참여하기를 바라면서도 막상 남편이 도와주면 잘못한다거나 부족하다고 비난하는 엄마들의 행동을 '엄마의 문지기 역할'이라고 한다[참고 : 브리짓 슐트(2015). '여자, 울음을 터뜨리다.' 타임푸어(p. 254). 서울: 도서출판 길벗].

양육 유형이 있다는 견해에 반대하는 일부 의견이 있다. 심지어 Baumrind(1971)는 모든 부모가 범주 하나에 깔끔하게 맞아 떨어지지 않는다고 주장했다. 게다가 양육 범주를 규명하기 위해 실시했던 종단 연구에서 부는 포함되지 않았다. 또한 비서구 국가의 양육에 대한 연구는 제한적이다(예 : Ng, Pomerantz, & Deng, 2014). 미국 내에서 양육 행동과 아동에 대한 영향을 살펴본 연구에서조차도, 적절한 대표성을 띄지 않는 다양한 인종적 배경이 있었다(Carcia Coll & Pachter, 2002). 그리고 아마도 가장 중요한 것은 부모의 행동이 시간의 흐름에 따라 유동적일 수 있다는 점이다. 부모는 각각의 아동에게 다르게 반응할 수 있으며, 같은 아동이라 하더라도 부모의 행동이 발달 기간과 맥락에 따라 달라질 수 있다. 또한 부모 요인과 아동 요인 간의 상호작용이 다양한 양육 실제로 이어질 수 있다. 또한 특히 청소년기에는, 예를 들어 또래 집단과 같이 발달에 강력한 영향을 미치는 요인들이 있을 수 있다(Harris, 1995). 부모는 자녀의 또래에 대한 접근을 지지하거나 반대하고, 함께 시간을 보내면서, 그리고 자녀의 친구들에 대한 태도를 통해 자녀의 또래관계에 영향을 미칠 수 있지만, 또래가 사회화에서 중요한 역할을 한다는 것 또한 고려할 필요가 있다.

## 청소년기 또래관계

청소년기 동안 또래관계에서 중요한 변화가 일어난다. 10대에는 논리적으로 사고하고 탐구하며 다양한 대안을 고려할 수 있게 된다. 이러한 인지적 기술은 타인에 대해 보다 성숙하고 깊이 있는 이해를 가능케 한다. 또한 청소년은 자기 내면의 감정 상태와 다른 사람에 대한 자신의 정서 반응에 대해 배우고, 자신이 친구에게 미치는 영향을 더 잘 인식하며 자기 이해를 향상시킨다. 개인의 정체성이 발달하고, 또래 집단에 소속되는 것은 청소년이 스스로를 정의하는 것을 돕고 새로운 역할과 책임에 도전해보는 기회를 제공한다. 자기감이 발달하고 또래와의 관계가 긴밀해지면서, 동성 및 이성 친구와의 관계에서 공유와 개방이 증가하고 이는 친밀한 관계와 연인관계의 토대가 된다.

또래관계와 가족관계 간에는 많은 차이가 있다. 부모-자녀 관계나, 심지어 형제 간에는 권력이 존재하는 반면, 또래관계는 지위가 대등하고 동등한 경향이 있기 때문에 일반적으로 또래관계에서는 권력의 차이가 두드러지지 않는다. 또한 또래관계는 가족 관계처럼 영구적인 것으로 여겨지지 않는다. 오히려 또래관계는 자발적이고, 관계를 시작하고 유지하는 것을 선택하거나 서로 만족을 얻지 못할 때 관계를 끊을 수 있다는 점에서 일시적이다. 더욱이 또래관계에는 다양한 수준의 사회적 복잡성(social complexity)이 작용한다. 우정은 또래 간 상호작용(수용과 거부가 뚜렷한 구조), 또래 집단(더 큰 또래 관계망)과 구별되는 특별한 이자(dyadic) 관계이다(Bagwell & Schmidt, 2011). 청소년기 에 또래와 경험하는 사회화 경험은 독특한데, 이는 특히 청소년기 동안 깊이 있는 우정 으로 발전하고 연인관계를 위한 잠재력을 만들어낸다.

어떤 청소년은 다른 청소년에 비해 유독 또래에게 인기가 많다. 청소년이 또래와 맺 는 관계의 유형별 특징을 설명한 여러 방법이 있다. 또래관계에 대해 가장 많이 연구 된 차원은 또래 또는 사회경제적 지위에 따른 수용이나 거절을 측정한 것이다(Bagwell & Schmidt, 2011). 이 평가는 또래 집단 맥락에서 청소년에 대한 다른 사람들의 감정을 반영한다. 여기에 수용이나 거절을 야기하는 청소년의 개인적 특성은 포함되지 않았다 (Rubin, Bukowski, et al., 2006 참조). 또래로부터 수용받는 아동은 보다 협동적이고 효 과적으로 정서를 조절하고, 사회적으로 유능하고, 다른 사람의 존재를 잘 인식하고 민 감하다. 대조적으로 거절당하는 아동은 공격적이고 충동적, 파괴적이며 친사회적 행동 을 덜 보이는 경향이 있고 현재와 미래에 적응 문제를 겪을 가능성이 더 많다(Bierman, 2004).

또한 청소년의 또래 집단 경험은 학교라는 더 큰 사회적 위계에서 경험하는 개인의 서열과 연결될 것이다(Eder, 1985). 이러한 또래관계망은 보통 함께 활동하거나 공동 의 관심사를 통해 형성된다. 모든 청소년이 모든 사람과 친구관계를 맺는 것은 아니지 만, 더 큰 또래 집단 내에서 깊은 우정이 생길 수 있다. 또래관계망은 청소년의 사회화 에 많은 영향을 주고, 핵심적인 문화적 지식을 전달하면서 청소년의 체계를 마련해준 다(Adler & Adler, 1998). 청소년은 또래 집단이 중요하다고 여기는 태도, 가치, 행동을 경험하게 된다(Harris, 1995). 게다가 청소년은 소속된 또래 집단에서 중요하게 고려되 는 두드러지는 자질, 예를 들면 인기, 학업 동기, 운동에 참여하는 것, 성취와 또는 괴롭 힘, 따돌림 같은 특성을 따라 서로 비슷해지는 경향이 있다(예 : Bagwell, Coie, Terry, & Lochman, 2000; Cairns, Cairns, Neckerman, Gest, & Gariepy, 1988; Duffy & Nesdale, 2009; Sijsema et al., 2010). 이와 같이 또래관계는 친밀하고 상호적인 우정과 별개로, 또 래관계망은 청소년에게 강한 영향력을 행사한다.

이제 관계망은 부분적으로 소셜 미디어의 영향력을 통해 형성되고 유지된다. 페이스 북, 트위터, 인스타그램 같은 소셜 네트워크는 청소년에게 더 큰 '친구' 관계망을 만들 고 유지할 수 있는 다양한 선택권을 제공한다. 이런 네트워크를 통해 청소년은 긴 '친구' 리스트를 만들 수 있는데, 여기에서 친구란 '친구가 되어준' 개인이거나 서로를 친구로 채택한 개인이다. 이 용어는 소셜 미디어인 페이스북에서 누군가와 친구가 되려고 요청하는 개인의 특성을 나타내는 것으로, '친구'라는 단어의 새로운 용도, 즉 동사로서의 '친구 되기'를 반영한다. 청소년의 친구 집단이 확장되고 '친구가 되어준' '친구'의 수가 증가하면, 그 청소년은 다른 사람들(청소년의 소셜 미디어 사이트를 방문하는 사람이라면 누구든지)에게 친구가 많은 것으로 여겨진다. 그러나 현실에서는, 빠르게 확장되는 사회적 관계(social circle)는 마치 고요한 연못에 던져져 동심원을 형성하는 조약돌처럼 제한 없이 증가하는 관계망을 반영한다. 친구 요청을 수락하기만 하면 누구나 당신의 '친구'가 된다. 그러나 이 '친구'가 청소년과 긴밀한 또는 지엽적인 관계를 맺는지 여부, 또는 이 '친구'가 청소년의 사회 경험에서 중요한 의미를 갖는지에 대해 어떤 정보도 없다.

심리학자들이 우정의 규범적인 발달, 우정의 특성과 질, 우정의 발달 결과에 대해 모두 알고 있음에도 불구하고, 소셜 미디어 사이트로 인해 '친구'라는 용어의 용도는 물론이고, 아동과 청소년의 우정에 대한 중요성과 힘에 대한 개념까지도 달라지고 있다. 이제 친구는 당신이 아는 사람이며, 친밀하거나 거리가 먼 것에 상관없이 당신이 소셜 미디어를 통해 무차별적으로 관계를 맺는 사람이다. 아마도 연락의 빈도, 사진 태그 또는 '담벼락에 글을 남기는 것' 외에는 질적으로 다른 우정 사이에 분명한 구별이 없을 것이다. 친구에게 휴대폰 '메시지'를 통해, iMessage, 페이스북 메신저, Gchat, 스카이프를 통해 온라인으로 '대화'가 이루어진다. 전화나 대면한 상태의 대화는 덜 이루어진다. 실제로, 최근 미국 내의 인터넷을 이용하는 청소년의 73%가 SNS를 이용한다고 보고하였다(Purcell, 2011)―75%의 미국 청소년들은 개인 휴대폰을 소유하고 있었으며, 또래와 소통하기 위해 주로 문자 메시지를 이용하였다(Lenhart, Ling, Campbell, & Purcell, 2010). 온라인 우정의 발달과 의미를 이해하는 것뿐 아니라, 친구관계를 맺고 끊는 과정에서 문자 메시지와 SNS를 사용하는 것에 초점을 둔 더 많은 연구가 필요하다. 청소년이 자기 자신을 다양한 '수준'의 페이스북 친구를 보유한 것으로 보는지와 그가 보고한 우정의 질이 현실에서의 패턴을 모방하는지 여부에 대해서도 더 탐색할 필요가 있다. 연구자들은 청소년기의 우정과 정체성에서 디지털 매체가 담당하는 역할에 대해 연구하기 시작했다(Davis, 2012). 기술의 발달은 가상의 관계를 유지하는 것에 집착하는 청소년들에 대한 깊은 염려를 불러일으켰다. 부모와 전문가들은 계속해서 '관계 맺고자 하는' 강렬한 끌림이 실제로는 고립되고 외로운 감정을 남길 때 개인과 관계에서 발생하는 잠재적인 심리적 비용에 대해 걱정한다(Turkle, 2012). 청소년의 삶에서 없어서는 안 되는 필수 요소인 온라인과 문자를 통한 소통이 갖는 발달적 함의를 살펴보는 더 많은 연구가 필요하다.

불행하게도, 인터넷(예 : 소셜 미디어 사이트, 인스턴트 메시지)과 모바일 기술(예 : 문자 메시지)은 다른 사람에게 의도적으로 해를 가하는 공격적이거나 파괴적인 방식으로 사용되어 왔다. 불쾌한 소문이 퍼지고 굴욕감을 주거나 성적으로 부적절한 사진이 게재되고, 화제가 된 아동과 청소년에 대한 공격이 나타날 수 있다. 사이버 스토킹과 사이버 왕따는 학교와 법 체계에서 초점을 두고 있음에도 불구하고, 감독 없이 익명으로 실행할 수 있다는 점 때문에 특히 심각한 문제가 되고 있다. 피해자는 종종 자신이 괴롭힘이나 스토킹을 당하고 있다는 것을 인식하지 못하지만, 피해는 만연하고 강렬하다. 부모와 교사는 아동에게 소셜 미디어 사이트를 건전하게 사용하도록 가르칠 수 있고, 사이버 왕따, 섹스팅[8], 부적절한 콘텐츠에 노출되는 것, 중독 행동과 관련된 잠재적인 문제를 감독하는 데 매우 중요한 역할을 할 수 있다. 소셜 미디어 사이트에서 발생한 심각한 공격과 심리적 학대로 인해 피해자가 자살한 것을 포함하여 매우 충격적인 결과를 야기한 많은 사례들이 있었다(Hinduja & Patchin, 2007, 2009). 분명히, 부모와 학교가 아동과 청소년을 보호하는 정책을 유지하고 제한을 설정하려 노력하면서 디지털 소통의 힘에 대해 배워가야 할 것들이 많이 남아 있다.

## 청소년의 우정의 본질

청소년의 삶에서 친구는 가족관계 다음으로 가장 중요한 관계이다. 우정은 이자 관계이고 상호적이며 서로 좋아한다는 점에서 또래관계와 차이가 있다. 모든 연령대에서 친구에 대해 서로 지지하고 기쁨을 주는 관계로 설명하며, 이 관계에서는 공평하게 주고받는 것과 공유와 필요 충족의 균형을 기대한다. 우정의 본질 또는 '심층 구조'는 상호호혜적으로, 이는 연령에 상관없이 비교적 일정하게 유지된다(Hartup & Stevens, 1997). 보다 구체적인 상호작용과 대화(또는 '표면 구조')는 발달 시기와 표현되는 구체적인 욕구에 따라 일생에 걸쳐 변화된다. 즉, 청소년기 우정의 특징은 친밀감인 반면, 어린 아동의 경우 함께 어울려 노는 것을 우정으로 정의한다(Hartup & Stevens, 1997).

---

8) 역주 : 성적으로 문란한 내용의 문자 메시지나 사진을 휴대폰으로 전송하는 행위(http://endic.naver.com/enkrEntry.nhn?sLn=kr&entryId=e19e6b9f65dc4f2380a3ca588f3c088b&query=sexting)

우정은 두 사람 간의 관계로 정의되기 때문에, 또래 집단 내에서의 지위와는 구별된다. 실제로, 인기가 많은 아동 모두에게 친구가 있는 것은 아니며, 거절당하는 일부 아이들이 모두 친구가 없는 것은 아니다(Bagwell & Schmidt, 2011; Gest et al., 2001). 그러나 사회적 수용과 인기로 이어지는 사회적 역량은 아동이 친구를 사귀는 데 도움이 된다는 사실이 밝혀졌다. 인기가 많은 아동은 우정을 형성할 기회가 더 많으며(Erdley et al., 2001) 인기 또한 아동의 사회적 유능감과 상호 우정의 발달 사이의 관계를 중재하는 것으로 보인다(Newcomb et al., 1999). 그러나 흥미롭게도 초기 청소년기를 대상으로 한 연구에서, 인기는 외로움의 감정과는 관련이 없지만, 우정이 주는 소속감과 관련된다는 복잡한 연관성이 밝혀졌다(Bukowski et al., 1993). 따라서 인기는 우정과의 연관성을 통해 외로움과 연결된다. 즉, 인기가 없는 청소년은 친구를 사귈 가능성이 적고 더 많은 외로움을 느끼는 경향이 있다(Bagwell & Schmidt, 2011). 종단 연구의 결과 또한 청소년이 상호 우정에 참여하고 수용이나 거절을 경험하는 것은 이후의 적응을 청소년의 참여와 승인 또는 거절과 관련한 경험이 이후의 적응의 예측할 수 있는 유일한 변수임을 지지한다(Berndt, 1996). 구체적으로 살펴보면, 상호 우정은(또래 거절이 아닌) 초기 성인기의 높은 자기 가치와 낮은 수준의 우울 증상과 관련되는 반면, 거절(우정이 아닌)은 낮은 학교 적응과 사회 활동에 대한 저조한 열정 및 참여와 관련이 있는 것으로 나타났다(Bagwell, Newcomb et al., 1998).

또한 인기 있는 아동과 거절당한 아동의 자기 보고에서도 우정의 질의 차이가 발견되었다(Parker & Asher, 1993). 그러나 일부 자료에서는 거절한 소녀들의 보고와 평범하거나 인기 있는 소녀들이 보고한 우정의 질에 차이가 없다는 상충되는 결과가 나타났다. 차이점은 거절당한 소녀와 친구들이 자신들의 우정의 질에 대해 보고하는 바가 평범하거나 인기 있는 소녀와의 우정에 대해 보고한 내용과 마찬가지로 강한 상관을 보이지 않는다는 점인데, 이는 거절당한 소녀가 다른 친구들과의 관계를 끝내야 할 필요성을 느끼게 될 수 있기 때문에 자신의 우정에 대해 질이 낮다고 보고하기 어려울 수 있다는 것을 시사한다(Lansford et al., 2006). 사회성 측정에서 높은 점수를 얻었거나, 친구 관계에서 수용되는 정도가 높은 한 쌍의 소년과 소녀를 관찰한 연구에서는 그들의 행동이 친구에게 수용되는 정도가 낮은 쌍에 비해 민감하고 잘 조율된다고 밝혔다. 수용되는 정도가 낮은 친구는 잘 수용되는 친구 쌍에 비해 의견이 불일치했고 긍정적인 상호작용이 적었다(Phillipsen, 1999). 높은 수용 정도를 보이는 소녀와 그 친구들 간의 상호작용에 비해, 거절당하는 소녀와 친구들의 상호작용은 더 미성숙하고 갈등 해결 전략이 부족했다. 또한 거절당하는 소녀는 평범한 또는 인기 있는 소녀와 비교할 때 친사회적 행동이 적고 사회적 유능감 수준이 낮았으며, 부정적인 정서와 대장처럼 구는 행동이 많았다(Lansford et al., 2006). 결과적으로, 우정의 질은 인기의 유무에 따라 아동마다 다른 것으로 나타났으며, 이는 청소년기의 또래 지위(수용과 거절)와 우정의(의미와 중요성) 중요성에 대한 지속적인 탐색이 필요하다는 것을 강조한다(Bagwell & Schmidt, 2011).

청소년이 친구관계에서 스스로를 어떻게 느끼는지는 전반적인 유능감의 중요한 부분이다(Masten et al., 1995). 친구관계는 청소년에게 친밀한 관계의 본보기를 제시해주며(Sullivan, 1953) 스스로에 대해서 또 관계에서의 그들의 선택을 숙고할 기회를 제공한다(Brown, 2004). 실제로 청소년이 정체성 문제를 다루면서 다른 친구에 대한 선호는 다소 유동적인 경향이 있다. 더욱이 학교 전환, 학업 따라가기, 다양한 학교 및 정규 교과 외의 활동 참여에 기인한 우정의 불안정성이 있는 경향이 있다(Hardy, Bukowski, & Sippola, 2002). 만약 새로운 친구가 더 긍정적인 역할 모델 또는 목표를 보여준다면 이후 변화하는 친구는 다소 유익하며 적응을 촉진할 수 있다(Berndt et al., 1999). 게다가 청소년은 성차별이 더 흔한 중기 아동기와 비교할 때 혼성 우정을 더 발달시키는 경향이 있다(Maccoby, 1990). 그러므로 다양한 성역할, 가치에의 노출, 우정에서의 변화를 감당하는 것, 우정에서 배운 것을 발달 중인 청소년의 자기 감각에 통합하는 것들은 모두 청소년기에 매우 중요하다. 우정의 다양한 단계 또는 수준이 있고 그래서 '단짝(best friends)'은 '가까운' 친구, '조금 아는' 친구, '축구' 친구, '합창단' 친구 '캠프' 친구, 더 폭넓은 또래 집단 내의 좀 더 큰 '다른' 친구들 집단과는 구별된다(예 : Adler & Adler, 1998). 청소년들은 다양한 유형의 친구를 꽤 잘 구분하는 것처럼 보인다(Berndt, 1996). 비록 '친구'라는 용어가 모든 또래관계를 가리키기 위해 사용될 수 있지만 친구의 유형을 구분하는 것은 중요한데(Berndt, 1996; Hartup & Stevens, 1997), 이는 그것이 청소년에게 별개의 방식으로 영향을 미치기 때문이다. 청소년기의 친구관계는 교실 또는 학교 환경의 경계를 초월하기 때문에 관계 유지에 대한 계획과 노력을 필요로 한다(Hardy et al., 2002). 친구는 다른 욕구도 만족시켜줄 수 있다. 축구팀의 친구는 도움을 제공해주며 여름 캠프 친구는 동료애 욕구를 만족시켜 주고 단짝은 친밀의 욕구를 만족시켜야 할 수 있는 것이다. 그런 이유로 이런 친구들은 '조금 더' 또는 '조금 덜' 가깝거나 중요한 것으로 평가받을 수 있다. 따라서 다른 유형의 친구 평가는 내재하는 복잡성과 함께 특히 나이 든 청소년들이 만족시켜야 할 특정한 사회 · 정서적 욕구를 고려할 필요가 있다.

친구관계에 대한 청소년의 신념과 개념은 청소년기 초기부터 후기에 이르기까지 점차 정교해지며 복잡해진다(Selman, 1980). 친구관계에 대한 기대 역시 변화하며, 결국 이제는 친밀감과 헌신이 아닌 공유과 동료애가 친밀감에 매우 중요하다(Youniss & Smoller, 1985). 어린 청소년들은 친구들이 서로 간에 비밀을 털어놓고 정서적으로 친밀하게 느끼며 서로를 신뢰할 것으로 보고한다(Gummerum & Keller, 2008; Selman, 1980). 청소년의 친구관계에서 지지와 보호를 제공하는 것, 생각과 느낌을 공유할 기회를 주는 것은 갈수록 더 중요하다(Shulman, Laursen, Kalman, & Karpovsky, 1997). 청소년기의 상호간 지지와 자기 개방의 빈도가 증가하며(Furman & Buhrmester, 1992; McNelles & Connolly, 1999) 이는 친구관계에서의 더 큰 만족감으로 이어지지만 이는 또한 갈등의 가능성이 더 있을 법하게 만들기도 한다. 동성 간의 우정은 청소년기의 친밀감과 지지의 일차적 원천이 되므로 특히나 중요하다(Chow, Roelse, Buhrmester, & Underwood, 2011).

청소년기의 지지적인 우정이 더 나은 심리적 적응과 연관된 것으로 나타난 것만큼(Bagwell et al., 2005) 갈등이 많은 친구관계는 심리적 안녕감을 위태롭게 할 수 있다(Sherman et al., 2006). 의견 충돌과 실망이 발생하여 그것이 갈등으로 이어질 때의 그 '위험'은 친구관계에서 더 큰 친밀감을 얻은 청소년에게 더 크다. 친밀감 능력에서의 개인차가 있을 가능성이 있지만 마음을 아프게 하거나(예 : 자신감이 공유하는 사람에게는 불리하게 '사용될' 때) 해로울 수 있는(예 : 신뢰가 깨질 경우) 자기 개방과 공유에 따른 결과 또한 있다. 인지적 발달과 향상된 협상 기술이 이후의 관계에 지장을 덜 미치는 좀 더 효과적인 갈등 해결에 기여할 수 있다(Laursen et al., 2001). 그렇지만 청소년 관계의 친밀감 수준이 다르다는 맥락에서 협상과 타협의 역할, 갈등 해결 능력을 이해하는 것이 특히나 매우 중요하다.

게다가 청소년의 친구관계에 대한 특정한 사회적 또는 개인적 목표의 인식된 중요성에서의 차이가 있을 수 있다. 예를 들어 몇몇 청소년들은 자기 초점적 목표(예 : 지위를 얻는 것)를 좀 더 충족시킬 수 있는 친구관계를 추구할 수 있으며, 이에 반해 다른 청소년들은 서로 간의 좀 더 친밀함과 공유라는 목표가 있는 친구관계에 다가갈 수 있다. 실제로 이런 친구관계의 목표는 다른 패턴의 상호작용을 야기할 수 있다. 높은 친밀성 욕구를 가진 청소년들은 자신의 감정을 개방할 수 있는 친구를 선택할 것이며 친구의 개방적인 감정 표현에 민감하고 사회적 지지를 주고받으며 갈등은 주의 깊게 다룰 것이다(예 : Sanderson, Rahm, & Beigbeder, 2005). 따라서 친밀감의 목표를 추구하는 것은 지위를 추구하는 것과는 달리 청소년들이 좀 더 친밀감을 얻을 수 있는 뚜렷한 맥락을 제공하는 친구관계를 선택하여 발전시키도록 한다. 현 시점에서는 친구관계에서 친밀감의 특성과 다른 나이대의 친밀감 발달 경로와 중요성, 친구관계에서 친밀감의 장ㆍ단기적 연관성(상관관계)과 그 결과를 입증하는 더 많은 연구가 필요하다(Bagwell & Schmidt, 2011).

우리는 아동기부터 청소년기를 거치는 동안 친구관계의 일반적인 경험을 밝히며 발달적 변화를 기록한 상당한 문헌이 있었지만(예 : Bukowski et al., 1996; Hartup, 1996; Hartup & Stevens, 1997; Ladd, 1999; Newcomb & Bagwell, 1996; Rubin, Bukowski et al., 2006), 최근 연구의 초점이 된 보다 흥미로운 몇 가지 문제들은 친구관계의 질 그리고 특성과 관련되어 있다. 예를 들어, 우리는 친밀감, 지지, 충실함을 포함하는 친구관계의 좀 더 '깊이 있는' 구성요소가 갑자기 생겨나는 것이 아니라 시간에 따라 점진적으로 발달한다는 것을 알고 있다(Berndt, 2004). 더하여 함께 말하고 웃으면서 좋아하고, 도우며 시간을 보내는 것이 모든 연령대의 친구관계에서 중요한 구성요소라는 믿음이 있다. 아동과 청소년들은 동료애가 친구관계에 필수적임을 알고 있다. 이들은 지지 또는 유사점뿐만 아니라 친밀감이 친구관계의 중요한 요소로 구성됨을 이해한다(Bagwell & Schmidt, 2011). 그러나 후기 청소년기 무렵에는 향상된 인지 능력과 사회적 경험을 반영하는 보다 정교한 친밀함의 표현이 있다. 예를 들어 친밀감의 능력과 갈등을 다루는 유능감이 매개한다고 할지라도, 공감이 특히 동성 간 친구관계의 맥락에서 관계의 질에 영향을 미치는 것으로 나타났다(Chow, Ruhl, & Buhrmester, 2013). 결국 향상된 친밀감 능력은 우정을 깊은 관계를 공유하며 정체성 발달을 촉진하는 특별한 맥락으로 만들며, 의미 있는 방식으로 청소년에게 영향을 미칠 수 있다.

청소년기를 단일한 단계로 보기보다는 친구관계의 특성에서 청소년기를 초월하는 발달적 변화를 고려하는 것이 중요하다. 초기 청소년기에 친구관계는 자기를 탐색하는 과정과 정체성 형성에 도움을 준다. 친구는 서로를 이해하며, 비슷한 생각과 흥미를 공유하고 좀 더 친밀한 자기 개방을 하고자 노력한다(Schneider & Tessier, 2007). 이런 행동의 유사성이 후기 청소년기에도 지속되어 친구들은 학업에 대한 포부, 학교 참여, 약물과 알코올의 사용에 대해서 서로 비슷한 경향이 있다(예 : Vitaro, Brendgen, & Wanner, 2005). 초기부터 후기 청소년기까지 공감과 공유의 증가, 우정에 대한 기대의 증가, 갈등 빈도의 감소, 친밀감의 상대적 안정감 또는 친밀감의 증가가 있다(Claes, 1998). 자기 개방과 지속적인 친밀한 정서가 만 14~17세 사이, 특히 소녀들의 친밀감에 있어 점차 중요해지는 것으로 나타난 반면 소년의 경우 초기부터 중기 청소년기까지 친밀감을 형성하고 유지하기 위해 활동의 공유를 계속 필요로 하는 것으로 나타났다(McNelles & Connolly, 1999). 친구관계에 대한 청소년의 인식 또한 만 12~20세 사이에 변화한다. 친구관계는 소년과 소녀 모두에게서 매우 지지를 주는 것으로 여겨지기는 하지만 소년들에게서 청소년기의 끝무렵에는 감소하는 부정적인 상호작용의 증가가 보고되었다(DeGoede, Branje, & Meeus, 2009). 분명한 것은 자기 보고와 자연적 관찰을 활용한 친구관계의 발달을 추적하며 다른 단계에서의 핵심적인 과업(예 : 자기의 발달)의 해결과 연관된 개인차뿐만 아니라 기준이 되는 추세를 입증하는 후속 종단 연구가 청소년기 전반에 걸친 친구관계 특징의 이해에 기여할 것이라는 점이다.

## 청소년의 확장된 사회적 세계

친구관계의 발달, 또래 집단의 확장, 다른 성인(예 : 가족의 친구, 친척, 교사)과의 관계 형성은 아동이 부모 및 형제와 맺은 관계를 넘어서는 상당히 넓은 사회적 세계를 초래한다. 또래는 이제 청소년이 그들과 더 많은 활동에 참여할 뿐만 아니라 친구관계의 특징이 변화하며 관계를 더 긴밀하게 하면서 더 많은 시간을 점유하게 된다. 그러나 여전히 청소년들은 자신에게 안전, 안내, 지지를 제공하는 중요한 성인에게 의존한다. 더 복잡한 애착관계가 발달하게 되며 청소년들은 새로운 애착 인물을 관계의 내적 모델에 포함시키게 된다. 따라서 청소년의 사회적 관계의 도전 과제는 또래, 친구, 부모와의 관계의 균형을 맞추는 것을 포함한다.

청소년의 시작은 보통 부모-자녀 관계에서의 변화와 관련이 있는데, 갈등의 증가와 지원의 감소가 종종 보고된다(Ammaniti, van IJzendoorn, Speranza, & Tambelli, 2000; Arnett, 1999). 친구관계는 점차 더 중요해진다. 긴밀한 친구관계의 질과 만족은 낮은 수준의 심리적 고통(psychological distress)과 연관된 것으로 나타났다(Kenny, Dooley, & Fitzgerald, 2013; LaGreca & Harrison, 2005). 청소년의 친구관계 선택은 자율성을 발휘하고 부모가 아니라 본인이 통제한다고 느끼는 선호 영역을 확고히 하는 방법이 된다(Mounts, 2001). 또한 친구와의 상호작용은 더 특권이 있고, 충실하고, 지지를 주며(Berndt & Perry, 1990; Damon, 1983) 그것이 후기 청소년기와 성인기에 가지는 몇 가지 의미를 지니게 된다. 친구는 적절한 사회적 행동에 대한 중요한 피드백을 주고, 수용 가능한 사회적 행동에 대한 정보를 제공하고, 태도에 영향을 미치고, 친밀감과 친근감을 제공하고, 애착 인물의 역할을 하며 궁극적으로는 성적 그리고 관계 맺는 파트너를 대신할 수 있다(Ainsworth, 1989; Allen, 2008; Collins & Laursen, 2000; Hartup, 1989, 1992). 지지적인 친구관계와 외로움, 정체성 문제, 우울, 학교에서의 어려움 사이에서 부적 상관관계가 있는 것으로 나타났다. 자기존중감, 심리적 적응, 다른 관계에서의 성공, 학업 성취와는 특히 소녀들에게서 정적 상관관계가 있는 것으로 나타났다(Bukowski et al., 1993). 따라서 가까운 친구와의 성공적인 관계를 맺는 것은 청소년기의 매우 중요한 발달 과업이다.

청소년기 친구관계에서의 친밀감은 특히 동성 간의 우정에서(Berndt, 1989; Collins & Repinski, 1994) 특히 소녀에게는(Berndt & Perry, 1990) 받아들여지고 사랑받으며 이해받는 느낌으로 이어진다(Buhrmester, 1990; Reis & Shaver, 1988). 청소년기 친구관계에서의 친밀감, 친근감, 신뢰, 소통 사이의 유사함과 청소년 애착의 이러한 특성들은 다수로 하여금 애착 이론을 친구관계의 본보기로 여길 수 있게 하며 애착의 틀 안에서 친구관계를 탐구할 수 있도록 한다(Ainsworth, 1989; Nickerson & Nagle, 2005). 실제로 몇몇 연구자들은 부모-자녀 애착관계가 청소년기와 성인기의 가까운 관계 및 탐색된 애착 일부의 모태가 된다고 주장한다(Ainsworth, 1989; Bartholomew, 1993; Collins & Feeney, 2000; Fraley & Shaver, 2000; Hazan & Shaver, 1994; Rice, 1990).

그러나 애착관계 단독의 전형적인 특징인 매우 중요한 특성들이 몇 가지 있다. 애착 인물은 근접성을 추구하는 영아, 아동, 청소년이 괴로워할 때 위안을 제공하며 재회에 대한 기쁨 또는 상실에 대한 슬픔을 느끼게 하고 탐색을 위한 안전 기지를 제공하는 일차적 기능을 계속 제공한다(Ainsworth, 1989; Nickerson & Nagle, 2005). 이런 행동들의 (예: 근접성 추구, 위안 제공, 기쁨 또는 슬픔의 표현, 안전 기지에서 떠나 탐색하기) 형태는 나이가 들어감에 따라 변화하게 되어 애착관계에서 아동과 청소년의 행동 차이를 만든다. 예를 들어 영아-부모 애착과는 달리 청소년의 애착은 호혜적이다. 한 쌍의 구성원은 서로 돌봄을 받고, 돌봄을 제공하기도 한다. 후기 청소년기에 애착 인물은 가까운 친구나 연인이 될 수 있으며 '안정감을 느끼는 것'은(영아의 행동 척도와는 달리) 내적인 기대와 신념으로 나타난다. 더욱이 영아기에는 불안과 괴로움이 근접성-추구 행동을 유발하는 반면, 청소년들은 위안과 지지를 제공하고 불안과 괴로움을 줄이며 친밀감을 유지하는 애착 인물을 찾는다(Allen & Land, 1999). 이런 특성들 그리고 특성들의 다양한 발달적 형태는 우리에게 생애의 다양한 지점에서 애착 인물과 친구관계가 제공하는 다양한 기능을 상기시킨다. 아동기의 친구는 기능 면에서 애착 인물과는 다소 다르지만 이러한 차이가 청소년의 친구를 연구했을 때에는 덜 분명할 수 있다. 실제로 청소년의 친구관계는 애착관계의 특별한 기능을 띠는데, 이러한 기능의 강도와 조화는 더 이전의 부모-자녀 관계에서의 양식과는 다를 수 있다(Allen, 2008).

청소년기의 애착관계를 논하기 이전에 우리는 먼저 청소년의 사회적 세계를 고려해 볼 것이다. 가족관계가 가장 핵심적이지만 이제는 가족 외의 사람들과 상대적으로 더 많은 시간을 보내게 되며 가족 외의 관계가 특히 중요해지게 된다. 따라서 청소년의 사회적 세계는 또래 집단의 확장과 더 친밀해진 친구관계 그리고 새로운 연인을 포함한다. 청소년들의 친구관계는 부모와의 관계 못지않게 가까운 경향이 있다. 그렇지만 이런 관계 내에서의 친근감을 개념화하는 다양한 방법이 있으며 부모와 친구는 고유한 기여를 할 수 있다(Bagwell & Schmidt, 2011). 예를 들어, 만 13~17세를 대상으로 한 연구에서 엄마(아빠 또는 친구와 비교할 때)는 청소년 자녀와 좀 더 빈번한 상호작용을 하며 더 강한 영향력이 있음을 보고한 반면, 청소년들은(부모와 비교할 때) 감정적으로 친구와 좀 더 가까우며, 긍정적이고 부정적인 감정의 경험을 보고하였다(Repinski & Zook, 2005). 청소년들은 점차 더 친구와 가깝고 정서적으로 연결된 느낌을 받지만 예상되는 바와 같이 청소년기에는 엄마와 빈번한 상호작용을 유지한다. 추가적으로 만 9~18세의 연령을 대상으로 한 종단 연구에서 청소년들은 친구와 부모를 동등하게 지지적인 것으로 인식하기 시작했다. 그럼에도 불구하고 친구에게 받는 정서적 지지는 만 16~18세 사이에 부모의 지지를 능가한다(Bokhorst, Sumter, & Westenberg, 2010).

물론 부모는 아동을 위해 선별적으로 특정한 이웃과 학교를 선택함으로써 친구 선택에 직접적으로 영향을 미칠 수 있으며(Parke & Bhavnagri, 1989), 아동이 다니는 학교의 특성은 인생에서의 중요한 인물들의 영향을 넘어서서 교육적 성과에 영향을 미친다(Buchmann & Dalton, 2002). 더하여 감독(supervision)과 관찰을 통해 부모는 아동의 친구관계망에 누가 들어갈지에 영향을 미칠 수 있다(Warr, 2005). 예를 들어, 청소년들은 부모의 감독(monitoring)이 높을 때 학업 지향적인 친구 집단을 가지는 경향이 좀 더 있음을 나타내는 몇몇 연구가 있다. 부모가 아동을 감독하지 못할 때 청소년들은 비행과 관련된 친구 집단과 연관되는 경향이 좀 더 있었다(Brown, Mounts, Lamborn, & Steinberg, 1993). 그렇기에 부모는 아동이 선택할 수 있는 발달 중인 친구관계망을 형성할 수 있으며 이는 특히 아동과 좋은 질의 관계를 맺고 있을 때 그러하다(Knoester et al., 2006).

부모와 또래의 영향력이 탐구한 영역, 맥락, 또는 영향력을 측정하는 방식의 영향을 받는 것일 수도 있다(Bagwell & Schmidt, 2011). 예를 들어, 부모가 청소년의 결정에 지속적으로 영향력을 행사하지만 이런 영향력은 성패가 달린 문제에 따라서 다른 것으로 나타났다. 여전히 청소년들은 알코올 또는 물질과 같이 장기적인 결과와 관련한 결정에 대한 부모의 영향력이 더 큰 반면, 친구는 의복 또는 선호하는 음악과 같은 단기적인 결과와 관련한 결정에 좀 더 영향력이 있었다(Bengtson, Biblarz, & Roberts, 2002). 이와 같이 또래와 부모 모두 지속적으로 중요할 수 있으며 근접성과 지지에 대한 인식은 호혜적일 수 있다. 실제로 부모와의 관계에 대한 청소년의 인식이 친구와의 관계로 일반화되며 친구관계에서 배운 관계 기술은 부모와의 관계에서 활용된다(DeGoede, Branje, Delsing, & Meeus, 2009). 그럼에도 부모의 영향력은 중기 무렵부터 후기 청소년기까지 감소하는 반면 청소년의 영향력은 증가하며 다시 한 번 친구와 부모가 지속적으로 중요하지만 연구하는 영역에 따라서 청소년에게 다른 방식으로 영향을 미친다는 개념을 입증했다(Bagwell & Schmidt, 2011).

친구는 또한 청소년기의 연인관계의 발달에 영향을 미친다. 청소년은 확장 중인 사회적 관계망에 이성 친구를 포함시킨다. 이런 친구관계의 맥락에서 갈등에 협상하며 절충하고 협력하며 해결한다. 스스로에 대해 더 많이 공유하기 시작하며 그렇게 함으로써 연인관계에 고유한 친밀감의 기반을 확립한다. 문화적·사회적 기대에 더불어 생물학적·신체적 성숙은 데이트의 시작과 연인관계의 발달에 독립적으로 영향을 미친다(Feldman, Turner, & Aroujo, 1999). 또한 연인관계에 있는 것이 또래 집단에서 지위를 획득하며 적합하게 되는 것에 중심이 되는 것처럼 보이기 때문에 또래 집단도 기대감을 전달하는 주요한 맥락이다(Connolly, Craig, Goldberg, & Pepler, 1999; Giordano, 2003). 혼성 집단에서 시간을 보내는 것은 사회적 상호작용을 촉진하며 청소년이 서로에게 매력을 느끼는 걸 확인하며 지속할 수 있게 한다(Connolly & Goldberg, 1999). 그렇기에 연인관계에 있는 것은 또래관계를 촉진하며, 또래관계망은 한 쌍의 연인관계를 지지하는 것처럼 보인다(Brown, 2004; Collins & Steinberg, 2008).

데이트 또는 성적 활동의 개입 시기는 청소년의 발달과 관련되어 있으며 이른 개입은 그 당시 및 이후의 어려움 모두의 위험과 관련된 것으로 나타났다(Zimmer-Gembeck, Sichenbruner, & Collins, 2001). '가성숙(pseudomature)' 행동과 초반의 연인관계에 있는 보다 어린 청소년들을 예로 들자면, 더 친밀한 관계로 이어지는 긍정적인 사회적 기술과 의미 있는 친구관계를 발달시키지 못하는 것으로 보인다(Allen, Schad,

Oudekerk, & Chango, 2014). 후기 청소년기에 연인을 두는 것은 자기에 대한 애정을 표현하는(romantic) 자기 개념과 자기에 대한 긍정적인 감정과 연관되어 있으며(Kuttler, LaGreca, & Prinstein, 1999) 종단 연구에서는 후기 청소년의 연인관계에 대해 인지하고 있는 유능감이 일반적인 유능감과 관련되어 있음을 확실히 한 바 있다(Master et al., 1995). 일반적인 관계를 공식화할 수는 없지만, 추후 연구는 분명히 이런 연관성을 명확히 할 필요가 있다. 더욱이 이는 단순한 연인관계의 경험이 아니라 관계를 성사시키는것과 관련되며 탐색할 만큼 중요한 특정 사회·정서적 과정이다. 친구 및 연인과(단독 및 좀 더 큰 집단에서 함께) 시간을 보내는 것 사이의 균형을 찾는 것뿐만 아니라 친밀감을 공유하며 상처받기 쉬운 상태, 타협과 갈등을 해결하는 경험들은 모두가 청소년의 관계 측면에서 의미가 있다.

또한 '훅업(hook up)' 문화는 성생활에 관한 청소년의 관점과 삶에서의 위치에 영향을 미친다. 훅업은 책무를 기대하지 않는 일회성 또는 몇 차례의 성적 경험(성적인 접촉)으로 정의되는 것으로(Bogle, 2008; Stepp, 2007) 이제는 남녀 양성 청소년에게 문화적으로 규범적인 것으로 여겨진다(Garcia, Reiber, Massey, & Merriweather, 2012). 훅업에 대한 다수 연구는 대학생을 대상으로 행해진 반면, 젊은 청소년(만 12세부터)에 대한 연구는 성적으로 활발한 연구 대상 중에서 60~70% 정도가 구속되지 않는(얽매이지 않는) 성행위를 한 적이 있다고 보고했음을 보여주었다(Grello, Welsh, Harper, & Dickson, 2003; Manning, Giordano, & Longmore, 2006). 청소년이 전형적으로 대학에 있는 발달적 변화 기간인 성인 진입기 동안 대개 친밀감 및 성과 관련한 자신의 태도가 탐색된다(Arnett, 2000). 이제는 이런 탐색의 부분으로서 미국 대학생의 60~80% 정도는 훅업 경험을 한다(Garcia et al., 2012).

훅업 문화는 사회와 진화적 힘의 융합뿐 아니라 여성 운동, 대중 매체, 문화 규범의 변화에 의해 생겨난 것일 수 있다. 책, 문헌, 영화에서의 대중 매체의 성생활 묘사는 책임지지 않는 기쁨으로 얽매이지 않는 성관계 묘사에 기여한다. 훅업에 관한 다양한 동기가 있으며 이에는 육체적 또는 정서적 만족감, 파트너에게 끌림, 취한 상태 그리고/또는 성적 매력을 느끼길 바라는 것이다(Fielder & Carey, 2010). 몇몇은 개인이 타인의 훅업에 대한 편안함을 과대평가하고 혼란이나 갈등의 느낌에도 불구하고 동참해야한다는 부담감을 느끼며 다원적 무지가 훅업으로 이끌게 된다고 주장했다(Peterson & Muehlenhard, 2007; Reiber & Garcia, 2010). 어떤 동기이든 연애를 하기에는 완전히 이해하지 못할 심각한 정서적·심리적인 결과가 초래될 수 있다. 몇몇은 훅업이 여성이 자신의 성적 취향을 탐색하며 책임과 결혼을 늦출 수 있도록 하며 자율권을 주는 것이라고 주장하지만 다른 사람들은 훅업 경험이 낮은 자존감과 외로움, 우울을 반영하거나 원인이 될 수 있음을 우려한다. 남녀 성 모두와 청소년의 경험의 발달 단계별로 훅업의 긍정적 및 부정적인 측면 모두에 대한 추후 탐색이 필요함은 명확하다.

행동과 기대에 영향을 미치며 현재의 관계에 대한 해석을 바꾸는 관계 경험에서의 개인차가 있다. 예를 들어 부모 또래 모두와의 관계의 질과 부모와의 초기 애착관계에 대한 성인기 초기의 회상이 연인관계의 발달과 연관된 것으로 나타났다(Collins & Van Dulmen, 2006a). 애착관계와 훅업과의 관련은 현존하는 연구들이 모순되는 연구 결과를 제시하고 있으며 아직 완전히 이해된 것은 아니다(Owen, Rhoades, Stanley, & Fincham, 2010; Paul, McManus, & Hayes, 2000; Snapp, Lento, Ryu, & Rosen, 2014). 청소년기와 성인기 초기에 가까운 관계에 대한 좀 더 미묘하며 정교한 관점을 제시하는 것이 계속해서 추후 연구에서의 중요한 목표가 될 것임이 분명하다.

이와 같이 종단 연구가 초기 청소년기의 우정이 후기 청소년기와 초기 성인기의 적응과 안녕감을 증진시킨다는 것이 확립되었지만(예 : Bagwell, Schmidt, Newcomb, & Bukowski, 2001; Coie, Terry, Lenox, Lochman, & Hyman, 1995; Woodward & Fergusson, 1999) 효과의 방향은 여전히 불명확하다. 친구관계를 확립하며 유지하는 것을 더 어렵게 만들거나 이후 부적응에 대한 축적되는 위험 요인(cumulative risk factors)을 야기하는 특정 취약점이 있을 수 있다. 그게 아니라면 초기의 취약점과 이후의 문제 간의 관계를 매개하는 것일 수 있다(Bagwell, Newcomb, et al., 1998). 그렇지만 단순히 친구를 사귀는 것이 이후의 적응을 보장하는 것은 아니다(Pettit, 1997). 즉, 질 낮은 친구관계를 맺는 것이 마치 친구가 없거나 또래에게 거절당하는 것이 적응에서의 어려움으로 이끄는 것과 같은 위험 요인일 수 있다. 이와 비슷하게 친구관계를 맺는 것이 꼭 보호 요인의 역할을 하는 것은 아니다. 지지적인 우정이 또래 괴롭힘(peer victimization)의 위험에 처한 아동들을 보호하고 타당성과 격려를 제공하며 아동이 일상생활 스트레스 요인에 대처할 수 있도록 돕는 반면, 부정적 결과의 위험에 처하게 할 수 있는 특정한 유형의 친구 또는 친구관계의 특성이 있다. 예를 들어 친구관계가 갈등으로 가득 차 있다면 아동은 학교에서 지장을 더 줄 수 있다(Berndt, 1996). 아동은 친구들이 더 공격적일 때 공격에 대한 보다 큰 공격에 대한 동의로 발전하게 된다(Newcomb et al., 1999). 그리고 반사회적인 아동과 청소년의 의사소통 패턴은 일탈 행동을 증가시키는 역할을 한다(Dishion, Andrews, & Crosby, 1995). 따라서 청소년기의 가까운 친구관계의 발달적 중요성을 탐색하는 추후 연구는 다양한 위험 요인이 있는 청소년들의 결과를 조절하는 다른 과정이 있을 수 있음을 인식하며 친구관계가 이후의 적응에 영향을 미치는 메커니즘(체제)을 고려할 필요가 있다.

## 청소년기의 애착관계

청소년이 성숙하며 사회적 세계가 직계 가족을 넘어 확장하는 그때에 부모와의 애착관계는 여전히 중요하다. 청소년은 자율성을 계속해서 발달시키며 점점 더 복잡한 인지적 기술을 습득하고 또래관계를 관리한다. 발달 중인 정서적 유능감과 자기 이해의 증가는 좀 더 성숙하며 밀접하게 연결된 친구관계를 가능케 한다. 그러나 여전히 부모와의 애착은 청소년이 새로운 발달 과제에 직면할 때 매우 중요하다.

청소년은 부모가 자신의 탐색을 지원하며 안내함에 있어 매우 중요한 역할을 하는 것처럼 부모를 안전 기지, 안전한 낙원, 안심시켜주는 것의 원천으로 계속해서 필요로 한다. 이제 애착 체계에 대한 기반이 되는 목표 설정이 근접성이라는 초기의 목표와는 다르게 애착 인물에 대한 이용 가능성이 되며, 이용 가능성이 전달되고 안전과 지원이 이루어지는 방식에서의 질적인 차이가 있다(Bowlby, 1969/1982). 이용 가능성에 대한 욕구는 청소년의 상황과 애착 인물이 청소년의 욕구에 반응적인 정도, 신체 및 정서적인 이용 가능성, 청소년 자녀와 솔직하게 소통할 수 있는 수준에 따라 다를 것이다. 피로, 괴로움, 다양한 무서운 경험, 부모의 무반응, 이용 가능성의 부족은 영아와 어린 아동, 청소년들의 애착행동을 활성화시키는 몇 가지 조건이지만 청소년들은 위험으로부터의 보호가 필요한 위급 상황일 때나(Goldberg, Grusec, & Jenkins, 1999) 애착 인물의 이용 가능성이 위협받을 때, 애착 인물과의 근접성과 접촉을 좀 더 선호하는 경향이 있다(Kobak & Madsen, 2008). 또한 청소년이 활용하는 특정 애착행동은 근접성 추구, 분리에 대한 괴로움, 안전 기지와 안전한 낙원에 대한 욕구와 관련한 나이에 적절한 표현을 반영한다(Campa, Hazan, & Wolfe, 2009). 따라서 애착행동을 끌어내는 상황의 유형과 애착관계가 조직되는 방식은 이후의 발달 기간에 있어 매우 독특한 것이다. 청소년과 부모는 애착관계를 조율하고 변화시키며 어떻게 진정으로 협상하는 파트너 관계가 될 것인지에 대하여 지속적인 접촉의 책임을 공유하게 된다.

# 부각되는 인지적·사회적·정서적 능력은
# 청소년의 애착에 어떤 영향을 미치는가?

청소년이 스스로를 더 잘 이해하게 되면서 다른 사람 또한 더 잘 이해하게 된다. 자신의 내적 사고, 느낌, 동기를 더 잘 인식하게 되며 타인 또한 본인의 내적 세계에 대한 인식이 발달할 것으로 생각한다. 따라서 보다 일관성 있는 자기감은 타인에 대한 좀 더 완전한 이해와 함께 생겨나게 된다. 자기와 타인에 대한 이해는 동시에 발달하며 그것으로 인해 청소년이 타인과의 관계뿐만 아니라 스스로에 대해 개념화하는 방식에도 영향을 미치게 된다. 청소년은 어린 아동들과는 달리 서로를 이해하는 큰 능력이 있다(Hartup & Stevens, 1999). 어린 아동들이 호혜성과 주고받기의 중요성을 이해하지만 타인을 완전한 개인으로 온전히 이해하고 있는 것은 아니다. 청소년이 될 즈음에는 자신에게 감정 상태와 정서적 반응이 있는 것처럼 타인도 그러하다는 것을 인식한다. 상호 간 이해 능력의 결과 자기 개방과 공유 욕구가 증가한다. 친구가 내적 감정과 경험을 진실되고 신뢰할 수 있는 방식으로 드러낼 때 관계는 발달하며 깊어지고 더 친밀해진다. 아동기 중기부터 청소년 중기에 이르기까지 친구관계에 매우 유용한 능력과 친밀감에 대한 큰 욕구가 있다(Hartup & Stevens, 1999; Rubin, Bukowski, et al., 2006). 신뢰를 유지하는 것과 충실함에 대해 더 큰 책임이 있다. 후기 청소년기 즈음에 다중 관계를 조율하는 능력과 보다 광범위한 친구관계에서의 경쟁적인 요구에 대한 균형을 유지하는 능력은 향상된 인지 능력으로 가능해진다. 따라서 새로운 인지 능력은 청소년의 사회적 기능에 직접적인 영향을 준다.

청소년의 좀 더 추상적이며 논리적인 사고로의 변화도 애착관계에 대해 사고하며 다가가는 통합적이며 지배적인 틀의 구성을 가능케 한다(Main et al., 1985). 영아기와 아동기 동안 다수의 애착 인물들과의 상호작용 이력으로부터 청소년은 상호작용의 지침이 되는 애착에 대한 일반적인 관점을 발달시키고 애착관계에 대해 생각하게 된다. 청소년기와 성인기의 애착 안정성은 이제는 애착관계의 특징 또는 애착관계에서의 독특한 특정 행동을 반영하는 특성, 특정한 애착관계로 평가되기보다는 일반적인 내적 심리 상태로 평가한다(Main & Goldwyn, 1998). 사고와 행동의 측면을 통합하며 애착을 조직적인 개념으로 보는 이러한 관점은 청소년기의 엄마, 아빠, 친구들과의 상호작용에 대한 함의가 있다(Allen et al., 2003; Allen, Porter, McFarland, McElhaney, & Marsh, 2007).

관계에 대해 생각하며 관계를 의미 있게 만드는 능력은 보다 더 정교한 인지 능력의 출현으로 가능하게 되며 청소년이 애착 인물들을 서로 비교하고, 또 그들을 상상하는 이상적인 인물에 비교하면서 애착 인물을 평가하게 한다. 양육자의 욕구와는 별개로 자기와 자신의 욕구에 대한 보다 일관적인 관점을 유지하는 능력은 자기와 타인에 대한 구별의 증진에 기인한다(Selman, 1980). 청소년은 자신의 욕구가 여러 애착 인물 중 한 애착 인물에게서 더 충족되는 것을 깨닫는 경향이 있다. 그리고 이제는 부모를 긍정적인 관점과 부정적인 관점 모두로 볼 수 있게 되며, 이는 부모에 대한 이상화를 감소시킨다(Steinberg, 2005a). 따라서 추상적 사고를 하며 대안 가능성을 고려하는 능력은 형식적 조작기 사고에서의 인지적 발전을 반영하는 것으로 청소년이 다른 애착관계를 숙고하며 생각해볼 수 있게 한다. 이 과정은 본인을 '실망시키는' 부모에 대한 실망으로 분노에 사로잡히게 만들거나 몇 가지 의미 있는 방식으로 부재하거나 부족한 부모에 대해 무시하는 태도로 이어지게 할 수 있다. 반대로 청소년의 안정 애착 구성을 반영하는 애착관계에 대한 보다 객관적이고 일관적이며 균형 잡힌 관점을 낳을 수도 있다(Allen & Land, 1999; Kobak & Duemmler, 1994). 예로 청소년 남아는 아버지와의 관계에서의 결점을 좀 더 인정하는 경향이 있는 반면, 스트레스를 받을 때 어머니가 온전히 반응적이며 지지할 것이라고 생각한다. 그러나 이제 청소년들은 애착관계에 대해 한 가지 특정한 관계에만 초점을 두는 것이 아닌 좀 더 일반적으로 생각하는 능력과 애착에 관한 자기만의 조직적인 마음 상태를 구성하는 능력을 보유하게 된다.

자율성의 증가와 자신과 타인 사이의 구분과 더불어 청소년은 특정한 관계 또는 상호작용 행동에 덜 의존하는 보다 더 내면에 기반한 자기에 대한 관점을 구성한다(Allen & Land, 1999). 이는 자신과 타인의 불일치를 알아챌 수 있으며 이와 관련된 상황과 어떻게 일어난 것인지를 되돌아볼 수 있게 해준다(Sroufe et al., 2005a). 이 모든 것들은 자기에 대한 보다 안정적인 관점의 발달에도 기여하며, 이 관점은 초기 애착 경험에 뿌리는 두고 있지만 타인(예 : 양육자, 형제, 친구, 다른 성인)과의 상호작용 외에 청소년의 자기 개념으로 점차 이루어지게 된다. 자기를 되돌아보는 능력, 타인과 자기 자신의 감정과 사고에 대해 생각하는 능력, 반성적 기능(reflective function)을 하는 능력은(Fonagy et al., 2002; Fonagy, Steele, Steele, Moran, & Higgit, 1991; Fonagy & Target, 1997) 대인관계 및 개인적 차원 모두를 아우르는 발달 중인 매우 중요한 기술을 구성한다(Benbassat & Priel, 2012). 청소년은 자기 인식과 이해의 능력을 발달시키는 것처럼 타인의 사고, 감정, 욕구에 대해 생각하는 것을 배운다. 애착의 틀 내에서 개념화되어 반성적 기능은 자기와 타인에 대한 내적인 심적 표상을 필요로 한다. 실제로 종단 연구는 부모의 반성적 기능 능력과 자녀와의 안정성인 애착관계와의 관련성을 입증했다(Fonagy Steele, Steele, Moran, et al., 1991). 더욱이 부모의 반성적 기능은 청소년의 반성적 기능과 사회적 유능감을 포함하여 보다 더 긍정적인 결과와 관련이 있다(Benbassat & Priel, 2012). 따라서 청소년기가 길게 연장된 몇 년간의 기간에 걸쳐 확장되었다는 점을 고려해볼 때, 그동안 추상적 사고와 논리적 추론 능력이 지속적으로 성장해가며 점차 더 애착관계와 자기와 관련된 본인의 마음 상태를 숙고하고 조율하며 구조화하게 된다.

## 청소년기의 애착관계의 위계

아동기에서 청소년기로 이동함에 따라 애착관계에는 무슨 일이 생기는가? 발달적 진전뿐만 아니라 사회적 경험의 확장이 애착관계에서의 연속성과 불연속에 대한 새로운 기회를 제공해주지만, 이제 아동들은 전형적으로 몇몇 성인과 의미 있는 관계를 형성하게된다. 또한 많은 아동들은 생물학적 부모와의 관계에서 방해뿐 아니라 분리, 이혼, 재혼에 기인한 혼란과 재구성을 경험하게 된다(Kobak, Little, Race, & Acosta, 2011). 더욱이 몇몇 이론가들은 청소년들이 10대에 가까운 친구들과 더 많은 시간을 보내기 시작하면서 애착관계를 친구들과 발달시키게 된다고 주장한다(Hazan & Shaver, 1994). 가까운 친구들과의 관계 맺음의 증가는 정서적 지지와 안정감을 느끼게 하며 의미 있는 정서적 연결의 구축 가능성을 높인다. 이제 친구에 대한 손쉬운 이용 가능성과 매우 근접하여 함께 보내는 시간은 필요한 경우 찾게 되는 애착 인물이 친구가 될 가능성을 높인다. 나이 든 청소년과 성인 진입기에서는 가까운 친구관계와 연인관계 또한 애착관계로 볼 수 있다(Fraley & Shaver, 2000; Hazan & Shaver, 1994; Weiss, 1986). 그러므로 청소년기 즈음에는 애착 기능이 점차 엄마와 아빠에게서 가까운 친구 그리고 결국엔 연인으로 옮겨지지만(Hazan & Zeifman, 1994) 부모와의 애착관계는 여전히 매우 중요하다.

특히 중요한 문제는 친구가 애착의 위계로 포함되는 방법이다. 학교와 사회적 상황에서의 일상적인 스트레스 요인과 도전은 부모를 쉽게 이용할 수 없는 비응급 상황에서 가까운 친구가 애착 욕구를 충족시키게끔 만든다(Kobak et al., 2007). 부모를 향한 애착 행동은 여전히 자기나 애착 인물의 이용 가능성에 위협이 되는 응급 상황에서 활성화된다(Waters & Cummings, 2005). 중요한 것은 신체적으로 가까운 근접성에 대한 욕구는 어린 청소년이 그들의 작동 모델을 부모와 가까운 친구의 이용 가능성과 반응성에 통합시킴에 따라 감소한다는 점이다. 이렇게 애착 관련 행동의 내면화된 표상, 기대, 신념은 청소년에게 신체적으로 근접하지 않을 때에도 안정감을 제공한다(Crowell & Waters, 1994).

친구관계는 애착 위계가 확장함에 따라 애착관계를 닮게 되지만 가까운 친구와 부모는 기능 면에서 중요한 차이가 있다. 청소년은 근접성을 위해 가까운 친구를 찾으며 친구는 안전한 낙원을 제공하는데, 이는 청소년이 정서적 지지, 위안, 의미 있는 동료애를 필요로 하기 때문이다. 그러나 부모는 청소년이 고도의 스트레스를 받을 때나 자율성을 탐색할 때 안전 기지를 제공하므로 계속해서 매우 중요하다(Allen, 2008; Nickerson & Nagle, 2005; Sroufe & Waters, 1977). 그러므로 부모와 가까운 친구관계는 청소년기에 중요하며 서로 다르긴 하지만 보완적인 역할을 한다(Paterson, Field, & Pryor, 1994). 이렇게 복합적인 애착은 위계로 구성된다. 일차적인 애착 인물이 선호될 것이며 특정한 애착 관련 기능을 만족시키기 위해서나 애착 체계가 활성화될 때 그리고 일차적인 애착 인물이 정서적으로 접근 불가능할 때에는 다른 인물들을 찾을 수 있다(Ainsworth, 1989; Bowlby, 1969/1982; Cassidy, 2008). 그러므로 유기의 위협이 있을 때와 같은 위험 또는 고통이 연관된 상황에서(Bowlby, 1973), 부모의 갈등을 목격할 때나(Davies & Cummings, 1994) 애착관계에서 분열이 있을 때(Kobak et al., 2001) 청소년들은 초기 애착 인물의 이용 가능성을 불신할 수 있다(Ainsworth, 1991). 결과적으로 자신의 애착 관련 욕구를 충족시키기 위해 가장 가까운 친구에게 기대를 걸 수 있다. 또한 몇몇 이론가들은 연인이 후기 청소년기의 주요한 애착 인물로서 부모를 대신할 수 있음을 주장한바 있다. 애착 위계에서는 연인과의 관계가 친화적이고 돌봄을 제공하며 성적인 행동 체계의 폭넓은 기능을 통합시킬 때(Furman & Wehner, 1997) 주요한 변화가 발생하는데(Furman & Wehner, 1994; Hazan & Zeifman, 1994) 따라서 청소년기에 애착관계는 매우 선별적이며 다른 지지적인 사회적 관계와는 구별되는 독특하고 중요한 기능을 한다고 볼 수 있다(Rosenthal & Kobak, 2010; van IJzendoorn & Bakermans-Kranenburg, 2010).

청소년의 애착 위계에서 중요한 관계를 확인한 후 다른 애착관계의 질을 평가하는 것은 복합 애착의 영향력과 애착 인물이 적응에 미치는 다른 역할에 대한 이해에 기여할 것이다(Kobak et al., 2005). 부모는 특히 청소년기와 심지어 성인 진입기에 안전기지 욕구 충족에 있어 매우 중요한 애착 인물의 역할을 계속한다(Fraley & Davis, 1997; Fraley & Shaver, 2000; Freeman & Brown, 2001). 부모가 안심 또는 신체적 근접성을 위해 감소된 빈도로 추구된다는 사실은 청소년기에 다른 애착 관련 욕구들이 다른 애착 인물에 의해 도움받음을 시사한다. 추후 연구는 가까운 친구와 부모 외의 성인의 특정 역할과 애착 기능이 친구와 연인으로 '위임'되는 방법, 그리고 부모와의 애착관계에서 방해가 있을 때 애착 인물이 할 수 있는 보상적인 역할을 입증해야 할 것이다.

흥미롭게도 나이 든 청소년의 애착 위계 비교는 어머니가 중요한 애착 인물로 계속 남아 있는 것에 비해, 아버지는 좀 더 '(그 자리를) 내어주는' 경향이 있다(Rosenthal & Kobak, 2010). 더욱이 연인은 후기 청소년기와 초기 성인기를 거치며 애착 위계에서의 중요도가 증가한다(Markiewicz, Lawford, Doyle, & Haggart, 2006). 아버지가 청소년의 인생에 관여하지 않을 때 연인의 중요도의 증가 여부는 후속 연구에서 다뤄야 할 중요한 의문점이다. 이와 유사하게 청소년의 애착 위계에서 친구의 상대적인 배치는 좀 더 탐색해야 할 매우 중요한 부분이다. 부모보다 더 상위에 친구를 배치하는 것은 내면화 및 외현화 문제 위험의 증가와 관련되어 있었다(Rosenthal & Kobak, 2010). 친구를 애착 인물로 의존하는 것은 부모-자녀 애착관계에서의 문제에 대한 보상적인 역할을 할 수 있으나 정서적 어려움에 청소년을 좀 더 취약하게 만들 수도 있다. 그것이 아니라면 더 일반적으로는 행동 문제를 지닌 청소년들이 부모, 친구와 애착관계를 형성하거나 유지하는 것에 대한 어려움이 있을 수 있다. 이것은 애착 위계의 재조직 가능성과 발달적 차이를 보다 잘 이해하기 위한 종단 연구의 근거가 되는 중요한 쟁점이다.

## 청소년기의 애착관계의 측정

청소년기와 성인 진입기의 애착관계의 질은 자기 보고(Armsden & Greenberg, 1987, 2009; Greenberg, Siegel, & Leitch, 1983; Hazan & Shaver, 1987) 또는 면담(Bartholomew & Horowitz, 1991; Kobak & Sceery, 1988; Main et al., 1985)에 의해 가장 빈번히 측정되었다. 예를 들어, 애착 이력 질문지(Attachment History Questionnaire, AHQ)(Pottharst, 1990)는 아동기의 애착 관련 경험의 기억을 평가하기 위해 개발되었다. 부모와 또래 애착 척도(Inventory of Parent and Peer Attachment, IPPA)(Armsden & Greengerg, 1987, 2009)는 부모와 또래와의 현재 관계에 대한 청소년의 지각을 평가하기 위해 개발되었으며, 이에는 신뢰와 존중의 느낌, 의사소통의 질, 분노 및 소외의 수준을 포함한다. 두 척도 모두 부모와 또래관계에서의 애착 이력, 행동, 안전감을 평가하기 위해 고안되었다. 안정 애착 패턴과 불안정 애착 패턴 사이를 식별하고 구분하기 위해 개발된 것은 아니다. 이와 대조적으로 성인 애착 척도(Experiences in Close Relationships inventory, ECR)(Brennan et al., 1998)와 성인 애착 척도-개정판(Experiences in Close Relationship-Revised, ECR-R)(Fraley, Waller, & Brennan, 2000)은 애착 관련 정서, 기대, 행동 또는 애착 스타일에 대한 자기보고식 척도로서, 이는 성인의 연인관계에 반영되기 때문이다(Crowell et al., 2008; Mikulincer & Shaver, 2008). 그리고 성인 애착 면접(Adult Attachment Interview, AAI)(George et al., 1984, 1985, 1996)은 아동기의 애착 관련 경험과 그러한 경험이 현재의 기능에 미치는 영향력에 대한 질문을 제시한다. 이런 척도들은 애착 체계의 기저가 되는 조직을 평가하기 위해 고안되었으며 Ainsworth와 동료들이 원래 식별했던 것과(Ainsworth et al., 1978) 유사한 안정 및 불안정 애착 패턴에 대한 설명을 제시한다.

ECR의 초점은 애착 회피와 애착 불안이라는 애착 관련의 두 가지 차원에 관한 개인의 경험에 대한 설명을 제공하는 것에 있다. 애착 회피가 높은 개인은 지지와 위안을 위해 타인에게 기꺼이 접근하지 않는 반면, 애착 불안이 높은 이들은 타인에 의한 유기를 두려워하거나 타인을 잃는 것을 두려워한다. 상대적으로 애착 회피나 불안이 거의 없는 개인은 안정 애착 유형을 보여주었다. ECR로 평가한 애착 유형은 아동기의 애착 경험을 반영하는 것으로 생각된다. 실제로 연구는 불안정 애착 유형의 성인이 안정 애착 유형의 성인보다 회고적으로 좀 더 부정적인 애착 관련 경험을 보고했음을 제시하며 이러한 관점을 지지한다(Mikulincer & Shaver, 2007 참조). 보다 최근에는 성인 애착 유형 개정판-관계 구조 질문지(Relationships Structures questionnaire of the Experiences in Close Relationships-Revised, ECR-RS)(Fraley et al., 2000)가 복잡적인 관계적 맥락(어머니, 아버지, 연인, 친구와의)에서의 애착을 평가하기 위해 활용되고 있는데, 애착 관계에서의 개인적 차이를 감안하는 일련의 공통적인 항목들을 필요로 한다(Fraley, Heffernan, Vicary, & Brumbaugh, 2011). 몇몇 연구자들은 안정, 회피, 양가적인-불안/저항(Hazan & Shaver, 1987, 1990) 그리고 추가적으로 두려워하는 애착 집단의(Bartholomew & Horowitz, 1991) 애착 범주를 산출하는 애착 유형 질문지를 개발한 바있다. 이러한 애착 유형 분류는 면접 조사(측정)에서 나타나는 것과 유사한 것으로 보여지나 이런 자기 보고식 및 면접 조사(측정)는 실제로는 꽤 다르고, 통계적으로 관련이 없으며 작동 모델의 다른 측면들을 측정한다(Roisman, 2009; Roisman et al., 2007).

성인 애착 면접(George et al., 1984, 1985, 1996)은 성인이 자신의 애착 경험, 특히 부모와의 초기 관계와 그러한 경험에 대한 의미를 보고하는 반구조적인 면접으로 개발되었다. 개인은 분리, 거부, 상실에 대한 기억과 더불어 상처받고, 아팠거나 화났던 경험을 이끌어내는 질문을 받는다(Main, Hesse, & Goldwyn, 2008). 성인 애착 면접은 청소년기의 애착을 측정하기 위해서도 가장 흔히 활용된다(Allen, 2008; Crowell et al., 2008; Hesse, 2008). 심지어 몇몇 연구자들은 성인 애착 면접의 변형인 아동 애착 면접(the Child Attachment Interview)이 만 7~12세 아동의 애착 표상을 평가하기 위해 개발되었음에도(Target, Fonagy, & Shmueli-Goetz, 2003) 후기 아동기와 초기 청소년기의 애착 안정성을 평가할 때 성인 애착 면접을 활용했다(Ammaniti et al., 2000).

성인 애착 면접의 기저가 되는 가정은 개인이 엄마 또는 아빠와의 특정한 초기 애착과는 관계없이 애착관계에 관련된 개인의 마음 상태를 이끌어내는 질문이라는 점이다. 부모와 아동의 초기 애착 경험과 현재의 관계와 최근의 상실 질문에 대한 개인의 반응이 평가된다. 더욱이 초기 애착 경험과 관련된 주의와 정서를 조절하기 위해 사용하는 내면화된 전략을 확인한다. 잘 기술된 분류 체계를 활용하여 평가자는 애착 관련 경험을 묘사하기 위해 사용한 언어와 발달 및 현재의 기능에 이러한 경험들이 미치는 영향에 대해 초점을 둔 면접 시에 그대로의 전사된 자료를 평가한다. 글의 현저한 특징뿐만 아니라 직접적으로 표현된 단어가 고려된다. 코더는 9점 척도를 사용하며, 이는 애착에 관한 개인의 현재 마음 상태뿐만 아니라(예 : 일관적이거나 비일관적이거나) 개인이 보고하는 아동기 경험의 추론적 질을 반영하고, 이야기의 전반적인 일관성을 고려한다. 간결하며 특이하게 길고 모순적이거나 무관한 문장은 강조되며 글에서의 일관성 또는 비일관성이 평가된다. 애착 분류의 근거를 제공하는 것은 개인의 애착 이력에 대한 '끌어내린 추론'(어린 아동을 대상으로 행동 관찰이나 정서적 신호를 활용하는)이 아닌 애착과 관련 있는 언어의 사용이다(Hesse, 2008). 따라서 채점은 단어의 전반적인 응집력(coherence)과 일관성, 초기 경험의 통합되며 의미 있는 이야기를 제공할 수 있는 개인의 능력뿐만 아니라 초기 애착 인물에 관한 응답자의 이야기에 대한 평가에 달려 있다. 그다음에 점수는 통합하며 코더가 그 점수를 활용하여 결과로 나온 전사된 텍스트를 5개의 범주 중 하나로 분류한다.

인터뷰에서의 반응을 분류하는 몇 가지 '조직된' 마음 상태 범주가 있다. 안정-자율형(secure-autonomous) 개인은 애착관계를 가치 있게 여기며 개인적 관계 경험에 객관적이고 아동기 경험을 응집력 있게 묘사한다. 불안정-무시형(insecure-dismissing) 개인은 애착 경험과 관계를 평가 절하하거나 해당 생각을 떨쳐 버리려고 하거나 스스로를 단절시킨다. 그들은 종종 구체적인 세부 사항 또는 예시 없이 과거의 관계에 대한 긍정적인 포괄적 기억을 제시한다. 불안정-몰입형(insecure-preoccupied) 개인은 초기 애착과 애착 관련 경험에 대한 집착과 지속적인 염려를 보여준다. 그들은 수동적 또는 혼란스럽거나 비객관적이거나 분노한 것일 수 있다(Main, Goldwyn, & Hesse, 2008). 이러한 범주는 Ainsworth 등(1978)이 확인한 세 가지 영아의 애착 분류(안정, 불안정-회피, 불안정-저항)와 매우 유사하다. 두 가지 성인 '불안정' 범주는 자신의 초기 경험에 대한 응답자의 평가가 실제 부모의 행동이 제시하는 이야기와는 잘 맞지 않는 응집력이 없거나 비일관적인 설명을 반영한다. 이러한 두 가지 범주 중 하나로의 분류는 거부하거나(회피하는 전략) 또는 과도하게 관여하는(집착하는 전략) 부모로부터 기인하는 불안을 감내하기 위해 활용하는 전략을 반영한다. 무시형의 전형적인 담화는 애착 관련 이슈에 대한 이야기를 불편함과 초기 애착의 중요성에 대한 부인, 특정 사건을 기억하는 것에 대한 어려움과 함께 초기 경험의 이상화를 포함한다. 몰입형으로 분류된 개인은 종종 그들의 초기 부모 관계에서의 역할 전환을 경험했는데, 여기에서 그들의 책임은 자신이 아닌 부모의 욕구를 돌보며 반응하는 것이다. 개인의 묘사는 종종 혼란스럽거나 양면적이다. 그들은 분노와 무관심 사이를 번갈아 가거나 관계에 대한 지속된 관심 또는 집착을 반영할 수 있다.

두 가지 추가적인 '비조직형' 범주는 원래의 분류 도식이 성인 애착 면접에서 제시된 이후에 개발되었다. 추가된 항목은 이제는 상세히 기술되어 있으며 미해결/비조직형 또는 분류할 수 없는 형이다(Hesse, 1996; Hesse & Main, 2000). 미해결/비조직형으로 분류된 개인은 학대와/또는 상실과 연관된 초기 애착 관련 트라우마에 대해 얘기할 때 무조직과 혼란을 보여준다. 그리고 분류할 수 없는 형은 전사한 내용이 주요 범주 중 하나로 분류되지 않는 경우를 위해 남겨두었다. 예를 들어 한 부모가 이상적인 반면 한 부모가 상당한 분노로 기술되는 그런 드문 경우에는 인터뷰 전사에서의 결과가 상당히 조리가 없으며 그로 인해 '분류할 수 없는 형'으로 표기한다(Hesse, 1996, 2008).

중산층 표본을 조사한 대부분의 연구에서 지배적인 유형은 안정-자율형 범주이다 (예: Benoit & Parker, 1994; Das Eiden, Teti, & Corns, 1995; Fonagy, Steele, & Steele, 1991). 그렇지만 예로 청소년기 어머니나(Ward & Carlson, 1995) 아동 학대 또는 모의 우울(Cicchetti & Valentino, 2006; Weinfield et al., 2000)이 있는 고위험 표본에서는 불안정-무시형이 높은 비율로 있었다. 성인 애착 면접을 기록하기 위한 몇 가지 가능한 방법이 있는데, 예로 성인 애착 Q-Set(Adult Attachment Q-Set, AAQ)(Kobak, 1993)과 성찰 기능 척도(Reflective Functioning Scoring System)(Fonagy et al., 2008; Fonagy, Steele, Steele, Moran et al., 1991)가 있다. 더욱이 성인 애착 분류와 애착 관련 경험과

정서에 관한 성인의 회상과 담화에 영향을 미칠 수 있는 작용 중인 방어 과정을 탐색하는 상당한 양의 연구가 있다(Mikulincer & Shaver, 2007).

흥미롭게도 연구자들은 성인 애착 면접과 애착 유형 측정 모두가 이론적으로 의미가 있으며 예상되는 방식으로 다양한 애착 관련 개념, 예를 들어, 정서 조절(예 : 검토를 위해서는 Mikulincer & Shaver, 2008 참조), 사회적 정보 처리(Dakas & Cassidy, 2011), 연인관계에서의 기능과 유사하게 관련되어 있음을 발견했다(Roisman, Madsen, Hennighausen, Sroufe, & Collings, 2011). 또한 성인 애착 분류와(성인 애착 면접을 활용한) 화자의 반응성과 자식과의 애착 사이의 연관성과 성인 애착과 임상적 상태 간의 관계를 기록한 바 있다(Hesse, 2008; Crowell et al., 2008 참조). 예를 들어, 메타 분석 자료는 성인 애착 면접과 부모의 양육 행동 간의 상당한 관련성(효과 크기=0.72)이 있음을 밝혔다(van IJzendoorn, 1995). 더하여 부모의 성인 애착 면접 분류와 낯선 상황에서의 영아의 애착 유형 사이에 강한 일치가 있었다(van IJzendoorn, 1995). 현존하는 연구에서의 제한점 또는 차이와 애착 안정성에 대한 양육 선행 사건(예 : 자율성 지지)의 탐색이 가능한 대안적 방법뿐만 아니라 애착의 전달(transmission)을 탐색하고자 시도한 연구들은 본 영역에서의 연구에 대한 흥미로운 새 방향을 제시한다(Bernier, Matte-Gagné, Bélanger, & Whipple, 2014). 더 높은 비율의 불안정 애착은 일반 인구에서보다 임상 인구에서 발견된다(Riggs & Jacobvitz, 2002; van IJzendoorn & Bakermans-Kranenburg, 1996; Wallis & Steele, 2001). 종합해보면 이 연구는 애착 패턴의 세대 간 전달, 발달과 정신병리학 간의 관계에 대한 이해를 확장시켰다(Lyons-Ruth & Jacobvitz, 2008). 이는 엄마의 애착 표상을 수정하는 것뿐만 아니라 부모-자녀 상호작용을 개선하는 방향의 중재 접근의 시기와 잠재적 역할에 대한 발상을 일으킨다(Cicchetti et al., 2006). 마지막으로 이는 시간에 따른 애착 패턴의 재조직 가능성과 특정 애착 전략의 가능한 적응적 기능에 대한 문제를 제기한다(예 : Belsky, 2005와 Hrdy, 2005 참조).

결론적으로 우리는 청소년기의 애착 안정성 평가에 이용하는 기법들이 주로 특정 관계의 특성으로서의 애착이 아닌 애착에 대한 내적 마음 상태에 초점을 두고 있다는 것을 알게 되었다(Main & Goldwyn, 1998). 청소년기의 애착을 이해하는 데 있어 조직적 관점(Sroufe & Waters, 1977)을 취하는 것은 애착 안정성이 진행 중인 관계와 관계의 내적 표상 모두에 반영된다는 관점을 낳는다(Allen et al., 2007). 실제로 초기 애착관계로부터 형성되는 복합적 모델에서 합성되고 구성되는 애착과 관련된 '일반화된 마음 상태'는 청소년기에 나타나는 것으로 보인다. 애착관계에 대한 이런 통합적 관점은 청소년이 새로운 애착을 어떻게 발달시키는지와 어떻게 결국 스스로가 돌보는 역할을 맡게 되는지에 대한 전조이다(Grossman, Grossman, & Waters, 2005; Steele et al., 1996).

## 초기 및 후기의 애착 안정성

한 살짜리의 애착행동과 청소년기의 표상 사이에는 연속성이 있을까? 이제는 애착에서의 질적 차이를 평가하기 위해 활용할 수 있는 발달적으로 적절한 측정 도구가 있기 때문에 연구자들은 영아기에서 아동기를 거쳐 청소년기에 이르기까지의 애착 안정성 또는 불안정성의 연속성에 대한 문제를 탐구할 수 있다. 몇몇 연구는 애착이 다른 나이 대에서의 평가 방식에서 분명한 차이가 있음에도 불구하고 일관성을 발견한 바 있다(Main et al., 1985). 영아기와 초기 아동기에 애착은 전형적으로 특정 관계에 대한 안정성의 관점에서 평가하며 애착 안정성에 대한 평가에서 연속성이 있는 경향이 있다(Weinfield et al., 2008). 청소년기와 성인 진입기에서는 대부분의 연구가 애착의 내적 표상을 평가하는 것에 초점을 두고 있으며 이는 특정한 관계를 초월하는 것이다. 영아기에서 청소년기까지의 연속성을 조사했을 때 저위험 표본에서의 애착에서는 보통 수준의 안정성(63~64%)이 나타났다(Hamilton, 2000; Waters, Merrick, et al., 2000). 특히 양육 환경과 애착 경험에서의 안정성은 애착 분류의 안정성에 있어 필수적인 것으로 보인다. 아동이 생후 6개월 이전에 입양된 가정에서도 초기 아동기와 청소년기 때의 어머니의 높은 민감도 수준이 영아기에서 청소년기까지의 애착 안정성의 연속성을 예측했으며 영아기의 불안정 애착이 청소년기에 안정 애착으로 변하는 것은 그 기간 동안의 어머니의 민감도의 상대적인 증가와 관련이 있었다(Beijersbergen, Juffer, Bakermans-Kranenbrug, & van IJzendoorn, 2012).

대조적으로 영아기의 애착과 아동기의 특정 행동 간(Belsky, Spritz, & Crnic, 1996; Thompson & Lamb, 1983) 또는 청소년기의 애착 표상 간의 연속성의 부족(Lewis, Feiring, & Rosenthal, 2000; Zimmermann, Fremmer-Bombik, Spangler, & Grossman, 1997)을 기록한 연구도 있다. 불연속성은 좀 더 힘겨운 환경적 상황과 주요 부정적 생활 사건이 있을 때 좀 더 있는 경향이 있다(Hamilton, 2000; Sroufe, 1997; Waters, Hamilton, & Weinfield, 2000; Weinfield et al., 2000; Weinfield, Whaley, & Egeland, 2004). 예를 들어, 부모의 이혼은 청소년기의 불안정 애착 표상과 연관되어 있다(Lewis et al., 2000; Zimmerman et al., 1997). 빈곤, 엄마의 정서적 얽힘(enmeshment), 청소

년의 우울은 모두 청소년 기간 동안의 안정성 변화를 예측하는 것으로 나타났다(Allen, McElhaney, Kuperminc, & Jodl, 2004). 이에 덧붙여 아동 학대, 부모의 약물 또는 알코올 사용, 생명을 위협하는 질병 또는 부모의 죽음과 같은 스트레스 사건이 시간에 따른 애착 표상의 변화를 예측한다. 따라서 영아기와 성인 초기 사이의 안정성은 주로 안정적인 애착 표상의 연속성에 기여하는 반면 불안정성, 즉 영아기 때의 안정에서 성인 초기에서의 불안정으로의 이동은 학대, 더 많은 생활 스트레스 요인(소년들에게), 그리고 초기 청소년기의 낮은 수준의 부모의 지지와 연관되어 있다(Sroufe et al., 2005a).

힘겹거나 스트레스를 주는 상황이 애착 표상의 안정성에 예상할 수 있는 변화를 낳는다는 것은 알고 있지만 이러한 경험들이 애착에 대한 청소년의 마음 상태에서의 이러한 변화를 어떻게 야기하는지에 대한 것은 덜 명확하다. 저위험 표본에서조차도 스트레스성 생활 사건은 애착 표상에서의 변화와 연관이 있다(예 : Waters, Merrick, et al., 2000). 이런 저위험 집단에서는 이러한 변화가 애착 표상에서의 장기적 변화가 아닌 일시적인 동요를 반영하는 것은 아닌지에 대한 후속 평가가 필요할 수 있다(Aikins, Howes, & Hamilton, 2009). 또한 제한된 자기-조절 및 인지적 능력이 청소년 일상생활 스트레스 요인을 감내하는 것을 더 힘겹게 만들 수도 있으며 양육자에 대한 낮은 접근성과 지지가 청소년이 일상생활 스트레스를 잘 이겨내야 한다는 부모의 기대와 더불어 애착 표상에서의 변화를 야기할 수 있다. 저위험군 및 고위험 표본 모두에서의 애착의 불연속성을 야기하는 메커니즘을 이해하는 것은 후속 연구에 대한 분명히 중요한 방향이다.

흥미롭게도 몇몇 종단 연구는 영아의 애착 지위가 청소년기의 친밀한 관계의 특별한 질과 관련되어 있음을 입증했다. 사실상 이런 연관성은 영아의 애착이 청소년 또는 성인 애착의 측정과 관련이 있을 때보다도 더 강할 수 있다(Allen, 2008; Grossman, Grossman, & Kindler, 2005; Sroufe et al. 2005a). 더욱이 청소년기의 애착 표상은 모의 애착 안정성과 단지 중간 정도로만 상관관계가 있었다(Allen et al., 2004). 따라서 종합해보면 영아와 청소년의 애착 측정에서와 부모의 애착 지위와 청소년의 애착 표상 간의 보통 수준의 연속성이 있는 것으로 보인다(Allen, 2008). 또한 애착 표상에 있어 청소년기 동안의 안정성이 있는 것으로 보이나(예 : Allen et al., 2004; Ammaniti et al., 2000; Zimmermann & Becker-Stoll, 2002) 이런 연구들은 상대적으로 적은 표본 크기와 애착 패턴을 측정하고 코딩함에 있어 다양한 방법론을 활용하였다. 그럼에도 불구하고 우리는 특정한 조건과 맥락에서 청소년의 애착 표상이 지속적으로 안정적일 수 있음을 잘 알고 있다.

대조적으로 애착관계의 질은 부모와 또래 애착 척도(IPPA)를 활용하여 평가했을 때 만 11~17세의 기간에 걸쳐 청소년의 성별과 변화 패턴에 영향을 미치는 애착 인물의 성별에 따라 애착에서의 질적인 변화가(코호트 계열 설계법을 활용하여) 있음이 발견되었다(Buist et al., 2002). 예를 들어 엄마와의 애착의 질은 만 11~17세까지의 기간에 걸쳐 소녀에서는 선형적 감소를 보였으나 소년들에서는 애착의 질에서의 평균 수준의 변화는 비선형적이었다. 아빠와의 애착에서는 소년에게서는 애착의 질에서의 선형적 감소가 있었고 소녀에게는 비선형적 변화가 있었다. 더욱이 형제 한 쌍의 성별 구성은 애착의 질에서의 차별되는 발달과 관련되어 있다. 이러한 결과는 자기보고식 도구의 사용에 기인한 것이며 아동들은 부모가 모두 있는 네덜란드 중산층 가족에 속한 청소년이지만 여전히 청소년의 애착의 발달적 패턴에 대한 흥미로운 자료를 제시하며 이러한 패턴에 영향을 미칠 수 있는 개인, 가족, 관계적 특성에 대한 중요한 문제를 제기한다.

지속적인 애착 패턴이 청소년의 마음 상태에(성인 애착 면접에서 평가했을 때) 반영되지 않거나 이후 애착 표상을 예측하지 못할 가능성을 고려하는 것 또한 중요하다. 실제로 애착 표상의 약간의 가변성은 예측할 수 있다(Weinfield et al., 2004). 더욱이 일부 청소년들은 그들이 부인하는 부정적인 인생의 경험을 겪었을 수도 있는데, 특히 그들이 원가족으로부터 자율성을 얻지 못하고 그들이 여전히 의지하고 있는 부모로부터 받은 홀대를 인정하는 것을 어렵게 느낀다면 그로 인해 회피적인 유형이 될 것이다. 그러나 이런 아동기 경험에 대한 약간의 재고와 분석 그리고 자율성의 증가가 있다면 청소년들은 실제로 부정적 경험에도 불구하고 안정적인 유형이 될 수 있다(Waters, Weinfield, & Hamilton, 2000). 따라서 치료적 개입은 애착 표상을 불안정에서 안정적인 것으로의 변화를 이끌어낼 수 있을 것이다. 아동기 중기에 교사와의 관계 그리고 초기 청소년기 친구관계의 질 또한 애착의 내적 표상의 궤적을 예측함에 있어 중요한 역할을 할 수 있다(Aikins et al., 2009). 그러나 여전히 현존하는 연구가 애착의 구조와 다양한 발달 기간에 걸친 애착 안정성을 평가하는 현재의 평가 기법의 유용함을 보다 더 분명히 밝힐 수 있는 후속 연구에 대한 흥미로운 방향을 제시하고 있다.

영아기부터 청소년기까지의 애착에 대한 연구는 청소년의 애착과 정서적 적응을 이해함에 있어 깊은 함의를 가지고 있다. 발달에 대한 체계적인 접근은 이후 부적응 발달 패턴의 초기 원인을 고려하는 틀을 제시한다(Sroufe, 2005; Sroufe et al., 2005b). 그에 따라 애착관계 경험과 같은 초기 사건이 이후 적응의 추이를 확립하지만 그 경로가 확고하게 결정된 것은 아니다. 이후의 경험이 이런 발달 궤도를 확고히 할 수도 있고 반대로 변화와 개편으로 이끌 수 있다. 이후의 단계에서 핵심적인 발달 과업의 해결, 아동의 경험, 습득된 능숙함 모두 영향력이 있을 것이다. 또한 아동들은 초기 애착 경험을 굳건하게 해나가며 형제, 친구, 교사 또는 다른 의미 있는 성인과의 관계들에게도 영향을 받는다. 그러므로 불안정 애착관계로 첫걸음을 내딛은 아동들은 현재 또는 이후의 발달 과업뿐만 아니라 다른 대인관계를 감당하는 것에 관해서는 상대적으로 불리한 위치일 수 있다. 그러나 모든 희망을 잃은 것은 아니다. 변화의 가능성이 있다. 초기 영아기에 서부터 후기 청소년기까지의 경로를 생각해보면 초기 애착 경험은 이후 애착 표상의 가능한 과정을 확립할 수 있을 것이다. 그러나 중간에 발생하는 상황들 또한 청소년기의 결과에 영향을 미칠 것이며 현재의 스트레스 요인 및 경험과 함께 고려한다면 초기 경험 또는 애착 표상만을 보는 것보다 결과를 더 잘 예측할 수 있을 수 있다(Aikins et al., 2009; Sroufe et al., 2005a). 가족 이외의 관계, 예를 들어 특히 또래와 교사와의 관계는 현재의 애착 표상에 통합될 수 있는 대인관계 경험의 대안이 되는 가능성을 제공한다. 고위험 및 저위험 표본의 애착 연속성을 탐색하는 추후 연구는 애착 표상이 청소년기에 수정되거나 재조직되는 정도에 대한 이해에 이바지할 것이다.

## 청소년의 애착과 사회 및 정서적 기능

청소년기의 애착 체계는 시간에 따라 변화하며 비교적 안정적이고 가족과 그 이외의 관계에서의 기능을 예측하는 구조를 이룬다(Allen, 2008; Hesse, 2008). 사실 애착 패턴은 청소년기의 사회적 유능감과 대인관계 기능과 정적인 연관성이 있으며(Allen & Land, 1999; Bagwell, Newcomb, et al., 1998; Black & McCartney, 1997) 반사회적 행동과는 부적인 연관이 있는 것으로 나타났다(Marcus & Betzer, 1996). 애착 안정성은 규모가 더 큰 또래와의 상호작용보다는 가까운 관계에서의 기능과 좀 더 관련이 있는 것처럼 보이지만(Hazan & Shaver, 1987; Lieberman et al., 1999) 애착 안정성, 일반적인 또래 유능감, 또래관계에의 작동 모델 간의 연관성 또한 있는 것으로 나타났다(예 : Allen, Moore, Kuperminc, & Bell, 1998; Allen et al., 2007; Furman, Simon, Shaffer, & Bouchey, 2002). 따라서 애착 안정성은 전반적인 인기, 수용, 우정의 질뿐만 아니라 가까운 친구와의 관계에서의 기능에도 적절하다.

안정적으로 애착된 청소년들은 가까운 친구관계에서 정서적 친밀감에 더 편안해한다(Weimer, Kerns, & Oldenburg, 2004; Zimmerman, 2004). 이들은 또래 압력을 견뎌내며 정서적 지지를 찾는 것에 더 능숙하다. 더욱이 부모와의 관계에 대한 청소년의 작업 모델은 연인관계 및 친구와의 작동 모델과 유사하며, 그리하여 애착과 관련된 사고, 감정, 경험이 시작하는 연인관계에 미치는 역할/기능을 지지한다(Allen, 2008; Furman et al., 2002; Hazan & Shaver, 1994). 안정 애착 표상(AAI로 평가함)은 또한 연인관계에서 질적으로 좋은 상호 작용과 관련이 있다(Roisman et al., 2001). 그러므로 영아기에서 우리가 봤던 것과 마찬가지로 애착 안정성은 청소년기의 사회적 관계에 영향력 있는 중요한 역할을 하는 것으로 보인다. 친구와의 관계가 점차 더 중요해짐에 따라 이런 관계는 적응에 직접적으로 영향을 미치거나 부모-자녀 애착과 이후의 적응 간의 관련을 매개하는 것일 수 있다.

대학생에게서 어머니, 아버지와의 애착관계는 당시의 정서적 적응의 측정과 관련된 것으로 나타났다(Kenny, 1987; Love & Murdock, 2004: McCarthy, Moller, & Fouladi 2001). 부모님과 떨어져 살게 되는 것은 청소년이 새로운 관계를 맺고 지지 체계를 세우면서 가족과의 분리라는 발달적 과업을 잘 통과하는 것을 요한다(Hinderlie & Kenny, 2002). 흥미롭게도 사회적 기술이 애착과 정서적 적응의 관계를 매개하는 것에 대해 고찰한 몇몇 연구가 있으며, 차별적 영향력이 발견되었다. 구체적으로는 어머니와의 강한 애착이 갈등 해결에 있어 유능감을 예측하며, 결국 이것이 관계적 유능감 및 더 나은 정서적 적응과 관련 있었다. 아버지와의 강한 애착은 더 나은 사회적 기술을 예측하며, 이는 더 큰 관계적 유능감과 더 높은 정서적 적응으로 이어졌다(Ross & Fuertes, 2010). 어머니가 안전 기지의 역할을 하고 특히 갈등이 강한 상황에서 청소년이 대인관계 상황에서의 갈등을 이겨내고 안정 애착관계를 유지하는 데에 필수적인 유형의 기술들을 배우는 것을 돕는지의 여부는 추후 탐색이 필수적인 흥미로운 물음이다. 더욱이 이 연구는 어머니, 아버지, 또래와의 관계가 필수적이며 청소년의 정서적 적응에 있어 상호 보완적인 역할을 한다는 견해를 확인해준다(Noom, Deković, & Meeus, 1999).

애착 안정성은 또한 정신병리 발달과 관계에 관하여 연구된 바 있는데 특히 불안정 애착에 대해서는 부적응에 대한 위험 요인인 것으로 여겨진다(Bowlby, 1973; Burgess, Marshall, Rubin, & Fox, 2003; Greenberg, Speltz, & DeKlyen, 1993; Sroufe, 1997). 몇몇 연구는 실제로 청소년기의 애착과 정신병리 사이의 공존 연관성을 발견했다(Cole-Detke & Kobak, 1996; Kobak & Sceery, 1988; Kobak, Sudler, & Gamble, 1991; Lewis et al., 2000; Rosenstein & Horowitz, 1996). 청소년기 전체에 걸쳐 애착 안정성은 위험한 환경에 있는 표본과(Allen et al., 2002; Marsh, McFarland, Allen, McElhaney, &

Land, 2003) 일반 표본(community sample)(Allen et al., 2007; Dawson, Allen, Marston, Hafen, & Schad, 2014) 모두에게서 더 높은 수준의 우울 증상 및 점점 더 높아지는 수준의 외현화 증상 패턴과 연관된 것으로 나타났다. 대인관계와 관련된 더 많은 어려움이 불안정 애착 개인에게서 발견되었다(Crowell et al., 2008). 그리고 애착 안정성 또는 불안정성과 불안, 우울, 전반적인 내면화 증상 간의 공존 및 장기적인 연관성을 탐색하는 포괄적인 검토와 메타 연구에서는 아동기에서보다는 전 청소년기와 청소년기에 더 강한 연관성이 있는 것으로 나타났다(Brumariu & Kerns, 2010).

다른 유형의 내면화 문제가 특정 패턴의 불안정 애착과 관련이 있는지, 그리고 아버지와의 애착이 내면화 증상의 발달에 어떤 역할을 하는지는 한층 더 나아간 관심이 필수인 문제이다(Brumariu & Kerns, 2010). 애착을 측정하는 방법은 연구마다 다르기 때문에 가장 빈번히 사용하는 평가 방법으로 보이는 설문지에 관련해서는 반응 편향성과 동일 방법 편의(shared method variance)의 영향력을 감소시키는 후속 연구가 필요하다. 연구는 처음 내면화 증상의 수준을 통제할 필요가 있는데, 이는 기분이 애착 평가에 영향을 미칠 수 있기 때문이다(Roisman, Fortuna, & Halland, 2006). 이는 내면화 증상과 애착 사이의 양방향성의 영향력의 가능성을 명확하고 분명하게 하는 데 도움이 될 수 있다(Brumariu & Kerns, 2010). 더욱이 추가적인 종단 연구가 사회 및 맥락적 요인을 탐색하기 위해 필요한데, 예를 들어, 아동의 특성과 양육 환경(예 : 가족의 기능, 사회 경제적 배경)이 있으며 이는 초기 애착과 이후의 정신병리 간의 알려진 연관성을 설명하는 데 도움이 될 것이다(Raudino, Fergusson, & Horwood, 2013).

가능한 다수의 매커니즘이 불안정 애착과 부적응 행동 간의 연결을 설명하기 위해 제시된 바 있다. 예를 들어 불안정 애착은 정서 규제에 관련된 어려움을 야기할 수 있었다(Cassidy, 1994; Thompson, 1994). 공격적인 행동은 부정적인 귀인 편향(Dodge & Newman, 1981)뿐만 아니라 불신, 분노, 공포를 특징으로 하는 애착 모델에 기인한 것일 수 있다(Bretherton, 1985). 사회적 고립감과 외로움(Kerns et al., 1994) 그리고 내면화 문제는(Granot & Mayseless, 2001) 자기를 가치가 없다고 보는 관점에 의한 것일 수 있다. 최근의 경험적 연구는 이러한 문제를 탐색했다. 예를 들어 부적응적인 대처 전략은 청소년의 불안정 애착 구조와 성인 진입기에서의 외현화에 대한 이후의 보고 간의 관계를 매개하는 역할을 하는 것으로 나타났다(Dawson et al., 2014). 따라서 감정을 확인하고, 이해하며 조절하는 것에 대한 어려움, 인지적 편향, 인지한 자기 가치감을 포함한 특정한 아동의 특성이 좀 더 연구되어야 한다(Brumariu & Kerns, 2010).

더욱이 애착과 내면화 증상 간의 관계를 조절하는 것으로 알려진 요인들, 예를 들어 아동의 기질, 스트레스, 질 낮은 양육 또는 경제적 위험들은 단독으로 또는 복합적으로 내면화 증상, 우울 또는 불안에 대한 가능성을 증가시키는 영향을 명확히 하기 위하여 더 연구되어야 한다(Brumariu & Kerns, 2013; DeKlyen & Greenberg, 2008 참조). 내면화(또는 외현화) 문제를 결정짓는 복합적인 위험 요인들의 상호 작용 및 결합된 영향력은 단일한 변인만을 탐색하는 것보다 더 적절할 수 있다. 또한 마지막으로 정신병리의 캐스케이드 모델(cascade model)(Masten & Cicchetti, 2010)과 일관적으로 불안정 애착이 어느 정도는 내면화 문제와 더 연관이 있는데, 이는 특정 경험 때문이며 예로 또래와 잘 어울리지 못하는 것이나 정서 규제에 대한 어려움이 있고, 이는 아동의 불안 위험을 고조시킨다(Kerns & Brumariu, 2014). 궁극적으로 추후 연구는 정신병리에 대한 이해와 표적에 대한 임상적 개입에 대한 모델의 개발과 관련한 무한한 가능성이 있다.

## 청소년기의 애착관계와 우정

청소년기 내내 안정 애착관계를 유지하는 것은 부모가 아동의 탐색 및 자율성에 대한 욕구를 지지하면서 '안정감을 느끼게' 하는 것과 보호를 제공할 것을 요구한다. 아동은 여전히 기대와 욕구를 명확하게 전달할 수 있다는 것이 확실하다. 그리고 부모와 아동은 함께 멀리 떨어져서 소통할 수 있는 새로운 방법에 대해 결정해야 한다(실제로 새로운 기술에 의해 촉진되는 과정). 아동이 중기 및 후기 아동기에 도달할 때 이들은 또한 가까운 친구관계를 발전시키게 되며 청소년기에는 첫 데이트와 애정 표현을 경험할 수 있다(Furman et al., 2002). 이제 다수의 애착관계가 공존하게 될 때(Allen, 2008) 청소년은 또래와 연인과의 애착을 포함하는 확장된 사회적 관계망과 가족 구성원과의 밀접한 관계의 균형을 맞추게 된다. 그렇게 되면 우리가 대부분의 청소년들에게서 예상할 수 있는 분투를 받아들일 때, 이는 역설이다. 그들은 초기의 애착에 대한 연결을 원하며 저항하기도 한다. 청소년의 자율성이 가장 쉽게 확립되는 것은 부모의 애착관계의 안정감 내에서이며(Allen, Hauser, Bell, & O'Connor, 1994; Fraley & Davis, 1997; Nickerson & Nagle, 2005) 새로운 애착관계가 형성된다. 그렇지만 청소년들은 고의적으로 부모와의 애착에 대해 인식한 제한을 '달아나기로' 결정한 듯 보이는데, 이는 청소년들이 좀더 자율적으로 새로운 관계를 계속 관리하며 협상할 때 그렇다. 그리고 애착 인물과의 피할 수 없는 갈등은 자율성 발달에 있어 꼭 필요한 역할을 한다. 그러므로 초기의 애착은 타인과의 연결에 대한 본보기로서 기능하면서 자율성 발달을 촉진시키는 정착과 안정감을 제공한다.

실제로 애착 이론가들이 주장했듯이 애착관계는 다른 관계를 탐색할 수 있는 안전기지를 제공하며 자기, 타인 그리고 관계에 대한 내적 작동 모델을 발달시킨다. 차례로 초기 경험과 내적 작동 모델이 함께 이후의 관계를 형성하게 된다. 연구자들은 이 주장을 지지하는 근거를 제시한 바 있는데, 안정 애착은 아동과 청소년의 대인관계 기능에서의 더 큰 유능감을 예측하는 것으로 나타났다(Black & McCartney, 1997; Elicker et al., 1992; Rice, 1990). 안정 애착의 이력을 가진 아동들은 친구를 사귀는 데에 더 능숙하며 비슷하게 안정 애착의 이력을 지닌 친구를 선택하는 경향이 있고(Elicker et al., 1992) 4학년에는 가까운 친구와 좀 더 긍정적인 상호작용을 했다(Lucas-Thompson & Clarke-Stewart, 2007). 그리고 청소년들이 부모를 온화하며 수용적인 것으로 묘사할 때 친구와의 경험 또한 가장 친밀하며 가까운 것으로 묘사하는 경향이 좀 더 있었다(Madden-Derdich, Estrada, Sales, Leonard, & Updegraff, 2002). 청소년들은 부모의 도움을 요청할 수 있고 부모에 대한 안정감을 느끼며 스트레스를 받을 때 부모에게 의지할 수 있다는 것을 알고 있다고 평가할 때 덜 안정적인 애착을 맺은 경우보다 갈등이 덜하며 질적으로 좋은 친구관계가 있는 것으로 나타났다(Lieberman et al., 1999). 더욱이 청소년들은 좀 더 무시하는 관계 모델을 가진 경우에는 안정형과 비교하여 가장 친한 친구와 문제와 걱정을 나누는 데에 더 어려움을 경험했다(Shomaker & Furman, 2009).

친구와 부모와의 청소년 및 성인 초기의 애착 사이의 연관성이 밝혀졌음에도 불구하고 상관관계는 상대적으로 낮았으며($rs$ 범위는 척도에 따라 0.15~0.31에 이름) 이는 다른 관계에 대한 독특한 애착을 나타내는 것이다(Crowell et al., 2008; Fraley et al., 2011). 부모와 불안정하게 애착된 몇몇 청소년들이 애착 욕구를 충족시키기 위해 친구를 찾을 수 있음을 주장하는 근거도 있다. 이런 경우에는 친구들이 부모와의 관계에서 찾을 수 없는 것을 보상해줄 수 있다(Freeman & Brown, 2001; Schneider & Younger, 1996). 따라서 부모와의 애착을 덜 안정적인 것으로 보는 청소년들은 친구와의 관계를 좀 더 안정적으로 보며(Furman et al., 2002) 근접성 추구와 안전 기지의 기능을 위해 친구에게 의존하는 경향이 있다(Nickerson & Nagle, 2005). 추가적으로 몇몇 연구는 청소년기의 불안정 애착이 애착 욕구를 충족하기 위해 너무 이르게 연인관계를 찾는 것으로 이어질 수 있다고 주장했다(Hazan & Zeifman, 1994).

만약 청소년기에 친구가 정서적 지지와 동료애의 가장 중요한 원천이 된다면 특히 부모와 덜 안정적으로 애착된 경우에 또래관계와 우정의 발달이 이런 중요한 발달 시기 동안에 권장되어야 한다. 가까운 또래관계가 청년기의 긍정적인 결과와 연관된다고 주장한 상당한 양의 연구가 있다(Bukowski et al., 1993; Reis & Shaver, 1988). 실제로 다수의 연구들은 우정의 질이 초기 애착과 이후의 심리적 적응의 관계를 매개할 수 있음을 보여준다(Booth-LaForce et al., 2005; Rubin et al., 2004). 게다가 부모 양쪽과 친구와 안정적으로 애착된 청소년들은 낮은 내면화 및 외현화 문제를 보이는 것으로 나타난 반면, 부모에게는 불안정하게 애착되었지만 친구들과 안정적으로 애착된 경우에는 부모와 안정적으로 애착되었지만 친구와는 불안정하게 애착된 경우보다 문제 행동을 거의 보이지 않았다(Laible, Carlo, & Raffaelli, 2000). 이러한 연구 결과의 임상적 함의는 매우 심오하다. 아동과 청소년의 능숙함과 탄력성을 촉진하는 것은 대단히 중요하다(Masten, 2014). 학교와 지역사회 환경에서 또래 지도(peer tutoring)를 통해 가까운 또래관계를 조성하는 것은 긍정적인 학업 결과를 야기할 수 있으며 다양한 인종 그리고 소수 민족 간의 협력적인 사회적 관계를 증진시킬 수 있을 것이다(예 : Nickerson & Nagle, 2005 참조). 청소년과 함께하는 교육자와 정신건강 제공자는 여가 활동, 정서적 갈등 그리고 대인관계를 해냄에 있어 친구의 역할을 인식하고 지지해야 한다. 가까운 친구관계가 불안정 애착관계와 관련된 모든 가능한 결과들을 보호할 수는 없겠지만 여전히 청소년들을 그것으로부터 보호하며 몇몇 보완적인 역할을 할 수 있다.

분명히 추후 연구가 애착 이력의 가장 많은 영향을 받는 친구관계의 측면을 더 구체화할 수 있도록 할 것이며 두 상호작용 파트너 모두와의 애착 패턴을 탐색하는 데에 도움이 될 것이다. 예를 들어 안정 애착 경험을 가진 아동이 안정적인 이력을 가진 타인을 좀 더 찾아 친구가 되려 하는 것일 수도 있다. 여기에서 친구관계를 시작하며 유지하는 것은 그들에게 더 쉬울 수 있으며 그들이 친구관계에서 좀 더 친밀성과 지지를 기대하고 제공한다. 청소년의 친구관계의 시작에 있어, 또 신뢰로우며 개방적인 관계를 유지하는 것 또는 갈등의 해결에 있어 불안정 애착 이력의 결과를 탐색하는 것은 개입 전략이 요구되는 특정한 어려움을 확인하는 것에 도움을 줄 것이다. 마지막으로 내적 작동 모델이 초기 애착 경험과 이후의 우정 간의 관계에 있어 중심적인 역할을 하는 것으로 설명했지만 이런 연관성을 설명하는 몇 가지 다른 요인들이 있을 수 있다. 초기 애착 안정성은 자기감의 개발에 기여할 수 있으며 이는 자기에 대해 능력과 자신감 있는 관점을 지닐 수 있도록 해주고 그다음에는 아동의 친구관계에 대한 방향/성향에 영향을 미치게 된다. 자기 가치에 대한 더 좋은 느낌 그리고 호혜성과 사회적 지지에 대한 기대는 안정 애착과 질 높은 친구관계에 기여하는 유형의 초기 사회적 경험에 기인할 수 있다(Booth -LaForce et al., 2005). 부모-청소년 관계의 다른 특성들에 대한 척도, 친구관계와 애착에 대한 인지적 표상, 자기 이해 및 인지한 유능감 척도를 통합하는 연구 설계는 애착과 친구관계의 연관성에 대한 더 나은 이해에 대한 중요한 실마리를 제공해줄 것이다(Bagwell & Schmidt, 2011).

정서 조절 또한 부모와의 애착관계와 청소년기의 친구관계의 발달 사이에서 매개 역할을 할 수 있다. 실제로 애착 이론가들은 작동 모델과 정서 조절 기술(또는 정서적 각성을 조절하기 위해 사용하는 행동과 전략) 모두가 탐색할 만한 중요한 것임을 제시했다(Bowlby, 1973; Bretherton, 1987). 이론가들은 건설적인 대처, 정서 조절 전략의 역할이 후기 아동기의 애착과 또래 유능감의 관계를 매개하는 역할을 하며 특히 높은 부정적 정서성을 지닌 아동에게 그렇다는 것을 기록한 바 있다(Contreras et al., 2000; Kerns et al., 2007). 어머니와 안정적으로 애착된 아동들은 건설적인 대처 전략을 좀 더 사용하며 또래 유능감이 더 높은 것으로 평가받는 경향이 있다. 교사 또한 좀 더 건설적인 대처를 활용하는 아동들을 또래와의 관계에서 좀 더 유능한 것으로 평가한다(Contreras et al., 2000). 그렇기에 적응적인 방식과 전반적인 맥락에 걸쳐 정서를 조절하는 능력은 질 높은 또래관계로 발전시키는 능력을 포함한 좀 더 적응적인 사회적 기능이 안정적으로 애착된 아동들에게서 발견된다는 결과를 설명하는 데 도움이 될 것이다(Contreras & Kerns, 2000). 청소년기의 정서 조절을 매개하는 역할에 대해 조사하는 것은 이 연구를 장시키는 데 있어 중요하다.

이와 유사하게 내적 작동 모델이 사회적 정보 처리에서 하는 역할을 명확히 하는 것은 최근 연구에서 취해지는 또 다른 중요한 방향이다(Dykas & Cassidy, 2011). 이 연구는 가까운 대인관계에서의 개인의 경험이 사회적 환경에서의 정보를 처리하는 방법에서의 차이를 도출해낸다는 가정에 기초한다(Bowlby, 1969/1982, 1973, 1980; Dykas & Cassidy, 2011). 예로 한 연구에서 애착(가까운 관계에서의 경험에 대한 설문지의 합산 점수를 활용)과 청소년이 주의를 기울이는 사회적 정보 간의 관련성을 탐색하였다. 좀 더 안정적인 청소년들은 자기에 대한 좀 더 긍정적인 피드백을 구하며 좀 더 긍정적으로 편향된 도식적 처리 과정을 사용하는 것으로 나타났다(Cassidy, Ziv, Mehta, & Feeney, 2003). 또 다른 연구에서는 청소년-부모 갈등에 대한 청소년과 어머니의 재구성된 인식이 애착 안정성(성인 애착 면접으로 측정의 영향을 받는 것으로 나타났다. 불안정한 청소년은 안정적인 청소년과 비교하여 덜 순조로운 갈등 관련 논의를 보고하였다. 안정적인 청소년과 불안정한 청소년 모두 갈등 관련 논의에 대한 관찰자의 평가보다는 덜 부정적인 것으로 인지했으나 시간이 지남에 따라 안정적인 청소년의 부정적인 편향만이 감소하였다(Dykas, Woodhouse, Ehrlich, & Cassidy, 2010). 관련 연구에서(여기에서도 AAI를 활용하였으며, 어머니와 아버지를 포함하였음) 불안정-무시형 집단에 속한 청소년들은 새로운 애착 관련 정보와 자신의 부모에 대한 부정적인(긍정적인 것과 비교하여) 정보를 떠올리는 것에 어려움을 느끼게 하는 비활성화 전략을 활용하는 것으로 나타난 반면, 몰입형 집단의 청소년들은 정서적인 아동기 경험에 대한 더 많은 기억을 가지고 있었으며, 이는 과잉 행동화와 정서적 고통의 규제에 대한 어려움을 반영한다(Dykas, Woodhouse, Jones, & Cassidy, 2014). 안정적인 청소년들은 또한 타인에 대한 더 긍정적으로 편향된 기대와 귀속(attribution)을 하는 것으로 나타난 반면 불안정한 청소년들은 정보를 부정적으로 편향된 방식으로 처리했다. 예를 들어 성인 애착 면접에서의 마음 일관성 점수가 낮은 경우에는 타인에 의한 거절을 좀 더 예상하는 경향이 있다(Dykas, Cassidy, & Woodhouse, 2009). 더욱이 불안정하게 애착된 청소년들 또한(AAI를 활용) 성인 애착 면접 분류가 불안정-몰입형일 때에 친구(그리고 연인)에 대한 불안정한 모델을 가지고 있었다(Furman et al., 2002). 이와 대조적으로 좀 더 안정적인 청소년들은 친구관계에서의 가까움과 정서적 지지에 관한 좀 더 긍정적인 귀인을 한다(Zimmermann, 2004). 그들은 또한 또래에 의한 거절을 평가할 때 감정과 좀 더 융통적인 기대와 귀인에 더 잘 접근할 수 있다(Zimmermann, 1999). 종합해보면 이 연구는 애착과 관련한 방어적 전략이 사회적 정보 처리 과정과 기억 처리 과정에 영향을 미치는 것으로 보이며 그렇기에 애착, 정서 규제, 애착과 관련된 정보에 대한 기억 간의 복잡한 연결을 강조하는 것이라고 볼 수 있다.

요약하면 청소년의 애착은 또래 및 가까운 친구와의 관계, 정서 규제 능력, 청소년기와 성인기 초기의 적응 및 부적응 패턴에 영향을 미치는 것으로 보인다. 청소년의 관계에서의 친밀성은 가족과의 초기 경험의 축적된 이력에 의해 발달하며 신뢰 능력과 정서를 규제하는 능력에 달려 있다. 초기 관계의 맥락 속에서 아동들은 상호 간의 주고받기를 하는 법과 다양한 정서를 견디는 법, 타인에게 관심을 기울이며 반응하는 법, 다른 사람의 관점을 취하는 법, 공감을 발달시키는 법, 갈등을 논하며 해결하는 법들을 배운다. 이 모든 것들은 친밀성을 발달시킴에 있어 필수적인 요소들이다. 부모로부터의 초기 돌봄, 현재의 지속되는 지지, 반응성에 대한 청소년들의 경험 그리고 이후의 또래 상호작용과 우정에서의 성공과 도전들은 취약하다는 느낌, 자기 개방, 친밀한 관계에서의 고유한 진실된 정서적 공유를 가능케 한다. 분명한 것은 초기 애착관계의 맥락에서 생겨난 유능감이 이후의 애착 역시도 지지하지만 그것들이 통합되고 경험이 쌓이게 되며 아동기 및 청소년기 동안에 가까운 친구관계 내에서 개선된다는 것이다. 발달 기간에 걸친 양육 환경에서의 연속성이 있을 때 시간에 걸친 적응의 일관성을 예측할 수 있다. 그러나 아동, 부모, 가족 또는 양육 환경에 영향을 주는 스트레스 요인이 있다면 발달 결과가 덜 예측 가능한 방식으로 다양할 것이다(Sroufe et al., 2005a). 이렇게 다른 발달적 궤도를 이해하는 것과 적응 및 부적응에 이르는 다양한 경로는 발달 연구자와 임상가의 연구에 지속적으로 영향을 미칠 것이다.

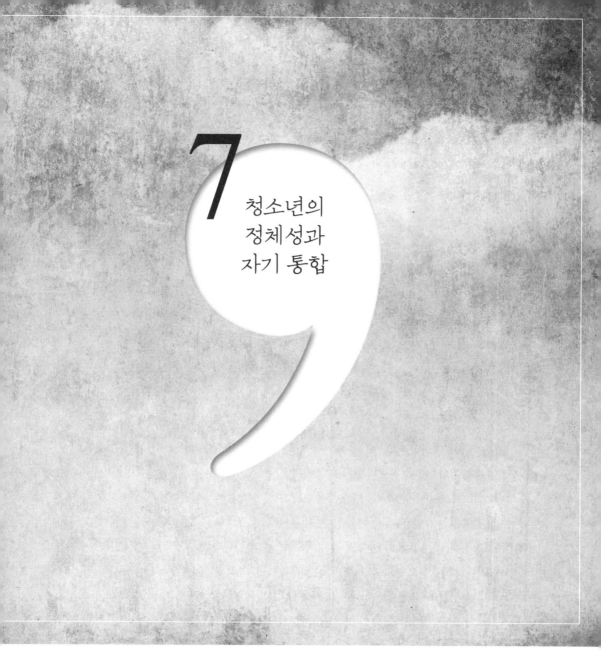

# 7

청소년의
정체성과
자기 통합

Social and Emotional Development
*Attachment Relationships and the Emerging Self*

**제 7 장**

# 청소년의
# 정체성과
# 자기 통합

청소년기 주요 과업 중
하나는 자기감을
통합적이고 일관성 있게
확립하는 것이다.

정체성은 자기(self)에 대한 이해뿐 아니라 다른 사람들과 관련된 자기에 대해 이해하면서 발달하므로 그 과정이 복잡하다. 사회, 정서, 인지의 발달을 통해 청소년의 자기 개념이 변화하는데, 이는 자기에 대한 내적 표상들이 수정되고 자기 존중감이 바뀌기 때문이다. 이제 청소년들은 행동하도록 이끌고, 충동 반응을 억제하고, 정서 반응을 수정하도록 돕는 조절 전략을 사용하기 위해 더 많은 준비가 된다. 결과적으로, 또래들과 가족원들과의 관계가 변화된다. 대부분의 청소년들은 또래와 새로운 수준의 친밀감을 형성하고 부모와의 관계가 발달적으로 적절한 형태로 수정된다. 청소년기는 다른 사람과 관계를 맺으면서도 개별화되는 과정이 지속적으로 이루어지는 시기이다. 그러므로 청소년들은 다시 한 번 관계와 자율성 간의 균형을 잡아나간다.

가족들은 청소년들이 자신만의 유일한 자기 개념을 발달시켜 나가도록 위안과 안정감을 제공해주면서 정체감 발달을 촉진할 수 있는 정서적 장면을 제공한다. 사실, 청소년들이 중요한 애착 대상과 관계를 유지하면서도 자율성 발달을 이뤄나가는 것은 부모와의 안전한 애착관계 안에서 이루어지는 것이다. 성, 인종, 그리고 성정체감 문제들은 가족과 문화적 가치에 영향을 받고 있지만, 그럼에도 불구하고, 청소년들에게 의미 있는 방법으로 다루어져야 한다. 그리고 친밀감과 자기 개방에 대한 문제들은 더욱 중요해지는데, 이는 청소년들이 의미 있는 성인들, 교사들, 그리고 친구들과 다양한 관계를 맺어가기 때문이다. 이 모든 주제들이 이 장에서 다루어질 것이다. 정서 조절과 공감의 역할은 도덕적 정서와 도덕적 행동과 마찬가지로, 다른 사람과 관계를 맺을 수 있는 역량 속에서 논의될 것이다.

어떤 청소년들에게는 정체감 형성이라는 도전을 통과해가는 동안에 사회적이고 정서적인 어려움이 발생하기도 한다. 청소년기에 발달하는 내면화 문제(불안과 우울과 같은 정서장애)와 외현화 문제(비행, 알코올과 약물 남용과 같은)에 대한 연구에서는 왜 어떤 청소년들은 다른 청소년들에 비해 심리적 문제 발달에 더 취약한가와 같은 논쟁적인 문제들에 초점을 두고, 모든 것을 다루게 될 것이다. 우리가 이해하게 될 것은 청소년 정체성과 자기 통합은 개인에게만 중요한 것이 아니라는 것이다. 명확한 자기감 역시 청소년들이 좀 더 넓은 사회 속에서 협상할 수 있게 하는 관계의 성격과 특성에 영향을 미친다. 그러므로 우리가 가장 명확하게 이해해야 하는 것은 중요한 타자들과의 관계를 다루는 것과 자율적인 자기가 계속 발달하는 것이라는 이 두 가지 결정적인 발달 과업 간에 발생하는 긴장이다. 이 긴장을 해결하는 방법을 통해 이후의 적응과 부적응 패턴에 대한 발달 위험 요인을 이해하는 데 있어서 유용한 구조를 알게 될 것이다.

## 자율성 발달과 자기

사람들이 "나는 누구인가?" "다른 사람들이 나를 어떻게 봐주기를 원하는가?" 그리고 "좀 더 넓은 사회 집단 속에서 어떻게 나를 맞출 것인가?"와 같은 질문을 하기 시작하는 때가 바로 청소년기이다. 이제, 자기의 심리적 특성이 탐색되고 검증될 것이다. Erikson 은 청소년기 동안 발생하는 중요한 정체성 위기에 대해 강조하면서, 청소년의 정체성 발달을 설명하는 중요한 이론을 제시하였다(Erikson, 1968). 최근의 이론과 연구에서는 정체성 작업은 후기 청소년기나(Levy-Warren, 1999), 심지어는 그 시기를 훨씬 넘어서는 성인기 초기(Arnett, 2000)까지로 이어진다고 하였다. 서구 사회에서는, 성인기로의 전환 시점이 좀 더 연장되는 것이 일반적이다. 따라서 성인기가 막 시작되는 시기인 만 18~25세 사이는 이제 강렬한 탐험으로 대표되는 인생의 구별된 단계로 간주된다(Arnett, 2004). 이 시기 동안은 안정적으로 보장된 것 없이 다양한 기능 영역(예 : 일, 관계, 생활)에서 빈번하게 변화가 일어난다. 청소년들은 의존하게 되는 아동에서 독립적인 젊은 성인으로 전환되는 중요한 과정에 놓여 있다.

그러나 중요한 것은 '독립적이 되는' 이 과정이 바로 청소년이 중요한 타자, 일반적으로는 부모(들)와의 관계에서 분리되고 자율성을 발달시켜나가는 것을 의미한다는 것이다. 독립성을 형성해나는 이 과정에 대한 연구 결과가 이를 지지하거나 촉진하는 각 개인과 관계의 변화에 대한 연구보다 더 많이 보고되었다(Collins & Steinberg, 2008). 더욱이, 많은 발달 이론들이 자율성을 성취하는 것을 청소년기의 중요한 발달 성과로 개념화하는 반면(McElhaney, Allen, Stephenson, & Hare, 2009), 독립성은 문화 및 사회경제 집단에 따라 다르게 평가된다(Feldman & Quatman, 1988; Manzi, Regalia, Pelucchi, & Fincham, 2012). 예를 들면, 중산층의 유럽계 미국인의 경우, 기능하는 데 있어서 독립성을 격려하고 자신의 의견을 주장할 때 의사결정을 하고 자신감을 갖도록 격려하면서 개인의 자율성을 중시한다(심지어 청소년이 연장자에게 도전하거나 동료를 압박하는 태도를 보일지라도). 청소년이 행동과 정서에서 자율성을 발휘하지 못하면, 비록 이것은 개인을 파악하는 렌즈를 제시하는 특정한 문화적 가치에 기반을 둔 인상이라 하더라도, 그들을 의존적이거나 미성숙하다고 본다. 대조적으로, 연대책임에 가치를 두는 집단(예 : 노동 계급의 멕시코계 미국인, 중산층 일본인)은 개인의 욕구를 표현하는 것보다 더 큰 집단의 이익에 기여하는 것이 더 중요하다고 여기고 개인화보다는 공생적인 조화와 다른 사람들에게 맞추는 것을 더 가치 있게 여긴다(Rothbaum, Pott, et al., 2000).

그러므로 발달 목표로 자율성에 가치를 두는 문화 집단과 관계성에 가치를 두는 문화 집단 사이에는 청소년 독립과의 상관관계와 결과에서 분명한 차이가 있는 것처럼 분명한 차이가 있다(문화적 가치 체계로서 집단주의와 개인주의를 검토한 Tamis-LeMonda et al., 2008 참조). 개인의 자율성을 중요시하지 않거나 촉진하지 않는 비서구 사회에서는 자율성 발달이 청소년기의 발달상 목표가 아니므로, 자율성을 지지하거나 통제하는 것과 같은 양육 방식들은 청소년기 적응과의 관계 속에서 다르게 이해되어야 한다(Mason, Walker-Barnes, Tu, Simons, & Martinez-Arrue, 2004; Roland, 1987; Soenens & Beyers, 2012). 특정 문화 집단에서는(예 : 집단주의를 이상적으로 평가하는 집단), 자율성을 촉진하지 않는 양육 때문에 청소년이 불안, 우울 같은 문제를 겪을 위험에 빠진다고 보지 않는다(Rothbaum & Trommsdorff, 2007; Trommsdorff, 2005). 또한 청소년들이 부모가 자신의 자율성을 지지하고 존중한다고 지각하는 것은 독립심을 얻고자 하는 성향에 영향을 줄 수 있다(Sher-Censor, Oppenheim, & Sagi-Schwartz, 2012). 그러므로, 자율성이 발달하는 과정에서 문제를 발생시키는 사회화 경험에 대해 좀 더 확인하고 탐색해야 한다. 예를 들어, 심지어 서구 문화 집단 내에서도 왜 어떤 청소년들은 자율적인 기능 또는 신중하고 원칙에 근거한 독립적인 의사결정을 하지 못하고, 계속 자신의 부모에게 의존하는지에 대한 질문을 던져야 한다. 왜 어떤 청소년은 부모의 정서적 지지를 과도하게 원하거나 또는 대조적으로 거절하고 거부하는가? 실제로, 분리 과정에서의 부적응 결과(역기능적 의존성 또는 독립성과 같은)와 관련된 양육 행동을 탐색한 경험적 연구는 제한적이다(Kins, Soenens, & Beyers, 2012).

부모로부터 자율성을 발달시키는 과정은 유아기와 초기 아동기에 시작되어 청소년기와 성인 진입기 내내 계속 발전한다. 자율적인 사고, 자율적인 의사결정, 물리적 분리를 포함하여 자율성에 대해 생각하는 여러 가지 방법이 있다(Soenens et al., 2007). 또한 다양한 문화집단에 따라 다르게 해석되고 평가되는 자율성의 각 차원을 부모가 촉진하고 격려하는 방식은 다양하다(Manzi et al., 2012). 다양한 문화적 배경을 가진 청소년은 자신의 문화적 배경과 일치하는 태도로 양육 행동에 대해 다양한 해석과 정서적 의미를 부여한다. 예를 들어, 이탈리아의 대학교 1학년 학생에게 거주의 자율성의 영역이 상대적으로 중요하지 않은 반면, 미국에서는 굉장히 중요하다(Manzi et al., 2012). 미국에서는 많은 대학교 1학년 학생들에게 거주의 자율성을 갖도록 격려하고 부모의 집을 떠나도록 한다. 이러한 움직임은 점차 힘의 균형이 달라지는 것으로 나타나고, 부모와의 관계는 계급적인 것과는 반대되는, 보다 상호적인 관계로 변화한다. 그러나 심지어 함께 살 때조차도, 분리와 개별화 과정은 가족 맥락 내에서 전개된다. 분리 개별화는 심리적 통제와 같은 부모의 요소(Kins et al., 2012)와 중요한 문화적 요소(Chao & Aque, 2009; Rothbaum & Trommsdorff, 2007)의 영향을 받고 또 영향을 미친다. 따라서 문화적 가치와 상호작용하면서 분리 개별화의 발달 과업을 해결하는 데 중요한 역할을 하는 독립성에 대한 가족의 관용과 격려와 같은 가족 내의 차이가 중요할 수 있다.

정신역동 이론에서는 부모로부터의 정서적 독립의 중요성을 강조하고 부모-자녀 관계에서의 갈등을 분리 과정의 정상적인 결과로 보았다(Freud, 1958). 청소년기의 부모-자녀 관계가 지나치게 조화로울 때, 이는 잠재적으로 청소년의 성장과 발달을 저해하는 내적 미성숙의 징후로 여겨진다(Freud, 1958). 그러나 적극적으로 반항하거나 부모에 대한 완전한 거부가 필요한 것은 아니다. 오히려 부모에 대한 극단적 거부는 자율성과 심리사회적 기능과 관련된 발달상의 문제의 전조가 될 수 있다(Steinberg, 1990). 따라서 청소년과 부모 사이에는 적당한 수준의 갈등과 불일치가 기대된다. 궁극적으로 이는 내적인 그리고 관계적인 변화로 이어진다. 게다가 부모가 나이 든 아동을 양육하는 데 필요한 적응에 대한 관심이 커지고 있다. 부모는 또한 자기 자신의 관계와 일에서의 변화, 신체 건강, 심리적 성장과 노부모에 대한 잠재적인 책임을 관리하고 있다(Kins, Soenens, & Beyers, 2011; Pardini, 2008; Wiley & Berman, 2012). 이러한 부모의 발달상 변화는 결국, 청소년의 자율성 발달에 영향을 줄 수 있다.

서양 문화에 뿌리를 둔 가족의 경우, 독립과 관계 사이의 긴장을 탐색하는 것은 청소년기의 많은 실랑이 중 하나이며, 이전의 의존성과 부모에 의한 조절은 더 큰 독립성과 자기 조절의 증가로 이어진다. 그러나 초기 청소년기와 중기 청소년기 사이의 기간 동안(만 11~17세), 많은 청소년은 이미 부모로부터 더 많은 자율성을 원하고 있지만, 아직 행동에 대한 자기 조절은 그만큼 성숙하지 못하였다. 청소년은 자기 자신에 대해 보다 강한 책임감을 갖고 싶어 하는 동시에, 부모가 자신에 대한 통제를 그만두길 바란다(Collins & Steinberg, 2008). 아동과 부모 모두의 정서적 욕구를 받아들이고 존중하면서 이 전환 과정을 관리하는 것은 청소년기 전반에 걸쳐 상당한 도전이다.

흥미롭게도, 발달 신경과학 연구의 중요한 진보는 청소년의 발달, 부모 통제와 뇌 성숙의 측면 사이의 의미 있는 격차에 대한 우리의 이해를 알리는 데 도움이 된다(Steinberg et al., 2006). 특히 일부 청소년의 경우, 부모로부터 더 많은 독립과 적은 통제를 요하는 위험 감수 및 감각 추구 행동의 경향성은 변연계의 변화와 관련이 있다. 변연계의 성장은 계획, 정서 조절, 충동 통제와 같은 실행 기능 기술을 책임지는 뇌 영역인 전전두엽 피질의 성숙 전에 일어난다. 발달에서 이 비동시성 현상의 결과로 어떤 청소년은 의사결정 과정에서 완전한 판단을 실행할 능력을 갖기 전에 자율성을 가지려 할 수 있고, 이는 청소년이 특히 또래와 있을 때, 보다 성숙한 자기 조절을 요구하는 상황을 관리하는 데 문제가 생길 수 있다(Collins & Steinberg, 2008; Nelson et al., 2002; Steinberg & Scott, 2003).

더욱이, 청소년은 자신과 부모의 욕구와 자율성에 대한 기대가 일치할 때 가장 잘 기능하는 것처럼 보이지만(Juang, Lerner, McKinney, & von Eye, 1999), 청소년이 부모보다 훨씬 일찍 자신이 자율성을 가질 준비가 되었다고 믿는 것은 드문 일이 아니다(Ruck, Peterson-Badali, & Day, 2002). 또한 행동의 자율성에 대한 기대와 시기는 문화 및 민족의 차이가 발견되었다(Collins & Steinberg, 2008). 미국, 호주, 홍콩의 백인 청소년과 그의 부모는 같은 나라에 거주하는 아시아계 청소년과 부모보다 일찍 행동의 자유(예 : 데이트, 지출의 자유)에 대한 기대를 지지한다(Feldman & Quatman, 1988; Rosenthal & Feldman, 1990). 이러한 기대에 대한 상대적인 차이가 백인 또래에 비해 아시아계 청소년이 부모로부터의 자율성을 덜 추구하게 만드는지 또는 원인이 되는지는 명확하지 않다.

또한 일관된 결과가 거의 없지만 자율성에 대한 기대의 성별 및 출생 순위에 따른 차이가 탐색되었다(Collins & Steinberg, 2008). 성역할 그리고 딸과 아들의 특정 배치에 대한 부모의 태도는 자율성을 주는 것에 대한 부모의 성향과 관련이 있는 것으로 보인다. 예를 들어, 성역할에 대해 보다 전통적인 견해를 갖고 있는 부모의 경우, 자신의 아들보다는 딸을 더 통제할 가능성이 크다(Bumpus, Crouter, & McHale, 2001). 또한 일반적인 신념과는 반대로, 부모는 둘째보다 첫째에게 더 많은 자율성을 주는데, 특히 첫째가 딸이고 둘째가 아들일 경우 더 그렇다(Bumpus et al., 2001). 부모가 부여하는 자율성의 성별 차이는 특히 아프리카계 미국인 가정에서 두드러지게 눈에 띠는데, 이들은 다른 민족 집단의 청소년에 비해 소년에게 더 많은 자유가 주어지고 소녀는 덜 자유롭다(Bulcroft, Carmody, & Bulcroft, 1996).

청소년기 발단 단계에는 각 가정의 환경과 부모의 목표, 청소년의 사회 및 정서적 요구에 따라, 자율성에 대해 질적으로 다른 형태의 부모의 지지가 필요할 수 있다. 예를 들어, 자녀가 좀 더 적극적이길 바라는 부모라면, 그는 자녀가 어린 청소년기부터 방과 후 활동에 대해 결정해볼 수 있도록 함으로써, 청소년이 흥미가 생기는 것을 추구하도록 할 수 있다. 부모가 좀 더 나이 든 청소년이 사회적 상황에 참여하는 것을 배우면서 동시에 또래 압력에 굴복하지 않고 스스로 일어설 수 있기를 바란다면, 부모는 적절한 부모의 감독이 있는 파티에 참여할지 아동 스스로 결정하도록 격려하고 만약 아동이 안전하지 않다고 느끼거나 파티에서 나오고 싶을 때 무엇을 해야 할지에 대해 구체적인 계획을 제공해주어야 한다. 또는 부모는 청소년이 더 많은 자율성을 지원받고자 할지라도, 청소년기 자녀가 적절한 감독자가 없는 파티에 참석하지 못하도록 결정함으로써 적절한 상황과 위험 또는 문제가 될 수 있는 상황을 평가하는 좋은 판단력을 기르게 할 수 있다. 청소년기의 모든 시기에 부모는 보통 자녀가 강한 또래 압력에 노출될 때 적절하게 반응하고, 책임감 있고 자립적이며, 자신의 결정과 행동에 대해 스스로 설명할 수 있을지에 대해 매우 걱정한다. 청소년은 부모 및 또래와의 관계에서 자신이 정서적 지원이 필요할 때와 그것을 얻는 방법에 대해 점점 더 분별력을 갖게 된다. 동시에, 또래 압력을 관리하는 것은 사회적 관계 내에서 자율성을 발달시켜야 하는 가장 큰 도전 중 하나이다. 사실 또래 압력에 대해 자율성을 유지하는 것과 또래와의 관계의 균형을 맞추는 것은 적응적인 행동과 우정 모두에게 영향을 미친다(Allen, Chango, & Szwedo, 2014).

부모와의 애착관계에서 안전 모델을 확립하는 것은 청소년이 또래 압력에 저항하고 자신의 자율성을 유지할 수 있는 또래관계를 형성하도록 돕는다. 안정 애착을 형성한 청소년은 부모와 연결을 유지하면서 자율적으로 기능할 가능성이 크다. 또한 그는 정서적 지원이 필요할 때 부모와 단짝 친구 모두에게 의지하는 경향이 있다(Allen et al.,

2007). 그러나 부모와의 애착이 불안정할 경우, 청소년은 관계 문제의 위험에 처할 수 있고 특히 또래의 영향에 노출될 때 독립적인 방식으로 자신의 생각과 의사결정을 확인하고 주장하는 일이 거의 없다. 더욱이 부모로부터 자율성에 대해 지지를 얻지 못하는 청소년의 경우, 또래 압력에 저항하고 친구관계에서 자율성을 유지해야 하는 관계에서의 도전을 관리하는 데 훨씬 많은 어려움을 겪는다(Allen, Chango, Szwedo, Schad, & Marston, 2012; Allen & Loeb, 2015; Oudekerk, Allen, Hessel, & Molloy, 2014).

따라서 자율성과 관계의 균형을 해결하는 데 어려움이 있을 경우, 자율성을 희생하면서 다른 사람들과 끊임없이 연결되려는 경향을 보이거나 독립성과 관계 회피에 대한 강한 선입견이 있을 수 있다. 이러한 부적응적 발달 결과와 특정 애착 유형 간의 관련성에 대해 확인된 바로는, 회피 애착는 다른 사람들과 거리를 유지하고 친밀감을 피하는 경향이 있고, 불안 애착의 경우 다른 사람들과 분리되는 것에 대한 불안과 상실의 두려움과 관련이 있다(Kins, Beyers, & Soenens, 2013).

궁극적으로 청소년은 자기를 보다 독립적이고 성숙한 존재로 보게 되고, 또한 부모의 통제를 받는 동시에 부모에 대한 새로운 시각을 발달시키게 되며, 부모는 자녀와의 관계가 보다 평등해짐에 따라 아동과 자기 자신에 대한 시각이 달라진다(Collins, 1995; Steinberg, 1990). 한 사람이 가진 구별된 정체성을 발견하기 시작하는 과정, 또는 부모로부터의 '두 번째 개별화'(Blos, 1967)는 정체성 발달 또는 정체성이 무엇인지 발견하는 과정에서 초기 청소년기에 가장 두드러진 것으로 보이며, 중기와 후기 청소년기에 점점 더 뚜렷해진다(Collins & Steinberg, 2008; Nurmi, 2004). 실제로, 현대의 많은 심리학자들은 성인 진입기에도 지속되는 일관된 정체성의 발달을 알게 되었다. 이에 따라 연구자들은 정체성 위기(Erikson, 1968)의 관점에서 벗어나 청소년기 동안 이루어지는 정체성 발달의 중요한 측면으로서 자기 이해와 자기 개념의 발달에 대해 탐색하는 방향으로 옮겨갔다(Steinberg & Morris, 2001).

## 자기 개념의 발달

현존하는 연구는 미국과(예 : Harter, 1999; Jacobs, Lanza, Osgood, Eccles, & Wigfield, 2002) 호주(예 : Watt, 2004), 캐나다(Shapka & Keating, 2005)의 청소년 표본 모두에서 자아 개념의 발달 변화에 대한 규범적 설명을 제공한다. 초기 청소년기의 인지 발달은 자기의 보다 추상적인 특성을 야기한다(Damon & Hart, 1982; Selman, 1980). 이제 청

소년은 자기 속성과 반대되는 것을 인식하기 시작하면서 보다 차별화되고 다른 환경에서는 다르게 행동할 수 있다(Harter, 2006). 이 자기 개념은 어떤 영역에서의 특정한 자기 평가를 반영한다.

Harter의 자기 지각 프로파일은 학업, 사회성, 신체와 일반적인 자기 가치를 포함한 다양한 기능 영역에서 자기 개념을 평가하는 널리 사용되는 척도의 예이다(Harter, 1989). 어떤 청소년은 역할에 따른 다양한 자기를 인식하면서 '진정한 자기'(Harter & Monsour, 1992)는 누구인가에 대한 혼란을 겪기도 한다. 이 청소년은 자신을 비일관적인 방식으로 묘사할 것이다(예 : '학교에서는 수줍음이 많지만 형제와 있을 때는 외향적이다.'). 그는 자기에 대한 다른 속성들을 비교할 수 있지만 여전히 다양한 추상적인 개념을 일관되고 체계적인 묘사로 통합하는 데 어려움이 있다. 청소년은 사회 상황(예 : 학교와 집 또는 교실과 운동장)에 따른 자신의 행동 차이로 인해 어려움을 겪을 수도 있다.

이론적인 설명에 따르면 청소년은 자신에 대한 다른 사람들의 평가를 자기 관점에 통합시키기 때문에, 자기 개념은 시간과 맥락에 따라 가변성이 생길 수 있다(Cairns & Cairns, 1988). 이 가변성은 어린 청소년이 자신이 어떻게 비춰지는지와 자신의 사회성 및 학업 능력에 대한 외부의 불일치한 피드백에 대한 염려가 고조되는 시기인 초기 청소년기 동안 더 두드러진다(Bukowski, Sippola, & Newcomb, 2000; Dweck, 2002). 이것이 청소년의 자기 개념의 본질과 내용이 중요한 방식으로 바뀌는 후기 청소년기까지 이어지는 것은 아니다. 후기 청소년기에, 청소년의 자기 개념이 반영된 자기 이해는 추상적 사고에 대한 자신의 생각의 발달을 지속적으로 통합한다. 청소년은 이제 스스로 자기 내면의 모순을 생각하고 진실하고 실제인 것과 거짓되거나 자신이 원하는 이상적인 자기의 모습인 것을 구별할 수 있다. 청소년은 다양한 '자기'에 대한 인식의 증가 또는 다른 관계, 맥락과 역할에 따른 행동 및 감정의 변화와 자기 개념을 통합한다.

청소년의 자기 개념은 부모의 이상과 자신이 누구인지에 대한 스스로의 감각을 반영하여(Hart & Fegley, 1995), 마침내 시간이 지남에 따라 더 조직적이고 지속적으로 된다(Harter & Monsour, 1992). 후기 청소년기와 성인 진입기에 들어서면서, 개인은 보다 일관되고 통합적인 자기 이해를 확립하고 잠재적으로 모순적인 속성으로 인한 스트레스를 덜 받게 된다. 청소년은 자기 자신을 더 잘 보고 개인적인 기준과 도덕적 신념을 고수하면서, 다른 사람의 피드백이나 또래와의 사회적인 비교에 훨씬 덜 영향을 받게 된다(Harter, 1998a). 이와 같이, 자기 개념은 청소년기와 성인 진입기에 걸쳐 중요한 방식으로 지속적으로 발달한다.

최근의 경험적 연구에서는 자기 개념의 발달에 대한 규범적 경향에 대한 우리의 이해를 발전시키는 것 이상으로 확장되어 자기 개념의 구체적인 영역 내의 파동에 대해 다루고 있다. 또한 연구자는 어떤 청소년의 자기 개념이 안정 또는 불안정해지는 데 더 취약하게 만드는 요인과 이후의 학업 및 사회적 능력의 발달에서 이러한 변수가 갖는 결과를 탐색하기 시작했다(Molloy, Ram, & Gest, 2011). 예를 들어, 사춘기의 시기와 같은 개인 내적 요인과 그것이 자기 개념에 미치는 영향에 대한 연구가 이루어졌다(예 : Wiesner & Ittel, 2002). 학급 친구, 학업에 대한 압력, 부모 및 또래와의 관계의 질 같은 환경의 영향 또한 자기 개념의 영역에 영향을 줄 수 있다. 또래 희생(peer victimization)은 청소년기의 부정적인 자기 개념과 관련이 있으며, 피해 경험은 발달적으로 부정적인 자기 지각에 선행하고 개입 노력에 직접적인 초점을 제공한다(Bellmore & Cillessen, 2006).

또한 부모는 청소년의 자기 평가에서 중요한 역할을 하는 것으로 간주되어 왔다(Litovsky & Dusek, 1985; Ohannessian, Lerner, Lerner, & Von Eye, 1998). 청소년기 동안, 가족 역동의 변화는 부모의 스트레스를 증가시키고, 부모와 청소년의 상호작용의 감소, 힘의 역동의 이동, 부모로부터 덜 수용된다고 지각하게 하며 갈등이 증가할 가능성을 야기할 수 있다(Collins & Russell, 1991). 청소년의 자기 개념과 부모의 스트레스 간의 연관성은 청소년의 행동으로 인한 어려움, 양육에 대한 책임을 수행하는 부모의 능력 또는 부모-자녀 간의 역기능적 상호작용으로부터 발생하는 스트레스를 고려한 연구가 진행되었다. 부모의 스트레스, 청소년의 자신의 부모에 대한 지각과 청소년의 자기 개념의 발달 간의 직간접적인 관련성이 탐색된 바 있다. 부모의 스트레스가 부모의 특정 양육 행동에 대한 청소년의 지각과 간접적으로 관련이 있다는 것이 관찰되었고, 이는 결국 청소년의 자기 개념의 특정 영역과 관련된다(Putnick et al., 2005). 후속 연구에서 복잡한 인과관계 모델을 탐색하는 것은 청소년의 자기 개념에 영향을 미치는 다양한 요인에 대한 이해 증진에 도움이 될 뿐 아니라, 부정적인 자기 개념으로 인해 어려움에 처한 청소년을 위한 효과적인 개입을 향상시킬 것이다.

## 청소년의 자기 묘사

청소년에게 자기 자신을 묘사해보라고 하면, 청소년은 초기 청소년기에 시작된 자기 개념의 변화를 반영하면서 초기 발달 기간에 자신에 대해 설명한 것과 뚜렷한 차이를 보일 것이다(Damon & Hart, 1988; DeHart, Sroufe, & Cooper, 2004; Harter, 1998, 1999). 청소년기에 자기 묘사는 더 구체화되고, 외적 특징(예 : 관찰 가능한 행동, 신체 및 인구 통계학적 속성)에서 정서, 태도, 내적 세계를 반영하는 보다 추상적인 특성으로 초점이 옮겨간다. 청소년은 어린 시절에 비해 보다 많은 차원으로 자기 자신을 묘사하고 더 복잡한 방식으로 자기 자신을 보는 경향이 있다. 예를 들어, 청소년은 자신의 행동이 상황에 따라 달라질 수 있다는 것을 이해한다. 이에 따라 청소년의 자기 묘사는 점차 상황, 관계와 능력의 분야에 따라 차별화된다. 이제 청소년은 자신이 학교에서는 모범적으로 행동하지만 집에서는 말을 듣지 않는다거나 부모님과의 관계에서는 변덕스럽지만 친구들과는 행복하게 지낸다고 할 수 있고 또는 피아노를 아름답게 연주하지만 학교에서는 그렇게 잘하지 않는다고 말할 것이다. 다양한 자기 묘사를 할 수 있는 능력은 자기에 대해 복잡한 방식으로 생각하고 자기 성찰 능력을 발달시키는 데 부분적으로 영향을 준다. 자기 성찰(self-reflection) 능력은 청소년이 자기 자신에 대해 보다 깊은 이해를 추구함에 따라 자신이 무엇을 생각하고 어떻게 행동할지에 대해 스스로 선택하는 능력이 증가한다는 것을 의미한다(Montemayor, Adams, & Gullotta, 1990).

어린 아동은 자기 자신에 대해 묘사하도록 요청받았을 때, 자신과 또래 사이의 유사성을 찾고 그들이 일반적으로 사용하는 용어로 자기 자신을 설명할 것이다. 그러나 그들의 자기 개념은 초기 청소년기에 보다 개별화된다. 이제 청소년은 자기 묘사에 다른 사람들과 다르고 자신을 독특하게 만드는 측면을 포함시킨다. 청소년은 특히 중요하거나 주목할 만한 것에 집중하는 경향이 있다(예 : '나는 친구를 배려하고 의리 있다.', '나는 매우 정직하고 다른 사람을 해치는 일은 결코 하지 않는다.'). 청소년의 묘사는 자신이 가진 특별한 자질의 가치를 강조하면서 자기 자신에 대한 보다 깊은 이해를 반영한다. 이제 청소년은 사회 관계망에서 자신의 독특한 위치를 보고 친구들과의 관계에서 자신의 역할을 인식한다('나는 내 친구들과 할 일을 계획하는 것을 좋아한다.', '학교에서 프로젝트를 할 때 내가 내 친구들은 이끌어갈 것이라고 믿는다.'). 청소년에게 개인적 신념과 적절한 행동을 위한 기준을 유지하는 것은 더 중요해지고, 청소년의 자기 개념은 사회적 비교에 대한 관심을 덜 반영한다(Steinberg & Morris, 2001). 그럼에도 불구하고, 청소년은 다른 사람과의 상호작용을 인식하고, 관계망 내의 자신의 사회적 특성에 대해 자주 정의한다(Damon & Hart, 1988). 따라서 자기 묘사에는, 예를 들어 다른 사람에 대한 자신의 우정, 학교에서의 인기 또는 팀을 이끄는 자신의 능력에 대한 인식이 포함될 수 있다.

후기 청소년기에 이르면, 시간이 흐름에 따라 청소년이 자기의 이질적인 특성을 통합하고자 시도하면서 자기 묘사의 일관성이 증가하게 된다. 청소년은 이제 더 자기 성찰적이고, 그에 따라 행동과 가치에 대해 스스로 선택할 수 있다. 인지 변화는 청소년으로 하여금 다양한 대안을 고려하게 하고 현재의 자기감을 탐구하면서 과거의 행동을 관련시켜 미래에 자기를 투사할 수 있게 한다. 이제, 청소년이 여러 상황과 시간에 따라 나타나는 행동 간의 불일치를 일치시키기 위해 다양한 관점과 생각을 조율함에 따라 자기에 대한 관점은 더욱 통일된다. 결과적으로, 나이 든 청소년은 단지 상황이나 관계에 따른 행동의 차이를 설명하기보다, 이러한 차이에 대한 몇 가지 이유에 대해 설명할 수 있다. 예를 들어, 만 18세 청소년은 "나는 좋은 성적을 얻는 것이 중요하고 그것이 내가 좋은 대학에 입학하는 데 도움이 될 것이기에 나는 학교에서 열심히 공부한다. 하지만 나는 일터에서는 열심히 하지 않는데, 사장이 무례하고 그 일은 어렵지 않기 때문이다."라고 말할 수 있다.

청소년기 자기 묘사의 많은 변화는 자신에 대한 믿음이 증가하고('나는 수학을 잘해.') 자의식이 감소함에 따라 전반적으로 자기감의 취약성이 줄어드는 것을 반영한다. 초기 청소년기에는 다른 사람이 자신을 어떻게 보고 자신에 대해 어떻게 느끼는지에 대한 청소년의 불확실성과 관련된 많은 취약성이 있다. 시간이 흐르고, 자신의 역량을 평가할 수 있는 기회와 경험이 증가하고, 가족 구성원, 친구와 신뢰할 수 있는 어른의 지지는 청소년이 자기 자신에 대한 믿음을 강화시킨다. 결과적으로, 청소년의 자의식은 감소한다(Harter, 1998). 강점과 약점, 성공과 실패의 관점에서 자기를 보다 정확히 평가하고 자기에 대한 이해를 발달시킴으로써, 궁극적으로 보다 안정적이고 일관된 자기감을 갖게 된다. 일반적으로 후기 청소년기까지 자기에 대한 취약성이 감소한다(DeHart et al., 2004).

그러나 청소년의 자기 개념이 안정적 또는 일관적이지 않을 때, 여전히 자기 개념에 대한 많은 취약성이 있고 자기감에 위협이 있는 경우가 많다. 예를 들어, 청소년기에 자기 규정(self definition) 문제가 지속될 때, 특히 남자 청소년에게 공격성, 비행과 같은 외현화 문제가 발달할 가능성이 높다. 대조적으로, 다른 사람들이 자기를 보는 것에 대한 과도한 선입견은 여자 청소년의 우울과 같은 내재화 문제의 발달과 관련이 있다(Leadbeater, Kuperminc, Blatt, & Hertzog, 1999). 효과의 방향에 대해서는 구분할 필요가 있지만, 개인의 취약성이 사회적 기능과 관련되어 있음을 알 수 있다. 따라서 자기 규정과 대인관계는 청소년의 자기 개념 및 적응적인 심리적 기능과 정신병리의 발달에 대한 현재의 견해와 일치하는 관점과 밀접하게 연관되어 있다(Luyten & Blatt, 2013).

## 자기의 내적 표현

우리는 애착 연구에서 애착 경험이 이후의 사회 및 정서 발달에 영향을 주는 방식을 설명하기 위해 애착관계의 정신적 표상 또는 내적 모델의 구조를 사용했다는 것을 알고 있다. 애착 연구자의 핵심적인 사고는 자기에 대한 현재의 모델 또한 발달하고 있다는 것이다. 아동은 중요한 양육자와의 초기 상호작용을 자기의 정신적 표상으로 변형시켜 이후 자신의 행동을 유도하고 조절하거나 지시한다. 정신분석, 인지과학과 발달심리학 이론과 관련된 이러한 인지-정서 도식은 청소년이 자신의 사회 세계에서 자기 자신과 다른 사람에 대해 어떻게 느끼고 생각하는지를 이해하는 대인관계의 틀을 반영한다(Besser & Blatt, 2007). 그러므로 이 관계 모델은 청소년기 동안 자기의 표현을 발달시키는 것의 중요성을 이해하는 데 있어 결정적이다. 그러나 자기의 내부 정신의 표현에 대한 경험적인 연구의 초점은 제한적이다.

Bowlby(1973)는 애착 경험이 개인의 자기감의 발달에 영향을 준다고 이론화하였다. 애착관계의 경험은 자기에 대한 정보의 원천으로 사용된다. 결과적으로, 관계 내에서 자기에 대해 배우고, 애착 대상과의 상호작용을 관찰하고 경험하면서 애착 대상의 구성 요소와 관계는 자기와 통합된다(Sroufe & Fleeson, 1986). 청소년이 초기의 안전한 관계에서 자신이 가치 있고 사랑받는다고 경험했을 때, 청소년은 또한 자신을 특별하고 가치 있는 존재로 느낄 것이다. 그러나 거절, 방임 또는 학대, 불안정한 돌봄의 경험이나 정서적 가용성의 결핍은 다양한 수준에서 청소년이 자기를 나쁘고, 가치 없거나 버림받기 쉬운 존재로 느끼게 만든다. 게다가 청소년이 민감하고 돌봐주는 관계의 표상을 유지하고 있을 경우, 청소년은 대인관계에서 즉각적인 지지를 얻을 수 없을 때조차도 특정 수준의 통합을 유지하고 자신의 정서와 행동을 조절할 수 있다(Behrends & Blatt, 1985; Mikulincer & Shaver, 2008). 또한 이러한 초기 관계의 긍정적인 내적 모델은 보다 안전한 자기 모델에 기여하고 더 적응적인 기능을 예측한다(Fonagy & Target, 1997). 대조적으로, 초기 애착관계가 불안정했던 청소년은 정서 조절에 어려움을 겪고, 건설적인 대처 전략을 덜 선택하며 도움이 필요할 때 다른 사람을 덜 의지하는 경향이 있다(Mikulincer & Shaver, 2008).

애착관계 모델이 안전할 때, 청소년은 관계를 잃을까 봐 걱정하지 않고 자기의 표현을 발달시키고, 자신의 자율성을 확립하며, 자기 자신의 정체성을 탐색할 수 있다(Allen et al., 1994). 또는 청소년의 애착관계가 불안정하고 애착 욕구가 무시당하거나 거부되는 경우, 청소년은 각성을 조절하고, 건설적으로 대처하거나 행동을 조절하기 위해 다른 사람에게 의지할 수 없다. 결과적으로, 이러한 청소년은 자신의 자율성을 탐색하고자 할 때 관계에서 갈등이 증가하고 자기의 내적 모델에 더 불안전하고 취약하게 나타날 것이다.

흥미롭게도, 자기의 내적 모델을 탐색하는 이론적 정당성이 있지만, 이 내적 모델의 조직화는 보다 복잡하다. 성인의 자기와 애착 역사 간의 관련성을 탐색한 연구가 있다(예: Bartholomew & Horowitz, 1991; Griffin & Bartholomew, 1994). 그러나 이 연구의 대부분은 인지적인 관점에서 자기의 복잡한 개념보다는 자아존중감에 초점을 두고 있다. 이 관점은 자기의 다양한 측면을 통합하고 자기가 개인뿐 아니라 다른 사람에 의해 인식되는 것으로 간주한다. 고등학생의 자기 표현과 애착 유형 간의 관련성에 대한 심층 탐구에서는 애착 유형에 따른 차이가 나타났다. 이러한 차이는 청소년의 자기 평가(self-evaluations)의 정서적 톤뿐 아니라, 긍정적이고 부정적인 자기 속성을 모두 통합하고 자기의 측면을 통합하고 조직화하는 능력에서도 발견되었다(Mikulincer, 1995). 만 18~25세의 대학생을 대상으로 한 또 다른 연구에서는 가족 및 친구와의 애착, 자기와 타인에 대한 모델, 사회적 지지에 대한 지각 간의 연관성을 탐색하였다. 다른 사람에 대한 안전애착과 자기에 대한 긍정적인 모델의 조합은 친구와의 강한 애착뿐 아니라 가족 및 친구의 사회적 지지를 높게 지각하는 것과 관련이 있었다. 대조적으로, 자기에 대한 부정적인 시각을 갖고 있거나 다른 사람과의 애착이 불안정한 경우, 친구와의 약한 애착과 가족 및 친구의 사회적 지지를 덜 지각하는 것과 관련이 있었다(Blain, Thompson, & Whiffen, 1993).

이 연구 결과는 청소년의 자기에 대한 내적 모델이 일반적으로 애착 경험의 내적 모델과 유사하고 청소년기의 발달과 적응에 대해 조사하는 것이 중요하다는 개념을 확인해준다. 그러나 효과의 방향성이 불분명하고 현존하는 연구의 횡단연구 설계는 시간의 흐름에 따른 영향을 탐색할 수 없다. 게다가 이들 연구에서는 내적 모델보다는 애착 유형을 측정하여 사용함으로써 평가하였고[예: 성인 애착 인터뷰, AAI 사용(George et al., 1984, 1985, 1996)] 애착 대상과의 상호작용 패턴을 관찰하지 않았다. 이러한 자기 보고식 측정은 자기와 다른 사람의 행동에 기반한 표현보다는 애착 유형의 정서/인지 및 행동적 차원을 사용하게 한다. 그러나 이와 같은 우려에도 불구하고, 이러한 연구결과는 애착 경험이 자기의 정신적 표현으로 통합되고 개인의 지각, 조직과 새로운 경험에 반응하는 방식에 영향을 미친다는 Bowlby(1973)의 초기 아이디어를 지원하는 데 있어 중요하다.

또 다른 흥미로운 연구에서는, 청소년의 애착 안정성과 관계를 유지하면서 자율성의 욕구를 협상하는 능력을 함께 조사하였다(Allen et al., 2003). 청소년기에 부모, 또래와의 애착에 대해 안심할 수 있는 상태가 되었을 때, 관계를 유지하는 동시에(즉, 애착을 중요시함) 자율성을 협상하는 과정이 강화된다. 또한 정서 및 인지 상태와 정서 조절 능력을 반영하는 내재화(예 : 우울 증상)와 외현화(예 : 공격, 과잉행동, 적대적 또는 비행) 행동의 수준은 애착의 안정성과 관련이 있는 것으로 밝혀졌다(Allen et al., 2007). 종합하면, 이러한 결과는 애착관계의 작동 모델이 자기 모델과 연관되어 있고 애착 안정성은 심리적 적응 및 부적응의 패턴과 관련이 있음을 암시한다.

따라서 자기의 내부 정신적 표현은 다른 사람들의 모델과 연결되어 있고 관계의 맥락에서 발달하는 것으로 보인다. 성찰 기능을 위한 능력을 연구하는 것은 자기의 내적 표현에 대한 이해를 확장하는 또 다른 방법이다. 성찰 기능이란 자기에 대한 것과 자기 자신뿐 아니라 다른 사람의 생각과 느낌 그리고 한 사람이 다른 사람에게 갖는 욕구, 갈망, 정서, 신념과 같은 정신 상태를 반영할 수 있는 능력이다(Fonagy, Steele, Steele, Moran, et al., 1991). 이 개념은 애착 이론(Fonagy & Target, 1997)의 틀 안에서 발전되었고 정서 과정(정서를 경험, 유지, 조절하는 것)과 인지 과정(자기 자신과 다른 사람의 관점에 대해 생각하고 이해하는 것) 모두를 포함한다. 더욱이 성찰 기능은 자기 표현일 뿐 아니라 중요한 관계에 충분히 참여하기 위한 기초를 형성한다(Fonagy et al., 2002; Slade, 2005). 부모의 성찰 기능은 청소년의 성찰 기능 및 사회적 능력과 관련이 있는 것으로 밝혀졌다. 그것은 또한 특정 양육 행동과 청소년기의 심리적 적응 간의 관련성을 중재한다(Benbassat & Priel, 2012 참조). 청소년의 성찰 기능에 대한 후속 연구는 자기에 대한 내면화된 관점을 확립하는 것과 다른 사람과 관련하여 자기에 대해 생각하는 것, 애착관계로부터 의미를 구축하는 것의 중요성에 대한 이해를 심화시킬 것이다.

자기의 내적 표현을 연구한 다른 접근 방법 또한 있을 수 있다. 발달, 인지, 성격 심리학자들에 의해 전통적으로 연구되어 온 내적 모델의 중요한 인지적 구성 요소는 자기 개념과 자기 이해 척도에 반영되었다. 또한 발달, 성격 및 임상 심리학자들에 의해 탐색되었고, 자아존중감의 척도에 반영되는 정서적 구성 요소가 있다. 우리는 이미 인지적인 측면을 살펴보았다. 이제 우리는 자기의 정서적인 면을 다룰 것이다. 비록 우리는 여기에서 자기의 정서와 인지적 구성요소를 구별하지만, 실제로는 정서와 인지는 상호작용의 측면에서 가장 잘 보이고 관계 내에서의 자기와 자기의 통합된 작동 모델을 반영함을 기억하는 것이 중요하다. 이후의 경험적 연구에서 자기의 내적 모델을 보다 면밀하게 탐색하는 것은 자기의 표현을 조직화하는 인지-정서 기제에 대한 이해를 강화시킬 것이다.

## 자아존중감

자기를 평가하는 측면 또는 자아존중감은 발달심리학자들의 큰 관심 주제였다. 자아존중감이란 자기에 대한 보다 포괄적인 평가를 말하며, 자아상 또는 자기 가치로 불리기도 한다. 자아존중감에 초점을 둔 많은 전통적인 이론에서는 사회 경험이 자기 가치에 대한 인식의 형성으로 이어진다고 제안하였다. 예를 들어, 아동은 초기의 상징적인 상호작용에서 자신의 행동에 대한 다른 사람의 반응을 관찰하고, 그 반응들을 해석하여 내재화한다고 주장하였다(Cooley, 1902; Mead, 1934). 자기 지각 이론가들은 성인이 아동의 행동에 꼬리표를 붙이고 해석할 때, 아동은 자신에 대한 지식을 습득한다고 주장하였다(Bem, 1972). 어린 청소년의 자아존중감은 부모 및 다른 중요한 성인의 지지로부터 영향을 받는 것으로 밝혀졌다(Harris et al., 2015; Harter, 1999, 2008; Markus & Cross, 1990; Rosenberg, 1986).

연구에서는 자아존중감의 연령과 관련된 변화와 자아존중감에 영향을 미치는 요소, 그리고 현재와 이후의 발달에 자아존중감의 결과를 탐색하였다. 자아존중감은 전형적으로 아동기에 높고, 청소년기를 지나면서 낮아졌다가, 초기와 중기 성인기에 걸쳐 상승하는 경향을 보이지만 노년기에 다시 떨어지는 일반적인 추세를 보이는 것으로 나타났다(Marsh, 1989). 그러나 개인의 자아존중감은 시간이 지나도 상당히 일정하게 지속되기 때문에, 아동기의 상대적인 자아존중감은 청소년기와 성인기에도 유지될 수 있다(Robins, Trzesniewski, Tracy, Gosling, & Potter, 2002). 발달 경향을 관찰하기 위해 사용된 자아존중감 척도와 역량의 평가 영역은 여지없이 관찰 내용에 영향을 미친다. 또한 발달하면서 측정 가능한 자아존중감의 차원의 수는 증가한다. 예를 들어, 일반적으로 중기 아동기에는 학업 역량, 또래 수용, 행동 수행, 신체적 외모, 운동 능력뿐 아니라 전체적인 자기 가치의 영역이 평가되지만, 친밀한 우정, 연인관계와 직업 역량은 청소년기에 추가된다(Harter, 1999). 따라서 청소년의 자아존중감은 종종 평가 영역의 역량에 대한 자신의 인식에 달려 있다.

자아존중감은 다차원적 구조로 개념화되어 왔지만, 현재는 전체적인 자아존중감을 측정하는 방법을 채택하고 있다(Bracken, 1996; Harter, 1985, 1989; March, 1986; Rosenberg, 1979). 어떤 이론가와 연구자는 전체적인 자아존중감을 위계적으로 중첩된 존중감의 차원 또는 특정 영역의 중요한 구조로 본다(L'Ecuyer, 1992; March, 1987). 전체적인 자아존중감은 한 사람으로서의 자기 자신에 대한 개인의 일반적인 만족감을 반영하는 하나의 점수로 표시된다. 또한 자아존중감에 대한 영역별 측정이 있는데, 이는 전체적인 자아존중감 측정과 관련이 있거나 없을 수 있다(Harter, 2012). 따라서 '청소년을 위한 자기 지각 프로파일'(Harter, 1989)은 청소년이 자아존중감의 전체적 차원과 각각의 특정 차원(예 : 학업, 외모, 사회 관계, 운동과 도덕적 수행)에 대해 자기 자신을 평가하도록 한다. 실제로, 자기 개념은 시간과 상황에 따라 차이가 있기 때문에, 전체적인 자아존중감과 자기 개념의 특정 차원들 간에는 다양한 연관성이 발견되었다(Steinberg & Morris, 2001).

이 새로운 연구로부터 많은 흥미로운 결과가 나왔다. 전체적인 자아존중감은 초기 청소년기 동안 약간 상승하고 그 후 상당히 안정적으로 유지되는 것으로 밝혀졌다. 어린 청소년은 나이 든 청소년에 비해 더 잦은 변동을 보고하였다(Alsaker & Olweus, 1992; Harter, 1998). 사실 자기감은 특히 청소년기 동안 시간과 상황에 따라 달라질 수 있지만 기초선이 있는 것으로 알려져 있다(Blos, 1962; Demo & Savin-Williams, 1992; Harter, Stocker, & Robinson, 1996). 또한 자기에 대한 관점은 역할에 따라 달라지는 것으로 밝혀졌다. 예를 들면, 청소년은 학급 친구, 친한 친구, 부모, 교사 그리고 연인과 있을 때 자기 자신을 다르게 볼 수 있다(Hart, 1988; Harter, Bresnick, Bouchey, & Whitesell, 1998).

청소년의 자기 묘사 또한 대인관계의 맥락에 따라 다양하다(Gergen, 1991; Harter, 1998; Ogilvie & Clark, 1992). 결과적으로, 청소년이 관계에서 인정과 지지를 받았다고 지각하는 것은 청소년의 관계 맥락에서의 자아존중감과 관련이 있다(Harter, Waters, & Whitesell, 1998). 전체적인 자기 가치에 대한 판단은 중요한 특정 관계와 대인관계의 상황에 따라 다양하게 나타날 수 있다. 자기 자신에 대한 청소년의 시각은 다른 사람이 자신을 보는 시각의 영향을 받을 수 있고, 결과적으로 청소년은 다른 관계(예 : 또래)보다 일부 관계(예 : 부모)에서의 자기 자신을 더 좋아할 수 있다. '거울 속의 자기'라는 표현은 다른 사람이 들고 있는 사회적 거울을 설명하기 위해 사용되는데, 이는 개인에 대한 평가를 반영하고 개인의 자기 가치에 통합된다(Cooley, 1902). 이러한 반사 평가는 개인으로 하여금 다른 사람이 자신을 인식하고 평가한 것처럼 자기 자신을 보도록 한다(Mead, 1934). 실질적인 연구는 다른 사람과 자기 평가에 의한 실제 평가보다 반사 평가와 자기 평가 간의 관련성이 더 강하다는 결과를 지지한다(Berndt & Burgy, 1996).

청소년은 자신의 전체적인 자아존중감을 결정하기 위해 자기 자신에 대한 다른 사람의 관점을 의지하는 것처럼 보인다(예 : 반사 평가). 청소년은 관계 파트너, 특히 부모가 자신에게 제공하는 지지에 대한 인식과 평가 영역에서의 자기 역량에 기초하여 자기 자신을 평가한다(Ojanen & Perry, 2007). 이는 청소년기에 왜 그렇게 자아존중감이 불안정한지에 대한 이유 중 일부일 수 있다(Harter, 2006; Harter & Whitesell, 2003). 또한 청소년은 '거짓 자기(false self)'를 나타내고, 특히 학급 친구나 연인과의 관계에서 정직하지 않거나 믿을 수 없는 방식으로 행동하는 것으로 밝혀졌다. 거짓 자기 행동을 하는 이유는 청소년기의 정신건강에 영향을 미친다. 예를 들어, 다른 사람을 기쁘게 하기 위해 거짓 자기 행동을 하는 청소년은 우울증을 겪지 않는 반면, 진짜 자기의 가치를 떨어뜨리기 위해 거짓 자기 행동을 하는 경우에는 우울증으로 어려움을 겪는다(Harter, Marold, Whitesell, & Cobbs, 1996). 어느 정도의 거짓 자기 행동은 청소년기에 예상되는 것이지만, 심각한 거짓 자기 행동의 경력과 동기는 좀 더 깊이 이해할 필요가 있다.

## 자아존중감에 영향을 주는 요인

자아존중감에 영향을 주는 다른 많은 요인이 있다. 예를 들어, 행동 유전학자들은 유전과 공유되지 않은 환경은 가족이나 공유된 환경에 비해 전체 자아존중감과 역량의 특정 영역(예 : 학업이나 운동 능력)에 큰 영향을 미친다고 주장하였다(McGuire et al., 1999; Neiss, Sedikides, & Stevenson, 2002). 그러므로 자아존중감과 밀접하게 관련된 신체적 매력에 대한 유전자의 영향은 일란성 쌍둥이의 자기 개념이 쌍둥이가 아닌 형제나 이란성 쌍둥이보다 더 강하게 상호 관련된다는 사실을 설명할 수 있다(Harter, 2006; McGuire et al., 1999). 발달과 사회적 변화(예 : 학교 이동)는 청소년기 자아존중감에 도전이 될 수 있지만(Wigfield & Eccles, 1994), 사회적 지지와 학업 성취와 같은 보호 요인은 학교 이동의 영향을 감소시키는 것으로 밝혀졌다(Wigfield, Eccles, MacIver, Reuman, & Midgley, 1991). 일반적으로, 긍정적인 또래 및 가족 관계와 긍정적인 정서 상태 같은 보호 요인은 일부 청소년이 고등학교에서 더 높고 안정적인 자아존중감을 나타내도록 한다(Deihl, Vicary, & Deike, 1997).

사회 정서 발달 : 애착관계와 자기의 발달

메타 분석에 따르면 자아존중감은 인종에 따라 다양하고, 백인 청소년에 비해 흑인 청소년의 자아존중감이 더 높다(Gray-Little & Hafdahl, 2000). 또한 몇몇 연구자가 자아존중감에서 성차가 없다고 보고한 반면(Mullis, Mullis, & Normandin, 1992; Wigfield & Eccles, 1994), 다른 연구자들은 특히 고등학교 진학 시기에 남자 청소년에 비해 여자 청소년의 자존감이 낮다는 것을 발견했다(Alsaker & Olweus, 1992; Kling, Hyde, Showers, & Buswell, 1999; Lord, Eccles, & McCarthy, 1994; Wigfield & Eccles, 1994). 그러나 다른 연구들은 청소년기를 지나 초기 성인기에 이르기까지, 많은 소녀들이 자아존중감의 꾸준한 상승을 보인다고 주장하였다(Baldwin & Hoffmann, 2002; Kling et al., 1999). 이것은 특히 관계 진정성(relationship authenticity)에 대한 측정(예: 관계에서 자기 자신과 자신이 어떻게 느끼고 생각하는지 정확하게 표현하는 능력)에서 높은 점수를 보인 8학년 여자 청소년에게 해당된다. 이 여학생들은 낮은 진정성을 보인 학생에 비해 8~12학년 사이에 자아존중감이 더 크게 증가한 것으로 나타났다(Impett et al., 2008). 성 고정관념과 일치하는 성차 또한 특정 기능 영역에서 발견되었다. 남자 청소년은 수학, 운동, 신체 외모에서 높은 자아존중감을 보이는 반면, 여자 청소년은 대인관계와 독서 능력에서 더 높은 자아존중감을 보였다(Harter, 1999). 부모와 다른 성인에 의한 사회화, 근본적인 동기의 차이와 성 고정관념을 포함하여 자기 평가에서의 성차를 설명하는 몇 가지 설명이 제시되었다(Pomerantz, Saxon, & Kenney, 2001).

양육 행동과 애착 유형 또한 자아존중감과 관련이 있는 것으로 밝혀졌다. 애착 이론과 마찬가지로, 안전한 애착관계는 개인이 다른 사람을 이용 가능하고 일관되고 의지할 수 있는 존재로, 그리고 자기를 수용받고 사랑받을 가치가 있는 존재로 보는 시각을 발달시킨다. 아동의 높은 자아존중감과 긍정적인 자기 내적 모델은 관련이 있는 것으로 밝혀졌다(Cassidy, 1988; Mikulincer, 1995; Verschueren, Marcoen, & Schoefs, 1996). 대조적으로, 불안정한 애착을 맺은 아동은 자기를 무능하고 사랑스럽지 않으며 가치 없는 존재로, 그리고 애착 대상을 이용할 수 없고 거부적인 존재로 보는 내적 모델을 발달시킬 것으로 생각된다(Bretherton & Munholland, 2008). 결과적으로, 불안정 애착을 경험한 아동은 더 부정적이거나 이상화된 자기에 대한 관점을 발달시킬 것으로 예상되는 반면, 안정 애착 아동은 보다 현실적이고 긍정적인 자기 관점을 갖게 된다. 후속 연구에서는 이러한 애착 경험의 영향과 청소년의 자기와 타인에 대한 작동 모델 발달 결과를 고려하는 것이 중요하다.

또한 양육 유형과 양육 행동은 특히 청소년기뿐 아니라 아동기의 자아존중감에 영향을 준다. 예를 들어, 부모가 따뜻하고 애정 어린 태도를 유지하면서 수용 가능한 행동에 대한 명확한 제한을 정하는 권위적인 양육 유형을 경험하는 것은 중기 아동기의 높은 자아존중감과 관련이 있다(Lamborn, Mounts, Steinberg, & Dornbusch, 1991). 그리고 많은 연구에서 청소년의 자아존중감과 지지적인 가족 특성 간에 정적 연관성이 있음을 입증하였다(Allen et al., 1994; Barber, Chadwick, & Oerter, 1992; Harris et al., 2015). 대조적으로, 학대하는 부모를 가진 아동은 보편적으로 자기 자신을 부정적인 시각으로 보고 미분화되어 있는데, 전형적으로 특히 학대나 방임을 겪은 어린 아동에게서 이러한 패턴을 볼 수 있다(Harter, 1999; Toth, Cicchetti, Macfie, & Emde, 1997). 또한 어머니의 우울증과 같은 문제로 인해 양육에 어려움이 있었던 경우도 청소년의 자아존중감에 부정적인 영향을 줄 수 있다(Jaenicke et al., 1987; Killen & Forehand, 1998). 청소년기의 낮은 자아존중감은 어머니를 애정 없고 심리적으로 통제하는 존재로, 자기를 신뢰할 수 없고 약하며(두려움과 자기 비난이 높음), 반항적인(높은 불순종, 공격성, 반항심) 존재로 보는 것과 관련이 있다(Ojanen & Perry, 2007). 반면에 청소년이 부모를 자신을 인정하고 지지하는 존재로 지각할 때, 청소년은 부모-자녀 관계의 맥락에서 높은 자아존중감을 보고하는 경향이 있다(Ojanen & Perry, 2007).

아동과 청소년은 자주 자신이 스스로를 아는 것보다 부모가 자신을 더 잘 안다고 보고한다(Rosenberg, 1979). 그렇기 때문에 청소년은 자기 자신, 자신의 행동과 태도에 대한 부모의 정서적 반응에 특히 민감하다. 이러한 부모의 반응은 결과적으로 아동과 청소년의 자아존중감에 중대한 영향을 미칠 수 있다. 그러나 중요하게 고려해야 할 것은 청소년 또한 자기 평가를 사용하고, 이러한 평가를 부모에게 투사하여 부모의 행동을 자신의 관점과 일치하는 것으로 해석할 수 있다는 점이다(Felson, 1989). 예를 들어, 청소년의 존중감이 낮을 때, 청소년은 부모를 비판적이고 비협조적이라고 지각할 수 있다. 따라서 부모의 지지와 청소년의 자아존중감 간에는 상호 관계가 있을 수 있다(Felson & Zielinski, 1989). 다른 사람의 인정을 인식하는 것은 점진적인 내면화 과정을 통해 자기 가치에 대한 판단에 통합되기 때문에, 자아존중감에 대한 평가가 이루어지는 관계 맥락을 고려하는 것은 중요하다(Harter, Waters, & Whitesell, 1998). 자아존중감은 부모-청소년 관계에서의 상호작용 모델(Killeen & Forehand, 1998; Sameroff & Chandler, 1975)에서 가장 잘 볼 수 있다. 이 모델에 따르면, 자아존중감에는 청소년과 부모의 특성이 간접적으로 영향을 미친다. 이러한 효과는 부모와 청소년의 실제 행동뿐 아니라 서로의 행동에 대한 정서 및 인지적 해석에 따라 중재된다.

## 자아존중감의 결과는 무엇인가?

자아존중감을 가장 잘 정의하는 방법과 가장 적절하게 자아존중감을 측정하는 전략은 무엇인가라는 질문은 현재와 미래의 적응에서 자아존중감이 가져오는 결과에 대한 관심과 관련이 있다. 자아존중감이 유용한 개념이라면, 자아존중감은 이후 발달의 원인이 되는가 또는 중요한 경험의 결과로 나타나는 것인가? 어떤 이들은 자아존중감이 개인의 선택과 발달 결과에 영향을 줌으로써 개념의 유용성을 입증한다고 주장한다(예 : Swann et al., 2007). 이는 특히 자아존중감의 측정이 관심 영역의 결과와 연결되어 있을 때 잘 나타난다(예 : 성적은 전체적인 자아존중감보다 학업적 자기 개념에 의해 더 잘 예측된다). 다른 연구자들은 높은 자아존중감이 긍정적인 인생 경험의 원인이라기보다 결과라고 주장한다(예 : Baumeister et al., 2003). 인과관계의 방향과 상관없이, 연구에서는 높은 자아존중감이 적응, 또래 지지, 부모의 인정과 학교에서의 성공과 관련이 있는 것으로 나타났다(DuBois, Bull, Sherman, & Roberts, 1998; Luster & McAdoo, 1995; Steinberg & Morris, 2001). 또한 부정적인 결과는 아동기와 청소년기의 낮은 자아존중감과 관련이 있었다. 예를 들어, 낮은 자아존중감이 학업 중퇴, 물질 남용, 우울증, 위험한 성행위, 10대의 임신, 범죄 행위와 관련이 있다고 밝힌 연구들이 있다(Barry, Grafeman, Adler, & Pickard, 2007; Crockenberg & Soby, 1989; Ethier et al., 2006; Lan & Lanthier, 2003; Reinherz et al., 1993; Rumberger, 1995; Trzesniewski et al., 2006).

어린 아동의 경우, 언어 능력이 부족하고 자기의 측면을 이해하거나 평가하는 능력에 한계가 있기 때문에 전체적인 자아존중감을 평가하기는 어렵다. 그렇기 때문에 연구자들은 목표 지향적 행동을 할 때 주도성을 갖는 것, 탐색, 지속성과 유연성에서 확신을 나타내는 것과 같이 자아존중감과 관련된 행동을 평가하는 데 더 많이 의존하였다. 높은 자아존중감을 보인 아동은 교사나 다른 성인이 보고한 바와 같이 더 독립적이고 자신감이 있었으며 스트레스에 보다 적응적인 방식으로 반응하는 것으로 나타났다(Harter, 2012). 연령이 증가하면서, 인지가 발달하고 특정 영역의 역량을 평가하는 기준이 달라짐에 따라 자기 평가는 보다 정확해진다. 예를 들어, 높은 인지 발달 수준을 보이는 아동은 낮은 인지 발달 수준을 가진 또래에 비해 보다 정확한 자기 인식을 갖는다(Bouffard, Markovits, Vezeau, Boisvert, & Dumas, 1998). 나이 든 아동의 학업 능력에 대한 인식은 자신의 학교 성적과 보다 밀접하게 관련되어 있다(Chapman & Tunmer, 1995; Stipek & Mac Iver, 1989). 또한 일반적으로 특정 영역에서 성공을 기대하지 않는 청소년과 성인은 그 영역의 중요성을 평가 절하하기 때문에 자신의 성공 또는 실패가 전체적인 자아존중감에 영향을 미치지 않는다는 것이 발견되었다(Major, Spencer, Schmader, Wolfe, & Crocker, 1998).

비록 경험적 연구 결과에 대한 논쟁의 여지가 있지만(Trzesniewski, Donnellan, & Robins, 2008), 많은 임상가와 연구자들 사이에는 부모와 교사가 어린 아동의 자아존중감을 촉진하는 데 중점을 두는 것이 아동의 과장된 자아존중감과 권리의식(entitlement), 그리고 실제 역량과 긍정적인 자기 관점 간의 불일치(Twenge, 2006)를 야기할 수 있다는 우려가 있다. 그럼에도 불구하고, 자아존중감을 향상시키기 위해 몇 가지 다른 개입 방법들이 고안되고 실시되었다. 궁극적으로, 이러한 프로그램은 특정 영역에서의 행동과 수행을 향상시키고자 하며 동일 영역에서 자아존중감을 평가할 때, 그리고 이론적인 근거가 있고 구체적으로 초점을 맞출 때 가장 효과적일 수 있다(Haney & Durlak, 1998).

자아존중감이 아동과 청소년의 정서 기능(Lei, Swartz, Dodge, & McBride-Chang, 2003), 사회적 기술과 적응(Barber, Olsen, & Shagle, 1994; Pettit, Laird, Dodge, Bates, & Criss, 2001), 그리고 또래 희생의 가능성(Egan & Perry, 1998)을 예측할 수 있다고 증명한 연구 결과를 통해 사회성 발달에서 자아존중감의 중요한 역할이 입증되었다. 따라서 자아존중감의 초기 뿌리를 지속적으로 더 깊이 이해하는 것이 중요하다. 사회성 발달에 대한 인지적 관점에서는 아동과 청소년이 내면화한 관계 모델과 사회적 상호작용이 자신의 자기감에 영향을 미친다는 아이디어를 지지한다(Andersen & Chen, 2002; Crittenden, 1990). 그리고 발달 모델에서는 시간의 흐름에 따른 자아존중감과 사회적 지지 간의 균형과 청소년기 이후의 정서 및 행동 적응에 대한 함의를 지속적으로 탐구한다(DuBois et al., 2002).

## 정체성 발달

정체성 발달, 또는 과거의 역사와 미래의 가능성의 맥락 내에서 있는 사람이 누구인지 알아가는 과정은 청소년기의 중점이 되는 복잡한 과업이다(Erikson, 1980; Finkenauer, Engels, Meeus, & Oosterwegel, 2002). 개인의 정체성을 구성하는 요소로는 성별과 신체적 속성과 같이 부여된 요소와 대인관계, 성에 대한 태도(sexuality)[9], 직장 및 진로 결정, 종교, 정치적 성향 및 도덕적 신념에 관한 결정을 포함한 선택된 요소가 있다(Bennion & Adams, 1986; Grotevant, 1992). 자기 개념과 평가는 정체성 발달 과정을 위한 틀을 제공한다. 청소년기에 청소년은 자신이 누구인지에 대한 이해, 다양한 영역에서 자신의 역량과 기술에 대한 이해, 자신의 태도와 신념에 대하여 갖는 이해가 성장하고, 이를 바탕으로 개인의 정체성을 형성한다. 인종과 민족과 같은 정체성의 일부 측면은 미리 결정되어 있고 개인의 정체성의 중요한 요소를 규정하지만(Ruble et al., 2004), 개인이 어떤 선택을 할 수 있는지와 관련된 정체성의 다른 측면도 많이 있다. 실제로, 한 개인에게 사회적 정체성의 중요성은 개인적이고 맥락적인 요인들에 따라 상대적으로 다르지만(Trewer & Brown, 2007), 그럼에도 불구하고 사회 집단의 구성원으로 갖는 멤버십은 개인의 정체성을 확립하는 데 중요한 역할을 할 수도 있다(Brewer & Gardner, 1996). 정체성 형성에 영향을 미치는 요인과 심리적 적응의 다른 측면에 대한 정체성의 결과의 관계에 초점을 둔 연구가 특히 최근에 많이 이루어지고 있다.

## 청소년기의 정체성 형성과 적응

Erikson은 유아기부터 노년기에 이르는 8단계의 발달 단계 모델을 제안했다(Erikson, 1950/1963, 1980). Erikson에 따르면, 정체성을 형성하고 표현하고 친밀감을 나타내는 능력은 청소년기와 성인기 초기의 주요 과업이다. 심리사회적 발달은 생물학적인 성숙['유기체의 고유한 과정'(Erikson, 1950/1963, p. 34)을 언급하기 위하여 후성설(epigenesis)의 개념을 사용함] 및 인지적 발달과 동시에 일어나고, 역사 및 문화 요인에 영향을 받는다. 다른 단계 이론가와 마찬가지로(Frued의 심리 성적 발달단계 이론 참조), Erikson은 발달 시기와 일련의 위기의 순서는 미리 결정되었지만, 이 위기가 해결되는 방식이 미리 결정되어 있는 건 아니라고 믿었다. 심리사회적 과업은 특정 발달 단계를 지나는 동안 가장 우세하다고 여겨지는 발달의 본질적인 측면을 특징짓는 연속선의 양 극단을 반영한다. 예를 들어 유아기의 위기는 신뢰와 불신 중 하나다. 이 위기가

---

9) 역주 : 성에 대한 태도는 우리가 태어날 때 시작되어서 죽을 때 끝나는 일생의 과정으로 나타난다. 생물학적 성뿐 아니라 남녀 관계에서 자신이 어떻게 행동해야 하는지, 사랑과 애정을 어떻게 표현해야 하는지, 자신의 몸에 대하여 어떻게 느끼는지, 어떤 사람에게 성적 매력을 느끼는지 등을 포함한다[김춘경 공저(2016). 상담학 사전(2권). 학지사].

Bowlby가 강조한 애착관계를 맺고 유지하는 진화적 적응력과 유사하다는 것에 주목하는 것은 흥미롭다(Bowlby, 1969/1982).

Erikson은 각 단계의 위기가 해결되는 정확한 과정에 초점을 두지는 않았지만, 단계를 지나며 겪는 긍정적이고 부정적인 경험은 고유하게 조직되고, 그 후의 발달을 가능하게 하는 해결로 이어진다는 개념을 제안했다. 보다 긍정적인 해결은(예 : 초기 관계에서 긍정적이고 부정적인 경험은 둘 다 신뢰를 향한 유아의 첫 번째 위기를 해결함에도 불구하고), 그다음에 이후 단계의 위기를 보다 건강하고 긍정적으로 해결하는 결과로 이어졌다. 이와 같이, Erikson은 유아기의 신뢰감 대 불신감, 걸음마기의 자율성 대 수치심과 의심, 아동기 초기의 주도성 대 죄의식, 아동기 중기 및 후기의 근면성 대 열등감, 청소년기의 자아 정체감 대 역할 혼미, 성인기 초기의 친밀감 대 고립감, 성인기의 생산성 대 자기 몰두와 침체, 노년기의 (자아)통합과 절망의 위기를 확인했다(Erikson, 1950/1963). Erikson은 이러한 위기(예 : 불신, 수치심과 의심, 죄책감 등)에 대한 초기 문제 해결 능력이 불변이라고 생각하지 않았다. 오히려 그는 후기의 위기의 해결이 이전의 해결을 달라지게 할 수 있다고 주장하면서, 발달과 변화의 능력의 역동적이고 긍적적인 견해를 제시하였다.

청소년기에 해결해야 하는 주요 과업은 정체성 발달이다. Eriskson은 초기의 네 단계가 정체성 발달의 기반을 제공한다고 가정했다. 아동의 초기 사회 관계의 맥락에서 신뢰감 또는 불신감의 발달은 아기의 필요에 대하여 주요 애착 대상이 민감하고 반응적으로 반응하는가에 따라 달라진다. 후속 발달 과업은 형제, 또래 및 교사가 아동의 세계의 일부가 되어 아동의 사회적 네트워크가 확장되는 것을 반영한다. 아동은 타인과 상호작용하고, 협력하고, 함께 작업하고, 끊임없이 증가하는 중요한 타인과의 영역을 탐색하는 기술을 습득한다. 청소년기에, 또래와 궁극적으로 로맨틱한 파트너는 예전의 가족의 우선순위가 감소함에 따라 더욱 중요해진다(Larson et al., 1996). 이러한 사회적 교류 내에서의 매일 매일의 경험을 통해 아동은 피드백을 받으며 관계에서의 자신의 역할, 주도적으로 하는 능력, 타인에게 영향을 미치는 자신의 능력에 대해 배운다. Erikson(1980)은 개인의 정체성에 대하여 타인이 말하는 것에서 자기 기술이 유래했다고 여겼다. 예를 들어, 한 아동이 "벤, 너는 오늘 오후에 내가 정리하는 것을 돕는 멋진 일을 했구나." 라는 말을 듣는다면, 이는 아동이 주도적이며 매우 도움이 된다는 자신의 개념을 발달시키도록 돕는다. 다른 아동이 "클레어, 너는 나를 도우려 했지만 너는 이걸 더 엉망으로 만들었어." 라는 말을 듣는다면, 이는 아동의 주도성을 악화시키고 아동의 노력을 비웃는데, 이는 아동이 자기 자신을 쓸모없고 일을 끝내지 못하는 것처럼 여기는 견해가 생기는 원인이 된다.

청소년기에 이르면, 정체성과 인지적 능력이 진보하며 점점 더 정교해지는 자기 기술은 개인의 심리사회적 정체성으로 통합된다. 자아정체성 대 역할 혼미의 단계는 청소년 특유의 신체적·인지적·사회적 성숙함을 필요로 한다. Erikson은 이 단계에서 개인은 직업 선택에 대해, 남성 또는 여성이 된다는 것이 의미하는 것은 무엇인가에 대해, 그리고 관계 선호도에 대해 개인적·윤리적·도덕적 가치와 관련한 결정을 내리고 질문에 답할 수 있다고 믿었다. 개인의 정체성은 개인에게 자기를 정의하고 시간에 따라 타인을 보는 일관적이고 의미 있는 방법을 제공한다. 이전 단계의 주요 과업의 해결은 개인이 자신의 정체성을 정의하는 과업을 하도록 준비시킨다. 정체성에 대한 이러한 이해는 앞으로 지나갈 후속 발달 과업(친밀감 대 고립감, 생산성 대 자기 몰두와 침체, 자아 통합 대 절망)에 이르도록 한다.

특히, 개인의 정체성의 통합은 건강한 친밀감을 형성하는 데 필요하다. Erikson은 개방성과 취약성은 친밀한 관계의 일부며, 이는 정체감이 잘 발달된 경우에만 나타날 수 있다고 믿었다(Erikson, 1950/1963). 정체성을 확립하거나 실제로 자신이 누구인지를 결정하는 것은 개인이 자신의 정체성에 대하여 타인이 갖는 이해에 대해 개방적인 태도를 유지하며, 이에 대한 이해를 나눌 상대방을 선택하는 데 도움이 된다. 최근의 이론과 연구에 따르면 정체성과 친밀감은 실제로 상호 관계성이 꽤 높다(Bosma & Gerlsma, 2003; Dyk & Adams, 1987, 1990; Pittman, Keiley, Kerpelman, & Vaughn, 2011; Zimmer-Gembeck & Petherick, 2006). 자신의 정체감에 대하여 명확한 감각을 가진 청소년기와 성인기 초기에는 보다 기꺼이 친밀감을 나누고자 한다(Montgomery, 2005). 실제로 Erikson(1950/1963)은 "청소년의 사랑은 혼란스러운 자아상을 타인에게 투영하고 이것이 반영되고 점차 명확해지는 것을 보며 자기의 정체성을 정의하고자 하는 시도"(p. 262)라고 제안하면서 이후의 친밀감에 정체성의 확립이 미치는 영향력을 인정하였다. 그러므로 친밀한 관계를 형성할 수 있는 역량은 정체성을 형성하며 이루어진 진전에 의해 영향을 받고, 이 두 과정은 청소년기부터 성인기 초기까지 지속적으로 발달하고 서로 관계를 갖는다(Adams & Archer, 1994; Markstrom & Kalmanir, 2001). 비록 종종 탐험하고 몰두하는 개인적 과정이라고 개념화되긴 하지만, 정체성 형성은 대인관계에 깊이 뿌리를 내리고 있다(Erikson, 1950/1963; Grotevant, 1987; Kerpelman, Pittman, & Lamke, 1997; Lichtwarck-Aschoff, van Geert, Bosma, & Kunnen, 2008).

결과적으로, 친밀한 파트너와 애착 인물을 포함한 중요한 타인은 특정한 정체성의 내용을 다시 생각해보도록 하거나 정체성이 위협받는 일이 일어났을 때 정체성의 수행을 지지하고 입증하는 피드백을 제공할 수 있다(Pittman et al., 2011).

　일부 연구자는 Erikson의 개념을 정체성 결과의 패러다임으로 이해하고자 시도했다. 가장 두드러진 것은 Marica(1966, 1980)는 개인의 정체성의 출현의 내용에 초점을 두기보다 정체성을 탐구하고 수행하는 과정에 초점을 두었는데, 이는 이 과정이 정체성의 통합으로 이어지기 때문이다. 정체성의 탐구는 다양한 선택 방안을 고려하고 가능한 대안에 대하여 적극적으로 질문하는 것을 포함하지만, 정체성의 수행은 가치와 목표에 대한 확고한 선택을 하고, 이 결정과 일치하는 방식으로 행동하는 것을 의미한다(Crocetti, Rubini, & Meeus, 2008). Marcia(1966)는 정체성을 형성하는 과정을 직접적으로 관찰하는 것은 어렵지만, 탐구와 수행의 과정은 결과 안에서 인식될 수 있고 직접적으로 평가될 수 있다고 믿었다. 그는 개인의 현재 정체성 결과(identity outcome)를 특징지을 수 있는 방법을 제공하기 위하여 높고 낮은 탐구와 수행에 대한 다양한 조합을 제안했다 ― (1) 탐구와 수행이 발견된다면, 청소년의 정체성은 '성취됐다', (2) 수행은 발견됐는데 탐구는 발견되지 않았다면, 청소년의 정체성은 '조기완료 되었다', (3) 탐구는 발견됐는데 수행은 발견되지 않았다면, 청소년은 '유예' 내에 있다, (4) 만약 탐구와 수행 둘 다 발견되지 않았다면, 정체성은 '혼미하다'(Marcia, 1966).[10]

　정체성 발달 과정은 개인마다 다를 수 있다. 일부 청소년은 덜 성숙한 지위(즉, 정체성 조기 완료 또는 혼미)에서 보다 성숙한 지위(즉, 정체성 유예 또는 정체성 성취)로 나아갈 수도 있다. 다른 청소년은 동일한 지위에 머물러 있을 수 있고 한 번도 진전하지 않을 수도 있다. Marcia의 이론은 발달 이론(Bosma & Kunnen, 2001 참조)이라기보다 오히려 규범적인 정체성 위기의 결과에 대한 유형화 이론이지만, 가장 전형적인 발달 과정은 정체성 조기 완료에서 시작하고 그리고 정체성 유예로 나아가고 결국 정체성 성취를 이행한다고 제안한다(Marcia, 2002). 남성(Meilman, 1979)과 여성(Archer, 1982)을 대상으로 한 횡단적 연구는 청소년기에서 성인기 초기로 가는 시기에 걸쳐 '정체성 성취'로 분류되는 개인의 수가 증가하고 있음을 밝혔다. 하지만 모든 개인이 이 과정을

---

10) 역주 : Marcia는 Erikson의 정체감 형성 이론에서 두 가지 차원, 즉 위기와 수행을 중요한 구성 요소로 보고, 이 두 차원의 조합을 통해 자아정체감을 네 범주로 나누었다. 여기서 위기란 자신의 가치관에 대해 재평가하는 기간을 의미하고, 수행은 계획, 가치, 신념 등에 대해 능동적으로 의사 결정을 내린 상태를 의미한다. 정체감 성취, 정체감 조기 완료, 정체감 유예, 정체감 혼미로 나누어진다.

따르는 것은 아니며, 일부는 자신의 정체성의 발달을 성인기에도 지속하고, 삶의 중요한 변화는 정체성 지위에 도전이 될 수 있으며, 정체성 성취에서 덜 성숙한 정체성 지위로 되돌아가는 과정으로 이어질 수도 있다(Arnett, 2000; Sneed, Whitourne, & Culang, 2006; Stephen, Fraser, & Marcia, 1992).

서사적인 접근법 또한 정체성 발달의 복잡성을 연구하는 데 사용되어왔다(McAdams, 1993, 2006). 일부 연구자는 정체성 지위 접근법(Marcia, 1966)과 서사적인 생애사 연구 모델(Dumas, Lawford, Tieu, & Pratt, 2009)의 조합에 의거하여, 정체성 발달의 과정과 특성에 대하여 더욱 심도 있는 개념을 제시했다. 삶의 사건에 대하여 서사적인 이야기(개인의 역사에서 한창 좋았던 때와 좋지 않았던 때와 중요한 전환점이었던 때를 포함하여)를 제공하고 개인 생애의 이야기를 일관되게 해석하고 통합하는 능력은, 자신의 삶의 의미와 자신이 한 역할의 의미를 만들고자 하는 개인의 시도를 반영한다(McAdams, 1993). 시간 경과에 따른 개인의 변화를 찾고 기술하고, 과거와 현재의 자기의 표현을 구별하는 것은 자기 처리(self-processing)를 하는 데 중요한 구성 요소이며, 청소년기 후기부터 성인기 초기 동안 안정적인 정체성을 형성하고 통합하는 데 기여한다(McAdams, 2001). 이러한 삶의 이야기에 대한 서사의 일관성은 개인의 삶의 서로 전혀 다른 삶에 대하여 이해와 상황과 시간에 걸친 자기에 대한 이해를 반영한다. 이와 같이, 개인 서사의 일관성은 보다 진보된 정체성 발달과 관계가 있다. 또한 개인의 의미 있는 변화를 가져온 경험과 같이, 중요한 삶의 전환점으로부터 의미를 도출하는 능력 또한 정체성 지위와 관계되어 있다(McLean & Pratt, 2006). 예를 들어, 정체성 혼미 또는 조기 완료의 수준이 높은 청소년은 개인적 서사에서 의미를 만들어가는 수준이 낮음이 발견되었다. 그리고 연구자는 또한 개인의 삶의 이야기의 서사에 대한 긍정적 정서와 정서적 적응 사이의 관계를 발견했다(McAdams, Reynolds, Lewis, Patten, & Bowman, 2001). 현재의 연구는 서사적인 의미를 만들거나 과거의 사건을 반영하여 자기에 대해 무언가를 배울 수 있는 능력은 청소년기와 성인기 동안 개인의 정체성을 구성하는 주요 과정 중 하나라는 견해를 지지한다(McLean & Breen, 2009).

다른 연구자는 보다 복잡한 정체성 발달 모형을 제안했다. 예를 들어, 현존하는 연구에 대한 메타 연구는 정체성 형성 과정이 청소년기 후기부터 성인기 동안 충분히 지속되도록 보다 긴 정체성 발달 과정을 가정한다. 게다가 성숙한 정체성 수준에 도달하는 방식에는 상당한 변화가 있다(Kroger, Martinussen, & Marcia, 2010). 성인 진입기(emerging adulthood)의 성인의 성격 측정, 가족 맥락 및 정체성 발달 사이의 관계가 규명되었다(Syed & Seiffge-Krenke, 2013). 그리고 다른 연구자는 정체성 수준의 서열에 기초한 발달의 성숙함을 반영하여, 정체성 혼미부터 정체성 조기 완료, 정체성 유예, 정체성 성취에 이르는 정체성 수준의 발달의 기술적 모델을 제안한다. 덜 진보된(혼미 및 조기 완료) 정체성 수준에서부터 보다 진보된(유예 및 성취) 정체성 수준으로의 성장 패턴은 인지 및 사회 인지의 발달에 상응하는 변화를 반영하는 것으로 보인다(Waterman, 1984). 또한 발달을 통한 정체성 수준의 각각 다른 순차 패턴이 입증되었다. 예를 들어, 개인이 시간이 지남에 따라 동일한 수준을 유지하는 안정적인 패턴, 낮은 수준에서 높은 수준로 이동하는 진보적인 패턴, 높은 수준에서 낮은 수준로 이동하는 퇴행적인 패턴, 혹은 높은 수준과 낮은 수준과 높은 수준 사이에서 등락하다가 원래의 자리인 높은 수준로 변동하는 패턴이 있을 수 있다(Waterman, 1982, 1999). 일부 연구자는 청소년기 초기의 청소년은 정체성 혼미 또는 조기 완료 지위에 있을 가능성이 높은 반면, 청소년기 후기의 청소년은 정체성 유예 또는 성취 수준으로 이동할 가능성이 더 높다는 견해를 지지한다. 하지만 수준의 순차 패턴에 관한 종단적 연구의 증거는 일관적이지 않고(Bosma & Kunnen, 2008), 일부 연구는 발달을 통한 정체성 수준의 변화를 설명하는 데 있어 수준 모델이 유용한가에 대하여 의문을 제기한다(van Hoof, 1999).

많은 연구자는 Marcia가 Erikson의 견해를 지나치게 단순화하고, 정체성 결과에 지나치게 중점을 둔 반면 정체성 형성의 실제적 절차에 대해서는 초점을 두지 않는다고 주장하며 Marcia의 계획을 비판했다(Cote & Levine, 1988). 이러한 비판에도 불구하고, 일부 연구자는 정체성을 탐구하는 것은 정체성의 일부가 되는 정체성 수행에 영향을 미치기에 정체성 탐구의 역할을 보다 자세하게 조사했다(Berzonsky, 1990). 또한 정체성 선택을 탐구하고 수행하는 2주기의 과정(two-cycle process)을 제안한 일부 연구가 있다. 첫 번째 단계에서, 잠정적인 수행은 전반적인 탐구 과정 후에만 이루어진다. 그런 다음, 첫 번째 단계에서 결정된 잠정적 선택을 사용하여, 선택된 정체성에 대하여 투자할 수 있도록 보다 면밀한 탐구를 하거나, 전반적 탐구 과정을 다시 반복하기도 한다(Luyckx, Goossens, Soenens, & Beyers, 2006; Luyckx, Goossens, Soenens, Beyers, & Vansteenkiste, 2005). 이 모델은 청소년기 후기까지 보다 정교해졌다(Luyckx et al., 2008). 분명히, 청소년기 초기부터 성인기 초기에 이르기까지 보다 장기적으로 확대된 종단 연구는 일반적인 정체성 발달 과정과 개인차에 대한 이해에 중요한 기여를 할 것이다.

# 애착과 정체성 발달

청소년은 부모를 자신의 안전 기지로 의존하는 정도가 줄어들고 내면화된 애착 대상의 표상을 재평가하기 시작한다. 가족으로부터의 자율성이 증가하고 또래와 보다 많이 관계를 맺는 것은 우정과 친밀한 관계를 탐색하며 사회적 맥락을 확대하도록 돕는다. 안전한 애착의 내력은 정체성 형성 과정의 일부로 더 많이 탐색하도록 촉진할 것이다. 또한 안전한 애착관계는 청소년이 보다 적극적이고 의도적으로 선택권을 탐색하고 피드백에 반응하며 탐색을 통해 얻어진 경험에 개방적일 수 있다. 결국, 초기 애착관계의 안전성은 정체성 선택에 관하여 결정하는 능력에 대한 확신을 증진시키고, 결과적으로 정체성 수행으로 이어질 수 있다(Marcia, 1988; Pittman et al., 2011). 청소년기의 애착과 정체성 형성 간의 관계를 조사한 연구는 그 양이 적은 편이며, 구성 개념을 조작하는 방식에는 차이가 있다. 자기와 타인에 대한 작동 모델을 평가하는 대신에, 일부 연구는 부모와 또래(Meeus, Oosterwegel, & Vollebergh, 2002) 또는 부모와 로맨틱 파트너(Ávila, Cabral, & Matos)와 같은 특정 관계에 대한 자기 보고를 기반으로 이루어진다. 부모와 안전하게 애착을 맺고 로맨틱한 관계에서의 경험은 정체성 발달을 촉진하는 것으로 밝혀졌다. 하지만 기존 연구에 대한 중요한 고찰에서 부모-청소년 자녀관계와 정체성 발달 사이의 직접적인 관계는 거의 발견되지 않아(Meeus & de Wied, 2007), 애착과 정체성 발달 사이의 관계에 영향을 미치는 다른 요인이 있을 수 있기에 이에 대해 고려하는 것이 중요하다고 제안한다. 예를 들어, 청소년의 또래관계 또는 로맨틱 파트너와의 관계는 이전 또는 현재에 부모와 맺은 질에 영향을 받을 수 있으며, 부모 관계가 정체성 발달에 미치는 영향을 중재할 수 있다.

흥미롭게도 일부 연구는 부모와 청소년 자녀 관계의 애착 패턴이 정체성 수행과 관계 있지만, 정체성 탐구와는 관계가 없음을 확인했다(Benson, Harris, & Rogers, 1992; Samuolis, Layburn, & Schiaffino, 2001). 실제로 이 패턴은 최근의 메타 분석에서 확인되었으며, 메타 분석은 애착 안전성과 정체성 수행의 관계가 있음을 시사한다(Arseth, Kroger, Martinussen, & Marcia, 2009). 이 결과는 2주기 과정에서 정체성 탐구 및 수행의 견해와 일치하는 것으로 보인다(Luyckx et al., 2005). 안전한 애착을 형성한 청소년은 정체성 수행을 하기 전에 자신의 선택권을 신중하게 고려할 가능성이 더 높다. 그다음에 그들은 미리 수행함에 따라 자신의 선택을 재검토할 수 있다. 초기의 정체성 수행의 잠재적 위협과 불확실성이 괴롭힐지라도, 애착 대상에 대한 안전한 표상을 가진 청소년은 이 심도 있는 과정에 관여할 가능성이 더 높다. 자신이 맺은 관계에서의 안전함으로부터 유래한 자신감은 청소년이 더욱 적극적이고 의도적으로 탐구하는 데 도움이 된다. 대조적으로, 타인에 대하여 부정적인 모델(두렵거나 무시하는 애착 표상을 포함하여)을 가진 청소년은 정체성 탐구나 수행을 회피할 가능성이 더 높으며, 이는 정체성 혼미로 이어질 수 있다. 그리고 자기에 대하여 부정적인 모델(두렵거나 긴장하는 자기 표상을 포함하여)을 가진 청소년은 정체성 탐구 없이 정체성 수행을 할 가능성이 더 높으며, 이는 정체성 조기 완료로 이어질 수 있다(Pittman et al., 2011).

자기와 관계에 대하여 안전하지 않은 작동 모델을 연구하는 후속 연구는 청소년기의 애착관계와 정체성 발달 간의 상호 관계를 밝히고 명확하게 하는 데 도움이 될 것이다. 더욱이, 친밀한 관계 내에 있는 각각의 파트너는 관계에 각자 자신의 작동 모델과 자신의 정체성에 대한 도전을 가져오기 때문에 친밀감에 대한 협상은 훨씬 더 복잡해진다. 각 파트너는 그 자신의 정체성을 구성하고 타인의 정체성 탐구를 위한 맥락을 제공한다. 마찬가지로, 각 파트너의 애착의 역사는 새로운 경험의 맥락에서 정체성 위협과 정체성 탐구에 직면하면 근접성 추구에 영향을 미친다(Bartholomew, 1990; Crowell et al., 2002). 청소년기의 애착과 정체성 발달에 대하여 고려하는 것은 자기와 관계에 관한 중요한 질문을 제기하는 풍부한 기반과 검증 가능한 가설에 대한 제안을 제공한다. 실제로, 이와 관련된 연구의 일부는 이미 시작됐다(예 : Kerpelman et al., 2012; Pittman, Kerpelman, Soto, Adler-Baeder, 2012 참조). 우리는 애착 표상은 정체성 형성 과정 그리고 이후의 관계의 발달에도 중요하다는 것을 알 수 있다. 친밀한 관계의 맥락에서 불안전한 애착 표상을 가진 개인은 정체성과 관련된 이슈를 해결하기 위한 도전을 받을 수 있고, 그 개인의 파트너는 이러한 정체성에 대한 도전을 통해 작업할 수 있는 새로운 기회를 검증하거나 악화시키거나 제공할 수 있다.

## 정체성 발달에 관한 맥락적 영향

모든 청소년이 정체성 형성 과업을 똑같이 성공적으로 이루는 것은 아니다. 일부는 통합되고 명확한 정체성을 확립할 수 있는 반면, 다른 일부는 자신의 정체성에 대해 혼란스러워 한다. Erikson(1968)은 청소년의 정체성을 뒷받침하고 형성하는 대인관계 맥락과 사회의 역할을 강조했다. 연구자는 대인관계 맥락(부모, 또래, 학교)이 정체성 발달 과정을 형성하고, 정의하고, 영향을 미치기 때문에 이에 대해 지속적으로 조사했다

(Galliher & Kerpelman, 2012). 또한 강력한 자기감에 기여하는 경험의 기회와 종류를 제한함으로써 안정적이고 일관적인 정체성의 발달을 약화시킬 수 있는 관계와 맥락적 요인의 방식이 있다. 빈약한 교육 기회, 낮은 사회·경제적 지위, 부모의 정신병리, 그리고 아동 학대는 모두 정체성 발달에 부정적 영향을 미칠 수 있는 맥락적 요인의 예다. 그러므로 정체성 형성은 개인과 그 자신의 사회 및 대인관계 맥락 간의 거래 과정으로 가장 잘 개념화된다.

일부 연구는 가족 내의 상호작용 패턴과 정체성 지위와의 관계에 대해 탐구했다. 이 연구의 근간을 이루는 가설은 부모가 청소년 자녀의 정체성 발달에 중요한 역할을 한다는 것이다. 애정적이고, 개방적이고 의사소통이 가능하며, 자녀가 탐구할 수 있는 기회를 주기 위해 안전 기지를 제공하는 부모를 가진 청소년의 정체성은 성취 또는 유예일 것이다. 안전을 위해 부모와 정서적으로 친밀하게 지내고 부모에게 아주 많이 의지하는 청소년과 독립적인 탐색을 거의 하지 않는 청소년의 정체성은 조기 완료될 가능성이 높다. 그리고 가족과 멀리 떨어져 있는 청소년이나, 부모가 자신에게 무관심하거나, 거리를 두거나, 거부한다고 지각하는 청소년은 정체성 혼미 지위에 있다(Campbell, Adams, & Dobson, 1984; Grotevant & Cooper, 1985). 비록 각 가족의 상황이나 정체성 수준의 분류가 일부 청소년에게는 적용되지만, 모든 청소년에게 적용되는 것은 아니기 때문에 이 상관 관계의 결과는 신중하게 고려해야 할 필요가 있지만 흥미롭다. 더하여, 특정 정체성 수준의 집단에서 일부 상호작용 패턴은 원인일 수도 있고 결과일 수도 있기에 영향의 방향성은 명확하지 않다.

정체성 탐구 과정에서 또래관계의 역할 또한 연구되었다. 또래는 청소년이 태도, 가치관 및 신념 그리고 자기 자신, 사회적 규칙 및 관습에 대해 배울 수 있는 많은 기회를 준다. 친밀한 친구관계는 특히 중요한데, 왜냐하면 청소년은 친밀한 친구와 비판적이거나 판단적이지 않은 지지적인 맥락 안에서 정체성에 대하여 이야기하고 탐구할 수 있도록 돕는 정서적 안정감을 얻을 수 있기 때문이다(Azmitia, 2002). 정체성 발달에 관련한 우정의 유익한 효과에 대해 탐구한 한 경험적 연구에서, 친구와 강한 애착을 맺은 대학생은 직업 선택과 직장 선택을 탐구할 가능성이 더 높았다(Felsman & Blustein, 1999). 비록 청소년기의 정체성 발달에 대한 또래의 영향력이 증가하지만, 부모도 정체성 발달에 지속적으로 영향을 미친다는 개념을 지지하는 경험적 근거도 있다(Hill, Bromell, Tyson, & Flint, 2007; McLean & Jennings, 2012). 예를 들어, 부모의 심리적 통제는 청소년기에 로맨틱한 애착에 대한 불안감과 회피의 경험과 관계되어 있는 것으로 나타났다. 더욱이 회피 애착은 청소년기의 연애 정체성의 탐구와 부적인 관계가 있다(Pittman et al., 2012). 그러므로 로맨틱한 관계에 대한 청소년의 탐구와 이러한 관계와 관련된 정체성 발달은 부모-청소년 자녀 관계의 질에 의해 지지받을 수도 있고, 억제될 수도 있음을 확인할 수 있다. 이와 같이, 정체성 발달을 위한 부모와 또래의 상대적 중요성에 대한 논란이 지속되고 있고(Meeus et al., 2002), 많은 연구자는 각 관계가 중요하고 독특한 방식으로 정체성 발달에 기여한다는 이론을 제시한다(Schacter & Ventura, 2008; Weeks & Pasupathi, 2010).

또래 압력에 대한 취약성과 비행 행동에 대한 개입이 정체성 발달과 관계가 있는지에 대한 연구도 이루어지고 있다(Ellis & Zarbatany, 2007b; Steinberg & Monahan, 2007). 특히 정체성 발달은 위험한 행동에 개입하는 것과는 관계가 있음에도 불구하고(Jones & Hartmann, 1988), 최근의 연구는 고등학생의 정체성 발달(특히, 탐구와 수행)이 또래 압력의 경험과 물질 사용과 일반적인 일탈 행동에 대하여 보고된 빈도 사이를 중재한다는 것을 입증했다(Dumas, Ellis, & Wolfe, 2012). 이와 같이, 가족 맥락 내에서나(Perosa, Perosa, & Tam, 2002), 학교 환경에서(Oyserman & Destin, 2010) 정체성 발달을 촉진하면 특히 10대 청소년이 강력한 또래 압력에 순응해야 하는 맥락에서 위험한 행동에 개입하는 것을 줄이는 데 도움이 될 수 있다. 이 연구는 또래와 부모 모두 정체성 발달에 중요한 역할을 한다는 것을 다시 생각하도록 기여한다. 더욱이 정체성 발달에 미치는 부모의 영향 그리고 또래의 보상 또는 상호 보완적인 역할은 후속 연구를 정당화한다 (예 : Galliher & Kerpelman, 2012 참조).

학교 역시 정체성 형성 과정을 지지하는 데 매우 강력한 역할을 할 수 있다. 교사와 청소년의 관계는 학생에게 자신의 정체성을 탐구하는 데 필요한 지지를 제공할 수 있다. 예를 들어 교사는 서비스 학습을 포함한 강좌를 제공하여 학생이 새로운 흥미를 찾도록 격려할 수 있다(Pascarella & Terenzini, 2005; Yates & Youniss, 1996). 청소년은 지역 사회 서비스 활동을 통해 사회와 정치적 이슈를 반영하는 법과 진보와 변화를 가져오는 자신의 역할에 관하여 고려하는 법을 배운다(Waterman, 1989). 정체성과 관계된 이슈, 직업과 대학 박람회, 그리고 자기 반영적 글쓰기 과제에 대한 공개 수업 토론 모두 학생이 정체성을 촉진하는 경험에 참여하는 중요한 기회를 제공한다.

마지막으로, 청소년이 살아가는 보다 넓은 사회-역사적인 맥락은 정체성 발달을 촉진할 수도 있고 억제할 수도 있다(Bosma & Kunnen, 2001). 사회 경제적 지위, 교육 기회, 가족의 의무와 수행, 지리적 고립, 그리고 부모의 가치 및 전통 등과 같은 요인 모두 정체성을 탐구하는 데 제약이나 장벽을 부과할 수 있다. 더욱이 정체성 발달에 대한 사회적·정치적·경제적 영향은 역사적 환경에 의해 결정될 수도 있다(Baumeister & Muraven, 1996). 예를 들어, 여성 해방 운동에 부분적으로 영향을 받아, 남녀 모두 대학 교육과 직업의 가능성에 대한 접근성이 증가하며 관계, 가족 기능, 일과 삶의 균형, 그리고 부모의 책임감에 관한 오래된 개념에 도전하고 있고, 모든 청소년과 성인 초기를 위하여 정체성과 관련된 질문의 범위를 가능하게 한다.

## 자기와 정체성 연구의 최근의 발달

최근에 진보된 신경 영상 기술과 같은 최신의 방법론을 사용하여 자기와 정체성에 대하여 연구하고 있다(LeDoux & Debiec, 2003). 일부 연구자는 자기가 자기 자신의 행동에 대하여 통제하고 주체적으로 행동하는 별개의 독립체로서 이해될 수 있는 방법에 대해 탐구해왔다(Farrer et al., 2003). 다른 연구자들은 차별화(Heatherton et al., 2006), 시간에 따른 자기 반성(Conway, 2005; D'Argembeau et al., 2008; McAdams, 2001)과 자기 얼굴 및 자기 음성에 대한 인식을 조사했다(Kaplan, Aziz-Zadeh, Uddin, & Iacoboni, 2008). 예를 들어, 자기와 타인을 구별하거나 또는 시각적 자기 인식을 포함하는 작업에서 신경 영상 연구는 올바른 전두엽 네트워크의 선택적 활성화가 있음을 시사한다(Devue et al., 2007; Uddin, Kaplan, Molnar-Szakacs, Zaidel, & Iacoboni, 2005). 또한 연구는 자서전적 기억의 인지적 조직(Conway, 2005), 자신의 정서 및 사고를 타인의 정서와 사고 및 구별할 수 있는 역량의 발달(Astington, Harris, & Olson, 1988), 과거의 자신과 미래의 자신에 관하여 개인이 내린 결정의 사회적·심리적 원인 및 결과에 대하여 연구해왔다(Liberman & Trope, 1998). 과거부터 현재 그리고 미래에 이르기까지 자기의 연속성에 기여하는 신경 및 인지 시스템이 확인되었다(Wheeler, Stuss, & Tulving, 1997). 이처럼 점점 증가하는 연구의 증거는 타인과 자기를 구별하는 데 관련된 신경 과정이 또한 시간의 흐름에 따른 자기감을 구성하는 데 관여한다는 생각을 지지한다(Libby, Eibach, & Gilovich, 2005; Pronin & Ross, 2006).

각각의 생애 기간에 걸쳐 자기를 나타내는 데 관계가 있는 뇌 영역도 조사했다. 특히, 현재의 자기에 대해 생각할 때 대뇌 피질의 중간 선 구조가 크게 활성화됐다. 이는 과거 및 현재의 자기와 타인의 차이점을 표현하는 것과 관계된 뇌 영역과 동일한 영역이다(D'Argembeau et al., 2008). 이 결과는 대뇌 피질 내측 구조가 활성화되는 것은 자기에 관한 일시적인(현재 및 과거) 인식에 민감한 것으로 보이기 때문에, 대뇌 피질 중간선 구조가 현재의 자기에 대하여 생각할 때 더 많이 관계되어 있다는 메타 분석과 일치한 다(Northoff et al., 2006). 관계적 맥락에 걸쳐 일관적인 (또는 맥락에 따라 다른) 사회적 역할을 할 때, 맥락에 따른 현재의 자기에 관하여 생각할 때 대뇌피질 중간선 구조가 활성화되는지, 아니면 미래에 대한 자기의 견해를 구성할 때 대뇌피질 중간선 구조가 활성화되는지에 대해서는 중요하게 탐구해야 하는 질문이다(Libby, 2008).

연구자는 사람들이 자기의 심리적 특성(Craik et al., 1999; Ochsner et al., 2005; Saxe, Moran, Scholz, & Gabrieli, 2006)뿐만 아니라 타인의 심리적 특성을 반영할 때 또한 피질 정중선 구조가 활성화되는 것을 발견했다(Amodio & Frith, 2006). 이러한 연구의 대부분은 성인 참가자와 함께 진행되었지만 어린 유아 및 아동을 대상으로 fMRI 영상을 사용한 예비 연구도 있다. 한 연구에서 신경학적 문제가 있을 가능성을 평가하기 위해 의뢰되었고, 평가 후 신경학적 문제가 발견되지 않은 15~30개월 된 아동을 연구에 포함했다(Lewis & Carmody, 2008). 가상 놀이와 거울 속의 시각적 자기 인식 행동 척도와 아동의 개인 대명사 사용에 대해 어머니가 보고한 것을 결합하여 자기 표현 점수를 산출했다. 그리고 이 점수를 신경 영상 결과와 비교했다. 아동의 연령과 관계 없이, 높은 자기 표현 점수는 측두정엽의 성숙과 관계되어 있음이 발견되었다. 기존 연구와 함께, 이 연구는 뇌 발달과 환경 요인이 함께 자기 표현에 영향을 미칠 수 있다고 제안하고, 연구에서 신경 영상 기술을 사용하기 위한 중요한 지침을 강조한다.

## 민족 정체성

민족 정체성은 민족 집단에 소속되거나 민족 집단의 일부라는 자기감과 관계되어 있다. 민족 정체성의 발달은 문화 및 민족적 전통과 더 큰 민족 공동체에 대한 점진적인 이해와 연결되어 있다는 감각을 기반으로 하고 있지만 정체성 탐구와 수행의 상호 연결된 과정을 포함한다(Phinney, 1996). 청소년이 더 큰 문화적 맥락 내에서 자신의 민족성이 의미하는 바를 탐구하도록 격려를 받을 때, 최상의 발달적 결과가 촉진되며 궁극적으로 보다 큰 민족 집단에 헌신하고 안정된 소속감을 가질 수 있다(Galliher, Jones, & Dahl, 2011; Ghavami, Fingerhut, Peplau, Grant, & Wittig, 2011). 민족 정체성의 발달에 관한 질문은 1990년대 초반부터 제기되었으며 아시아계, 라틴계, 미국 인디언 청소년 사이의 민족 정체성에 대한 연구(Lysne & Levy, 1997; Spencer & Markstrom-Adams, 1990;

Ying & Lee, 1999)를 포함하여, 흑인 청소년(예 : Marshall, 1995)에 초점을 둔 최근의 연구로 확대되었다. 집단 구성원으로서의 자기를 확인하고 정의하고, 집단에 소속감을 느끼고, 문화적 관습과 전통에 참여하는 것은 모두 민족 정체성을 구성하는 요소다(Hill & Witherspoon, 2011; Phinney, 1990; Weisner, 2011). 소수 민족 집단에 속한 청소년의 정체성 발달 과정은 복잡한데, 왜냐하면 자신이 속한 집단의 중요성과 위치와 보다 우세한 집단에 대하여 결정을 내려야 할 필요가 있기 때문이다. 자신의 민족 정체성을 탐구하고 수행하는 과정은 중요한 관계와 보다 확대된 사회적 관계에 포함된다. 부모는 민족 의식을 자녀에게 불어넣어 주고, 소속감과 자신의 민족적 또는 인종적 유산과 전통에 대한 자긍심을 증진하려고 노력할 수 있다. 부모는 인종 차별로부터 자녀를 보호하고 차별을 다루는 방법을 설명하려고 노력할 수도 있다. 사실, 몇몇 연구는 부모가 인종적 또는 민족적 사회화에 적극적으로 참여할 때 청소년은 보다 일관되고 긍정적인 민족적 정체성을 보고하며, 차별과 관계된 경험을 보다 잘 다룬다는 것을 보여준다(Hughes et al., 2006).

민족 정체성을 연구하는 한 가지 방법은 개인이 자신의 소수 민족 지위와 정체성을 우세한 문화와 통합하는 정도를 탐구하는 것이다. 어떤 청소년은 자신의 민족 정체성을 버리고 대다수의 문화 집단에 완전히 통합되었고, 다른 일부 청소년은 대다수의 집단 문화에 참여하면서 동시에 자신의 문화적 정체성을 유지하고 우세한 문화와 자신을 분리하려고 노력할 수 있으며, 어떤 청소년은 어떤 집단과도 동일시하지 못하고 '주변부'에 계속 남아 있다(Berry, 1997; Phinney & Alipuria, 1990). 현존하는 연구가 개인이 주류 문화를 수용하고 통합되어가는 것에 대하여 개인의 상대적 지위를 개념화하는 유용한 방법을 제공함에도 불구하고, 중요한 질문들이 많이 남아 있다. 예를 들어, 청소년은 자신의 민족 정체성의 발달에서 다양한 단계를 거치며 나아가고 있는가? 이 과정에 영향을 미치는 요인은 무엇인가? 그리고 자신의 인종 및 민족 정체성을 확립하는 것은 심리사회적 기능, 학업, 적응 그리고 청소년기의 건강상의 위험에 대한 행동 및 태도에 어떤 영향을 미치는가? 이는 현재 발달 연구자와 학자들이 더욱 신중하게 검토하고 있는 많은 관련 질문의 일부다(예 : Umaña-Taylor et al., and the Ethnic and Racial Identity in the 21st Century Study Group, 2014 참조).

민족 정체성의 발달은 점진적으로 이행되는데, 처음에는 우세한 문화에 동일시하지만 점차 차이에 대하여 마주하게 되며, 이는 자기 자신의 집단의 가치에 대해 더 큰 관심을 갖고 인정하는 것으로 이어진다. 그리고 우세한 집단 가치를 거부하고 마침내 개인적·문화적 정체성을 통합하게 된다(Cross, 1987). 다른 대안으로, Marcia(1966)의 자아 정체성 지위의 근거를 기반으로 한 민족 정체성 발달의 3단계 모델이 있는데, 이 또한 인종 또는 민족 집단에 대한 관심과 헌신이 발달하는 것과 관련한 청소년의 지위를 개념화하는 데 유용했다(Phinney, 1989, 1996). 첫 번째 단계에서 개인은 자신의 민족 정체성에 대하여 관심이 없거나 민족 정체성에 대하여 검토하지 않는데, 이를 정체성 혼미라고 한다. 또는 부모가 청소년 자녀에게 민족 정체성과 유산을 경험하게 하고 이에 관련하여 지시할 수 있는데, 이는 정체성 조기 완료로 이어진다. 두 번째 단계에서 문화와 역사에 대한 탐구가 발생하면, 개인은 자기 자신과 관계가 있는 자신의 민족 집단이 가진 가치와 관습의 의미에 대하여 숙고하기 시작한다. 이는 정체성 유예 기간이다. 마지막으로 개인이 자신의 민족 집단에 동일시하고 수행할 때, 민족 정체성의 성취가 달성된다. 차이에 대한 인식은 민족 정체성 발달과 함께 증가한다(Brown & Bigler, 2005). 그러나 민족 정체성은 인종 및 민족의 차이에 대한 인식에 영향을 받을 수 있다(Hughes et al., 2006). 그러므로 영향의 방향성은 여전히 더 잘 이해될 필요가 있다.

소수 민족 청소년의 정체성이 강한 것은 자존감이 높고, 사회적 관계가 보다 긍정적이며, 학업 동기가 강하고, 심리적 적응을 더 잘하는 것과 관계가 있다(Carlson, Uppal, & Prosser, 2000; Kiang, Witkow, & Champagne, 2013; Phinney, Cantu, & Kurtz, 1997, Umana-Taylor, 2004). 소수 민족의 정체성 발달 과정에 영향을 미칠 수 있는 요인은 학교 환경의 인종 구성, 가족이 이민을 온 후 흘러간 시간의 정도, 부모의 민족 정체성과 청소년의 사회적 경험 사이의 차이를 포함한다(Quintana, Castaneda-English, & Ybarra, 1999). 일반적으로, 제한적인 이용 가능한 연구는 차별에 대한 경험은 민족 정체성을 탐구하는 촉매제 역할을 할 수 있음을 발견했다(Greene, Way, & Pahl, 2006; Pahl & Way, 2006). 또한 자신의 민족 집단에 대하여 강력하고 긍정적인 동일시는 시간이 지나면서 차별의 부정적인 영향으로부터 청소년을 보호할 수 있다. 최근의 연구에서 청소년기에는 이전에 가족 구성원이 책임을 맡았던 사회화 기능을 또래가 맡을 수도 있다고 제안한다. 그러므로 또래 간 상호작용은 민족과 인종에 관한 상호 간의 대화로 이어질 수 있고 민족 정체성에 기여할 수 있다(Syed & Juan, 2012). 그리고 우세한 문화와 관련된 정체성 지위는 발달적 변화, 스트레스(예 : 학교에서의 전환) 및 기타 압력에 따라 바뀔 수 있다(French, Seidman, Allen, & Aber, 2006; Kiang et al., 2013). 발달의 여러 시점에서, 소수 청소년은 '주류' 문화와 자신의 관계에 의해 도전받을 수 있는데, 이때 주류 문화를 거절하거나 주류 문화 안에서 살지만 '외부인'처럼 느끼거나, 자기 자신의 문화를 거부하거나, 소수 문화와 주류 문화 모두와 유대 관계를 유지할 수 있다 (Phinney & Alipuria, 1990). 민족 집단들 간의 차이와 민족 집단 내의 차이를 구별하고 청소년기 동안 발달 결과에 미치는 여러 가지 영향을 탐구하는 종단 연구가 더 많이 이루어져야 한다. 마지막으로, 일부 연구에서 민족 정체성 과정의 성차가 보고되었으므로 가족 사회화와 동료 사회화 둘다 영향을 미치는 면에서 남성과 여성 사이의 다양성을 탐구할 필요성이 강조한다(Umana-Taylor & Guimond, 2010). 민족 정체성은 정적 변수가 아니라 다른 발달적 어려움에 따라 달라질 수 있다. 이 시점에서, 우리는 더 큰 문화 공동체 내에서 소수 집단의 구성원으로 자라는 것이 복합한 방식으로 정체성 형성 과정에 도전한다는 것을 알고 있다.

## 성 정체성

남성 또는 여성으로서의 자기감 발달을 통해 성 정체성이 형성된다. 아동은 보통 만 2세 6개월에 자기 자신을 '소년' 또는 '소녀'라고 묘사하며 자기 자신을 남성이나 여성으로 인식하기 시작한다(Ruble et al., 2007). 발달해가면서, 성 정체성을 통해 자기 자신을 성-유형화된 기질, 특성, 역량과 성-유형화된 활동에 대한 관심과 선호도를 가지고 있고, 성 집단의 전형적인(또는 비전형적인) 구성원으로서의 자기감을 유지하는 존재로 인식하게 된다(Ruble et al., 2007). 성 유형별 행동과 성 정체성의 발달을 설명하기 위해 몇 가지 이론적 관점과 설명적 모델이 제시되었다. 성과 관련된 인지의 역할에서의 초점은 대부분 행동에 영향을 주는 것에 맞춰져 있다(예 : Bussey & Bandura, 1999). 그러나 성과 관련된 신념이 행동에 영향을 미치거나(사고방식의 경로 모델) 또는 개인의 선호와 특징이 성과 관련된 신념에 영향을 미친다는(개인의 경로 모델) 것을 제안하는 대안적인 틀이 제시되었다. 이 틀에는 성이란 중요한 구성요소라고 믿는 개인의 신념, 또는 성 도식(gender schematicity)에 대한 생각의 정도가 고려되어 통합되는데, 이것은 개인과 상황의 영향을 받아 결정된다. 모든 사람들에게는 사고방식 그리고 개인이라는 두 가지 측면의 경로 모델이 다 있지만, 개인적, 발달적, 그리고 상황적 요인들에 따라 특정한 시점에서 우세해지는 모델이 있다(Liben & Bigler, 2002).

청소년기의 핵심 발달 과업은 사춘기와 성별 및 성 정체성과 관련된 발달에 의해 야기되는 생물학적 변화를 받아들이는 것이다(Erikson, 1968). 이제 점차 증가하는 성에 대한 인식과 관심은 청소년의 자기감 발달에 통합되어야 한다. 어떻게 청소년의 생물학적 변화가 정체성 발달에 영향을 미치고 어떻게 성차가 청소년기의 성에 대한 태도에 영향을 미치는가? 이것이 지금 우리가 살펴볼 주제다.

## 성별과 성에 대한 태도에 미치는 생물학적 영향

사춘기의 생물학적 변화는 청소년이 되기 훨씬 전부터 시작되고 눈에 띄는 신체 변화의 징후가 뚜렷해진다. 소년의 경우, 이 과정은 대략 만 9세 6개월에 시작되는 반면, 소녀의 경우 만 7세 초반부터 시작된다(Kroger, 2007). 사춘기의 눈에 띄는 징후가 나타나기 약 1년 전부터 신체 내에서는 순환하는 호르몬의 수치를 조절하는 신체의 일부인 내분비계에 변화가 생긴다. 자동 온도 조절 장치와 마찬가지로, 내분비계는 중추 신경계, 주로 뇌에서 정보를 전달받고 호르몬 분비를 제어한다. 시상 하부에 기능적으로 연결되고 제어되는 동안, 미세하게 조정된 내분비계의 일부인 뇌하수체는 호르몬을 분비하여 항상성을 조절한다. 유아기와 사춘기 사이에, 뇌하수체는 신체 내에서 순환하는 성 호르몬의 수치를 억제한다. 하지만 사춘기의 신체적 징후가 나타나기 1년 전부터는 성 호르몬의 수치가 증가하면서 조절 시스템이 달라진다(Archibald, Graber, & Brooks-Gunn, 2003). 결과적으로 사춘기 시기의 여러 생물학적 변화는 뚜렷하게 나타난다. 영향, 질병, 스트레스, 극단적으로 야윈 몸, 과도한 운동은 모두 사춘기에 영향을 줄 수 있다(Kroger, 2007). 낮은 사회경제적 지위, 아버지의 부재, 어머니의 엄격함, 가족 간 갈등, 아동 학대 및 조기 약물 남용 등의 사회적 맥락에서의 갈등과 스트레스를 포함한 초기의 가족 경험은 사춘기가 빨리 시작되는 것과 관계가 있다(Arim, Tramonte, Shapka, Dahinten, & Willms, 2011). 수많은 연구에서 청소년기에 사춘기 성숙이 빨리 이루어지면 이것이 행동과 정신건강 문제에 대한 잠재적인 위험 요인이 된다고 규명하였으므로, 사춘기가 시작되는 시점은 중요하게 고려되어야 한다(Arim & Shapka, 2008; Ge, Brody, Conger, & Simons, 2006; Graber, Lewinsohn, Seeley, & Brooks-Gunn, 1997).

사춘기와 관련된 생물학적 변화는 안드로겐(androgens)과 여성호르몬인 에스트로겐(estrogens)이라고 불리는 두 가지 주요한 성 호르몬의 결과다. 테스토스테론(testosterone)은 남성의 사춘기 발달에 중요한 역할을 하는 안드로겐이다. 테스토스테론 수준의 증가는 고환과 음경의 확대, 음모의 출현, 목소리의 작은 변화, 첫 번째 사정, 신장의 급격한 성장, 목소리의 큰 변화 그리고 얼굴과 몸에 털이 자라는 것으로 이어진다. 여성에게 사춘기 발달은 일부 안드로겐과 에스트라디올(estradiol)이라 불리는 에스트로겐의 영향을 받는다. 초기의 신체적 변화에는 유방의 발달, 음모의 성장, 엉덩이의 확대, 신장의 급격한 성장 및 생리의 시작이 포함된다(Kroger, 2007; Rabin & Chrousos, 1991). 신장의 급격한 성장은 일반적으로 소녀가 소년보다 2년 정도 빠르게 시작한다. 흥미롭게도 소녀의 경우, 생식할 수 있는 능력이 생기기 전에 신장이 급격하게 성장하지만, 소년의 경우 골격과 신장의 급격한 성장이 시작되기 전에 생식할 수 있는 능력이 생긴다(Archibald et al., 2003). 일부 연구자는 남성과 여성의 사춘기 질서가 적응적이고 진화적인 것에는 중요한 이유가 있으며 이는 정체성에 중요한 영향을 미칠 수 있다고 추측한다(Bogin, 1994). 또한 최근의 연구는 사춘기 변화의 시기와 속도는 개인마다 다르며 강력하게 유전된다(Dick, Rose, Pilkkinen, & Kapiro, 2001). 체중, 지리적 위치 또는 사회 경제적 지위에 관계없이, 분명한 인종 차이도 관찰되었다. 예를 들어, 아프리카계 미국인 여성은 멕시코계 미국인 여성보다 상대적으로 조숙한 듯하고, 백인 미국 여성은 두 그룹에 비해 상대적으로 늦게 성숙한다(Chumlea et al., 2003).

정체감과 관련된 중요한 문제들은 사춘기의 신체 변화 및 자신의 또래와 비교해본 사춘기 발달 시기와 관계되어 있다. 청소년은 사춘기에 진행되는 신체적 변화에 따라 자신의 외모에 매우 집착하는 경향이 있다. 소녀의 경우, 문화적 이상과 미디어가 초점을 두는 날씬한 것에 위배되는 체지방과 체중의 증가에 대해 전반적으로 불만족해 한다(McCabe & Riccardelli, 2003; Petersen & Leffert, 1995). 반면에 소년은 자신의 근육량, 크기 및 체력이 증가하는 것에서 유리한 점을 발견하여, 소녀보다는 이러한 생물학적 변화를 좀 더 긍정적으로 본다(Dorn, Crockett, & Petersen, 1988). 그러나 흥미롭게도, 인종에 따라 존중받는 신체 유형에 점점 더 많은 차이가 발생하고 있는데, 이것은 몇몇 소수집단에게는 문화적인 이상향을 바꾸게 한다(Parker et al., 1995; Snapp, 2009). 더욱이 여자 청소년은 일반적으로 자신의 신체에 만족하지 않고 더 날씬해지길 원하고(Gardner, Friedman, & Jackson, 1999), 남자 청소년보다 자의식이 강하고 자존감이 낮으며(Simmons & Blyth, 1987), (남자 청소년이 평균 체중을 선호하는 반면) 표준 체중에 약간 못 미칠 때 가장 기분이 좋아지기 때문에 사춘기 변화는 신체상과 자기상에 영향을 미친다(Brooks-Gunn, 1991). 여자 청소년이 조숙할 때, 자신의 신체에 대한 긍정적인 느낌이 적고 또래에 비해 매력이 적다고 느끼는 경향이 있는 반면, 남자 청소년이 조숙한 경우 신체상이 보다 긍정적인 것처럼 보인다(Brooks-Gunn, 1991). 또한 조숙한 소녀에게 섭식 관련 문제가 더 많이 발생하는 경향이 있으며 다른 적응상의 문제에 취약할 수도 있다. 예를 들어, 일부 연구는 조숙한 여성이 우울증에 더 취약하다는 것을 발견했고(비록 오직 백인계 미국인에게서만 발견되었고, 히스패닉계 미국인 또는 아프리카계 미국인에게서는 발견되지 않았지만)(Archibald et al., 2003) 이른 시기에 성 행동을 하고 임신할 가능성이 더 높아진다(Stattin & Magnusson, 1990).

## 청소년기의 성별, 성에 대한 태도, 그리고 정체성

성차를 연구하는 연구자는 개인의 성적 자기를 세 가지 구성 요소, 즉 성 또는 심리적 성별 정체성, 성 또는 성별의 역할, 그리고 성적 취향으로 구별한다(Kroger, 2007). 사춘기로 전환되는 동안, 성 정체성에는 중요한 변화가 발생한다. 생물학적 성숙과 신체적 변화에 관련된 의미는 청소년의 정체성에 통합되어야 한다. 이제 청소년은 자신의 신체적 힘과 한계에 대해 보다 잘 의식한다. 그들은 수정하거나 변경할 수 있는 신체적 특징(예 : 머리 스타일과 색상, 체중, 피부의 탄력)과 보다 영구적인 신체적 특징(예 : 신장, 골격 구조)을 구별하기 시작하는데, 이를 통해 결국 사춘기의 관찰 가능한 징후들을 더 받아들인다. 성장률이 감소하고 성적인 성숙이 완결되며, 청소년기 후기에 증가한 근육 조직은 체중 증가에 기여한다. 사춘기 이후에, 체지방, 골밀도 및 근육량에는 성차가 발생한다. 여성은 남성과 비교하여 체지방이 약 두 배가 되고, 남성은 여성과 비교하여 골밀도와 군살 없는 근육량이 약 1.5배가 된다(Grumbach & Styne, 1998). 남성과 여성은 자신들이 어렸을 때와 비교해보거나 친구들과 비교해보았을 때, 변화된 체형, 크기, 힘, 그리고 전반적인 신체적 역량들을 이해하여 자기감에 통합해야 하기 때문에, 이런 신체의 차이들 역시 정체성 발달에 영향을 준다.

청소년은 자신의 개인 정체성에 남자 또는 여자라는 내적 감각을 받아들이는데, 이는 그들의 행동과 개성으로 표현된다. 청소년 중기에 이르면, 사춘기의 생물학적 변화로 인해 성적 각성에 대한 느낌이 더 많이 인식되고 성적 표현을 적절하게 할 수 있는 통로가 필요해진다(Graber, Brooks-Gunn, & Galen, 1998). 성적인 자기 개념의 발달 과정은 시간이 지남에 따라 점진적으로 발달하며, 청소년기는 성에 따라 다르게 구조화될 수 있다. 예를 들어, 여성들은 성적 태도의 관계적 차원에서 정서적 차원을 구분하지 않지만, 남성들은 이 두 차원들을 구분하는 듯하다(Breakwell & Millward, 1997). 남성은 아니지만 여성의 경우 성 행위를 하는 장소와 시기에 대하여 어느 정도 통제해가는 것이 청소년의 성적인 자기 개념에 중요하다. 성적 태도의 관계적 차원에 더 관심을 갖는 남성은 성 행위를 하거나 위험한 성 행위에 참여할 가능성이 더 적다. 여성들은 자신의 성적 태도를 이해하고 수용하면서, 성 정체감에 성적인 만남에서의 자기 주장과 주도성을 결합하여 받아들이는 것 같다. 보다 안전한 성 행위와 여성의 성적인 자유와 선택권에 대한 감각이 증가하며, 성 행위에 대한 고정관념이 완화된 것은 남자 청소년과 여자 청소년 모두의 성 정체성의 변화에 기여하고 있다. 그럼에도 불구하고, 특정 성별이나 민족, 종교 또는 인종 집단의 가치를 따르는 많은 문화 및 사회적 압력이 있고, 많은 청소년이 넘어서기 어렵도록 엄격하게 정의된 역할이 있다. 이 때문에 혼란, 탐험, 투쟁이 지속되므로 성적 태도와 성 역할에 대한 표현을 보다 확실하게 확립할 필요가 있다.

청소년들은 남성과 여성이라는 성별에 따른 역할에 대해 점점 더 인식하게 된다. 몇몇 연구에서 성 역할이 청소년기 초기에 더 구별되는지에 대해 검증하였다. 예를 들어, 몇몇 연구자들은 성별 역할에 대한 태도가 강화된다는 것을 발견했지만, 반면 다른 연구자들은 가족의 사회성 실천, 전통적인 성 역할을 유지하는 것, 남성성, 여성성에서의 차이점이 증가하면서 문화적/사회적으로 성별 역할을 구분하는 것, 성 역할 태도 등과 같은 요인들을 발견하였다(Kroger, 2007). 궁극적으로, 성별 역할과 성 정체감에 대한 생각이 발달해가면서, 신체 변화를 받아들이는 것은 10대 시기의 마지막에 가서야 이루어진다(Blos, 1967). 이 시기는 청소년이 자신의 삶에서 결정과 선택에 대하여 더 많은 책임을 지는 시기다. 이는 비서양권 문화보다 서양권 문화에서 지속적으로 촉진되는 과정이지만, 이는 청소년이 자신의 성적 지향을 탐구하며 추정하기 시작할 때 다양한 형태의 친밀감과 성적인 표현을 포함하는 사회적 관계를 형성하게 하는 요인 중 일부다.

청소년의 성적 취향의 발달과 경험에 관한 연구는 상대적으로 제한적이다. 그러나 성 소수자(예 : 레즈비언과 게이 청소년)인 청소년의 관점에서 성 정체성을 탐구하는 일부 연구가 있다(Savin-Williams, 2001). 이 연구는 결과적으로 모든 성적 취향의 청소년들 사이에 있는 보다 일반적인 성에 대한 태도와 성 정체성에 대한 연구로 확대되었다. 이 연구에서는 남자와 여자의 발달 궤도가 불일치하는 것으로 보고되었다. 더욱이 인종 및 사회 경제적으로 다양한 참여자가 표집되지 않았고, 대부분 감정, 인식 및 사건에 대한 회고적 자기 보고를 사용하였다(Diamond, 1998). 종단 연구는 실행하기가 매우 어렵지만 아동기에서 청소년기까지 성적 취향의 발달 과정을 명확하게 이해하는 데 도움이 된다. 이 연구는 남자 청소년과 여자 청소년들이 동성애로 가게 되는 대안 경로뿐 아니라 성적 취향의 몇몇 지표에 대해 강조하고 있다.

성 소수자(예 : 동성애 및 양성애자) 남녀의 경험과 발달상의 어려움의 범위를 나타낼 수 있는 경험에 기반한 성적 취향 개념 모델을 제안하고 실험하는 것은 중요하다. 성적 취향의 정의와 측정에 대한 주제를 고려해야 한다. 더욱이 애정적 감정과 성적 욕망의 개념을 구분하는 작업은 성적 취향의 발달과 '커밍아웃'의 과정에 관한 연구의 증가에 기여할 것이다. 사회적, 문화적, 대인관계적 영향의 맥락 내에서 사랑과 욕망 사이의 생물행동학적인 관계를 통합하는 이론적 모델은 성에 대한 태도와 성적 취향의 성차에 대한 이해에 영향을 미친다(Diamond, 2001, 2003; Peplau & Garnets, 2000). 마지막으로, 정신건강 문제와 자살 위험이 증가하는 일부 성 소수자 청소년에게 영향을 미치는 방향 및 요인(예 : 애착 스타일 또는 자아존중감)을 탐구하기 위하여 더 많은 연구가 이루어져야 한다. 회복력을 증진시키는 요인을 더 잘 이해할 수 있도록 다양한 성 소수자 청소년 집단에서 경험의 범위와 적응적이고 부적응적인 발달 결과의 다양한 패턴을 탐구해야 한다. 궁극적으로 이 연구는 성에 대한 태도와 정체성 발달에서 이 태도의 역할에 대한 이해를 깊게 할 것이다.

## 친밀감

사회적 관계에서 민감성과 상호 개방성으로 인해 서로 친밀감이 생긴다. 이는 사회적 관계 이전의 관계들에 뿌리를 두고 있는 것으로 보인다. 실제로 연구에서 초기 가족 관계와 청소년의 친밀한 관계에서의 개방성과 지지의 관계가 규명되었다(Collins & Van Dulmen, 2006b). 그러므로 청소년기 후기에 특히 여성의 경우, 예를 들면 응집력, 사생활 존중, 그리고 유연한 통제가 있는 가족관계와 이성관계 간에 긍정적인 관계가 있다는 것이 보고되었다(Feldman, Gowen, & Fisher, 1998). 또한 청소년기의 부모-자녀 관계에서의 부정적 감정은 청소년기 후기의 이성관계의 낮은(poor-quality) 상호작용이나 부정적 감정과 관계가 있었다(Kim, Conger, Lorenz, & Elder, 2001). 연구는 친밀감이 대인관계에 강한 뿌리를 가지고 있다는 개념을 지지함으로써(Collins & Steinberg, 2008), 비효율적인 부모의 감독, 일관성 없는 규율 및 부정적 영향(부모 적대감과 강압)이 이러한 연관성을 중재한다고 규명하였다(Conger, Cui, Bryant, & Elder, 2000).

청소년은 사회적 관계를 이해하고 다른 사람들의 감정과 사고를 추론하는 능력이 향상되면서 친밀감을 향상시키는 데 영향을 미치는 인지 기능도 발달된다(Selman, 1980). 또래와 더 많은 시간을 보내는 청소년들은 자신의 생각을 나누고 다른 사람들의 생각을 듣는 것에 대해 개방적이 되면서 또래들과 더 편안해진다. 또래 친구들 간의 지지와 편안함은 '어른들은 이해할 수 없는 무언가가 아닌' 그들이 독특하다고 생각하는 중요한 이슈에 관하여, 전화, 문자, SNS를 통해서 또는 직접적으로 의사소통을 할 필요성을 증대시킨다. 특히 청소년기의 생물학적 변화는 신체적 변화, 적절한 옷과 외모, 데이트, 성에 대한 걱정과 관심을 나누도록 촉진할 수 있다. 청소년들은 새로운 사회적 과업을 완수하기 위해서 또는 실망, 좌절, 거절을 견디기 위해 친구를 사귈 가능성이 크다. 그들은 자기 개방, 공유, 친밀감을 위한 기회를 모색하기 때문에 또래와 더 많은 시간을 보내고, 부모와는 더 적은 시간을 보내는 것을 좋아한다. 신체적이거나 구조적인 활동에 참여하기보다는 신뢰, 충성심, 상호 관심, 민감성, 신뢰 또는 자신감을 나눌 수 있는 지지와 친밀감을 열망한다(Newcomb & Bagwell, 1995).

사실, 많은 연구에서 초기 청소년기부터 초기 대학생 시기에 이르는 동안 친구에 대한 상호 자기 개방, 솔직함, 신뢰, 충성도 및 민감성의 빈도가 증가하는 것이 규명되었다(예 : Furman & Buhrmester, 1985a, 1992; Sharabany, Gershoni, & Hofmann, 1981). 또한 친밀감의 성차에 대한 연구에서는 친밀감이 성취되는 방식이 다르더라도 남자와 여자 청소년이 친한 친구와 점점 더 많이 토론하고 자기 개방을 한다는 사실을 발견하였다. 여자 청소년은 대화하고 공유하는 것을 통해 친밀감을 형성하고, 남자 청소년은 함께 활동하면서 친밀감을 확립할 가능성이 크다(McNelles & Connolly, 1999). 그들 자신의 감정에 대해 광범위하게 토론하고, 그들의 문제에 대해 이야기하는 청소년기 소녀들은(Rose, 2002) 부정적 감정에 초점을 두고, 문제, 관심사, 답할 수 없는 질문을 토론하며 증상을 내면화할 가능성을 높이는 데 중점을 둘 수 있다는 우려가 있다(Tompkins, Hockett, Abraibesh, & Witt, 2011). 그러나 친구들끼리 문제나 부정적 감정에 대해 반복적으로 함께 이야기하는 것은 관계 만족과 같은 긍정적 관계의 질과 관련이 있으며(Calmes & Roberts, 2008; Rose, Carlson, & Waller, 2007), 청소년이 자신의 어머니와 함께 문제나 부정적 감정에 대해 반복적으로 이야기할 확률이 더 높을 수 있다(Waller & Rose, 2013).

청소년기의 우정은 이후의 가까운 관계에 영향을 미치고 외로움을 극복하는 데 도움이 되는 필수적인 경험이 된다(Furman & Wehner, 1994; Sullivan, 1953). 그러나 부모나 친구와의 초기 관계가 청소년기의 관계에 영향을 미친다는 것 또한 우리는 알고 있다(Carlson, Sroufe, & Egeland, 2004; Collins & Van Dulmen, 2006b; Owens, Crowell, Treboux, O'Connor, & Pan, 1995; Waters, Merrick, et al., 2000). 연구는 관계들 간의 관련성을 규명하였다. 예를 들어, 청소년기 중기와 후기에 맺게 되는 우정과 이성 관계 사이에서 표현되는 것뿐 아니라 친한 친구와 데이트 상대 간에도 함께 안전감을 추구하는 행동들을 보이는 것에는 관계가 있다는 것이 발견되었다(Collins & Van Dulmen, 2006b; Furman, Simon, Shaffer, & Bouchey, 2002; Treboux, Crowell, Owens, & Pan,

1994). 이러한 모든 관계의 공통성과 초기 애착관계에서 발달된 역량이 시간에 따라 그리고 관계 전반에 걸쳐 이후의 관계들을 성공적으로 이끄는 것에 대해서는 중요한 문제가 남아 있다. 관계를 통해 이 관련성을 설명하는 몇 가지 추가 변인이 있을 수 있다. 보다 구체적으로 말하면, 초기 애착관계에 뿌리를 둔 개인의 감각은 이후의 모든 관계로 전달되어 그 질과 조직에 영향을 미칠 수 있다. 따라서 청소년기에 보살핌을 받는 느낌을 받고, 사랑받으며, 상호 자기 개방의 경험을 하는 친밀한 우정과 로맨틱한 관계를 발전시킬 수 있는 능력은 청소년 정체성의 중요한 측면을 반영할 수 있다. 다시 말해, 친밀감은 잘 형성된 정체성에서 나오는데, 이는 Erikson(1968)이 원래 제시했던 개념이다. 정체성 형성과 친밀감이 동시에 나타날 수 있기 때문에 Erikson의 모델을 수정해야 한다고 제안한 사람도 있다(Dyk & Adams, 1987; Montgomery, 2005; Pittman et al., 2012). 정체성 발달에 있어서 진보된 개인이 친밀한 관계를 발달시킬 가능성이 더 크다는 Erickson의 예측을 탐색한 경험적 연구가 있다(Arseth et al., 2009; Beyers & Seiffge -Krenke, 2010; Dyk & Adams, 1990; Hartup, 1996; Tesch & Whitbourne, 1982). 그러나 영향의 방향은 이러한 상관 연구에서 확고히 확립될 수 없으며, 초기 애착관계의 질적 차이와 같은 다른 발달적인 영향도 청소년기의 정체성과 친밀감 모두에 영향을 미칠 수 있으므로 고려되지 않는다. 예를 들어, 민감하고 반응적인 애착 대상의 내적 표상은 정체성을 발달시키고, 가족 외의 관계들을 발달시키는 데 중요한 역할을 하는 또 다른 매커니즘일 수 있다. 이러한 내적 표상은 자신과 타인의 정신적 표현에 영향을 미치고, 정서 조절에 영향을 미치는(Mikulincer & Shaver, 2008) 의미 있는 애착 스크립트를 통합한다(Waters, Rodrigues, & Ridgeway, 1998). 애착 대상이 반응적일 때, 진실된 보살핌을 지속적으로 받을 수 있다는 긍정적 기대와 믿음이 반영된 표현이 발달된다.

이러한 긍정적인 표현은 다른 사람들의 비난이나 수치심, 거절, 거부 없이 고통과 부정적인 감정을 관리하는 데 도움을 줄 수 있다는 견해에 기여한다. 결국, 애착 대상의 이러한 긍정적 표현은 개인이 다른 사람을 찾고, 필요할 때 도움을 구하고, 친밀한 관계에서 느끼는 감정, 희망, 취약성을 표현하도록 권장한다. 따라서 다른 사람을 활용할 수 있다는 깊은 확신은 탐색하고, 새로운 경험을 시도하고, 친사회적인 행동을 하고, 필요시 다른 사람들로부터 효과적으로 도움을 구하는 더 큰 의지가 생기도록 한다. 결과적으로, 청소년기에 부모와 안정 애착은 청소년의 자율성을 증진한다는 견해와 일치하는 개념으로, 시간이 지남에 따라 청소년의 의존성은 감소되고 자율성이 증가하게 된다(Allen, 2008). 성인기의 로맨틱한 관계에서 고통스러움에 민감하고, 근접 추구와 의존성의 욕구가 있는 개인은 보다 자율적으로 기능하고 의존을 적게 하는 파트너가 있음이 밝혀졌다(Feeney, 2007).

민감하고 반응적인 애착 대상과의 초기 경험은 어려움이나 도전적인 상황에 직면했을 때조차도 기분이 좋아지도록 돕는다. 안정 애착의 청소년은 자신을 유능하고 가치 있다고 여기며(Cooper, Shaver, & Collins, 1998), 불안정한 애착의 청소년보다 자존감이 더 높고(Bartholomew & Horowitz, 1991; Mickelson, Kessler, & Shaver, 1997), 자신에 대해 더 긍정적이고, 균형적이며, 일관성 있다(Mikulincer, 1995). 또한 스트레스 상황에서 애착 대상으로부터의 긍정적인 평가에 기반하는 자기 가치는 돌봄과 지지를 제공하는 애착 대상의 특성 및 동일성에 기초한 자기 표상에 의해 유지된다(Mikulincer & Shaver, 2004). 안정 애착인 사람은 스트레스 상황이더라도 자신을 가치 있고 사랑받는 것으로 표현함으로써 편안해지고 정서 조절을 강화하며 고통을 관리하기 위한 방어 전략을 최소화할 수 있다. 결과적으로, 안정된 자아 의식과 정서적 균형을 유지할 수 있는 능력은 초기 애착 경험에서 비롯되며 청소년기와 초기 성인기의 자아와 자존감에 더 큰 자신감을 부여한다.

친밀감은 초기의 애착 경험뿐 아니라 청소년의 자기감 발달에 뿌리를 둔 관계의 새로운 측면이다. 청소년의 신체적 · 인지적 · 사회적 변화는 친밀감을 형성하는 능력에 기여한다. 그러나 관계의 친밀성은 또한 자신에 대한 이해와 다른 사람에 대한 개방성 사이의 균형을 반영하기 때문에 애착과 자기 체계 간의 긴밀한 상호 연결에 대한 풍부한 예를 제공한다.

## 청소년기의 관계에서 자기 개방과 진정성

발달 연구자들은 자신의 개인적인 감정을 잘 드러내는 청소년은 다른 사람에게 도움을 주고 친밀한 우정을 나누는 경향이 있음을 발견했다(Buhrmester, 1990; Buhrmester, Furman, Wittenberg, & Reis, 1988; Chow & Buhrmester, 2011; Reis & Shaver, 1988). 자기 개방에는 자신을 타인에 대해 취약하게 만드는 잠재적인 위험을 견딜 수 있는 능력만큼이나 자기 자신에 대한 이해가 요구된다(예 : 거절, 창피함, 무효화의 가능성). 자기 개방은 또한 관계와 관련이 있다(Buhrmester, 1990). 게다가 공감 능력은 일부 청소년에게 친밀감을 향상시켜 더 쉽게 자기 개방을 할 수 있게 한다. 따라서 자기 개방은 공감적 반응과 친밀함 사이를 중재하는 것처럼 보인다(Chow et al., 2013).

연구에서 자기 개방은 진정성 있고, 관계 속에서 공개적이고 정직하게 자신을 표현하는 것과 관련 있다고 하였다. 왜냐하면 청소년기는 또래에게 수용받고 인정받는 것에 대한 관심이 두드러지기 때문에 진정성이 특별히 고려되어야 할 사항이기 때문이다. 진정성은 사회적 · 정서적 결과의 위험 요인이자 보호 요인이 될 수 있는 관계 변인으로 연구되었다. 관계 속에서 진정성이 있기 위해 청소년은 자신의 자아(Harter, 1997), 목소리(Gilligan, Lyons, & Hammer, 1990), 감정적 반응을 알고 표현할 필요가 있다. 또한 진정성이 있는 청소년은 자신의 행동 방식과 관계 상황에서 의사소통 하는 방식뿐 아니라 감정과 생각 사이의 일관성을 경험해야 한다(Impett et al., 2008). 일부 청소년들은 그들의 사고, 감정, 행동이 부정적이거나 부모의 기대를 따르지 않을 때, 사회적 규범에 순응하지 않을 때 거부당할 가능성에 대하여 자신을 보호하기 위해 침묵하고(Jack, 1991), 거짓 자기(false-self) 행동을 나타낸다(Harter, 2002).

초기 진정성에 대한 연구는 진정성이 인간 발달에 미치는 영향에 대한 것으로, 관계에서의 높은 진정성과 보다 긍정적이고 안정적인 자존감 간의 관계(Impett et al., 2008), 낮은 수준의 진정성과 우울, 섭식장애, 청소년기의 낮은 자존감 간의 관계(Harter, Marold, et al., 1996; Smolak & Munstertieger, 2002; Tolman, Impett, Tracy, & Michael, 2006)에 대한 연구가 이루어졌다. 그러나 최근에는 청소년들이 친구나 가족과의 관계를 발전시키는 것과 관련하여 진정성이 연구되었다(Harter, Waters, Whitesell, & Kastelic, 1998; Miller, Jordan, Kaplan, Stiver, & Surrey, 1997; Theran, 2010). 이러한 연구의 초점은 자신의 진정성의 표현과 다른 사람의 진정성에 대한 격려가 청소년기와 성인기의 관계 맥락에서 중요하다는 인식을 반영한다.

진정성은 그 선행조건과 관계에서 얻어지는 결과에 대해 연구되고 있다. 애착 안정성은 여자 청소년이 권위자에 대한 진정성/신뢰성(authenticity)과 관련이 있음이 밝혀졌다(Theran, 2009). 지각된 부모의 지지와 같은 특정 모성 행동은 진정성과 긍정적 관련이 있으며, 높은 수준의 부모 비판은 여자 청소년과 성인기 초기인 청년에서의 낮은 진정성과 관련되어 있다(Abel, 2014). 권위자(예 : 어머니, 아버지, 교사)와 또래(예 : 반 친구, 가장 친한 친구)와의 관계에서의 진정성은 또한 청소년의 가장 깊은 우정(Theran, 2010)에서 느끼는 친밀함과 관계가 있음이 밝혀졌다. 따라서 특정 부모의 행동은 청소년의 부모와의 관계에서 진정성 발달에 기여할 수 있지만, 진정성의 수준이 부모의 행동에 영향을 미칠 수도 있다. 더욱이 진정성을 확립하는 것이 청소년기 우정의 친밀감을 예고하는 중요한 지표이기는 하지만, 친밀한 우정의 맥락에서 청소년들은 자아 인식이 증가하고 따라서 진정성이 더 커질 수 있다.

　더 넓고 다양한 표본을 대상으로 한 종단 연구에서는 이러한 발견을 확장하고 관계의 진정성에 대한 발달 전조와 결과를 명확하게 하며 보다 복잡한 인과관계 모델을 계속 연구할 것이다. 예를 들어, 어머니의 지지는 청소년의 어머니와 아버지와의 관계에서 특정한 정서 조절 전략과 진정성 사이의 관계를 완화시켰다(Abel, 2014). 가족으로부터 높은 수준의 정서적 지지와 인정을 받는 것은 권위 있는 대상과의 관계에서 낮은 수준의 진정성을 보호하고, 신체적 웰빙과 우울증 증상을 중재하는 것으로 나타났다(Theran, 2010). 그리고 진정성 수준은 초기의 불리한 상황과 후기 정신건강 결과 사이를 중재하는 것으로 나타났다(Theran & Han, 2013). 위험 및 보호 요인(예 : 특정 정서 조절 전략 또는 부모 변수를 포함하는)에 대한 이후의 연구는 낮은 수준의 진정성을 가진 청소년의 불안, 우울증 및 낮은 자부심의 증상을 줄이기 위한 임상적 개입의 가능성을 보여준다.

## 청소년기의 정서 발달과 자기

청소년은 믿을 수 없이 매력적이고, 열정적이고, 활발하고, 즐겁고, 전투적이며, 자신에게 몰두되어 있고, 변덕스럽고, 어려울 수 있다. 그들은 한계를 시험하고, 권위에 도전하며, 부모가 진부하고 괴롭다고 느낄 수 있다. 그럼에도 불구하고 그들은 또한 분명하고 재미있고 사려 깊고 사랑스러울 수 있다. 청소년은 중요한 호르몬의 변화를 겪게 되는데, 이로 인해 어린 청소년들은 작은 자극에도 부모, 형제 또는 친한 친구들에게 '화를 폭발하는' 경향이 있는 변하기 쉬운 정서 상태를 나타내게 된다. 청소년의 부정적 감정이 증가되는 것은, 스트레스, 전학, 사회적 관계, 식습관의 변화, 성적 압력과 관련이 있을 수 있다. 사실 이러한 환경적 스트레스는 호르몬 변화보다 기분 변동에 대한 설명에서 더 중요할 수 있다(Susman & Dorn, 2009). 그들의 정서적 반응과 변덕스러움으로 인해 청소년기에 어려움을 겪을 수 있지만, 대부분의 청소년들은 이 시기에 정서적 상태를 성공적으로 조절하는 유능한 성인이 된다. 그러나 일부 청소년에게는 강렬한 부정적 정서가 발병 시기, 가족 및 사회적 환경, 청소년의 전반적인 기능에 따라 임상적 개입이 필요한 심각한 문제를 반영할 수 있다.

　감정을 관리하는 것은 청소년 발달의 특히 중요한 도전이다. 자기 인식이 커지면서 청소년들은 자신이 느끼는 것을 다른 사람과 소통하고, 스스로에게 실망하는 것에 영향을 미칠 수 있다. 예를 들어, 누군가에게 매력을 느꼈을 때와 반대로, 친한 친구에게 그들의 정직한 반응을 나누는 것이 더 쉬울 수 있다. 자신의 감정 반응에 대해 이해하는 능력이 증가되면서 몇몇 청소년들은 자신의 감정에 대해 또는 자신의 감정이 드러나는 것에 대해 느낄 수 있게 된다. 이제 청소년은 다른 누군가의 성공을 질투심으로 느끼거나 자신의 동생에게 분노를 표하는 것에 대해 죄책감을 느낄 수 있다. 청소년들은 또한 자신의 감정을 건설적인 방법으로 전달하는 데 더욱 능숙해지고, 이는 관계의 전반적인 질에 기여하게 된다.

관계에서 감정 표현이 중요한 역할을 한다는 청소년의 인식에는 발달적 변화가 이루어진다(Saarni, 1999). 청소년들은 이제 자신의 감정 표현이 실제로 다른 사람들에게 영향을 미칠 수 있으며, 표정과 일치하지 않는 내적 정서 상태를 가질 수 있음을 이해하기 시작한다. 그들은 다른 사람들의 정서적 상태를 읽고 반응하는 능력이 점점 커지고 감정 조절 전략이 발달되어 자신의 감정에 대처한다. 정서적 각성을 억제할 수 있는 조절력이 증가함에 따라 청소년들은 정서적 평가와 기대감을 활용하여 자신의 감정을 조절하는 것을 배운다(Kober et al., 2008). 청소년기 동안 감정은 더욱 강렬해지고 불안정한 반면(Dahl, 2001; Rosenblum & Lewis, 2003), 이러한 조절 전략은 감정적 상태의 지속 시간과 강도를 줄이는 한편 청소년이 정서적으로 압도되지 않게 하는 데 도움이 된다.

## 청소년기의 감정 조절

감정 조절은 반응을 평가하며, 모니터링하고 조절하여 개개인의 목표를 충족시키고 적응력 있는 사회 기능을 증진시킨다(Thompson, 1994). 감정 조절 전략은 감정을 관리하는 과정에서 감정 조절 전략이 시행되는 것에 따라 나타나는 정서적 반응에 영향을 미친다. 선행 사건에 초점을 둔 전략은 감정이 먼저 유발되고, 완전한 감정적 반응이 활성화되기 전에 이를 조절하기 위한 노력이 이루어지는 초기 단계에 활용된다. 일반적으로 덜 효과적인 조절 전략으로 간주되는 반응에 초점을 둔 전략은 정서적 반응이 활성화된 후에 활용되며, 이미 활성화된 감정을 수정하는 방향으로 이루어진다(Gross & John, 2003; Gross & Thompson, 2007).

청소년들은 이미 자신의 감정을 조절할 수 있는 능력을 발달시키기 시작했다. 초기 아동기 동안 이 과정에서 부모의 도움을 받는 경향이 있었다. 더 자율적으로 정서적 반응을 관리하는 것에 점차 도움이 되는 행동적·인지적 기술을 발달시키지만(Kalpidou et al., 2004), 이 과정에서 부모의 도움과 지도를 받는 경향이 있었다(Kopp, 1989; Morris et al., 2007). 청소년기에 감정을 조절하는 능력은 부모의 지지와는 점점 무관하게 되고, 감정 조절 전략은 점차 차별화되고 다양해지며(Eschenbeck, Kohlmann, & Lohaus, 2007; Gullone, Hughes, King, & Tonge, 2010), 성별에 따라 선호하는 전략이 다르다(Gullone et al., 2010; Perry-Parrish & Zeman, 2011). 특히, 청소년기에서 성인기로 진입할 때 전두엽 피질이 성숙한다. 이는 부분적으로 감정 조절 능력에서 발달적 변화가 생기게 한다(Casey, Jones, & Somerville, 2011; Gogtay & Thompson, 2010; Thompson et al., 2013). 개개인마다 사용된 전략 유형의 차이점, 사용된 환경, 청소년의 자기감 및 관계에 대한 이러한 전략의 결과는 연구자와 임상가들이 지속적으로 관심을 갖는 영역이다.

여러 다른 상황(예 : 가족, 학교, 또래 집단)에서 청소년은 감정 조절에 도전을 받고 이러한 조절의 많은 부분은 사회적 관계의 질에 영향을 주고받기 때문에 청소년기의 감정 조절은 중요하다(Allen & Manning, 2007). 애착 연구자들은 청소년기의 애착의 개인차가 정서적·사회적 적응에 영향을 줄 수 있는 감정적 고통을 조절하기 위한 다양한 전략으로 이어지는 방식을 모색했다(Brenning, Soenens, Braet, & Bosmans, 2012). 실제로, 기질에서부터 초기 애착관계 및 스트레스 관리 경험, 또래관계에서의 협상에 이르는 다양한 요소가 감정 조절 전략이 지속적으로 개발되는 것에 영향을 미친다(Allen & Miga, 2010).

흥미롭게도 감정 조절은 전형적으로 감정 억제와 같은 단일 전략과 감정적 반응의 증가, 대인 간 의사소통의 장애, 행복의 감소, 분노 조절의 어려움과 같은 특정 심리사회적 결과에 대한 단일 전략과의 연관성을 조사함으로써 연구되어 왔다(Butler et al., 2003; Gross, 2001; Gross & John, 2003; Szasz, Szentagotai, & Hoffman, 2011). 그러나 대부분의 개인은 일반적으로 감정 조절 전략의 범위를 선택한다(Bonanno, Papa, Lalande, Westphal, & Coifman, 2004). 오직 하나의 전략만을 사용하는 것에 의존하기보다는 여러 전략을 사용하는 것이 더 적합할 수 있다(Westphal, Seivert, & Bonanno, 2010). 청소년들이 상황에 따라 다른 전략보다 더 효과적인 전략을 결정할 수 있다는 사실을 배우는 것이 중요하다(Campos, Walle, Dahl, & Main, 2011; Halberstadt & Parker, 2007). 따라서 청소년기의 감정 조절은 특정 상황에서 요구되고 바라는 결과에 따라 다양한 감정 조절 전략을 적응적이고 유연하게 사용할 때 가장 잘 나타날 수 있다(Campos et al., 2011; Lougheed & Hollenstein, 2012).

청소년기의 감정을 조절하는 데 가장 많이 사용되는 전략으로 재평가 또는 상황에 대한 감정적 영향을 다르게 생각함으로써 수정할 수 있는 능력, 억압 또는 감정의 경험과 표현을 모두 감소시키기(Gullone et al., 2010), 조절하거나 감정적인 정보를 사용하여 상황의 요구에 반응하거나 문제를 해결하기(Eschenbeck et al., 2007), 정서적 참여 또는 감정의 이해와 수용, 감정을 다룰 수 있다는 인식(Weinberg & Klonsky, 2009), 감정을 숨기는 능력(Perry-Parrish & Zeman, 2011)이 있다. 청소년들의 이러한 전략을 동시에 사용하는 것에 대한 연구는 정서적으로 자극적인 상황을 다루는 조직된 패턴을 반영하는 감정 조절의 독특한 프로파일이 출현함을 나타낸다. 또한 이러한 프로파일과 특정 대인관계의 결과 및 심리사회적 어려움 간에는 연관성이 있다. 일반적으로, 폭넓은 감정 조절 전략을 사용하는 청소년은 심리적인 행복을 경험하는 경향이 있다(Lougheed & Hollenstein, 2012). 그러나 청소년들은 감정 조절 전략의 범위, 감정적 상태(사용된 조절 전략에 따라 영향을 받을 수 있음) 및 다른 상황들에 따라 감정을 조절할 수 있는 능력의 유연성이 다르다(Campos et al., 2011; Halberstadt & Parker, 2007; Hollenstein, 2007; Lougheed & Hollenstein, 2012).

청소년이 사용하는 감정 조절 전략은 정신병리학에서 잠재적 위험 요인으로 확인된 감정 조절의 어려움과 함께 개인 발달 결과를 예측하는 역할과 관련하여 연구되었다(Allen & Sheeber, 2008; Barrett, 2013; McLaughlin, Hatzenbuehler, Mennin, & Nolen-Hoeksema, 2011; Zeman, Cassano, & Adrian, 2013). 사실 대부분의 청소년들은 자신의 변화하는 감정 상태를 다루고 도전적인 개인적·대인관계적 경험을 관리함으로써 특정 종류의 풍부한 감정적 자원과 탄력성을 개발하는 능력이 점점 커지고 있다. 조절 전략이 한 가지 맥락이나 시기에 적용할 수 있는 것이 다른 것이 아니기 때문에 청소년은 조절 전략을 한 가지 맥락이나 시점에서 적용할 수 있을 뿐 아니라 미래 상황과 요구를 예측하여 유연하게 적응하는 방법을 배울 필요가 있다(Barrett, 2013).

일부 청소년들은 개인, 가족, 사회 또는 맥락적 경험으로 인해 심리 사회적 스트레스 요인과 발달적 도전에 대한 감정적 반응을 조절하려고 할 때 지속적으로 감정 조절의 어려움을 겪거나 고군분투할 수 있다. 예를 들어, 청소년이 좌절감과 실망감을 감소시키는 데 있어 어려움을 겪거나 어려움을 겪을 수 있는 극단적 상황에서 부모의 개입으로 인해 지원을 받고 보호받는 경우, 청소년들은 자신의 조절 반응으로 자신의 취약성을 관리할 수 있는 기회를 놓치게 된다. 부유층이든, '헬리콥터 부모'이든, 아주 높은 수준의 지원에 접근할 수 있는 가능성이 있든 '특권의 불리한 점'은 이러한 청소년들의 경우 감정 조절 전략과 대처 기술이 발달되지 않는다는 것이다(Luthar, 2003; Luthar &

Becker, 2002; Luthar & Latendresse, 2002). 이러한 경험이 없다면, 개인은 부적응적인 대처 노력과 문제 해결에 더 취약할 수 있으며, 이는 차례로 자신의 감정을 관리하고 긍정적인 자기감을 수립하는 데 방해가 될 수 있다(Spencer, 2008).

결과적으로 적응적이고 부적응적인 대처 반응을 접하고 배울 기회가 없는 청소년은 서툰 감정 조절, 불안, 우울증, 분노 및 기타 심리적 문제에 더 취약할 수 있다. 청소년기는 우리가 개입을 요구하는 보다 심각한 정서적 어려움의 징후가 보이기 시작할 때이다. 이러한 문제가 해결되지 않으면, 청소년의 행동에 해로운 영향을 미칠 수 있고, 학습장애, 무단 결석, 비행, 섭식장애, 마약과 알코올 오남용, 다른 중대한 장애를 유발할 수 있다(Saarni et al., 2006). 더 크고 다양한 표본의 감정 조절 프로파일을 탐구하고 청소년기의 전체 기간에 걸쳐 사용된 조절 전략의 출현과 안정성을 조사하는 향후 연구는 대인관계에서 자아를 관리하는 데 있어서 감정 조절의 역할을 더 규명하는 데 도움이 될 것이다.

## 감정 조절에서의 정신화의 역할

발달 연구자들이 정신화의 개념을 보다 깊이 탐구함에 따라, 마음 상태에 대해 생각하고 '다른 사람의 마음을 읽는' 능력이라는 측면에서(Baron-Cohen, Tager-Flusberg, & Cohen, 1993) 자신과 타인의 행동을 이해할 수 있는 아동의 능력의 중요성(Fonagy & Target, 1997)을 명시하였다. 다른 사람들의 행동을 아동과 청소년을 특정 행동으로 이끄는 감정, 사고, 신념, 계획이라는 정신 상태의 결과로 볼 때 이는 더욱 의미가 있다. 발달하면서 청소년들은 계속하여 대인관계에서 자신의 적응적인 반응을 결정할 수 있도록 다른 사람의 정신 상태에 대해 계속 이해하려 한다. 이를 위해 청소년들은 이전의 경험으로 형성된 자기와 타인에 대한 표상을 바탕으로 한다(Fonagy & Target, 1997). 다른 사람의 행동과 심리적 경험(대개 부모-자녀 관계에서 시작)에서 의미를 도출하는 능력을 개발하는 것은 의미 있게 해석하고 그들 자신의 이름을 붙이는 것을 배우는 것에 선행한다(Fonagy, Steele, Steele, Moran, et al., 1991). 따라서 자기 조직화의 주요 결정 요인인 정신화 능력은 초기 애착관계의 맥락에서 얻어진다(Fonagy, 2006). 정서적으로 조화된 부모들은 아동의 내적인 상태를 비춰주고, 그 감정을 반영하여 아동이 점차 인식하고, 받아들이고, 공유할 수 있는 정신 상태를 볼 수 있게 한다. 궁극적으로, 자기 자신과 타인의 정신 상태를 이해하는 것은 '정서 조절, 충동 조절, 자기 점검, 자기를 행사하는 경험, 자기 조직의 구성 요소'에 대한 기초를 제공한다(Fonagy & Target, 1997, p. 680). 그러므로 정신화를 위한 인지 능력은 자아 발달의 특징을 정의하기 위한 기초와 구조를 제공한다(Fonagy et al., 2002).

정신화는 아동과 청소년이 자신의 정서적·행동적 반응을 점검하고 조절하며 자기 이해를 향상시킬 수 있게 해준다. 사실 많은 요인들이 부모의 정신화(예 : 아동의 기질, 부모의 정신병리학, 스트레스가 되는 삶의 사건들)에 영향을 미치지만, 부모의 정신화는 아동 및 청소년의 정서 조절 능력 발달에 영향을 줄 수 있다. 아동 및 청소년에 대한 종단 연구는 정신화 능력의 부족으로 인해 정서 조절 과정이 불충분해지고 청소년기 정신병리 발병 위험에 처하는 것에 대한 더 복잡한 매커니즘을 밝힐 것이다(Fonagy, 1991; Fonagy et al., 2002; Sharp & Fonagy, 2008; Sharp et al., 2011).

또한 다른 사람의 감정 상태를 이해하고 정서적인 정신화 기술을 사용하는 능력은 다른 사람과 공감할 수 있는 능력을 향상시키고, 성공적인 대인관계의 소통을 촉진한다(Shamay-Tsoory, Tomer, Goldsher, Berger, & Aharon-Peretz, 2004). 즉, 다른 사람과 공감하기 위해서는 그 사람의 정서적 경험을 추론하거나 상상하는 것이 필요하다. 이러한 상대방의 정서적 경험에 대한 정서적 표현은 자신의 감정적 반응을 관찰하고 이해하며 공유할 수 있을 뿐 아니라 사회적 행동을 동기부여하는 데 사용될 수 있다. 실제로 최근 연구에 따르면, 뇌의 정신활동과 감정(특히 내측 전두엽, 측두엽, 체성 감각 피질, 하전두회, 시상)과 관련된 뇌 활동은 미래의 감정적 반응에 대한 예측을 할 때 사용된다. 다른 사람의 감정적 반응을 예측하고 스스로 보고한 공감 방법을 완벽히 할 때 양측 시상과 오른쪽 체성 감각 관련 피질을 포함하여 뇌의 주요 감정 관련 영역에는 더 큰 신경 활동이 일어난다(Hooker, Verosky, Germine, Knight, & D'Esposito, 2008). 감정 처리 과정과 관련된 구조에서 강화된 신경 반응은 자기와 다른 사람의 사고와 감정에 대한 이해를 촉진하고, 공감 반응에 영향을 미치는 내적 표상 모두와 관련이 있는 것으로 보인다. 따라서 자기 인식과 다른 사람의 정신 상태에 대한 인식은 관련 뇌 영역과 밀접하게 연관되어 있다(Fonagy, 2006). 다른 사람의 정서적 경험을 이해하려는 시도는 정서적 정보를 생성하고 사용하는 특정 신경 시스템에 의해 촉진될 수 있으며, 그 결과는 더 나은 정서적 공감과 대인관계의 개선으로 이어질 수 있다. 요약하면, 우리는 정신화를 위한 능력이 자아를 구성하고 감정 조절과 관련되며 적응 가능한 사회적 관계에 결정적으로 중요하다는 것을 알 수 있다.

# 청소년의 감정 조절과 공감

공감은 다른 사람의 감정을 그들이 그 감정을 경험하는 것처럼 이해하고 경험하는 능력
이다. 연구자들은 공감적 행동의 진화론을 근원으로 하여 확실한 증거를 제시하였는데,
공감적 반응은 협력하는 친족 관계가 있는 종에서 관찰 가능하며, 공감이 생존에 중요
한 이점을 갖는 것으로 나타났다(de Waal, 2008). 공감 능력의 신경 해부학도 연구되었
다. 거울 신경 세포의 활성화를 연구하는 연구자들은 다른 감정의 경험과 이해에 대한
세포학적 증거를 제공했지만(di Pellegrino, Fadiga, Fogassi, Gallese, & Rizzolatti, 1992)
공감에 대한 최근의 fMRI 연구는 공감 작업을 수행하는 동안 활성화되는 거울 신경 세
포의 일관된 증거를 찾지 못했다(Fan, Duncan, DeGreck, & Northoff, 2011). 그럼에도
불구하고 공감의 심리학적 경험에는 보다 복잡한 인지 및 정서적 과정이 관련되어 있기
때문에 감정 이입의 신경과학을 연구하는 연구의 정확성에 의문을 제기하는 사람이 많
다. 따라서 심리학자들은 마음 이론, 정서적 공유, 자기-타인 구별과 같은 공감적 반응
과 관련된 과정에 더 관심이 있는 반면, 신경영상 연구에서는 최근까지 행동적 반응보
다는 자극과 뇌 활동 간의 연관성에 초점을 맞추었다. 자연주의적인 사회 인지 패러다
임을 사용하는 연구와 뇌와 행동의 연관성을 탐구하는 연구와 같은 최근의 신경과학 연
구의 발전은 공감적 이해와 관련된 신경 과정에 대해 더 많이 이해할 수 있도록 기여할
것이다(Zaki & Ochsner, 2012).

공감 능력은 조망 수용 능력(Findlay, Girardi, & Coplan, 2006) 및 친사회적 행동
(Eisenberg, 2000)과 관련되어 있다. 더욱이, 공감은 공격적 행동(Hastings et al., 2000)
및 괴롭힘과 부정적으로 관련이 있다(Caravita, DiBlasio, & Salmivalli, 2009). 따라서 및
공감은 사회적으로 유능한 행동을 위한 필수 조건으로 설명되어왔다(Wölfer, Cortina,
& Baumert, 2012). 사회적 관계의 질과 공감 능력 사이의 연관성이 이론적으로 강력한
정당성이 있다는 사실에도 불구하고, 청소년기의 이러한 연관성을 구체적으로 조사한
연구는 거의 없다. 어머니와 유아의 관계는 아동의 사회적 이해를 발달시키는 중요한
맥락으로서 연구되었다(Carpendale & Lewis, 2004; Saarni, 1990). 애착 및 감정 조절은
서로 관련이 있으며 공감과도 관련되어 있었다. 특히, 애착 대상이 유아의 좌절감, 어려
움, 부정적 감정을 관리할 수 있도록 돕는 역할을 하기 때문에, 결과적으로 공감으로 이
어질 수 있는 조절 과정의 발달을 촉진한다.

흥미롭게도 연구자들은 고통의 조절이 공감 발달에 중요한 역할을 한다는 것을 입

증하였다(Tucker, Luu, & Derryberry, 2005). 심리적 능력을 형성하는 데 도움이 될 수 있는 신경 매커니즘을 이해하는 데 상당한 진전이 있었기 때문에, 고통 조절에 관여하는 편도체와 대상 피질과 같은 뇌 구조가 활성화되는 패턴을 뒷받침하는 것을 증명하였다. 고통의 경로는 전대상피질(anterior cingulate cortex)과 안와 전두 피질(orbitofrontal cortex)을 포함하여 피질로 확장된다는 것이 밝혀졌으며, 보다 복잡한 자기 조절에 활용된 매커니즘은 고통을 평가하고 반응하기 위해 발달한 것과 동일한 매커니즘의 확장인 것처럼 보인다(Tucker et al., 2005). 따라서 공감을 이해하기 위한 모델에는 고통 평가, 다른 사람의 정서를 인식하는 것, 부정적인 상태를 견딜 수 있는 능력과 관련된 신경 구조가 포함될 수 있다. 고통 시스템에서 발달된 신경 과정은 자기 조절과 관련된 뇌 구조와 관련 있다. 또한 민감한 부모는 아동이 애착과 관련된 고통 시스템을 조절하는 자기 조절 능력과 공감이 발달될 수 있도록 도울 수 있다(Tucker et al., 2005). 실제로 민감하고 지지적인 양육과 안정 애착관계는 다른 사람들의 내적인 상태와 감정에 대한 공감(Eisenberg, Fabes, et al., 2006)과 이해(Thompson, 2006)뿐 아니라 아동의 높은 수준의 자기 조절(Eisenberg, Smith, Sadovsky, & Spinrad, 2004)과 관련이 있다. 그러므로 신경학적인 것에 기초한 자기 조절 과정은 공감 반응에 결정적인 것으로 보인다.

최근에는 공감적 반응을 촉진하는 사회적 경험에 대한 연구가 청소년기까지 확장되었지만, 공감의 기초가 되는 필수적인 사회적 지식은 초기와 현재의 사회적 상호작용 속에서 계속 형성될 가능성이 높다. 또래 지위와 사회적 관계가 극히 중요할 때 특히 청소년기 동안의 사회적 연결의 가치를 뒷받침하는 실질적인 연구가 있다(LaFontana & Cillessen, 2009). 사회적 고립과 신체적 위험은 고통 유발과 동일한 신경 인지 위협 시스템을 활성화시키는 것으로 나타났다(Eisenberger, Lieberman, & Williams, 2003). 더욱이 청소년기의 사회적 관계의 확장은 협력과 지지에 대한 요구가 증가하고, 갈등을 관리하고, 관계를 조정함으로써 사회적 기술을 향상시킬 뿐 아니라 그들의 발달을 위한 기회를 제공한다. 또래와의 관계가 공감적 반응을 형성하는 데 도움이 되는 반면에, 사회적으로 덜 관여된 청소년들은 사회적 이해를 발달시킬 기회를 놓친다(Parker & Asher, 1987). 특히, 다른 사람의 행동에 대한 지각은 이러한 행동에 대한 개인의 내적 표상을 활성화시키는 것으로 보인다. 다양한 상황에서의 많은 상호작용을 통해 뇌의 운동 영역에서 '상태 조화' 반응은 다른 사람을 경험하고 이해할 수 있는 능력을 향상시킨다(Preston & de Waal, 2002). 사회적 경험이 증가함에 따라, 다른 사람의 표현을 공유하는 양과 질이 향상되고 공감 과정이 개선된다(Wölfer et al., 2012).

사실, 청소년들의 또래관계와 공감의 정확성(Gleason, Jenson-Campbell, & Ickes, 2009), 정서 지능과 같은 공감의 일부 측면에서 낮은 수준에서 중간 수준 정도의 연관성이 발견되었다. 또한 청소년들의 사회적 요구와 우정의 패턴과 관련하여 공감이 연구되었다. 이러한 경험은 사회적 이해와 공감적 기술을 형성하는 것으로 밝혀졌으며(Oberle, Schonert-Reichl, & Thomson, 2009; Wölfer et al., 2012), 공감이 사회적 관계의 질에 영향을 줄 가능성이 있다. 사회적 배제는 공감의 부족을 야기하고(DeWall & Baumeister, 2006), 공감적 이해의 능력에 방해가 되는 것으로 밝혀졌다(Twenge, Baumeister, DeWall, Ciarocco, & Bartels, 2007). 특히 여자 청소년들은 사회적 연결망을 더 많이 받아들이는 것처럼 보인다. 증대된 사회적 수요를 관리할 필요성이 그들의 공감적 기술 발달에 영향을 미치고, 궁극적으로 향상된 사회적 이해로 이어질 수 있다(Wölfer et al., 2012). 그 대신 깊게 결합된 일부 청소년들은 맥락적 요인(예 : 또래 집단, 학교 상황)으로 인해 친사회적 행동에 반대하는 공격적 행동을 나타낼 수 있다. 추후의 경험적 연구에서 이러한 적응 및 부적응의 발달 경로를 탐색하는 것은 임상적 개입에 중요한 함의를 갖는다(Rodkin, Farmer, Pearly, & Van Acker, 2006; Wölfer et al., 2012).

결론적으로, 공감할 수 있는 능력은 정서적·인지적 능력에 달려 있다. 공감적 행동은 나이와 개인 및 맥락적 요인에 따라 크게 영향을 받는다(Feshbach, 1975, 1978). 다른 사람의 감정 상태를 구별하고, 적절한 방식으로 다른 사람의 감정을 경험하고, 다른 사람의 관점으로 감정을 생각하는 관련된 능력은 모두 자기가 출현하는 것과 직접 연관되어 있으며, 청소년기의 공감 발달에 중요하다.

## 자기, 공감, 도덕적 감정과 도덕적 행동

심리학자(Blasi, 1983, 1984; Damon & Hart, 1992, 1995; Lewis, 2002; Wegner, 1980)와 철학자(Flanagan, 1991) 모두 자기를 이해하는 것은 공감적 반응과 도덕적 행동을 위한 전제 조건이라고 강조하였다. 공감은 별개의 감정이 아니지만 도덕적 행동에 영향을 미치는 정서적 과정이다(Tangney, Stuewig, & Mashek, 2007). 자기 인식은 다른 사람들의 정신적·정서적 상태를 추론하기 전에 필요한 조건으로 간주되어왔다(Gallup, 1982). 실제로 아동에 대한 연구는 시각적 자기 인식이 다른 사람의 감정과 사회적이고 이타적인 행동이 나타나는 것에 대한 이해와 관련이 있음을 보여주었다(Carruthers & Smith, 1996; Johnson, 1982). 거울 자기 인식이 부족하거나 지연되는 개인에 대한 연구는 이들이 다른 사람들의 생각을 이해하는 데 어려움이 있음을 규명하였다(Frith, 1997; Gallup & Platek, 2002; Platek & Gallup, 2002; Spiker & Ricks, 1984). 또한 자폐증, 반사회적 인격장애, 신경성 식욕 부진과 같은 '공감 장애'를 가진 사람들은 감정을 나타내고, 말로 감정을 표현하고, 정신 상태를 개념화하는 능력에 장애가 있다고 하였다. 이러한 장애가 있는 개인에게서 뇌의 전두엽 기능의 장애가 발견되었다. 뇌의 이 부분은 공감과 관련이 있는 것으로 나타난 영역이다(Gillberg, 1992, 1999; Preston & de Waal, 2002). 따라서 자기 이해와 공감과 도덕적 행동에 관련된 조망 수용 능력 간에 연관성이 있는 것으로 보이며, 이는 유사한 신경 상관(neural correlates)을 가질 수 있다(Keenan & Wheeler, 2002). 공감 행동이 청소년기를 통해 순차적으로 발달되고, 자기와 다른 사람들을 이해하는 과정에서 발생하는 인지적 변화를 통합하기 위해 계층적으로 조직될 수 있다는 견해를 지지하는 증거가 있다(Commons & Wolfsont, 2002). 수치심과 죄책감 같은 도덕적 감정은 아동기 중기에 잘 확립되며 도덕적 행동에도 영향을 미친 것으로 보인다(Tangney & Dearing, 2002). 도덕적 감정에 대한 대부분의 기존 연구는 북미와 서유럽 문화에 기반을 두고 있지만, 연구 규모가 커짐에 따라 죄책감과 수치심이 문화적 집단을 넘어 다양한 형태로 나타날 수 있다(Li, Wang, & Fischer, 2004; Mascolo, Fischer, & Li, 2002; Scheff, 2000). 이러한 자의식이 강한 감정은 자신의 사회적 맥락에서 자기를 평가하고 조절할 수 있는 청소년의 능력 발달과 마찬가지로 초기의 사회화 경험에 영향을 미치고 영향을 받는다. 따라서 자의식이 있는 감정의 조직은 청소년의 적응에 중대한 영향을 미친다.

　　수치심과 죄책감은 상황에 따라 이러한 자의식 감정을 경험하는 기질적 성향을 반영한다(Tangney et al.,2007). 청소년이 수치심이나 죄책감을 느끼기 쉬운 이유는 무엇일까? 특정한 계기, 행동, 또는 상황에 대한 반응과 같이 특정 경험은 일부 개인들에게서 수치심이나 죄책감을 예상할 가능성이 더 커지는 것으로 나타났다. 실패나 범죄가 실제로 일어났을 때, 이들은 또래와 비교하여 수치심이나 죄책감을 더 느낄 가능성이 크다. 이러한 자의식 감정이 발달되는 것에는 여러 경로가 있지만, 둔감한 양육과 감정 조절의 문제는 추후의 어려움을 불러일으키게 된다(Mascolo & Fischer, 2007). 예를 들어, 수치심 없는 죄책감은 여자 청소년의 높은 수준의 외현화 행동과 관계가 있지만, 남자 청소년의 외현화 행동과는 낮은 수준의 관계가 있다(Ferguson et al., 1999). 청소년들에게서 수치심 없는 죄책감과 비행 사이에 부정적 관계 또한 발견되었다(Stuewig & McCloskey, 2005). 그리고 수치심 없는 죄책감이 나타나기 쉬운 5학년 학생들은 청소년기에 체포되거나 유죄 판결을 받거나 감옥에 갈 가능성이 낮았다. 더욱이 약물 남용의 가능성이 적고 안전한 성관계를 할 가능성이 더 컸다(Tangney & Dearing, 2002). 대학생들의 죄책감은 위험한 행동과 자기 보고식 범법 행위와 부적 관계가 있고, 죄책감을 느끼기 쉬운 대학생들은 알코올과 약물 남용 가능성이 낮다(Dearing, Stuewig, & Tangney, 2005).

흥미롭게도, 죄책감과 달리 수치심은 아동, 청소년, 대학생들에게 동일한 억제 기능을 제공하지 못한다(Stuewig & McCloskey, 2005; Tangney, Wagner, Hill-Barlow, Marschall, & Gramzow, 1996). 오히려 수치심을 느끼기 쉬운 개인은 실제로 낮은 자아존중감(Woien, Ernst, Patock-Peckham, & Nagoshi, 2003), 분노 관리 문제(Hoglund & Nicholas, 1995), 심리적 어려움(Tangney et al., 1995)을 포함한 다양한 어려움에 취약하다. 5학년 학생들의 수치심은 조기 음주와 마약, 안전한 성관계의 가능성 감소, 운전의 위험성을 예측한다(Tangney & Dearing, 2002). 그리고 수치심은 성인기의 약물 및 알코올 남용과 관련이 있다(Dearing et al., 2005).

수치심의 감정은 일부 결점 또는 비행에 대한 반응으로 자기에 대해 전반적으로 부정적인 감정을 포함한다. 수치심은 핵심적인 자기감을 쇠약하게 만들 수 있으며(Lewis, 1971), 부정적 영향의 자기 패배적 사이클, 다른 사람을 비난하는 것, 마약이나 알코올 남용과 같은 자기 패배적 활동에 영향을 미칠 수 있다. 이 모든 반응들은 수치심과 관련된 고통스러운 영향을 감소하기 위한 것이다. 수치심은 결함이 있는 자기에 초점을 맞추면서, 공감적 능력을 손상시키는 것으로 밝혀졌으며, 이는 또한 다양한 대인관계적 문제를 일으킬 수 있다(Leith & Baumeister, 1998). 대조적으로, 죄책감은 자기에 관한 것이라기보다는 사건에 대한 부정적 감정을 포함한다(Lewis, 1971). 고통스럽지만, 죄책감은 수치심보다 무력감을 덜 느끼게 하는 것처럼 보이므로 개인이 상황을 바로잡거나 개선하기 위한 보다 더 긍정적인 행동을 하도록 권장한다(Baumeister, Stillwell, & Heatherton, 1995). 결과적으로, 우리가 어린 아동들을 관찰했던 것처럼, 죄책감은 도덕적 행동의 동기 부여에 효과적일 수 있으며, 청소년과 성인이 개인적 책임을 받아들이고 건설적인 방식으로 행동하도록 유도할 수 있다. 사실 연구 결과에 따르면, 수치심 없는 죄책감은 심리적 증상과 관련이 없다(Tangney et al., 1995). 오히려 수치심 없는 죄책감은 분노(Tangney, 1995)에 대한 적절한 반응과 공감적 반응의 증대와 정적 관계가 있다(Leith & Baumeister, 1998). 그러므로 수치심과 죄책감은 다양한 방식으로 개인적·도덕적 행동에 영향을 미치는 두 가지 도덕적 감정의 예이다. 죄책감은 도덕적 행동을 조장할 가능성이 더 커지기 때문에 자기와 인간관계에 미치는 영향을 고려할 때 '도덕적 감정을 선택'하게 한다(Tangney et al., 2007).

청소년과 성인의 수치심에 대한 경험과 관련이 있는 생리적 상관 관계가 확인되었다. 예를 들어, 증가된 염증성(proinflammatory) 시토카인(cytokine)의 활성은 자기 보고된 수치심을 증가시키도록 하는 것으로 나타났다(Dickerson, Kemeny, Aziz, Kim, & Fahey, 2004). 한 개인에게 수치심을 불러일으키는 상황에 대한 실험을 하였고, 이때 코르티솔 수치가 유의하게 증가하는 것으로 나타났다(Gruenewald, Kemeny, Aziz, & Fahey, 2004). 그리고 심혈관의 변화는 수치심을 이끌어내기 위해 고안된 실험실 조건에 대한 참가자의 반응에서 관찰되었다(Herrald & Tomaka, 2002). 이러한 결과는 실험실 환경에서 얻어진 것이지만, 초기 트라우마를 경험한 청소년과 성인 환자의 수치심에 대한 임상의의 보고를 이해하는 데 중요한 의미가 있다. 학대의 은밀하고 숨겨진 본성은 심오한 수치심을 유발한다(Deblinger & Runyon, 2005). 실제로 최근의 경험적 연구는 이러한 임상 관찰을 뒷받침한다. 모욕적이거나 자녀를 감정적으로 학대하는 처벌적이고 권위주의적인 부모의 청소년 자녀들은 수치심을 느끼기 쉽다(Tangney & Dearing, 2002). 초기에 정서적·신체적·성적 학대를 경험한 환자는 청소년기와 성인기에 계속 심한 수치심을 가지고 고군분투하며(Tangney et al., 2007), 자가 면역 및 스트레스 관련 질환, 심리적 결과에 훨씬 더 취약하다.

마지막으로, 자부심은 자신이 사회적으로 가치 있다고 느끼거나 결과에 대한 책임이 있다고 생각할 때 종종 경험되는 더 긍정적인 도덕적 감정이다. 자부심은 종종 성취감이 있는 상황(예 : 학업, 운동, 전문성)에서 느껴진다. 그러나 자부심은 감정에 대한 통제, 부도덕한 충동 억제, 적절하고 가치 있는 행동 또는 감정적인 기준을 충족시키는 도덕적으로 관련된 상황에서 매우 강력한 동기가 될 수 있다. 따라서 어떤 바람직한 감정적 결과의 성취는 자부심을 느끼는 것으로 이어질 수 있다. 일부 연구자들은 한 사람의 행동에 대한 자부심과 자기 안의 자부심을 구분한다. 자부심의 개인차가 자기 조절 능력 또는 도덕적 행동에 관여할 수 있는 능력과 관련이 있는 정도는 광범위하게 연구되지 않았다. 일부 연구자들은 자부심에 대한 감정을 사용하여 자기 잇속만 차리거나, 권력 또는 힘을 표현하고, 자기를 향상시키거나 존경심('거만함')(Lewis, 1992b; Tracy & Robins, 2004)을 높이기 위해 자존감을 사용하여 대인관계의 어려움을 초래할 수 있다고 추측하였다(Tangney et al., 2007). 그러나 자부심은 협력, 돌봄, 성취감과 같은 사회적 행동을 유도할 수도 있다. 따라서 자부심은 더 깊이 탐색되어야 할 중요한 도덕적 감정일 수 있다. 수치심과 죄책감의 도덕적 감정과 마찬가지로, 자부심은 청소년의 도덕적 행동과 의사 결정에 영향을 미친다. 요컨대, 이러한 도덕적 정서의 경험과 표현은 중요한 인지적·사회적·정서적 요인의 영향을 받아 청소년의 사회적·정서적 기능에 영향을 미친다.

## 성인 진입기에 무엇이 나타나는가?

청소년기에서 애착관계의 발달과 자기의 통합은 성인기의 미래를 위한 토대를 마련한다. 물론, 이 책에서 우리가 고려한 이슈는 10대 후반과 20대 초반의 청소년들이 새로운 관계 및 개인적 도전 과제를 다루기 때문에 중요하다. 사실, 애착관계와 발달하는 자기에 대한 관심은 우리의 평생 동안 전경과 배경을 번갈아 가며 지속한다. 성인기의 여러 단계는 관계적 헌신, 교육적 목표, 직업의 불확실성, 자녀 양육, 일과 가족, 주거 및 건강, 노령화 부모, 전문성 성장, 형제 및 친구들과의 지속적인 관계에 대해 많은 새로운 질문을 제기한다. 오래된 갈등이 다시 나타나고, 새로운 문제가 발생하며, 개인적 투쟁과 관계들이 변화된다. 우리 모두는 애착에 대해 타인과 발달하는 자기 사이에 균형을 맞추는 두 가지 상호 연관된 발달 과제에서 해결해야 할 필요가 있는 많은 문제가 있으며, 이를 관리하기 위해 사용한 여러 가지 방법이 있다. 이제는 2개의 분리된 가설로 개념화되어 있지만, 실제로는 서로 뗄 수 없는 관계가 있음이 분명하다. 양질의 관계는 일반적으로 정서적으로 중요한 애착관계에 기여하는 것과 마찬가지로 자기의 발달에 기여한다. 반면, 애착관계의 어려움은 자기 발달 자체를 손상시키므로 개인을 정서적 어려움 및 관계적 도전에 취약하게 만든다.

성인기에 나타나는 애착관계와 자기 통합 모두의 전조와 결과는 이러한 발달적 과제의 적응 및 부적응 해결책의 궤도를 이해하고자 하는 연구자와 임상가에게 지속적으로 중요하다. 궁극적으로, 유아기부터 청소년기를 거쳐 결국 성인기에 진입하는 우리의 모든 여정들은 우리가 세상에 왔을 때 다루어야 하는 바로 그 문제가 앞으로 일어날 일을 미리 드러내고 있음을 상기시키는 역할을 한다. 그리고 우리는 관계적 연결과 자기에 대한 이해의 균형을 잘 형성해가면서 종종 이전의 경험에 의지한다. 우리는 오래된 경험을 재연하거나 새로운 과정을 계획할 수 있다. 예기치 않은 도전과 스트레스에도 불구하고, 우리가 애착을 변형시키고, 삶의 여정을 거치며 발달적 경로를 따라 자기를 재발견할 때 연속성이나 변화에 대한 무한한 가능성이 있다.

Abe, J. A., & Izard, C. E. (1999). The developmental functions of emotions: An analysis in terms of differential emotions theory. *Cognition and Emotion, 13,* 523–549.

Abel, M. R. (2014). *Authenticity in adolescents and young adults' relationships: The roles of emotion regulation and perceived parental feedback.* Unpublished manuscript, Wellesley College, Wellesley, MA.

Aboud, F. E., & Janani, S. (2007). Friendship and identity in a language-integrated school. *International Journal of Behavioral Development, 31,* 445–453.

Aboud, F. E., Mendelson, M. J., & Purdy, K. T. (2003). Cross-race peer relations and friendship quality. *International Journal of Behavioral Development, 27,* 165–173.

Abraham, E., Hendler, T., Shapira-Lichter, I., Kanat-Maymon, Y., Zagoory-Sharon, O., & Feldman, R. (2014). Father's brain is sensitive to childcare experiences. *Proceedings of the National Academy of Sciences, 111,* 9792–9797

Abramovitch, R., Corter, C., & Lando, B. (1979). Sibling interaction in the home. *Child Development, 50,* 997–1003.

Abramovitch, R., Corter, C., Pepler, D. J., & Stanhope, L. (1986). Sibling and peer interaction: A final follow-up and a comparison. *Child Development, 57,* 217–229.

Adams, G. R., & Archer, S. L. (1994). Identity: A precursor to intimacy. In S. L. Archer (Ed.), *Interventions for adolescent identity development* (pp. 193–213). Thousand Oaks, CA: Sage Publications.

Adams, R., & Laursen, B. (2001). The organization and dynamics of adolescent conflict with parents and friends. *Journal of Marriage and Family, 63,* 97–110.

Adler, A. (1927). *Understanding human nature: The psychology of personality.* New York, NY: Greenberg.

Adler, A. (1964). *Problems of neurosis.* New York, NY: Harper and Row.

Adler, P. A., & Adler, P. (1998). *Peer power: Preadolescent culture and identity.* New Brunswick, NJ: Rutgers University Press.

Adolph, K. E., & Berger, S. E. (2010). Physical and motor development. In M. H. Born-stein & M. E. Lamb (Eds.), *Developmental science: An advanced textbook* (6th ed., pp. 241–302). Hove: Psychology Press.

Adrian, M., Zeman, J., & Veits, G. (2011). Methodological implications of the affect revolution: A 35-year review of emotion regulation assessment in children. *Journal of Experimental Child Psychology, 110,* 171–197.

Aguilar, B., O'Brien, K. M., August, G. J., Aoun, S. L., & Hektner, J. M. (2001). Relationship quality of aggressive children and their siblings: A multiinformant, multimeasure investigation. *Journal of Abnormal Child Psychology, 29,* 479–489.

Ahadi, S. A., & Rothbart, M. K. (1994). Temperament, development, and the big five. In C. F. Halverson, G. A. Kohnstamm & R. P. Martin (Eds.), *The developing structure of temperament and personality from infancy to adulthood* (pp. 189–207). Hillsdale, NJ: Erlbaum.

Ahadi, S. A., Rothbart, M. K., & Ye, R. (1993). Children's temperament in the United States and China: Similarities and differences. *European Journal of Personality, 7,*

359–378.

Ahnert, L., Pinquart, M., & Lamb, M. E. (2006). Security of children's relationships with nonparental care providers: A metaanalysis. *Child Development, 74,* 664–679.

Aikins, J. W., Bierman, K. L., & Parker, J. G. (2005). Navigating the transition to junior high school: The influence of pre-transition friendship and self-system characteristics. *Social Development, 14,* 42–60.

Aikins, J. W., Howes, C., & Hamilton, C. (2009). Attachment stability and the emergence of unresolved representations during adolescence. *Attachment & Human Development, 11,* 491–512.

Ainsworth, M. D. S. (1963). The development of infant–mother interaction among the Ganda. In B. M. Foss (Ed.), *Determinants of infant behavior* (Vol. 2, pp. 67–112). New York, NY: Wiley.

Ainsworth, M. D. S. (1967). *Infancy in Uganda: Infant care and the growth of love.* Baltimore, MD: Johns Hopkins University Press.

Ainsworth, M. D. S. (1969). Object relations, dependency, and attachment: A theoretical review of the infant–mother relationship. *Child Development, 40,* 969–1025.

Ainsworth, M. D. S. (1972). Attachment and dependency: A comparison. In J. L. Gewirtz (Ed.), *Attachment and dependency* (pp. 97–137). Washington, DC: V.H. Winston.

Ainsworth, M. D. S. (1982). Attachment: Retrospect and prospect. In C. M. Parkes & J. Stevenson-Hinde (Eds.), *The place of attachment in human behavior* (pp. 3–30). New York, NY: Basic Books.

Ainsworth, M. D. S. (1989). Attachments beyond infancy. *American Psychologist, 44,* 709–716.

Ainsworth, M. D. S. (1990). Epilogue: Some considerations regarding theory and assessment relevant to attachments beyond infancy. In M. T. Greenberg, D. Cicchetti, & E. M. Cummings (Eds.), *Attachment in the preschool years: Theory, research, and intervention* (pp. 463–488). Chicago, IL: University of Chicago Press.

Ainsworth, M. D. S. (1991). Attachments and other affectional bonds across the life cycle. In C. M. Parkes, J. Stevenson-Hinde, & P. Marris (Eds.), *Attachment across the life cycle* (pp. 33–51). London: Routledge.

Ainsworth, M. D. S., Bell, S. M., & Stayton, D. J. (1971). Individual differences in Strange Situation behavior of one-year-olds. In H. R. Schaffer (Ed.), *The origins of human social relations* (pp. 17–52). New York, NY: Academic Press.

Ainsworth, M. D. S., Blehar, M., Waters, E., & Wall, S. (1978). *Patterns of attachment: A psychological study of the Strange Situation.* Hillsdale, NJ: Erlbaum.

Aksan, N., & Kochanska, G. (2005). Conscience in childhood: Old questions, new answers. *Developmental Psychology, 41,* 506–516.

Aksan, N., Kochanska, G., & Ortmann, M. R. (2006). Mutually responsive orientation between parents and their young children: Toward methodological advances in the science of relationships. *Developmental Psychology, 42,* 833–848.

Aldous, J., & Mulligan, G. M. (2002). Fathers' child care and children's behavior problems. *Journal of Family Issues, 23*, 624–647.

Allen, J. P. (2008). The attachment system in adolescence. In J. Cassidy & P. R. Shaver (Eds.), *Handbook of attachment: Theory, research, and clinical applications* (2nd ed., pp. 419–435). New York, NY: Guilford Press.

Allen, J. P., Chango, J., & Szwedo, D. (2014). The adolescent relational dialectic and the peer roots of adult social functioning. *Child Development, 85*, 192–204.

Allen, J. P., Chango, J., Szwedo, D., Schad, M., & Marston, E. (2012). Predictors of susceptibility to peer influence regarding substance use in adolescence. *Child Development, 83*, 337–350.

Allen, J. P., Hauser, S. T., Bell, K. L., & O'Connor, T. G. (1994). Longitudinal assessment of autonomy and relatedness in adolescent–family interactions as predictors of adolescent ego development and self-esteem. *Child Development, 65*, 179–194.

Allen, J. P., & Land, D. (1999). Attachment in adolescence. In J. Cassidy & P. R. Shaver (Eds.), *Handbook of attachment: Theory, research, and clinical applications* (pp. 319–335). New York, NY: Guilford Press.

Allen, J. P., & Loeb, E. L. (2015). The autonomy-connection challenge in adolescent peer relationships. *Child Development Perspectives, 9*, 101–105.

Allen, J. P., & Manning, N. (2007). From safety to affect regulation: Attachment from the vantage point of adolescence. *New Directions for Child and Adolescent Development, 117*, 23–39.

Allen, J. P., Marsh, P., McFarland, C., McElhaney, K. B., Land, D. J., Jodl, K. M., & Peck, S. (2002). Attachment and autonomy as predictors of the development of social skills and delinquency during midadolescence. *Journal of Consulting and Clinical Psychology, 70*, 56–66.

Allen, J. P., McElhaney, K. B., Kuperminc, G. P., & Jodl, K. M. (2004). Stability and change in attachment security across adolescence. *Child Development, 75*, 1792–1805.

Allen, J. P., McElhaney, K. B., Kuperminc, G. P., Moore, C. M., O'Beirne-Kelley, H., & Kilmer, S. L. (2003). A secure base in adolescence: Markers of attachment security in the mother–adolescent relationship. *Child Development, 74*, 292–307.

Allen, J. P., & Miga, E. M. (2010). Attachment in adolescence: A move to the level of emotion regulation. *Journal of Social and Personal Relationships, 27*, 181–190.

Allen, J. P., Moore, C., Kuperminc, G., & Bell, K. (1998). Attachment and adolescent psychosocial functioning. *Child Development, 69*, 1406–1419.

Allen, J. P., Porter, M., McFarland, C., McElhaney, K. B., & Marsh, P. (2007). The relation of attachment security to adolescents' paternal and peer relationships, depression, and externalizing behavior. *Child Development, 78*, 1222–1239.

Allen, J. P., Schad, M. M., Oudekerk, B., & Chango, J. (2014). What ever happened to the "cool" kids? Long-term sequelae of early adolescent pseudomature behavior. *Child Development, 85*, 1866–1880.

Allen, N. B., & Sheeber, L. B. (2008). The importance of affective development for the emergence of depressive disorder during adolescence. In N. B. Allen & L. B. Sheeber (Eds.), *Adolescent emotional development and the emergence of depressive disorders* (pp. 1–10). Cambridge: Cambridge University Press.

Allen, S. M., & Hawkins, A. J. (1999). Maternal gatekeeping: Mothers' beliefs and behaviors that inhibit greater father involvement in family work. *Journal of Marriage and Family, 61*, 199–212.

Alsaker, F., & Olweus, D. (1992). Stability of global self-evaluations in early adolescence: A cohort longitudinal study. *Journal of Research on Adolescence, 1*, 123–145.

American Psychiatric Association. (2013). *Diagnostic and statistical manual of mental disorders* (5th ed.). Washington, DC: Author.

Ammaniti, M., van IJzendoorn, M. H., Speranza, A. M., & Tambelli, R. (2000). Internal working models of attachment during late childhood and early adolescence: An exploration of stability and change. *Attachment & Human Development, 2*, 328–346.

Amodio, D. M., & Frith, C. D. (2006). Meeting of minds: The medial frontal cortex and social cognition. *Nature Reviews Neuroscience, 7*, 268–277.

Amsterdam, B. (1972). Mirror self-image reactions before age two. *Developmental Psychology, 5*, 297–305.

Amsterdam, B., & Greenberg, L. M. (1977). Self-conscious behavior of infants: A videotape study. *Developmental Psychobiology, 10*, 1–6.

Anan, R. N., & Barnett, D. (1999). Perceived social support mediates between prior attachment and subsequent adjustment: A study of urban African American children. *Developmental Psychology, 35*, 1210–1222.

Andersen, S. M., & Chen, S. (2002). The relational self: An interpersonal social-cognitive theory. *Psychological Review, 109*, 619–645.

Anderson, V., Anderson, P., Northam, E., Jacobs, R., & Catroppa, C. (2001). Development of executive functions through late childhood and adolescence in an Australian sample. *Developmental Neuropsychology, 20*, 385–406.

Ansbacher, H. L., & Ansbacher, R. R. (Eds.). (1956). *The individual psychology of Alfred Adler: A systematic presentation in selections from his writings*. Oxford: Basic Books, Inc.

Archer, S. L. (1982). The lower age boundaries of identity development. *Child Development, 53*, 1551–1556.

Archibald, A. B., Graber, J. A., & Brooks-Gunn, J. (2003). Pubertal processes and physiological growth in adolescence. In G. R. Adams & M. D. Berzonsky (Eds.), *Blackwell handbook of adolescence* (pp. 24–47). Oxford: Blackwell.

Arim, R. G., & Shapka, J. D. (2008). The impact of pubertal timing and parental control on adolescent problem behaviors. *Journal of Youth and Adolescence, 37*, 445–455.

Arim, R. G., Tramonte, L., Shapka, J. D., Dahinten, V. S., & Willms, J. D. (2011). The family antecedents and the subsequent outcomes of early puberty. *Journal of Youth and Adolescence, 40*, 1423–1435.

Armony, J. L. (2013). Current emotion research in behavioral neuroscience: The role(s) of the amygdala. *Emotion Review, 5*, 104–115.

Armsden, G. C., & Greenberg, M. T. (1987). The Inventory of Parent and Peer Attachment: Individual differences and their relationship to psychological well-being in adolescence. *Journal of Youth and Adolescence, 16*, 427–454.

Armsden, G. C., & Greenberg, M. T. (2009). *Inventory of Parent and Peer Attachment*. Unpublished manuscript, Pennsylvania State University, State College, PA.

Arnett, J. J. (1999). Adolescent storm and stress, reconsidered. *American Psychologist, 54*, 317–326.

Arnett, J. J. (2000). Emerging adulthood: A theory of

development from the late teens through the twenties. *American Psychologist, 55*, 469–480.

Arnett, J. J. (2004). *Emerging adulthood: The winding road from the late teens through the twenties.* New York, NY: Oxford University Press.

Arnett, J. J. (2007). Emerging adulthood: What is it, and what is it good for? *Child Development Perspectives, 1*, 68–73.

Arnett, J. J., & Fishel, E. (2013). *When will my grown-up kid grow up? Loving and understanding your emerging adult.* New York, NY: Workman Publishing.

Aron, A., Fisher, H., Mashek, D. J., Strong, G., Li, H., & Brown, L. L. (2005). Reward, motivation, and emotion systems associated with early-stage intense romantic love. *Journal of Neurophysiology, 94*, 327–337.

Arsenio, W. F., & Lemerise, E. A. (2004). Aggression and moral development: Integrating social information processing and moral domain models. *Child Development, 75*, 987–1002.

Årseth, A. K., Kroger, J., Martinussen, M., & Marcia, J. E. (2009). Meta-analytic studies of identity status and the relational issues of attachment and intimacy. *Identity, 9*, 1–32.

Asher, S. R., & Paquette, J. A. (2003). Loneliness and peer relations in childhood. *Current Directions in Psychological Science, 12*, 75–78.

Astington, J. W., Harris, P. L., & Olson, D. R. (1988). *Developing theories of mind.* New York, NY: Cambridge University Press.

Atkinson, L., Niccols, A., Paglia, A., Coolbear, J., Parker, K. C. H., Poulton, L., … Sitarenios, G. (2000). A meta-analysis of time between maternal sensitivity and attachment assessments: Implications for internal working models in infancy/toddlerhood. *Journal of Social and Personal Relationships, 17*, 791–810.

Atzaba-Poria, N., & Pike, A. (2008). Correlates of parental differential treatment: Parental and contextual factors during middle childhood. *Child Development, 79*, 217–232.

Atzil, S., Hendler, T., & Feldman, R. (2011). Specifying the neurobiological basis of human attachment: Brains, hormones, and behavior in synchronous and intrusive mothers. *Neuropsychopharmacology, 36*, 22603–22615.

Atzil, S., Hendler, T., Zagoory-Sharon, O., Weintraub, Y., & Feldman, R. (2012). Synchrony and specificity in the maternal and paternal brain: Relations to oxytocin and vasopressin. *Journal of the American Academy of Child and Adolescent Psychiatry, 51*, 798–811.

Ávila, M., Cabral, J., & Matos, P. M. (2012). Identity in university students: The role of parental and romantic attachment. *Journal of Adolescence, 35*, 133–142.

Ayoub, C. C., O'Connor, E., Rappolt-Schlichtmann, G., Fischer, K. W., Rogosch, F. A., Toth, S. L., & Cicchetti, D. (2006). Cognitive and emotional differences in young maltreated children: A translational application of dynamic skill theory. *Development and Psychopathology, 18*, 679–706.

Azmitia, M. (2002). Self, self esteem, conflicts, and best friendships in early adolescence. In T. M. Brinthaupt & R. P. Lipka (Eds.), *Understanding early adolescent self and identity: Applications and interventions* (pp. 167–192). Albany, NY: University of New York Press.

Bagwell, C. L., Bender, S. E., Andreassi, C. L., Kinoshita, T. L., Montarello, S. A., & Muller, J. G. (2005). Friendship quality and perceived relationship changes predict psychosocial adjustment in early adulthood. *Journal of Social and Personal Relationships, 22*, 235–354.

Bagwell, C. L., Coie, J. D., Terry, R. A., & Lochman, J. E. (2000). Peer clique participation and social status in preadolescence. *Merrill-Palmer Quarterly, 46*, 280–305.

Bagwell, C. L., Newcomb, A., & Bukowski, W. M. (1998). Preadolescent friendship and rejection as predictors of adult adjustment. *Child Development, 69*, 140–153.

Bagwell, C. L., & Schmidt, M. E. (2011). *Friendships in childhood and adolescence.* New York, NY: Guilford Press.

Bagwell, C. L., Schmidt, M. E., & Bukowski, W. M. (1998). Preadolescent friendship and peer rejection as predictors of adult adjustment. *Child Development, 69*, 140–153.

Bagwell, C. L., Schmidt, M. E., Newcomb, A. F., & Bukowski, W. M. (2001). Friendship and peer rejection as predictors of adult adjustment. *New Directions for Child and Adolescent Development, 91*, 25–49.

Baillargeon, R., Scott, R. M., & He, Z. (2010). False-belief understanding in infants. *Trends in Cognitive Sciences, 14*, 110–118.

Bakermans-Kranenburg, M. J., van IJzendoorn, M. H., Pijlman, F. T. A., Mesman, J., & Juffer, F. (2008). Experimental evidence for differential susceptibility: Dopamine D4 receptor polymorphism (DRD4 VNTR) moderates intervention effects on toddlers' externalizing behavior in a randomized controlled trial. *Developmental Psychology, 44*, 293–300.

Baldwin, S. A., & Hoffmann, J. P. (2002). The dynamics of self-esteem: A growth-curve analysis. *Journal of Youth and Adolescence, 31*, 101–113.

Bandstra, N. F., Chambers, C. T., McGrath, P., & Moore, C. (2011). The behavioral expression of empathy to others' pain versus others' sadness in young children. *Pain, 152*, 1074–1082.

Bandura, A. (1977). *Social learning theory.* Englewood Cliffs, NJ: Prentice Hall.

Banerjee, M. (1997). Hidden emotions: Preschoolers' knowledge of appearance-reality and emotion display rules. *Social Cognition, 15*, 107–132.

Bank, L., Burraston, B., & Snyder, J. (2004). Sibling conflict and ineffective parenting as predictors of boys' antisocial behavior and peer difficulties: Additive and international effects. *Journal of Research on Adolescence, 14*, 99–125.

Bank, L., Patterson, G. R., & Reid, J. B. (1996). Negative sibling interaction patterns as predictors of later adjustment problems in adolescent and young adult males. In G. H. Brody (Ed.), *Sibling relationships: Their causes and consequences* (pp. 197–229). Norwood, NJ: Ablex.

Barber, B. K., Chadwick, B. A., & Oerter, R. (1992). Parental behaviors and adolescent self-esteem in the United States and Germany. *Journal of Marriage and the Family, 54*, 128–141.

Barber, B. K., & Harmon, E. L. (2002). Violating the self: Parental psychological control of children and adolescents. In B. K. Barber (Ed.), *Intrusive parenting: How psychological control affects children and adolescents* (pp. 15–52). Washington, DC: American Psychological Association.

Barber, B. K., Olsen, J., A., & Shagle, S. (1994). Associations between parental psychological and behavioral control and youth internalized and externalized behaviors. *Child Development, 65*, 1120–1136.

Baril, M. E., Crouter, A. C., & McHale, S. M. (2007). Processes linking adolescent well-being, marital love, and coparenting. *Journal of Family Psychology, 21*, 645–654.

Baron-Cohen, S., Tager-Flusberg, H., & Cohen, D. J. (1993). *Understanding other minds: Perspectives from autism.* Oxford: Oxford University Press.

Barrett, J., & Fleming, A. S. (2011). Annual Research Review: All mothers are not created equal: Neural and psychobiological perspectives on mothering and the importance of individual differences. *The Journal of Child Psychology and Psychiatry, 52,* 368–397.

Barrett, K. C. (2013). Adaptive and maladaptive regulation of and by emotion: Process, context, and relation to self-regulation. In K. C. Barrett, N. A. Fox, G. A. Morgan, D. J., Fidler, & L. A. Daunhauer (Eds.), *Handbook of self-regulatory processes in development: New directions and international perspectives* (pp. 61–78). New York, NY: Psychology Press.

Barrett, K. C., Zahn-Waxler, C., & Cole, P. M. (1993). Avoiders versus amenders: Implications for the investigation of guilt and shame during toddlerhood? *Cognition and Emotion, 7,* 481–505.

Barrett, L. F. (2009). Variety is the spice of life: A psychological constructionist approach to understanding variability in emotion. *Cognition and Emotion, 23,* 1284–1306.

Barrett, L. F., Gross, J., Christensen, T. C., & Benvenuto, M. (2001). Knowing what you're feeling and knowing what to do about it: Mapping the relation between emotion differentiation and emotion regulation. *Cognition and Emotion, 15,* 713–724.

Barrett, L. F., Lindquist, K. A., & Gendron, M. (2007). Language as context for the perception of emotion. *Trends in Cognitive Sciences, 11,* 327–332.

Barrett, L. F., & Russell, J. A. (Eds.). (2014). *The psychological construction of emotion.* New York, NY: Guilford Press.

Barry, C. M., Padilla-Walker, L. M., Madsen, S. D., & Nelson, L. J. (2008). The impact of maternal relationship quality on emerging adults' prosocial tendencies: Indirect effects via regulation of prosocial values. *Journal of Youth and Adolescence, 37,* 581–591.

Barry, C. T., Grafeman, S. J., Adler, K. K., & Pickard, J. D. (2007). The relations among narcissism, self-esteem, and delinquency in a sample of at-risk adolescents. *Journal of Adolescence, 30,* 933–942.

Bartels, A., & Zeki, S. (2004). The neural correlates of maternal and romantic love. *NeuroImage, 21,* 1155–1166.

Bartholomew, K. (1990). Avoidance of intimacy: An attachment perspective. *Journal of Social and Personal Relationships, 7,* 147–178.

Bartholomew, K. (1993). From childhood to adult relationships: Attachment theory and research. In S. Duck (Ed.), *Learning about relationships* (pp. 30–62). Newbury Park, CA: Sage Publications.

Bartholomew, K., & Horowitz, L. M. (1991). Attachment styles among young adults: A test of a four-category model. *Journal of Personality and Social Psychology, 61,* 226–244.

Bartsch, K., & Wellman, H. M. (1995). *Children talk about the mind.* Oxford: Oxford University Press.

Bates, E. (1990). Language about me and you: Pronominal reference and the emerging concept of self. In D. Cicchetti & M. Beeghly (Eds.), *The self in transition: Infancy to childhood* (pp. 165–182). Chicago, IL: University of Chicago Press.

Bates, J. E., & McFadyen-Ketchum, S. (2000). Temperament and parent–child relations as interacting factors in children's behavioral adjustment. In V. J. Molfese & D. L. Molfese (Eds.), *Temperament and personality development across the lifespan* (pp. 141–176). Mahwah, NJ: Erlbaum.

Bates, J. E., Schermerhorn, A. C., & Petersen, I. T. (2012). Temperament and parenting in developmental perspective. In M. Zentner & R. L. Shiner (Eds.), *Handbook of temperament* (pp. 425–441). New York, NY: Guilford Press.

Batson, C. S. (2009). These things called empathy: Eight related but distinct phenomena. In J. Decety & W. Ickes (Eds.), *The social neuroscience of empathy* (pp. 1–15). Cambridge, MA: The MIT Press.

Bauer, P. J. (2002). Long-term recall memory: Behavioral and neuro-developmental changes in the first 2 years of life. *Current Directions in Psychological Science, 11,* 137–141.

Baumeister, R. F., Campbell, J. D., Kreuger, J. I., & Vohs, K. D. (2003). Does high self-esteem cause better performance, interpersonal success, happiness, or healthier lifestyles? *Psychological Science in the Public Interest, 4,* 1–44.

Baumeister, R. F., & Muraven, M. (1996). Identity as adaptation to social, cultural, and historical context. *Journal of Adolescence, 19,* 405–416.

Baumeister, R. F., Stillwell, A. M., & Heatherton, T. F. (1994). Guilt: An interpersonal approach. *Psychological Bulletin, 115,* 243–267.

Baumeister, R. F., Stillwell, A. M., & Heather-ton, T. F. (1995). Personal narratives about guilt: Role in action control and interpersonal relationships. *Basic and Applied Social Psychology, 17,* 173–198.

Bauminger, N., Finzi-Dottan, R., Chason, S., & Har-Even, D. (2008). Intimacy in adolescent friendship: The roles of attachment, coherence, and self-disclosure. *Journal of Social and Personal Relationships, 25,* 409–428.

Baumrind, D. (1966). Effects of authoritative control on child behavior. *Child Development, 37,* 887–890.

Baumrind, D. (1967). Child care practices anteceding three patterns of preschool behavior. *Genetic Psychology Monographs, 75,* 43–87.

Baumrind, D. (1971). Current patterns of parental authority. *Developmental Psychology Monographs, 4*(1, Pt. 2), 1–103.

Baumrind, D. (1991). The influence of parenting style on adolescent competence and substance use. *The Journal of Early Adolescence, 11,* 56–95.

Baumrind, D. (2005). Patterns of parental authority and adolescent autonomy. *New Directions for Child and Adolescent Development, 108,* 61–69.

Beauregard, M., Levesque, J., & Paquette, V. (2004). Neural basis of conscious and voluntary self-regulation of emotion. In M. Beauregard (Ed.), *Consciousness, emotional self-regulation, and the brain* (pp. 163–194). Amsterdam: Benjamins.

Bedford, V., & Volling, B. (2004). A dynamic ecological systems perspective on emotion regulation development within the sibling relationship. In F. Lang & K. Fingerman (Eds.), *Growing together: Personal relationships across the lifespan* (pp. 76–101). New York, NY: Cambridge University Press.

Beebe, B. (2003). Brief mother–infant treatment: Psychoanalytically informed video feedback. *Infant Mental Health Journal, 24,* 24–52.

Beebe, B. (2005). Mother–infant research informs mother–infant treatment. *Psychoanalytic Study of the Child, 60,* 7–46.

Beebe, B., Jaffe, J., Lachmann, F. M., Feldstein, S., Crown, C., & Jasnow, J. (2000). Systems models in development and psychoanalysis: The case of vocal rhythm coordination and attachment. *Infant Mental Health Journal, 21*, 99–122.

Beebe, B., & Stern, D. (1977). Engagement-disengagement and early object experience. In M. Freedman & S. Grenel (Eds.), *Communicative structures and psychic experiences* (pp. 33–55). New York, NY: Plenum.

Behrends, R., & Blatt, S. J. (1985). Internalization and psychological development throughout the life cycle. *Psychoanalytic Study of the Child, 40*, 11–39.

Beijersbergen, M. D., Juffer, F., Bakermans-Kranenburg, M. J., & van IJzendoorn, M. H. (2012). Remaining or becoming secure: Parental sensitive support predicts attachment continuity from infancy to adolescence in a longitudinal adoption study. *Developmental Psychology, 48*, 1277–1282.

Bell, R. Q. (1968). A reinterpretation of the direction of effects in studies of socialization. *Psychological Review, 75*, 81–95.

Bell, S. M., & Ainsworth, M. D. S. (1972). Infant crying and maternal responsiveness. *Child Development, 43*, 1171–1190.

Bellmore, A. D., & Cillessen, A. H. N. (2006). Reciprocal influences of victimization, perceived social preference, and self-concept in adolescence. *Self and Identity, 5*, 209–229.

Belmont, L., Wittes, J., & Stein, Z. (1977). Relation of birth order, family size, and social class to psychological functions. *Perceptual and Motor Skills, 45*, 1107–1116.

Belsky, J. (2005). The development and evolutionary psychology of intergenerational transmission of attachment. In C. S. Carter, L. Ahnert, K. E. Grossman, S. B. Hrdy, M. E. Lamb, S. W. Porges, & N. Sachser (Eds.), *Attachment and bonding: A new synthesis* (pp. 169–198). Cambridge, MA: The MIT Press.

Belsky, J., Campbell, S. B., Cohn, J. F., & Moore, G. (1996). Instability of infant- parent attachment security. *Developmental Psychology, 32*, 921–924.

Belsky, J., & Cassidy, J. (1994). Attachment: Theory and evidence. In M. L. Rutter, D. F. Hay, & S. Baron-Cohen (Eds.), *Development through life: A handbook for clinicians* (pp. 373–402). Oxford: Blackwell.

Belsky, J., & Fearon, R. M. P. (2002). Early attachment security, subsequent maternal sensitivity, and later child development: Does continuity in development depend upon continuity of caregiving? *Attachment & Human Development, 4*, 361–387.

Belsky, J., & Fearon, R. M. P. (2008). Precursors of attachment security. In J. Cassidy & P. R. Shaver (Eds.), *Handbook of attachment: Theory, research, and clinical applications* (2nd ed., pp. 295–316). New York, NY: Guilford Press.

Belsky, J., Fish, M., & Isabella, R. (1991). Continuity and discontinuity in infant negative and positive emotionality: Family antecedents and attachment consequences. *Developmental Psychology, 27*, 421–431.

Belsky, J., & Pluess, M. (2009). The nature (and nurture?) of plasticity in early human development. *Perspectives in Psychological Science, 4*, 345–351.

Belsky, J., & Rovine, M. (1987). Temperament and attachment security in the Strange Situation: An empirical rapprochement. *Child Development, 58*, 787–795.

Belsky, J., & Rovine, M. (1988). Nonmaternal care in the first year of life and the security of infant–parent attachment. *Child Development, 59*, 157–167.

Belsky, J., Spritz, B., & Crnic, K. (1996). Infant attachment security and affective-cognitive information processing at age 3. *Psychological Science, 7*, 111–114.

Belsky, J., & Steinberg, L. (1978). The effects of day care: A critical review. *Child Development, 49*, 929–949.

Bem, D. J. (1972). Self-perception theory. In L. Berkowitz (Ed.), *Advances in experimental social psychology* (Vol. 6, pp. 1–62). New York, NY: Academic Press.

Benbassat, N., & Priel, B. (2012). Parenting and adolescent adjustment: The role of parental reflective function. *Journal of Adolescence, 35*, 163–174.

Bender, L., & Yarnell, H. (1941). An observation nursery. *American Journal of Psychiatry, 97*, 1158–1174.

Benenson, J. F., & Christakos, A. (2003). The greater fragility of females' versus males' closest same-sex friendships. *Child Development, 74*, 1123–1129.

Benenson, J. F., Markovits, H., Roy, R., & Denko, P. (2003). Behavioural rules underlying learning to share: Effects of development and context. *International Journal of Behavioural Development, 27*, 116–121.

Bengtson, V. L., Biblarz, T. J., & Roberts, R. E. L. (2002). *How families still matter: A longitudinal study of youth in two generations*. New York, NY: Cambridge Universities Press.

Bennett, D. S., Sullivan, M. W., & Lewis, M. (2005). Young children's adjustment as a function of maltreatment, shame, and anger. *Child Maltreatment, 10*, 311–323.

Bennion, L. D., & Adams, G. R. (1986). A revision of the extended version of the Objective Measure of Ego Identity Status: An identity instrument for use with late adolescents. *Journal of Adolescent Research, 1*, 183–197.

Benoit, D., & Parker, K. (1994). Stability and transmission of attachment across three generations. *Child Development, 65*, 1444–1456.

Benoit, D., Parker, K. C. H., & Zeanah, C. H. (1997). Mothers' representations of their infants assessed prenatally: Stability and association with infants' attachment classifications. *Journal of Child Psychology and Psychiatry, 38*, 307–313.

Benson, M. J., Harris, P. B., & Rogers, C. S. (1992). Identity consequences of attachment to mothers and fathers among late adolescents. *Journal of Research on Adolescence, 2*, 187–204.

Berlin, L. J., Cassidy, J., & Appleyard, K. (2008). The influence of early attachments on other relationships. In J. Cassidy & P. R. Shaver (Eds.), *Handbook of attachment: Theory, research, and clinical applications* (2nd ed., pp. 333–347). New York, NY: Guilford Press.

Berlin, L. J., Zeanah, C. H., & Lieberman, A. F. (2008). Prevention and intervention programs for supporting early attachment security. In J. Cassidy & P. R. Shaver (Eds.), *Handbook of attachment: Theory, research, and clinical applications* (pp. 745–761). New York, NY: Guilford Press.

Berndt, T. J. (1985). Prosocial behavior between friends in middle childhood and adolescence. *Journal of Adolescence, 5*, 307–313.

Berndt, T. J. (1986). Children's comments about their friendships. In M. Perlmutter (Ed.), *Cognitive perspectives on children's social and behavioral development. The Minnesota Symposium on Child Psychology* (Vol. 18, pp. 189–211). Hillsdale, NJ: Erlbaum.

Berndt, T. J. (1989). Obtaining support from friends during childhood and adolescence. In D. Belle (Ed.), *Children's social networks and social supports* (pp. 308–331). New York, NY: John Wiley & Sons.

Berndt, T. J. (1996). Exploring the effects of friendship quality on social development. In W. M. Bukowski, A. F. Newcomb, & W. W. Hartup (Eds.), *The company they keep: Friendship in childhood and adolescence* (pp. 346–365). New York, NY: Cambridge University Press.

Berndt, T. J. (2002). Friendship quality and social development. *Current Directions in Psychological Science, 11,* 7–10.

Berndt, T. J. (2004). Children's friendships: Shifts over a half-century in perspectives on their development and their effects. *Merrill-Palmer Quarterly, 50,* 206–223.

Berndt, T. J., & Burgy, L. (1996). The social self-concept. In B. A. Bracken (Ed.), *Handbook of self-concept: Developmental, social, and clinical considerations* (pp. 171–209). Oxford: Wiley.

Berndt, T. J., Hawkins, J. A., & Hoyle, S. G. (1986). Changes in friendship during a school year: Effects of children's and adolescent's impressions of friendships and sharing with friends. *Child Development, 57,* 1284–1297.

Berndt, T. J., Hawkins, J. A., & Jiao, Z. (1999). Influences of friends and friendships on adjustment to junior high school. *Merrill-Palmer Quarterly, 45,* 13–41.

Berndt, T. J., & Hoyle, S. G. (1985). Stability and change in childhood and adolescent friendships. *Developmental Psychology, 21,* 1007–1015.

Berndt, T. J., & Murphy, L. M. (2002). Influences of friends and friendships: Myths, truths, and research recommendations. In R. V. Kail (Ed.), *Advances in child development and behavior* (Vol. 30, pp. 275–310). San Diego, CA: Academic Press.

Berndt, T. J., & Perry, T. B. (1986). Children's perceptions of friendships as supportive relationships. *Developmental Psychology, 22,* 640–648.

Berndt, T. J., & Perry, T. B. (1990). Distinctive features and effects of early adolescent friendships. In R. Montemayor, G. R. Adams, & T. P. Gullotta (Eds.), *From childhood to adolescence: A transitional period?* (pp. 269–287). Newbury Park, CA: Sage Publications.

Bernier, A., Matte-Gagné, C., Bélanger, M.-E., & Whipple, N. (2014). Taking stock of two decades of attachment transmission gap: Broadening the assessment of maternal behavior. *Child Development, 85,* 1852–1865.

Berry, J. W. (1997). Immigration, acculturation, and adaptation. *Applied Psychology: An International Review, 46,* 5–68.

Bertenthal, B. L., & Fischer, K. W. (1978). Development of self-recognition in the infant. *Developmental Psychology, 14,* 44–50.

Berzonsky, M. D. (1990). Self-construction over the life span: A process perspective on identity formation. In G. J. Neimeyer & R. A. Neimeyer (Eds.), *Advances in personal construct theory* (Vol. 1, pp. 155–186). Greenwich, CT: JAI Press.

Besser, A., & Blatt, S. J. (2007). Identity consolidation and internalizing and externalizing problem behaviors in early adolescence. *Psychoanalytic Psychology, 24,* 126–149.

Beyers, W., & Seiffge-Krenke, I. (2010). Does identity precede intimacy? Testing Erikson's theory on romantic development in emerging adults of the 21st century. *Journal of Adolescent Research, 25,* 387–415.

Bierman, K. L. (2004). *Peer rejection: Developmental processes and intervention strategies.* New York, NY: Guilford Press.

Birch, S. H., & Ladd, G. W. (1998). Children's interpersonal behaviors and the teacher– child relationship. *Developmental Psychology, 34,* 934–946.

Bird, A., & Reese, E. (2006). Emotional reminiscing and the development of an autobiographical self. *Developmental Psychology, 42,* 613–626.

Bischof-Köhler, D. (2012). Empathy and self-recognition in phylogenetic and ontogenetic perspective. *Emotion Review, 4,* 40–48.

Blachman, D. R., & Hinshaw, S. P. (2002). Patterns of friendship among girls with and without attention-deficit/hyperactivity disorder. *Journal of Abnormal Child Psychology, 30,* 626–640.

Black, K. A., & McCartney, K. (1997). Adolescent females' security with parents predicts the quality of peer interactions. *Social Development, 6,* 91–110.

Blain, M. D., Thompson, J. M., & Whiffen, V. E. (1993). Attachment and perceived social support in later adolescence: The interaction between working models of self and others. *Journal of Adolescent Research, 8,* 226–241.

Blair, C., & Diamond, A. (2008). Biological processes in prevention and intervention: The promotion of self-regulation as a means of preventing school failure. *Development and Psychopathology, 20,* 899–911.

Blair, R. J. R. (1995). A cognitive developmental approach to morality: Investigating the psychopath. *Cognition, 57,* 1–29.

Blair, R. J. R. (2005). Responding to the emotions of others: Dissociating forms of empathy through the study of typical and psychiatric populations. *Consciousness and Cognition, 14,* 698–718.

Blakemore, S.-J., & Choudhury, S. (2006). Development of the adolescent brain: Implications for executive function and social cognition. *Journal of Child Psychology and Psychiatry, 47,* 296–312.

Blandon, A. Y., Calkins, S. D., Keane, S. P., & O'Brien, M. (2008). Individual differences in trajectories of emotion regulation processes: The effects of maternal depressive symptomatology and children's physiological regulation. *Developmental Psychology, 44,* 1110–1123.

Blasi, A. (1983). Moral cognition and moral action: A theoretical perspective. *Developmental Review, 3,* 178–210.

Blasi, A. (1984). Moral identity: Its role in moral functioning. In W. Kurtines & J. Gewirtz (Eds.), *Morality, moral behavior, and moral development* (pp. 128–139). New York, NY: Wiley.

Blasi, A., Mercure, E., Lloyd-Fox, S., Thomson, A., Brammer, M., Sauter, D., ... Murphy, D. G. M. (2011). Early specialization for voice and emotion processing in the infant brain. *Current Biology, 21,* 1220–1224.

Blom, I., & Bergman, A. (2013). Observing development: A comparative view of attachment theory and separation-individuation theory. In J. E. Bettmann & D. D. Friedman (Eds.), *Attachment-based clinical work with children and adolescents* (pp. 9–43). New York, NY: Springer.

Blos, P. (1962). *On adolescence.* New York, NY: Free Press.

Blos, P. (1967). The second individuation process of adolescence. *Psychoanalytic Study of the Child, 22,* 162–186.

Boccia, M., & Campos, J. (1989). Maternal emotional signals, social referencing, and infants' reactions to strangers. In N. Eisenberg (Ed.), *Empathy and related emotional responses: New directions for child development* (pp. 25–49). San Francisco, CA: Jossey Bass.

Bogin, B. (1994). Adolescence in evolutionary perspective.

*Acta Paediatrica Supplement, 406,* 29–35.

Bogle, K. A. (2008). *Hooking up: Sex, dating, and relationships on campus.* New York, NY: New York University Press.

Bohlin, G., Hagekull, B., & Rydell, A. M. (2000). Attachment and social functioning: A longitudinal study from infancy to middle childhood. *Social Development, 9,* 24–39.

Boivin, M., Vitaro, F., & Poulin, F. (2005). Peer relationships and the development of aggressive behavior in early childhood. In R. E. Tremblay, W. W. Hartup, & J. J. Archer (Eds.), *Developmental origins of aggression* (pp. 376–397). New York, NY: Guilford Press.

Bokhorst, C. L., Bakermans-Kranenburg, M. J., Fearon, R. M. P., van IJzendoorn, M. H., Fonagy, P., & Schuengel, C. (2003). The importance of shared environment in mother–infant attachment security: A behavioral genetic study. *Child Development, 74,* 1769–1782.

Bokhorst, C. L., Sumter, S. R., & Westenberg, P. M. (2010). Social support from parents, friends, classmates, and teachers in children and adolescents aged 9 to 18 years: Who is perceived as most supportive? *Social Development, 19,* 417–426.

Boldt, L. J., Kochanska, G., Yoon, J. E., & Nordling, J. K. (2014). Children's attachment to both parents from toddler age to middle childhood: Links to adaptive and maladaptive outcomes. *Attachment & Human Development, 16,* 211–229.

Bonanno, G. A., Papa, A., Lalande, K., Westphal, M., & Coifman, K. (2004). The importance of being flexible. *Psychological Science, 15,* 482–487.

Booth-LaForce, C., Groh, A. M., Burchinal, M. R., Roisman, G. I., Owen, M. T., & Cox, M. J. (2014). Caregiving and contextual sources of continuity and change in attachment security from infancy to late adolescence. *Monographs of the Society for Research in Child Development, 79*(3), 67–84.

Booth-LaForce, C., & Kerns, K. A. (2009). Child–parent attachment relationships, peer relationships, and peer group functioning. In K. H. Rubin, W. M. Bukowski, & B. Laursen (Eds.), *Handbook of peer interactions, relationships, and groups.* (pp. 490–507). New York, NY: Guilford Press.

Booth-LaForce, C., Oh, W., Kim, A. H., Rubin, K. H., Rose-Krasnor, L., & Burgess, K. (2006). Attachment, self-worth, and peer-group functioning in middle childhood. *Attachment & Human Development, 8,* 309–325.

Booth-LaForce, C., Rubin, K. H., Rose-Krasnor, L., & Burgess, K. B. (2005). Attachment and friendship predictors of psychosocial functioning in middle childhood and the mediating roles of social support and self-worth. In K. Kerns & R. A. Richardson (Eds.), *Attachment in middle childhood* (pp. 161–188). New York, NY: Guilford Press.

Bornstein, M. H., Putnick, D. L., Gartstein, M. A., Hahn, C.-S., Auestad, N., & O'Connor, D. L. (2015). Infant temperament: Stability by age, gender, birth order, term status, and socioeconomic status. *Child Development, 86,* 844–863.

Bosma, H. A., & Gerlsma, C. (2003). From early attachment to relations to the adolescent and adult organization of self. In J. Valsiner & K. J. Connolly (Eds.), *Handbook of developmental psychology* (pp. 450–488). London: Sage Publications.

Bosma, H. A., & Kunnen, E. S. (2001). Determinants and mechanisms in ego identity development: A review and synthesis. *Developmental Review, 21,* 39–66.

Bosma, H. A., & Kunnen, E. S. (2008). Identity-in-context is not yet identity development-in-context. *Journal of Adolescence, 31,* 281–289.

Bosquet, M., & Egeland, B. (2006). The development and maintenance of anxiety symptoms from infancy through adolescence in a longitudinal sample. *Development and Psychopathology, 18,* 517–550.

Bost, K. K., Vaughn, B. E., Washington, W. N., Cielinski, K., & Bradbard, M. R. (1998). Social competence, social support, and attachment: Demarcation of construct domains, measurement, and paths of influence for preschool children attending Head Start. *Child Development, 69,* 192–218.

Bouffard, T., Markovits, H., Vezeau, C., Bois-vert, M., & Dumas, C. (1998). The relation between accuracy of self-perception and cognitive development. *British Journal of Educational Psychology, 68,* 321–330.

Bowker, A. (2004). Predicting friendship stability during early adolescence. *Journal of Early Adolescence, 24,* 85–112.

Bowlby, J. (1944). Forty-four juvenile thieves: Their characters and home life. *International Journal of Psycho-Analysis, 25,* 19–52, 107–127.

Bowlby, J. (1958). The nature of the child's tie to his mother. *International Journal of Psycho-Analysis, 39,* 350–373.

Bowlby, J. (1969/1982). *Attachment and loss: Vol. 1. Attachment.* New York, NY: Basic Books.

Bowlby, J. (1973). *Attachment and loss: Vol. 2. Separation: Anxiety and anger.* New York, NY: Basic Books.

Bowlby, J. (1980). *Attachment and loss: Vol. 3. Loss: Sadness and depression.* New York, NY: Basic Books.

Bowlby, J. (1982). Attachment and loss: Retrospect and prospect. *American Journal of Orthopsychiatry, 52,* 664–678.

Bowlby, J. (1988). *A secure base: Clinical applications of attachment theory.* New York, NY: Basic Books.

Boyle, M. H., Jenkins, J. M., Georgiades, K., Cairney, J., Duku, E., & Racine, Y. (2004). Differential-maternal parenting behavior: Estimating within- and between-family effects on children. *Child Development, 75,* 1457–1476.

Bracken, B. (1996). Clinical applications of a context-dependent multi-dimensional model of self-concept. In B. Bracken (Ed.), *Handbook of self-concept* (pp. 463–505). New York, NY: Wiley.

Branje, S. J. T., Frijns, T., Finkenauer, C., Engels, R., & Meeus, W. (2007). You are my best friends: Commitment and stability in adolescents' same-sex friendships. *Personal Relationships, 14,* 587–603.

Breakwell, G. M., & Millward, L. J. (1997). Sexual self-concept and risk-taking. *Journal of Adolescence, 20,* 29–41.

Breger, L. (1974). *From instinct to identity.* Englewood Cliffs, NJ: Prentice Hall.

Bremner, J. D., Randall, P., Vermetten, E., Staib, L., Bronen, R. A., Mazure, C., … Charney, D. S. (1997). Magnetic resonance imaging-based measurement of hippocampal volume in posttraumatic stress disorder related to childhood physical and sexual abuse – A preliminary report. *Biological Psychiatry, 41,* 23–32.

Brendgen, M., Vitaro, R., Tremblay, R. E., & Lavoie, F. (2001). Reactive and proactive aggression: Predictions to physical violence in different contexts and moderating effects of parental monitoring and caregiving behavior. *Journal of Abnormal Child Psychology, 29,* 293–304.

Brennan, K. A., Clark, C. L., & Shaver, P. R. (1998). Self-report measurement of adult romantic attachment: An integrative approach. In J. A. Simpson & W. S. Rhodes (Eds.), *Attachment theory and close relationships* (pp. 46–76).

New York, NY: Guilford Press.

Brenner, E., & Salovey, P. (1997). Emotion regulation during childhood: Developmental, interpersonal, and individual considerations. In P. Salovey & D. Sluyter (Eds.), *Emotional literacy and emotional development* (pp. 168–192). New York, NY: Basic Books.

Brenning, K. M., Soenens, B., Braet, C., & Bosmans, G. (2011). An adaptation of the Experiences in Close Relationships Scale-Revised for use with children and adolescents. *Journal of Social and Personal Relationships, 28,* 1048–1072.

Brenning, K. M., Soenens, B., Braet, C., & Bosmans, G. (2012). Attachment and depressive symptoms in middle childhood and early adolescence: Testing the validity of the emotion regulation model of attachment. *Personal Relationships, 19,* 445–464.

Bretherton, I. (1985). Attachment theory: Retrospect and prospect. In I. Bretherton & E. Waters (Eds.), Growing points of attachment theory and research. *Monographs of the Society for Research in Child Development, 50*(1–2, Serial No. 209), 3–35.

Bretherton, I. (1987). New perspectives on attachment relations: Security, communication, and internal working models. In J. D. Osofsky (Ed.), *Handbook of infant development* (2nd ed., pp. 1061–1100). New York, NY: Wiley.

Bretherton, I. (1990). Open communication and internal working models: Their role in the development of attachment relationships. In R. A. Thompson (Eds.), *Nebraska Symposium on Motivation: Social-emotional development.* Lincoln: University of Nebraska Press.

Bretherton, I. (1991). Pouring new wine into old bottles: The social self as internal working model. In M. R. Gunnar & L. A. Sroufe (Eds.), *Minnesota Symposia on Child Psychology: Vol. 23. Self processes in development* (pp. 1–41). Hillsdale, NJ: Erbaum.

Bretherton, I. (1992). The origins of attachment theory: John Bowlby and Mary Ainsworth. *Developmental Psychology, 28,* 759–775.

Bretherton, I. (1993). From dialogue to internal working models: The co-construction of self in relationship. In C. A. Nelson (Ed.), *Minnesota Symposia on Child Psychology: Vol. 26. Memory and affect in development* (pp. 237–263). Hillsdale, NJ: Erlbaum.

Bretherton, I., Fritz, J., Zahn-Waxler, C., & Ridgeway, D. (1986). Learning to talk about emotions: A functionalist perspective. *Child Development, 57,* 529–548.

Bretherton, I., Grossman, K. E., Grossman, K., & Waters, E. (2005). In pursuit of the internal working model construct and its relevance to attachment relationships. In K. E. Grossman, K. Grossman, & E. Waters (Eds.), *Attachment from infancy to adulthood: The major longitudinal studies* (pp. 13–47). New York, NY: Guilford Press.

Bretherton, I., McNew, S., & Beeghly-Smith, M. (1981). Early person knowledge as expressed in gestural and verbal communication: When do infants acquire a "theory of mind"? In M. Lamb & L. Sherrod (Eds.), *Infant social cognition: Theoretical and empirical considerations* (pp. 333–373). Hillsdale, NJ: Erlbaum.

Bretherton, I., & Munholland, K. A. (2008). Internal working models in attachment relationships: Elaborating a central construct in attachment theory. In J. Cassidy & P. R. Shaver (Eds.), *Handbook of attachment: Theory, research, and clinical applications* (2nd ed., pp. 102–127). New York, NY: Guilford Press.

Bretherton, I., Ridgeway, D., & Cassidy, J. (1990). Assessing internal working models of the attachment relationship: An attachment story completion task for 3-year-olds. In M. T. Greenberg, D. Cicchetti, & E. M. Cummings (Eds.), *Attachment in the preschool years* (pp. 273–308). Chicago, IL: University of Chicago Press.

Brewer, M. B., & Gardner, W. (1996). Who is this "We"? Levels of collective identity and self representations. *Journal of Personality and Social Psychology, 71,* 83–93.

Bridges, L. J., Denham, S. A., & Ganiban, J. M. (2004). Definitional issues in emotion regulation research. *Child Development, 75,* 340–345.

Bridges, L. J., Grolnick, W. S., & Connell, J. P. (1997). Infant emotion regulation with mothers and fathers. *Infant Behavior & Development, 20,* 47–57.

Briere, J. (1992). Methodological issues in the study of sexual abuse effects. *Journal of Consulting and Clinical Psychology, 60,* 196–203.

Brill, A. A. (1922). *Psychoanalysis: Its theories and practical applications.* Philadelphia, PA: Saunders.

Brody, G. H. (1996). *Sibling relationships: Their causes and consequences.* Norwood, NJ: Ablex.

Brody, G. H. (1998). Sibling relationship quality: Its causes and consequences. *Annual Review of Psychology, 49,* 1–24.

Brody, G. H. (2003). Parental monitoring: Action and reaction. In A. C. Crouter & A.

Booth (Eds.), *Children's influence on family dynamics: The neglected side of family relationships* (pp. 163–169). Mahwah, NJ: Lawrence Erlbaum Publishers.

Brody, G. H. (2004). Siblings' direct and indirect contributions to child development. *Current Directions in Psychological Science, 13,* 124–126.

Brody, G. H., Stoneman, Z., & Burke, M. (1987). Child temperaments, maternal differential behavior and sibling relationships. *Developmental Psychology, 23,* 354–362.

Brody, G. H., Stoneman, Z., & McCoy, J. (1994). Forecasting sibling relationships in early adolescence from child temperaments and family processes in middle childhood. *Child Development, 65,* 771–784.

Brody, G. H., Stoneman, Z., McCoy, J., & Forehand, R. (1992). Contemporaneous and longitudinal association of sibling conflict with family relationship assessments and family discussions about sibling problems. *Child Development, 63,* 391–400.

Bronfenbrenner, U. (2004). *Making human beings human: Bioecological perspectives on human development.* Newbury Park, CA: Sage Publications.

Bronson, M. B. (2000). *Self-regulation in early childhood: Nature and nurture.* New York, NY: Guilford Press.

Brooks-Gunn, J. (1991). Maturational timing variations in adolescent girls, antecedents of. In R. M. Lerner, A. C. Petersen, & J. Brooks-Gunn (Eds.), *Encyclopedia of adolescence* (Vol. 2, pp. 609–612). New York, NY: Garland.

Brooks-Gunn, J., & Lewis, M. (1984). The development of early visual self-recognition. *Developmental Review, 4,* 215–239.

Brown, B. (2004). Adolescents' relationships with peers. In R. Lerner & L. Steinberg (Eds.), *Handbook of adolescent psychology* (2nd ed., pp. 363–394). Hoboken, NJ: Wiley.

Brown, B. B., Mounts, N., Lamborn, S. D., & Steinberg, L. (1993). Parenting practices and group affiliation in adolescence. *Child Development, 64,* 467–482.

Brown, C. S., & Bigler, R. S. (2005). Children's perceptions of discrimination: A developmental model. *Child Development, 76,* 533–553.

Brown, G. L., Mangelsdorf, S. C., Agathen, J. M., & Ho, M. (2008). Young children's psychological selves: Convergence with maternal reports of child personality. *Social Development, 17*, 161–182.

Brown, J. D. (1998). *The self.* New York, NY: McGraw-Hill.

Brownell, C. A., & Kopp, C. B. (2007). *Socioemotional development in the toddler years: Transitions and transformations.* New York, NY: Guilford Press.

Brownell, C. A., Ramani, G. B., & Zerwas, S. (2006). Becoming a social partner with peers: Cooperation and social understanding in one- and two-year-olds. *Child Development, 77*, 803–821.

Brumariu, L. E., & Kerns, K. A. (2010). Parent–child attachment and internalizing symptoms in childhood and adolescence: A review of empirical findings and future directions. *Development and Psychopathology, 22*, 177–203.

Brumariu, L. E., & Kerns, K. A. (2013). Pathways to anxiety: Contributions of attachment history, temperament, peer competence, and ability to manage intense emotions. *Child Psychiatry and Human Development, 44*, 504–515.

Bryant, B. (1989). The child's perspective of sibling caretaking and its relevance to understanding social-emotional functioning and development. In P. S. Zukow (Ed.), *Sibling interaction across cultures* (pp. 143–164). New York, NY: Springer-Verlag.

Buchmann, C., & Dalton, B. (2002). Interpersonal influences and educational aspirations in 12 countries: The importance of institutional context. *Sociology of Education, 75*, 99–122.

Buhrmester, D. (1990). Intimacy of friendship, interpersonal competence, and adjustment during middle childhood and adolescence. *Child Development, 61*, 1101–1111.

Buhrmester, D. (1992). The developmental courses of sibling and peer relationships. In F. Boer & J. Dunn (Eds.), *Children's sibling relationships: Developmental and clinical issues* (pp. 19–40). Hillsdale, NJ: Erlbaum.

Buhrmester, D., & Furman, W. (1986). The changing functions of friends in childhood: A neo-Sullivanian perspective. In V. G. Derlega & B. A. Winstead (Eds.), *Friendship and social interaction* (pp. 41–62). New York, NY: Springer-Verlag.

Buhrmester, D., & Furman, W. (1990). Perceptions of sibling relationships during middle childhood and adolescence. *Child Development, 61*, 1387–1396.

Buhrmester, D., Furman, W., Wittenberg, M. T., & Reis, H. T. (1988). Five domains of interpersonal competence in peer relationships. *Journal of Personality and Social Psychology, 55*, 991–1008.

Buist, K. L. (2010). Sibling relationship quality and adolescent delinquency: A latent growth curve approach. *Journal of Family Psychology, 24*, 400–410.

Buist, K. L., Deković, M., Meeus, W., & van Aken, M. A. G. (2002). Developmental patterns in adolescent attachment to mother, father and sibling. *Journal of Youth and Adolescence, 31*, 167–176.

Buist, K. L., Deković, M., & Prinzie, P. (2013). Sibling relationship quality and psychopathology of children and adolescents: A meta-analysis. *Clinical Psychology Review, 33*, 97–106.

Bukowski, W. M., Buhrmester, D., & Underwood, M. K. (2011). Peer relations as a developmental context. In M. K. Underwood & L. H. Rosen (Eds.), *Social development: Relationships in infancy, childhood, and adolescence.* New York, NY: Guilford Press.

Bukowski, W. M., Hoza, B., & Boivin, M. (1993). Popularity, friendship, and emotional adjustment during early adolescence. In W. Damon (Series Ed.) & B. Laursen (Vol. Ed.), *New directions for child development* (Vol. 60, pp. 23–37). San Francisco, CA: Jossey-Bass.

Bukowski, W. M., Hoza, B., & Boivin, M. (1994). Measuring friendship quality during pre- and early adolescence: The development and psychometric properties of the friendship qualities scales. *Journal of Social and Personal Relationships, 11*, 471–484.

Bukowski, W. M., Motzoi, C., & Meyer, F. (2009). Friendship as process, function, and outcome. In K. H. Rubin, W. M. Bukowski, & B. Laursen (Eds.), *Handbook of peer interactions, relationships, and groups* (pp. 217–231). New York, NY: Guilford Press.

Bukowski, W. M., Newcomb, A. F., & Hartup, W. W. (1996). Friendship and its significance in childhood and adolescence: Introduction and comment. In W. M. Bukowski, A. F. Newcomb, & W. W. Hartup (Eds.), *The company they keep: Friendship in childhood and adolescence* (pp. 3–18). New York, NY: Cambridge University Press.

Bukowski, W. M., & Sippola, L. K. (1996). Friendship and morality. In W. M. Bukowski & A. F. Newcomb (Eds.), *The company they keep: Friendship in childhood and adolescence* (pp. 238–261). Cambridge: Cambridge University Press.

Bukowski, W. M., Sippola, L. K., & Newcomb, A. F. (2000). Variations in patterns of attraction of same- and other-sex peers during early adolescence. *Developmental Psychology, 36*, 147–154.

Bulcroft, R., Carmody, D., & Bulcroft, K. (1996). Patterns of parental independence giving to adolescents: Variations by race, age, and gender of child. *Journal of Marriage and the Family, 58*, 866–883.

Bullock, M., & Lutkenhaus, P. (1988). The development of volitional behavior in the toddler years. *Child Development, 59*, 664–674.

Bullock, M., & Lutkenhaus, P. (1990). Who am I? Self-understanding in toddlers. *Merrill-Palmer Quarterly, 36*, 217–238.

Bumpus, M. F., Crouter, A. C., & McHale, S. M. (2001). Parental autonomy granting during adolescence: Exploring gender differences in context. *Developmental Psychology, 37*, 163–173.

Burgess, K. B., Marshall, P., Rubin, K. H., & Fox, N. A. (2003). Infant attachment and temperament as predictors of subsequent behavior problems and psychophysiological functioning. *Journal of Child Psychology and Psychiatry and Allied Discipline, 44*, 1–13.

Burr, K. B., Obradovic, J., Long, J. D., & Masten, A. S. (2008). The interplay of social competence and psychopathology over 20 years: Testing transactional and cascade models. *Child Development, 79*, 359–374.

Bushnell, I. W. R., Sai, F., & Mullin, J. T. (1989). Neonatal recognition of the mother's face. *British Journal of Developmental Psychology, 7*, 3–15.

Buss, A. H., & Goldsmith, H. H. (1998). Fear and anger regulation in infancy: Effects on the temporal dynamics of affective expression. *Child Development, 69*, 359–374.

Buss, A. H., & Plomin, R. (1984). *Temperament: Early developing personality traits.* Hillsdale, NJ: Erlbaum.

Bussey, K., & Bandura, A. (1999). Social cognitive theory of gender development and differentiation. *Psychological Review, 106*, 676–713.

Butler, E. A., Egloff, B., Wilhelm, F. H., Smith, N. C., Erickson, E. A., & Gross, J. J. (2003). The social consequences of expressive suppression. *Emotion, 3,* 48–67. Cairns, R. B., & Cairns, B. D. (1988). The sociogenesis of self-concepts. In N. Bolger, A. Caspi, G. Downey, & M. Moorehouse (Eds.), *Persons in context: Developmental processes* (pp. 181–202). New York, NY: Cambridge University Press.

Cairns, R. B., Cairns, B. D., Neckerman, H. J., Gest, S. D., & Gariepy, J. (1988). Social networks and aggressive behavior: Peer support or peer rejection? *Developmental Psychology, 24,* 815–823.

Caldera, Y. M., Huston, A. C., & O'Brien, M. (1995). *Antecedents of father–infant attachment: A longitudinal study.* Paper presented at the Society for Research in Child Development, Indianapolis, IN.

Caldji, C., Tannenbaum, B., Sharma, S., Francis, D., Plotsky, P. M., & Meaney, M. J. (1998). Maternal care during infancy regulates the development of neural systems mediating the expression of fearfulness in the rat. *Proceedings of the National Academy of Sciences USA, 95,* 5335–5340.

Caldwell, B. (1993). Impact of day care on the child. *Pediatrics, 91,* 225–228.

Calkins, S. D. (2009). Regulatory competence and early disruptive behavior problems: The role of physiological regulation. In S. Olson & A. Sameroff (Eds.), *Regulatory processes in the development of behavior problems: Biological, behavioral, and social-ecological interactions* (pp. 86–115). New York, NY: Cambridge University Press.

Calkins, S. D., & Dedmon, S. (2000). Physiological and behavioral regulation in two-year-old children with aggressive/ destructive behavior problems. *Journal of Abnormal Child Psychology, 28,* 103–118.

Calkins, S. D., Dedmon, S., Gill, K., Lomax, L., & Johnson, L. (2002). Frustration in infancy: Implications for emotion regulation, physiological processes, and temperament. *Infancy, 3,* 175–198.

Calkins, S. D., Fox, N. A., & Marshall, T. R. (1996). Behavioral and physiological antecedents of inhibited and uninhibited behavior. *Child Development, 67,* 523–540.

Calkins, S. D., Graziano, P. A., Berdan, L. E., Keane, S. P., & Degnan, K. A. (2008). Predicting cardiac vagal regulation in early childhood from maternal–child relationship quality during toddlerhood. *Developmental Psychobiology, 50,* 751–766.

Calkins, S. D., & Hill, A. (2007). Caregiver influences on emerging emotion regulation. In J. J. Gross (Ed.), *Handbook of emotion regulation* (pp. 229–248). New York, NY: Guilford Press.

Calkins, S. D., & Mackler, J. S. (2011). Temperament, emotion regulation, and social competence. In M. K. Underwood & L. H. Rosen (Eds.), *Social development: Relationships in infancy, childhood, and adolescence* (pp. 44–70). New York, NY: Guilford Press.

Calmes, C. A., & Roberts, J. E. (2008). Rumination in interpersonal relationships: Does co-rumination explain gender differences in emotional distress and relationship satisfaction among college students? *Cognitive Therapy and Research, 32,* 577–590.

Campa, M. I., Hazan, C., & Wolfe, J. E. (2009). The form and function of attachment behavior in the daily lives of young adults. *Social Development, 18,* 288–304.

Campbell, E., Adams, G. R., & Dodson, W. R. (1984). Familial correlates of identity formation in late adolescence: A study of the predictive utility of connectedness and individuality in family relations. *Journal of Youth and Adolescence, 13,* 509–525.

Campbell, S. B. (2002). *Behavior problems in preschool children: Clinical and developmental issues* (2nd ed.). New York, NY: Guilford Press.

Campione-Barr, N., Greer, K. B., & Kruse, A. (2013). Differential associations between domains of sibling conflict and adolescent emotional adjustment. *Child Development, 84,* 938–954.

Campione-Barr, N., & Smetana, J. G. (2010). "Who said you could wear my sweater?" Adolescent siblings' conflicts and associations with relationship quality. *Child Development, 81,* 464–471.

Campos, J. J. (1983). The importance of affective communication in social referencing: A commentary on Feinman. *Merrill Palmer Quarterly, 29,* 83–87.

Campos, J. J., Frankel, C. B., & Camras, L. (2004). On the nature of emotion regulation. *Child Development, 75,* 377–394.

Campos, J. J., Walle, E., Dahl, A., & Main, A. (2011). Reconceptualizing emotion regulation. *Emotion Review, 3,* 26–35.

Canli, T., Qiu, M., Omura, K., Congdon, E., Haas, B. W., Amin, Z., … Lesch, K. P. (2006). Neural correlates of epigenesis. *Proceedings of the National Academy of Sciences, 103,* 16033–16038.

Cannon, E. A., Schoppe-Sullivan, S. J., Mangelsdorf, S. C., Brown, G. L., & Sokolowski, M. S. (2008). Parent characteristics as antecedents of maternal gatekeeping and fathering behavior. *Family Process, 47,* 501–519.

Cantin, S., & Bouvin, M. (2004). Change and stability in children's social network and self-perceptions during transition from elementary to junior high school. *International Journal of Behavioral Development, 28,* 561–570.

Caravita, S. C. S., Di Blasio, P., & Salmivalli, C. (2009). Unique and interactive effects of empathy and social status on involvement in bullying. *Social Development, 18,* 140–163.

Cardinal, R. N., Parkinson, J. A., Hall, J., & Everitt, B. J. (2002). Emotion and motivation: The role of the amygdala, ventral striatum, and prefrontal cortex. *Neuroscience and Biobehavioral Reviews, 26,* 321–352.

Carlo, G., Fabes, R. A., Laible, D., & Kupanoff, K. (1999). Early adolescence and prosocial moral behavior: II. The role of social and contextual influences. *Journal of Early Adolescence, 19,* 133–147.

Carlo, G., Hausmann, A., Christiansen, S., & Randall, B. A. (2003). Sociocognitive and behavioral correlates of a measure of prosocial tendencies for adolescents. *Journal of Early Adolescence, 23,* 107–134.

Carlo, G., Koller, S. H., Eisenberg, N., DaSilva, M. S., & Frohlich, C. B. (1996). A cross-national study on the relations among prosocial moral reasoning, gender role orientations, and prosocial behaviors. *Developmental Psychology, 32,* 231–240.

Carlson, C., Uppal, S., & Prosser, E. C. (2000). Ethnic differences in processes contributing to the self-esteem of early adolescent girls. *Journal of Early Adolescence, 20,* 44–67.

Carlson, E. A., Sroufe, L. A., & Egeland, B. (2004). The construction of experience: A longitudinal study of representation and behavior. *Child Development, 75,* 66–83.

Carlson, S. M. (2009). Social origins of executive function

development. In C. Lewis & J. I. M. Carpendale (Eds.) & R. Larson & L. Jensen (Series Eds.), *Social interaction and the development of executive function. New Directions for Child and Adolescent Development* (pp. 87–98). San Francisco, CA: Jossey Bass.

Carpendale, J. I. M., & Lewis, C. (2004). Constructing an understanding of mind: The development of children's social understanding within social interaction. *Behavioral and Brain Sciences, 27,* 79–151.

Carruthers, P., & Smith, P. K. (1996). *Theories of theories of mind.* Cambridge: Cambridge University Press.

Carter, C. S., Ahnert, L., Grossman, K. E., Hrdy, S. B., Lamb, M. E., Porges, S. W., & Sachser, N. (2005). *Attachment and bonding: A new synthesis.* Cambridge, MA: The MIT Press.

Carter, C. S., Harris, J., & Porges, S. W. (2009). Neural and evolutionary perspectives on empathy. In J. Decety & W. Ickes (Eds.), *The social neuroscience of empathy* (pp. 169–182). Cambridge, MA: The MIT Press.

Case, R. (1991). Stages in the development of the young child's first sense of self. *Developmental Review, 11,* 210–230.

Casey, B. J., Jones, R. M., & Somerville, L. H. (2011). Braking and accelerating of the adolescent brain. *Journal of Research on Adolescence, 21,* 21–33.

Caspi, A., Harrington, H., Milne, B., Amell, J. W., Theodore, R. F., & Moffitt, T. E. (2003). Children's behavioral styles at age 3 are linked to their adult personality traits at age 26. *Journal of Personality, 71,* 495–513.

Caspi, A., Henry, B., McGee, R. O., Moffitt, T. E., & Silva, P. A. (1995). Temperamental origins of child and adolescent behavior problems: From age three to age fifteen. *Child Development, 66,* 55–68.

Caspi, A., & Shiner, R. L. (2006). Personality development. In W. Damon & R. M. Lerner (Eds.) & N. Eisenberg (Vol. Ed.), *Handbook of child psychology, Vol. 3: Social, emotional and personality development* (6th ed., pp. 300–365). New York, NY: Wiley.

Cassidy, J. (1988). Child–mother attachment and the self in six-year-olds. *Child Development, 59,* 121–134.

Cassidy, J. (1990). Theoretical and methodological considerations in the study of attachment and the self in young children. In M. T. Greenberg, D. Cicchetti, & E. M. Cummings (Eds.), *Attachment in the preschool years: Theory, research, and intervention* (pp. 87–119). Chicago, IL: University of Chicago Press.

Cassidy, J. (1994). Emotion regulation: Influences of attachment relationships. In N. A. Fox (Ed.), The development of emotion regulation: Biological and behavioral considerations. *Monographs of the Society for Research in Child Development, 59*(2–3, Serial No. 240), 228–249.

Cassidy, J. (2003). Continuity and change in the measurement of infant attachment: Comment on Fraley and Spieker (2003). *Developmental Psychology, 39,* 409–412.

Cassidy, J. (2008). The nature of the child's ties. In J. Cassidy & P. Shaver (Eds.), *Handbook of attachment: Theory, research, and clinical implications* (2nd ed., pp. 3–22). New York, NY: Guilford Press.

Cassidy, J., Berlin, L., & Belsky, J. (1990, April). *Attachment organization at age 3: Antecedent and concurrent correlates.* Paper presented at the biennial meetings of the International Conference on Infant Studies, Montreal.

Cassidy, J., Kirsh, S. J., Scolton, K. L., & Parke, R. D. (1996). Attachment and representations of peer relationships. *Developmental Psychology, 32,* 892–904.

Cassidy, J., & Marvin, R. S. with the MacArthur Attachment Working Group. (1992). *Attachment organization in preschool children: Coding guidelines* (4th ed.). Unpublished manuscript, University of Virginia, Charlottesville, VA.

Cassidy, J., & Shaver, P. R. (Eds.). (2008). *Handbook of attachment: Theory, research, and clinical applications* (2nd ed.). New York, NY: Guilford Press.

Cassidy, J., Ziv, Y., Mehta, T. G., & Feeney, B. C. (2003). Feedback seeking in children and adolescents: Associations with self-perceptions, attachment representations, and depression. *Child Development, 74,* 612–628.

Chakrabarti, B., Dudbridge, E., Kent, L., Wheelwright, S., Hill-Cawthorne, G., Allison, C., … Baron-Cohen, S. (2009). Genes related to sex steroids, neural growth, and social-emotional behavior are associated with autistic traits, empathy, and Asperger syndrome. *Autism Research, 2,* 157–177.

Champagne, F. A. (2008). Epigenetic mechanisms and the transgenerational effects of maternal care. *Frontiers in Neuroendocrinology, 29,* 386–397.

Champagne, F. A., & Mashoodh, R. (2009). Genes in context. *Current directions in Psychological Science, 18,* 127–131.

Chan, A., & Poulin, F. (2007). Monthly changes in the composition of friendship networks in early adolescence. *Merrill-Palmer Quarterly, 53,* 578–602.

Chan, A., & Poulin, F. (2009). Monthly instability in early adolescent friendship networks and depressive symptoms. *Social Development, 18,* 1–23.

Chandler, M. J., Greenspan, S., & Barenboim, C. (1973). Judgments of intentionality in response to videotaped and verbally presented moral dilemmas: The medium is the message. *Child Development, 44,* 315–320.

Chao, R. K., & Aque, C. (2009). Interpretations of parental control by Asian immigrant and European American youth. *Journal of Family Psychology, 23,* 342–354.

Chapman, J. W., & Tunmer, W. E. (1995). Development of young children's reading self-concepts: An examination of emerging subcomponents and their relationship with reading achievement. *Journal of Educational Psychology, 87,* 154–167.

Chapman, M., Zahn-Waxler, C., Cooperman, G., & Iannotti, R. (1987). Empathy and responsibility in the motivation of children's helping. *Developmental Psychology, 23,* 140–145.

Chen, X., Yang, F., & Fu, R. (2012). Culture and temperament. In M. Zentner & R. L. Shiner (Eds.), *Handbook of temperament* (pp. 462–478). New York, NY: Guilford Press.

Chess, S., & Thomas, A. (1984). *Origins and evolution of behavior disorders.* New York, NY: Bruner/Mazel.

Chess, S., & Thomas, A. (1986). *Temperament in clinical practice.* New York, NY: Guilford Press.

Cheung, C. S.-S., Pomerantz, E. M., & Dong, W. (2012). Does adolescents' disclosure to their parents matter for their academic adjustment? *Child Development, 84,* 693–710.

Chow, C. M., & Buhrmester, D. (2011). Interdependent patterns of coping and support among close friends. *Journal of Social and Personal Relationships, 28,* 684–705.

Chow, C. M., Roelse, H., Buhrmester, D., & Underwood, M. K. (2011). Transformations in friend relationships across the transition into adulthood. In B. Laursen & W. A. Collins (Eds.), *Relationship pathways: From adolescence to young adulthood* (pp. 91–111). Thousand Oaks, CA:

Sage Publications.

Chow, C. M., Ruhl, H., & Buhrmester, D. (2013). The mediating role of interpersonal competence between adolescents' empathy and friendship quality: A dyadic approach. *Journal of Adolescence, 36,* 191–200.

Chumlea, W. C., Schubert, C. M., Roche, A. F., Kulin, H. E., Lee, P. A., Himes, J. H., & Sun, S. S. (2003). Age at menarche and racial comparisons in US girls. *Pediatrics, 111,* 110–113.

Ciarrochi, J., Chan, A. Y. C., & Bajgar, J. (2001). Measuring emotional intelligence in adolescents. *Personality and Individual Differences, 31,* 1105–1119.

Cicchetti, D. (1989). How research on child maltreatment has informed the study of child development: Perspectives from developmental psychology. In D. Cicchetti & V. Carlson (Eds.), *Child maltreatment: Theory and research on the causes and consequences of child abuse and neglect* (pp. 309–350). New York, NY: Cambridge University Press.

Cicchetti, D., & Rogosch, F. A. (1996). Equifinality and multifinality in developmental psychopathology. *Development and Psychopathology, 4,* 597–600.

Cicchetti, D., Rogosch, F. A., & Toth, S. L. (2006). Fostering secure attachment in infants in maltreating families through preventative interventions. *Development and Psychopathology, 18,* 623–649.

Cicchetti, D., & Schneider-Rosen, K. (1984). Theoretical and empirical considerations in the investigation of the relationship between affect and cognition in atypical populations of infants. In C. Izard, J. Kagan, & R. Zajonc (Eds.), *Emotions, cognition, and behavior* (pp. 366–406). New York, NY: Cambridge University Press.

Cicchetti, D., Toth, S. L., & Lynch, M. (1995). Bowlby's dream comes full circle: The application of attachment theory to risk and psychopathology. In T. H. Ollendick & R. J. Prinz (Eds.), *Advances in clinical child psychology* (Vol. 17, pp. 1–75). New York, NY: Plenum Press.

Cicchetti, D., & Valentino, K. (2006). An ecological-transactional perspective on child maltreatment: Failure of the average expectable environment and its influence on child development. In D. Cicchetti & D. J. Cohen (Eds.), *Developmental psychopathology: Vol. 3. Risk, disorder, and adaptation* (2nd ed., pp. 129–201). Hoboken, NJ: Wiley.

Cicirelli, V. G. (1995). *Sibling relationships across the life span.* New York, NY: Plenum Press.

Claes, M. (1998). Adolescents' closeness with parents, siblings, and friends in three countries: Canada, Belgium, and Italy. *Journal of Youth and Adolescence, 27,* 165–184.

Clark, K. E., & Ladd, G. W. (2000). Connectedness and autonomy support in parent–child relationships: Links to children's socioemotional orientation and peer relationships. *Developmental Psychology, 36,* 485–498.

Clarke-Stewart, A., & Allhusen, V. D. (2005). *What do we know about childcare?* Cambridge, MA: Harvard University Press.

Clarke-Stewart, A., & Parke, R. D. (2014). *Social development* (2nd ed.). New York, NY: John Wiley & Sons, Inc.

Clarke-Stewart, K. A. (1989). Infant day care: Maligned or malignant? *American Psychologist, 44,* 266–273.

Clarke-Stewart, K. A., Goossens, F. A., & Allhusen, V. D. (2001). Measuring infant–mother attachment: Is the Strange Situation enough? *Social Development, 10,* 143–169.

Coan, J. A. (2008). Toward a neuroscience of attachment. In J.

Cassidy & P. R. Shaver (Eds.), *Handbook of attachment: Theory, research, and clinical applications* (2nd ed., pp. 241–268). New York, NY: Guilford Press.

Coan, J. A., Allen, J. J. B., & McKnight, P. E. (2006). A capability model of individual differences in frontal EEG asymmetry. *Biological Psychiatry, 72,* 198–207.

Cohen, D., & Strayer, J. (1996). Empathy in conduct-disordered and comparison youth. *Developmental Psychology, 32,* 988–998.

Cohn, D. A. (1990). Child–mother attachment of six-year-olds and social competence at school. *Child Development, 61,* 152–162.

Coie, J. D., Dodge, K. A., & Coppotelli, H. (1982). Dimensions and types of social status: A cross-age perspective. *Developmental Psychology, 18,* 557–570.

Coie, J. D., Dodge, K. A., & Kupersmidt, J. (1990). Peer group behavior and social status. In S. R. Asher & J. D. Coie (Eds.), *Peer rejection in childhood* (pp. 17–59). New York, NY: Cambridge University Press.

Coie, J. D., Lochman, J. E., Terry, R., & Hyman, C. (1992). Predicting early adolescent disorder from childhood aggression and peer rejection. *Journal of Consulting and Clinical Psychology, 60,* 783–792.

Coie, J. D., Terry, R., Lenox, K., Lochman, J. E., & Hyman, C. (1995). Childhood peer rejection and aggression as predictors of stable patterns of adolescent disorder. *Development and Psychopathology, 7,* 697–714.

Colby, A., & Kohlberg, L. (1987). *The measurement of moral judgement* (Vols. 1–2). New York, NY: Cambridge University Press.

Colder, C. R., Lochman, J. E., & Wells, K. C. (1997). The moderating effects of children's fear and activity level on relations between parenting practices and childhood symptomatology. *Journal of Abnormal Child Psychology, 25,* 251–263.

Coldwell, J., Pike, A., & Dunn, J. (2008). Maternal differential treatment and child adjustment: A multi-informant approach. *Social Development, 17,* 596–612.

Cole, A. K., & Kerns, K. A. (2001). Perceptions of sibling qualities and activities of early adolescents. *Journal of Early Adolescence, 21,* 204–227.

Cole, D. A., Maxwell, S. E., Martin, J. M., Peeke, L. G., Seroczynski, A. D., Tram, J. M., … Maschman, T. (2001). The development of multiple domains of child and adolescent self-concept: A cohort sequential longitudinal design. *Child Development, 72,* 1723–1746.

Cole, M., & Packer, M. (2011). Culture in development. In M. E. Lamb & M. H. Bornstein (Eds.), *Social and personality development: An advanced textbook* (pp. 67–123). Hove, East Sussex: Psychology Press.

Cole, P. M., Dennis, T. A., Smith-Simon, K. E., & Cohen, L. H. (2009). Preschoolers' emotion regulation strategy understanding: Relations with emotion socialization and child self-regulation. *Social Development, 18,* 324–352.

Cole, P. M., Martin, S. E., & Dennis, T. A. (2004). Emotion regulation as a scientific construct: Methodological challenges and directions for child development research. *Child Development, 75,* 317–333.

Cole, P. M., Mischel, M. K., & Teti, L. O. (1994). The development of emotion regulation and dysregulation: A clinical perspective. In N. Fox (Ed.), The development of emotion regulation: Biological and behavioral considerations. *Monographs of the Society for Research in Child Development, 59*(2–3, Serial No. 240), 73–100.

Cole, P. M., & Tan, P. Z. (2007). Emotion socialization from a cultural perspective. In J. E. Grusec & P. Hastings (Eds.), *Handbook of socialization* (pp. 516–542). New York, NY: Guilford Press.

Cole-Detke, H., & Kobak, R. (1996). Attachment processes in eating disorder and depression. *Journal of Consulting and Clinical Psychology, 64,* 282–290.

Colin, V. L. (1996). *Human attachment.* New York, NY: McGraw Hill.

Collins, N. L., & Feeney, B. C. (2000). A safe haven: An attachment theory perspective on support seeking and caregiving in intimate relationships. *Journal of Personality and Social Psychology, 78,* 1053–1073.

Collins, W. A. (1995). Relationships and development: Family adaptation to individual change. In S. Shulman (Ed.), *Close relationships and socioemotional development* (pp. 128–154). New York, NY: Ablex.

Collins, W. A., & Laursen, B. (2000). Adolescent relationships: The art of fugue. In C. Hendrick & S. S. Hendrick (Eds.), *Close relationships: A sourcebook* (pp. 59–69). Thousand Oaks, CA: Sage Publications.

Collins, W. A., & Laursen, B. (2004). Parent– adolescent relationships and influences. In R. Lerner & L. Steinberg (Eds.), *Handbook of adolescent psychology* (2nd ed., pp. 331–361). Hoboken, NJ: Wiley.

Collins, W. A., & Repinski, D. J. (1994). Relationships during adolescence: Continuity and change in interpersonal perspective. In R. Montemayor, G. R. Adams, & T. P. Gullotta (Eds.), *Personal relationships during adolescence* (pp. 7–36). Thousand Oaks, CA: Sage Publications.

Collins, W. A., & Repinski, D. J. (2001). Parents and adolescents as transformers of relationships: Dyadic adaptations to developmental change. In J. R. M. Gerris (Ed.), *Dynamics of parenting: International perspectives on nature and sources of parenting* (pp. 429–443). Leuven: Garant.

Collins, W. A., & Russell, G. (1991). Mother– child and father– child relationships in middle childhood and adolescence: A developmental analysis. *Developmental Review, 11,* 99–136.

Collins, W. A., & Steinberg, L. (2008). Adolescent development in interpersonal context. In W. Damon & R. M. Lerner (Eds.), *Child and adolescent development: An advanced course* (pp. 551–590). Hoboken, NJ: John Wiley & Sons.

Collins, W. A., & Van Dulmen, M. (2006a). "The course of true love(s)…": Origins and pathways in the development of romantic relationships. In A. Booth & A. Crouter (Eds.), *Romance and sex in adolescence and emerging adulthood: Risks and opportunities* (pp. 63–86). Mahwah, NJ: Erlbaum.

Collins, W. A., & Van Dulmen, M. (2006b). Friendships and romantic relationships in emerging adulthood: Continuities and discontinuities. In J. J. Arnett & J. Tanner (Eds.), *Emerging adults in America: Coming of age in the 21st century* (pp. 219–234). Washington, DC: American Psychological Association.

Commons, M. L., & Wolfsont, C. A. (2002). A complete theory of empathy must consider stage changes. *Behavioral and Brain Sciences, 25,* 30–31.

Compas, B. E. (1987). Coping with stress during childhood and adolescence. *Psychological Bulletin, 101,* 393–403.

Conger, K. J., Bryant, C. M., & Brennom, J. M. (2004). The changing nature of adolescent sibling relationships: A theoretical framework for evaluating the role of relationship quality. In R. D. Conger, F. O. Lorenz, & K. A. S. Wickrama (Eds.), *Continuity and change in family*

relations: Theory, methods, and empirical findings (pp. 319– 344). Mahwah, NJ: Erlbaum.

Conger, K. J., & Conger, R. D. (1996). Sibling relationships. In R. Simons (Ed.), *Understanding differences between divorced and intact families* (pp. 104–121). Thousand Oaks, CA: Sage Publications.

Conger, K. J., & Kramer, L. (2010). Introduction to the special section: Perspectives on sibling relationships: Advancing child development research. *Child Development Perspectives, 4,* 69–71.

Conger, K. J., & Little, M. L. (2010). Sibling relationships during the transition to adulthood. *Child Development Perspective, 4,* 87–94.

Conger, K. J., Stocker, C., & McGuire, S. (2009). Sibling socialization: The effects of stressful life events and experiences. In L. Kramer & K. J. Conger (Eds.), *Siblings as agents of socialization. New Directions for Child and Adolescent Development* (Vol. 126, pp. 45–60). San Francisco, CA: Jossey-Bass.

Conger, R. D., Cui, M., Bryant, C. M., & Elder, G. H., Jr. (2000). Competence in early adult romantic relationships: A developmental perspective on family influences. *Journal of Personality and Social Psychology, 79,* 224–237.

Connolly, J. A., Craig, W., Goldberg, A., & Pepler, D. (1999). Conceptions of cross-sex friendships and romantic relationships in early adolescence. *Journal of Youth and Adolescence, 28,* 481–494.

Connolly, J. A., & Goldberg, A. (1999). Romantic relationships in adolescence: The role of friends and peers in their emergence and development. In W. Furman, B. B. Brown, & C. Feiring (Eds.), *The development of romantic relationships in adolescence* (pp. 266–290). New York, NY: Cambridge University Press..

Contreras, J. M., & Kerns, K. A. (2000). Emotion regulation processes: Explaining links between parent–child attachment and peer relationships. In K. A. Kerns, J. M. Contreras, & A. M. Neal-Barnett (Eds.), *Family and peers: Linking two social worlds* (pp. 1–26). Westport, CT: Praeger Publisher.

Contreras, J. M., Kerns, K. A., Weimer, B. L., Gentzler, A. L., & Tomich, P. L. (2000). Emotion regulation as a mediator of associations between mother–child attachment and peer relationships in middle childhood. *Journal of Family Psychology, 14,* 111–124.

Conway, M. (2005). Memory and the self. *Journal of Memory and Language, 53,* 594–628.

Cooley, C. H. (1902). *Human nature and the social order.* New York, NY: Charles Scribner's Sons.

Cooper, M., Shaver, P. R., & Collins, N. L. (1998). Attachment styles, emotion regulation, and adjustment in adolescence. *Journal of Personality and Social Psychology, 74,* 1380–1397.

Copeland-Mitchell, J. M., Denham, S. A., & DeMulder, E. K. (1997). Q-sort assessment of child-teacher attachment relationships and social competence in the preschool. *Early Education and Development, 8,* 27–39.

Cornell, A. H., & Frick, P. J. (2007). The moderating effects of parenting styles in the association between behavior inhibition and parent-reported guilt and empathy in preschool children. *Journal of Clinical Child & Adolescent Psychology, 36,* 305–318.

Corter, C., & Fleming, A. S. (2002). Psychobiology of maternal behavior in human beings. In M. H. Bornstein (Ed.), *Handbook of parenting: Vol. 2. Biology and ecology of parenting* (2nd ed., pp. 141– 182). Mahwah, NJ: Erlbaum.

Coster, W. J., Gersten, M. S., Beeghly, M., & Cicchetti, D. (1989). Communicative functioning in maltreated toddlers. *Developmental Psychology, 25,* 1020–1029.

Côté, J. E., & Levine, C. (1988). A critical examination of the ego identity status paradigm. *Developmental Review, 8,* 147–184.

Courage, M. L., Reynolds, G. D., & Richars, J. E. (2006). Infants' attention to patterned stimuli: Developmental change from 3 to 12 months of age. *Child Development, 77,* 680–695.

Cox, M. (2010). Family systems and sibling relationships. *Child Development Perspectives, 4,* 95–96.

Cox, M. J., Owen, M. T., Henderson, V. K., & Margand, N. A. (1992). Prediction of infant–father and infant–mother attachment. *Developmental Psychology, 28,* 474–483.

Cozolino, L. (2002). *The neuroscience of psychotherapy: Building and rebuilding the human brain.* New York, NY: Norton.

Cozolino, L. (2014). *The neuroscience of human relationships: Attachment and the developing social brain* (2nd ed.). New York, NY: Norton.

Craik, F. I. M., Moroz, T. M., Moscovitch, M., Stuss, D. T., Winocur, G., Tulving, E., & Kapur, S. (1999). In search of the self: A positron emission tomography study. *Psychological Science, 10,* 26–34.

Crick, N. R., & Dodge, K. A. (1994). A review and reformulation of social-information processing mechanisms in children's social adjustment. *Psychological Bulletin, 115,* 74–101.

Criss, M. M., Pettit, G. S., Bates, J. E., Dodge, K. A., & Lapp, A. L. (2002). Family adversity, positive peer relationships, and children's externalizing behavior: A longitudinal perspective on risk and resilience. *Child Development, 74,* 1220–1237.

Critchley, H. D. (2005). Neural mechanisms of autonomic, affective, and cognitive integration. *Journal of Comparative Neurology, 493,* 154–166.

Crittenden, A. (2010). *The price of motherhood: Why the most important job in the world is still the least valued.* New York, NY: Picador.

Crittenden, P. M. (1990). Internal representational models of attachment relationships. *Infant Mental Health Journal, 11,* 259–277.

Crittenden, P. M. (1994). *Preschool Assessment of Attachment* (2nd ed.). Unpublished manuscript, Family Relations Institute, Miami, FL.

Crittenden, P. M., & DiLalla, D. L. (1988). Compulsive compliance: The development of an inhibitory coping strategy in infancy. *Journal of Abnormal Psychology, 16,* 585–599.

Crocetti, E., Rubini, M., & Meeus, W. (2008). Capturing the dynamics of identity formation in various ethnic groups: Development and validation of a three-dimensional model. *Journal of Adolescence, 31,* 207–222.

Crockenberg, S. B. (1981). Infant irritability, mother responsiveness, and social support influences on the security of infant–mother attachment. *Child Development, 52,* 857–865.

Crockenberg, S. B., & Soby, B. A. (1989). Self-esteem and teenage pregnancy. In A. M. Mecca, N. J. Smelser, & J. Vasconcellos (Eds.), *The social importance of self-esteem* (pp. 125–164). Berkeley: University of California Press.

Crockenberg, S. C., Leerkes, E. M., & Lekka, S. K. (2007). Pathways from marital aggression to infant emotion regulation: The development of withdrawal in infancy.

*Infant Behavior and Development, 30,* 97–113.

Cross, W. E. (1987). A two-factor theory of Black identity: Implications for the study of identity development in minority children. In J. S. Phinney & M. J. Rotheram (Eds.), *Children's ethnic socialization: Pluralism and development* (pp. 117–133). Newbury Park, CA: Sage Publications.

Crowell, J. A., Fraley, R. C., & Shaver, P. R. (2008). Measurement of individual differences in adolescent and adult attachment. In J. Cassidy & P. R. Shaver (Eds.), *Handbook of attachment: Theory, research, and clinical applications* (2nd ed., pp. 599– 634). New York, NY: Guilford Press.

Crowell, J. A., Treboux, D., Gao, Y., Fyffe, C., Pan, H., & Waters, E. (2002). Assessing secure base behavior in adulthood: Development of a measure, links to adult attachment representations, and relations to couples' communication and reports of relationships. *Developmental Psychology, 38,* 679–693.

Crowell, J. A., & Waters, E. (1994). Bowlby's theory grown up: The role of attachment in adult love relationships. *Psychological Inquiry, 5,* 31–34.

Cummings, E. M. (2003). Toward assessing attachment on an emotional security continuum: Comment on Fraley and Spieker (2003). *Developmental Psychology, 39,* 405–408.

Cummings, E. M., & Davies, P. (2010). Emotional regulation and marital conflict. In P. K. Smith & C. H. Hart (Eds.), *Wiley-Blackwell handbook of childhood social development* (2nd ed.). Oxford: Wiley-Blackwell.

Cunningham, J. N., Kliewer, W., & Garner, P. W. (2009). Emotion socialization, child emotion understanding and regulation, and adjustment in urban African American families: Differential associations across child gender. *Development and Psychopathology, 21,* 261–283.

Cutting, A. L., & Dunn, J. (2006). Conversations with siblings and with friends: Links between relationship quality and social understanding. *British Journal of Developmental Psychology, 24,* 73–87.

Dahl, R. E. (2001). Affect regulation, brain development, and behavioral/emotional health in adolescence. *CNS Spectrums, 6,* 60–72.

Dahl, R. E. (2004). Adolescent brain development: A period of vulnerabilities and opportunities. *Annals of the New York Academy of Sciences, 1021,* 1–22.

Damasio, A. R. (1994). *Descartes' error: Emotion, reason, and the human brain.* New York, NY: Avon Books.

Damon, W. (1977). *The social world of the child.* San Francisco, CA: Jossey-Bass.

Damon, W. (1983). *Social and personality development: Infancy through adolescence.* New York, NY: Norton.

Damon, W. (1988). *The moral child: Nurturing children's natural moral growth.* New York, NY: Free Press.

Damon, W., & Hart, D. (1982). The development of self-understanding from infancy through adolescence. *Child Development, 53,* 841–864.

Damon, W., & Hart, D. (1988). *Self-understanding in childhood and adolescence.* New York, NY: Cambridge University Press.

Damon, W., & Hart, D. (1992). Social understanding, self-understanding, and morality. In M. Bornstein & M. E. Lamb (Eds.), *Developmental psychology: An advanced textbook* (3rd ed., pp. 421–464). Hillsdale, NJ: Erlbaum.

Damon, W., & Hart, D. (1995). Prosocial behavior and caring in adolescence: Relations to self-understanding and social judgment. *Child Development, 66,* 1346–1359.

Daniels, D., & Plomin, R. (1985). Differential experiences of siblings in the same family. *Developmental Psychology, 21,* 747–760.

D'Argembeau, A., Feyers, D., Majerus, S., Collette, F., Van Der Linden, M., Maquet, P., & Salmon, E. (2008). Self-reflection over time: Cortical midline structures differentiate between present and past selves. *Social Cognitive and Affective Neuroscience, 3,* 244–252.

Darling, N., & Steinberg, L. (1993). Parenting style as context: An integrative model. *Psychological Bulletin, 113,* 487–496.

Darwin, C. (1872). *The expression of emotions in man and animals.* London: John Murray.

Das Eiden, R., Teti, D., & Corns, K. (1995). Maternal working models of attachment, marital adjustment, and the parent–child relationship. *Child Development, 66,* 1504–1518.

Dashiell, J. F. (1928). Are there any native emotions? *Psychological Review, 35,* 319–327.

Davidov, M., & Grusec, J. E. (2006). Untangling the links of parental responsiveness to distress and warmth to child outcomes. *Child Development, 77,* 44–58.

Davidov, M., Zahn-Waxler, C., Roth-Hanania, R., & Knafo, A. (2013). Concern for others in the first year of life: Theory, evidence, and avenues for research. *Child Development Perspectives, 7,* 126–131.

Davidson, R. J. (1994). Temperament, affective style, and frontal lobe symmetry. In G. Dawson & K. W. Fischer (Eds.), *Human behavior and the developing brain* (pp. 518–536). New York, NY: Guilford Press.

Davidson, R. J., Fox, N. A., & Kalin, N. H. (2007). Neural bases of emotion regulation in non-human primates and humans. In J. J. Gross (Ed.), *Handbook of emotion regulation* (pp. 47–68). New York, NY: Guilford Press.

Davies, P., & Cummings, E. M. (1994). Marital conflict and child adjustment: An emotional security hypothesis. *Psychological Bulletin, 116,* 387–411.

Davis, E. L., & Levine, L. J. (2013). Emotion regulation strategies that promote learning: Reappraisal enhances children's memory for educational information. *Child Development, 84,* 361–374.

Davis, K. (2012). Friendship 2.0: Adolescents' experiences of belonging and self-disclosure online. *Journal of Adolescence, 35,* 1527–1536.

Dawson, A. E., Allen, J. P., Marston, E. G., Hafen, C. A., & Schad, M. M. (2014). Adolescent insecure attachment as a predictor of maladaptive coping and externalizing behaviors in emerging adulthood. *Attachment & Human Development, 16,* 462–478.

Dawson, G., Ashman, S. B., Hessl, D., Spieker, S., Frey, K., Panagiotides, H., & Embry, L. (2001). Autonomic and brain electrical activity in securely- and insecurely-attached infants of depressed mothers. *Infant Behavior and Development, 24,* 135–149.

Dawson, G., Panagiotides, H., Klinger, L. G., & Hill, D. (1992). The role of frontal lobe functioning in the development of infant self-regulatory behavior. *Brain and Cognition, 20,* 152–175.

Day, R. D., & Padilla-Walker, L. (2009). Mother and father connectedness and involvement during early adolescence. *Journal of Family Psychology, 23,* 900–904.

Dearing, R. L., Stuewig, J., & Tangney, J. P. (2005). On the importance of distinguishing shame from guilt: Relations to problematic alcohol and drug use. *Addictive Behaviors, 30,* 1392–1404.

Deater-Deckard, K. (2001). Annotation: Recent research examining the roles of peer relationships in the development of psychopathology. *Journal of Child Psychology and Psychiatry, 42,* 565–579.

Deater-Deckard, K., Dunn, J., & Lussier, G. (2002). Sibling relationships and social-emotional development in different family contexts. *Social Development, 11,* 571–590.

Deblinger, E., & Runyon, M. (2005). Understanding and treating feelings of shame in children who have experienced maltreatment. *Child Maltreatment, 10,* 364–376.

DeCasper, A. J., & Spence, M. J. (1986). Prenatal maternal speech influences newborns' perception of speech sounds. *Infant Behavior and Development, 9,* 133–150.

Decety, J. (2010). The neurodevelopment of empathy in humans. *Developmental Neuroscience, 32,* 257–267.

Decety, J., & Howard, L. H. (2013). The role of affect in the neurodevelopment of morality. *Child Development Perspectives, 7,* 49–54.

Decety, J., & Meyer, M. (2008). From emotion resonance to empathic understanding: A social developmental neuroscience account. *Development and Psychopathology, 20,* 1053–1080.

Degirmencioglu, S. M., Urberg, K. A., Tolson, J. M., & Richard, P. (1998). Adolescent friendship networks: Continuity and change over the school year. *Merrill-Palmer Quarterly, 44,* 313–337.

DeGoede, I. H. A., Branje, S. J. T., Delsing, M. J. M. H., & Meeus, W. H. J. (2009). Linkages over time between adolescents' relationships with parents and friends. *Journal of Youth and Adolescence, 38,* 1304–1315.

DeGoede, I. H. A., Branje, S. J. T., & Meeus, W. H. J. (2009). Developmental changes and gender differences in adolescents' perceptions of friendships. *Journal of Adolescence, 32,* 1105–1123.

DeHart, G. B., Sroufe, L. A., & Cooper, R. G. (2004). *Child development: Its nature and course* (5th ed.). New York, NY: McGraw Hill.

Deihl, L. M., Vicary, J. R., & Deike, R. C. (1997). Longitudinal trajectories of self-esteem from early to middle adolescence and related psychosocial variables among rural adolescents. *Journal of Research in Adolescence, 7,* 393–411.

DeKlyen, M., & Greenberg, M. T. (2008). Attachment and psychopathology in childhood. In J. Cassidy & P. R. Shaver (Eds.), *Handbook of attachment: Theory, research, and clinical applications* (2nd ed., pp. 637–665). New York, NY: Guilford Press.

Deković, M., & Buist, K. L. (2005). Multiple perspectives within the family: Family relationship patterns. *Journal of Family Issues, 26,* 467–490.

Deković, M., & Gerris, J. R. M. (1994). Developmental analyses of social cognitive and behavioral differences between popular and rejected children. *Journal of Applied Developmental Psychology, 15,* 367–386.

Deković, M., & Janssens, J. M. (1992). Parents' child-rearing style and child's sociometric status. *Developmental Psychology, 28,* 925–932.

DeLuccie, M. F. (1995). Mothers as gatekeepers: A model of maternal mediators of father involvement. *The Journal of Genetic Psychology, 156,* 115–131.

Demo, D. H., & Savin-Williams, R. C. (1992). Self-concept stability and change during adolescence. In R. P. Lipka & T. M. Brinthaupt (Eds.), *Self-perspectives across the life span* (Vol. 4, pp. 116–150). Albany, NY: State University of New York Press.

Denham, S. A. (1998). *Emotional development in young children.* New York, NY: Guilford Press.

Denham, S. A., Bassett, H. H., & Wyatt, T. (2007). The socialization of emotional competence. In J. E. Grusec & P. Hastings (Eds.), *Handbook of socialization* (pp. 516–542). New York, NY: Guilford Press.

Denham, S. A., Blair, K. A., DeMulder, E., Levitas, J., Sawyer, K., Auerbach-Major, S., & Queenan, P. (2003). Preschool emotional competence: Pathway to social competence? *Child Development, 74,* 238–256.

Denham, S. A., McKinley, M., Couchoud, E., & Holt, R. (1990). Emotional and behavioral predictors of preschool peer ratings. *Child Development, 61,* 1145–1152.

Denham, S. A., Warren, H., von Salisch, M., Benga, O., Chin, J.-C., & Geangu, E. (2010). Emotions and social development in childhood. In P. K. Smith & C. H. Hart (Eds.), *Wiley-Blackwell handbook of childhood social development* (2nd ed.). Oxford: Wiley-Blackwell.

Denham, S. A., Workman, E., Cole, P. M., Weissbrod, C., Kendziora, K. T., & Zahn-Waxler, C. (2000). Prediction of behavior problems from early to middle childhood: The role of parental socialization and emotion expression. *Development and Psychopathology, 12,* 23–45.

Dennis, T. A., Buss, K. A., & Hastings, P. D. (Eds.). (2012). Physiological measures of emotion from a developmental perspective: State of the science. *Monographs of the Society for Research in Child Development, 77*(2).

Dennis, T. A., O'Toole, L. J., & DeCicco, J. M. (2013). Emotion regulation from the perspective of developmental neuroscience: What, where, when, and why. In K. C. Barrett, N. A. Fox, G. A. Morgan, D. J. Fidler, & L. A. Daunhauer (Eds.), *Handbook of self-regulatory processes in development: New directions and international perspectives* (pp. 135–172). New York, NY: Psychology Press.

De Pauw, S. S. W., & Mervielde, I. (2010). Temperament, personality and developmental psychopathology: A review based on the conceptual dimensions underlying childhood traits. *Child Psychiatry and Human Development, 41,* 313–329.

Derryberry, D., & Rothbart, M. K. (1997). Reactive and effortful processes in the organization of temperament. *Development and Psychopathology, 9,* 633–652.

Derryberry, D., & Tucker, D. E. (2006). Motivation, self-regulations, and self-organization. In D. Cicchetti & D. J. Cohen (Eds.), *Developmental psychopathology: Vol. 2. Developmental neuroscience* (2nd ed., pp. 502–532). New York, NY: Wiley.

Devue, C., Collette, F., Balteau, E., Degueldre, C., Luxen, A., Maquet, P., & Brédart, S. (2007). Here I am: The cortical correlates of visual self-recognition. *Brain Research, 1143,* 169–182.

de Waal, F. B. M. (2008). Putting the altruism back into altruism: The evolution of empathy. *Annual Review of Psychology, 59,* 279–300.

deWall, C. N., & Baumeister, R. F. (2006). Alone but feeling no pain: Effects of social exclusion on physical pain tolerance and pain threshold, affective forecasting, and interpersonal empathy. *Journal of Personality and Social Psychology, 91,* 1–15.

de Wolff, M. S., & van IJzendoorn, M. H. (1997). Sensitivity and attachment: A meta-analysis on parental antecedents of infant attachment. *Child Development, 68,* 571–591.

Diamond, L. M. (1998). Development of sexual orientation among adolescent and young adult women. *Developmental Psychology, 34,* 1085–1095.

Diamond, L. M. (2001). Contributions of psychophysiology to research on adult attachment: Review and recommendations. *Personality and Social Psychology Review, 5,* 276–295.

Diamond, L. M. (2003). What does sexual orientation orient? A biobehavioral model distinguishing romantic love and sexual desire. *Psychological Review, 110,* 173–192.

Dick, D., Rose, R., Pulkkinen, L., & Kapiro, J. (2001). Measuring puberty and understanding its impact: A longitudinal study of adolescent twins. *Journal of Youth and Adolescence, 30,* 385–400.

Dickerson, S. S., Gruenewald, T. L., & Kemeny, M. E. (2004). When the social self is threatened: Shame, physiology, and health. *Journal of Personality, 72,* 1191–1216.

Dickerson, S. S., Kemeny, M. E., Aziz, N., Kim, K. H., & Fahey, J. L. (2004). Immunological effects of induced shame and guilt. *Psychosomatic Medicine, 66,* 124–131.

Diener, M. L., & Mangelsdorf, S. C. (1999). Behavioral strategies for emotion regulation in toddlers: Associations with maternal involvement and emotional expressions. *Infant Behavior and Development, 22,* 569–583.

Diener, M. L., Mangelsdorf, S. C., McHale, J. L., & Frosch, C. A. (2002). Infants' behavioral strategies for emotion regulation with fathers and mothers: Associations with emotional expressions and attachment quality. *Infancy, 5,* 151–172.

Dienstbier, R. A. (1984). The role of emotion in moral socialization. In C. Izard, J. Kagan, & R. B. Zajonc (Eds.), *Emotions, cognitions and behavior* (pp. 484–513). New York, NY: Cambridge University Press.

DiLalla, L. F., Elam, K. K., & Smolen, A. (2009). Genetic and gene-environment interaction effects on preschoolers' social behaviors. *Developmental Psychobiology, 51,* 451–464.

di Pellegrino, G., Fadiga, L., Fogassi, L., Gallese, V., & Rizzolatti, G. (1992). Understanding motor events: A neurophysiological study. *Experimental Brain Research, 91,* 176–180.

DiPietro, J. A., Hodgson, D. M., Costigan, K. A., & Johnson, T. R. B. (1996). Fetal antecedents of infant temperament. *Child Development, 67,* 2568–2583.

Dishion, T. J., Andrews, D. W., & Crosby, L. (1995). Antisocial boys and their friends in early adolescence: Relationship characteristics, quality, and interactional process. *Child Development, 65,* 139–151.

Dishion, T. J., McCord, J., & Poulin, F. (1999). When interventions harm: Peer groups and problem behavior. *American Psychologist, 54,* 755–764.

Dishion, T. J., Nelson, S. E., & Bullock, B. M. (2004). Premature adolescent autonomy: Parent disengagement and deviant peer process in the amplification of problem behavior. *Journal of Adolescence, 27,* 515–530.

Dishion, T. J., & Patterson, G. R. (2006). The development and ecology of antisocial behavior in children and adolescents. In D. Cicchetti & D. J. Cohen (Eds.), *Developmental psychopathology: Vol. 3. Risk, disorder, and adaptation* (pp. 503– 541). New York, NY: Wiley.

Dishion, T. J., Spracklen, K. M., Andrews, D. M., & Patterson, G. R. (1996). Deviancy training in male adolescent friendships. *Behavior Therapy, 27,* 373–390.

Dix, T., Gershoff, E. T., Meunier, L. N., & Miller, P. C. (2004). The affective structure of supportive parenting:

Depressive symptoms, immediate emotions, and child-oriented motivation. *Developmental Psychology, 40,* 1212–1227.

Dixon, J. C. (1957). Development of self-recognition. *Journal of Genetic Psychology, 91,* 251–256.

Dodge, K. A. (1983). Behavioral antecedents of peer social status. *Child Development, 54,* 1386–1399.

Dodge, K. A., & Frame, C. L. (1982). Social cognitive biases and deficits in aggressive boys. *Child Development, 53,* 620–635.

Dodge, K. A., Lansford, J. E., Burks, V. S., Bates, J. E., Pettit, G. S., Fontaine, R., & Price, J. M. (2003). Peer rejection and social information-processing factors in the development of aggressive behavior problems in children. *Child Development, 74,* 374–393.

Dodge, K. A., McLoyd, V. C., & Lansford, J. E. (2005). The cultural context of physically disciplining children. In V. C. McLoyd, N. E. Hill, & K. A. Dodge (Eds.), *African American family life* (pp. 245–263). New York, NY: Guilford Press.

Dodge, K. A., Murphy, R. R., & Buchsbaum, L. (1984). The assessment of attention-cue detection skills in children: Implications for developmental psychopathology. *Child Development, 55,* 163–173.

Dodge, K. A., & Newman, J. P. (1981). Biased decision-making processes in aggressive boys. *Journal of Abnormal Psychology, 90,* 375–379.

Doh, H., & Falbo, T. (1999). Social competence, maternal attentiveness, and over-protectiveness: Only children in Korea. *International Journal of Behavioral Development, 23,* 149–162.

Doherty, N. A., & Feeney, J. A. (2004). The composition of attachment networks throughout the adult years. *Personal Relationships, 11,* 469–488.

Domitrovich, C. E., Cortes, R. C., & Greenberg, M. T. (2007). Improving young children's social and emotional competence: A randomized trial of the preschool PATHS curriculum. *Journal of Primary Prevention, 28,* 67–91.

Donovan, W. L., & Leavitt, L. A. (1985). Physiologic assessment of mother–infant attachment. *Journal of the American Academy of Child Psychiatry, 24,* 65–70.

Donovan, W. L., Leavitt, L. A., & Balling, J. D. (1978). Maternal physiological response to infant signals. *Psychophysiology, 15,* 68–74.

Dorn, L. D., Crockett, L. J., & Petersen, A. C. (1988). The relation of pubertal status to intrapersonal changes in young adolescents. *Journal of Early Adolescence, 8,* 405–419.

Downey, D. B., & Condron, D. J. (2004). Playing well with others in kindergarten: The benefit of siblings at home. *Journal of Marriage and Family, 66,* 333–350.

Dozier, M., Stovall-McClough, K. C., & Albus, K. E. (2008). Attachment and psychopathology in adulthood. In J. Cassidy & P. R. Shaver (Eds.), *Handbook of attachment: Theory, research, and clinical applications* (2nd ed., pp. 718–744). New York, NY: Guilford Press.

DuBois, D. L., Bull, C. A., Sherman, M. D., & Roberts, M. (1998). Self-esteem and adjustment in early adolescence: A social-contextual perspective. *Journal of Youth and Adolescence, 27,* 557–583.

DuBois, D. L., Burk-Braxton, C., Swenson, L. P., Tevendale, H. D., Lockerd, E. M., & Moran, B. L. (2002). Getting by with a little help from self and others: Self-esteem and social support as resources during early adolescence. *Developmental Psychology, 38,* 822–839.

Duffy, A. L., & Nesdale, D. (2009). Peer groups, social identity, and children's bullying behavior. *Social Development, 18,* 121–139.

Dumas, T. M., Ellis, W. E., & Wolfe, D. A. (2012). Identity development as a buffer of adolescent risk behaviors in the context of peer group pressure and control. *Journal of Adolescence, 35,* 917–927.

Dumas, T. M., Lawford, H., Tieu, T.-T., & Pratt, M. W. (2009). Positive parenting in adolescence and its relation to low point narration and identity status in emerging adulthood: A longitudinal analysis. *Developmental Psychology, 45,* 1531–1544.

Dunn, J. (1983). Sibling relationships in early childhood. *Child Development, 54,* 787–811.

Dunn, J. (1987). The beginnings of moral understanding: Development in the second year. In J. Kagan & S. Lamb (Eds.), *The emergence of morality in young children* (pp. 91–112). Chicago, IL: University of Chicago Press.

Dunn, J. (1988). *The beginnings of social understanding.* Cambridge, MA: Harvard University Press.

Dunn, J. (1993). *Young children's close relationships: Beyond attachment.* Newbury Park, CA: Sage Publications.

Dunn, J. (1995). Children as psychologists: The later correlates of individual differences in understanding of emotions and other minds. *Cognition and Emotion, 9,* 187–201.

Dunn, J. (1996a). Brothers and sisters in middle childhood and early adolescence: Continuity and change in individual differences. In G. H. Brody (Ed.), *Sibling relationships: Their causes and consequences* (pp. 31–46). Norwood, NJ: Ablex.

Dunn, J. (1996b). The Emanuel Miller Memorial Lecture 1995: Children's relationships: Bridging the divide between cognitive and social development. *Journal of Child Psychology and Psychiatry and Allied Disciplines, 37,* 507–548.

Dunn, J. (1999). Making sense of the social world: Mindreading, emotion, and relationships. In P. D. Zelazo, J. W. Astington, & D. R. Olson (Eds.), *Developing theories of intention: Social understanding and self-control* (pp. 229–242). Mahwah, NJ: Erlbaum.

Dunn, J. (2000). Mind-reading, emotion understanding, and relationships. *International Journal of Behavioral Development, 24,* 142–144.

Dunn, J. (2002). Sibling relationships. In P. K. Smith & C. H. Hart (Eds.), *Wiley-Blackwell handbook of childhood social development* (pp. 223–237). Oxford: Blackwell.

Dunn, J. (2004). *Children's friendships: The beginnings of intimacy.* London: Blackwell.

Dunn, J. (2005). Commentary: Siblings in their families. *Journal of Family Psychology, 19,* 654–657.

Dunn, J. (2006). Moral development in early childhood and social interaction in the family. In M. Killen & J. G. Smetana (Eds.), *Handbook of moral development* (pp. 331–350). Mahwah, NJ: Erlbaum.

Dunn, J. (2007). Siblings and socialization. In J. E. Grusec & P. D. Hastings (Eds.), *Handbook of socialization* (pp. 309–327). New York, NY: Guilford Press.

Dunn, J., Bretherton, I., & Munn, P. (1987). Conversations about feeling states between mothers and their young children. *Developmental Psychology, 23,* 132–139.

Dunn, J., Brown, J. R., & Maguire, M. (1995). The development of children's moral sensibility: Individual differences and emotional understanding. *Developmental Psychology, 31,* 649–659.

Dunn, J., Creps, C., & Brown, J. (1996). Children's family

relationships between two and five: Developmental changes and individual differences. *Social Development, 5*, 230–250.

Dunn, J., & Cutting, A. (1999). Understanding others, and individual differences in friendship interactions in young children. *Social Development, 8*, 201–219.

Dunn, J., Cutting, A., & Demetriou, H. (2000). Moral sensibility, understanding other, and children's friendship interactions in the preschool period. *British Journal of Developmental Psychology, 18*, 159–177.

Dunn, J., Cutting, A. L., & Fisher, N. (2002). Old friends, new friends: Prediction of children's perspectives on their friends at school. *Child Development, 73*, 621–635.

Dunn, J., Deater-Deckard, K., Pickering, K., & Golding, J. (1999). Siblings, parents, and partners: Family relationships within a longitudinal community study. *Journal of Child Psychology and Psychiatry, 40*, 1025–1037.

Dunn, J., & Hughes, C. (2001). "I got some swords and you're dead!" Violent fantasy, antisocial behavior, friendship, and moral sensibility in young children. *Child Development, 72*, 491–505.

Dunn, J., & Kendrick, C. (1982). *Siblings: Love, envy, and understanding.* Cambridge, MA: Harvard University Press.

Dunn, J., & Munn, P. (1985). Becoming a family member: Family conflict and the development of social understanding in the second year. *Child Development, 56*, 480–492.

Dunn, J., & Munn, P. (1986a). Sibling quarrels and maternal intervention: Individual understanding and aggression. *Journal of Child Psychology and Psychiatry, 27*, 583–595.

Dunn, J., & Munn, P. (1986b). Siblings and prosocial development. *International Journal of Behavioral Development, 9*, 265–284.

Dunn, J., & Plomin, R. (1990). *Separate lives: Why siblings are so different.* New York, NY: Basic Books.

Dunn, J., & Slomkowski, C. (1992). Conflict and the development of social understanding. In C. U. Shantz & W. W. Hartup (Eds.), *Conflict in child and adolescent development* (pp. 70–92). Cambridge: Cambridge University Press.

Dunn, J., Slomkowski, C., & Beardsall, L. (1994). Sibling relationships from the preschool period through middle childhood and adolescence. *Developmental Psychology, 30*, 315–324.

Dunn, J., Slomkowski, C., Beardsall, L., & Rende, R. (1994). Adjustment in middle childhood and early adolescence: Links with earlier and contemporary sibling relationships. *Journal of Child Psychology and Psychiatry, 35*, 491–504.

Dunn, J., Slomkowski, C., Donelan, N., & Herrera, C. (1995). Conflict, understanding, and relationships: Developments and differences in the preschool years. *Early Education and Development, 6*, 303–316.

Dunn, J., Stocker, C. M., & Plomin, R. (1990). Nonshared experiences within the family: Correlates of behavioral problems in middle childhood. *Development and Psychopathology, 2*, 113–126.

Dunsmore, J. C., & Karn, M. A. (2004). The influence of peer relationships and maternal socialization on kindergartners' developing emotion knowledge. *Early Education and Development, 15*, 39–56.

Dunsmore, J. C., Noguchi, R. J. P., Garner, P. W., Casey, E. C., & Bhullar, N. (2008). Gender specific linkages of affective social competence with peer relations in preschool children. *Early Education and Development, 19*, 211–237.

Dweck, C. S. (2002). The development of ability conceptions. In A. Wigfield & J. S. Eccles (Eds.), *Development of achievement motivation* (pp. 57–88). San Diego, CA: Academic.

Dyk, P. H., & Adams, G. R. (1987). The association between identity development and intimacy during adolescence: A theoretical treatise. *Journal of Adolescent Research, 2*, 223–235.

Dyk, P. H., & Adams, G. R. (1990). Identity and intimacy: An initial investigation of three theoretical models using cross-lag panel correlations. *Journal of Youth and Adolescence, 19*, 91–110.

Dykas, M. J., & Cassidy, J. (2011). Attachment and the processing of social information across the life span: Theory and evidence. *Psychological Bulletin, 137*, 19–46.

Dykas, M. J., Cassidy, J., & Woodhouse, S. S. (2009, April). Rejection sensitivity in adolescence: The role of attachment behavior and representations. In K. B. Ehrlich & J. Cassidy (Co-Chairs), *Fear of social rejection in adolescence: Physiological, behavioral, and relationship processes.* Symposium conducted at the biennial meeting of the Society for Research in Child Development, Denver, CO.

Dykas, M. J., Woodhouse, S. S., Ehrlich, K. B., & Cassidy, J. (2010). Adolescents and parents reconstruct memories about their conflict as a function of adolescent attachment? *Child Development, 81*, 1445–1459.

Dykas, M. J., Woodhouse, S. S., Jones, J. D., & Cassidy, J. (2014). Attachment-related biases in adolescents' memory. *Child Development, 85*, 2185–2201.

East, P. L. (2009). Adolescents' relationships with siblings. In R. M. Lerner & L. Steinberg (Eds.), *Handbook of adolescent psychology: Vol. 2: Contextual influences on adolescent development* (3rd ed., pp. 43–73). New York, NY: Wiley.

East, P. L., & Jacobson, L. J. (2001). The younger siblings of teenage mothers: A follow-up of their pregnancy risk. *Developmental Psychology, 37*, 254–264.

East, P. L., & Khoo, S. T. (2005). Longitudinal pathways linking family factors and sibling relationship qualities to adolescent substance use and sexual risk behaviors. *Journal of Family Psychology, 19*, 571–580.

East, P. L., & Rook, K. S. (1992). Compensatory patterns of support among children's peer relationships: A test using school friends, nonschool friends, and siblings. *Developmental Psychology, 28*, 163–172.

Easterbrooks, M. A., & Abeles, R. (2000). Windows to the self in 8-year-olds: Bridges to attachment representation and behavioral adjustment. *Attachment & Human Development, 2*, 85–106.

Eberly, M. B., & Montemayor, R. (1999). Adolescent affection and helpfulness towards parents: A 2-year follow-up. *Journal of Early Adolescence, 19*, 226–248.

Ebstein, R. P., Benjamin, J., & Belmaker, R. H. (2000). Personality and polymorphism of genes involved in aminergic neurotransmission. *European Journal of Pharmacology, 410*, 205–214.

Eckerman, C. O. (1979). The human infant in social intersection. In R. Cairns (Ed.), *The analysis of social interactions: Methods, issues, and illustrations* (pp. 163–178). Hillsdale, NJ: Lawrence Erlbaum Associates.

Eckerman, C. O., Whatley, J. L., & Kutz, S. L. (1975). Growth of social play with peers during the second year of life. *Developmental Psychology, 11*, 42–49.

Eder, D. (1985). The cycle of popularity: Interpersonal relations among female adolescents. *Sociology of Education, 58,* 154–165.

Eder, R. A. (1990). Uncovering young children's psychological selves: Individual and developmental differences. *Child Development, 61,* 849–863.

Edwards, C. P., Shipman, K., & Brown, A. (2005). The socialization of emotional understanding: A comparison of neglectful and nonneglectful mothers and their children. *Child Maltreatment, 10,* 293–304.

Egeland, B., & Carlson, B. (2004). Attachment and psychopathology. In L. Atkinson & S. Goldberg (Eds.), *Attachment issues in psychopathology and intervention* (pp. 27–48). Mahwah, NJ: Erlbaum.

Eigsti, I.-M., Zayas, V., Mischel, W., Shoda, Y., Ayduk, O., Dadlani, M. B., … Casey, B. J. (2006). Predicting cognitive control from preschool to late adolescence and young adulthood. *Psychological Science, 17,* 478–484.

Eisenberg, N. (1998). Introduction. In W. Damon (Series Ed.) & N. Eisenberg (Vol Ed.), *Handbook of child psychology: Vol. 3. Social, emotional, and personality development* (5th ed., pp. 1–24). New York, NY: Wiley.

Eisenberg, N. (2000). Emotion, regulation, and moral development. *Annual Review of Psychology, 51,* 665–697.

Eisenberg, N. (2003). Prosocial behavior, empathy, and sympathy. In M. Bornstein & L. Davidson (Eds.), *Well-being: Positive development across the life course* (pp. 253–265). Mahwah, NJ: Erlbaum.

Eisenberg, N., & Fabes, R. A. (1998). Prosocial development. In W. Damon (Series Ed.) & N. Eisenberg (Vol. Ed.), *Handbook of child psychology: Vol. 3. Social, emotional, and personality development* (5th ed., pp. 701–778). New York, NY: Wiley.

Eisenberg, N., Fabes, R. A., Bernzweig, J., Karbon, M., Poulin, R., & Hanish, L. (1993). The relations of emotionality and regulation to preschoolers' social skills and sociometric status. *Child Development, 64,* 1418–1438.

Eisenberg, N., Fabes, R. A., & Murphy, B. C. (1996). Parents' reactions to children's negative emotions: Relations to children's social competence and comforting. *Child Development, 67,* 2227–2247.

Eisenberg, N., Fabes, R. A., Murphy, B., Maszk, P., Smith, M., & Karbon, M. (1995). The role of emotionality and regulation in children's social functioning: A longitudinal study. *Child Development, 66,* 1360–1384.

Eisenberg, N., Fabes, R. A., Schaller, M., Carlo, G., & Miller, P. A. (1991). The relations of parental characteristics and practices to children's vicarious emotional responding. *Child Development, 62,* 1393–1408.

Eisenberg, N., Fabes, R. A., Shepard, S. A., Murphy, B. C., Guthrie, I. K., Jones, S., … Maszk, P. (1997). Contemporaneous and longitudinal prediction of children's social functioning from regulation and emotionality. *Child Development, 68,* 642–664.

Eisenberg, N., Fabes, R. A., & Spinrad, T. L. (2006). Prosocial development. In W. Damon & R. M. Lerner (Series Eds.) & N. Eisenberg (Vol. Ed.), *Handbook of child psychology: Vol. 3. Social, emotional, and personality development* (6th ed., pp. 646–718). Hoboken, NJ: Wiley.

Eisenberg, N., Guthrie, I., Fabes, R. A., Reiser, M., Murphy, B., Holgren, R., … Losoya, S. (1997). The relations of regulation and emotionality to resiliency and competent social functioning in elementary school children. *Child Development, 68,* 295–311.

Eisenberg, N., Hofer, C., & Vaughan, J. (2007). Effortful control and its socioemotional consequences. In J. J. Gross (Ed.), *Handbook of emotion regulation* (pp. 287–306). New York, NY: Guilford Press.

Eisenberg, N., Miller, P. A., Shell, R., McNalley, S., & Shea, C. (1991). Prosocial development in adolescence: A longitudinal study. *Developmental Psychology, 27,* 849–857.

Eisenberg, N., & Murphy, B. (1995). Parenting and children's moral development. In M. H. Bornstein (Ed.), *Handbook of parenting. Vol. 4: Applied and practical parenting* (pp. 227–257). Mahwah, NJ: Erlbaum.

Eisenberg, N., Smith, C. L., Sadovsky, A., & Spinrad, T. L. (2004). Effortful control: Relations with emotion regulation, adjustment, and socialization in childhood. In R. F. Baumeister & K. D. Vohs (Eds.), *Handbook of self-regulation: Research, theory, and applications* (pp. 259–282). New York, NY: Guilford Press.

Eisenberg, N., & Spinrad, T. L. (2004). Emotion-related regulation: Sharpening the definition. *Child Development, 75,* 334–339.

Eisenberg, N., Spinrad, T. L., & Sadovsky, A. (2006). Empathy-related responding in children. In M. Killen & J. G. Smetana (Eds.), *Handbook of moral development* (pp. 517–549). Mahwah, NJ: Lawrence Erlbaum Associates.

Eisenberg, N., Valiente, C., Fabes, R. A., Smith, C. L., Reiser, M., Shepard, S. A., … Cumberland, A. J. (2003). The relations of effortful control and ego control to children's resiliency and social functioning. *Developmental Psychology, 39,* 761–776.

Eisenberg, N., Wentzel, M., & Harris, J. D. (1998). The role of emotionality and regulation in empathy-related responding. *School Psychology Review, 27,* 506–521.

Eisenberger, N. I., Lieberman, M. D., & Williams, K. D. (2003). Does rejection hurt? An fMRI study of social exclusion. *Science, 302,* 290–292.

Egan, S. K., & Perry, D. G. (1998). Does low self-regard invite victimization? *Developmental Psychology, 34,* 299–309.

Ekman, P. (1972). Universals and cultural differences in facial expressions of emotion. In J. Cole (Ed.), *Nebraska Symposium on Motivation, 1971* (pp. 207–283). Lincoln: University of Nebraska Press.

Ekman, P. (1984). Expression and the nature of emotion. In K. Sherer & P. Ekman (Eds.), *Approaches to emotion* (pp. 329–343). New York, NY: Prentice Hall.

Ekman, P. (1993). Facial expressions and emotion. *American Psychologist, 48,* 384–392.

Ekman, P. (2003). *Emotions revealed.* New York, NY: Times Books.

Ekman, P., & Friesen, W. (1975). *Unmasking the face.* Englewood Cliffs, NJ: Prentice Hall.

Elicker, J., Englund, M., & Sroufe, L. A. (1992). Predicting peer competence and peer relationships in childhood from early parent–child relationships. In R. D. Parke & G. W. Ladd (Eds.), *Family–peer relationships: Modes of linkage* (pp. 77–106). Hillsdale, NJ: Erlbaum.

Ellis, W. E., & Zarbatany, L. (2007a). Explaining friendship formation and friendship stability: The role of children's and friends' aggression and victimization. *Merrill-Palmer Quarterly, 53,* 79–104.

Ellis, W. E., & Zarbatany, L. (2007b). Peer group status as a moderator of group influence on children's deviant, aggressive, and prosocial behavior. *Child Development, 78,* 1240–1254.

Ellsworth, P. C., & Scherer, K. R. (2003). Appraisal processes in emotion. In R. J. Davidson, K. R. Scherer & H. H.

Goldsmith (Eds.), *Handbook of affective sciences* (pp. 572–595). New York, NY: Oxford University Press.

Emde, R. N., Biringen, Z., Clyman, R., & Oppenheim, D. (1991). The moral self of infancy: Affective core and procedural knowledge. *Developmental Review, 11,* 251–270.

Emde, R. N., & Robinson, J. (1979). The first two months: Recent research in developmental psychology and the changing view of the newborn. In J. Noshpitz & J. Call (Eds.), *Basic handbook of child psychiatry* (pp. 72–105). New York, NY: Basic Books.

Engels, R. C. M. E., Finkenauer, C., Meeus, W., & Deković, M. (2001). Parental attachment and adolescents' emotional adjustment: The associations with social skills and relational competence. *Journal of Counseling Psychology, 48,* 428–439.

Erdley, C. A., Nangle, D. W., Newman, J. E., & Carpenter, E. M. (2001). Children's friendship experiences and psychological adjustment: Theory and research. In D. W. Nangle & C. A. Erdley (Eds.), *The role of friendship in psychological adjustment. New Directions for Child and Adolescent Development, 91,* 5–24.

Erel, O., Margolin, G., & John, R. S. (1998). Observed sibling interaction: Links with the marital and the mother–child relationship. *Developmental Psychology, 34,* 288–298.

Erickson, M. F., Sroufe, L. A., & Egeland, B. (1985). The relationship between quality of attachment and behavior problems in preschool in a high-risk sample. In I. Bretherton & E. Waters (Eds.), Growing points of attachment theory and research. *Monographs of the Society for Research in Child Development, 50*(1–2, Serial No. 209), 147–166.

Erikson, E. H. (1950/1963). *Childhood and society* (2nd ed.). New York, NY: Norton.

Erikson, E. H. (1968). *Identity: Youth and crisis.* Oxford: Norton.

Erikson, E. H. (1980). *Identity and the life cycle.* Oxford: International Universities Press.

Ernst, C., & Angst, J. (1983). *Birth order: Its influence on personality.* New York, NY: Springer.

Eschenbeck, H., Kohlmann, C. W., & Lohaus, A. (2007). Gender difference in coping strategies in children and adolescents. *Journal of Individual Differences, 28,* 18–26.

Ethier, K. A., Kershaw, T. S., Lewis, J. B., Milan, S., Niccolai, L. M., & Ickovics, J. R. (2006). Self-esteem, emotional distress and sexual behavior among adolescent females: Inter-relationships and temporal effects. *Journal of Adolescent Health, 38,* 268–274.

Evans, D., & Rothbart, M. K. (2007). Developing a model for adult temperament. *Journal of Research in Personality, 41,* 868–888.

Faber, A., & Mazlish, E. (1998). *Siblings without rivalry.* New York, NY: HarperCollins.

Fagan, A. A., & Najman, J. M. (2003). Sibling influences on adolescent delinquent behavior: An Australian longitudinal study. *Journal of Adolescence, 26,* 546–558.

Fagan, J., & Barnett, M. (2003). The relationship between maternal gatekeeping, paternal competence, mothers' attitudes about the father role, and father involvement. *Journal of Family Issues, 24,* 1020–1043.

Falbo, T., & Cooper, C. R. (1980). Young children's time and intellectual ability. *Journal of Genetic Psychology, 173,* 299–300.

Falbo, T., & Polit, D. (1986). Quantitative review of the only child literature: Research evidence and theory

development. *Psychological Bulletin, 100,* 176–189.

Falbo, T., & Poston, D. L. (1993). The academic, personality, and physical outcomes of only children in China. *Child Development, 64,* 18–35.

Fan, Y., Duncan, N. W., DeGreck, M., & Northoff, G. (2011). Is there a core neural network in empathy? An fMRI based quantitative meta-analysis. *Neuroscience Biobehavioral Reviews, 35,* 903–911.

Farrer, C., Franck, N., Georgieff, N., Frith, C. D., Decety, J., & Jeannerod, M. (2003). Modulating the experience of agency: A positron emission tomography study. *Neuroimage, 18,* 324–333.

Farroni, T., Menon, E., Rigato, S., & Johnson, M. H. (2007). The perception of facial expressions in newborns. *European Journal of Developmental Psychology, 4,* 2–13.

Fearon, R. M. P., Bakermans-Kranenburg, M. J., van IJzendoorn, M. H., Lapsley, A., & Roisman, G. I. (2010). The significance of insecure attachment and disorganization in the development of children's externalizing behavior: A meta-analytic study. *Child Development, 81,* 435–456.

Fearon, R. M. P., van IJzendoorn, M. H., Fonagy, P., Bakermans-Kranenburg, M. J., Schuengel, C., & Bokhorst, C. L. (2006). In search of shared and nonshared environmental factors in security of attachment: A behavior-genetic study of the association between sensitivity and attachment security. *Developmental Psychology, 42,* 1026–1040.

Feeney, B. C. (2007). The dependency paradox in close relationships: Accepting dependence promotes independence. *Journal of Personality and Social Psychology, 92,* 268–285.

Feinberg, M. E., & Hetherington, E. M. (2001). Differential parenting as a within-family variable. *Journal of Family Psychology, 15,* 22–37.

Feinberg, M. E., Kan, M. L., & Hetherington, E. M. (2007). The longitudinal influence of coparenting conflict on parental negativity and adolescent maladjustment. *Journal of Marriage and Family, 69,* 687–702.

Feinberg, M. E., McHale, S. M., Crouter, A. C., & Cumsille, P. (2003). Sibling differentiation: Sibling and parent relationship trajectories in adolescence. *Child Development, 74,* 1261–1274.

Feinberg, M. E., Neiderhiser, J. M., Simmens, S., Reiss, D., & Hetherington, E. M. (2000). Sibling comparison of differential parental treatment in adolescence: Gender, self-esteem, and emotionality as predictors of the parenting-adjustment association. *Child Development, 71,* 1611–1628.

Feinberg, M. E., Sakuma, K.-L., Hostetler, M., & McHale, S. M. (2013). Enhancing sibling relationships to prevent adolescent problem behaviors: Theory, design and feasibility of Siblings Are Special. *Evaluation and Program Planning, 36,* 97–106.

Feinberg, M. E., Solmeyer, A. R., & McHale, S. M. (2012). The third rail of family systems: Sibling relationships, mental and behavioral health, and preventive intervention in childhood and adolescence. *Clinical Child and Family Review, 15,* 43–57.

Feiring, C. (1999). Other-sex friendship networks and the development of romantic relationships in adolescence. *Journal of Youth and Adolescence, 28,* 495–512.

Feldman, R. (2007). Parent–infant synchrony and the construction of shared timing: Physiological precursors, developmental outcomes, and risk conditions. *Journal of*

Child Psychology and Psychiatry, 48, 329–354.

Feldman, R. (2010). The relational basis of adolescent adjustment: Trajectories of mother–child interactive behaviors from infancy to adolescence shape adolescents' adaptation. Attachment & Human Development, 12, 173–192.

Feldman, R., Bamberger, E., & Kanat-Maymon, Y. (2013). Parent-specific reciprocity from infancy to adolescence shapes children's social competence and dialogical skills. Attachment & Human Development, 15, 407–423.

Feldman, R., & Eidelman, A. I. (2004). Parent–infant synchrony and the social-emotional development of triplets. Developmental Psychology, 40, 1133–1147.

Feldman, R., Gordon, I., Schneiderman, I., Weisman, O., & Zagoory-Sharon, O. (2010). Natural variations in maternal and paternal care are associated with systematic changes in oxytocin following parent–infant contact. Psychoneuroendocrinology, 35, 1133–1141.

Feldman, R., Gordon, I., & Zagoory-Sharon, O. (2010). The cross-generation transmission of oxytocin in humans. Hormones and Behavior, 58, 669–676.

Feldman, R., Gordon, I., & Zagoory-Sharon, O. (2011). Maternal and paternal plasma, salivary, and urinary oxytocin and parent–infant synchrony: Considering stress and affiliation components of human bonding. Developmental Science, 14, 752–761.

Feldman, R., Greenbaum, C. W., & Yirmiya, N. (1999). Mother–infant affect synchrony as an antecedent of the emergence of self-control. Developmental Psychology, 40, 1133–1147.

Feldman, R., Singer, M., & Zagoory-Sharon, O. (2010). Touch attenuates infants' physiological reactivity to stress. Developmental Science, 13, 271–278.

Feldman, S. S., Gowen, L. K., & Fisher, L. (1998). Family relationships and gender as predictors of romantic intimacy in young adults: A longitudinal study. Journal of Research on Adolescence, 8, 263–286.

Feldman, S. S., & Quatman, T. (1988). Factors influencing age expectations for adolescent autonomy: A study of early adolescents and parents. Journal of Early Adolescence, 8, 325–343.

Feldman, S. S., Turner, R., & Araujo, K. (1999). Interpersonal context as an influence on sexual timetables of youths: Gender and ethnic effects. Journal of Research on Adolescence, 9, 25–52.

Felsman, D. E., & Blustein, D. L. (1999). The role of peer relatedness in late adolescent career development. Journal of Vocational Behavior, 54, 279–295.

Felson, R. B. (1989). Parents and the reflected appraisal process: A longitudinal analysis. Journal of Personality and Social Psychology, 56, 965–971.

Felson, R. B., & Zielinski, M. A. (1989). Children's self-esteem and parental support. Journal of Marriage and the Family, 51, 727–735.

Feng, X., Shaw, D. S., Kovacs, M., Lane, T., O'Rourke, F. E., & Alarcon, J. H. (2008). Emotion regulation in preschoolers: The roles of behavioral inhibition, maternal affective behavior, and maternal depression. Journal of Child Psychology and Psychiatry, 49, 132–141.

Fenton, N. (1928). The only child. Journal of Genetic Psychology, 35, 546–556.

Ferguson, T. J., Stegge, H., Miller, E. R., & Olsen, M. E. (1999). Guilt, shame, and symptoms in children. Developmental Psychology, 35, 347–357.

Feshbach, N. (1975). Empathy in children: Some theoretical

and empirical considerations. Counseling Psychologist, 5, 25–30.

Feshbach, N. (1978). Studies of empathic behavior in children. Progress in Experimental Personality Research, 8, 1–47.

Festinger, L. (1954). A theory of social comparison processes. Human Relations, 7, 117–140.

Field, T., & Reite, M. (1984). Children's responses to separation from mother during the birth of another child. Child Development, 55, 1308–1316.

Field, T. M. (2007). The amazing infant. London: Wiley.

Field, T. M., Cohen, C., Garcia, R., & Greenberg, R. (1984). Mother–stranger face discrimination by the newborn. Infant Behavior and Development, 7, 19–25.

Fielder, R. L., & Carey, M. P. (2010). Prevalence and characteristics of sexual hookups among first-semester female college students. Journal of Sex and Marital Therapy, 36, 346–359.

Findlay, L. C., Girardi, S., & Coplan, R. J. (2006). Links between empathy, social behavior, and social understanding in early childhood. Early Childhood Research Quarterly, 21, 347–359.

Finkel, D., Wille, D. E., & Matheny, A. P., Jr. (1998). Preliminary results from a twin study of infant–caregiver attachment. Behavior Genetics, 28, 1–8.

Finkenauer, C., Engels, R. C. M. E., Meeus, W., & Oosterwegel, A. (2002). Self and identity in early adolescence: The pains and gains of knowing who and what you are. In T. M. Brinthaupt & R. P. Lipka (Eds.), Understanding early adolescent self and identity: Applications and interventions (pp. 22–56). Albany, NY: University of New York Press.

Finnegan, R. A., Hodges, E. V. E., & Perry, D. G. (1996). Preoccupied and avoidant coping during middle childhood. Child Development, 67, 1318–1328.

Fischer, K. W., & Bidell, T. R. (2006). Dynamic development of action, thought, and emotion. In W. Damon & R. M. Lerner (Eds.) & R. M. Lerner (Vol. Ed.), Handbook of child psychology: Vol. 1. Theoretical models of human development (6th ed., pp. 313–399). New York, NY: Wiley.

Fish, M. (2004). Attachment in infancy and preschool in low socioeconomic status rural Appalachian children: Stability and change and relations to preschool and kindergarten competence. Development and Psychopathology, 16, 293–312.

Fivush, R. (1994). Constructing narrative, emotion, and self in parent–child conversations about the past. In U. Neisser & R. Fivush (Eds.), The remembering self: Construction and accuracy in the self-narrative (pp. 136–157). Cambridge: Cambridge University Press.

Fivush, R., & Buckner, J. P. (2003). Creating gender and identity through autobiographical narratives. In R. Fivush & C. A. Haden (Eds.), Autobiographical memory and the construction of a narrative self (pp. 149–168). Mahwah, NJ: Erlbaum.

Flanagan, O. (1991). Varieties of moral personality: Ethics and psychological realism. Cambridge, MA: Harvard University Press.

Flannery, D. J., Vazsonyi, A. T., Liau, A. K., Guo, S., Powell, K. E., Atha, H., … Embry, D. (2003). Initial behavior outcomes for the PeaceBuilders universal school-based violence prevention program. Developmental Psychology, 39, 292–308.

Flavell, J. H., Mumme, D. L., Green, F. L., & Flavell, E. R. (1992). Young children's understanding of different types of beliefs. *Child Development, 63,* 960–977.

Fleming, A. S., Corter, C., Stallings, J., & Steiner, M. (2002). Testosterone and prolactin are associated with emotional responses to infant cries in new fathers. *Hormones and Behavior, 42,* 399–413.

Fogel, A. (1979). Peer- vs. mother-directed behavior in 1- to 3-month-old infants. *Infant Behavior and Development, 2,* 215–226.

Folbre, N. (2010). *Valuing children: Rethinking the economics of the family.* Cambridge, MA: Harvard University Press.

Fonagy, P. (1991). Thinking about thinking: Some clinical and theoretical considerations in the treatment of a borderline patient. *International Journal of Psychoanalysis, 72,* 639–656.

Fonagy, P. (2006). The mentalization-focused approach to social development. In J. G. Allen & P. Fonagy (Eds.), *Handbook of mentalization-based treatment* (pp. 53–100). West Sussex: John Wiley & Sons, Ltd.

Fonagy, P., Gergely, G., Jurist, E. L., & Target, M. (2002). *Affect regulation, mentalization, and the development of the self.* New York, NY: Other Press.

Fonagy, P., Gergely, G., & Target, M. (2008). Psychoanalytic constructs and attachment theory and research. In J. Cassidy & P. R. Shaver (Eds.), *Handbook of attachment: Theory, research, and clinical applications* (2nd ed., pp. 783–810). New York, NY: Guilford Press.

Fonagy, P., Redfern, S., & Charman, A. (1997). The relationship between belief– desire reasoning and a projective measure of attachment security. *British Journal of Developmental Psychology, 15,* 51–61.

Fonagy, P., Steele, H., & Steele, M. (1991). Maternal representations of attachment during pregnancy predict the organization of infant–mother attachment at one year of age. *Child Development, 62,* 891–905.

Fonagy, P., Steele, H., Steele, M., Moran, G. S., & Higgitt, A. C. (1991). The capacity for understanding mental states: The reflective self in parent and child and its significance for security of attachment. *Infant Mental Health Journal, 12,* 201–218.

Fonagy, P., Steele, M., Steele, H., Higgitt, A. C., & Target, M. (1994). The Emmanuel Miller Memorial Lecture 1992: The theory and practice of resilience. *Journal of Child Psychology and Psychiatry, 25,* 231–257.

Fonagy, P., & Target, M. (1997). Attachment and reflective function: Their role in self-organization. *Development and Psychopathology, 9,* 679–700.

Fonagy, P., & Target, M. (2005). Bridging the transmission gap: An end to an important mystery of attachment research? *Attachment & Human Development, 7,* 333–343.

Fonagy, P., & Target, M. (2007). The rooting of the mind in the body. *Journal of the American Psychoanalytic Association, 55,* 411–456.

Fordham, K., & Stevenson-Hinde, J. (1999). Shyness, friendship quality, and adjustment during middle childhood. *Child Development, 67,* 1318–1328.

Forman, D. R., Aksan, N., & Kochanska, G. (2004). Toddlers' responsive imitation predicts preschool-age conscience. *Psychological Science, 15,* 699–704.

Fortuna, K., Roisman, G. I., Haydon, K. C., Groh, A. M., & Holland, A. S. (2011). Attachment states of mind and the quality of young adults' sibling relationships. *Developmental Psychology, 47,* 1366–1373.

Fox, N. A. (1991). If it' s not left, it' s right: Electroencephalograph asymmetry and the development of emotion. *American Psychologist, 46,* 863–872.

Fox, N. A., & Calkins, S. D. (2003). The development of self-control of emotion: Intrinsic and extrinsic influences. *Motivation and Emotion, 27,* 7–26.

Fox, N. A., & Davidson, R. J. (1987). Electroencephalogram asymmetry in response to the approach of a stranger and maternal separation in 10-month-old infants. *Developmental Psychology, 23,* 233–240.

Fox, N. A., & Davidson, R. J. (1988). Patterns of brain electrical activity during the expression of discrete emotions in tenmonth-old infants. *Developmental Psychology, 24,* 230–236.

Fox, N. A., & Davidson, R. J. (1991). Hemispheric asymmetry and attachment behaviors: Developmental processes and individual differences in separation protest. In J. L. Gewirtz & W. M. Kurtines (Eds.), *Intersections with attachment* (pp. 147– 164). Hillsdale, NJ: Erlbaum.

Fox, N. A., & Fein, G. (1990). *Infant day care: The current debate.* Norwood, NJ: Ablex.

Fox, N. A., & Hane, A. A. (2008). Studying the biology of human attachment. In J. Cassidy & P. R. Shaver (Eds.), *Handbook of attachment: Theory, research, and clinical applications* (2nd ed., pp. 217–240). New York, NY: Guilford Press.

Fox, N. A., Henderson, H. A., & Marshall, P. J. (2001). The biology of temperament: An integrative approach. In C. A. Nelson & M. Luciana (Eds.), *The handbook of developmental cognitive neuroscience* (pp. 631–646). Cambridge, MA: The MIT Press.

Fox, N. A., Kimmerly, N. L., & Schafer, W. D. (1991). Attachment to mother/attachment to father: A meta-analysis. *Child Development, 62,* 210–225.

Fox, N. A., Schmidt, L. A., Calkins, S. D., Rubin, K. H., & Coplan, R. J. (1996). The role of frontal activation in the regulation and dysregulation of social behavior during the preschool years. *Development and Psychopathology, 8,* 89–102.

Fox, N. A., Schmidt, L. A., & Henderson, H. A. (2000). Developmental psychophysiology: Conceptual and methodological perspectives. In J. T. Cacioppo, L. G. Tassinary, & G. G. Berntson (Eds.), *Handbook of psychophysiology* (2nd ed., pp. 665–686). New York, NY: Cambridge University Press.

Fraley, R. C. (2002). Attachment stability from infancy to adulthood: Meta-analysis and dynamic modeling of developmental mechanisms. *Personality and Social Psychology Review, 6,* 123–151.

Fraley, R. C., & Davis, K. E. (1997). Attachment formation and transfer in young adults' close friendships and romantic relationships. *Personal Relationships, 4,* 131–144.

Fraley, R. C., Heffernan, M. E., Vicary, A. M., & Brumbaugh, C. C. (2011). The Experiences in Close Relationships-Relationship Structure Questionnaire: A method for assessing attachment orientations across relationships. *Psychological Assessment, 23,* 615–625.

Fraley, R. C., & Shaver, P. R. (2000). Adult romantic attachment: Theoretical developments, emerging controversies, and unanswered questions. *Review of General Psychology, 4,* 132–154.

Fraley, R. C., & Spieker, S. J. (2003). Are infant attachment patterns continuously or categorically distributed? A taxometric analysis of Strange Situation behavior. *Developmental Psychology, 39,* 387–404.

Fraley, R. C., Waller, N. G., & Brennan, K. A. (2000). An item response theory analysis of self-report measures of adult attachment. *Journal of Personality and Social Psychology,*

78, 350–365.

Francis, D. D., Diorio, J., Liu, D., & Meaney, M. J. (1999). Nongenomic transmission across generations of maternal behavior and stress responses in the rat. *Science, 286,* 1155–1158.

Frank, R. H. (2001). Cooperation through emotional commitment. In R. M. Nesse (Ed.), *Evolution and the capacity for commitment* (pp. 57–76). New York, NY: Russell Sage Foundation.

Freeman, H., & Brown, B. B. (2001). Primary attachment to parents and peers during adolescence: Differences by attachment style. *Journal of Youth and Adolescence, 30,* 653–674.

Freitag, M. K., Belsky, J., Grossman, K., Grossman, K. E., & Scheuerer-Englisch, H. (1996). Continuity in parent–child relationships from infancy to middle childhood and relations with friendship competence. *Child Development, 67,* 1437–1454.

French, S. E., Seidman, E., Allen, L., & Aber, J. L. (2006). The development of ethnic identity during adolescence. *Developmental Psychology, 42,* 1–10.

Freud, A. (1958). Adolescence. In R. Eissler, A. Freud, H. Hartman, & M. Kris (Eds.), *Psychoanalytic study of the child* (Vol. 13, pp. 255–278). New York, NY: International Universities Press.

Freud, A. (1965). *Normality and pathology in childhood.* New York, NY: International Universities Press.

Freud, S. (1910/1957). Five lectures on psychoanalysis. In J. Strachey (Ed. & Trans.). *The standard edition of the complete psychological works of Sigmund Freud* (Vol. XI, pp. 3–56). London: Hogarth.

Freud, S. (1923/1961). The ego and the id. In J. Strachey (Ed. & Trans.), *The standard edition of the complete psychological works of Sigmund Freud* (Vol. XIX, pp. 3–66). London: Hogarth.

Freud, S. (1924/1961). The dissolution of the Oedipus complex. In J. Strachey (Ed. & Trans.), *The standard edition of the complete psychological works of Sigmund Freud* (Vol. XIX, pp. 173–179). London: Hogarth.

Freud, S. (1940/1964). An outline of psychoanalysis. In J. Strachey (Ed. & Trans.), *The standard edition of the complete psychological works of Sigmund Freud* (Vol. XXIII, pp. 139–207). London: Hogarth.

Frey, K. S., & Ruble, D. N. (1990). Strategies for comparative evaluation: Maintaining a sense of competence across the life span. In R. J. Sternberg & J. Kolligian, Jr. (Eds.), *Competence considered* (pp. 167–189). New Haven, CT: Yale University Press.

Frick, P. J., Cornell, A. H., Barry, C. T., Bodin, S. D., & Dane, H. E. (2003). Callous-unemotional traits and conduct problems in the prediction of conduct problem severity, aggression, and self-report of delinquency. *Journal of Abnormal Child Psychology, 31,* 457–470.

Frick, P. J., & Ellis, M. L. (1999). Callous-unemotional traits and subtypes of conduct disorder. *Clinical Child and Family Psychology Review, 2,* 149–168.

Friedman, D. D., Ertegun, L., Lupi, T., Beebe, B., & Deutsch, S. (2013). Securing attachment: Mother–infant research informs attachment-based clinical practice. In J. E. Bettmann & D. D. Friedman (Eds.), *Attachment-based clinical work with children and adolescents* (pp. 45–60). New York, NY: Springer.

Frith, C. D. (1997). Functional brain imaging and the neuropathology of schizophrenia. *Schizophrenia Bulletin, 23,* 525–527.

Frodi, A. M., Lamb, M. E., Leavitt, L. A., Donovan, W. L., Neff, C., & Sherry, D. (1978). Fathers' and mothers' responses to the faces and cries of normal and premature infants. *Developmental Psychology, 14,* 490–498.

Furman, W., & Buhrmester, D. (1985a). Children's perceptions of the personal relationships in their social networks. *Developmental Psychology, 21,* 1016–1024.

Furman, W., & Buhrmester, D. (1985b). Children's perceptions of the qualities of sibling relationships. *Child Development, 56,* 448–461.

Furman, W., & Buhrmester, D. (1992). Age and sex differences in perceptions of networks of personal relationships. *Child Development, 63,* 103–115.

Furman, W., Jones, L., Buhrmester, D., & Adler, T. (1989). Children's, parents', and observers' perspectives on sibling relationships. In P. G. Zukow (Ed.), *Sibling interactions across cultures* (pp. 165–183). New York, NY: Springer-Verlag.

Furman, W., Simon, V. A., Shaffer, L., & Bouchey, H. A. (2002). Adolescents' working models and styles for relationships with parents, friends, and romantic partners. *Child Development, 73,* 241–255.

Furman, W., & Wehner, E. A. (1994). Romantic views: Toward a theory of adolescent romantic relationships. In R. Montemayor, G. R. Adams, & T. P. Gullotta (Eds.), *Advances in adolescent development: An annual book series* (Vol. 6, pp. 168–195). Thousand Oaks, CA: Sage Publications.

Furman, W., & Wehner, E. A. (1997). Adolescent romantic relationships: A developmental perspective. *New Directions for Child and Adolescent Development, 1997,* 21–36.

Furstenberg, F. F., Jr., Cook, T. D., Eccles, J., Elder, G. H., Jr., & Sameroff, A. (1999). *Managing to make it: Urban families and adolescent success.* Chicago, IL: University of Chicago Press.

Fury, G., Carlson, E. A., & Sroufe, L. A. (1997). Children's representations of attachment relationships in family drawings. *Child Development, 68,* 1154–1164.

Fuster, J. M. (1996). Frontal lobe and the cognitive foundation of behavioral action. In A. R. Damasio, H. Damasio, & Y. Christen (Eds.), *Neurobiology of decision-making* (pp. 47–61). New York, NY: Springer-Verlag.

Fuster, J. M. (1997). *The prefrontal cortex: Anatomy, physiology, and neuropsychology of the frontal lobe* (3rd ed.). Philadelphia, PA: Lippincott-Raven Press.

Galambos, N. L., Barker, E. T., & Krahn, H. J. (2006). Depression, self-esteem, and anger in emerging adulthood: Seven-year trajectories. *Developmental Psychology, 42,* 350–365.

Gallagher, H. L., & Frith, C. D. (2003). Functional imaging of 'theory of mind.' *Trends in Cognitive Science, 7,* 77–83.

Galliher, R. V., Jones, M. D., & Dahl, A. (2011). Concurrent and longitudinal effects of ethnic identity and experiences of discrimination on psychosocial adjustment of Navajo adolescents. *Developmental Psychology, 47,* 509–526.

Galliher, R. V., & Kerpelman, J. L. (2012). The intersection of identity development and peer relationship processes in adolescence and young adulthood: Contributions of the special issue. *Journal of Adolescence, 35,* 1409–1415.

Gallup, G. G., Jr. (1970). Chimpanzees: Self-recognition. *Science, 167,* 86–87.

Gallup, G. G., Jr. (1977). Self-recognition in primates: A comparative approach to the bidirectional properties of consciousness. *American Psychologist, 32,* 329–338.

Gallup, G. G., Jr. (1982). Self-awareness and the emergence of mind in primates. *American Journal of Primatology, 2,* 237–248.

Gallup, G. G., Jr., & Platek, S. M. (2002). Cognitive empathy presupposes self-awareness: Evidence from phylogeny, ontogeny, neuropsychology, and mental illness. *Behavioral and Brain Sciences, 25,* 36–37.

Gamble, W. C., Yu, J. J., & Card, N. A. (2010). Self-representations in early adolescence: Variations in sibling similarity by sex composition and sibling relationship qualities. *Social Development, 19,* 148–169.

Ganiban, J. M., Saudino, K. J., Ulbricht, H., Neiderhiser, J. M., & Reiss, D. (2008). Stability and change in temperament during adolescence. *Journal of Personality and Social Psychology, 95,* 222–236.

Garcia, J. R., Reiber, C., Massey, S. G., & Merriwether, A. M. (2012). Sexual hookup culture: A review. *Review of General Psychology, 16,* 161–176.

Garcia, M. M., Shaw, D. S., Winslow, E. B., & Yaggi, K. E. (2000). Destructive sibling conflict and the development of conduct problems in young boys. *Developmental Psychology, 36,* 44–53.

Garcia Coll, C. G., & Pachter, L. M. (2002). Ethnic and minority parenting. In M. H. Bornstein (Ed.), *Handbook of parenting: Vol. 4. Social conditions and applied parenting* 2nd ed., pp. 1–20). Mahwah, NJ: Erlbaum.

Gardner, R. M., Friedman, B. N., & Jackson, N. A. (1999). Hispanic and white children's judgments of perceived and ideal body size in self and others. *Psychological Record, 49,* 555–564.

Garner, P. W., Dunsmore, J. C., & Southam-Gerow, M. (2007). Mother–child conversations about emotions: Linkages to child aggression and prosocial behavior. *Social Development, 17,* 259–277.

Garner, P. W., Jones, D. C., & Palmer, D. J. (1994). Social cognitive correlates of preschool children's sibling caregiving behavior. *Developmental Psychology, 30,* 905–911.

Gass, K., Jenkins, J., & Dunn, J. (2007). Are sibling relationships protective? A longitudinal study. *Journal of Child Psychology and Psychiatry, 48,* 167–175.

Gaunt, R. (2008). Maternal gatekeeping antecedents and consequences. *Journal of Family Issues, 29,* 373–395.

Gauze, C., Bukowski, W. M., Aquan-Assee, J., & Sippola, L. K. (1996). Interactions between family environment and friendship and associations with self-perceived wellbeing during adolescence. *Child Development, 67,* 2201–2216.

Ge, X., Brody, G. H., Conger, R. D., & Simons, R. L. (2006). Pubertal maturation and African American children's internalizing and externalizing symptoms. *Journal of Youth and Adolescence, 35,* 531–540.

Geangu, E., Benga, O., Stahl, D., & Striano, T. (2010). Contagious crying beyond the first days of life. *Infant Behavior and Development, 33,* 279–288.

George, C., Kaplan, N., & Main, M. (1984). *Adult Attachment Interview protocol.* Unpublished manuscript, University of California, Berkeley, CA.

George, C., Kaplan, N., & Main, M. (1985). *Adult Attachment Interview protocol* (2nd ed.). Unpublished manuscript, University of California, Berkeley, CA.

George, C., Kaplan, N., & Main, M. (1996). *Adult Attachment Interview protocol* (3rd ed.). Unpublished manuscript, University of California, Berkeley, CA.

George, C., & Solomon, J. (1990/1996/2000). *Six-year attachment doll play classification system.* Unpublished manuscript, Mills College, Oakland, CA.

Gergen, K. J. (1991). *The saturated self.* New York, NY: Basic Books.

Gesell, A. L. (1928). *Infancy and human growth.* New York, NY: Macmillan.

Gest, S. D. (2006). Teacher reports of children's friendships and social groups: Agreement with peer reports and implications for studying peer similarity. *Social Development, 15,* 248–259.

Gest, S. D., Graham-Bermann, S. A., & Hartup, W. W. (2001). Peer experience: Common and unique features of number of friendships, social network centrality, and sociometric status. *Social Development, 10,* 23–240.

Ghavami, N., Fingerhut, A., Peplau, L. A., Grant, S. K., & Wittig, M. A. (2011). Testing a model of minority identity achievement, identity affirmation, and psychological well-being among ethnic minority and sexual minority individuals. *Cultural Diversity & Ethnic Minority Psychology, 17,* 79–88.

Gilissen, R., Bakermans-Kranenburg, M. J., van IJzendoorn, M. H., & van der Veen, R. (2008). Parent–child relationship, temperament, and physiological reactions to fear-inducing film clips: Further evidence for differential susceptibility. *Journal of Experimental Child Psychology, 99,* 182–195.

Gillath, O., Bunge, S. A., Shaver, P. R., Wendelken, C., & Mikulincer, M. (2005). Attachment-style differences in the ability to suppress negative thoughts: Exploring the neural correlates. *NeuroImage, 28,* 835–847.

Gillberg, C. L. (1992). The Emanuel Miller Memorial Lecture 1991: Autism and autistic-like conditions: Subclasses among disorders of empathy. *Journal of Child Psychology and Psychiatry and Allied Disciplines, 33,* 813–842.

Gillberg, C. L. (1999). Neurodevelopmental processes and psychological functioning in autism. *Development and Psychopathology, 11,* 567–587.

Gilligan, C. (1982). *In a different voice: Psychological theory and women's development.* Cambridge, MA: Harvard University Press.

Gilligan, C. (1993). Women's place in man's life cycle. In A. Dobrin (Ed.), *Being good and doing right: Readings in moral development* (pp. 37–54). Lanham, MD: University Press of America.

Gilligan, C., & Attanucci, J. (1988). Two moral orientations: Gender differences and similarities. *Merrill-Palmer Quarterly, 34,* 223–237.

Gilligan, C., Lyons, N. P., & Hammer, T. J. (1990). *Making connections: The relational worlds of adolescent girls at Emma Willard School.* Cambridge, MA: Harvard University Press.

Gilliom, M., Shaw, D. S., Beck, J. E., Schonberg, M. A., & Lukon, J. L. (2002). Anger regulation in disadvantaged preschool boys: Strategies, antecedents, and the development of self-control. *Developmental Psychology, 38,* 222–235.

Giordano, P. C. (2003). Relationships in adolescence. *Annual Review of Sociology, 29,* 257–281.

Gleason, K. A., Jenson-Campbell, L. A., & Ickes, W. (2009). The role of empathic accuracy in adolescents' peer relations and adjustment. *Personality and Social Psychology Bulletin, 35,* 997–1011.

Glenn, N., & Hoppe, S. (1984). Only children as adults: Psychological well-being. *Journal of Family Issues, 5,* 363–382.

Gogtay, N., & Thompson, P. M. (2010). Mapping gray matter

development: Implications for typical development and vulnerability to psychopathology. *Brain and Cognition, 72*, 6–15.

Goldberg, S., Grusec, J. E., & Jenkins, J. M. (1999). Confidence in protection: Arguments for a narrow definition of attachment. *Journal of Family Psychology, 13*, 475–483.

Goldberg, S., MacKay-Soroka, S., & Rochester, M. (1994). Affect, attachment, and maternal responsiveness. *Infant Behavior and Development, 17*, 335–339.

Goldsmith, H. H. (2003). Genetics of emotional development. In R. J. Davidson, K. R. Scherer, & H. H. Goldsmith (Eds.), *Handbook of affective sciences*. New York, NY: Oxford University Press.

Goldsmith, H. H., Aksan, N., Essex, M., Smider, N. A., & Vandell, D. L. (2001). Temperament and socioemotional adjustment to kindergarten: A multi-informant perspective. In T. D. Wachs & G. A. Kohnstamm (Eds.), *Temperament in context* (pp. 103–138). Mahwah, NJ: Erlbaum.

Goldsmith, H. H., & Alansky, J. (1987). Maternal and infant temperamental predictors of attachment: A meta-analytic review. *Journal of Consulting and Clinical Psychology, 55*, 805–816.

Goldsmith, H. H., Buss, K. A., & Lemery, K. S. (1997). Toddler and childhood temperament: Expanded content, stronger genetic evidence, new evidence for the importance of environment. *Developmental Psychology, 33*, 891–905.

Goldsmith, H. H., Buss, A. H., Plomin, R., Rothbart, M. K., Thomas, A., Chess, S., ... McCall, R. R. (1987). Roundtable: What is temperament? Four approaches. *Child Development, 58*, 505–529.

Goldsmith, H. H., & Campos, J. (1990). The structure of temperamental fear and pleasure in infants: A psychometric perspective. *Child Development, 61*, 1944–1964.

Goldsmith, H. H., & Harman, C. (1994). Temperament and attachment: Individuals and relationships. *Current Directions in Psychological Science, 3*, 53–57.

Goldsmith, H. H., & Rothbart, M. K. (1993). *The Laboratory Temperament Assessment Battery (LAB-TAB)*. Madison, WI: University of Wisconsin.

Goldstein, H., Kaczmarek, L. A., & English, K. M. (2002). *Promoting social communication: Children with developmental disabilities from birth to adolescence*. Baltimore, MD: Brookes.

Goleman, D. (2005). *Emotional intelligence*. New York, NY: Bantam Books. Goncu, A. (1993). Development of intersubjectivity in the dyadic play of preschoolers. *Early Childhood Research Quarterly, 8*, 99–116.

Goodman, S. H., & Gotlib, I. H. (1999). Risk for psychopathology in the children of depressed mothers: A developmental model for understanding mechanisms of transmission. *Psychological Review, 106*, 458–490.

Goodvin, R., Meyer, S., Thompson, R. A., & Hayes, R. (2008). Self-understanding in early childhood: Associations with attachment security, maternal perceptions of the child, and maternal emotional risk. *Attachment & Human Development, 10*, 433–450.

Goossens, F. A., & van IJzendoorn, M. (1990). Quality of infants' attachments to professional caregivers: Relation to infant–parent attachment and daycare characteristics. *Child Development, 61*, 832–837.

Gordon, I., Zagoory-Sharon, O., Leckman, J. F., & Feldman, R. (2010). Oxytocin and the development of parenting in humans. *Biological Psychiatry, 68*, 377–382.

Gosling, S. D., & John, O. P. (1999). Personality dimensions in nonhuman animals: A cross-species review. *Current Directions in Psychological Science, 8*, 69–75.

Gottlieb, A. R. (2005). *Side by side: On having a gay or lesbian sibling*. New York, NY: Harrington Park Press.

Gottman, J. M. (1983). How children become friends. *Monographs of the Society for Research in Child Development, 48*(3, Serial No. 201).

Gottman, J. M., Katz, L., & Hooven, C. (1996). *Meta-emotion*. Mahwah, NJ: Erlbaum.

Graber, J. A., Brooks-Gunn, J., & Galen, B. R. (1998). Betwixt and between: Sexuality in the context of adolescent transitions. In N. R. Jessor (Ed.), *New perspectives on adolescent risk behavior* (pp. 270–316). Cambridge: Cambridge University Press.

Graber, J. A., Lewinsohn, P. M., Seeley, J., & Brooks-Gunn, J. (1997). Is psychopathology associated with the timing of pubertal development? *Journal of the American Academy of Child and Adolescent Psychiatry, 36*, 1768–1776.

Gralinsky, J., Fesbach, N. D., Powell, C., & Derrington, T. (1993). *Self-understanding: Meaning and measurement of maltreated children's sense of self*. Paper presented at the meeting of the Society for Research in Child Development, New Orleans, LA.

Granot, D., & Mayseless, O. (2001). Attachment security and adjustment to school in middle childhood. *International Journal of Behavioral Development, 25*, 530–541.

Gray, J. (1991). Neural systems, emotion and personality. In J. Madden IV (Ed.), *Neurobiology of learning, emotion and affect* (pp. 273–306). New York, NY: Raven Press.

Gray, P., Yang, C. J., & Pope, H. G. Jr. (2006). Fathers have lower salivary testosterone levels than unmarried men and married non-fathers in Beijing, China. *Proceedings of the Royal Society: B, 273*, 333–339.

Gray-Little, B., & Hafdahl, A. R. (2000). Factors influencing racial comparisons of self-esteem: A quantitative review. *Psychological Bulletin, 126*, 26–54.

Greenberg, M. T., Siegel, J. M., & Leitch, C. J. (1983). The nature and importance of attachment relationships to parents and peers during adolescence. *Journal of Youth and Adolescence, 12*, 373–386.

Greenberg, M. T., Speltz, M. L., & DeKlyen, M. (1993). The role of attachment in the early development of disruptive problems. *Development and Psychopathology, 5*, 191–213.

Greene, J., & Haidt, J. (2002). How (and where) does moral judgment work? *Trends in Cognitive Sciences, 6*, 517–523.

Greene, J. D., Sommerville, R. B., Nystrom, L. E., Darley, J. M., & Cohen, J. D. (2001). An fMRI investigation of emotional engagement in moral judgment. *Science, 293*, 2105–2108.

Greene, M. L., Way, N., & Pahl, K. (2006). Trajectories of perceived adult and peer discrimination among Black, Latino, and Asian American adolescents: Patterns and psychological correlates. *Developmental Psychology, 39*, 606–617.

Greenfield, P. M., Keller, H., Fuligni, A., & Maynard, A. (2003). Cultural pathways through universal development. *Annual Review of Psychology, 54*, 461–490.

Grello, C. M., Welsh, D. P., Harper, M. S., & Dickson, J. W. (2003). Dating and sexual relationship trajectories and adolescent functioning. *Adolescent and Family Health, 3*, 103–112.

Grienenberger, J. F., Kelly, K., & Slade, A. (2005). Maternal reflective functioning, mother–infant affective communication, and infant attachment: Exploring the link between mental states and observed caregiving behavior in the intergenerational transmission of attachment. *Attachment & Human Development, 7,* 299–311.

Griffin, D., & Bartholomew, K. (1994). Models of the self and other: Fundamental dimensions underlying measures of adult attachment. *Journal of Personality and Social Psychology, 67,* 430–445.

Griffin, S. (1992). Structural analysis of the development of their inner world: A neostructural analysis of the development of intrapersonal intelligence. In R. Case (Ed.), *The mind's staircase* (pp. 189–206). Hills-dale, NJ: Erlbaum.

Groenendyk, A. E., & Volling, B. L. (2007). Co-parenting and early conscience development in the family. *Journal of Genetic Psychology, 168,* 201–224.

Groh, A. M., Fearon, R. P., Bakermans-Kranenburg, M. J., van IJzendoorn, M. H., Steele, R. D., & Roisman, G. I. (2014). The significance of attachment security for children's social competence with peers: A meta-analytic study. *Attachment & Human Development, 16,* 103–136.

Groh, A. M., Roisman, G. I., Booth-LaForce, C., Fraley, R. C., Owen, M. T., Cox, M. J., & Burchinal, M. R. (2014). Stability of attachment security from infancy to late adolescence. *Monographs of the Society for Research in Child Development, 79*(3), 51–66.

Groh, A. M., Roisman, G. I., van IJzendoorn, M. H., Bakermans-Kranenburg, M. J., & Fearon, R. P. (2012). The significance of insecure and disorganized attachment for children's internalizing symptoms: A metaanalytic study. *Child Development, 83,* 591–610.

Gross, J. J. (2001). Emotion regulation in adulthood: Timing is everything. *Current Directions in Psychological Science, 10,* 214–219.

Gross, J. J., & John, O. P. (2003). Individual differences in two emotion regulation processes: Implications for affect, relationships, and well-being. *Journal of Personality and Social Psychology, 85,* 348–362.

Gross, J. J., & Thompson, R. A. (2007). Emotion regulation: Conceptual foundations. In J. J. Gross (Ed.), *Handbook of emotion regulation* (pp. 3–24). New York, NY: Guilford Press.

Grossman, K., Grossman, K. E., Kindler, H., & Zimmerman, P. (2008). A wider view of attachment and exploration: The influence of mothers and fathers on the development of psychological security from infancy to young adulthood. In J. Cassidy & P. R. Shaver (Eds.), *Handbook of attachment: Theory, research, and clinical applications* (2nd ed., pp. 857–879). New York, NY: Guilford Press.

Grossman, K. E., Grossman, K., & Kindler, H. (2005). Early care and the roots of attachment and partnership representations: The Bielefeld and Regensburg lon-gitudinal studies. In K. E. Grossman, K. Grossman, & E. Waters (Eds.), *Attachment from infancy to adulthood: The major longitudinal studies* (pp. 98–136). New York, NY: Guilford Press.

Grossman, K. E., Grossman, K., & Waters, E. (Eds.). (2005). *Attachment from infancy to adulthood: The major longitudinal studies.* New York, NY: Guilford Press.

Grotevant, H. D. (1987). Toward a process model of identity formation. *Journal of Adolescent Research, 2,* 203–222.

Grotevant, H. D. (1992). Assigned and chosen identity components: A process perspective on their integration. In G. R. Adams, T. P. Gullota, & R. Montemayor (Eds.),

*Adolescent identity formation* (pp. 73–90). Thousand Oaks, CA: Sage Publications.

Grotevant, H. D., & Cooper, C. R. (1985). Patterns of interaction in family relationships and the development of identity exploration in adolescence. *Child Development, 56,* 415–428.

Gruenewald, T. L., Kemeny, M. E., Aziz, N., & Fahey, J. L. (2004). Acute threat to the social self: Shame, social self-esteem, and cortisol activity. *Psychosomatic Medicine, 66,* 915–924.

Grumbach, M. M., & Styne, D. M. (1998). Puberty: Ontogeny, neuroendocrinology, physiology, and disorders. In J. D. Wilson, D. W. Foster, H. M. Kronenberg, & P. R. Larsen (Eds.), *Williams textbook of endocrinology* (pp. 1509–1625). Philadelphia, PA: W. B. Sanders.

Grusec, J. E. (1997). A history of research on parenting strategies and children's internalization of values. In J. E. Grusec & L. Kuczynski (Eds.), *Parenting and children's internalization of values: A handbook of contemporary theory* (pp. 3–22). New York, NY: Wiley.

Grusec, J. E., Dix, T., & Mills, R. (1982). The effects of type, severity, and victim of children's transgressions on maternal discipline. *Canadian Journal of Behavioral Science, 14,* 276–289.

Grusec, J. E., Goodnow, J. J., & Cohen, L. (1996). Household work and the development of concern for others. *Developmental Psychology, 32,* 999–1007.

Grusec, J. E., & Sherman, A. (2011). Prosocial behavior. In M. K. Underwood & L. H. Rosen (Eds.), *Social development: Relationships in infancy, childhood, and adolescence* (pp. 263–286). New York, NY: Guilford Press.

Guilamo-Ramos, V., Jaccard, J., & Dittus, P. (Eds.). (2010). *Parental monitoring of adolescents: Current perspectives for researchers and practitioners.* New York, NY: Columbia University Press.

Gullone, E., Hughes, E. K., King, N. J., & Tonge, B. (2010). The normative development of emotion regulation strategy use in children and adolescents: A 2-year follow-up study. *Journal of Child Psychology and Psychiatry, 51,* 567–574.

Gummerum, M., & Keller, M. (2008). Affection, virtue, pleasure, and profit: Developing an understanding of friendship closeness and intimacy in western and Asian societies. *International Journal of Behavioral Development, 32,* 218–231.

Gunnar, M. R. (2000). Early adversity and the development of stress reactivity and regulation. In C. A. Nelson (Ed.), *Minnesota Symposia on Child Psychology: Vol. 31. The effects of early adversity on neurobehavioral development* (pp. 163–200). Mahwah, NJ: Erlbaum.

Gunnar, M. R., & Davis, E. P. (2003). Stress and emotion in early childhood. In R. M. Lerner, M. A. Easterbrooks, & J. Mistry (Eds.), *Handbook of psychology: Developmental psychology* (pp. 113–134). Hoboken, NJ: Wiley.

Gunnar, M. R., & Donzella, B. (2002). Social regulation of the cortisol levels in early human development. *Psychoneuroendocrinology, 27,* 199–220.

Gunnar, M. R., & Vasquez, D. (2006). Stress neurobiology and developmental psychopathology. In D. Cicchetti & D. Cohen (Eds.), *Developmental psychopathology, Vol. 1: Developmental neuroscience* (2nd ed., pp. 533–577). New York, NY: Wiley.

Guttmann-Steinmetz, S., & Crowell, J. A. (2006). Attachment and externalizing disorders: A developmental psychopathology perspective. *Journal of American Academy of Child & Adolescent Psychiatry, 45,* 440–451.

Haden, C. A. (2003). Joint encoding and joint reminiscing: Implications for young children's understanding and remembering of personal experiences. In R. Fivush & C. A. Haden (Eds.), *Autobiographical memory and the construction of a narrative self* (pp. 49–70). Mahwah, NJ: Erlbaum.

Haidt, J. (2001). The emotional dog and its rational tail: A social intuitionist approach to moral judgment. *Psychological Review, 108,* 814–834.

Haight, W. L., & Miller, P. J. (1993). *Pretending at home: Early development in sociocultural context.* Albany, NY: State University of New York Press.

Halberstadt, A. G., Denham, S. A., & Dunsmore, J. C. (2001). Affective social competence. *Social Development, 10,* 79–119.

Halberstadt, A. G., & Parker, A. E. (2007). Function, structure, and process as independent dimensions in research on emotion. *Clinical Psychology: Science and Practice, 14,* 402–406.

Halligan, S. L., Cooper, P. J., Healy, S. J., & Murray, L. (2007). The attribution of hostile intent in mothers, fathers, and their children. *Journal of Abnormal Child Psychology, 35,* 594–604.

Hamilton, C. E. (2000). Continuity and discontinuity of attachment from infancy through adolescence. *Child Development, 71,* 690–694.

Hamlin, J. K., & Wynn, K. (2011). Five- and 9-month-old infants prefer prosocial to antisocial others. *Cognitive Development, 26,* 30–39.

Hamlin, J. K., Wynn, K., & Bloom, P. (2007). Social evaluation by preverbal infants. *Nature, 450,* 557–559.

Hamlin, J. K., Wynn, K., & Bloom, P. (2010). Three-month-olds show a negativity bias in their social evaluations. *Developmental Science, 13,* 923–929.

Hane, A. A., Cheah, C., Rubin, K. H., & Fox, N. A. (2008). The role of maternal behavior in the relation between shyness and social reticence in early childhood and social withdrawal in middle childhood. *Social Development, 17,* 795–811.

Hane, A. A., & Fox, N. A. (2006). Ordinary variations in maternal caregiving of human infants influence stress reactivity. *Psychological Science, 17,* 550–556.

Haney, P., & Durlak, J. A. (1998). Changing self-esteem in children and adolescents: A meta-analytic review. *Journal of Clinical Child Psychology, 27,* 423–433.

Hansburg, H. G. (1972). *Adolescent separation anxiety: A method for the study of adolescent separation problems.* Springfield, IL: Charles C. Thomas.

Hardy, C. L., Bukowski, W. M., & Sippola, L. K. (2002). Stability and change in peer relationships during the transition to middle-level school. *Journal of Early Adolescence, 22,* 117–142.

Harley, K., & Reese, E. (1999). Origins of autobiographical memory. *Developmental Psychology, 35,* 1338–1348.

Harlow, H. F. (1958). The nature of love. *American Psychologist, 13,* 673.

Harris, J. R. (1995). Where is the child's environment? A group socialization theory of development. *Psychological Review, 102,* 458–489.

Harris, J. R. (1998). *The nurture assumption.* New York, NY: Free Press.

Harris, J. R. (2006). *No two alike: Human nature and human individuality.* New York, NY: Norton.

Harris, M. A., Gruenenfelder-Steiger, A. E., Ferrer, E., Donnellan, M. B., Allemand, M., Fend, H., …

Trzesniewski, K. H. (2015). Do parents foster self-esteem? Testing the prospective impact of parent closeness on adolescent self-esteem. *Child Development, 86,* 995–1013.

Harris, P. L. (1989). *Children and emotion: The development of psychological understanding.* New York, NY: Wiley-Blackwell.

Harris, P. L. (2000). Understanding emotion. In M. Lewis & J. Haviland (Eds.), *Handbook of emotion* (2nd ed., pp. 281–292). New York, NY: Guilford Press.

Harris, P. L, Olthof, T., Meerum Terwogt, M., & Hardman, C. E. (1987). Children's knowledge of the situations that provide emotion. *International Journal of Behavioral Development, 10,* 319–343.

Hart, D. (1988). The adolescent self-concept in social context. In D. K. Lapsley & F. C. Power (Eds.), *Self, ego, and identity* (pp. 71–90). New York, NY: Springer-Verlag.

Hart, D., & Fegley, S. (1995). Prosocial behavior and caring in adolescence: Relations to self-understanding and social judgment. *Child Development, 66,* 1346–1359.

Harter, S. (1982). The perceived competence scale for children. *Child Development, 53,* 87–97.

Harter, S. (1985). *The Self-Perception Profile for Children.* Unpublished manual, University of Denver, Denver, CO.

Harter, S. (1989). *The Self-Perception Profile for Adolescents.* Unpublished manual, University of Denver, Denver, CO.

Harter, S. (1990). Adolescent self and identity development. In S. S. Feldman & G. R. Elliott (Eds.), *At the threshold: The developing adolescent* (pp. 352–387). Cambridge, MA: Harvard University Press.

Harter, S. (1997). The personal self in social context: Barriers to authenticity. In R. D. Ashmore & L. J. Jussim (Eds.), *Self and identity: Fundamental issues* (Vol. 1, pp. 81–105). New York, NY: Oxford University Press.

Harter, S. (1998a). The development of self-representations. In W. Damon (Series Ed.) & N. Eisenberg (Vol. Ed.), *Handbook of child psychology: Vol. 3. Social, emotional, and personality development* (5th ed., pp. 553–617). New York, NY: Wiley.

Harter, S. (1998b). The effects of child abuse on the self-system. In B. B. Rosman & M. S. Rosenberg (Eds.), *Multiple victimization of children: Conceptual, developmental, research, and treatment issues.* New York, NY: Guilford Press.

Harter, S. (1999). *The construction of the self: Developmental and sociocultural foundations.* New York, NY: Guilford Press.

Harter, S. (2002). Authenticity. In C. R. Snyder & S. J. Lopez (Eds.), *Handbook of positive psychology* (pp. 382–394). New York, NY: Oxford University Press.

Harter, S. (2003). The development of self-representations during childhood and adolescence. In M. R. Leary & J. P. Tangney (Eds.), *Handbook of self and identity* (pp. 610–642). New York, NY: Guilford Press.

Harter, S. (2006). The self. In W. Damon & R. Lerner (Eds.) & N. Eisenberg (Vol. Ed.), *Handbook of child psychology: Vol. 3, Social, emotional, and personality development* (6th ed., pp. 505–570). New York, NY: Wiley.

Harter, S. (2008). The developing self. In W. Damon & R. M. Lerner (Eds.), *Child and adolescent development: An advanced course* (pp. 216–260). Hoboken, NJ: John Wiley & Sons.

Harter, S. (2012). *The construction of the self: Developmental and sociocultural foundations* (2nd ed.). New York, NY: Guilford Press.

Harter, S., Bresnick, S., Bouchey, H. A., & Whitesell, N. R. (1998). The development of multiple role-related selves during adolescence. *Development and Psychopathology, 9,* 835–854.

Harter, S., Marold, D. B., Whitesell, N. R., & Cobbs, G. (1996). A model of the effects of perceived parent and peer support on adolescent false self behavior. *Child Development, 67,* 360–374.

Harter, S., & Monsour, A. (1992). Development analysis of conflict caused by opposing attributes in the adolescent self-portrait. *Developmental Psychology, 28,* 251–260.

Harter, S., & Pike, R. (1984). The pictorial scale of perceived competence and social acceptance for young children. *Child Development, 55,* 1969–1982.

Harter, S., Stocker, C., & Robinson, N. S. (1996). The perceived directionality of the link between approval and self-worth: The liabilities of a looking glass self orientation among young adolescents. *Journal of Adolescence, 6,* 285–308.

Harter, S., Waters, P., & Whitesell, N. R. (1998). Relational self-worth: Differences in perceived worth as a person across interpersonal contexts among adolescents. *Child Development, 69,* 756–766.

Harter, S., Waters, P. L., Whitesell, N. R., & Kastelic, D. (1998). Level of voice among female and male high school students: Relational context, support, and gender orientation. *Developmental Psychology, 34,* 892–901.

Harter, S., & Whitesell, N. R. (2003). Beyond the debate: Why some adolescents report stable self-worth over time and situation, whereas others report changes in self-worth. *Journal of Personality, 71,* 1027–1058.

Hartmann, E., & Loewenstein, R. (1962). Notes on the superego. *Psychoanalytic Study of the Child, 17,* 42–81.

Hartup, W. W. (1989). Social relationships and their developmental significance. *American Psychologist, 44,* 120–126.

Hartup, W. W. (1992). Friendships and their developmental significance. In H. McGurk (Ed.), *Childhood social development: Contemporary perspectives* (pp. 175–205). Hillsdale, NJ: Erlbaum.

Hartup, W. W. (1996). The company they keep: Friendships and their developmental significance. *Child Development, 67,* 1–13.

Hartup, W. W., Laursen, B., Stewart, M. I., & Eastenson, A. (1988). Conflict and the friendship relations of young children. *Child Development, 59,* 1590–1600.

Hartup, W. W., & Stevens, N. (1997). Friendships and adaptation in the life course. *Psychological Bulletin, 121,* 355–370.

Hartup, W. W., & Stevens, N. (1999). Friendships and adaptation across the life span. *Current Directions in Psychological Science, 8,* 76–79.

Harwood, R. L., Miller, J. G., & Irizarry, N. L. (1995). *Culture and attachment: Perceptions of the child in context.* New York, NY: Guilford Press.

Hasebe, Y., Nucci, L. P., & Nucci, M. S. (2004). Parental control of the personal domain and adolescent symptoms of psychopathology: A cross-national study in the United States and Japan. *Child Development, 75,* 815–828.

Haselager, G. J. T., Cillessen, A. H. N., Van-Lieshout, C. F. M., Riksen-Walraven, J. M. A., & Hartup, W. W. (2002). Heterogeneity among peer-rejected boys across middle childhood: Developmental pathways of social behavior. *Developmental Psychology, 38,* 446–456.

Hastings, P. D., Kahle, S., & Nuselovici, J. M. (2014). How well socially wary preschoolers fare over time depends on their parasympathetic regulation and socialization. *Child Development, 85,* 1586–1600.

Hastings, P. D., Rubin, K., & DeRose, L. (2005). Links among gender, inhibition, and parental socialization in the development of prosocial behavior. *Merrill-Palmer Quarterly, 51,* 501–527.

Hastings, P. D., Utendale, W. T., & Sullivan, C. (2007). The socialization of prosocial behavior. In J. E. Grusec & P. D. Hastings (Eds.), *The handbook of socialization* (pp. 638–664). New York, NY: Guilford Press.

Hastings, P. D., Zahn-Waxler, C., Robinson, J., Usher, B., & Bridges, D. (2000). The development of concern for others in children with behavior problems. *Developmental Psychology, 36,* 531–546.

Havighurst, R. F., & Neugarten, B. L. (1955). *American Indian and White Children.* Chicago, IL: University of Chicago Press.

Hawes, D. J., & Dadds, M. R. (2005). The treatment of conduct problems in children with callous-unemotional traits. *Journal of Consulting and Clinical Psychology, 73,* 737–741.

Hay, D. F. (1994). Prosocial development. *Journal of Child Psychology and Psychiatry, 35,* 29–71.

Hay, D. F., Castle, J., & Davies, L. (2000). Toddlers' use of force against familiar peers: A precursor of serious aggression? *Child Development, 71,* 457–467.

Hay, D. F., Castle, J., Davies, L., Demetriou, H., & Stimson, C. A. (1999). Prosocial action in very early childhood. *Journal of Child Psychology and Psychiatry, 40,* 905–916.

Hay, D. F., Nash, A., & Pedersen, J. (1981). Responses of six-month-olds to the distress of their peers. *Child Development, 52,* 1071–1075.

Hay, D. F., & Pawlby, S. (2003). Prosocial development in relation to children's and mothers' psychological problems. *Child Development, 74,* 1314–1327.

Hay, D. F., Payne, A., & Chadwick, A. (2004). Peer relations in childhood. *Journal of Child Psychology and Psychiatry, 45,* 84–108.

Hay, D. F., Pederson, J., & Nash, A. (1982). Dyadic interaction in the first year of life. In K. H. Rubin & H. S. Ross (Eds.), *Peer relationships and social skills in childhood.* New York, NY: Springer-Verlag.

Haydon, K. C., Roisman, G. I., & Burt, K. B. (2012). In search of security: The latent structure of the Adult Attachment Interview revisited. *Development and Psychopathology, 24,* 589–606.

Hayne, H., & MacDonald, S. (2003). The socialization of autobiographical memory in children and adults: The roles of culture and gender. In R. Fivush & C. A. Haden (Eds.), *Autobiographical memory and the construction of a narrative self* (pp. 99–120). Mahwah, NJ: Erlbaum.

Hazan, C., & Shaver, P. (1987). Romantic love conceptualized as an attachment process. *Journal of Personality and Social Psychology, 52,* 511–524.

Hazan, C., & Shaver, P. (1990). Love and work: An attachment-theoretical perspective. *Journal of Personality and Social Psychology, 59,* 270–280.

Hazan, C., & Shaver, P. (1994). Attachment as an organizational framework for research on close relationships. *Psychological Inquiry, 5,* 1–22.

Hazan, C., & Zeifman, D. (1994). Sex and the psychological tether. In K. Bartholomew & D. Perlman (Eds.), *Advances in personal relationships* (Vol. 5, pp. 151–177). London: Jessica Kingsley.

Heatherton, T. F., Wyland, C. L., Macrae, C. N., Demos, K. E., Denny, B. T., & Kelley, W. M. (2006). Medial prefrontal activity differentiates self from close others. *Social Cognitive and Affective Neuroscience, 1,* 18–25.

Helwig, C. C. (2006). Rights, civil liberties, and democracy across cultures. In M. Killen & J. G. Smetana (Eds.), *Handbook of moral development* (pp. 185–210). Mahwah, NJ: Erlbaum.

Helwig, C. C., & Turiel, E. (2010). Children's social and moral reasoning. In P. K. Smith & C. H. Hart (Eds.), *Wiley-Blackwell handbook of childhood social development* (2nd ed.), Oxford: Wiley-Blackwell.

Helwig, C. C., Zelazo, P. D., & Wilson, M. (2001). Children's judgments of psychological harm in normal and noncanonical situations. *Child Development, 72,* 66–81.

Henderson, H. A., & Mundy, P. C. (2013). The integration of self and other in the development of self-regulation: Typical and atypical processes. In K. C. Barrett, N. A. Fox, G. A. Morgan, D. J. Fidler, & L. A. Daunhauer (Eds.), *Handbook of self-regulatory processes in development: New directions and international perspectives* (pp. 113–134). New York, NY: Psychology Press.

Henriques, J. B., & Davidson, R. J. (1990). Regional brain electrical asymmetries discriminate between previously depressed and healthy control subjects. *Journal of Abnormal Psychology, 99,* 22–31.

Herrald, M. M., & Tomaka, J. (2002). Patterns of emotion-specific appraisal, coping, and cardiovascular reactivity during an ongoing emotional episode. *Journal of Personality and Social Psychology, 83,* 434–450.

Herrera, N., Zajonc, R., Wieczorkowska, G., & Cichomski, B. (2003). Beliefs about birth rank and their reflection in reality. *Journal of Personality and Social Psychology, 85,* 142–150.

Hesse, E. (1996). Discourse, memory, and the Adult Attachment Interview: A note with emphasis on the emerging cannot classify category. *Infant Mental Health Journal, 17,* 4–11.

Hesse, E. (2008). The Adult Attachment Interview: Protocol, method of analysis, and empirical studies. In J. Cassidy & P. R. Shaver (Eds.), *Handbook of attachment: Theory, research, and clinical applications* (2nd ed., pp. 552–598). New York, NY: Guilford Press.

Hesse, E., & Main, M. (2000). Disorganized infant, child, and adult attachment: Collapse in behavioral and attentional strategies. *Journal of the American Psychoanalytic Association, 48,* 1097–1127.

Hetherington, E. M. (1988). Parents, children and siblings six years after divorce. In R. Hinde & J. Stevenson-Hinde (Eds.), *Relationships within families* (pp. 311–331). Cambridge: Cambridge University Press.

Hetherington, E. M. (1989). Coping with family transitions: Winners, losers, and survivors. *Child Development, 60,* 1–14.

Hetherington, E. M., & Clingempeel, W. G. (1992). Coping with marital transitions: A family systems perspective. *Monographs of the Society for Research in Child Development, 57*(2–3, Serial No. 227).

Hetherington, E. M., Henderson, S., & Reiss, D. (1999). Adolescent siblings in step-families: Family functioning and adolescent adjustment. *Monographs of the Society for Research in Child Development, 64*(4, Serial No. 259).

Hetherington, E. M., & Kelly, J. (2002). *For better or for worse: Divorce reconsidered.* New York, NY: Norton.

Hetherington, E. M., Reiss, D., & Plomin, R. (Eds.). (1994). *Separate social worlds of siblings: The impact of nonshared environment on development.* Hillsdale, NJ: Erlbaum.

Hill, N. E., Bromell, L., Tyson, D. F., & Flint, R. (2007). Developmental commentary: Ecological perspectives on parental influences during adolescence. *Journal of Clinical Child and Adolescent Psychology, 36,* 367–377.

Hill, N. E., & Witherspoon, D. P. (2011). Race, ethnicity, and social class. In M. K. Underwood & L. H. Rosen (Eds.), *Handbook of social development* (pp. 316–346). New York, NY: Guilford Press.

Hinde, R. A. (1987). *Individuals, relationships and culture: Links between ethology and the social sciences.* Cambridge: Cambridge University Press.

Hinde, R. A. (1988). Continuities and discontinuities: Conceptual issues and methodological considerations. In M. Rutter (Ed.), *Studies of psychosocial risk: The power of longitudinal data* (pp. 367–383). Cambridge: Cambridge University Press.

Hinderlie, H. H., & Kenny, M. (2002). Attachment, social support, and college adjustment among Black students at predominantly White universities. *Journal of College Student Development, 43,* 327–340.

Hinduja, S., & Patchin, J. W. (2007). Offline consequences of online victimization: School violence and delinquency. *Journal of School Violence, 6,* 89–112.

Hinduja, S., & Patchin, J. W. (2009). *Bullying beyond the schoolyard: Preventing and responding to cyberbullying.* Thousand Oaks, CA: Corwin Press.

Hodges, E. V. E., Boivin, M., Vitaro, F., & Bukowski, W. M. (1999). The power of friendship: Protection against an escalating cycle of peer victimization. *Developmental Psychology, 35,* 94–101.

Hodges, E. V. E., Finnegan, R. A., & Perry, D. G. (1999). Skewed autonomy-relatedness in preadolescents' conceptions of their relationships with mother, father, and best friend. *Developmental Psychology, 35,* 737–748.

Hoehl, S., & Striano, T. (2008). Neural processing of eye gaze and threat-related emotional facial expressions in infancy. *Child Development, 79,* 1752–1760.

Hoffman, M. L. (1975). Altruistic behavior and the parent-child relationship. *Journal of Personality and Social Psychology, 31,* 937–943.

Hoffman, M. L. (1982). Development of prosocial motivation: Empathy and guilt. In N. Eisenberg (Ed.), *The development of prosocial behavior* (pp. 281–313). New York, NY: Academic Press.

Hoffman, M. L. (1983). Affective and cognitive processes in moral internalization. In E. T. Higgins, D. N. Ruble, & W. W. Hartup (Eds.), *Social cognition and social development: A sociocultural perspective* (pp. 236–274). Cambridge: Cambridge University Press.

Hoffman, M. L. (1984). Interaction of affect and cognition in empathy. In C. E. Izard, J. Kagan, & R. B. Zajonc (Eds.), *Emotions, cognition, and behavior* (pp. 103–131). Cambridge: Cambridge University Press.

Hoffman, M. L. (2000). *Empathy and moral development: Implications for caring and justice.* Cambridge: Cambridge University Press.

Hoglund, C. L., & Nicholas, K. B. (1995). Shame, guilt, and anger in college students exposed to abusive family environments. *Journal of Family Violence, 10,* 141–157.

Holden, G. W., & Miller, P. C. (1999). Enduring and different: A meta-analysis of the similarity in parents' child rearing. *Psychological Bulletin, 125,* 223–254.

Holden, G. W., Vittrup, B., & Rosen, L. H. (2011). Families, parenting, and discipline. In M. K. Underwood & L. H. Rosen (Eds.), *Social development: Relationships in infancy, childhood, and adolescence*. New York, NY: Guilford Press.

Hollenstein, T. (2007). State space grids: Analyzing dynamics across development. *International Journal of Behavioral Development, 31*, 384–396.

Holmes, E. K., Dunn, K. C., Harper, J., Dyer, W. J., & Day, R. D. (2013). Mother knows best? Inhibitory maternal gatekeeping, psychological control, and the mother-adolescent relationship. *Journal of Adolescence, 36*, 91–101.

Holmgren, R. A., Eisenberg, N., & Fabes, R. A. (1998). The relations of children's situational empathy-related emotions to dispositional prosocial behavior. *International Journal of Behavioral Development, 22*, 169–193.

Hooker, C. I., Verosky, S. C., Germine, L. T., Knight, R. T., & D'Esposito, M. (2008). Mentalizing about emotion and its relationship to empathy. *Social Cognitive and Affective Neuroscience, 3*, 204–217.

Howe, M. L. (1998). Language is never enough: Memories are more than words reveal. *Applied Cognitive Psychology, 12*, 475–481.

Howe, N., Karos, L. K., & Aquan-Assee, J. (2011). Sibling relationship quality in early adolescence: Child and maternal perceptions and daily interactions. *Infant and Child Development, 20*, 227–245.

Howe, N., Petrakos, H., & Rinaldi, C. M. (1998). "All the sheeps are dead. He murdered them": Sibling pretense, negotiation, internal state language, and relationship quality. *Child Development, 69*, 182–191.

Howe, N., Rinaldi, C., Jennings, M., & Petrakos, H. (2002). "No! The lambs can stay out because they got cozies": Constructive and destructive sibling conflict, pretend play, and social understanding. *Child Development, 73*, 1360–1473.

Howe, N., Ross, H. S., & Recchia, H. (2011). Sibling relationships in early and middle childhood. In P. K. Smith & C. H. Hart (Eds.), *Wiley-Blackwell handbook of childhood social development* (2nd ed., pp. 356–372). New York, NY: Wiley.

Howes, C. (1983). Patterns of friendship. *Child Development, 54*, 1041–1053.

Howes, C. (1988). Peer interaction of young children. *Monographs of the Society for Research in Child Development, 53*(1, Serial No. 217).

Howes, C. (1996). The earliest friendships. In W. M. Bukowski, A. F. Newcomb, & W. W. Hartup (Eds.), *The company they keep: Friendships in childhood and adolescence* (pp. 66–86). New York, NY: Cambridge University Press.

Howes, C. (2000). Social-emotional classroom climate in child care, child–teacher relationships and children's second grade peer relations. *Social Development, 9*, 191–204.

Howes, C., & Farver, J. (1987). Toddlers' responses to the distress of their peers. *Journal of Applied Developmental Psychology, 8*, 441–452.

Howes, C., Hamilton, C., & Phillipsen, L. C. (1998). Stability and continuity of child–caregiver and child–peer relationships. *Child Development, 69*, 418–426.

Howes, C., & Matheson, C. C. (1992). Sequences in the development of competent play with peers: Social and social pretend play. *Developmental Psychology, 28*, 961–974.

Howes, C., Matheson, C. C., & Hamilton, C. E. (1994). Maternal, teacher, and child care history correlates of children's relationships with peers. *Child Development, 55*, 257–273.

Howes, C., & Phillipsen, L. (1992). Gender and friendship: Relationships with peer groups of young children. *Social Development, 1*, 230–242.

Howes, C., Rodning, C., Galluzzo, D. C., & Myers, L. (1988). Attachment and child care: Relationships with mother and caregiver. *Early Childhood Research Quarterly, 3*, 703–715.

Howes, C., & Spieker, S. (2008). Attachment relationships in the context of multiple caregivers. In J. Cassidy & P. Shaver (Eds.), *Handbook of attachment: Theory, research, and clinical applications* (2nd ed., pp. 317–332). New York, NY: Guilford Press.

Howes, C., & Tonyan, H. (1999). Peer relations. In L. Balter & C. S. Tamis-LeMonda (Eds.), *Child psychology: A handbook of contemporary issues* (pp. 143–157). New York, NY: Psychology Press.

Howes, C., & Tonyan, H. A. (2000). Links between adult and peer relations across four developmental periods. In K. A. Kerns, J. Contreras, & A. Neal-Barnett (Eds.), *Examining associations between parent–child and peer relationships* (pp. 84–114). New York, NY: Greenwood.

Hoza, B., Molina, B. S. G., Bukowski, W. M., & Sippola, L. (1995). Peer variables as predictors of later childhood adjustment. *Development and Psychopathology, 7*, 787–802.

Hrdy, S. (2005). Evolutionary context of human development: The cooperative breeding model. In C. S. Carter, L. Ahnert, K. E. Grossman, S. B. Hrdy, M. E. Lamb, S. W. Porges, & N. Sachser (Eds.), *Attachment and bonding: A new synthesis* (pp. 9–32). Cambridge, MA: The MIT Press.

Hughes, D. A., & Baylin, J. (2012). *Brain-based parenting: The neuroscience of caregiving for healthy attachment*. New York, NY: Norton.

Hughes, D., Rodriguez, J., Smith, E., Johnson, D., Stevenson, H., & Spicer, P. (2006). Parents' ethnic-racial socialization practices: A review of research and directions for future study. *Developmental Psychology, 42*, 747–770.

Huizink, A. (2012). Prenatal influences on temperament. In M. Zentner & R. L. Shiner (Eds.), *Handbook of temperament* (pp. 297–314). New York, NY: Guilford Press.

Hum, K. M., & Lewis, M. D. (2013). Neural mechanisms of emotion regulation in children: Implications for normative development and emotion-related disorders. In K. C. Barrett, N. A. Fox, G. A. Morgan, D. J. Fidler, & L. A. Daunhauer (Eds.), *Handbook of self-regulatory processes in development: New directions and international perspectives* (pp. 173–198). New York, NY: Psychology Press.

Hymel, S., Closson, L. M., Caravita, S. C. S., & Vaillancourt, T. (2010). Social status among peers: From sociometric attraction to peer acceptance to perceived popularity. In P. K. Smith & C. H. Hart (Eds.), *Wiley-Blackwell handbook of childhood social development* (2nd ed., pp. 375–392). Oxford: Wiley-Blackwell.

Iannotti, R. J., Cummings, E. M., Pierrehumbert, B., Milano, M. J., & Zahn-Waxler, C. (1992). Parental influences on prosocial behavior and empathy in early childhood. In J. M. A. M. Janssens & J. R. M. Gerris (Eds.), *Child rearing: Influence on prosocial and moral development* (pp. 77–100). Amsterdam: Swets & Zeitlinger.

Impett, E. A., Sorsoli, L., Schooler, D., Henson, J. M., &

Tolman, D. L. (2008). Girls' relationship authenticity and self-esteem across adolescence. *Developmental Psychology, 44*, 722–733.

Insel, T. R., & Young, L. J. (2001). The neurobiology of attachment. *Nature Reviews Neuroscience, 2*, 129–136.

Irizarry, K. J., & Galbraith, S. J. (2004). Complex disorders reloaded: Causality, action, reaction, cause, and effect. *Molecular Psychiatry, 9*, 431–432.

Irle, E., Ruhleder, M., Lange, C., Seidler-Brandler, U., Salzer, S., Dechent, P., … Leichsenring, F. (2010). Reduced amygdalar and hippocampal size in adults with generalized social phobia. *Journal of Psychiatry and Neuroscience, 35*, 126–131.

Isabella, R. A., & Belsky, J. (1991). Interactional synchrony and the origins of infant– mother attachment: A replication study. *Child Development, 62*, 373–384.

Isabella, R. A., Belsky, J., & von Eye, A. (1989). Origins of infant–mother attachment: An examination of interactional synchrony during the infant's first year. *Developmental Psychology, 25*, 12–21.

Israel, S., Lerer, E., Shalev, I., Uzefovsky, F., Reibold, M., Bachner-Melman, R., … Ebstein, R. P. (2008). Molecular genetic studies of the arginine vasopressin 1a receptor (AVPR1a) and the oxytocin receptor (OXTR) in human behavior: From autism to altruism with some notes in between. *Progress in Brain Research, 170*, 435–449.

Izard, C. E. (1971). *The face of emotion*. New York, NY: Appleton-Century-Crofts.

Izard, C. E. (1991). *The psychology of emotions*. New York, NY: Plenum.

Izard, C. E. (2002). Emotion knowledge and emotion utilization facilitate school readiness. *Social Policy Report, 16*, 7.

Izard, C. E. (2007). Basic emotions, natural kinds, emotion schemas, and a new paradigm. *Perspectives on Psychological Science, 2*, 260–280.

Izard, C. E. (2009). Emotion theory and research: Highlights, unanswered questions, and emerging issues. *Annual Review of Psychology, 60*, 1–25.

Izard, C. E., & Dougherty, L. M. (1982). Two complementary systems for measuring facial expressions in infants and children. In C. E. Izard (Ed.), *Measuring emotions in infants and children* (pp. 97–126). New York, NY: Cambridge University Press.

Izard, C. E., Fine, S., Schultz, D., Mostow, A., Ackerman, B., & Youngstrom, E. (2001). Emotion knowledge as a predictor of social behavior and academic competence in children at risk. *Psychological Science, 12*, 18–23.

Izard, C. E., Huebner, R. R., Risser, D., McGinnes, G. C., & Dougherty, L. M. (1980). The young infant's ability to produce discrete emotion expressions. *Developmental Psychology, 16*, 132–140.

Izard, C. E., King, K. A., Trentacosta, C. J., Laurenceau, J. P., Morgan, J. K., Krauthamer-Ewing, E. S., & Finlon, K. J. (2008). Accelerating the development of emotion competence in Head Start children. *Development and Psychopathology, 20*, 369–397.

Izard, C. E., Woodburn, E. M., Finlon, K. J., Krauthamer-Ewing, E. S., Grossman, S. R., & Seidenfeld, A. (2011). Emotion knowledge, emotion utilization, and emotion regulation. *Emotion Review, 3*, 44–52.

Jaccard, J., Dittus, P. J., & Gordon, V. V. (1996). Maternal correlates of adolescent sexual and contraceptive behavior. *Family Planning Perspectives, 28*, 159–165.

Jack, D. C. (1991). *Silencing the self: Women and depression.*

Cambridge, MA: Harvard University Press.

Jacobs, J. E., Lanza, S., Osgood, D. W., Eccles, J. S., & Wigfield, A. (2002). Changes in children's self-competence and values: Gender and domain differences across grades one through twelve. *Child Development, 73*, 509–527.

Jacobson, J. L. (1981). The role of inanimate objects in early peer interaction. *Child Development, 52*, 618–626.

Jaenicke, C., Hammen, C., Zupan, B., Hiroto, D., Gordon, D., Adrian, C., & Burge, D. (1987). Cognitive vulnerability in children at risk for depression. *Journal of Abnormal Child Psychology, 15*, 559–572.

Jaffe, J., Beebe, B., Feldstein, S., Crown, C. L., & Jasnow, M. D. (2001). Rhythms of dialogue in infancy: Coordinated timing in development. *Monographs of the Society for Research in Child Development, 66*(2, Serial No. 231).

James, W. (1892). *Text-book of psychology*. London: Macmillan and Co.

Janssens, J. M. A. M., & Gerris, J. R. M. (1992). Child rearing, empathy, and prosocial development. In J. M. A. M. Janssens & J. R. M. Gerris (Eds.), *Child rearing: Influence on prosocial and moral development* (pp. 57–75). Amsterdam: Swets & Zeitlinger.

Jenkins, J. (1992). Sibling relationships in disharmonious homes: Potential difficulties and protective effects. In F. Boer & J. Dunn (Eds.), *Children's sibling relationships: Developmental and clinical issues* (pp. 125–138). Hillsdale, NJ: Erlbaum.

Jenkins, J., Rasbash, J., Leckie, G., Gass, K., & Dunn, J. (2012). The role of maternal factors in sibling relationship quality: A multilevel study of multiple dyads per family. *Journal of Child Psychology and Psychiatry, 53*, 622–629.

Jenkins, J. M., Rasbash, J., & O'Connor, T. G. (2003). The role of the shared family context in differential parenting. *Developmental Psychology, 39*, 99–113.

Johnson, D. B. (1982). Altruistic behavior and the development of the self in infants. *Merrill-Palmer Quarterly, 28*, 379–388.

Jones, J. D., & Cassidy, J. (2014). Parental attachment style: Examination of links with parent secure base provision and adolescent secure base use. *Attachment & Human Development, 16*, 437–461.

Jones, J. D., Cassidy, J., & Shaver, P. R. (2015). Parents' self-reported attachment styles: A review of links with parenting behaviors, emotions, and cognition. *Personality and Social Psychology Review, 19*, 44–76.

Jones, R. M., & Hartmann, B. R. (1988). Ego identity: Developmental differences and experimental substance use among adolescents. *Journal of Adolescence, 11*, 347–360.

Jonsson, C.-O., & Clinton, D. (2006). What do mothers attune to during interactions with their infants? *Infant and Child Development, 15*, 387–402.

Juang, L. P., Lerner, J. V., McKinney, J. P., & von Eye, A. (1999). The goodness of fit in autonomy timetable expectations between Asian-American late adolescents and their parents. *International Journal of Behavioral Development, 23*, 1023–1048.

Juffer, F., Bakermans-Kranenburg, M. J., & van IJzendoorn, M. H. (Eds.). (2007). *Promoting positive parenting: An attachment-based intervention*. Mahwah, NJ: Erlbaum.

Kagan, J. (1981). *The second year: The emergence of self-awareness*. Cambridge, MA: Harvard University Press.

Kagan, J. (1984). *The nature of the child*. New York, NY: Basic Books.

Kagan, J. (1994). On the nature of emotion. In N. A. Fox (Ed.),

The development of emotion regulation: Behavioral and biological considerations. *Monographs of the Society for Research in Child Development, 59*(2–3, Serial No. 240), 7–24.

Kagan, J. (2005). Human morality and its variants. In A. Dientsbier (Series Ed.) & G. Carlo & C. P. Edwards (Vol. Eds.), *Nebraska Symposium on Motivation: Vol. 51. Moral motivation through the lifespan.* Lincoln: University of Nebraska Press.

Kagan, J., Arcus, D., Snidman, N., Feng, W. Y., Hendler, J., & Greene, S. (1994). Reactivity in infants: A cross-national comparison. *Developmental Psychology, 30,* 342–345.

Kagan, J., & Fox, N. A. (2006). Biology, culture, and temperamental biases. In W. Damon & R. M. Lerner (Eds.), *Handbook of child psychology. Vol 3: Social, emotional and personality development* (6th ed., pp. 167–225). New York, NY: Wiley.

Kagan, J., Reznick, J. S., & Snidman, N. (1987). The physiology and psychology of behavioral inhibition in children. *Child Development, 58,* 1459–1473.

Kagan, J., & Snidman, N. (1991). Temperamental factors in human development. *American Psychologist, 46,* 856–862.

Kagan, J., & Snidman, N. (1999). Early childhood predictors of adult anxiety disorders. *Biological Psychiatry, 46,* 1536–1541.

Kagan, J., & Snidman, N. (2004). *The long shadow of temperament.* Cambridge, MA: Harvard University Press.

Kagan, J., Snidman, N., Kahn, V., & Towsley, S. (2007). The preservation of two infant temperaments into adolescence. *Monographs of the Society for Research in Child Development, 72*(2, Serial No. 287).

Kalpidou, M. D., Power, T. G., Cherry, K. E., & Gottfried, N. W. (2004). Regulation of emotion and behavior among 3- and 5-year-olds. *Journal of General Psychology, 131,* 159–178.

Kaplan, J. T., Aziz-Zadeh, L., Uddin, L. Q., & Iacoboni, M. (2008). The self across the senses: An fMRI study of self-face and self-voice recognition. *Social Cognitive and Affective Neuroscience, 3,* 218–223.

Kaplan, N. (1985). *Procedures for the administration of the Hansburg Separation Anxiety Test for younger children adapted from Klagsbrun and Bowlby.* Unpublished manuscript, University of California, Berkeley, CA.

Kärtner, J., Keller, H., Chaudhary, N., & Yovsi, R. D. (2012). The development of mirror self-recognition in different sociocultural contexts. *Monographs of the Society for Research in Child Development, 77*(4, Serial No. 305).

Katainen, S., Raikkonen, K., & Keltikangas-Jarvinen, L. (1998). Development of temperament: Childhood temperament and the mother's childrearing attitudes as predictors of adolescent temperament in a 9-year follow-up study. *Journal of Research on Adolescence, 8,* 485–509.

Katz, L. F., Hessler, D. M., & Annest, A. (2007). Domestic violence, emotional competence, and child adjustment. *Social Development, 16,* 513–538.

Katz, L. F., Kramer, L., & Gottman, J. M. (1992). Conflict and emotions in marital, sibling, and peer relationships. In C. U. Shantz & W. W. Hartup (Eds.), *Conflict in child and adolescent development* (pp. 122–149). Cambridge: Cambridge University Press.

Kayyal, M. H., & Russell, J. A. (2013). Palestinians and Americans judge spontaneous facial expressions of emotion. *Emotion, 13,* 891–904.

Keefe, K., & Berndt, T. J. (1996). Relations of friendship quality

to self-esteem in early adolescence. *The Journal of Early Adolescence, 16,* 110–129.

Keenan, J. P., & Wheeler, M. A. (2002). Elucidation of the brain correlates of cognitive empathy and self-awareness. *Behavioral and Brain Sciences, 25,* 40–41.

Keijers, L., Frijns, T., Branje, S. J. T., & Meeus, W. (2009). Developmental links of adolescent disclosure, parental solicitation, and control with delinquency: Moderation by parental support. *Developmental Psychology, 45,* 1314–1327.

Keller, H., Yovsi, R., Borke, J., Kartner, J., Jensen, H., & Papaligoura, Z. (2004). Developmental consequences of early parenting experiences: Self-recognition and self-regulation in three cultural communities. *Child Development, 75,* 1745–1760.

Keltner, D., & Buswell, B. (1997). Embarrassment: Its distinct form and appeasement functions. *Psychological Bulletin, 122,* 250–270.

Kennedy, D. E., & Kramer, L. (2008). Improving emotional regulation and sibling relationship quality: The More Fun with Sisters and Brothers Program. *Family Relations, 57,* 567–578.

Kenny, D. A., Kashy, D. A., & Cook, W. L. (2006). *Dyadic data analysis.* New York, NY: Guilford Press.

Kenny, M. (1987). The extent and function of parental attachment among first-year college students. *Journal of Youth and Adolescence, 16,* 17–29.

Kenny, R., Dooley, B., & Fitzgerald, A. (2013). Interpersonal relationships and emotional distress in adolescence. *Journal of Adolescence, 36,* 351–360.

Kerns, K. A., Abraham, M. M., Schlegelmilch, A., & Morgan, T. A. (2007). Mother- child attachment in later middle childhood: Assessment approaches and associations with mood and emotion regulation. *Attachment & Human Development, 9,* 33–53.

Kerns, K. A., & Brumariu, L. E. (2014). Is insecure parent–child attachment a risk factor for the development of anxiety in childhood and adolescence? *Child Development Perspectives, 8,* 12–17.

Kerns, K. A., Cole, A., & Andrews, P. B. (1998). Attachment security, parent peer management practices, and peer relationships in preschoolers. *Merrill-Palmer Quarterly, 44,* 504–522.

Kerns, K. A., Klepac, L., & Cole, A. (1996). Peer relationships and preadolescents' perceptions of security in the child–mother relationship. *Developmental Psychology, 32,* 457–466.

Kerns, K. A., & Richardson, R. A. (Eds.). (2005). *Attachment in middle childhood.* New York, NY: Guilford Press.

Kerns, K. A., Tomich, P. L., Aspelmeier, J. E., & Contreras, J. M. (2000). Attachment based assessments of parent–child relationships in middle childhood. *Developmental Psychology, 36,* 614–626.

Kerpelman, J. L., Pittman, J. F., Cadely, H. S.-E., Tuggle, F. J., Harrell-Levy, M. K., & Adler-Baeder, F. M. (2012). Identity and intimacy during adolescence: Connections among identity styles, romantic attachment and identity commitment. *Journal of Adolescence, 35,* 1427–1439.

Kerpelman, J. L., Pittman, J. F., & Lamke, L. K. (1997). Toward a microprocess perspective on adolescent identity development: An identity control theory approach. *Journal of Adolescent Research, 12,* 325–346.

Kestenbaum, R., Farber, E. A., & Sroufe, L. A. (1989). Individual differences in empathy among preschoolers: Relation to attachment history. *New Directions for Child*

*Development, 44,* 51–64.

Kiang, L., Moreno, A., & Robinson, J. L. (2004). Maternal preconceptions about parenting predict child temperament, maternal sensitivity, and children's empathy. *Developmental Psychology, 40,* 1081–1092.

Kiang, L., Witkow, M. R., & Champagne, M. C. (2013). Normative changes in ethnic and American identities and links with adjustment among Asian American adolescents. *Developmental Psychology, 49,* 1713–1722.

Kiesner, J., Kerr, M., & Stattin, H. (2004). "Very important persons" in adolescence: Going beyond in-school, single friendships in the study of peer homophily. *Journal of Adolescence, 27,* 545–560.

Killeen, M. R., & Forehand, R. (1998). A transactional model of adolescent self-esteem. *Journal of Family Psychology, 12,* 132–138.

Killen, M., Breton, S., Ferguson, H., & Handler, K. (1994). Preschoolers' evaluations of teacher methods of intervention in social transgressions. *Merrill-Palmer Quarterly, 40,* 399–415.

Killen, M., Lee-Kim, J., McGlothlin, H., & Stangor, C. (2002). How children and adolescents evaluate gender and racial exclusion. *Monographs of the Society for Research in Child Development, 67*(4, Serial No. 271).

Killen, M., Margie, N. G., & Sinno, S. (2006). Morality in the context of intergroup relationships. In M. Killen & J. G. Smetana (Eds.), *Handbook of moral development* (pp. 155–184). Mahwah, NJ: Erlbaum.

Killen, M., Mulvey, L., Richardson, C., Jampol, N., & Woodward, A. (2011). The accidental transgressor: Morally relevant theory of mind. *Cognition, 119,* 197–215.

Killen, M., & Stangor, C. (2001). Children's social reasoning about inclusion and exclusion in gender and race peer group contexts. *Child Development, 72,* 174–186.

Kim, J., & Cicchetti, D. (2004). A longitudinal study of child maltreatment, mother–child relationship quality and maladjustment: The role of self-esteem and social competence. *Journal of Abnormal Child Psychology, 32,* 341–354.

Kim, J. E., Hetherington, E. M., & Reiss, D. (1999). Associations among family relationships, antisocial peers, and adolescents' externalizing behaviors: Gender and family type differences. *Child Development, 70,* 1209–1230.

Kim, J. Y., McHale, S. M., Crouter, A. C., & Osgood, D. W. (2007). Longitudinal linkages between sibling relationships and adjustment from middle childhood through adolescence. *Developmental Psychology, 43,* 960–973.

Kim, J. Y., McHale, S. M., Osgood, D. W., & Crouter, A. C. (2006). Longitudinal course and family correlates of sibling relationships from childhood through adolescence. *Child Development, 77,* 1746–1761.

Kim, K., Conger, R. D., Lorenz, F. O., & Elder, G. H., Jr. (2001). Parent–adolescent reciprocity in negative affect and its relation to early adult social development. *Developmental Psychology, 37,* 775–790.

King, K. M., Lengua, L. J., & Monahan, K. C. (2013). Individual differences in the development of self-regulation during preadolescence: Connections to context and adjustment. *Journal of Abnormal Child Psychology, 41,* 57–69.

Kins, E., Beyers, W., & Soenens, B. (2013). When the separation-individuation process goes awry: Distinguishing between dysfunctional dependence and dysfunctional independence. *International Journal of Behavioral Development, 37,* 1–12.

Kins, E., Soenens, B., & Beyers, W. (2011). "Why do they have to grow up so fast?" Parental separation anxiety and emerging adults' pathology of separation-individuation. *Journal of Clinical Psychology, 67,* 647–664.

Kins, E., Soenens, B., & Beyers, W. (2012). Parental psychological control and dysfunctional separation-individuation: A tale of two different dynamics. *Journal of Adolescence, 35,* 1099–1109.

Kisilevsky, B., Hains, S. M., Brown, C. A., Lee, C. T., Cowperthwaite, B., Stutzman, S. S., ... Wang, Z. (2009). Fetal sensitivity to properties of maternal speech and language. *Infant Behavior and Development, 32,* 59–71.

Kitayama, S., Markus, H. R., & Matsumoto, H. (1995). Culture, self, and emotion: A cultural perspective on "self conscious" emotions. In J. P. Tangney & K. W. Fischer (Eds.), *Self-conscious emotions: The psychology of shame, guilt, embarrassment, and pride* (pp. 439–464). New York, NY: Guilford Press.

Kitzmann, K., Cohen, R., & Lockwood, R. (2002). Are only children missing out? Comparison of the peer-related social competence of only children and siblings. *Journal of Social and Personal Relationships, 19,* 299–316.

Klagsbrun, M., & Bowlby, J. (1976). Responses to separation from parents: A clinical test for young children. *British Journal of Projective Psychology and Personality Study, 21,* 7–27.

Klein, G. S. (1976). *Psychoanalytic theory: An exploration of essentials.* New York, NY: International Universities Press.

Klein Velderman, M., Bakermans-Kranenburg, M. J., Juffer, F., & van IJzendoorn, M. H. (2006). Effects of attachment-based interventions on maternal sensitivity and infant attachment: Differential susceptibility of highly reactive infants. *Journal of Family Psychology, 20,* 266–274.

Kling, K. C., Hyde, J. S., Showers, C. J., & Buswell, B. N. (1999). Gender differences in self-esteem: A meta-analysis. *Psychological Bulletin, 125,* 470–500.

Kluger, J. (2011). *The sibling effect: What the bonds among brothers and sisters reveal about us.* New York, NY: Riverhead Books.

Knafo, A., & Israel, S. (2009). Genetic and environmental influences on prosocial behavior. In M. Mikulincer & P. R. Shaver (Eds.), *Prosocial motives, emotions, and behavior* (pp. 149–167). Washington, DC: American Psychological Association.

Knafo, A., & Plomin, R.(2006). Prosocial behavior from early to middle childhood: Genetic and environmental influences on stability and change. *Developmental Psychology, 42,* 771–786.

Knafo, A., Zahn-Waxler, C., Van Hulle, C., Robinson, J. L., & Rhee, S. H. (2008). The developmental origins of a disposition toward empathy: Genetic and environmental contributions. *Emotion, 8,* 737–752.

Knight, G. P., Johnson, L. G., Carlo, G., & Eisenberg, N. (1994). A multiplicative model of the dispositional antecedents of a prosocial behavior: Predicting more of the people more of the time. *Journal of Personality and Social Psychology, 66,* 178–183.

Knobe, J. (2005). Theory of mind and moral cognition: Exploring the connections. *Trends in Cognitive Sciences, 9,* 357–359.

Knobe, J. (2010). The person as moralist account and its alternatives. *Behavioral and Brain Sciences, 33,* 353–365.

Knoester, C., Haynie, D. L., & Stephens, C. M. (2006).

Parenting practices and adolescents' friendship networks. *Journal of Marriage and Family, 68,* 1247–1260.

Kobak, R. (1993). *The Attachment Interview Q-Set.* Unpublished manuscript, University of Delaware, Newark, DE.

Kobak, R., Cassidy, J., Lyons-Ruth, K., & Ziv, Y. (2006). Attachment, stress, and psychopathology: A developmental pathways model. In D. Cicchetti & D. J. Cohen (Eds.), *Developmental psychopathology: Vol. 1. Theory and method* (2nd ed., pp. 333–369). Hoboken, NJ: Wiley.

Kobak, R., & Duemmler, S. (1994). Attachment and conversation: Toward a discourse analysis of adolescent and adult security. In K. Bartholomew & D. Perlman (Eds.), *Advances in personal relationships: Volume 5. Attachment processes in adulthood* (pp. 121–149). London: Jessica Kingsley.

Kobak, R., Little, M., Race, E., & Acosta, M. (2001). Attachment disruptions in seriously emotionally disturbed children: Implications for treatment. *Attachment & Human Development, 3,* 243–258.

Kobak, R., & Madsen, S. (2008). Disruptions in attachment bonds: Implications for theory, research, and clinical intervention. In J. Cassidy & P. R. Shaver (Eds.), *Handbook of attachment: Theory, research, and clinical applications* (2nd ed., pp. 23–47). New York, NY: Guilford Press.

Kobak, R., Rosenthal, N., & Serwik, A. (2005). The attachment hierarchy in middle childhood: Conceptual and methodological issues. In K. Kerns & R. A. Richardson (Eds.), *Attachment in middle childhood* (pp. 71–88). New York, NY: Guilford Press.

Kobak, R., Rosenthal, N. L., Zajac, K., & Madsen, S. (2007). Adolescent attachment hierarchies and the search for an adult pair bond. In M. Scharf & O. Mayseless (Eds.), *New directions in child development: Adolescent attachment.* New York, NY: Jossey-Bass.

Kobak, R., & Sceery, A. (1988). Attachment in late adolescence: Working models, affect regulation, and representations of self and others. *Child Development, 59,* 135–146.

Kobak, R., Sudler, N., & Gamble, W. (1991). Attachment and depressive symptoms during adolescence: A developmental pathways analysis. *Development and Psychopathology, 3,* 461–474.

Kober, H., Barrett, L. F., Joseph, J., Bliss-Moreau, E., Lindquist, K., & Wager, T. D. (2008). Functional grouping and cortical–subcortical interactions in emotion: A meta-analysis of neuroimaging studies. *NeuroImage, 42,* 998–1031.

Kochanska, G. (1991). Socialization and temperament in the development of guilt and conscience. *Child Development, 62,* 1379–1392.

Kochanska, G. (1993). Toward a synthesis of parental socialization and child temperament in early development of conscience. *Child Development, 64,* 325–347.

Kochanska, G. (1995). Children's temperament, mothers' discipline, and security of attachment: Multiple pathways to emerging internalization. *Child Development, 66,* 597–615.

Kochanska, G. (1997). Multiple pathways to conscience for children with difficult temperaments: From toddlerhood to age 5. *Developmental Psychology, 33,* 228–240.

Kochanska, G. (2001). Emotional development in children with different attachment histories: The first three years.

*Child Development, 72,* 474–490.

Kochanska, G. (2002). Committed compliance, moral self, and internalization: A mediational model. *Developmental Psychology, 38,* 339–351.

Kochanska, G., & Aksan, N. (2006). Children's conscience and self-regulation. *Journal of Personality, 74,* 1587–1617.

Kochanska, G., Aksan, N., & Carlson, J. J. (2005). Temperament, relationships, and young children's receptive cooperation with their parents. *Developmental Psychology, 41,* 648–660.

Kochanska, G., Aksan, N., Knaack, A., & Rhines, H. (2004). Maternal parenting and children's conscience: Early security as a moderator. *Child Development, 75,* 1229–1242.

Kochanska, G., Aksan, N., Prisco, T. R., & Adams, E. E. (2008). Mother–child and father–child mutually responsive orientation in the first 2 years and children's outcomes at preschool age: Mechanisms of influence. *Child Development, 79,* 30–44.

Kochanska, G., Barry, R. A., Jimenez, N. B., Hollatz, A. L., & Woodard, J. (2009). Guilt and effortful control: Two mechanisms that prevent disruptive developmental trajectories. *Journal of personality and Social Psychology, 97,* 322–333.

Kochanska, G., Casey, R. J., & Fukumoto, A. (1995). Toddlers' sensitivity to standard violations. *Child Development, 66,* 643–656.

Kochanska, G., & Coy, K. C. (2002). Child emotionality and maternal responsiveness as predictors of reunion behaviors in the Strange Situation: Links mediated and unmediated by separation distress. *Child Development, 73,* 228–240.

Kochanska, G., Coy, K. C., & Murray, K. T. (2001). The development of self-regulation in the first four years of life. *Child Development, 72,* 1091–1111.

Kochanska, G., DeVet, K., Goldman, M., Murray, K. T., & Putnam, S. P. (1993). Maternal reports of conscience development and temperament in young children. *Child Development, 65,* 852–868.

Kochanska, G., Forman, D., Aksan, N., & Dunbar, S. (2005). Pathways to conscience: Early mother–child mutually responsive orientation and children's moral emotion, conduct and cognition. *Journal of Child Psychology and Psychiatry, 46,* 19–34.

Kochanska, G., Forman, D., & Coy, K. C. (1999). Implications of the mother–child relationship in infancy for socialization in the second year of life. *Infant Behavior and Development, 22,* 249–265.

Kochanska, G., Gross, J. N., Lin, M.-H., & Nichols, K. E. (2002). Guilt in young children: Development, determinants, and relations with a broader system of standards. *Developmental Psychology, 73,* 461–482.

Kochanska, G., & Kim, S. (2013). Early attachment organization with both parents and future behavior problems: From infancy to middle childhood. *Child Development, 84,* 283–296.

Kochanska, G., & Knaack, A. (2003). Effortful control as a personality characteristic of young children: Antecedents, correlates, and consequences. *Journal of Personality, 71,* 1087–1112.

Kochanska, G., & Murray, K. T. (2000). Mother–child mutually responsive orientation and conscience development: From toddler to early school age. *Child Development, 71,* 417–431.

Kochanska, G., Murray, K. T., & Coy, K. C. (1997). Inhibitory control as a contributor to conscience in childhood: From toddler to early school age. *Developmental Psychology, 68,* 263–277.

Kochanska, G., Murray, K. T., & Harlan, E. (2000). Effortful control in early childhood: Continuity and change, antecedents, and implications for social development. *Developmental Psychology, 36,* 220–232.

Kochanska, G., Murray, K. T., Jacques, T. Y., Koenig, A. L., & Vandegeest, K. A. (1996). Inhibitory control in young children and its role in emerging internalization. *Child Development, 67,* 420–507.

Kochanska, G., & Thompson, R. A. (1997). The emergence and development of conscience in toddlerhood and early childhood. In J. E. Grusec & L. Kuczynski (Eds.), *Parenting and children' s internalization of values: A handbook of contemporary theory* (pp. 53–77). New York, NY: Wiley.

Koenig, A. L., Cicchetti, D., & Rogosch, F. A. (2000). Child compliance/noncompliance and maternal contributors to internalization in maltreating and nonmaltreating dyads. *Child Development, 71,* 1018–1032.

Kohlberg, L. (1969). Stage and sequence: The cognitive developmental approach to socialization. In D. A. Goslin (Ed.), *Handbook of socialization theory and research* (pp. 347–480). Chicago, IL: Rand McNally.

Kohlberg, L. (1971). From is to ought: How to commit the naturalistic fallacy and get away with it in the study of moral development. In T. Mischel (Ed.), *Psychology and genetic epistemology* (pp. 151–235). New York, NY: Academic Press.

Kohlberg, L. (1985). *The psychology of moral development.* San Francisco, CA: Harper & Row.

Kolak, A. M., & Volling, B. L. (2011). Sibling jealousy in early childhood: Longitudinal links to sibling relationship quality. *Infant and Child Development, 20,* 213–226.

Kopp, C. (1982). The antecedents of self-regulation. *Developmental Psychology, 18,* 199–214.

Kopp, C. (1989). Regulation of distress and negative emotions: A developmental view. *Developmental Psychology, 25,* 343–354.

Kopp, C. (1991). Young children' s progression to self-regulation. In M. Bullock (Ed.), *The development of intentional action: Cognitive, motivational, and interactive processes* (pp. 38–54). Basel: Karger.

Kopp, C. (2002). Commentary: The codevelopments of attention and emotion regulation. *Infancy, 3,* 199–208.

Kopp, C., & Neufeld, S. J. (2003). Emotional development during infancy. In R. J. Davidson, K. R. Scherer, & H. H. Goldsmith (Eds.), *Handbook of affective sciences* (pp. 347–374). New York, NY: Oxford University Press.

Kowal, A., & Kramer, L. (1997). Children' s understanding of parental differential treatment. *Child Development, 68,* 113–126.

Kowal, A., Kramer, L., Krull, J. L., & Crick, N. R. (2002). Children' s perceptions of the fairness of parental preferential treatment and their socioemotional well-being. *Journal of Family Psychology, 16,* 297–306.

Kowal, A. K., Krull, J. L., & Kramer, L. (2004). How the differential treatment of siblings is linked with parent–child relationship quality. *Journal of Family Psychology, 18,* 658–665.

Kowal, A. K., Krull, J. L., & Kramer, L. (2006). Shared understanding of parental differential treatment in families. *Social Development, 15,* 276–295.

Kramer, L. (2004). Experimental interventions in sibling relationships. In R. D. Conger, F. O. Lorenz, & K. A. S. Wickrama (Eds.), *Continuity and change in family relations: Theory, methods, and empirical findings* (pp. 345–380). Mahwah, NJ: Erlbaum.

Kramer, L. (2010). The essential ingredients of successful sibling relationships: An emerging framework for advancing theory and practice. *Child Development Perspectives, 4,* 80–86.

Kramer, L., & Baron, L. A. (1995). Parental perceptions of children' s sibling relationships. *Family Relations, 44,* 95–103.

Kramer, L., & Conger, K. J. (2009). What we learn from our sisters and brothers: For better or for worse. In L. Kramer & K. J. Conger (Eds.), *Siblings as agents of socialization. New Directions for Child and Adolescent Development* (Vol. 126, pp. 1–12). San Francisco, CA: Jossey-Bass.

Kramer, L., & Gottman, J. M. (1992). Becoming a sibling: "With a little help from my friends." *Developmental Psychology, 28,* 685–699.

Kramer, L., & Kowal, A. K. (2005). Sibling relationship quality from birth to adolescence: The enduring contributions of friends. *Journal of Family Psychology, 19,* 503–511.

Kramer, L., Perozynski, L. A., & Chung, T. (1999). Parental responses to sibling conflict: The effects of development and parent gender. *Child Development, 70,* 1401–1414.

Krettenauer, T., & Eichler, D. (2006). Adolescents' self-attributed moral emotions following a moral transgression: Relations with delinquency, confidence in moral judgment and age. *British Journal of Developmental Psychology, 24,* 489–506.

Kroger, J. (2007). *Identity development: Adolescence through adulthood.* Thousand Oaks, CA: Sage Publications.

Kroger, J., Marinussen, M., & Marcia, J. E. (2010). Identity status change during adolescence and young adulthood: A meta-analysis. *Journal of Adolescence, 33,* 683–698.

Krueger, R. F., Hicks, B. M., Patrick, C. J., Carlson, S. R., Iacono, W., & McGue, M. (2002). Etiologic connections among substance dependence, antisocial behavior, and personality: Modeling the externalizing spectrum. *Journal of Abnormal Psychology, 111,* 411–424.

Kuhn, D., & Franklin, S. (2008). The second decade: What develops (and how)? In W. Damon & R. M. Lerner (Eds.), *Child and adolescent development: An advanced course* (pp. 517–550). New York, NY: John Wiley & Sons.

Kupersmidt, J. B., & Coie, J. D. (1990). Preadolescent peer status, aggression, and school adjustment as predictors of externalizing problems in adolescence. *Child Development, 61,* 1350–1362.

Kupersmidt, J. B., DeRosier, M., & Patterson, C. (1995). Similarity as the basis for children' s friendships: The roles of sociometric status, aggressive and withdrawn behavior, academic achievement and demographic characteristics. *Journal of Social and Personal Relationships, 12,* 439–452.

Kuppens, P., Stouten, J., & Mesquita, B. (2009). Individual differences in emotion components and dynamics: Introduction to the special issue. *Cognition and Emotion, 23,* 1249–1258.

Kuppens, P., Tuerlinckx, F., Russell, J. A., & Barrett, L. F. (2013). The relation between valence and arousal in subjective experience. *Psychological Bulletin, 139,* 917–940.

Kuttler, A., LaGreca, A. M., & Prinstein, M. J. (1999). Friendship qualities and social-emotional functioning of adolescents with close, cross-sex friendships. *Journal of Research on Adolescence, 9,* 339–366.

Ladd, G. W. (1999). Peer relationships and social competence during early and middle childhood. *Annual Review of Psychology, 50,* 333–359.

Ladd, G. W. (2005). *Children's peer relationships and social competence: A century of progress.* New Haven, CT: Yale University Press.

Ladd, G. W., Kochenderfer, B. J., & Coleman, C. C. (1996). Friendship quality as a predictor of young children's early school adjustment. *Child Development, 67,* 1103–1118.

Ladd, G. W., & Troop-Gordon, W. (2003). The role of chronic peer difficulties in the development of children's psychological adjustment problems. *Child Development, 74,* 1344–1367.

LaFontana, K., & Cillessen, A. (2009). Developmental changes in the priority of perceived status in childhood and adolescence. *Social Development, 19,* 130–147.

LaFreniere, P. J. (2000). *Emotional development: A biosocial perspective.* Belmont, CA: Wadsworth.

LaFreniere, P. J., & Sroufe, L. A. (1985). Profiles of peer competence in the preschool: Interrelations between measures, influence of social ecology, and relation to attachment history. *Developmental Psychology, 21,* 56–69.

Lagattuta, K. H., & Thompson, R. A. (2007). The development of self-conscious emotions: Cognitive processes and social influence. In R. W. Robins & J. Tracy (Eds.), *Self-conscious emotions* (2nd ed., pp. 91–113). New York, NY: Guilford Press.

Lagattuta, K. H., & Wellman, H. M. (2002). Differences in early parent-child conversations about negative versus positive emotions: Implications for the development of emotion understanding. *Developmental Psychology, 38,* 564–580.

LaGreca, A. M., & Harrison, H. M. (2005). Adolescent peer relations, friendships, and romantic relationships: Do they predict social anxiety and depression? *Journal of Clinical Child and Adolescent Psychology, 34,* 49–61.

Laible, D. J., Carlo, G., & Raffaelli, M. (2000). The differential relations of parent and peer attachment to adolescent adjustment. *Journal of Youth and Adolescence, 29,* 45–59.

Laible, D. J., Carlo, G., & Roesch, S. C. (2004). Pathways to self-esteem in late adolescence: The role of parent and peer attachment, empathy, and social behaviors. *Journal of Adolescence, 27,* 703–716.

Laible, D. J., & Thompson, R. A. (2007). Early socialization: A relational perspective. In J. Grusec & P. Hastings (Eds.), *Handbook of socialization* (pp. 181–207). New York, NY: Guilford Press.

Lamb, M. E. (2002). Infant-father attachments and their impact on child development. In C. S. Tamis-LeMonda & N. Cabrera (Eds.), *Handbook of father involvement* (pp. 93–118). Mahwah, NJ: Lawrence Erlbaum Associates.

Lamb, M. E., & Ahnert, L. (2006). Childcare and youth programs. In W. Damon & R. M. Lerner (Series Eds.) & K. A. Renninger & I. E. Sigel (Vol. Eds.), *Handbook of child psychology: Vol. 4. Child psychology in practice* (6th ed., pp. 950–1016). Hoboken, NJ: Wiley.

Lamb, M. E., Bornstein, M. H., & Teti, D. M. (2002). *Development in infancy* (4th ed.). Mahwah, NJ: Lawrence Erlbaum Associates.

Lamb, M. E., & Lewis, C. (2010). The development and significance of father-child relationships in two-parent families. In M. E. Lamb (Ed.), *The role of the father in child development* (5th ed., pp. 94–153). Hoboken, NJ: Wiley.

Lamb, M. E., & Lewis, C. (2011). The role of parent-child relationships in child development. In M. E. Lamb & M. H. Bornstein (Eds.), *Social and personality development: An advanced textbook* (pp. 250–308). New York, NY: Psychology Press.

Lamb, M. E., & Sternberg, K. (1990). Do we really know how day-care affects children? *Journal of Applied Developmental Psychology, 11,* 351–379.

Lamb, S. (1993). First moral sense: An examination of the appearance of morally related behaviours in the second year of life. *Journal of Moral Education, 22,* 97–109.

Lamb, S., & Zakhireh, B. (1997). Toddlers' attention to the distress of peers in a day care setting. *Early Education and Development, 8,* 105–118.

Lamborn, S. D., Dornbusch, S. M., & Steinberg, L. (1996). Ethnicity and community context as moderators of the relation between family decision-making and adolescent adjustment. *Child Development, 66,* 283–301.

Lamborn, S. D., Mounts, N. S., Steinberg, L., & Dornbusch, S. M. (1991). Patterns of competence and adjustment among adolescents from authoritative, authoritarian, indulgent, and neglectful families. *Child Development, 62,* 1049–1065.

Lamm, C., Batson, C. D., & Decety, J. (2007). The neural substrate of human empathy: Effects of perspective-taking and cognitive appraisal. *Journal of Cognitive Neuroscience, 19,* 42–58.

Lan, W., & Lanthier, R. (2003). Changes in students' academic performance and perceptions of school and self before dropping out of schools. *Journal of Education for Students Placed at Risk, 8,* 309–332.

Lancy, D. F., & Grove, M. A. (2011). Getting noticed: Middle childhood in cross-cultural perspective. *Human Nature, 22,* 281–302.

Landis, C. (1924). Studies of emotional reactions: II. General behavior and facial expressions. *Comparative Psychology, 4,* 447–501.

Lane, J. D., Wellman, H. N., Olson, S. L., LaBounty, J., & Kerr, D. C. R. (2010). Theory of mind and emotion understanding predict moral development in early childhood. *British Journal of Developmental Psychology, 28,* 871–889.

Langlois, J. E., Kalakanis, L., Rubenstein, A. J., Larson, A., Hallam, N., & Smoot, M. (2000). Maxims or myths of beauty: A meta-analytic and theoretical review. *Psychological Bulletin, 126,* 390–423.

Lansford, J. E., Malone, P. S., Dodge, K. A., Pettit, G. S., & Bates, J. E. (2010). Developmental cascades of peer rejection, social information processing biases, and aggression during middle childhood. *Development and Psychopathology, 22,* 593–602.

Lansford, J. E., Putallaz, M., Grimes, C. L., Schiro-Osman, K. A., Kupersmidt, J. B., & Coie, J. D. (2006). Perceptions of friendship quality and observed behaviors with friends: How do sociometrically rejected, average, and popular girls differ? *Merrill-Palmer Quarterly, 52,* 694–720.

Laranjo, J., Bernier, A., & Meins, E. (2008). Associations between maternal mindmindedness and infant attachment security: Investigating the mediating role of maternal sensitivity. *Infant Behavior and Development, 31,* 688–695.

Larson, R. W., Richards, M. H., Moneta, G., Holmbeck, G., & Duckett, E. (1996). Changes in adolescents' daily interactions with their families from ages 10 to 18: Disengagement and transformation. *Developmental Psychology, 32,* 744–754.

Last, J. V. (2014). *What to expect when no one's expecting: America's coming demographic disaster.* New York, NY: Encounter Books.

Laucht, M., Becker, K., & Schmidt, M. H. (2006). Visual exploratory behavior in infancy and novelty seeking in adolescence: Two developmentally specific phenotypes of DRD4? *Journal of Child Psychology and Psychiatry, 47,* 1143–1151.

Laursen, B., & Collins, W. (1994). Interpersonal conflict during adolescence. *Psychological Bulletin, 115,* 197–209.

Laursen, B., Coy, K., & Collins, W. (1998). Reconsidering changes in parent–child conflict across adolescence: A meta-analysis. *Child Development, 69,* 817–832.

Laursen, B., Finkelstein, B., & Betts, N. T. (2001). A developmental meta-analysis of peer conflict resolution. *Developmental Review, 21,* 423–449.

Laybourn, A. (1990). Only children in Britain: Popular stereotype and research evidence. *Children & Society, 4,* 386–400.

Leadbeater, B. J., Kuperminc, G. P., Blatt, S. J., & Hertzog, C. (1999). A multivariate model of gender differences in adolescents' internalizing and externalizing problems. *Developmental Psychology, 35,* 1268–1282.

Leckman, J. F., Feldman, R., Swain, J. E., Eicher, V., Thompson, N., & Mayes, L. C. (2004). Primary parental preoccupation: Circuits, genes, and the crucial role of the environment. *Journal of Neural Transmission, 111,* 753–771.

Leckman, J. F., & Herman, A. E. (2002). Maternal behavior and developmental psychopathology. *Biological Psychiatry, 51,* 27–43.

Leckman, J. F., & March, J. S. (2011). Editorial: Developmental neuroscience comes of age. *Journal of Child Psychology and Psychiatry, 52,* 333–338.

Lecuyer, E., & Houck, G. M. (2006). Maternal limit-setting in toddlerhood: Socialization strategies for the development of self-regulation. *Infant Mental Health Journal, 27,* 344–370.

L'Ecuyer, R. (1992). An experiential-developmental framework and methodology to study the transformations of the self-concept from infancy to old age. In T. M. Brinthaupt & R. P. Lipka (Eds.), *The self: Definitional and methodological issues* (pp. 96–136). Albany, NY: State University of New York Press.

LeDoux, J. E. (2000). Emotion circuits in the brain. *Annual Review of Neuroscience, 23,* 155–184.

LeDoux, J. E., & Debiec, J. (2003). Preface: The self: From soul to brain. *Annals of the New York Academy of Sciences, 1001,* vii–viii.

Lee, A., Clancy, S., & Fleming, A. S. (2000). Mother rats bar-press for pups: Effects of lesions of the mpoa and limbic sites on maternal behavior and operant responding for pup-reinforcement. *Behavioral Brain Research, 108,* 215–231.

Lee, L., Howes, C., & Chamberlain, B. (2007). Ethnic heterogeneity of social networks and cross-ethnic friendships of elementary school boys and girls. *Merrill-Palmer Quarterly, 53,* 325–346.

Lee, M. L., & Yang, G. S. (1998). Endurance in Chinese people: Conceptual analysis and empirical study. *Indigenous Psychological Studies, 10,* 3–68.

Lee, R. M., Grotevant, H. D., Hellerstedt, W. L., Gunnar, M. R., and the Minnesota International Adoption Project Team (2006). Cultural socialization in families with internationally adopted children. *Journal of Family*

*Psychology, 20,* 571–580.

Lee, T. R., Mancini, J. A., & Maxwell, J. W. (1990). Sibling relationships in adulthood: Contact patterns and motivations. *Journal of Marriage and the Family, 52,* 431–440.

Legerstee, M. (2006). *Infants' sense of people: Precursors to a theory of mind.* New York, NY: Cambridge University Press.

Lei, C., Swartz, D., Dodge, K. A., & McBride-Chang, C. (2003). Harsh parenting in relation to child emotion regulation and aggression. *Journal of Family Psychology, 17,* 598–606.

Leibenluft, E., Gobbini, M. I., Harrison, T., & Haxby, J. V. (2004). Mothers' neural activation in response to pictures of their children and other children. *Biological Psychiatry, 56,* 225–232.

Leith, K. P., & Baumeister, R. F. (1998). Empathy, shame, guilt, and narratives of interpersonal conflicts: Guilt-prone people are better at perspective taking. *Journal of Personality, 66,* 1–37.

Lemerise, E. A., & Arsenio, W. F. (2000). An integrated model of emotion processes and cognition in social information processing. *Child Development, 71,* 107–118.

Lengua, L. J. (2002). The contribution of emotionality and self-regulation to the understanding of children's response to multiple risk. *Child Development, 73,* 144–161.

Lenhart, A., Ling, R., Campbell, S., & Purcell, K. (2010). *Teens and mobile phones (Pew Internet & American Life Project).* Retrieved from: http://www.pewinternet.org/~/media//Files/Reports/2010/PIP-Teensand-Mobile-2010-with-topline.pdf.

Leppänen, J. M., & Nelson, C. A. (2009). Tuning the developing brain to social signals of emotion. *Nature Reviews Neuroscience, 10,* 37–47.

Leslie, A., Knobe, J., & Cohen, A. (2006). Acting intentionally and the side-effect effect: "Theory of mind" and moral judgment. *Psychological Science, 17,* 421–427.

Levitt, M. J., Weber, R. A., & Clark, M. C. (1986). Social network relationships as sources of maternal support and well-being. *Developmental Psychology, 22,* 310–316.

Levy-Warren, M. H. (1999). I am, you are, and so are we: A current perspective on adolescent separation-individuation theory. In A. H. Esman, L. T. Flaherty, & H. A. Horowitz (Eds.), *Adolescent psychiatry: Developmental and clinical studies, Vol. 24* (pp. 3–24). Hillsdale, NJ: Analytic Press.

Lewis, H. B. (1971). *Shame and guilt in neurosis.* New York, NY: International Universities Press.

Lewis, M. (1992a). The self in self-conscious emotions: Commentary. In D. Stipek, S. Recchia, S. McClintic, & M. Lewis (Eds.), Self-evaluation in young children. *Monographs of the Society for Research in Child Development, 57*(1, Serial No. 226), 85–95.

Lewis, M. (1992b). *Shame: The exposed self.* New York, NY: The Free Press.

Lewis, M. (1998). Emotional competence and development. In D. Pushkar, W. M. Bukowski, A. E. Schwartzman, D. M. Stack, & D. R. White (Eds.), *Improving competence across the lifespan* (pp. 27–36). New York, NY: Plenum Press.

Lewis, M. (2002). Empathy requires the development of the self. *Behavioral and Brain Sciences, 25,* 42.

Lewis, M. (2007). *The rise of consciousness and the development of emotional life.* New York, NY: Guilford Press.

Lewis, M., Alessandri, S., & Sullivan, M. (1992). Differences in shame and pride as a function of children's gender and task difficulty. *Child Development, 63,* 630–638.

Lewis, M., & Brooks-Gunn, J. (1979). *Social cognition and the acquisition of self.* New York, NY: Plenum.

Lewis, M., & Carmody, D. P. (2008). Self-representation and brain development. *Developmental Psychology, 44,* 1329–1334.

Lewis, M., Feiring, C., & Rosenthal, S. (2000). Attachment over time. *Child Development, 71,* 707–720.

Lewis, M., & Ramsay, D. (2002). Cortisol response to embarrassment and shame. *Child Development, 73,* 1034–1045.

Lewis, M., & Ramsay, D. (2004). Development of self-recognition, personal pronoun use, and pretend play during the second year. *Child Development, 75,* 1821–1831.

Lewis, M. D., & Todd, R. M. (2007). The self-regulating brain: Cortical–subcortical feedback and the development of intelligent action. *Cognitive Development, 22,* 406–430.

Li, J., Wang, L., & Fischer, K. W. (2004). The organization of shame words in Chinese. *Cognition and Emotion, 18,* 767–797.

Li, X., Feigelman, S., & Stanton, B. (2000). Perceived parental monitoring and health risk behaviors among urban low-income African-American children and adolescents. *Journal of Adolescent Health, 27,* 43–48.

Libby, L. K. (2008). A neural signature of the current self. *Social Cognitive and Affective Neuroscience, 3,* 192–194.

Libby, L. K., Eibach, R. P., & Gilovich, T. (2005). Here's looking at me: The effect of memory perspective on assessments of personal change. *Journal of Personality and Social Psychology, 88,* 50–62.

Liben, L. S., & Bigler, R. S. (2002). The developmental course of gender differentiation: Conceptualizing, measuring, and evaluating constructs and pathways. *Monographs of the Society for Research in Child Development, 67*(2, Serial No. 269).

Liberman, N., & Trope, Y. (1998). The role of feasibility and desirability considerations in near and distant future decisions: A test of temporal construal theory. *Journal of Personality and Social Psychology, 75,* 5–18.

Lichter, D. T., Shanahan, M. J., & Gardner, E. L. (2002). Helping others? The effects of childhood poverty and family instability on prosocial behavior. *Youth and Society, 34,* 89–119.

Lichtwarck-Aschoff, A., van Geert, P., Bosma, H., & Kunnen, S. (2008). Time and identity: A framework for research and theory formation. *Developmental Psychology, 28,* 370–400.

Lieberman, M., Doyle, A.-B., & Markiewicz, D. (1999). Developmental patterns in security of attachment to mother and father in late childhood and early adolescence: Associations with peer relations. *Child Development, 70,* 202–213.

Linares, L. O., Li, M., Shrout, P. E., Brody, G. H., & Pettit, G. S. (2007). Placement shift, sibling relationship quality, and child outcomes in foster care: A controlled study. *Journal of Family Psychology, 21,* 736–743.

Linden, D. E. (2006). How psychotherapy changes the brain – the contribution of functional neuroimaging. *Molecular Psychiatry, 11,* 528–538.

Lindhout, I. E., Markus, M. T., Hoogendijk, T. H. G., & Boer, F. (2009). Temperament and parental child-rearing style: Unique contributions to clinical anxiety disorders in childhood. *European Child & Adolescent Psychiatry, 18,* 439–446.

Lindsey, E. W. (2002). Preschool children's friendships and peer acceptance: Links to social competence. *Child Study Journal, 32,* 145–156.

Lindsey, E. W., Cremeens, P. R., Colwell, M. J., & Caldera, Y. M. (2009). The structure of parent–child dyadic synchrony in toddlerhood and children's communication competence and self-control. *Social Development, 18,* 375–396.

Litovsky, V. G., & Dusek, J. B. (1985). Perceptions of child rearing and self-concept development during the early adolescent years. *Journal of Youth and Adolescence, 14,* 373–387.

Loeber, R., & Tengs, T. (1986). The analysis of coercive chains between children, mothers, and siblings. *Journal of Family Violence, 1,* 51–70.

Loevinger, J. (1976). *Ego development.* San Francisco, CA: Jossey-Bass.

Londerville, S., & Main, M. (1981). Security of attachment, compliance and maternal training methods in the second year of life. *Developmental Psychology, 17,* 289–299.

Lord, S. E., Eccles, J. S., & McCarthy, K. A. (1994). Surviving the junior high school transition: Family processes and self-perceptions as protective and risk factors. *Journal of Early Adolescence, 14,* 162–199.

Lorenz, K. Z. (1935/1957). Companionship in bird life: Fellow members of the species as releasers of social behavior. In C. H. Schiller (Ed. & Trans.), *Instinctive behavior: The development of a modern concept* (pp. 83–128). New York, NY: International Universities Press.

Lougheed, J. P., & Hollenstein, T. (2012). A limited repertoire of emotion regulation strategies is associated with internalizing problems in adolescence. *Social Development, 21,* 704–721.

Lounds, J. J., Borkowski, J. G., Whitman, T. L., Maxwell, S. E., & Weed, K. (2005). Adolescent parenting and attachment during infancy and early childhood. *Parenting: Science and Practice, 5,* 91–117.

Love, K. M., & Murdock, T. B. (2004). Attachment to parents and psychological well-being: An examination of young adult college students in intact families and step-families. *Journal of Family Psychology, 18,* 600–608.

Lucas-Thompson, R., & Clarke-Stewart, K. A. (2007). Forecasting friendship: How marital quality, maternal mood, and attachment security are linked to children's peer relationships. *Journal of Applied Developmental Psychology, 28,* 499–514.

Luciana, M. (2003). The neural and functional development of human prefrontal cortex. In M. de Haan & M. H. Johnson (Eds.), *The cognitive neuroscience of development* (pp. 157–179). London: Psychology Press.

Lundy, B. L. (2002). Paternal socio-psychological factors and infant attachment: The mediating role of synchrony in father– infant interaction. *Infant Behavior and Development, 25,* 220–235.

Lundy, B. L. (2003). Father– and mother– infant face-to-face interactions: Differences in mind-related comments and infant attachment? *Infant Behavior and Development, 26,* 200–212.

Luster, T., & McAdoo, H. P. (1995). Factors related to self-esteem among African American youths: A secondary analysis of the High/Scope Perry Preschool data. *Journal of Research on Adolescence, 5,* 451–467.

Luthar, S. S. (2003). *Resilience and vulnerability: Adaptation in the context of childhood adversities.* Cambridge:

Cambridge University Press.

Luthar, S. S., & Becker, B. E. (2002). Privileged but pressured? A study of affluent youth. *Child Development, 73,* 1593–1610.

Luthar, S. S., & Latendresse, S. J. (2002). Adolescent risk: The cost of affluence. *New Directions in Youth Development, 95,* 101–121.

Lutkenhaus, P., Grossman, K. E., & Grossman, K. (1985). Infant–mother attachment at 12 months and style of interaction with a stranger at the age of three years. *Child Development, 56,* 1538–1542.

Luu, P., Tucker, D. M., & Derryberry, D. (1998). Anxiety and the motivational basis of working memory. *Cognitive Therapy and Research, 22,* 577–594.

Luyckx, K., Goossens, L., Soenens, B., & Beyers, W. (2006). Unpacking commitment and exploration: Preliminary validation of an integrative model of late adolescent identity formation. *Journal of Adolescence, 29,* 361–378.

Luyckx, K., Goossens, L., Soenens, B., Beyers, W., & Vansteenkiste, M. (2005). Identity statuses based upon four rather than two identity dimensions: Extending and refining Marcia's paradigm. *Journal of Youth and Adolescence, 34,* 605–618.

Luyckx, K., Schwartz, S. J., Berzonsky, M. D., Soenens, B., Vansteenkiste, M., Smits, I., & Goossens, L. (2008). Capturing ruminative exploration: Extending the four-dimensional model of identity formation in late adolescence. *Journal of Research in Personality, 42,* 58–82.

Luyten, P., & Blatt, S. J. (2013). Interpersonal relatedness and self-definition in normal and disrupted personality development. *American Psychologist, 68,* 172–183.

Lyons-Ruth, K. (1996). Attachment relationships among children with aggressive behavior problems: The role of disorganized early attachment patterns. *Journal of Consulting and Clinical Psychology, 64,* 64–73.

Lyons-Ruth, K., & Jacobvitz, D. (2008). Attachment disorganization: Genetic factors, parenting contexts, and developmental transformation from infancy to adulthood. In J. Cassidy & P. R. Shaver (Eds.), *Handbook of attachment: Theory, research, and clinical applications* (2nd ed., pp. 666–697). New York, NY: Guilford Press.

Lyons-Ruth, K., Yellin, C., Melnick, S., & Atwood, A. (2005). Expanding the concept of unresolved mental states: Hostile/helpless states of mind on the Adult Attachment Interview are associated with disrupted mother–infant communication and infant disorganization. *Development and Psychopathology, 17,* 1–23.

Lysne, M., & Levy, G. D. (1997). Differences in ethnic identity in Native American adolescents as a function of school context. *Journal of Adolescent Research, 12,* 372–388.

Lytton, H., & Romney, D. M. (1991). Parents' differential socialization of boys and girls: A meta-analysis. *Psychological Bulletin, 109,* 267–296.

Maccoby, E. E. (1980). *Social development.* New York, NY: Harcourt, Brace, Jovanovich.

Maccoby, E. E. (1984). Socialization and developmental change. *Child Development, 55,* 317–328.

Maccoby, E. E. (1990). Gender and relationships. *American Psychologist, 45,* 513–520.

Maccoby, E. E. (1998). *The two sexes: Growing up apart, coming together.* Cambridge, MA: Harvard University Press.

Maccoby, E. E. (1999). The uniqueness of the parent–child relationship. In W. A. Collins & B. Laursen (Eds.), *Minnesota symposium on child psychology: Vol. 30. Relationships as developmental contexts* (pp. 157–175). Mahwah, NJ: Erlbaum.

Maccoby, E. E., & Martin, J. (1983). Socialization in the context of the family: Parent-child interaction. In P. H. Mussen (Series Ed.) & E. M. Hetherington (Vol. Ed.), *Handbook of child psychology: Vol. 4. Socialization, personality, and social development* (pp. 1–101). New York, NY: Wiley.

MacKinnon-Lewis, C., Starnes, R., Volling, B., & Johnson, S. (1997). Perceptions of parenting as predictors of boys' sibling and peer relations. *Developmental Psychology, 33,* 1024–1031.

MacQuiddy, S. L., Maise, S. J., & Hamilton, S. B. (1987). Empathy and affective perspective-taking skills in parent-identified conduct-disordered boys. *Journal of Child Clinical Psychology, 16,* 260–268.

MacWhinney, B. (2010). Language development. In M. H. Bornstein & M. E. Lamb (Eds.), *Developmental sciences: An advanced textbook* (6th ed., pp. 389–424). Hove: Psychology Press.

Madden-Derdich, D. A., Estrada, A. U., Sales, L. J., Leonard, S. A., & Updegraff, K. A. (2002). Young adolescents' experiences with parents and friends: Exploring the connections. *Family Relations, 51,* 72–80.

Mahler, M. S., Pine, F., & Bergman, A. (1975). *The psychological birth of the human infant.* New York, NY: Basic Books.

Main, M., & Cassidy, J. (1988). Categories of response to reunion with the parent at age 6: Predictable from infant attachment classifications and stable over a 1-month period. *Developmental Psychology, 24,* 415–426.

Main, M., & Goldwyn, R. (1998). *Adult attachment scoring and classification system.* Unpublished manuscript, University of California, Berkeley, CA.

Main, M., Goldwyn, R., & Hesse, E. (2008). *The Adult Attachment Interview: Scoring and classification system, version 8.* Unpublished manuscript, University of California, Berkeley, CA.

Main, M., & Hesse, E. (1990). Parents' unresolved traumatic experiences are related to infant disorganized attachment status: Is frightened and/or frightening parental behavior the linking mechanism? In M. T. Greenberg, D. Cicchetti, & E. M. Cummings (Eds.), *Attachment in the preschool years: Theory, research, and intervention* (pp. 161–182). Chicago, IL: University of Chicago Press.

Main, M., Hesse, E., & Goldwyn, R. (2008). Studying differences in language usage in recounting attachment history: An introduction to the AAI. In H. Steele & M. Steele (Eds.), *Clinical applications of the Adult Attachment Interview* (pp. 31–68). New York, NY: Guilford Press.

Main, M., Kaplan, N., & Cassidy, J. (1985). Security in infancy, childhood, and adulthood: A move to the level of representation. In I. Bretherton & E. Waters (Eds.), Growing points of attachment theory and research. *Monographs of the Society for Research in Child Development, 50*(1–2, Serial No. 209), 66–104.

Main, M., & Solomon, J. (1990). Procedures for identifying infants as disorganized/disoriented during the Ainsworth Strange Situation. In M. T. Greenberg, D. Cicchetti, & E. M. Cummings (Eds.), *Attachment in the preschool years: Theory, research, and intervention* (pp. 121–160). Chicago, IL: University of Chicago Press.

Main, M., & Weston, D. (1981). The quality of the toddler's relationship to mother and to father: Related to conflict behavior and the readiness to establish new relationships. *Child Development, 52,* 932–940.

Major, B., Spencer, S., Schmader, T., Wolfe, C., & Crocker, J. (1998). Coping with negative stereotypes about intellectual performance. *Personality and Social Psychology Bulletin, 24,* 34–50.

Malatesta, C. (1990). The role of emotions in the development and organization of personality. In R. Thompson (Ed.), *Nebraska Symposium on Motivation, Vol. 36: Socioemotional development* (pp. 1–56). Lincoln, NE: University of Nebraska Press.

Malatesta, C., & Wilson, A. (1988). Emotion/ cognition interaction in personality development: A discrete emotions, functionalist analysis. *British Journal of Social Psychology, 27,* 91–112.

Mancillas, A. (2006). Challenging the stereotypes about only children: A review of the literature and implications for practice. *Journal of Counseling & Development, 84,* 268–275.

Manning, W. S., Giordano, P. C., & Long-more, M. A. (2006). Hooking up: The relationship contexts of "nonrelationship" sex. *Journal of Adolescent Research, 21,* 459–483.

Mans, L., Cicchetti, D., & Sroufe, L. A. (1978). Mirror reactions of Down's syndrome infants and toddlers: Cognitive underpinning of self-recognition. *Child Development, 49,* 1247–1250.

Manzi, C., Regalia, C., Pelucchi, S., & Fincham, F. D. (2012). Documenting different domains of promotion of autonomy in families. *Journal of Adolescence, 35,* 289–298.

Marceau, K., Horwitz, B. N., Narusyte, J., Ganiban, J. M., Spotts, E. L., Reiss, D., & Neiderhiser, J. M. (2013). Gene-environment correlation underlying the association between parental negativity and adolescent externalizing problems. *Child Development, 84,* 2031–2046.

March, H. W. (1986). Global self-esteem: Its relation to specific facets of self-concept and their importance. *Journal of Personality and Social Psychology, 52,* 1224–1236.

March, H. W. (1987). The hierarchical structure of self-concept: An application of hierarchical confirmatory factor analysis. *Journal of Educational Measurement, 24,* 17–19.

Marcia, J. E. (1966). Development and validation of ego identity status. *Journal of Personality and Social Psychology, 5,* 551–558.

Marcia, J. E. (1980). Identity in adolescence. In J. Adelson (Ed.), *Handbook of adolescent psychology* (pp. 159–1887). New York, NY: Wiley.

Marcia, J. E. (2002). Adolescence, identity, and the Bernardone family. *Identity, 2,* 199–209.

Marcus, R. F., & Betzer, P. D. S. (1996). Attachment and antisocial behavior in early adolescence. *Journal of Early Adolescence, 16,* 229–248.

Markham, C. M., Lormand, D., Gloppen, K. M., Peskin, M. F., Flores, B., Low, B., & House, L. D. (2010). Connectedness as a predictor of sexual and reproductive health outcomes for youth. *Journal of Adolescent Health, 46*(3, Supplement), S23–S41.

Markiewicz, D., Lawford, H., Doyle, A. B., & Haggert, N. (2006). Developmental differences in adolescents' and young adults' use of mothers, fathers, best friends, and romantic partners to fulfill attachment needs. *Journal of Youth and Adolescence, 35,* 127–140.

Markstrom, C. A., & Kalmanir, H. M. (2001). Linkages between the psychosocial stages of identity and intimacy and the ego strengths of fidelity and love. *Identity, 1,* 179–196.

Markus, H., & Cross, S. (1990). The interpersonal self. In L. A. Pervin (Ed.), *Handbook of personality: Theory and research* (pp. 576–608). New York, NY: Guilford Press.

Marsh, H. W. (1989). Age and sex effects in multiple dimensions of self-concept: Preadolescence to early adulthood. *Journal of Educational Psychology, 81,* 417–430.

Marsh, P., McFarland, F. C., Allen, J. P. McElhaney, K. B., & Land, D. J. (2003). Attachment, autonomy, and multifinality in adolescent internalizing and risky behavioral symptoms. *Development and Psychopathology, 15,* 451–467.

Marshall, S. (1995). Ethnic socialization of African American children: Implications for parenting, identity development, and academic achievement. *Journal of Youth and Adolescence, 24,* 377–396.

Martin, J. N., & Fox, N. A. (2006). Temperament. In K. McCartney & D. Phillips (Eds.), *The Blackwell handbook of early childhood development* (pp. 126–146). London: Blackwell.

Marvin, R., Cooper, G., Hoffman, K., & Powell, B. (2002). The Circle of Security project: Attachment-based intervention with caregiver–pre-school child dyads. *Attachment & Human Development, 4,* 107–124.

Mascolo, M. F., & Fischer, K. W. (1995). Developmental transformations in appraisals for pride, shame, and guilt. In J. P. Tangney & K. W. Fischer (Eds.), *Self-conscious emotions: The psychology of shame, guilt, embarrassment, and pride* (pp. 64–113). New York, NY: Guilford Press.

Mascolo, M. F., & Fischer, K. W. (1998). The development of self through the coordination of component systems. In M. Ferrari & R. Sternberg (Eds.), *Self-awareness: Its nature and development* (pp. 332–384). New York, NY: Guilford Press.

Mascolo, M. F., & Fischer, K. W. (2007). The co-development of self and socio-moral emotions during the toddler years. In C. A. Brownell & C. B. Kopp (Eds.), *Socio-emotional development in the toddler years: Transitions and transformations* (pp. 66–99). New York, NY: Guilford Press.

Mascolo, M. F., Fischer, K. W., & Li, J. (2003). Dynamic development of component systems of emotions: Pride, shame, and guilt in China and the United States. In R. J. Davidson, K. R. Scherer, & H. H. Goldsmith (Eds.), *Handbook of affective sciences* (pp. 375–408). Oxford: Oxford University Press.

Mason, C. A., Walker-Barnes, C. J., Tu, S., Simons, J., & Martinez-Arrue, R. (2004). Ethnic differences in the affective meaning of parental control behaviors. *The Journal of Primary Prevention, 25,* 59–75.

Mason, W. A., & Mendoza, S. P. (1998). Generic aspects of primate attachments: Parents, offspring, and mates. *Psychoneuroendocrinology, 23,* 765–778.

Masten, A. S. (2014). *Ordinary magic: Resilience in development.* New York, NY: Guilford Press.

Masten, A. S., Burt, K. B., & Coatsworth, J. D. (2006). Competence and psychopathology in development. In D. Cicchetti & D. J. Cohen (Eds.), *Developmental Psychopathology* (Vol. 3, 2nd ed., pp. 696–738). Hoboken, NJ: Wiley.

Masten, A. S., & Cicchetti, D. (Eds.). (2010). Developmental cascades. *Development and Psychopathology, 22,* 491–

495.

Masten, A. S., Coatsworth, J. D., Neeman, J., Gest, S. D., Tellegen, A., & Garmezy, N. (1995). The structure and coherence of competence from childhood through adolescence. *Child Development, 66*, 1635–1659.

Matas, L., Arend, R. A., & Sroufe, L. A. (1978). Continuity of adaptation in the second year: The relationship between quality of attachment and later competence. *Child Development, 49*, 547–556.

Mayeux, L., Underwood, M. K., & Risser, S. D. (2007). Perspectives on the ethics of sociometric research with children: How children, peers, and teachers help to inform the debate. *Merrill-Palmer Quarterly, 53*, 53–78.

Maynard, A. E. (2004). Sibling interactions. In U. P. Gielen & J. Roopnarine (Eds.), *Childhood and adolescence: Cross-cultural perspectives and applications. Advances in applied developmental psychology* (pp. 229–252). Westport, CT: Praeger.

Mayseless, O., Wiseman, H., & Hai, I. (1998). Adolescents' relationships with father, mother, and same-gender friend. *Journal of Adolescent Research, 13*, 101–123.

McAdams, D. P. (1993). *The stories we live by: Personal myths and the making of the self*. New York, NY: Morrow.

McAdams, D. P. (2001). The psychology of life stories. *Review of General Psychology, 5*, 100–122.

McAdams, D. P. (2006). The problem of narrative coherence. *Journal of Constructivist Psychology, 19*, 109–125.

McAdams, D. P., Reynolds, J., Lewis, M., Patten, A. H., & Bowman, P. J. (2001). When bad things turn good and good things turn bad: Sequences of redemption and contamination in life narrative and their relation to psychosocial adaptation in midlife adults and in students. *Personality and Social Psychology Bulletin, 27*, 474–485.

McAndrew, F. T. (2002). New evolutionary perspectives on altruism: Multi-level selection and costly-signaling theories. *Current Directions in Psychological Science, 11*, 79–82.

McCabe, M. P., & Ricciardelli, L. A. (2003). Sociocultural influences on body image and body changes among adolescent boys and girls. *Journal of Social Psychology, 143*, 5–26.

McCarthy, C. J., Moller, N. P., & Fouladi, R. T. (2001). Continued attachment to parents: Its relationship to affect regulation and perceived stress among college students. *Measurement and Evaluation in Counseling and Development, 33*, 198–211.

McCartney, K., Harris, M. J., & Bernieri, F. (1990). Growing up and growing apart: A developmental meta-analysis of twin studies. *Psychological Bulletin, 107*, 226–237.

McCoy, J., Brody, G., & Stoneman, Z. (1994). A longitudinal analysis of sibling relationships as mediators of the link between family processes and youths' best friendships. *Family Relations, 43*, 400–408.

McCoy, J., Brody, G., & Stoneman, Z. (2002). Temperament and the quality of best friendships: Effect of same-sex sibling relationships. *Family Relations, 51*, 248–255.

McDougall, P., & Hymel, S. (2007). Same-gender versus cross-gender friendship conceptions: Similar or different? *Merrill-Palmer Quarterly, 53*, 347–380.

McDowell, D. J., & Parke, R. D. (2005). Parental control and affect as predictors of children's display rule use and social competence with peers. *Social Development, 14*, 440–457.

McElhaney, K. B., & Allen, J. P. (2001). Autonomy and adolescent social functioning: The moderating effect of

risk. *Child Development, 72*, 220–231.

McElhaney, K. B., Allen, J. P., Stephenson, J. C., & Hare, A. L. (2009). Attachment and autonomy during adolescence. In R. Lerner & L. Steinberg (Eds.), *Handbook of adolescent psychology* (Vol. 1, 3rd ed., pp. 358–403). Hoboken, NJ: John Wiley & Sons, Inc.

McElwain, N. L., & Booth-LaForce, C. (2006). Maternal sensitivity to infant distress and nondistress as predictors of infant–mother attachment security. *Journal of Family Psychology, 20*, 247–255.

McElwain, N. L., Booth-LaForce, C., & Wu, X. (2011). Infant–mother attachment and children's friendship quality: Maternal mental-state talk as an intervening mechanism. *Developmental Psychology, 47*, 1295–1311.

McElwain, N. L., Cox, M. J., Burchinal, M. R., & Macfie, J. (2003). Differentiating among insecure mother–infant attachment classifications: A focus on child–friend interaction and exploration during solitary play at 36 months. *Attachment & Human Development, 5*, 136–164.

McElwain, N. L., & Volling, B. L. (2004). Attachment security and parental sensitivity during infancy: Associations with friendship quality and false-belief understanding at age 4. *Journal of Social and Personal Relationships, 21*, 639–667.

McElwain, N. L., & Volling, B. L. (2005). Preschool children's interactions with friends and older siblings: Relationship specificity and joint contributions to problem behavior. *Journal of Family Psychology, 19*, 486–496.

McGuigan, N., & Nunez, M. (2006). Executive functioning by 18–24-month-old children: Effects of inhibition, working memory demands, and narrative in a novel detour-reaching task. *Infant and Child Development, 15*, 519–542.

McGuire, S., Manke, B., Eftekhari, A., & Dunn, J. (2000). Children's perceptions of sibling conflict during middle childhood: Issues and sibling (dis)similarity. *Social Development, 9*, 173–190.

McGuire, S., Manke, B., Saudino, K. J., Reiss, D., Hetherington, E. M., & Plomin, R. (1999). Perceived competence and self-worth during adolescence. *Child Development, 70*, 1283–1296.

McGuire, S., & Shanahan, L. (2010). Sibling experiences in diverse family contexts. *Child Development Perspectives, 4*, 72–79.

McHale, J. (2009). *Shared child rearing in nuclear, fragile, and kinship family systems: Evolution, dilemmas, and promise of a coparenting framework*. In M. Schulz, M. Pruett, P. Kerig, & R. Parke (Eds.), *Strengthening couple relationships for optimal child development: Lessons from research and intervention* (pp. 77–94). Washington, DC: American Psychological Association.

McHale, S. M., & Crouter, A. C. (1996). The family contexts of children's sibling relationships. In G. H. Brody (Ed.), *Sibling relationships: Their causes and consequences. Advances in applied developmental psychology* (Vol. 10, pp. 173–195). Norwood, NJ: Ablex Publishing Corporation.

McHale, S. M., & Crouter, A. C. (2003). How do children exert an impact on family life? In A. C. Crouter & A. Booth (Eds.), *Children's influence on family dynamics: The neglected side of family relationships* (pp. 207–220). Mahwah, NJ: Erlbaum.

McHale, S. M., Kim, J. -Y., & Whiteman, S. D. (2006). Sibling relationships in childhood and adolescence. In P. Noller & J. Feeney (Eds.), *Close relationships: Functions, forms and processes* (pp. 127–150). New York, NY: Psychology

Press.

McHale, S. M., & Pawletko, T. (1992). Differential treatment of siblings in two family contexts. *Child Development, 63,* 68–81.

McHale, S. M., Updegraff, K. A., Jackson-Newsom, J., Tucker, C. J., & Crouter, A. C. (2000). When does parents' differential treatment have negative implications for siblings? *Social Development, 9,* 149–172.

McHale, S. M., Updegraff, K. A., Shanahan, L., Crouter, A. C., & Killoren, S. E. (2005). Siblings' differential treatment in Mexican American families. *Journal of Marriage and Family, 67,* 1259–1274.

McHale, S. M., Whiteman, S. D., Kim, J., & Crouter, A. C. (2007). Characteristics and correlates of sibling relationships in two-parent African American families. *Journal of Family Psychology, 21,* 227–235.

McKibben, B. (1999). *Maybe one: A case for smaller families.* New York, NY: Simon & Schuster.

McLaughlin, K. A., Hatzenbuehler, M. L., Mennin, D. S., & Nolen-Hoeksema, S. (2011). Emotion dysregulation and adolescent psychopathology: A prospective study. *Behavior Research and Therapy, 49,* 544–554.

McLean, K. C., & Breen, A. V. (2009). Processes and content of narrative identity development in adolescence: Gender and well-being. *Developmental Psychology, 45,* 702–710.

McLean, K. C., & Jennings, L. E. (2012). Teens telling tales: How maternal and peer audiences support narrative identity development. *Journal of Adolescence, 35,* 1455–1469.

McLean, K. C., & Pratt, M. W. (2006). Life's little (and big) lessons: Identity statuses and meaning-making in the turning point narratives of emerging adults. *Developmental Psychology, 42,* 714–722.

McLoyd, V. C. (1990). The impact of economic hardship on black families and children: Psychological distress, parenting, and socioemotional development. *Child Development, 61,* 311–346.

McNelles, L. R., & Connolly, J. A. (1999). Intimacy between adolescent friends: Age and gender differences in shared affect and behavioral form. *Journal of Research on Adolescence, 9,* 143–159.

Mead, G. H. (1934). *Mind, self, and society from the standpoint of a social behaviorist.* Chicago, IL: University of Chicago Press.

Meeus, W., & de Wied, M. (2007). Relationship with parents and identity in adolescence: A review of 25 years of research. In

M. Watzlawik & A. Born (Eds.), *Capturing identity: Quantitative and qualitative methods* (pp. 131–145). Lanham, MD: University Press of America.

Meeus, W., Oosterwegel, A., & Vollebergh, W. (2002). Parental and peer attachment and identity development in adolescence. *Journal of Adolescence, 25,* 93–106.

Mehrabian, A., Young, A. L., & Sato, S. (1988). Emotional empathy and associated individual differences. *Current Psychology: Research and Reviews, 7,* 221–240.

Meilman, P. (1979). Cross-sectional age changes in ego identity status during adolescence. *Developmental Psychology, 15,* 230–231.

Meins, E. (1997). *Security of attachment and the social development of cognition.* Hove: Psychology Press.

Meins, E. (2013). Sensitive attunement to infants' internal states: Operationalizing the construct of mind-mindedness. *Attachment & Human Development, 15,* 524–544.

Meins, E., Fernyhough, C., Fradley, E., & Tuckey, M. (2001). Rethinking maternal sensitivity: Mothers' comments on infants' mental processes predict security of attachment at 12 months. *Journal of Child Psychiatry and Psychology, 42,* 637–648.

Mekos, D., Hetherington, E. M., & Reiss, D. (1996). Sibling differences in problem behavior and parental treatment in nondivorced and remarried families. *Child Development, 67,* 2148–2165.

Mellor, S. (1990). How do only children differ from other children? *Journal of Genetic Psychology, 151,* 221–230.

Meltzoff, A. N. (2007). 'Like me': A foundation for social cognition. *Developmental Science, 10,* 126–134.

Mendelson, M., Aboud, F., & Lanthier, R. (1994). Kindergartners' relationships with siblings, peers, and friends. *Merrill Palmer Quarterly, 40,* 416–427.

Menesini, E., Camodeca, M., & Nocentini, A. (2010). Bullying among siblings: The role of personality and relational variables. *British Journal of Developmental Psychology, 28,* 921–939.

Mesman, J., & Emmen, R. A. G. (2013). Mary Ainsworth's legacy: A systematic review of observational instruments measuring parental sensitivity. *Attachment & Human Development, 15,* 485–506.

Mesman, J., van IJzendoorn, M. H., & Baker-mans-Kranenburg, M. J. (2009). The many faces of the Still-Face Paradigm: A review and meta-analysis. *Developmental Review, 29,* 120–162.

Meunier, J. C., Bisceglia, R., & Jenkins, J. M. (2012). Differential parenting and children's behavioral problems: Curvilinear associations and mother–father combined effects. *Developmental Psychology, 48,* 987–1002.

Mickelson, K. D., Kessler, R. C., & Shaver, P. R. (1997). Adult attachment in a nationally representative sample. *Journal of Personality and Social Psychology, 73,* 1092–1106.

Mikulincer, M. (1995). Attachment style and the mental representation of the self. *Journal of Personality and Social Psychology, 69,* 1203–1215.

Mikulincer, M., Florian, V., Cowan, P. A., & Cowan, C. P. (2002). Attachment security in couple relationships: A systematic model and its implications for family dynamics. *Family Process, 41,* 405–434.

Mikulincer, M., & Shaver, P. R. (2004). Security-based self-representations in adulthood: Contents and processes. In W. S. Rholes & J. A. Simpson (Eds.), *Adult attachment: Theory, research, and clinical implications* (pp. 159–195). New York, NY: Guilford Press.

Mikulincer, M., & Shaver, P. R. (2005). Mental representations of attachment security: Theoretical foundation for a positive social psychology. In M. W. Baldwin (Ed.), *Interpersonal cognition* (pp. 233–266). New York, NY: Guilford Press.

Mikulincer, M., & Shaver, P. R. (2007). *Attachment in adulthood: Structure, dynamics, and change.* New York, NY: Guilford Press.

Mikulincer, M., & Shaver, P. R. (2008). Adult attachment and affect regulation. In J. Cassidy & P. R. Shaver (Eds.), *Handbook of attachment: Theory, research, and clinical applications* (pp. 503–531). New York, NY: Guilford Press.

Milevsky, A. (2011). *Sibling relationships in childhood and adolescence: Predictors and outcomes.* New York, NY: Columbia University Press.

Milevsky, A., Smoot, K., Leh, M., & Ruppe, A. (2005). Familial and contextual variables and the nature of sibling relationships in emerging adulthood. *Marriage and Family Review, 37,* 123–141.

Miller, J. B., Jordan, J. V., Kaplan, A. G., Stiver, I. P., & Surrey, J. L. (1997). Some misconceptions and reconceptions of a relational approach. In J. V. Jordan (Ed.), *Women's growth in diversity: More writings from the Stone Center* (pp. 25–49). New York, NY: Guilford Press.

Miller, P. A., & Eisenberg, N. (1988). The relation of empathy to aggressive and externalizing/antisocial behavior. *Psychological Bulletin, 103,* 324–344.

Miller, S. A. (2012). *Theory of mind: Beyond the preschool years.* New York, NY: Psychology Press.

Mills, R. S. L., Freeman, W. S., Clara, I. P., Elgar, F. J., Walling, B. R., & Mak, L. (2007). Parents' proneness to shame and the use of psychological control. *Journal of Child and Family Studies, 16,* 359–374.

Miner, J. L., & Clarke-Stewart, K. A. (2008). Trajectories of externalizing behavior from age 2 to age 9: Relations with gender, temperament, ethnicity, parenting, and rater. *Developmental Psychology, 44,* 771–786.

Minuchin, P. (1985). Families and individual development: Provocations from the field of family therapy. *Child Development, 56,* 289–302.

Minuchin, P. (1988). Relationships within the family: A systems perspective on development. In R. A. Hinde & J. Stevenson-Hinde (Eds.), *Relationships within families: Mutual influences* (pp. 7–26). Oxford: Oxford University Press.

Minuchin, S. (1974). *Families and family therapy.* Cambridge, MA: Harvard University Press.

Mischel, W., Shoda, Y., & Peake, P. K. (1988). The nature of adolescent competencies predicted by preschool delay of gratification. *Journal of Personality and Social Psychology, 54,* 687–696.

Miyake, K., & Yamazaki, K. (1995). Self-conscious emotions, child rearing, and child psychopathology in Japanese culture. In J. P. Tangney & K. W. Fischer (Eds.), *Self-conscious emotions: The psychology of shame, guilt, embarrassment, and pride* (pp. 488–504). New York, NY: Guilford Press.

Modry-Mandell, K. L., Gamble, W. C., & Taylor, A. R. (2007). Family emotional climate and sibling relationship quality: Influences on behavioral problems and adaptation in preschool-aged children. *Journal of Child and Family Studies, 16,* 59–71.

Moilanen, K. L. (2007). The Adolescent Self-Regulatory Inventory: The development and validation of a questionnaire of short-term and long-term self-regulation. *Journal of Youth and Adolescence, 36,* 835–848.

Molloy, L. E., Ram, N., & Gest, S. D. (2011). The storm and stress (or calm) of early adolescent self-concepts: Within- and between-subjects variability. *Developmental Psychology, 47,* 1589–1607.

Monahan, K. C., Steinberg, L., Cauffman, E., & Mulvey, E. P. (2009). Trajectories of antisocial behavior and psychosocial maturity from adolescence to young adulthood. *Developmental Psychology, 45,* 1654–1668.

Monahan, K. C., Steinberg, L., Cauffman, E., & Mulvey, E. P. (2013). Psychosocial (im) maturity from adolescence to early adulthood: Distinguishing between adolescence-limited and persisting antisocial behavior. *Development and Psychopathology, 25,* 1093–1105.

Montague, D. P. F., & Walker-Andrews, A. S. (2002). Mothers, fathers, and infants: The role of person familiarity and parental involvement in infants' perception of emotion expressions. *Child Development, 75,* 1339–1352.

Montemayor, R., Adams, G. R., & Gullotta, T. P. (1990). *From childhood to adolescence: A transitional period?* (Vol. 2). Newbury Park, CA: Sage Publications.

Montgomery, M. J. (2005). Psychosocial intimacy and identity: From early adolescence to emerging adulthood. *Journal of Adolescent Research, 20,* 346–374.

Morris, A. S., Silk, J. S., Steinberg, L., Myers, S. S., & Robinson, L. R. (2007). The role of the family context in the development of emotion regulation. *Social Development, 16,* 361–388.

Morris, A. S., Silk, J. S., Steinberg, L., Sessa, F. M., Avenevoli, S., & Essex, M. J. (2002). Temperamental vulnerability and negative parenting as interacting predictors of child adjustment. *Journal of Marriage and Family, 64,* 461–471.

Morrison, A. (1996). *The culture of shame.* New York, NY: Ballantine Books.

Moser, M. R., Paternite, C. E., & Dixon, W. E., Jr. (1996). Late adolescents' feelings toward parents and siblings. *Merrill-Palmer Quarterly, 42,* 537–553.

Moss, E., Cyr, C., Bureau, J.-F., Tarabulsy, G. M., & Dubois-Comtois, K. (2005). Stability of attachment during the preschool period. *Developmental Psychology, 41,* 773–783.

Mounts, N. S. (2001). Young adolescents' perceptions of parental management of peer relationships. *Journal of Early Adolescence, 16,* 229–249.

Mueller, E. (1989). Toddlers' peer relations: Shared meaning and semantics. In W. Damon (Ed.), *Child development today and tomorrow* (pp. 312–331). San Francisco, CA: Jossey-Bass.

Mueller, E., & Brenner, J. (1977). The origins of social skills and interaction among playgroup toddlers. *Child Development, 48,* 854–861.

Mueller, E., & Silverman, N. (1989). Peer relations in maltreated children. In D. Cicchetti & V. Carlson (Eds.), *Child mistreatment: Theory and research on the causes and consequences of child abuse and neglect* (pp. 529–578). New York, NY: Cambridge University Press.

Mullen, M. K., & Yi, S. (1995). The cultural context of talk about the past: Implications for the development of autobiographical memory. *Cognitive Development, 10,* 407–419.

Mullis, A. K., Mullis, R. L., & Normandin, D. (1992). Analysis of age effect in longitudinal studies of adolescent self-esteem. *Developmental Psychology, 18,* 372–379.

Muris, P., Bos, A. E. R., Mayer, B., Verkade, R., Thewissen, V., & Dell' Avvento, V. (2009). Relations among behavioral inhibition, big five personality factors, and anxiety disorder symptoms in non-clinical children. *Personality and Individual Differences, 46,* 525–529.

Murphy, A., Steele, M., & Steele, H. (2013). From out of sight, out of mind to in sight and in mind: Enhancing reflective capacities in a group attachment-based intervention. In J. E. Bettmann & D. D. Friedman (Eds.), *Attachment-based clinical work with children and adolescents* (pp. 237–257). New York, NY: Springer.

Murphy, M. R., MacLean, P. D., & Hamilton, S. C. (1981). Species-typical behavior of hamsters deprived from birth of the neocortex. *Science, 213,* 459–461.

Murray, A. D. (1979). Infant crying as an elicitor of parental behavior: An examination of two models. *Psychological Bulletin, 86,* 191–215.

Music, G. (2011). *Nurturing natures: Attachment and children's emotional, sociocultural, and brain development*. New York, NY: Psychology Press.

Nachmias, M., Gunnar, M., Mangelsdorf, S., Parritz, R. H., & Buss, K. (1996). Behavioral inhibition and stress reactivity: The moderating role of attachment security. *Child Development, 67*, 508–522.

Nadelman, L., & Begun, A. (1982). The effect of the newborn on the older sibling: Mothers' questionnaires. In M. E. Lamb & B. Sutton-Smith (Eds.), *Sibling relationships: Their nature and significance across the lifespan* (pp. 13–38). Hillsdale, NJ: Erlbaum.

Nangle, D. W., Erdley, C. A., Newman, J. E., Mason, C. A., & Carpenter, E. M. (2003). Popularity, friendship quantity, and friendship quality: Interactive influences on children's loneliness and depression. *Journal of Clinical Child and Adolescent Psychology, 32*, 546–555.

Natsuaki, M. N., Ge, X., Reiss, D., & Neiderhiser, J. M. (2009). Aggressive behavior between siblings and the development of externalizing problems: Evidence from a genetically sensitive study. *Developmental Psychology, 45*, 1009–1018.

Neckerman, H. J. (1996). The stability of social groups in childhood and adolescence: The role of the classroom social environment. *Social Development, 5*, 131–145.

Neiss, M. B., Sedikides, C., & Stevenson, J. (2002). Self-esteem: A behavioral genetic perspective. *European Journal of Personality, 16*, 351–368.

Nelson, C. A., Bloom, F., Cameron, J., Amaral, D., Dahl, R., & Pine, D. (2002). An integrative, multidisciplinary approach to the study of brain-behavior relations in the context of typical and atypical development. *Development and Psychopathology, 14*, 499–520.

Nelson, C. A., Thomas, K. M., & de Haan, M. (2008). Neural bases of cognitive development. In W. Damon & R. M. Lerner (Eds.), *Child and adolescent development: An advanced course* (pp. 19–53). New York, NY: John Wiley & Sons.

Nelson, K. (1993). The psychological and social origins of autobiographical memory. *Psychological Science, 4*, 7–14.

Nelson, K. (2003). Narrative and self, myth and memory: Emergence of the cultural self. In R. Fivush & C. A. Haden (Eds.), *Autobiographical memory and the construction of a narrative self* (pp. 3–28). Mahwah, NJ: Erlbaum.

Nelson, K., & Fivush, R. (2004). The emergence of autobiographical memory: A socio-cultural developmental theory. *Psychological Review, 111*, 486–511.

Nelson, N., & Russell, J. A. (2013). Universality revisited. *Emotion Review, 5*, 8–15.

Newcomb, A. F., & Bagwell, C. L. (1995). Children's friendship relations: A metaanalytic review. *Psychological Bulletin, 117*, 306–347.

Newcomb A. F., & Bagwell, C. L. (1996). The developmental significance of children's friendship relations. In W. M. Bukowski, A. F. Newcomb, & W. W. Hartup (Eds.), *The company they keep: Friendship in childhood and adolescence* (pp. 289–321). New York, NY: Cambridge University Press.

Newcomb, A. F., Bukowski, W. M., & Bagwell, C. L. (1999). Knowing the sounds: Friendship as a developmental context. In W. A. Collins & B. Laursen (Eds.), *Relationships as developmental contexts* (pp. 63–84). Mahwah, NJ: Erlbaum.

Newcomb, A. F., Bukowski, W. M., & Pattee, L. (1993). Children's peer relations: A meta-analytic review of popular, rejected, neglected, controversial, and average sociometric status. *Psychological Bulletin, 113*, 99–128.

Newcombe, R., & Reese, E. (2004). Evaluations and orientations in mother–child narratives as a function of attachment security: A longitudinal investigation. *International Journal of Behavioral Development, 28*, 230–245.

Neyer, F. J. (2002). Twin relationships in old age: A developmental perspective. *Journal of Social and Personal Relationships, 19*, 155–177.

Ng, F. F.-Y., Pomerantz, E. M., & Deng, C. (2014). Why are Chinese mothers more controlling than American mothers? "My child is my report card." *Child Development, 85*, 355–369.

NICHD Early Child Care Research Network. (1997). The effects of infant child care on infant–mother attachment security: Results of the NICHD Study of Early Child Care. *Child Development, 68*, 860–879.

NICHD Early Child Care Research Network. (2001). Child care and children's peer interaction at 24 and 36 months: The NICHD study of early child care. *Child Development, 72*, 1478–1500.

NICHD Early Child Care Research Network. (2002). The interaction of child care and family risks in relation to child development at 24 and 36 months. *Applied Developmental Science, 6*, 144–156.

Nickerson, A. B., & Nagle, R. J. (2005). Parent and peer attachment in late childhood and early adolescence. *Journal of Early Adolescence, 25*, 223–249.

Nolen-Hoeksema, S., Girgus, J. S., & Seligman, M. E. P. (1992). Predictors and consequences of childhood depressive symptoms: A 5-year longitudinal study. *Journal of Abnormal Psychology, 101*, 405–422.

Noller, P. (2005). Sibling relationships in adolescence: Learning and growing together. *Personal Relationships, 12*, 1–22.

Noller, P., Feeney, J. A., Sheehan, G., & Peterson, C. (2000). Marital conflict patterns: Links with family conflict and family members' perceptions of one another. *Personal Relationships, 7*, 79–94.

Noom, M. J., Deković, M., & Meeus, W. H. (1999). Autonomy, attachment and psychosocial adjustment during adolescence: A double-edged sword? *Journal of Adolescence, 22*, 771–783.

Noriuchi, M., Kikuchi, Y., & Senoo, A. (2008). The functional neuroanatomy of maternal love: Mother's response to infant's attachment behaviors. *Biological Psychiatry, 63*, 415–423.

Northoff, G., Heinzel, A., de Greck, M., Bermpohl, F., Dobrowolny, H., & Panksepp, J. (2006). Self-referential processing in our brain – A meta-analysis of imaging studies on the self. *NeuroImage, 31*, 440–457.

Notaro, P. C., & Volling, B. L. (1999). Parental responsiveness and infant–parent attachment: A replication study with fathers and mothers. *Infant Behavior and Development, 22*, 345–352.

Nucci, L. P. (1984). Evaluating teachers as social agents: Students' ratings of domain appropriate and domain inappropriate teacher responses to transgressions. *American Educational Research Journal, 21*, 367–378.

Nucci, L. P. (2002). The development of moral reasoning. In U. Goswami (Ed.), *Blackwell handbook of childhood cognitive development* (pp. 303–325). Malden, MA: Blackwell.

Nuckolls, C. W. (1993). An introduction to the study of cross-cultural sibling relations. In C. W. Nuckolls (Ed.), *Siblings in South Asia* (pp. 19–44). New York, NY: Guilford Press.

Numan, M. T., & Stolzenberg, D. S. (2008). Hypothalamic interaction with the mesolimbic dopamine system and the regulation of maternal responsiveness. In R. Bridges (Ed.), *Neurobiology of the parental brain* (pp. 3–22). London: Academic Press.

Nurmi, J.-E. (2004). Socialization and self-development: Channeling, selection, adjustment, and reflection. In R. Lerner & L. Steinberg (Eds.), *Handbook of adolescent psychology* (2nd ed., pp. 85–124). Hoboken, NJ: Wiley.

Nyman, L. (1995). The identification of birth order personality attributes. *Journal of Psychology, 129,* 51–59.

Oberle, E., Schonert-Reichl, K. A., & Thomson, K. C. (2009). Understanding the link between social and emotional well-being and peer relations in early adolescence: Gender-specific predictors of peer acceptance. *Journal of Youth and Adolescence, 39,* 1330–1342.

Oberman, L. M., & Ramachandran, V. S. (2007). The simulating social mind: The role of the mirror neuron system and simulation in the social and communicative deficits of autism spectrum disorders. *Psychological Bulletin, 133,* 310–327.

Ochsner, K. N., Beer, J. S., Robertson, E. R., Cooper, J. C., Gabrieli, J. D. E., Kihlstrom, J. F., & D'Esposito, M. (2005). The neural correlates of direct and reflected self-knowledge. *NeuroImage, 28,* 797–814.

Ochsner, K. N., & Gross, J. J. (2007). The neural architecture of emotion regulation. In J. J. Gross (Ed.), *Handbook of emotion regulation* (pp. 87–109). New York, NY: Guilford Press.

O'Connor, T. G., & Croft, C. M. (2001). A twin study of attachment in preschool children. *Child Development, 72,* 1501–1511.

Ogilvie, D. M., & Clark, M. D. (1992). The best and worst of it: Age and sex differences in self discrepancy research. In R. P. Lipka & T. M. Brinthaupt (Eds.), *Self-perspectives across the life span.* Albany, NY: State University of New York Press.

Ohannessian, C. M., Lerner, R. M., Lerner, J. V., & von Eye, A. (1998). Perceived parental acceptance and early adolescent self-competence. *American Journal of Orthopsychiatry, 68,* 621–629.

Ojanen, T., & Perry, D. G. (2007). Relational schemas and the developing self: Perceptions of mother and of self as joint predictors of early adolescents' self-esteem. *Developmental Psychology, 43,* 1474–1483.

Onishi, K. H., & Baillargeon, R. (2005). Do 15-month-old infants understand false beliefs? *Science, 308,* 255–258.

Oppenheim, D., & Goldsmith, D. F. (Eds.). (2007). *Attachment theory in clinical work with children: Bridging the gap between research and practice.* New York, NY: Guilford Press.

Oppenheim, D., & Waters, H. A. (1995). Narrative processes and attachment representations: Issues of development and assessment. In E. Waters, B. E. Vaughn, G. Posada, & K. Kondo-Ikemura (Eds.), Caregiving, cultural, and cognitive perspectives on secure-base behavior and working models: New growing points of attachment theory and research. *Monographs of the Society for Research in Child Development, 60*(2–3, Serial No. 244), 197–215.

Ormel, J., Oldehinkel, A. J., Ferdinand, R. F., Hartman, C. A., De Winter, A. F., Veenstra, R., ... Verhulst, F. C. (2005). Internalizing and externalizing problems in adolescence: General and dimension-specific effects of familial loadings and preadolescent temperament traits. *Psychological Medicine, 35,* 1825–1835.

Oudekerk, B. A., Allen, J. P., Hessel, E. T., & Molloy, L. E. (2014). The cascading development of autonomy and relatedness from adolescence to adulthood. *Child Development, 86,* 472–485.

Owen, J. J., Rhoades, G. K., Stanley, S. M., & Fincham, F. D. (2010). "Hooking up" among college students: Demographic and psychosocial correlates. *Archives of Sexual Behavior, 39,* 653–663.

Owens, G., Crowell, J., Pan, H., Treboux, D., O'Connor, E., & Waters, E. (1995). The prototype hypothesis and the origins of attachment working models: Adult relationships with parents and romantic partners. In E. Waters, B. E. Vaughn, G. Posada, & K. Kondo-Ikemura (Eds.), Caregiving, cultural, and cognitive perspectives on secure-base behavior and working models: New growing points of attachment theory and research. *Monographs of the Society for Research in Child Development, 60*(2–3, Serial No. 244), 216–233.

Oxley, G., & Fleming, A. S. (2000). The effects of medial preoptic area and amygdala lesions on maternal behavior in the juvenile rat. *Developmental Psychobiology, 37,* 253–265.

Oyserman, D., & Destin, M. (2010). Identity-based motivation: Implications for intervention. *The Counseling Psychologist, 38,* 1001–1043.

Padilla-Walker, L. M., & Carlo, G. (2006). Adolescent perceptions of appropriate parental reactions in moral and conventional social domains. *Social Development, 15,* 480–500.

Pahl, K., & Way, N. (2006). Longitudinal trajectories of ethnic identity among urban Black and Latino adolescents. *Child Development, 7,* 1403–1415.

Pancer, S. M., & Pratt, M. W. (1999). Social and family determinants of community service involvement in Canadian youth. In M. Yates & J. Youniss (Eds.), *Roots of civic identity: International perspectives on community service and activism in youth* (pp. 32–55). New York, NY: Cambridge University Press.

Pardini, D. A. (2008). Novel insights into long-standing theories of bidirectional parent– child influences: Introduction to the special section. *Journal of Abnormal Child Psychology, 36,* 627–631.

Park, K. A., & Waters, E. (1989). Security of attachment and preschool friendships. *Child Development, 60,* 1076–1081.

Parke, R. D., & Bhavnagri, N. P. (1989). Parents as managers of children's peer relationships. In D. Belle (Ed.), *Children's social networks and social supports* (pp. 241–259). New York, NY: Wiley.

Parke, R. D., & Buriel, R. (2006). Socialization in the family: Ethnic and ecological perspectives. In W. Damon & R. M. Lerner (Series Eds.) & N. Eisenberg (Vol. Ed.), *Handbook of child psychology: Vol. 3. Social, emotional, and personality development* (6th ed., pp. 429–504). Hoboken, NJ: Wiley.

Parke, R. D., McDowell, D. J., Cladis, M., & Leidy, M. S. (2006). Family and peer relationships: The role of emotion regulatory processes. In D. K. Snyder, J. A. Simpson, & J. N. Hughes (Eds.), *Emotion regulation in couples and families: Pathways to dysfunction and health* (pp. 143–162). Washington, DC: American Psychological

Association.

Parker, J. G., & Asher, S. R. (1987). Peer relations and later personal adjustment: Are low-accepted children at risk? *Psychological Bulletin, 102,* 357–389.

Parker, J. G., & Asher, S. R. (1993). Friendship and friendship quality in middle childhood: Links with peer group acceptance and feelings of loneliness and social dissatisfaction. *Developmental Psychology, 29,* 611–621.

Parker, J. G., & Gottman, J. M. (1989). Social and emotional development in a relational context: Friendship interaction from early childhood to adolescence. In T. J. Berndt & G. W. Ladd (Eds.), *Peer relations in child development* (pp. 15–45). New York, NY: Wiley-Interscience.

Parker, S., Nichter, M., Nichter, N., Vuckovic, N., Sims, C., & Ritenbaugh, C. (1995). Body image and weight concerns among African American and White adolescent females: Differences that make a difference. *Human Organization, 54,* 103–115.

Parpal, M., & Maccoby, E. E. (1985). Maternal responsiveness and subsequent child compliance. *Child Development, 56,* 1326–1334.

Parten, M. (1932). Social participation among preschool children. *Journal of Abnormal and Social Psychology, 28,* 231–241.

Pascarella, E., & Terenzini, P. (2005). *How college affects students: A third decade of research.* San Francisco, CA: Jossey Bass.

Paterson, J. E., Field, J., & Pryor, J. (1994). Adolescents' perceptions of their attachment relationships with their mothers, fathers, and friends. *Journal of Youth and Adolescence, 23,* 579–600.

Patterson, G. R. (1984). Siblings' fellow travelers in coercive family processes. In R. J. Blanchard (Eds.), *Advances in the study of aggression* (pp. 174–213). New York, NY: Academic Press.

Patterson, G. R. (1986). The contribution of siblings to training for fighting: A micro-social analysis. In D. Olweus, J. Block, & M. Radke-Yarrow (Eds.), *Development of antisocial and prosocial behavior: Research theories, and issues* (pp. 235–261). New York, NY: Academic Press.

Paul, E. L., McManus, B., & Hayes, A. (2000). "Hookups": Characteristics and correlates of college students' spontaneous and anonymous sexual experiences. *Journal of Sex Research, 37,* 76–88.

Paulhus, D. L., Trapnell, P. D., & Chen, D. (1999). Birth order effects on personality and achievement within families. *Psychological Science, 10,* 482–488.

Pauli-Pott, U., & Mertesacker, B. (2009). Affect expression in mother–infant interaction and subsequent attachment development. *Infant Behavior and Development, 32,* 208–215.

Paulus, M. (2014). The emergence of prosocial behavior: Why do infants and toddlers help, comfort, and share? *Child Development Perspectives, 8,* 77–81.

Paulussen-Hoogeboom, M. C., Stams, G. J. J. M., Hermanns, J. M. A., Peetsma, T. T. D., & van den Wittenboer, G. L. H. (2008). Parenting style as a mediator between children's negative emotionality and problematic behavior in early childhood. *Journal of Genetic Psychology, 169,* 209–226.

Paus, T. (2005). Mapping brain maturation and cognitive development during adolescence. *Trends in Cognitive Science, 9,* 60–68.

Paus, T., Keshavan, M., & Giedd, J. N. (2008). Why do many psychiatric disorders emerge during adolescence? *Nature Reviews: Neuroscience, 9,* 947–957.

Pedersen, S., Vitaro, F., Barker, E. D., & Borge, A. I. H. (2007). The timing of middle-childhood peer rejection and friendship: Linking early behavior to early-adolescent adjustment. *Child Development, 78,* 1037–1051.

Pederson, D. R., Bailey, H. N., Tarabulsy, G. M., Bento, S., & Moran, G. (2014). Understanding sensitivity: Lessons learned from the legacy of Mary Ainsworth. *Attachment & Human Development, 16,* 261–270.

Peevers, B. H., & Secord, P. F. (1973). Developmental changes in attribution of descriptive concepts to persons. *Journal of Personality and Social Psychology, 27,* 120–128.

Peplau, L. A., & Garnets, L. D. (2000). A new paradigm for understanding women's sexuality and sexual orientation. *Journal of Social Issues, 56,* 329–350.

Perlman, M., & Ross, H. S. (1997). The benefits of parental intervention in children's disputes: An examination of concurrent changes in children's fighting styles. *Child Development, 68,* 690–700.

Perlman, S. B., Camras, L. A., & Pelphrey, K. (2008). Physiology and functioning: Parents' vagal tone, emotion socialization, and children's emotion knowledge. *Journal of Experimental Child Psychology, 100,* 308–315.

Perner, J., Ruffman, T., & Leekam, S. R. (1994). Theory of mind is contagious: You catch it from your sibs. *Child Development, 65,* 1228–1238.

Perosa, L. M., Perosa, S. L., & Tam, H. P. (2002). Intergenerational systems theory and identity development in young adult women. *Journal of Adolescent Research, 17,* 235–259.

Perry-Parrish, C., & Zeman, J. (2011). Relations among sadness regulation, peer acceptance, and social functioning in early adolescence: The role of gender. *Social Development, 20,* 135–153.

Persson, G. E. B. (2005). Young children's prosocial and aggressive behaviors and their experiences of being targeted for similar behaviors by peers. *Social Development, 14,* 206–228.

Petersen, A. C., & Leffert, N. (1995). What is special about adolescence? In M. Rutter (Ed.), *Psychosocial disturbances in young people: Challenges for prevention* (pp. 3–36). Cambridge: Cambridge University Press.

Peterson, Z. D., & Muehlenhard, C. L. (2007). Conceptualizing the "wantedness" of women's consensual and nonconsensual sexual experiences: Implications for how women label their experiences with rape. *Journal of Sex Research, 44,* 72–88.

Pettit, G. (1997). The untold story of childhood friendships. *PsycCRITIQUES, 42,* 807–808.

Pettit, G. S., Laird, R. D., Dodge, K. A., Bates, J. E., & Criss, M. M. (2001). Antecedents and behavior-problem outcomes of parental monitoring and psychological control in early adolescence. *Child Development, 72,* 583–598.

Pettygrove, D. M., Hammond, S. I., Karahuta, E. L., Waugh, W. E., & Brownell, C. (2013). From cleaning up to helping out: Parental socialization and children's early prosocial behavior. *Infant Behavior and Development, 36,* 843–846.

Pfeifer J. H., & Dapretto, M. (2009). "Mirror, mirror, in my mind": Empathy, interpersonal competence, and the mirror neuron system. In J. Decety & W. Ickes (Eds.), *The social neuroscience of empathy* (pp. 183–197). Cambridge, MA: The MIT Press.

Pfeifer, J. H., Iacoboni, M., Mazziotta, J. C., & Dapretto, M. (2008). Mirroring others' emotions relates to empathy and interpersonal competence in children. *NeuroImage,*

*39*, 2076–2085.

Pfeifer, M., Goldsmith, H. H., Davidson, R. J., & Rickman, M. (2002). Continuity and change in inhibited and uninhibited children. *Child Development, 73*, 1474–1485.

Phelps, J. L., Belsky, J., & Crnic, K. (1998). Earned security, daily stress, and parenting: A comparison of five alternative models. *Development and Psychopathology, 10*, 21–38. Phillips, A. C., Carroll, D., Hunt, K., & Der, G. (2006). The effects of the spontaneous presence of a spouse/partner and others in cardiovascular reactions to an acute psychological challenge. *Psychophysiology, 43*, 633–640.

Phillips, A. T., Wellman, H. M., & Spelke, E. S. (2002). Infants' ability to connect gaze and emotional expression to intentional action. *Cognition, 85*, 53–78.

Phillipsen, L. C. (1999). Associations between age, gender, and group acceptance and three components of friendship quality. *Journal of Early Adolescence, 19*, 438–464.

Phinney, J. S. (1989). Stages of ethnic identity development in minority group adolescents. *Journal of Early Adolescence, 9*, 34–49.

Phinney, J. S. (1990). Ethnic identity in adolescents and adults: Review of research. *Psychological Bulletin, 108*, 499–514.

Phinney, J. S. (1996). When we talk about American ethnic groups, what do we mean? *American Psychologist, 51*, 918–927.

Phinney, J. S., & Alipuria, L. L. (1990). Ethnic identity in college students from four ethnic groups. *Journal of Adolescence, 13*, 171–183.

Phinney, J. S., Cantu, C. L., & Kurtz, D. A. (1997). Ethnic and American identity as predictors of self-esteem among African American, Latino, and White adolescents. *Journal of Youth and Adolescence, 26*, 165–185.

Piaget, J. (1932). *The moral judgment of the child.* New York, NY: Harcourt, Brace.

Pickhardt, C. E. (2008). *The future of your only child: How to guide your child to a happy and successful life.* New York, NY: Palgrave Macmillan.

Pike, A., Coldwell, J., & Dunn, J. (2005). Sibling relationships in early/middle childhood: Links with individual adjustment. *Journal of Family Psychology, 19*, 523–532.

Pike, A., Manke, B., Reiss, D., & Plomin, R. (2000). A genetic analysis of differential experiences of adolescent siblings across three years. *Social Development, 9*, 96–114.

Pike, A., Reiss, D., Hetherington, E. M., & Plomin, R. (1996). Using MZ differences in the search for nonshared environmental effects. *The Journal of Child Psychology and Psychiatry, 37*, 695–704.

Pinker, S. (2008, January 13). The moral instinct. *New York Times Magazine*, pp. 32–37, 52–58.

Pipp, S., Easterbrooks, M. A., & Harmon, R. J. (1992). The relation between attachment and knowledge of self and mother in one- to three-year-old infants. *Child Development, 63*, 738–750.

Pipp, S. L., Fischer, K. W., & Jennings, S. L. (1987). The acquisition of self and mother knowledge in infancy. *Developmental Psychology, 23*, 86–96.

Pittman, J. F., Keiley, M. K., Kerpelman, J. L., & Vaughn, B. E. (2011). Attachment, identity, and intimacy: Parallels between Bowlby's and Erikson's paradigms. *Journal of Family Theory & Review, 3*, 32–46.

Pittman, J. F., Kerpelman, J. L., Soto, J. B., & Adler-Baeder, F. M. (2012). Identity exploration in the dating domain: The role of attachment dimensions and parenting practices. *Journal of Adolescence, 35*, 1485–1499.

Pizzagalli, D., Pascual-Marqui, R. D., Nitschke, J. B., Oakes, T. R., Larson, C. L., Abercrombie, H. C., … Davidson, R. J. (2001). Anterior cingulate activity as a predictor of degree of treatment response in major depression: Evidence from brain electrical tomography analysis. *American Journal of Psychiatry, 158*, 405–415.

Pizzagalli, D. A., Sherwood, R., Henriques, J. B., & Davidson, R. J. (2005). Frontal brain asymmetry and reward responsiveness. *Psychological Science, 16*, 805–813.

Platek, S. M., & Gallup, G. G. Jr. (2002). Self-face recognition is affected by schizotypal personality traits. *Schizophrenia Research, 57*, 311–315.

Pleck, J. H., & Masciadrelli, B. P. (2004). Paternal involvement by U.S. residential fathers: Levels, sources, and consequences. In M. E. Lamb (Ed.), *The role of the father in child development* (4th ed., pp. 222–271). Hoboken, NJ: Wiley.

Plomin, R. (1994). *Genetics and experience.* Newbury Park, CA: Sage Publications.

Plomin, R., Asbury, K., & Dunn, J. (2001). Why are children in the same family so different? Nonshared environment a decade later. *Canadian Journal of Psychiatry, 46*, 225–233.

Plomin, R., & Daniels, D. (1987). Why are children in the same family so different from one another? *Behavioral and Brain Sciences, 10*, 1–16.

Plomin, R., DeFries, J. C., McClearn, G. E., & McGuffin, P. (2001). *Behavioral genetics* (4th ed.). New York, NY: Worth.

Plutchik, R. (1993). Emotions and their vicissitudes: Emotions and psychopathology. In M. Lewis & J. Haviland (Eds.), *Handbook of emotions* (pp. 53–66). New York, NY: Guilford Press.

Polit, D. F., & Falbo, T. (1987). Only children and personality development: A quantitative review. *Journal of Marriage and the Family, 49*, 309–325.

Polit, D. F., Nuttall, R., & Nuttall, E. (1980). The only child grows up: A look at some characteristics of adult only children. *Family Relations, 29*, 99–106.

Pollak, S. D., Cicchetti, D., Hornung, K., & Reed, A. (2000). Recognizing emotion in faces: Developmental effects of child abuse and neglect. *Developmental Psychology, 36*, 679–688.

Pollak, S. D., & Sinha, P. (2002). Effects of early experience on children's recognition of facial displays of emotion. *Developmental Psychology, 38*, 784–791.

Pomerantz, E. M., Saxon, J. L., & Kenney, G. A. (2001). Self-evaluation: The development of sex differences. In G. B. Moskowitz (Ed.), *Cognitive social psychology: The Princeton symposium on the legacy and future of social cognition* (pp. 59–73). Mahwah, NJ: Erlbaum.

Pomery, E. A., Gibbons, F. X., Gerrard, M., Cleveland, M. J., Brody, G. H., & Wills, T. A. (2005). Families and risk: Prospective analyses of familial and social influences on adolescent substance use. *Journal of Family Psychology, 19*, 560–570.

Pons, F., Harris, P. L., & de Rosnay, M. (2004). Emotion comprehension between 3 and 11 years: Developmental periods and hierarchical organization. *European Journal of Developmental Psychology, 1*, 127–152.

Popp, D., Laursen, B., Kerr, M., Burk, W., & Stattin, H. (2008). Modeling homophily over time with an actor–partner interdependence model. *Developmental Psychology, 44*, 1028–1039.

Porges, S. W. (1991). Vagal tone: An autonomic mediator

of affect. In J. A. Garber & K. A. Dodge (Eds.), *The development of affect regulation and dysregulation* (pp. 111–128). New York, NY: Cambridge University Press.

Porges, S. W. (1996). Physiological regulation in high-risk infants: A model for assessment and potential intervention. *Development and Psychopathology, 8,* 43–58.

Porges, S. W. (2007). The polyvagal perspective. *Biological Psychology, 74,* 116–143.

Porter, C. L., Wouden-Miller, M., Silva, S. S., & Porter, A. E. (2003). Marital harmony and conflict: Linked to infants' emotional regulation and cardiac vagal tone. *Infancy, 4,* 297–307.

Porter, F. L., Porges, S. W., & Marshall, R. E. (1988). Newborn pain cries and vagal tone: Parallel changes in response to circumcision. *Child Development, 59,* 495–505.

Porto, P. R., Oliveira, L., Mari, J., Volchan, E., Figueira, I., & Ventura, P. (2009). Does cognitive behavioral therapy change the brain? A systematic review of neuroimaging in anxiety disorders. *Journal of Neuropsychiatry and Clinical Neurosciences, 21,* 114–125.

Posada, G., Gao, Y., Wu, F., Posada, R., Tascon, M., Schöelmerich, A., … Synnevaag, B. (1995). The secure-base phenomenon across cultures: Children's behavior, mothers' preferences, and experts' concepts. In E. Waters, B. E. Vaughn, G. Posada, & K. Kondo-Ikemura (Eds.), Caregiving, cultural, and cognitive perspectives on secure-base behavior and working models: New growing points of attachment theory and research. *Monographs of the Society for Research in Child Development, 60*(2–3, Serial No. 244), 27–48.

Posner, M. I., & Rothbart, M. K. (2000). Developing mechanisms of self-regulation. *Development and Psychopathology, 12,* 427–441.

Posner, M. I., & Rothbart, M. K. (2007). *Educating the human brain.* Washington, DC: American Psychological Association.

Pottharst, K. (Ed.). (1990). *Explorations in adult attachment.* New York, NY: Peter Lang.

Poulin, F., & Chan, A. (2010). Friendship stability and change in childhood and adolescence. *Developmental Review, 30,* 257–272.

Poulin, F., Dishion, T., & Haas, E. (1999). The peer influence paradox: Friendship quality and deviancy training within male adolescent friendships. *Merrill-Palmer Quarterly, 45,* 42–61.

Poulin, F., & Pedersen, S. (2007). Developmental changes in gender composition of friendship networks in adolescent girls and boys. *Developmental Psychology, 43,* 1484–1495.

Povinelli, D. J., & Simon, B. B. (1998). Young children's understanding of briefly versus extremely delayed images of self: Emergence of the autobiographical stance. *Developmental Psychology, 34,* 188–194.

Pratt, M. W., Skoe, E. E., & Arnold, M. L. (2004). Care reasoning development and family socialization patterns in later adolescence: A longitudinal analysis. *International Journal of Behavioral Development, 28,* 139–147.

Preston, S. D., & de Waal, F. B. M. (2002). Empathy, its ultimate and proximate bases. *Behavioral and Brain Sciences, 25,* 1–20, Discussion 20–71.

Prinstein, M. J., Borelli, J. L., Cheah, C. S. L., Simon, V. A., & Aikins, J. W. (2005). Adolescent girls' interpersonal vulnerability to depressive symptoms: A longitudinal examination of reassurance-seeking and peer relationships. *Journal of Abnormal Psychology, 114,* 676–688.

Pronin, E., & Ross, L. (2006). Temporal differences in trait self-ascription: When the self is seen as an other. *Journal of Personality and Social Psychology, 90,* 197–209.

Pulkkinen, L., Kokko, K., & Rantanen, J. (2012). Paths from socioemotional behavior in middle childhood to personality in middle adulthood. *Developmental Psychology, 48,* 1283–1291.

Purcell, K. (2011). *Trends in teen communication and social media use (Pew Internet & American Life Project).* Presentation given at Joint Girl Scout Research Institute/ Pew Internet Webinar. Retrieved from http:// www. pewinternet.org/Presentations/2011/ Feb/PIP-Girl-Scout-Webinar.aspx

Putnam, S. P., Ellis, L. K., & Rothbart, M. K. (2001). The structure of temperament from infancy through adolescence. In A. Eliasz & A. Angleitner (Eds.), *Advances in research on temperament* (pp. 165–182). Lengerich, Germany: Pabst Scientist Publisher.

Putnam, S. P., & Stifter, C. A. (2008). Reactivity and regulation: The impact of Mary Rothbart on the study of temperament. *Infant and Child Development, 17,* 311–320.

Putnick, D. L., Bornstein, M. H., Hendricks, C., Painter, K. M., Suwalsky, J. T. D., & Collins, W. A. (2008). Parenting stress, perceived parenting behaviors, and adolescent self-concept in European American families. *Journal of Family Psychology, 22,* 752–762.

Quay, H. C. (1988). The behavioral reward and inhibition systems in childhood behavior disorder. In L. M. Bloomingdale (Ed.), *Attention deficit disorder* (Vol. 3, pp. 176– 186). New York, NY: Spectrum.

Quintana, S. M., Castaneda-English, P., & Ybarra, V. C. (1999). Role of perspective-taking abilities and ethnic socialization in development of adolescent ethnic identity. *Journal of Research in Adolescence, 9,* 161–184.

Rabin, D. S., & Chrousos, G. P. (1991). Androgens, gonadal. In R. M. Lerner, A. C. Petersen, & J. Brooks-Gunn (Eds.), *Encyclopedia of adolescence* (Vol. 1, pp. 56–59). New York, NY: Garland.

Radke-Yarrow, M., & Zahn-Waxler, C. (1984). Roots, motives, and patterns in children's prosocial behavior. In J. Reykowski, T. Karylowski, D. Bar-Tal, & E. Staub (Eds.), *Origins and maintenance of prosocial behaviors* (pp. 81–99). New York, NY: Plenum Press.

Radke-Yarrow, M., Zahn-Waxler, C., & Chapman, M. (1982). Children's prosocial dispositions and behavior. In E. M. Hetherington (Ed.), *Handbook of child psychology: Vol. 4. Socialization, personality and social development* (pp. 469–546). New York, NY: Harper Row.

Radmacher, K., & Azmitia, M. (2006). Are there gendered pathways to intimacy in early adolescents' and emerging adults' friendships? *Journal of Adolescent Research, 21,* 415–448.

Raffaelli, M., Crockett, L. J., & Shen, Y. (2005). Developmental stability and change in self-regulation from childhood to adolescence. *Journal of Genetic Psychology, 166,* 54–75.

Raikes, H. A., & Thompson, R. A. (2006). Family emotional climate, attachment security, and young children's emotion understanding in a high-risk sample. *British Journal of Developmental Psychology, 24,* 89–104.

Raine, A., & Yang, Y. (2006). Neural foundations to moral reasoning and antisocial behavior. *Social Cognitive and Affective Neuroscience, 1,* 203–213.

Ram, A., & Ross, H. S. (2001). Problem-solving, contention,

and struggle: How siblings resolve a conflict of interests. *Child Development, 72,* 1710–1722.

Raudino, A., Fergusson, D. M., & Horwood, L. J. (2013). The quality of parent/child relationships in adolescence is associated with poor adult psychosocial adjustment. *Journal of Adolescence, 36,* 331–340.

Recchia, H., Wainryb, C., & Pasupathi, M. (2013). "Two for flinching": Children's and adolescents' narrative accounts of harming their friends and siblings. *Child Development, 84,* 1459–1474.

Recchia, H. E., & Howe, N. (2009). Sibling relationship quality moderates the associations between parental interventions and siblings' independent conflict strategies and outcomes. *Journal of Family Psychology, 23,* 551–561.

Reese, E. (2002). Social factors in the development of autobiographical memory: The state of the art. *Social Development, 11,* 124–142.

Reese, E., Bird, A., & Tripp, G. (2007). Children's self-esteem and moral self: Links to parent–child conversations regarding emotion. *Social Development, 16,* 460–478.

Reese-Weber, M. (2000). Middle and later adolescents' conflict resolution skills with siblings: Associations with interparental and parent–adolescent conflict resolution. *Journal of Youth and Adolescence, 29,* 97–711.

Reese-Weber, M., & Kahn, J. H. (2005). Familial predictors of sibling and romantic-partner conflict resolution: Comparing late adolescents from intact and divorced families. *Journal of Adolescence, 28,* 479–493.

Reiber, C., & Garcia, J. R. (2010). Hooking up: Gender differences, evolution, and pluralistic ignorance. *Evolutionary Psychology, 8,* 390–404.

Reid, M., Ramey, S. L., & Burchinal, M. (1990). Dialogues with children about their families. *New Directions for Child Development, 48,* 5–27.

Reinherz, H. Z., Giaconia, R. M., Pakiz, B., Silverman, A. B., Frost, A. K., & Lefkowitz, E. S. (1993). Psychosocial risks for major depression in late adolescence: A longitudinal community study. *Journal of the American Academy of Child and Adolescent Psychiatry, 32,* 1155–1163.

Reis, H. T., & Shaver, P. (1988). Intimacy as an interpersonal process. In S. W. Duck, D. F. Hay, S. E. Hobfoll, W. Ickes, & B. M. Montgomery (Eds.), *Handbook of personal relationships: Theory, research, and interventions* (pp. 367–389). Oxford: John Wiley and Sons.

Reiss, D., Hetherington, E. M., Plomin, R., Howe, G. W., Simmens, S. J., Henderson, S. H., ... & Law, T. (1995). Genetic questions for environmental studies: Differential parenting and psychopathology in adolescence. *Archives of General Psychiatry, 52,* 925–936.

Reiss, D., Neiderhiser, J. M., Hetherington, E. M., & Plomin, R. (2000). *The relationship code: Deciphering genetic and social influences on adolescent development.* Cambridge, MA: Harvard University Press.

Rende, R., Slomkowski, C., Lloyd-Richardson, E., & Niaura, R. (2005). Sibling effects on substance use in adolescence: Social contagion and genetic relatedness. *Journal of Family Psychology, 19,* 611–618.

Renken, B., Egeland, B., Marvinney, D., Mangelsdorf, S., & Sroufe, L. A. (1989). Early childhood antecedents of aggression and passive-withdrawal in early elementary school. *Journal of Personality, 57,* 257–282.

Renshaw, P., & Brown, P. (1993). Loneliness in middle childhood: Concurrent and longitudinal predictors. *Child Development, 64,* 1271–1284.

Repinski, D. J., & Zook, J. M. (2005). Three measures of closeness in adolescents' relationships with parents and friends: Variations and developmental significance. *Personal Relationships, 12,* 79–102.

Resnick, G. (1993). *Manual for the administration, coding, and interpretation of the Separation Anxiety Test for 11- to 14-year-olds.* Rockville, MD: Westat.

Rest, J. R., Narvaez, D., Thoma, S. J., & Bebeau, M. J. (2000). A neo-Kohlbergian approach to morality research. *Journal of Moral Education, 29,* 381–395.

Rhoades, B. L., Greenberg, M. T., & Domitrovich, C. E. (2009). The contribution of inhibitory control to preschoolers' social-emotional competence. *Journal of Applied Developmental Psychology, 30,* 310–320.

Rice, K. G. (1990). Attachment in adolescence: A narrative and meta-analytic review. *Journal of Youth and Adolescence, 19,* 511–538.

Richmond, M. K., Stocker, C. M., & Rienks, S. L. (2005). Longitudinal associations between sibling relationship quality, parental differential treatment, and children's adjustment. *Journal of Family Psychology, 19,* 550–559.

Riem, M. M. E., Bakermans-Kranenburg, M. J., van IJzendoorn, M. H., Out, D., & Rombouts, S. A. R. B. (2012). Attachment in the brain: Adult attachment representations predict amygdala and behavioral responses to infant crying. *Attachment & Human Development, 14,* 533–551.

Riggs, S. A., & Jacobvitz, D. (2002). Expectant parents' representations of early attachment relationships: Associations with mental health and family history. *Journal of Consulting and Clinical Psychology, 70,* 195–204.

Rinaldi, C., & Howe, N. (2003). Perceptions of constructive and destructive conflict within and across family subsystems. *Infant and Child Development, 12,* 441–459.

Roberts, B. W., & DelVecchio, W. F. (2000). The rank-order consistency of personality traits from childhood to old age: A quantitative review of longitudinal studies. *Psychological Bulletin, 126,* 25–30.

Roberts, L., & Blanton, P. (2001). "I always knew mom and dad loved me best": Experiences of only children. *Journal of Individual Psychology, 57,* 125–140.

Roberts, W., & Strayer, J. (1996). Empathy, emotional expressiveness, and prosocial behavior. *Child Development, 67,* 449–470.

Robertson, D., Snarey, J., Ousley, O., Bowman, D., Harenski, K., & Kilts, C. (2007). The neural processing of moral sensitivity to issues of justice and care: An fMRI study. *Neuropsychologia, 45,* 755–766.

Robertson, J., & Bowlby, J. (1952). Responses of young children to separation from their mothers. *Courrier du Centre International de l' enfance, 2,* 131–142.

Robertson, J., & Robertson, J. (1971). Young children in brief separation: A fresh look. *The Psychoanalytic Study of the Child, 36,* 264–315. Robins, R. W., Trzesniewski, K. H., Tracy, J. L., Gosling, S. D., & Potter, J. (2002). Global self-esteem across the life span. *Psychology and Aging, 17,* 423–434.

Robinson, J. L., Kagan, J., Reznick, J. S., & Corley, R. (1992). The heritability of inhibited and uninhibited behavior: A twin study. *Developmental Psychology, 28,* 1030–1037.

Robinson, J. L., Zahn-Waxler, C., & Emde, R. N. (1994). Patterns of development in early empathic behavior: Environmental and child constitutional influences. *Social Development, 3,* 125–145.

Rochat, P. (2009). *Others in mind: Social origins of self-consciousness*. New York, NY: Cambridge University Press.

Rodkin, P., Farmer, T., Pearl, R., & Van Acker, R. (2006). They're cool: Social status and peer group supports for aggressive boys and girls. *Social Development, 15,* 175–204.

Rogoff, B. (1990). *Apprenticeship in thinking*. New York, NY: Oxford University Press.

Roisman, G. I. (2009). Adult attachment: Toward a rapprochement of methodological cultures. *Current Directions in Psychological Science, 18,* 122–126.

Roisman, G. I., Collins, W. A., Sroufe, L. A., & Egeland, B. (2005). Predictors of young adults' representations of and behavior in their current romantic relationship: Prospective tests of the prototype hypothesis. *Attachment & Human Development, 7,* 105–121.

Roisman, G. I., Fortuna, K., & Holland, A. (2006). An experimental manipulation of retrospectively defined earned and continuous attachment security. *Child Development, 77,* 59–71.

Roisman, G. I., & Groh, A. M. (2011). Attachment theory and research in developmental psychology: An overview and appreciative critique. In M. K. Underwood & L. H. Rosen (Eds.), *Social development: Relationships in infancy, childhood, and adolescence* (pp. 101–126). New York, NY: Guilford Press.

Roisman, G. I., & Haydon, K. C. (2011). Earned security in retrospect: Emerging insights from longitudinal, experimental, and taxometric investigations. In D. Cicchetti & G. I. Roisman (Eds.), *Minnesota symposia on child psychology: The origins and organization of adaptation and maladaptation* (pp. 109–154). Hoboken, NJ: Wiley.

Roisman, G. I., Holland, A., Fortuna, K., Fraley, R., Clausell, E., & Clarke, A. (2007). The Adult Attachment Interview and self-reports of attachment style: An empirical rapprochement. *Journal of Personality and Social Psychology, 92,* 678–697.

Roisman, G. I., Madsen, S. D., Hennighausen, K. H., Sroufe, L. A., & Collins, W. A. (2001). The coherence of dyadic behavior across parent–child and romantic relationships as mediated by the internalized representation of experience. *Attachment & Human Development, 3,* 156–172.

Roisman, G. I., Padrón, E., Sroufe, L. A., & Egeland, B. (2002). Earned-secure attachment status in retrospect and prospect. *Child Development, 73,* 1204–1219.

Roland, A. (1987). The familial self, the individualized self, and the transcendent self. *Psychoanalytic Review, 74,* 237–250.

Roopnarine, J. L., Fouts, H. N., Lamb, M. E., & Lewis-Elligan, T. Y. (2005). Mothers' and fathers' behaviors towards their 3- to 4-month-old infants in lower, middle, and upper socioeconomic African American families. *Developmental Psychology, 41,* 723–732.

Rose, A. J. (2002). Co-rumination in the friendships of girls and boys. *Child Development, 73,* 1830–1843.

Rose, A. J., Carlson, W., & Waller, E. M. (2007). Prospective associations of corumination with friendship and emotional adjustment: Considering the socioemotional trade-offs of co-rumination. *Developmental Psychology, 43,* 1019–1031.

Rosen, K. S. (2015). *Invisible threads: The enduring connections between sisters and brothers.* Unpublished manuscript, Boston College, Chestnut Hill, MA.

Rosen, K. S., & Burke, P. (1999). Multiple attachment relationships within families: Mothers and fathers with two young children. *Developmental Psychology, 35,* 436–444.

Rosen, K. S., & Rothbaum, F. (1993). Quality of parental caregiving and security of attachment. *Developmental Psychology, 29,* 358–367.

Rosenberg, M. (1979). *Conceiving the self.* New York, NY: Basic Books.

Rosenberg, M. (1986). Self-concept from middle childhood through adolescence. In J. Suls & A. Greenwald (Eds.), *Psychological perspectives on the self* (Vol. 3, pp. 107–136). Hillsdale, NJ: Erlbaum.

Rosenblum, G. D., & Lewis, M. (2003). Emotional development in adolescence. In G. R. Adams & M. D. Berzonsky (Eds.), *Blackwell handbook of adolescence* (pp. 269–289). Malden, MA: Blackwell.

Rosenstein, D. S., & Horowitz, H. A. (1996). Adolescent attachment and psychopathology. *Journal of Consulting and Clinical Psychology, 64,* 244–253.

Rosenthal, D. A., & Feldman, S. S. (1990). The acculturation of Chinese immigrants: Perceived effects on family functioning of length of residence in two cultural contexts. *The Journal of Genetic Psychology, 151,* 495–514.

Rosenthal, N. L., & Kobak, R. (2010). Assessing adolescents' attachment hierarchies: Differences across developmental periods and associations with individual adaptation. *Journal of Research on Adolescence, 20,* 678–706.

Ross, H. S., & Conant, C. L. (1992). The social structure of early conflict: Interactions, relationships, and alliances. In C. U. Shantz & W. W. Hartup (Eds.), *Conflict in child and adolescent development* (pp. 153–185). Cambridge: Cambridge University Press.

Ross, H. S., & Lollis, S. P. (1989). A social relations analysis of toddler peer relationships. *Child Development, 60,* 1082–1091.

Ross, H. S., Lollis, S. P., & Elliot, C. (1982). Toddler-peer communication. In K. H. Rubin & H. S. Ross (Eds.), *Peer relationships and social skills in childhood.* New York, NY: Springer-Verlag.

Ross, H. S., Ross, M., Stein, N., & Trabasso, T. (2006). How siblings resolve their conflicts: The importance of first offers, planning and limited opposition. *Child Development, 77,* 1730–1745.

Ross, J., & Fuertes, J. (2010). Parental attachment, interparental conflict, and young adults' emotional adjustment. *The Counseling Psychologist, 38,* 1050–1077.

Roth-Hanania, R., Davidov, M., & Zahn-Waxler, C. (2011). Empathy development from 8 to 16 months: Early signs of concern for others. *Infant Behavior and Development, 34,* 447–458.

Rothbart, M. K. (1981). Measurement of temperament in infancy. *Child Development, 52,* 569–578.

Rothbart, M. K. (1989). Temperament and development. In G. Kohnstamm, J. Bates, & M. K. Rothbart (Eds.), *Temperament in childhood* (pp. 187–248). Chichester: Wiley.

Rothbart, M. K. (2007). Temperament, development, and personality. *Current Directions in Psychological Science, 16,* 207–212.

Rothbart, M. K. (2011). *Becoming who we are: Temperament and personality in development.* New York, NY: Guilford Press.

Rothbart, M. K., Ahadi, S. A., & Evans, D. E. (2000). Temperament and personality: Origins and outcomes. *Journal of Personality and Social Psychology, 78,* 122–135.

Rothbart, M. K., Ahadi, S. A., & Hershey, K. L. (1994). Temperament and social behavior in childhood. *Merrill-Palmer Quarterly, 40,* 21–39.

Rothbart, M. K., Ahadi, S. A., Hershey, K. L., & Fisher, P. (2001). Investigations of temperament at 3 to 7 years: The Children's Behavior Questionnaire. *Child Development, 72,* 1394–1408.

Rothbart, M. K., & Bates, J. E. (1998). Temperament. In W. Damon (Series Ed.) & N. Eisenberg (Vol. Ed.), *Handbook of child psychology. Vol 3: Social, emotional and personality development* (5th ed., pp. 105–176). New York, NY: Wiley.

Rothbart, M. K., & Bates, J. E. (2006). Temperament. In W. Damon & R. M. Lerner (Eds.), *Handbook of child psychology. Vol 3: Social, emotional and personality development* (6th ed., pp. 99–166). New York, NY: Wiley.

Rothbart, M. K., & Bates, J. E. (2008). Temperament. In W. Damon & R. M. Lerner (Eds.), *Child and adolescent development: An advanced course* (pp. 54–92). Hoboken, NJ: John Wiley & Sons, Inc.

Rothbart, M. K., & Derryberry, D. (1981). Development of individual differences in temperament. In M. E. Lamb & A. L. Brown (Eds.), *Advances in developmental psychology* (Vol. 1, pp. 37–86). Hillsdale, NJ: Erlbaum.

Rothbart, M. K., Derryberry, D., & Hershey, K. (2000). Stability of temperament in childhood: Laboratory infant assessment to parent report at seven years. In V. Molfese & D. Molfese (Eds.), *Temperament and personality development across the lifespan* (pp. 85–119). Mahwah, NJ: Erlbaum.

Rothbart, M. K., Ellis, L. K., & Posner, M. I. (2011). Temperament and self-regulation. In R. F. Baumeister & K. D. Vohs (Eds.), *Handbook of self-regulation: Research, theory and applications* (2nd ed., pp. 441– 460). New York, NY: Guilford Press.

Rothbart, M. K., & Goldsmith, H. H. (1985). Three approaches to the study of infant temperament. *Developmental Review, 5,* 237–260.

Rothbart, M. K., Posner, M. I., & Kieras, J. (2006). Temperament, attention, and the development of self-regulation. In K. McCartney & D. Phillips (Eds.), *The Blackwell handbook of early childhood development* (pp. 328–357). London: Blackwell.

Rothbart, M. K., Posner, M. I., & Rosicky, J. (1994). Orienting in normal and pathological development. *Development and Psychopathology, 6,* 635–652.

Rothbart, M. K., Sheese, B. E., & Posner, M. I. (2007). Executive attention and effortful control: Linking temperament, brain networks, and genes. *Child Development Perspectives, 1,* 2–7.

Rothbart, F., Pott, M., Azuma, H., Miyake, K., & Weisz, J. (2000). The development of close relationships in Japan and the United States: Paths of symbiotic harmony and generative tension. *Child Development, 71,* 1121–1142.

Rothbaum, F., & Trommsdorff, G. (2007). Do roots and wings complement or oppose one another? The socialization of relatedness and autonomy in cultural context. In J. Grusec & P. Hastings (Eds.), *Handbook of socialization: Theory and research* (pp. 461–489). New York, NY: Guilford Press.

Rothbaum, F., Weisz, J., Pott, M., Miyake, K., & Morelli, G. (2000). Attachment and culture: Security in the United States and Japan. *American Psychologist, 55,* 1093–1104.

Rowe, D. C., & Gulley, B. L. (1992). Sibling effects on substance use and delinquency. *Criminology, 30,* 217–233.

Rowe, D. C., & Plomin, R. (1981). The importance of nonshared (E-sub-1) environmental influences in behavioral development. *Developmental Psychology, 17,* 517–531.

Rowe, D. C., Rodgers, J. L., Meseck-Bushey, S., & St. John, C. (1989). Sexual behavior and nonsexual deviance: A sibling study of their relationship. *Developmental Psychology, 25,* 61–69.

Rubin, K. H., Bukowski, W. M., & Parker, J. G. (2006). Peer interactions, relationships, and groups. In W. Damon & R. M. Lerner (Series Eds.) & N. Eisenberg (Vol. Ed.), *Handbook of child psychology: Vol. 3. Social, emotional, and personality development* (6th ed., pp. 571–645). Hoboken, NJ: Wiley.

Rubin, K. H., Coplan, R., Chen, X., Bowker, J., & McDonald, K. L. (2011). Peer relationships in childhood. In M. E. Lamb & M. H. Bornstein (Eds.), *Social and personality development: An advanced textbook* (pp. 308–360). New York, NY: Psychology Press.

Rubin, K. H., Dwyer, K. M., Booth-LaForce, C. L., Kim, A. H., Burgess, K. B., & Rose-Krasnor, L. (2004). Attachment, friendship, and psychosocial functioning in early adolescence. *Journal of Early Adolescence, 24,* 326–356.

Rubin, K. H., & Rose-Krasnor, K. (1992). Interpersonal problem solving. In V. B. Van Hassett & M. Hersen (Eds.), *Handbook of social development* (pp. 283–323). New York, NY: Plenum.

Rubin, K. H., Watson, K., & Jambor, T. (1978). Free play behaviors in preschool and kindergarten children. *Child Development, 49,* 534–536.

Rubin, K. H., Wojslawowicz, J. C., Rose-Krasnor, L., Booth-LaForce, C., & Burgess, K. B. (2006). The best friendships of shy/ withdrawn children: Prevalence, stability, and relationship quality. *Journal of Abnormal Child Psychology, 34,* 139–153.

Ruble, D. N., Alvarez, J., Bachman, M., Cameron, J., Fuligni, A., Garcia Coll, C., & Rhee, E. (2004). The development of a sense of "we": The emergence and implications of children's collective identity. In M. Bennett & F. Sani (Eds.), *The development of the social self* (pp. 29–76). New York, NY: Psychology Press.

Ruble, D. N., & Frey, K. S. (1991). Changing patterns of comparative behavior as skills are acquired: A functional model of self-evaluation. In J. Suls & T. A. Wills (Eds.), *Social comparison: Contemporary theory and research* (pp. 70–112). Hillsdale, NJ: Erlbaum.

Ruble, D. N., Martin, C. L., & Berenbaum, S. A. (2006). Gender development. In W. Damon & R. M. Lerner (Series Ed.) & N. Eisenberg (Vol. Ed.), *Handbook of child psychology, Vol. 3: Social, emotional, and personality development* (6th ed., pp. 858–932). New York, NY: Wiley.

Ruble, D. N., Taylor, L. J., Cyphers, L., Greulich, F. K., Lurye, L. E., & Shrout, P. E. (2007). The role of gender constancy in early gender development. *Child Development, 78,* 1121–1136.

Ruck, M. D., Peterson-Badali, M., & Day, D. M. (2002). Adolescents' and mothers' understanding of children's rights in the home. *Journal of Research on Adolescence, 12,* 373–398.

Rudolph, K. D., Troop-Gordon, W., & Llewellyn, N. (2013). Interactive contributions of self-regulation deficits and social motivation to psychopathology: Unraveling divergent pathways to aggressive behavior and depressive symptoms. *Development and Psychopathology, 25,* 407–418.

Rueter, M., & Conger, R. D. (1998). Reciprocal influences between parenting and adolescent problem-solving behavior. *Developmental Psychology, 34,* 1470–1482.

Ruffman, T., Perner, J., Naito, M., Parkin, L., & Clements, W. A. (1998). Older (but not younger) siblings facilitate false belief understanding. *Developmental Psychology, 34,* 161–174.

Rumberger, R. W. (1995). Dropping out of middle school: A multilevel analysis of students and schools. *American Educational Research Journal, 32,* 583–625.

Russell, J. A. (1994). Is there universal recognition of emotion from facial expression? A review of the cross-cultural studies. *Psychological Bulletin, 115,* 102–141.

Russell, J. A. (2003). Core affect and the psychological construction of emotion. *Psychological Review, 110,* 145–172.

Russell, J. A. (2009). Emotion, core affect, and psychological construction. *Cognition and Emotion, 23,* 1259–1283.

Russell, J. A. (2014). My psychological constructionist perspective. In L. F. Barrett & J. A. Russell (Eds.), *The psychological construction of emotion* (pp. 183–208). New York, NY: Guilford Press.

Rutter, M. (1981). Socioemotional consequences of daycare for preschool children. *American Journal of Orthopsychiatry, 51,* 4–28.

Rutter, M. (1987). Continuities and discontinuities from infancy. In J. D. Osofsky (Ed.), *Handbook of infant development* (pp. 1150–1198). New York, NY: Wiley.

Rutter, M. (2002). Family influences on behavior and development: Challenges for the future. In J. McHale & W. S. Grolnick (Eds.), *Retrospect and prospect in the psychological study of families* (pp. 321–351). Mahwah, NJ: Erlbaum.

Rutter, M. (2006). *Genes and behavior.* New York, NY: Blackwell.

Ryan, R., & Lynch, J. (1989). Emotional autonomy versus detachment: Revisiting the vicissitudes of adolescence and young adulthood. *Child Development, 60,* 340–356.

Saarni, C. (1990). Emotional competence: How emotions and relationships become integrated. In R. A. Thompson (Ed.), *Socioemotional development. Nebraska Symposium on Motivation* (pp. 115–182). Lincoln, NE: University of Nebraska Press.

Saarni, C. (1991). *The development of emotional competence.* New York, NY: Guilford Press.

Saarni, C. (1999). *The development of social competence.* New York, NY: Guilford Press.

Saarni, C., Campos, J. J., Camras, L. A., & Witherington, D. (2006). Emotional development: Action, communication, and understanding. In W. Damon & R. M. Lerner (Series Eds.) & N. Eisenberg (Vol. Ed.), *Handbook of child psychology: Vol. 3. Social, emotional, and personality development* (6th ed., pp. 226–299). Hoboken, NJ: Wiley.

Saarni, C., Campos, J. J., Camras, L. A., & Witherington, D. (2008). Principles of emotion and emotional competence. In W. Damon & R. M. Lerner (Eds.), *Child and adolescent development: An advanced course* (pp. 361–405). New York, NY: Wiley.

Saarni, C., Mumme, D. L., & Campos, J. (1998). Emotional development: Action, communication, and understanding. In N. Eisenberg (Ed.) & W. Damon

(Series Ed.), *Handbook of child psychology: Vol. 3. Social, emotional, and personality development* (5th ed., pp. 237–309). New York, NY: Wiley.

Sagi, A., & Hoffman, M. L. (1976). Empathic distress in the newborn. *Developmental Psychology, 12,* 175–176.

Sagi, A., Koren-Karie, N., Gini, M., Ziv, Y., & Joels, T. (2002). Shedding further light on the effects of various types and quality of early child care on infant–mother attachment relationship: The Haifa study of early child care. *Child Development, 73,* 1166–1186.

Sagi, A., Lamb, M., Lewkowicz, K. S., Shoham, R., Dvir, R., & Estes, D. (1985). Security of infant–mother, –father and –metapelet attachments among kibbutz-reared Israeli children. In I. Bretherton & E. Waters (Eds.), Growing points of attachment theory and research. *Monographs of the Society for Research in Child Development, 50*(1–2, Serial No. 209), 257–275.

Sagi, A., van IJzendoorn, M. H., Aviezer, O., Donnell, F., Koren-Karie, N., Joels, T., & Harel, Y. (1995). Attachments in multiple-caregiver and multiple-infant environment: The case of the Israeli kibbutzim. In E. Waters, B. E. Vaughn, G. Posada, & K. Kondo-Ikemura (Eds.), Caregiving, cultural, and cognitive perspectives on secure-base behavior and working models: New growing points of attachment theory and research. *Monographs of the Society for Research in Child Development, 60*(2–3, Serial No. 244), 71–91.

Sagi-Schwartz, A., & Aviezer, O. (2005). Correlates of attachment to multiple caregivers in kibbutz children from birth to emerging adulthood: The Haifa longitudinal study. In K. E. Grossman, K. Grossman, & E. Waters (Eds.), *Attachment from infancy to adulthood: The major longitudinal studies* (pp. 165–197). New York, NY: Guilford Press.

Sameroff, A. (1994). Developmental systems and family functioning. In R. D. Parke & S. G. Kellam (Eds.), *Exploring family relationships with other social contexts* (pp. 199–214). Hillsdale, NJ: Erlbaum.

Sameroff, A. J. (1975). Early influences on development: Fact or fancy? *Merrill-Palmer Quarterly, 21,* 267–294.

Sameroff, A. J., & Chandler, M. (1975). Reproductive risk and the continuum of caretaking casualty. In F. Horowitz (Ed.), *Review of child development research* (Vol. 4, pp. 187–244). Chicago, IL: University of Chicago Press.

Samuel, S., Hayton, B., Gold, I., Feeley, N., Carter, C. S., & Zelkowitz, P. (2015). Attachment security and recent stressful life events predict oxytocin levels: A pilot study of pregnant women with high levels of cumulative psychosocial adversity. *Attachment & Human Development, 17,* 272–287.

Samuels, H. R. (1980). The effect of an older sibling on infant locomotor exploration of a new environment. *Child Development, 51,* 607–609.

Samuolis, J., Layburn, K., & Schiaffino, K. M. (2001). Identity development and attachment to parents in college students. *Journal of Youth and Adolescence, 30,* 373–384.

Sanderson, C. A., Rahm, K. B., & Beigbeder, S. A. (2005). The link between the pursuit of intimacy goals and satisfaction in close same-sex friendships: An examination of the underlying processes. *Journal of Social and Personal Relationships, 22,* 75–98.

Sandler, L. (1975). Infant and caretaking environment. In E. J. Anthony (Ed.), *Explorations in child psychiatry* (pp. 129–166). New York, NY: Plenum.

Sandler, L. (2013). *One and only: The freedom of having an only child, and the joy of being one.* New York, NY: Simon and Schuster.

Sandstrom, M. J., Cillessen, A. H. N., & Eisenhower, A. (2003). Children's appraisal of peer rejection experiences: Impact on social and emotional adjustment. *Social Development, 12,* 530–550.

Santucci, A. K., Silk, J. S., Shaw, D. S., Gentzler, A., Fox, N. A., & Kovacs, M. (2008). Vagal tone and temperament as predictors of emotion regulation strategies in young children. *Developmental Psychology, 50,* 205–216.

Saudino, K. J., & Wang, M. (2012). Quantitative and molecular genetic studies of temperament. In M. Zentner & R. L. Shiner (Eds.), *Handbook of temperament* (pp. 315–346). New York, NY: Guilford Press.

Saudino, K. J., Wertz, A. E., Gagne, J. R., & Chawla, S. (2004). Night and day: Are siblings as different in temperament as parents say they are? *Journal of Personality and Social Psychology, 87,* 698–706.

Saunders, R., Jacobvitz, D., Zaccagnino, M., Beverung, L. M., & Hazen, N. (2011). Pathways to earned-security: The role of alternative support figures. *Attachment & Human Development, 13,* 403–420.

Savin-Williams, R. C. (2001). A critique of research on sexual-minority youths. *Journal of Adolescence, 24,* 5–13.

Sawyer, K. S., Denham, S., DeMulder, E., Blair, K., Auerbach-Major, S., & Levitas, J. (2002). The contribution of older siblings' reactions to emotions to preschoolers' emotional and social competence. *Marriage & Family Review, 34,* 182–212.

Saxe, R., Carey, S., & Kanwisher, N. (2004). Understanding other minds: Linking developmental psychology and functional neuroimaging. *Annual Review of Psychology, 55,* 87–124.

Saxe, R., Moran, J. M., Scholz, J., & Gabrieli, J. (2006). Overlapping and nonoverlap-ping brain regions for theory of mind and self reflection in individual subjects. *Social Cognitive and Affective Neuroscience, 1,* 229–234.

Saxe, R., Whitfield-Gabrieli, S., Scholz, J., & Pelphrey, K. A. (2009). Brain regions for perceiving and reasoning about other people in school-aged children. *Child Development, 80,* 1197–1209.

Scarr, S., & McCartney, K. (1983). How people make their own environments: A theory of genotype-environment effects. *Child Development, 54,* 424–435.

Schacter, E. P., & Ventura, J. J. (2008). Identity agents: Parents as active and reflective participants in their children's identity formation. *Journal of Research on Adolescence, 18,* 449–476.

Scheff, T. J. (1987). The shame–rage spiral: A case study of an interminable quarrel. In H. B. Lewis (Ed.), *The role of shame in symptom formation* (pp. 109–149). Hills-dale, NJ: Erlbaum.

Scheff, T. J. (2000). Shame and the social bond: A sociological theory. *Sociological Theory, 18,* 84–99.

Schneider, B. H., Atkinson, L., & Tardif, C. (2001). Child–parent attachment and children's peer relations: A quantitative review. *Developmental Psychology, 37,* 86–100.

Schneider, B. H., Fonzi, A., Tani, F., & Tomada, G. (1997). A cross-cultural exploration of the stability of children's friendships and the predictors of their continuation. *Social Development, 6,* 322–339.

Schneider, B. H., & Tessier, N. (2007). Close friendship as understood by socially withdrawn, anxious early adolescents. *Child Psychiatry & Human Development,*

38, 339–351.

Schneider, B. H., & Younger, A. J. (1996). Adolescent–parent attachment and adolescents' relations with their peers: A closer look. *Youth and Society, 28,* 95–108.

Schneider-Rosen, K. (1990). The developmental reorganization of attachment relationships: Guidelines for classification beyond infancy. In M. T. Greenberg, D. Cicchetti, & E. M. Cummings (Eds.), *Attachment in the preschool years: Theory, research, and intervention* (pp. 185–220). Chicago, IL: University of Chicago Press.

Schneider-Rosen, K., Braunwald, K., Carlson, V., & Cicchetti, D. (1985). Current perspectives in attachment theory: Illustration from the study of maltreated infants. In I. Bretherton & E. Waters (Eds.), Growing points of attachment theory and research. *Monographs of the Society for Research in Child Development, 50*(1–2, Serial No. 209), 194–210.

Schneider-Rosen, K., & Cicchetti, D. (1984). The relationship between affect and cognition in maltreated infants: Quality of attachment and the development of visual self-recognition. *Child Development, 55,* 648–658.

Schneider-Rosen, K., & Cicchetti, D. (1991). Early self-knowledge and emotional development. *Developmental Psychology, 27,* 471–478.

Schore, A. N. (1994). *Affect regulation and the origin of the self: The neurobiology of emotional development.* Hillsdale, NJ: Erlbaum.

Schore, A. N. (1996). The experience-dependent maturation of a regulatory system in the orbital prefrontal cortex and the origin of developmental psychopathology. *Development and Psychopathology, 8,* 59–87.

Schore, A. N. (2003). *Affect regulation and the repair of the self.* New York, NY: Norton.

Schore, J. R., & Schore, A. N. (2008). Modern attachment theory: The central role of affect regulation in development and treatment. *Clinical Social Work Journal, 36,* 9–20.

Schuengel, C., Bakermans-Kranenburg, M., van IJzendoorn, M. H., & Blom, M. (1999). Unresolved loss and infant disorganization: Links to frightening maternal behavior. In J. Solomon & C. George (Eds.), *Attachment disorganization* (pp. 71–94). New York, NY: Guilford Press.

Schulenberg, J. E., & Zarrett, N. R. (2006). Mental health during emerging adulthood: Continuity and discontinuity in courses, causes, and functions. In J. J. Arnett & J. L. Tanner (Eds.), *Emerging adults in America: Coming of age in the 21st century* (pp. 135–172). Washington, DC: APA Books.

Schwartz, C., Kunwar, P. S., Greve, D. N., Kagan, J., Snidman, N. C., & Bloch, R. B. (2012). A phenotype of early infancy predicts reactivity of the amygdala in male adults. *Molecular Psychiatry, 17,* 1042–1050.

Schwartz, D., Dodge, K. A., Pettit, G. S., & Bates, J. E., and Conduct Problems Prevention Research Group (2000). Friendship as a moderating factor in the pathway between early harsh home environment and later victimization in the peer group. *Developmental Psychology, 36,* 646–662.

Scourfield, J., John, B., Martin, N., & McGuffin, P. (2004). The development of prosocial behavior in children and adolescents: A twin study. *Journal of Child Psychology and Psychiatry, 45,* 927–935.

Sears, R. R., Maccoby, E. E., & Levin, H. (1957). *Patterns of child rearing.* Evanston, IL: Row, Peterson.

Sears, R. R., Rau, L., & Alpert, R. (1965). *Identification and child rearing.* Stanford, CA: Stanford University Press.

Sebanc, A. M. (2003). The friendship features of preschool children: Links with prosocial behavior and aggression. *Social Development, 12,* 249–268.

Sebanc, A. M., Kearns, K. T., Hernandez, M. D., & Galvin, K. B. (2007). Predicting having a best friend in young children: Individual characteristics and friendship features. *Journal of Genetic Psychology, 168,* 81–95.

Seifer, R., Sameroff, A. J., Barrett, L. C., & Krafchuk, E. (1994). Infant temperament measured by multiple observations and mother report. *Child Development, 65,* 1478–1490.

Seifer, R., & Schiller, M. (1995). The role of parenting sensitivity, infant temperament, and dyadic interaction in attachment theory and assessment. In E. Waters, B. E. Vaughn, G. Posada, & K. Kondo-Ikemura (Eds.), Caregiving, cultural, and cognitive perspectives on secure-base behavior and working models: New growing points of attachment theory and research. *Monographs of the Society for Research in Child Development, 60*(2–3, Serial No. 244), 146–174.

Seifer, R., Schiller, M., Sameroff, A. J., Resnick, S., & Riordan, K. (1996). Attachment, maternal sensitivity, and infant temperament during the first year of life. *Developmental Psychology, 32,* 12–55.

Selden, N. R. W., Everitt, B. J., Jarrard, L. E., & Robbins, T. W. (1991). Complementary roles for the amygdala and hippocampus in aversive conditioning to explicit and contextual cues. *Neuroscience, 42,* 335–350.

Selman, R. L. (1980). *The growth of interpersonal understanding: Developmental and clinical analyses.* New York, NY: Academic Press.

Selman, R. L., & Schultz, L. (1990). *Making a friend in youth: Developmental theory and pair therapy.* Chicago, IL: University of Chicago Press.

Shamay-Tsoory, S. G., Tomer, R., Goldsher, D., Berger, B. D., & Aharon-Peretz, J. (2004). Impairment in cognitive and affective empathy in patients with brain lesions: Anatomical and cognitive correlates. *Journal of Clinical and Experimental Neuropsychology, 26,* 1113–1127.

Shanahan, L., McHale, S. M., Crouter, A. C., & Osgood, D. W. (2008). Linkages between parents' differential treatment, youth depressive symptoms, and sibling relationships. *Journal of Marriage and Family, 70,* 480–494.

Shantz, C. U., & Hobart, C. J. (1989). Social conflict and development. In T. J. Berndt & G. W. Ladd (Eds.), *Peer relationships in child development* (pp. 71–94). New York, NY: Wiley.

Shapka, J. D., & Keating, D. P. (2005). Structure and change in self-concept during adolescence. *Canadian Journal of Behavioral Science, 37,* 83–96.

Sharabany, R., Gershoni, R., & Hofmann, J. (1981). Girlfriend, boyfriend: Age and sex differences in intimate friendship. *Developmental Psychology, 17,* 800–808.

Sharp, C., & Fonagy, P. (2008). The parent's capacity to treat the child as a psychological agent: Constructs, measures, and implications for developmental psychopathology. *Social Development, 17,* 737–754.

Sharp, C., Fonagy, P., & Goodyer, I. (2006). Imagining your child's mind: Psychosocial adjustment and mothers' ability to predict their children's attributional response styles. *British Journal of Developmental Psychology, 24,* 197–214.

Sharp, C., Pane, H., Ha, C., Venta, A., Patel, A., Sturek, J., & Fonagy, P. (2011). Theory of mind and emotion regulation difficulties in adolescents with borderline

traits. *Journal of the American Academy of Child & Adolescent Psychiatry, 50,* 563–573.

Shaw, D. S., & Winslow, E. B. (1997). Precursors and correlates of antisocial behavior from infancy to preschool. In D. M. Stoff, J. Breiling, & J. D. Maser (Eds.), *Handbook of antisocial behavior* (pp. 148–158). Hoboken, NJ: Wiley.

Shebloski, B., Conger, K. J., & Widaman, K. F. (2005). Reciprocal links among differential parenting, perceived partiality, and self-worth: A three-wave longitudinal study. *Journal of Family Psychology, 19,* 633–642.

Sheehan, G. (1997). Adolescent sibling conflict. *Family Matters, 46,* 37–39.

Sheehan, G., Darlington, Y., Noller, P., & Feeney, J. (2004). Children's perceptions of their sibling relationships during parental separation and divorce. *Journal of Divorce and Remarriage, 41,* 69–94.

Sheehan, G., & Noller, P. (2002). Adolescents' perceptions of differential parenting: Links with attachment style and adolescent adjustment. *Personal Relationships, 9,* 173–190.

Sheese, B. E., Voelker, P. M., Rothbart, M. K., & Posner, M. I. (2007). Parenting quality interacts with genetic variation in dopamine receptor D4 to influence temperament in early childhood. *Development and Psychopathology, 19,* 1039–1046.

Sheikh, S., & Janoff-Bulman, R. (2010). Tracing the self-regulatory bases of moral emotions. *Emotion Review, 2,* 386–396.

Sher-Censor, E., Oppenheim, D., & Sagi-Schwartz, A. (2012). Individuation of female adolescents: Relations with adolescents' perceptions of maternal behavior and with adolescent–mother discrepancies in perceptions. *Journal of Adolescence, 35,* 397–405.

Sherman, A. M., Lansford, J. E., & Volling, B. L. (2006). Sibling relationships and best friendships in young adulthood: Warmth, conflict, and well-being. *Personal Relationships, 13,* 151–165.

Shiner, R. L., Buss, K. A., McClowry, S. G., Putnam, S. P., Saudino, K. J., & Zentner, M. (2012). What is temperament *now*? Assessing progress in temperament research on the twenty-fifth anniversary of Goldsmith et al. (1987). *Child Development Perspectives, 6,* 436–444.

Shiner, R. L., & Masten, A. S. (2012). Childhood personality as a harbinger of competence and resilience in adulthood. *Development and Psychopathology, 24,* 507–528.

Shipman, K. L., Schneider, R., Fitzgerald, M. M., Sims, C., Swisher, L., & Edwards, A. (2007). Maternal emotion socialization in maltreating and non-maltreating families: Implications for children's emotion regulation. *Social Development, 16,* 268–285.

Shirley, M. M. (1933). *The first two years: A study of 25 babies.* Minneapolis, MN: University of Minnesota Press.

Shmueli-Goetz, Y., Target, M., Fonagy, P., & Datta, A. (2008). The child attachment interview: A psychometric study of reliability and discriminant validity. *Developmental Psychology, 44,* 939–956.

Shoda, Y., Mischel, W., & Peake, P. K. (1990). Predicting adolescent cognitive and self-regulatory competencies from preschool delay of gratification: Identifying diagnostic conditions. *Developmental Psychology, 26,* 978–986.

Shomaker, L. B., & Furman, W. (2009). Parent–adolescent relationship qualities, internal working models, and attachment styles as predictors of adolescents' interactions with friends. *Journal of Social and Personal*

*Relationships, 26*, 579–603.

Shonkoff, J. P., & Phillips, D. (Eds.). (2000). *From neurons to neighborhoods.* Washington, DC: National Academy Press.

Shulman, S., Elicker, J., & Sroufe, L. A. (1994). Stages of friendship growth in preadolescence as related to attachment history. *Journal of Social and Personal Relationships, 11*, 341–361.

Shulman, S., Laursen, B., Kalman, Z., & Karpovsky, S. (1997). Adolescent intimacy revisited. *Journal of Youth and Adolescence, 26*, 597–617.

Shweder, R. A., Much, N. C. Mahapatra, M., & Park, L. (1997). The "big three" of morality (autonomy, community, divinity) and the "big three" explanations of suffering. In A. M. Brandt & P. Rozin (Eds.), *Morality and health* (pp. 119–169). Florence, KY: Taylor & Frances/Routledge.

Siddiqui, A., & Ross, H. S. (2004). Mediation as a method of parent intervention in children's disputes. *Journal of Family Psychology, 18*, 147–159.

Sijsema, J. J., Ojanen, T., Veenstra, R., Lindenberg, S., Hawley, P. H., & Little, T. D. (2010). Forms and functions of aggression in adolescent friendship selection and influence: A longitudinal social network analysis. *Social Development, 19*, 515–534.

Silk, J. S., Shaw, D. S., Skuban, E. M., Oland, A. A., & Kovacs, M. (2006). Emotion regulation strategies in offspring of childhood-onset depressed mothers. *Journal of Child Psychology and Psychiatry, 47*, 69–78.

Simmons, R. G., & Blyth, D. A. (1987). *Moving into adolescence: The impact of pubertal change and school context.* New York, NY: Aldine.

Simpkins, S., & Parke, R. (2002). Do friends and nonfriends behave differently? A social relations analysis of children's behavior. *Merrill-Palmer Quarterly, 48*, 263–283.

Singer, E., & Doornenbal, J. (2006). Learning morality in peer conflict: A study of school children's narratives about being betrayed by a friend. *Childhood: A Global Journal of Child Research, 13*, 225–245.

Skinner, B. F. (1938). *The behavior of organisms.* New York, NY: Appleton-Century-Crofts.

Skinner, B. F. (1971). *Beyond freedom and dignity.* New York, NY: Knopf.

Slade, A. (2000). The development and organization of attachment: Implications for psychoanalysis. *Journal of the American Psychoanalytic Association, 48*, 1147–1174.

Slade, A. (2004). Two therapies: Attachment organization and the clinical process. In L. Atkinson & S. Goldberg (Eds.), *Attachment issues in psychopathology and intervention* (pp. 181–206). Mahwah, NJ: Erlbaum.

Slade, A. (2005). Parental reflective functioning: An introduction. *Attachment & Human Development, 7*, 269–281.

Slade, A. (2008). The implications of attachment theory and research for adult psychotherapy: Research and clinical perspectives. In J. Cassidy & P. R. Shaver (Eds.), *Handbook of attachment: Theory, research, and clinical applications* (2nd ed., pp. 762– 782). New York, NY: Guilford Press.

Slade, A., Belsky, J., Aber, J. L., & Phelps, J. L. (1999). Mothers' representations of their relationships with their toddlers: Links to adult attachment and observed mothering. *Developmental Psychology, 35*, 611–619.

Slade, A., Grienenberger, J., Bernbach, E., Levy, D., & Locker, A. (2005). Maternal reflective functioning, attachment, and the transmission gap: A preliminary study. *Attachment & Human Development, 7*, 283–298.

Slaughter, V., Dennis, M. J., & Pritchard, M. (2002). Theory of mind and peer acceptance in preschool children. *British Journal of Developmental Psychology, 20*, 545–564.

Slaughter, V., Imuta, K., Peterson, C. C., & Henry, J. D. (2015). Meta-analysis of theory of mind and peer popularity in the preschool and early school years. *Child Development, 86*, 1159–1174.

Slomkowski, C., & Manke, B. (2004). Sibling relationships during childhood: Multiple perceptions from multiple observers. In R. D. Conger, F. O. Lorenz, & K. A. S. Wickrama (Eds.), *Continuity and change in family relations: Theory, methods, and empirical findings* (pp. 293–318). Mahwah, NJ: Erlbaum.

Slomkowski, C., Rende, R., Conger, K. J., Simons, R. L., & Conger, R. D. (2001). Sisters, brothers, and delinquency: Evaluating social influence during early and middle adolescence. *Child Development, 72*, 271–283.

Slotnick, B. M. (1967). Disturbances of maternal behavior in the rat following lesions of the cingulate cortex. *Behaviour, 29*, 204–236.

Smetana, J. G. (1988). Concepts of self and social convention: Adolescents' and parents' reasoning about hypothetical and actual family conflicts. In M. R. Gunnar & W. A. Collins (Eds.), *Minnesota Symposia on Child Psychology: Vol. 21. Development during the transition to adolescence* (pp. 79–122). Hillsdale, NJ: Erlbaum.

Smetana, J. G. (1997). Parenting and the development of social knowledge reconceptualized: A social domain analysis. In J. E. Grusec & L. Kuczynski (Eds.), *Parenting and children's internalization of values: A handbook of contemporary theory* (pp. 162–192). New York, NY: Wiley.

Smetana, J. G. (2006). Social domain theory: Consistencies and variations in children's moral and social judgments. In M. Killen & J. G. Smetana (Eds.), *Handbook of moral development* (pp. 119–154). Mahwah, NJ: Erlbaum.

Smetana, J. G., & Braeges, J. L. (1990). The development of toddlers' moral and conventional judgments. *Merrill-Palmer Quarterly, 36*, 329–346.

Smetana, J. G., Campione-Barr, N., & Metzger, A. (2006). Adolescent development in interpersonal and societal contexts. *Annual Review of Psychology, 57*, 255–284.

Smetana, J. G., Jambon, M., Conry-Murray, C., & Sturge-Apple, M. L. (2012). Reciprocal associations between young children's developing moral judgments and theory of mind. *Developmental Psychology, 48*, 1144–1155.

Smetana, J. G., Metzger, A., & Campione-Barr, N. (2004). African American late adolescents' relationships with parents: Developmental transitions and longitudinal patterns. *Child Development, 75*, 932–947.

Smith, J., & Ross, H. (2007). Training parents to mediate sibling disputes affects children's negotiation and conflict understanding. *Child Development, 78*, 790–805.

Smolak, L., & Munstertieger, B. F. (2002). The relationship of gender and voice to depression and eating disorders. *Psychology of Women Quarterly, 26*, 234–241.

Snapp, S. (2009). Internalization of the thin ideal among low-income ethnic minority adolescent girls. *Body Image, 6*, 311–314.

Snapp, S., Lento, R., Ryu, E., & Rosen, K. S. (2014). Why do they hook up? Attachment style and sexual motives in college students. *Personal Relationships, 21*, 468–481.

Sneed, J. R., Whitbourne, S. K., & Culang, M. E. (2006). Trust, identity, and ego integrity: Modeling Erikson's core stages over 34 years. *Journal of Adult Development, 13,* 148–157.

Snyder, J., Bank, L., & Burraston, B. (2005). The consequences of antisocial behavior in older male siblings for younger brothers and sisters. *Journal of Family Psychology, 19,* 643–653.

Snyder, J., Stoolmiller, M., Wilson, M., & Yamamoto, M. (2003). Child anger regulation, parental responses to children's anger displays, and early child antisocial behavior. *Social Development, 12,* 335–360.

Sober, E., & Wilson, D. S. (1998). *Unto others: The evolution and psychology of unselfish behavior.* Cambridge, MA: Harvard University Press.

Soenens, B., & Byers, W. (2012). The cross-cultural significance of control and autonomy in parent–adolescent relationships. *Journal of Adolescence, 35,* 243–248.

Soenens, B., Vansteenkiste, M., Lens, W., Luyckx, K., Goossens, L., Beyers, W., & Ryan, R. M. (2007). Conceptualizing parental autonomy support: Adolescent perceptions of promotion of independence versus promotion of volitional functioning. *Developmental Psychology, 43,* 633–646.

Solomon, J., & George, C. (2008). The measurement of attachment security and related constructs in infancy and early childhood. In J. Cassidy & P. R. Shaver (Eds.), *Handbook of attachment: Theory, research, and clinical applications* (2nd ed., pp. 383– 416). New York, NY: Guilford Press.

Soltis, J. (2004). The signal functions of early infant crying. *Behavioral and Brain Sciences, 27,* 443–490.

Sorce, J., & Emde, R. (1981). Mother's presence is not enough: Effect of emotional availability on infant exploration. *Developmental Psychology, 17,* 737–745.

Southgate, C., Senju, A., & Csibra, G. (2007). Action anticipation through attribution of false belief in two-year-olds. *Psychological Science, 18,* 587–592.

Spencer, M. B. (2008). Phenomenological and ecological systems theory: Development of diverse groups. In W. Damon & R. M. Lerner (Eds.), *Child and adolescent development: An advanced course* (pp. 696–740). Hoboken, NJ: John Wiley & Sons.

Spencer, M. B., & Markstrom-Adams, C. (1990). Identity processes among racial and ethnic minority children in America. *Child Development, 61,* 290–310.

Spieker, S. J., & Booth, C. L. (1988). Maternal antecedents of attachment quality. In J. Belsky & T. Nezworski (Eds.), *Clinical implications of attachment* (pp. 95–135). Hillsdale, NJ: Erlbaum.

Spiker, D., & Ricks, M. (1984). Visual self-recognition in autistic children: Developmental relationships. *Child Development, 55,* 214–225.

Spitz, R. (1957). *No and yes.* New York, NY: International Universities Press.

Sroufe, L. A. (1979). Socioemotional development. In J. Osofsky (Ed.), *Handbook of infant development* (pp. 462–516). New York, NY: Wiley.

Sroufe, L. A. (1983). Infant–caregiver attachment and patterns of adaptation in preschool: The roots of maladaptation and competence. In M. Perlmutter (Eds.), *Minnesota Symposium on Child Psychology* (Vol. 16, pp. 41–81). Hillsdale, NJ: Erlbaum.

Sroufe, L. A. (1988). The role of infant–caregiver attachment in development. In J. Belsky & T. Nezworski (Eds.), *Clinical implications of attachment* (pp. 18–38). Hillsdale, NJ: Erlbaum.

Sroufe, L. A. (1996). *Emotional development: The organization of emotional life in the early years.* Cambridge: Cambridge University Press.

Sroufe, L. A. (1997). Psychopathology as an outcome of development. *Development and Psychopathology, 9,* 251–268.

Sroufe, L. A. (2000). Early relationships and the development of children. *Infant Mental Health Journal, 21,* 67–74.

Sroufe, L. A. (2003). Attachment categories as reflections of multiple dimensions: Comment on Fraley and Spieker (2003). *Developmental Psychology, 39,* 413–416.

Sroufe, L. A. (2005). Attachment and development: A prospective longitudinal study from birth to adulthood. *Attachment & Human Development, 7,* 349–367.

Sroufe, L. A., Carlson, E. A., & Shulman, S. (1993). Individuals in relationships: Development from infancy through adolescence. In D. C. Funder, R. D. Parke, C. Tomlinson-Keasey, & K. Widaman (Eds.), *Studying lives through time* (pp. 315–342). Washington, DC: American Psychological Association.

Sroufe, L. A., Egeland, B., & Carlson, E. A. (1999). One social world: The integrated development of parent–child and peer relationships. In W. A. Collins & B. Laursen (Eds.), *Minnesota Symposia on Child Psychology: Vol. 30. Relationships in developmental contexts: Festschrift in honor of William W. Hartup* (pp. 241– 261). Mahwah, NJ: Erlbaum.

Sroufe, L. A., Egeland, B., Carlson, E. A., & Collins, W. A. (2005a). *The development of the person: The Minnesota study of risk and adaptation from birth to adulthood.* New York, NY: Guilford Press.

Sroufe, L. A., Egeland, B., Carlson, E. A., & Collins, W. A. (2005b). Placing early attachment experiences in developmental context. In K. E. Grossman, K. Gross-man, & E. Waters (Eds.), *Attachment from infancy to adulthood: The major longitudinal studies* (pp. 48–70). New York, NY: Guilford Press.

Sroufe, L. A., Egeland, B., & Kreutzer, T. (1990). The fate of early experience following developmental change: Longitudinal approaches to individual adaptation in childhood. *Child Development, 61,* 1363–1373.

Sroufe, L. A., & Fleeson, J. (1986). Attachment and the construction of relationships. In W. W. Hartup & Z. Rubin (Eds.), *Relationships and development* (pp. 51–71). Hills-dale, NJ: Erlbaum.

Sroufe, L. A., & Rutter, M. (1984). The domain of developmental psychopathology. *Child Development, 55,* 17–29.

Sroufe, L. A., Schork, E., Motti, F., Lawroski, N., & LaFreniere, P. (1984). The role of affect in social competence. In C. Izard, J. Kagan, & R. Zajonc (Eds.), *Emotions, cognition, and behavior* (pp. 289–319). Cambridge: Cambridge University Press.

Sroufe, L. A., & Waters, E. (1977). Attachment as an organizational construct. *Child Development, 48,* 1184–1199.

Stams, G. J. M., Deković, M., Brugman, D., Rutten, E. A., Van den Wittenboer, G. L. H., Tavecchio, L. W. C., … Van Schijndel, M. (2008). The relationship of punish-ment- and victim-based moral orientation to prosocial, externalizing, and norm trespassing behavior in delinquent and nondelinquent adolescents: A validation study of the Moral Orientation Measure. *Journal of*

Experimental Criminology, 4, 41–60.

Stams, G.-J. J. M., Juffer, F., & van IJzendoorn, M. H. (2002). Maternal sensitivity, infant attachment, and temperament in early childhood predict adjustment in middle childhood: The case of adopted children and their biologically unrelated parents. Developmental Psychology, 38, 806–821.

Stättin, H., & Kerr, M. (2000). Parental monitoring: A reinterpretation. Child Development, 71, 1072–1085.

Stättin, H., & Magnusson, D. (1990). Paths through life, Vol. 2. Pubertal maturation in female development. Hillsdale, NJ: Lawrence Erlbaum.

Stauffacher, K., & DeHart, G. B. (2006). Crossing social contexts: Relational aggression between siblings and friends during early and middle childhood. Journal of Applied Developmental Psychology, 27, 228–240.

Steele, H., & Steele, M. (1998). Attachment and psychoanalysis: Time for a reunion. Social Development, 7, 92–119.

Steele, H., & Steele, M. (2005). The construct of coherence as an indicator of attachment security in middle childhood: The Friends and Family Interview. In K. Kerns & R. A. Richardson (Eds.), Attachment in middle childhood (pp. 137–160). New York, NY: Guilford Press.

Steele, H., Steele, M., & Fonagy, P. (1996). Associations among attachment classifications of mothers, fathers, and their infants. Child Development, 67, 541–555.

Steele, M., Murphy, A., & Steele, H. (2010). Identifying therapeutic action in an attachment-centered intervention with high risk families. Clinical Social Work, 38, 61–72.

Stein, M. B., Koverola, C., Hanna, C., Torchia, M. G., & McClarty, B. (1997). Hippocampal volume in women victimized by childhood sexual abuse. Psychological Medicine, 27, 951–959.

Steinberg, L. (1990). Autonomy, conflict and harmony in the family relationship. In S. S. Feldman & G. R. Elliott (Eds.), At the threshold: The developing adolescent (pp. 255–276). Cambridge, MA: Harvard University Press.

Steinberg, L. (2001). We know some things: Adolescent–parent relationships in retrospect and prospect. Journal of Research on Adolescence, 11, 1–19.

Steinberg, L. (2005a). Adolescence. New York, NY: McGraw Hill.

Steinberg, L. (2005b). Cognitive and affective development in adolescence. Trends in Cognitive Sciences, 9, 69–74.

Steinberg, L., & Monahan, K. C. (2007). Age differences in resistance to peer influence. Developmental Psychology, 43, 1531–1543.

Steinberg, L., & Morris, A. S. (2001). Adolescent development. Annual Review of Psychology, 52, 83–110.

Steinberg, L., & Scott, E. S. (2003). Less guilty by reason of adolescence: Developmental immaturity, diminished responsibility, and the juvenile death penalty. American Psychologist, 58, 1009–1018.

Steinberg, L., & Sheffield Morris, A. (2001). Adolescent development. Annual Review of Psychology, 52, 83–101.

Steinberg, L., & Silk, J. (2002). Parenting adolescents. In M. Bornstein (Ed.), Handbook of parenting: Vol. 1. Children and parenting (2nd ed., pp. 103–133). Mahwah, NJ: Erlbaum.

Steinberg, L. A., Dahl, R., Keating, D., Kupfer, D., Masten, A., & Pine, D. (2006). The study of developmental psychopathology in adolescence: Integrating affective neuroscience with the study of context. In D. Cicchetti & D. J. Cohen (Eds.), Developmental psychopathology: Vol.

2. Developmental neuroscience (2nd ed., pp. 710–741). Hoboken, NJ: Wiley.

Steklis, H. D., & Kling, A. (1985). Neurobiology of affiliative behavior in nonhuman primates. In M. Reite & T. Field (Eds.), The psychobiology of attachment and separation (pp. 93–134). Orlando, FL: Academic Press.

Stephen, J., Fraser, E., & Marcia, J. E. (1992). Moratorium-achievement (Mama) cycles in lifespan identity development: Value orientations and reasoning system correlates. Journal of Adolescence, 15, 283–300.

Stepp, L. S. (2007). Unhooked: How young women pursue sex, delay love and lose at both. New York, NY: Riverhead Books.

Stern, D. N. (1971). A microanalysis of the mother–infant interaction. Journal of the American Academy of Child Psychiatry, 10, 501–507.

Stern, D. N. (1985). The interpersonal world of the infant. New York, NY: Basic Books.

Stern, D. N. (1995). The motherhood constellation. New York, NY: Basic Books.

Stern, D. N., Hofer, L., Haft, W., & Dore, J. (1985). Affect attunement: The sharing of feeling states between mother and infant by means of inter-modal fluency. In T. Field & N. Fox (Ed.), Social perception in infants (pp. 249–268). Norwood, NJ: Ablex.

Stewart, A. (2004). Can knowledge of client birth order bias clinical judgment? Journal of Counseling & Development, 82, 167–176.

Stewart, R. B., & Marvin, R. S. (1984). Sibling relations: The role of conceptual perspective-taking in the ontogeny of sibling caregiving. Child Development, 55, 1322–1332.

Stewart, R. B., Mobley, L. A., Van Tuyl, S. S., & Salvador, M. A. (1987). The firstborn's adjustment to the birth of a sibling: A longitudinal assessment. Child Development, 58, 341–355.

Stipek, D. (1995). The development of pride and shame in toddlers. In J. P. Tangney & K. W. Fischer (Eds.), Self-conscious emotions (pp. 237–252). New York, NY: Guilford Press.

Stipek, D., Gralinski, J. H., & Kopp, C. B. (1990). Self-concept development in the toddler years. Developmental Psychology, 26, 972–977.

Stipek, D., & Mac Iver, D. (1989). Developmental change in children's assessment of intellectual competence. Child Development, 60, 521–538.

Stipek, D., Recchia, S., & McClintic, S. (1992). Self-evaluation in young children. Monographs of the Society for Research in Child Development, 57(Serial No. 226).

Stocker, C. M. (1994). Children's perceptions of relationships with siblings, friends, and mothers: Compensatory processes and links with adjustment. Journal of Child Psychology and Psychiatry, 35, 1447–1459.

Stocker, C. M., Burwell, R. A., & Briggs, M. L. (2002). Sibling conflict in middle childhood predicts children's adjustment in early adolescence. Journal of Family Psychology, 16, 50–57.

Stocker, C. M., & Dunn, J. (1990). Sibling relationships in childhood: Links with friendships and peer relationships. British Journal of Developmental Psychology, 8, 227–244.

Stocker, C. M., Dunn, J., & Plomin, R. (1989). Sibling relationships: Links with child temperament, maternal behavior, and family structure. Child Development, 60, 715–727.

Stocker, C. M., & McHale, S. M. (1992). The nature and family correlates of preadolescents' perceptions of their sibling relationships. *Journal of Social and Personal Relationships, 9,* 179–195.

Stocker, C. M., & Youngblade, L. (1999). Marital conflict and parent hostility: Links with children's sibling and peer relationships. *Journal of Family Psychology, 13,* 598–609.

Stolz, H. E., Barber, B. K., & Olsen, J. A. (2005). Toward disentangling fathering and mothering: An assessment of relative importance. *Journal of Marriage and Family, 67,* 1076–1092.

Storey, A. E., Walsh, C. J., Quinton, R. L., & Wynne-Edwards, K. E. (2000). Hormonal correlates of paternal responsiveness in new and expectant fathers. *Evolution and Human Behavior, 21,* 79–95.

Stormshak, E. A., Bellanti, C. J., & Bierman, K. L. (1996). The quality of sibling relationships and the development of social competence and behavioral control in aggressive children. *Developmental Psychology, 32,* 79–89.

Stormshak, E. A., Bullock, B. M., & Falkenstein, C. A. (2009). Harnessing the power of sibling relationships as a tool for optimizing social-emotional development. In L. Kramer & K. J. Conger (Eds.), *Siblings as agents of socialization. New Directions for Child and Adolescent Development* (Vol. 126, pp. 61–77). San Francisco, CA: Jossey-Bass.

Strathearn, L., Fonagy, P., Amico, J. A., & Montague, P. R. (2009). Adult attachment predicts mother's brain and oxytocin response to infant cues. *Neuropsychopharmacology, 34,* 2655–2666.

Strayer, J. (1987). Affective and cognitive perspectives on empathy. In N. Eisenberg & J. Strayer (Eds.), *Empathy and its development* (pp. 218–244). New York, NY: Cambridge University Press.

Strayer, J., & Roberts, W. (2004). Children's anger, emotional expressiveness, and empathy: Relations with parents' empathy, emotional expressiveness, and parenting practices. *Social Development, 13,* 229–254.

Stright, A. D., Gallagher, K. C., & Kelley, K. (2008). Infant temperament moderates relations between maternal parenting in early childhood and children's adjustment in first grade. *Child Development, 79,* 186–200.

Stuewig, J., & McCloskey, L. A. (2005). The relation of child maltreatment to shame and guilt among adolescents: Psychological routes to depression and delinquency. *Child Maltreatment, 10,* 324–336.

Sturge-Apple, M. L., Davies, P. T., Winter, M. A., Cummings, E. M., & Schermerhorn, A. (2008). Interparental conflict and children's school adjustment: The explanatory role of children's internal representations of interparental and parent–child relationships. *Developmental Psychology, 44,* 1678–1690.

Sturgess, W., Dunn, J., & Davies, L. (2001). Young children's perceptions of their relationships with family members: Links with family setting, friendships, and adjustment. *International Journal of Behavioral Development, 25,* 521–529.

Sullivan, H. S. (1953). *The interpersonal theory of psychiatry.* New York, NY: Norton.

Sullivan, M. W., Bennett, D. S., Carpenter, K., & Lewis, M. (2008). Emotion knowledge in young neglected children. *Child Maltreatment, 13,* 301–306.

Sulloway, F. J. (1996). *Born to rebel: Birth order, family dynamics, and creative lives.* New York, NY: Pantheon.

Suomi, S. J. (2008). Attachment in rhesus monkeys. In J. Cassidy & P. R. Shaver (Eds.), *Handbook of attachment: Theory, research, and clinical application* (2nd ed., pp. 173–191). New York, NY: Guilford Press.

Susman, E. J., & Dorn, L. D. (2009). Puberty: Its role in development. In R. M. Lerner & L. Steinberg (Eds.), *Handbook of adolescent psychology* (3rd ed., pp. 116–151). New York, NY: Wiley.

Sutton-Smith, B. (1982). Birth order and sibling status effects. In M. E. Lamb & B. Sutton-Smith, B. (Eds.), *Sibling relationships: Their nature and significance across the life span* (pp. 153–165). Hillsdale, NJ: Erlbaum.

Swain, J. E., Lorberbaum, J. P., Kose, S., & Strathearn, L. (2007). Brain basis of early parent–infant interactions: Psychology, physiology, and *in vivo* functional neuroimaging studies. *Journal of Child Psychology and Psychiatry, 48,* 262–287.

Swann, W. B., Jr., Chang-Schneider, C., & McClarty, K. (2007). Do our self-views matter?: Self-concept and self-esteem in everyday life. *American Psychologist, 62,* 84–94.

Syed, M., & Juan, M. J. D. (2012). Birds of an ethnic feather? Ethnic identity homophily among college-age friends. *Journal of Adolescence, 35,* 1505–1514.

Syed, M., & Seiffge-Krenke, I. (2013). Personality development from adolescence to emerging adulthood: Linking trajectories of ego development to the family context and identity formation. *Journal of Personality and Social Psychology, 104,* 371–384.

Szasz, P. L., Szentagotai, A., & Hoffman, S. G. (2011). The effect of emotion regulation strategies on anger. *Behavior Research and Therapy, 49,* 114–119.

Tamis-LeMonda, C. S., Way, N., Hughes, D., Yoshikawa, H., Kahana-Kalman, R., & Niwa, E. (2008). Parents' goals for children: The dynamic coexistence of individualism and collectivism in cultures and individuals. *Social Development, 17,* 183–209.

Tancredy, C. M., & Fraley, R. C. (2006). The nature of adult twin relationships: An attachment-theoretical perspective. *Journal of Personality and Social Psychology, 90,* 78–93.

Tangney, J. P. (1991). Moral affect: The good, the bad, and the ugly. *Journal of Personality and Social Psychology, 61,* 598–607.

Tangney, J. P. (1994). The mixed legacy of the superego: Adaptive and maladaptive aspects of shame and guilt. In J. M. Masling & R. F. Bornstein (Eds.), *Empirical perspectives on object relations theory* (pp. 1–28). Washington, DC: American Psychological Association.

Tangney, J. P. (1995). Shame and guilt in interpersonal relationships. In J. P. Tangney & K. W. Fischer (Eds.), *Self-conscious emotions: The psychology of shame, guilt, embarrassment, and pride* (pp. 114–139). New York, NY: Guilford Press.

Tangney, J. P., Burggraf, S. A., & Wagner, P. E. (1995). Shame-proneness, guilt-proneness, and psychological symptoms. In J. P. Tangney & K. Fischer (Eds.), *Self-conscious emotions: The psychology of shame, guilt, embarrassment, and pride* (pp. 343–367). New York, NY: Guilford Press.

Tangney, J. P., & Dearing, R. L. (2002). *Shame and guilt.* New York, NY: Guilford Press.

Tangney, J. P., Stuewig, J., & Mashek, D. J. (2007). Moral emotions and moral behavior. *Annual Review of Psychology, 58,* 345–372.

Tangney, J. P., Wagner, P., Fletcher, C., & Gramzow, R. (1992). Shamed into anger? The relation of shame and guilt to anger and self-reported aggression. *Journal of Personality and Social Psychology, 62,* 669–675.

Tangney, J. P., Wagner, P. E., Hill-Barlow, D., Marschall, D. E., & Gramzow, R. (1996). Relation of shame and guilt to constructive versus destructive responses to anger across the lifespan. *Journal of Personality and Social Psychology, 70*, 797–809.

Tanner, J. L. (2006). Recentering during emerging adulthood: A critical turning point in life span human development. In J. J. Arnett & J. L. Tanner (Eds.), *Emerging adults in America: Coming of age in the 21st century* (pp. 21–55). Washington, DC: American Psychological Association.

Target, M., Fonagy, P., & Shmueli-Goetz, Y. (2003). Attachment representations in school-age children: The development of the Child Attachment Interview (CAI). *Journal of Child Psychotherapy, 29*, 171–186.

Target, M., Fonagy, P., Shmueli-Goetz, Y., Datta, A., & Schneider, T. (1999). *The child attachment interview (CAI) protocol* (6th ed.). Unpublished manuscript, University College London, London, England.

Taylor, R. (2001). *Minority families in the United States: A multicultural perspective* (3rd ed.). Upper Saddle River, NJ: Prentice Hall.

Tesch, S. A., & Whitbourne, S. K. (1982). Intimacy and identity status in young adults. *Journal of Personality and Social Psychology, 43*, 1041–1051.

Teti, D., & Ablard, K. E. (1989). Security of attachment and infant–sibling relationships: A laboratory study. *Child Development, 60*, 1519–1528.

Teubert, D., & Pinquart, M. (2010). The association between coparenting and child adjustment: A meta-analysis. *Parenting: Science and Practice, 10*, 286–307.

Theran, S. A. (2009). Predictors of level of voice in adolescent girls: Ethnicity, attachment, and gender role socialization. *Journal of Youth and Adolescence, 38*, 1027–1037.

Theran, S. A. (2010). Authenticity with authority figures and peers: Girls' friendships, self-esteem, and depressive symptomatology. *Journal of Social and Personal Relationships, 27*, 519–534.

Theran, S. A., & Han, S. C. (2013). Authenticity as a mediator of the relation between child maltreatment and negative outcomes for college women. *Journal of Aggression, Maltreatment, & Trauma, 22*, 1096–1116.

Theran, S. A., Levendosky, A. A., Bogat, G., & Huth-Bocks, A. C. (2005). Stability and change in mothers' internal representations of their infants over time. *Attachment & Human Development, 7*, 253–268.

Thomas, A., & Chess, S. (1977). *Temperament and development*. New York, NY: Brunner/ Mazel.

Thomas, A., & Chess, S. (1986). The New York Longitudinal Study: From infancy to early adult life. In R. Plomin & J. Dunn (Eds.), *The study of temperament: Changes, continuities, and challenges* (pp. 39–52). Hillsdale, NJ: Erlbaum.

Thomas, A., Chess, S., Birch, H. G., Hertzig, M. E., & Korn, S. (1963). *Behavioral individuality in early childhood*. New York: New York University Press.

Thompson, R. A. (1987). Empathy and emotional understanding: The early development of empathy. In N. Eisenberg & J. Strayer (Eds.), *Empathy and its development* (pp. 119–143). New York, NY: Cambridge University Press.

Thompson, R. A. (1990). Emotion and self-regulation. *Nebraska Symposium on Motivation, 1988: Socioemotional development. Current theory and research in motivation* (Vol. 36, pp. 383–483). Lincoln, NE: University of Nebraska Press.

Thompson, R. A. (1994). Emotion regulation: A theme in search of definition. In N. A. Fox (Ed.), The development

of emotion regulation: Biological and behavioral considerations. *Monographs of the Society for Research in Child Development, 59*(2–3, Serial No. 240), 25–52.

Thompson, R. A. (1998). Early sociopersonality development. In W. Damon (Series Ed.) & N. Eisenberg (Vol. Ed.), *Handbook of child psychology: Vol. 3. Social, emotional, and personality development* (5th ed., pp. 25–104). New York, NY: Wiley.

Thompson, R. A. (2005). Multiple relationships multiply considerably. *Human Development, 48*, 102–107.

Thompson, R. A. (2006). The development of the person: Social understanding, relationships, self, conscience. In W. Damon & R. M. Lerner (Series Eds.) & N. Eisenberg (Vol. Ed.), *Handbook of child psychology: Vol. 3. Social, emotional, and personality development* (6th ed., pp. 24–98). Hoboken, NJ: Wiley.

Thompson, R. A. (2008). Early attachment and later development: Familiar questions, new answers. In J. Cassidy & P. R. Shaver (Eds.), *Handbook of attachment: Theory, research, and clinical applications* (2nd ed., pp. 348–365). New York, NY: Guilford Press.

Thompson, R. A. (2014). Socialization of emotion and emotion regulation in the family. In J. J. Gross (Ed.), *Handbook of emotion regulation* (2nd ed., pp. 173–186). New York, NY: Guilford Press.

Thompson, R. A., Easterbrooks, M. A., & Padilla-Walker, L. (2003). Social and emotional development in infancy. In R. Lerner, M. A. Easterbrooks, & J. Mistry (Eds.), *Handbook of psychology: Vol. 6. Developmental psychology* (pp. 91–112). Hoboken, NJ: Wiley.

Thompson, R. A., Flood, M. F., & Goodvin, R. (2006). Social support and developmental psychopathology. In D. Cicchetti & D. Cohen (Eds.), *Developmental psychopathology. Vol. III: Risk, disorder, and adaptation* (2nd ed., pp. 1–37). New York, NY: Wiley.

Thompson, R. A., & Goodman, M. (2010). Development of emotion regulation: More than meets the eye. In A. Kring & D. Sloan (Eds.), *Emotion regulation and psychopathology* (pp. 38–58). New York, NY: Guilford Press.

Thompson, R. A., & Lagattuta, K. (2006). Feeling and understanding: Early emotional development. In K. McCartney & D. Phillips (Eds.), *The Blackwell handbook of early childhood development* (pp. 317–337). Oxford: Blackwell.

Thompson, R. A., & Lamb, M. E. (1983). Individual differences in dimensions of socioemotional development in infancy. In R. Plutchik & H. Kellerman (Eds.), *Emotion: Theory, research, and experience: Vol. 2. Emotions in early development* (pp. 87–114). New York, NY: Academic Press.

Thompson, R. A., & Limber, S. (1990). "Social anxiety" in infancy: Stranger wariness and separation distress. In H. Leitenberg (Ed.), *Handbook of social and evaluation anxiety* (pp. 85–137). New York, NY: Plenum.

Thompson, R. A., & Meyer, S. (2007). The socialization of emotion regulation in the family. In J. J. Gross (Ed.), *Handbook of emotion regulation* (pp. 249–268). New York, NY: Guilford Press.

Thompson, R. A., Meyer, S., & McGinley, M. (2006). Understanding values in relationship: The development of conscience. In M. Killen & J. G. Smetana (Eds.), *Handbook of moral development* (pp. 267–297). Mahwah, NJ: Erlbaum.

Thompson, R. A., & Raikes, H. A. (2003). Toward the next quarter-century: Conceptual and methodological challenges for attachment theory. *Development and Psychopathology, 15,* 691–718.

Thompson, R. A., Virmani, E. A., Waters, S. F., Raikes, H. A., & Meyer, S. (2013). The development of emotion self-regulation: The whole and the sum of the parts. In K. C. Barrett, N. A. Fox, G. A. Morgan, D. J., Fidler, & L. A. Daunhauer (Eds.), *Handbook of self-regulatory processes in development: New directions and international perspectives* (pp. 5–26). New York, NY: Psychology Press.

Thompson, R. A., Winer, A. C., & Goodvin, R. (2011). The individual child: Temperament, emotion, self, and personality. In M. E. Lamb & M. H. Bornstein (Eds.), *Social and personality development: An advanced textbook* (pp. 217–258). New York, NY: Psychology Press.

Thompson, V. D. (1974). Family size: Implicit policies and assumed psychological outcomes. *Journal of Social Issues, 30,* 93–124.

Tibbets, S. G. (1997). Shame and rational choice in offending decisions. *Criminal Justice and Behavior, 24,* 234–255.

Tibbetts, S. G. (2003). Self-conscious emotions and criminal offending. *Psychological Reports, 93,* 101–126.

Tisak, M. S., & Turiel, E. (1984). Children's conceptions of moral and prudential rules. *Child Development, 55,* 1030–1039.

Tolman, D. L., Impett, E. A., Tracy, A. J., & Michael, A. (2006). Looking good, sounding good: Femininity ideology and adolescent girls' mental health. *Psychology of Women Quarterly, 30,* 85–95.

Tomarken, A. J., & Keener, A. D. (1998). Frontal brain asymmetry and depression: A self-regulatory perspective. *Cognition and Emotion, 12,* 387–420.

Tomasello, M., & Rakoczy, H. (2003). What makes human cognition unique? From individual to shared to collective intentionality. *Mind and Language, 18,* 121–147.

Tomkins, S. (1963). *Affect, imagery, consciousness: Vol. 2. The negative affects.* New York, NY: Springer.

Tompkins, T. L., Hockett, A. R., Abraibesh, N., & Witt, J. L. (2011). A closer look at co-rumination: Gender, coping, peer functioning and internalizing/externalizing problems. *Journal of Adolescence, 34,* 801–811.

Toscano, J. E., Bauman, M. D., Mason, W. A., & Amaral, D. G. (2009). Interest in infants by female rhesus monkeys with neonatal lesions of the amygdala or hippocampus. *Neuroscience, 162,* 881–891.

Toth, S. L., Cicchetti, D., Macfie, J., & Emde, R. N. (1997). Representations of self and others in the narratives of neglected, physically abused, and sexually abused preschoolers. *Development and Psychopathology, 9,* 781–796.

Tracy, J. L., & Robins, R. W. (2004). Show your pride: Evidence for a discrete emotion expression. *Psychological Science, 15,* 194–197.

Tracy, J. L., Robins, R. W., & Tangney, J. P. (Eds.). (2007). *The self-conscious emotions: Theory and research.* New York, NY: Guilford Press.

Travis, R., & Kohli, V. (1995). The birth order factor: Ordinal position, social strata, and educational achievement. *Journal of Social Psychology, 135,* 499–507.

Treboux, D., Crowell, J. A., Owens, G., & Pan, H. S. (1994, February). *Attachment behaviors and working models: Relations to best friendship and romantic relationships.* Paper presented at the Society for Research on Adolescence, San Diego, CA.

Tremblay, R. E., Vitaro, F., Gagnon, C., Piche, C., & Royer, N. (1992). A prosocial scale for the preschool behavior questionnaire: Concurrent and predictive correlates. *International Journal of Behavioral Development, 15,* 227–245.

Trentacosta, C. J., & Izard, C. E. (2007). Kindergarten children's emotion competence as a predictor of their academic competence in first grade. *Emotion, 7,* 77–88.

Trentacosta, C. J., & Shaw, D. S. (2009). Emotional self-regulation, peer rejection, and antisocial behavior: Developmental associations from early childhood to early adolescence. *Journal of Applied Developmental Psychology, 30,* 356–365.

Trevarthen, C. (1979). Communication and cooperation in early infancy: A description of primary intersubjectivity. In M. Bullowa (Ed.), *Before speech* (pp. 321–347). Cambridge: Cambridge University Press.

Trevarthen, C., & Aitken, K. J. (2001). Infant intersubjectivity: Research, theory, and clinical applications. *Journal of Child Psychology and Psychiatry and Allied Disciplines, 42,* 3–48.

Trommsdorff, G. (2005). Parent–child relations over the life-span: A cross-cultural perspective. In K. H. Rubin & O. B. Chung (Eds.), *Parenting beliefs, behaviors, and parent–child relations: A cross-cultural perspective* (pp. 143–183). New York, NY: Psychology Press.

Tronick, E. Z. (1989). Emotions and emotional communication in infants. *American Psychologist, 44,* 112–119.

Tronick, E. Z. (2007). *The neurobehavioral and social-emotional development of infants and children.* New York, NY: Norton.

Tronick, E. Z., & Brazelton, T. B. (1980). Preverbal communication between mothers and infants. In D. R. Olson (Ed.), *The social foundations of language and thought* (pp. 299–315). New York, NY: Norton.

Troy, M., & Sroufe, L. A. (1987). Victimization among preschoolers: The role of attachment relationship history. *Journal of the American Academy of Child Psychiatry, 26,* 166–172.

Trzesniewski, K. H., Donnellan, M. B., Moffitt, T. E., Robins, R. W., Poulton, R., & Caspi, A. (2006). Low self-esteem during adolescence predicts poor health, criminal behavior, and limited economic prospects during adulthood. *Developmental Psychology, 42,* 381–390.

Trzesniewski, K. H., Donnellan, M. B., & Robins, R. W. (2008). Do today's young people really think they are so extraordinary?: An examination of secular trends in narcissism and self-enhancement. *Psychological Science, 19,* 181–188.

Trzesniewski, K. H., Kinal, M. P., & Donnellan, M. B. (2010). Self-enhancement and self-protection in a developmental context. In M. D. Alicke & C. Sedikides (Eds.), *Handbook of self-enhancement and self-protection* (pp. 341–357). New York, NY: Guilford Press.

Tschann, J. M., Kaiser, P., Chesney, M. A., Alkon, A., & Boyce, W. T. (1996). Resilience and vulnerability among preschool children: Family functioning, temperament, and behavior problems. *Journal of the American Academy of Child and Adolescent Psychiatry, 35,* 184–192.

Tsoory, M. M., Vouimba, R. M., Akirav, I., Kavushansky, A., Avital, A., & Richer-Levin, G. (2008). Amygdala modulation of memory-related processes in the hippocampus: Potential relevance to PTSD. *Progress in Brain Research, 167,* 35–49.

Tucker, C. J., McHale, S. M., & Crouter, A. C. (2001). Conditions of sibling support in adolescence. *Journal of*

*Family Psychology, 15*, 254–271.

Tucker, C. J., Updegraff, K., & Baril, M. E. (2010). Who's the boss? Patterns of control in adolescents' sibling relationships. *Family Relations, 59*, 520–532.

Tucker, C. J., Updegraff, K. A., McHale, S. M., & Crouter, A. C. (1999). Older siblings as socializers of younger siblings' empathy. *Journal of Early Adolescence, 19*, 176–198.

Tucker, D. M., Luu, P., & Derryberry, D. (2005). Love hurts: The evolution of empathic concern through the encephalization of nociceptive capacity. *Development and Psychopathology, 17*, 699–713.

Turiel, E. (1983). *The development of social knowledge: Morality and convention.* Cambridge: Cambridge University Press.

Turiel, E. (1998). The development of morality. In W. Damon (Series Ed.) & N. Eisenberg (Vol. Ed.), *Handbook of child psychology: Vol. 3. Social, emotional, and personality development* (5th ed., pp. 863–932). New York, NY: Wiley.

Turiel, E. (2002). *The culture of morality.* New York, NY: Cambridge University Press.

Turiel, E. (2006). The development of morality. In W. Damon & R. M. Lerner (Series Ed.) & N. Eisenberg (Vol. Ed.), *Handbook of child psychology: Vol. 3. Social, emotional, and personality development* (6th ed., pp. 789–857). Hoboken, NJ: Wiley.

Turiel, E. (2008). The development of morality. In W. Damon & R. M. Lerner (Eds.), *Child and adolescent development: An advanced course* (pp. 473–514). New York, NY: John Wiley & Sons, Inc.

Turiel, E., Killen, M., & Helwig, C. C. (1997). Morality: Its structure, functions, and vagaries. In J. Kagan & S. Lamb (Eds.), *The emergence of morality in young children* (pp. 155–244). Chicago, IL: University of Chicago Press.

Turiel, E., & Wainryb, C. (1998). Concepts of freedoms and rights in a traditional, hierarchically organized society. *British Journal of Developmental Psychology, 16*, 375–395.

Turiel, E., & Wainryb, C. (2000). Social life in cultures: Judgments, conflict, and subversion. *Child Development, 71*, 250–256.

Turkheimer, E., & Waldron, M. (2000). Nonshared environment: A theoretical, methodological, and quantitative review. *Psychological Bulletin, 126*, 78–108.

Turkle, S. (2012). *Alone together: Why we expect more from technology and less from each other.* New York, NY: Basic Books.

Turner, K. L., & Brown, C. S. (2007). The centrality of gender and ethnic identities across individuals and contexts. *Social Development, 16*, 700–719.

Twenge, J. M. (2006). *Generation me: Why today's young Americans are more confident, assertive, entitled – and more miserable than ever before.* New York, NY: Free Press.

Twenge, J. M., Baumeister, R. F., DeWall, C. N., Ciarocco, N. J., & Bartels, J. M. (2007). Social exclusion decreases prosocial behavior. *Journal of Personality and Social Psychology, 92*, 56–66.

Uddin, L. Q., Kaplan, J. T., Molnar-Szakacs, I., Zaidel, E., & Iacoboni, M. (2005). Self-face recognition activates a frontoparietal 'mirror' network in the right hemisphere: An event-related fMRI study. *NeuroImage, 25*, 926–935.

Umaña-Taylor, A. J. (2004). Ethnic identity and self-esteem: Examining the role of social context. *Journal of Adolescence, 27*, 139–146.

Umaña-Taylor, A. J., & Guimond, A. B. (2010). A longitudinal examination of parenting behaviors and perceived discrimination predicting Latino adolescents' ethnic identity. *Developmental Psychology, 46*, 636–650.

Umaña-Taylor, A. J., Quintana, S. M., Lee, R. M., Cross Jr., W. E., Rivas-Drake, D., Schwartz, S. J., … Seaton, E., and the Ethnic and Racial Identity in the 21st Century Study Group. (2014). Ethnic and racial identity during adolescence and into young adulthood: An integrated conceptualization. *Child Development, 85*, 21–39.

Ungerer, J. A., Dolby, R., Brent, W., Barnett, B., Kelk, N., & Lewin, V. (1990). The early development of empathy: Self-regulation and individual differences in the first year. *Motivation and Emotion, 14*, 93–106.

Updegraff, K. A., McHale, S. M., Whiteman, S. D., Thayer, S. M., & Delgado, M. Y. (2005). Adolescent sibling relationships in Mexican American families: Exploring the role of familism. *Journal of Family Psychology, 19*, 512–522.

Updegraff, K. A., & Obeidallah, D. A. (1999). Young adolescents' patterns of involvement with siblings and friends. *Social Development, 8*, 52–69.

Vaish, A., Carpenter, M., & Tomasello, M. (2009). Sympathy through affective per-spective-taking and its relation to prosocial behavior in toddlers. *Developmental Psychology, 45*, 534–543.

Vaish, A., & Warneken, F. (2012). Social-cognitive contributors to young children's empathic and prosocial behavior. In J. Decety (Ed.), *Empathy – From bench to bedside* (pp. 131–146). Cambridge, MA: The MIT Press.

Valiente, C., & Eisenberg, N. (2006). Parenting and children's adjustment: The role of children's emotion regulation. In D. K. Snyder, J. A. Simpson, & J. N. Hughes (Eds.), *Emotion regulation in couples and families: Pathways to dysfunction and health* (pp. 123–142). Washington, DC: American Psychological Association.

Valiente, C., Eisenberg, N., Smith, C. L., Reiser, M., Fabes, R. A., Losoya, S., … Murphy, B. C. (2003). The relations of effortful control and reactive control to children's externalizing problems: A longitudinal assessment. *Journal of Personality, 71*, 1171–1196.

van Aken, M. A. G., & Asendorpf, J. B. (1997). Support by parents, classmates, friends, and siblings in preadolescence: Covariation and compensation across relationships. *Journal of Social and Personal Relationships, 14*, 79–93.

Vandell, D. L. (2000). Parents, peer groups, and other socializing influences. *Developmental Psychology, 36*, 699–710.

Vandell, D. L., & Bailey, M. D. (1992). Conflicts between siblings. In C. U. Shantz & W. W. Hartup (Eds.), *Conflict in child and adolescent development* (pp. 242–269). Cambridge: Cambridge University Press.

Vandell, D. L., Minnett, A., & Santrock, J. W. (1987). Age differences in sibling relationships during middle childhood. *Journal of Applied Developmental Psychology, 8*, 247–257.

van der Mark, I. L., van IJzendoorn, M. H., & Bakermans-Kranenburg, M. J. (2002). Development of empathy in girls during the second year of life: Associations with parenting, attachment, and temperament. *Social Development, 11*, 451–468.

van Hoof, A. (1999). The identity status approach: In need of fundamental revision and qualitative change. *Developmental Review, 19*, 622–647.

van IJzendoorn, M. H. (1995). Adult attachment representations, parental responsiveness, and infant attachment: A meta-analysis of the predictive validity of the Adult Attachment Interview. *Psychological Bulletin, 117,* 387–403.

van IJzendoorn, M. H. (1997). Attachment, emergent morality, and aggression: Toward a developmental socioemotional model of antisocial behavior. *International Journal of Behavioral Development, 21,* 703–727.

van IJzendoorn, M. H., & Bakermans-Kranenburg, M. J. (1996). Attachment representations in mothers, fathers, adolescents and clinical groups: A meta-analytic search for normative data. *Journal of Clinical and Consulting Psychology, 64,* 8–21.

van IJzendoorn, M. H., & Bakermans-Kranenburg, M. J. (2010). Stretched until it snaps: Attachment and close relationships. *Child Development Perspectives, 4,* 109–111.

van IJzendoorn, M. H., & Bakermans-Kranenburg, M. J. (2012). Integrating temperament and attachment: The differential susceptibility paradigm. In M. Zentner & R. L. Shiner (Eds.), *Handbook of temperament* (pp. 403–424). New York, NY: Guilford Press.

van IJzendoorn, M. H., & de Wolff, M. S. (1997). In search of the absent father – Meta-analyses of infant–father attachment: A rejoinder to our discussion. *Child Development, 68,* 604–609.

van IJzendoorn, M. H., Moran, G., Belsky, J., Pederson, D., Bakermans-Kranenburg, M. J., & Kneppers, K. (2000). This similarity of siblings' attachments to their mothers. *Child Development, 71,* 1086–1098.

van IJzendoorn, M. H., Sagi, A., & Lambermon, M. W. E. (1992). The multiple caregiver paradox: Data from Holland and Israel. In R. C. Pianta (Ed.), *New directions for child development: Beyond the parent: The role of other adults in children's lives* (Vol. 57, pp. 5–24). San Francisco, CA: Jossey-Bass.

van IJzendoorn, M. H., & Sagi-Schwartz, A. (2008). Cross-cultural patterns of attachment: Universal and contextual dimensions. In J. Cassidy, & P. R. Shaver (Eds.), *Handbook of attachment: Theory, research, and clinical applications* (2nd ed., pp. 880– 905). New York, NY: Guilford Press.

van IJzendoorn, M. H., Schuengel, C., & Bakermans-Kranenburg, M. J. (1999). Disorganized attachment in early childhood: Meta-analysis of precursors, concomitants, and sequelae. *Development and Psychopathology, 11,* 225–249.

van IJzendoorn, M. H., Vereijken, C. M. J. L., Bakermans-Kranenburg, M. J., & Riksen-Walraven, J. M. (2004). Assessing attachment security with the attachment Q sort: Meta-analytic evidence for the validity of the observer AQS. *Child Development, 75,* 1188–1213.

Vaughn, B. E., Bost, K. K., & van IJzendoorn, M. H. (2008). Attachment and temperament: Additive and interactive influences on behavior, affect, and cognition during infancy and childhood. In J. Cassidy & P. R. Shaver (Eds.), *Handbook of attachment: Theory, research, and clinical application* (2nd ed., pp. 192–216). New York, NY: Guilford Press.

Vaughn, B. E., Kopp, C. B., & Krakow, J. B. (1984). The emergence and consolidation of self-control from eighteen to thirty months of age: Normative trends and individual differences. *Child Development, 55,* 990–1004.

Veenhoven, R., & Verkuyten, M. (1989). The well-being of only children. *Adolescence, 24,* 155–166.

Verduyn, P., Delvaux, E., Van Coillie, H., Tuerlinckx, F., & Van Mechelen, I. (2009). Predicting the duration of emotional experience: Two experience sampling studies. *Emotion, 9,* 83–91.

Verissimo, M., Santos, A. J., Vaughn, B. E., Torres, N., Monteiro, L., & Santos, O. (2011). Quality of attachment to father and mother and number of reciprocal friends. *Early Child Development and Care, 181,* 27–38.

Verschueren, K., Buyck, P., & Marcoen, A. (2001). Self-representations and socioemotional competence in young children: A 3-year longitudinal study. *Developmental Psychology, 37,* 126–134.

Verschueren, K., & Marcoen, A. (1999). Representation of self and socio-emotional competence in kindergartners: Differential and combined effects of attachment to mother and to father. *Child Development, 70,* 183–201.

Verschueren, K., & Marcoen, A. (2002). Perceptions of self and relationship with parents in aggressive and nonaggressive rejected children. *Journal of School Psychology, 40,* 501–522.

Verschueren, K., & Marcoen, A. (2005). Perceived security of attachment to mother and father: Developmental differences and relations to self-worth and peer relationships at school. In K. A. Kerns & R. A. Richardson (Eds.), *Attachment in middle childhood* (pp. 212–230). New York, NY: Guilford Press.

Verschueren, K., Marcoen, A., & Schoefs, V. (1996). The internal working model of the self, attachment, and competence in five-year-olds. *Child Development, 67,* 2493–2511.

Vinik, J., Almas, A. N., & Grusec, J. E. (2011). Mothers' knowledge of what distresses and what comforts their children predicts children's coping, empathy, and prosocial behavior. *Parenting: Science and Practice, 11,* 56–71.

Vitaro, F., Boivin, M., & Bukowski, W. M. (2009). The role of friendship in child and adolescent psychosocial development. In K. Rubin, W. M. Bukowski, & B. Laursen (Eds.), *Handbook of peer interactions, relationships, and groups* (pp. 568–588). New York, NY: Guilford Press.

Vitaro, F., Brendgen, M., & Wanner, B. (2005). Patterns of affiliation with delinquent friends during late childhood and early adolescence: Correlates and consequences. *Social Development, 14,* 82–108.

Vitaro, F., Tremblay, R. E., & Bukowski, W. M. (2001). Friends, friendships, and conduct disorders. In J. Hill & B. Maughan (Eds.), *Conduct disorder in childhood* (pp. 346–378). Cambridge: Cambridge University Press.

Vogt Yuan, A. S. (2009). Sibling relationships and adolescents' mental health: The interrelationship of structure and quality. *Journal of Family Issues, 30,* 1221–1244.

Volbrecht, M. M., Lemery-Chalfant, K., Aksan, N., Zahn-Waxler, C., & Goldsmith, H. H. (2007). Examining the familial link between positive affect and empathy development in the second year. *The Journal of Genetic Psychology, 168,* 105–129.

Volling, B. L. (2001). Early attachment relationships as predictors of preschool children's emotion regulation with a distressed sibling. *Early Education and Development, 12,* 185–207.

Volling, B. L. (2003). Sibling relationships. In M. H. Bornstein, L. Davidson, C. L. M. Keyes, & K. A. Moore (Eds.), *Well-being: Positive development across the life course* (pp. 205–220). Mahwah, NJ: Erlbaum.

Volling, B. L. (2005). The transition to sibling-hood: A developmental ecological systems perspective and directions for future research. *Journal of Family Psychology, 19,* 542–549.

Volling, B. L., & Belsky, J. (1992a). Infant, father, and marital antecedents of infant– father attachment security in dual-earner and single-earner families. *Journal of Behavioral Development, 15,* 83–100.

Volling, B. L., & Belsky, J. (1992b). The contribution of mother–child and father–child relationships to the quality of sibling interaction: A longitudinal study. *Child Development, 63,* 1209–1222.

Volling, B. L., Blandon, A. Y., & Gorvine, B. J. (2006). Maternal and paternal gentle guidance and young children's compliance from a within-family perspective. *Journal of Family Psychology, 20,* 514–524.

Volling, B. L., Kennedy, D. E., & Jackey, L. M. H. (2013). The development of sibling jealousy. In M. Legerstee & S. Hart (Eds.), *Handbook of jealousy: Theory, research, and multidisciplinary approaches* (pp. 387– 417). Malden, MA: Blackwell Publishers.

Volling, B. L., McElwain, N. L., & Miller, A. L. (2002). Emotion regulation in context: The jealousy complex between young siblings and its relation with child and family characteristics. *Child Development, 73,* 581–600.

Volling, B. L., McElwain, N. L., Notaro, P., & Herrera, C. (2002). Parents' emotional availability and infant emotional competence: Predictors of parent–infant attachment and emerging self-regulation. *Journal of Family Psychology, 16,* 447–465.

Volling, B. L., Youngblade, L. M., & Belsky, J. (1997). Young children's social relationships with siblings and friends. *American Journal of Orthopsychiatry, 67,* 102–111.

Völlm, B. A., Taylor, A. N. W., Richardson, P., Corcoran, R., Stirling, J., McKie, S., ... Elliott, R. (2006). Neuronal correlates of theory of mind and empathy: A functional magnetic resonance imaging study in a nonverbal task. *NeuroImage, 29,* 90–98.

Voorpostel, M., & Blieszner, R. (2008). Intergenerational solidarity and support between adult siblings. *Journal of Marriage and Family, 70,* 157–167.

Vreeswijk, C. M., Mass, A. J., Rijk, C. H., Braeken, J., & van Bakel, H. J. (2014). Stability of fathers' representations of their infants during the transition to parenthood. *Attachment & Human Development, 16,* 292–306.

Vygotsky, L. (1978). *Mind in society: The development of higher mental processes.* Cambridge, MA: Harvard University Press.

Wainryb, C. (2006). Moral development in culture: Diversity, tolerance, and justice. In M. Killen & J. G. Smetana (Eds.), *Handbook of moral development* (pp. 211–240). Mahwah, NJ: Erlbaum.

Walden, T. A., & Ogan, T. A. (1988). The development of social referencing. *Child Development, 59,* 1230–1240.

Walker, L. J., Hennig, K. H., & Krettenauer, T. (2000). Parent and peer contexts for children's moral reasoning development. *Child Development, 71,* 1033–1048.

Waller, E. M., & Rose, A. J. (2013). Brief report: Adolescents' co-rumination with mothers, co-rumination with friends, and internalizing symptoms. *Journal of Adoles-cence, 36,* 429–433.

Wallin, D. (2007). *Attachment in psychotherapy.* New York, NY: Guilford Press.

Wallis, P., & Steele, H. (2001). Attachment representations in adolescence: Further evidence from psychiatric residential settings. *Attachment & Human Development, 3,* 259–268.

Ward, M. J., & Carlson, E. (1995). Associations among adult attachment representations, maternal sensitivity, and infant–mother attachment in a sample of adolescent mothers. *Child Development, 66,* 69–79.

Ward, M. J., Vaughn, B. E., & Robb, M. D. (1988). Socio-emotional adaptation and infant–mother attachment in siblings: Role of the mother in cross-sibling consistency. *Child Development, 59,* 643–651.

Warneken, F. (2013). Young children proactively remedy unnoticed accidents. *Cognition, 126,* 101–108.

Warneken, F. (2015). Precocious prosociality: Why do young children help? *Child Development Perspectives, 9,* 1–6.

Warneken, F., Chen, F., & Tomasello, M. (2006). Cooperative activities in young children and chimpanzees. *Child Development, 77,* 640–663.

Warneken, F., & Tomasello, M. (2007). Helping and cooperation at 14 months of age. *Infancy, 11,* 271–294.

Warr, M. (2005). Making delinquent friends: Adult supervision and children's affiliations. *Criminology, 43,* 77–106.

Warren, H. K., & Stifter, C. A. (2008). Maternal emotion-related socialization and preschoolers' developing emotion self-awareness. *Social Development, 17,* 239–258.

Waterman, A. S. (1982). Identity development from adolescence to adulthood: An extension of theory and a review of research. *Developmental Psychology, 18,* 341–358.

Waterman, A. S. (1984). *The psychology of individualism.* New York, NY: Praeger.

Waterman, A. S. (1989). Curricula interventions for identity change: Substantive and ethical considerations. *Journal of Adolescence, 28,* 397–409.

Waterman, A. S. (1999). Identity, the identity statuses, and identity status development: A contemporary statement. *Developmental Review, 19,* 591–621.

Waters, E. (1978). The reliability and stability of individual differences in infant– mother attachment. *Child Development, 49,* 483–494.

Waters, E. (1995). Appendix A: The Attachment Q-Set (Version 3.0). *Monographs of the Society for Research in Child Development, 60*(2–3), 234–246.

Waters, E., & Cummings, E. M. (2000). A secure base from which to explore close relationships. *Child Development, 71,* 164–172.

Waters, E., & Hamilton, C. E.,S. (2000). The stability of attachment security from infancy to adolescence and early adulthood: General introduction. *Child Development, 71,* 678–683.

Waters, E., Merrick, S., Treboux, D., Crowell, J., & Albersheim, L. (2000). Attachment security in infancy and early adulthood: A twenty-year longitudinal study. *Child Development, 71,* 684–689.

Waters, E., Weinfield, N. S., & Hamilton, C. E. (2000). The stability of attachment security from infancy to adolescence and early adulthood: General discussion. *Child Development, 71,* 703–706.

Waters, E., Wippman, J., & Sroufe, L. A. (1979). Attachment, positive affect, and competence in the peer group: Two studies in construct validation. *Child Development, 50,* 821–829.

Waters, H. S., Rodrigues, L. M., & Ridge-way, D. (1998). Cognitive underpinnings of narrative attachment assessment. *Journal of Experimental Child Psychology,*

*71,* 211–234.

Waters, H. S., & Waters, E. (2006). The attachment working models concept: Among other things, we build script-like representations of secure base experiences. *Attachment & Human Development, 8,* 185–198.

Watson, M. (1990). Aspects of self-development reflected in children's role playing. In D. Cicchetti & M. Beeghly (Eds.), *The self in transition: Infancy to childhood* (pp. 123–144). Hillsdale, NJ: Erlbaum.

Watt, H. M. G. (2004). Development of adolescents' self-perceptions, values, and task perceptions according to gender and domain in 7th through 11th grade Australian students. *Child Development, 75,* 1556–1574.

Weaver, I. C. G., Cervoni, N., Champagne, F. A., D'Alessio, A. C., Sharma, S., Seckl, J. R., … Meaney, M. J. (2004). Epigenetic programming by maternal behavior. *Nature Neuroscience, 7,* 847–854.

Weeks, T. L., & Pasupathi, M. (2010). Autonomy, identity, and narrative construction with parents and friends. In K. C. McLean & M. Pasupathi (Eds.), *Narrative development in adolescence: Creating the storied self* (pp. 65–91). New York, NY: Springer Science & Business Media.

Wegner, D. (1980). The self in prosocial action. In D. Wagner & R. Vallacher (Eds.), *The self in social psychology* (pp. 131–157). New York, NY: Oxford University Press.

Weimer, B. L., Kerns, K. A., & Oldenburg, C. M. (2004). Adolescents' interactions with a best friend: Associations with attachment style. *Journal of Experimental Child Psychology, 88,* 102–120.

Weinberg, A., & Klonsky, E. D. (2009). Measurement of emotion dysregulation in adolescents. *Psychological Assessment, 21,* 616–621.

Weinfield, N. S., Sroufe, L. A., & Egeland, B. (2000). Attachment from infancy to early adulthood in a high-risk sample: Continuity, discontinuity, and their correlates. *Child Development, 71,* 695–702.

Weinfield, N. S., Sroufe, L. A., Egeland, B., & Carlson, E. (2008). Individual differences in infant–caregiver attachment. In J. Cassidy & P. R. Shaver (Eds.), *Handbook of attachment: Theory, research, and clinical applications* (2nd ed., pp. 78–101). New York, NY: Guilford Press.

Weinfield, N. S., Whaley, G. J. L., & Egeland, B. (2004). Continuity, discontinuity, and coherence in attachment from infancy to late adolescence: Sequelae of organization and disorganization. *Attachment & Human Development, 6,* 73–97.

Weisner, T. S. (1993). Overview: Sibling similarity and difference in different cultures. In C. W. Nuckolls (Ed.), *Siblings in South Asia* (pp. 1–18). New York, NY: Guilford Press.

Weisner, T. S. (2011). Culture. In M. K. Underwood & L. H. Rosen (Eds.), *Social development: Relationships in infancy, childhood, and adolescence* (pp. 372–399). New York, NY: Guilford Press.

Weiss, R. S. (1986). Continuities and transformation in social relationships from childhood to adolescence. In W. W. Hartup & Z. Rubin (Eds.), *Relationships and development* (pp. 95–110). Hillsdale, NJ: Erlbaum.

Welch-Ross, M. K. (1995). An integrative model of the development of autobiographical memory. *Developmental Review, 15,* 338–365.

Welch-Ross, M. K., Fasig, L. G., & Farrar, M. J. (1999). Predictors of preschoolers' self-knowledge: Reference to emotion and mental states in mother–child conversation about past events. *Cognitive Development, 14,* 401–422.

Wellman, H. M. (1991). From desires to beliefs: Acquisition of a theory of mind. In A. Whiten (Ed.), *Natural theories of mind: Evolution, development and simulation of everyday mindreading* (pp. 19–38). Cambridge, MA: Blackwell.

Wellman, H. M. (2002). Understanding the psychological world: Developing a theory of mind. In U. Goswami (Ed.), *Blackwell handbook of childhood cognitive development* (pp. 167–187). Oxford: Blackwell.

Wellman, H. M., Cross, D., & Watson, J. (2001). Meta-analysis of theory-of-mind development: The truth about false belief. *Child Development, 72,* 655–684.

Wellman, H. M., & Lui, D. (2004). Scaling of theory-of-mind tasks. *Child Development, 75,* 523–541.

Wentzel, K. R. (2003). Sociometric status and adjustment in middle school: A longitudinal study. *Journal of Early Adolescence, 23,* 5–28.

Wentzel, K. R., Barry, C. M., & Caldwell, K. A. (2004). Friendships in middle childhood: Influences on motivation and school adjustment. *Journal of Educational Psychology, 96,* 195–203.

Westphal, M., Seivert, N. H., & Bonanno, G. A. (2010). Expressive flexibility. *Emotion, 10,* 92–100. Wheeler, M. A., Stuss, D. T., & Tulving, E. (1997). Toward a theory of episodic memory: The frontal lobes and autonoetic consciousness. *Psychological Bulletin, 121,* 331–354.

Whiteman, S. D., Becerra, J. M., & Killoren, S. (2009). Mechanisms of sibling socialization in normative family development. In L. Kramer & K. J. Conger (Eds.), *Siblings as agents of socialization* (Vol. 126, pp. 29–43). *New Directions for Child and Adolescent Development.* San Francisco, CA: Jossey-Bass.

Whiteman, S. D., Bernard, J. M., & McHale, S. M. (2010). The nature and correlates of sibling influence in two-parent African American families. *Journal of Marriage and Family, 72,* 267–281.

Whiteman, S. D., & Christiansen, A. (2008). Processes of sibling influence in adolescence: Individual and family correlates. *Family Relations, 57,* 24–34.

Whiteman, S. D., McHale, S. M., & Crouter, A. C. (2007). Competing processes of sibling influence: Observational learning and sibling deidentification. *Social Development, 16,* 642–661.

Whiteman, S. D., McHale, S. M., & Crouter, A. C. (2011). Family relationships from adolescence to early adulthood: Changes in the family system following firstborns' leaving home. *Journal of Research on Adolescence, 21,* 461–474.

Whiteman, S. D., McHale, S. M., & Soli, A. (2011). Theoretical perspectives on sibling relationships. *Journal of Family Theory & Review, 3,* 124–139.

Whittle, S., Yap, M. B. H., Yücel, M., Fornito, A., Simmons, J. G., Barrett, A., … Allen, N. B. (2008). Prefrontal and amygdala volumes are related to adolescents' affective behaviors during parent– adolescent interactions. *Proceedings of the National Academy of Sciences, 105,* 3652–3657.

Wiesenfeld, A. R., & Klorman, R. (1978). The mother's psychophysiological reactions to contrasting expressions by her own and unfamiliar infant. *Developmental Psychology, 14,* 294–304.

Wiesner, M., & Ittel, A. (2002). Relations of pubertal timing and depressive symptoms to substance use in early adolescence. *Journal of Early Adolescence, 22,* 5–23.

Wigfield, A., & Eccles, J. S. (1994). Children's competence beliefs, achievement values, and general self-esteem: Change across elementary and middle school. *Journal of*

*Early Adolescence, 14,* 107–138.

Wigfield, A., Eccles, J. S., MacIver, D., Reuman, D. A., & Midgley, C. (1991). Transitions during early adolescence: Changes in children's domain-specific self-perceptions and general self-esteem across the transition to junior high school. *Developmental Psychology, 27,* 522–565.

Wigfield, A., Eccles, J. S., Schiefele, U., Roeser, R. W., & Davis-Kean, P. (2006). Development of achievement motivation. In W. Damon & R. M. Lerner (Eds.), *Handbook of child psychology. Vol. 3: Social, emotional, and personality development* (6th ed., pp. 933–1002). New York, NY: Wiley.

Wiik, K. L., & Gunnar, M. R. (2009). Development and social regulation of stress neurobiology in human development: Implications for the study of traumatic memories. In J. A. Quas & R. Fivush (Eds.), *Emotion and memory in development: Biological, cognitive, and social considerations* (pp. 256–277). New York, NY: Oxford University Press.

Wiley, R. E., & Berman, S. L. (2012). The relationships among caregiver and adolescent identity status, identity distress and psychological adjustment. *Journal of Adolescence, 35,* 1203–1213.

Wilson, B., & Gottman, J. (1996). Attention – The shuttle between emotion and cognition: Risk, resiliency, and physiological bases. In E. Hetherington & E. Blechman (Eds.), *Stress, coping and resiliency in children and families* (pp. 189–228). Mahwah, NJ: Erlbaum.

Winnicott, D. W. (1965/1996). *The maturational processes and the facilitating environment: Studies in the theory of emotional development.* New York, NY: International Universities Press.

Woien, S. L., Ernst, H. A. H., Patock-Peckham, J. A., & Nagoshi, C. T. (2003). Validation of the TOSCA to measure shame and guilt. *Personality and Individual Differences, 35,* 313–326.

Wojslawowicz, J. C., Rubin, K. H., Burgess, K. B., Booth-LaForce, C., & Rose-Krasnor, L. (2006). Behavioral characteristics associated with stable and fluid best friendship patterns in middle childhood. *Merrill-Palmer Quarterly, 52,* 671–693.

Wölfer, R., Cortina, K. S., & Baumert, J. (2012). Embeddedness and empathy: How the social network shapes adolescents' social understanding. *Journal of Adolescence, 35,* 1295–1305.

Woltering, S., & Lewis, M. D. (2009). Developmental pathways of emotion regulation in childhood: A neuropsychological perspective. *Mind, Brian, and Education, 3,* 160–169.

Woodward, A. L. (2003). Infants' developing understanding of the link between looker and object. *Developmental Science, 6,* 297–311.

Woodward, L. J., & Fergusson, D. M. (1999). Childhood peer relationship problems and psychosocial adjustment in late adolescence. *Journal of Abnormal Child Psychology, 27,* 87–104.

Yap, M. B. H., Allen, N. B., & Ladouceur, C. D. (2008). Maternal socialization of positive affect: The impact of invalidation on adolescent emotion regulation and depressive symptomatology. *Child Development, 79,* 1415–1431.

Yates, M., & Youniss, J. (1996). Community service and political-moral identity in adolescents. *Journal of Research on Adolescence, 6,* 271–284.

Yau, J., & Smetana, J. (2003). Adolescent- parent conflict in Hong Kong and Shenzhen: A comparison of youth in two cultural contexts. *International Journal of Behavioral Development, 27,* 201–211.

Yeh, H. C., & Lempers, J. D. (2004). Perceived sibling relationships and adolescent development. *Journal of Youth and Adolescence, 33,* 133–147.

Ying, Y.-W., & Lee, P. A. (1999). The development of ethnic identity in Asian-American adolescents: Status and outcome. *American Journal of Orthopsychiatry, 69,* 194–208.

Young, L., Camprodon, J. A., Hauser, M., Pascual-Leone, A., & Saxe, R. (2010). Disruption of the right temporoparietal junction with transcranial magnetic stimulation reduces the role of beliefs in moral judgments. *Proceedings of the National Academy of Sciences, 107,* 6753–6758.

Young, L., & Dungan, J. (2012). Where in the brain is morality? Everywhere and maybe nowhere. *Social Neuroscience, 7,* 1–10.

Young, S. K., Fox, N. A., & Zahn-Waxler, C. (1999). The relations between temperament and empathy in 2-year-olds. *Developmental Psychology, 35,* 1185–1197.

Youngblade, L., & Belsky, J. (1992). Parent– child antecedents of five-year-olds' close friendships: A longitudinal analysis. *Developmental Psychology, 28,* 700–713.

Youniss, J. (1980). *Parents and peers in social development: A Sullivan-Piaget perspective.* Chicago, IL: University of Chicago Press.

Youniss, J., & Smoller, J. (1985). *Adolescent relations with mothers, fathers, and friends.* Chicago, IL: University of Chicago Press.

Zadeh, Z. Y., Jenkins, J., & Pepler, D. (2010). A transactional analysis of maternal negativity and child externalizing behavior. *International Journal of Behavioral Development, 34,* 218–228.

Zaff, J. F., Moore, K. A., Papillo, A. R., & Williams, S. (2003). Implications of extracurricular activity participation during adolescence on positive outcomes. *Journal of Adolescent Research, 18,* 599–630.

Zahn-Waxler, C. (1991). The case for empathy: A developmental review. *Psychological Inquiry, 2,* 155–158.

Zahn-Waxler, C. (2000). The development of empathy, guilt, and internalization of distress: Implications for gender differences in internalizing and externalizing problems. In R. J. Davidson (Ed.), *Anxiety, depression, and emotion* (pp. 222–265). New York, NY: Oxford University Press.

Zahn-Waxler, C., Cole, P. M., Welsh, J. D., & Fox, N. A. (1995). Psychophysiological correlates of empathy and prosocial behaviors in preschool children with behavior problems. *Development and Psychopathology, 7,* 27–48.

Zahn-Waxler, C., & Kochanska, G. (1990). The origins of guilt. In R. A. Thompson (Ed.), *Nebraska symposium on motivation: Vol. 36. Socioemotional development* (pp. 182–258). Lincoln: University of Nebraska Press.

Zahn-Waxler, C., Kochanska, G., Krupnick, J., & McKnew, D. (1990). Patterns of guilt in children of depressed and well mothers. *Developmental Psychology, 26,* 51–59.

Zahn-Waxler, C., & Radke-Yarrow, M. (1990). The origins of empathic concern. *Motivation and Emotion, 14,* 107–130.

Zahn-Waxler, C., Radke-Yarrow, M., Wagner, E., & Chapman, M. (1992). Development of concern for others. *Developmental Psychology, 28,* 126–136.

Zahn-Waxler, C., Robinson, J. L., & Emde, R. N. (1992). The development of empathy in twins. *Developmental Psychology, 28,* 1038–1047.

Zahn-Waxler, C., Schiro, K., Robinson, J. L., Emde, R. N., &

Schmitz, S. (2001). Empathy and prosocial patterns in young MZ and DZ twins: Development and genetic and environmental influences. In R. N. Emde & J. K. Hewitt (Eds.), *Infancy to early childhood* (pp. 141–162). New York, NY: Oxford University Press.

Zaki, J., & Ochsner, K. N. (2012). The neuroscience of empathy: Progress, pitfalls and promise. *Nature Neuroscience, 15,* 675–680.

Zelazo, P. D., Helwig, C. C., & Lau, A. (1996). Intention, act, and outcome in behavioral prediction and moral judgment. *Child Development, 67,* 2478–2492.

Zeman, J., Cassano, M., & Adrian, M. C. (2013). Socialization influences on children's and adolescents' emotional self-regulation processes: A developmental psychopathology perspective. In K. C. Barrett, N. A. Fox, G. A. Morgan, D. J., Fidler, & L. A. Daunhauer (Eds.), *Handbook of self-regulatory processes in development: New directions and international perspectives* (pp. 79–106). New York, NY: Psychology Press.

Zentner, M., & Shiner, R. L. (Eds.). (2012). *Handbook of temperament.* New York, NY: Guilford Press.

Zhou, Q., Eisenberg, M., Losoya, S. H., Fabes, R. A., Reiser, M., Guthrie, I. K., … Shepard, S. A. (2002). The relations of parental warmth and positive expressiveness to children's empathy-related responding and social functioning: A longitudinal study. *Child Development, 73,* 893–915.

Zimmer-Gembeck, M. J., & Petherick, J. (2006). Intimacy dating goals and relationship satisfaction during adolescence and emerging adulthood: Identity formation, age and sex as moderators. *International Journal of Behavioral Development, 30,* 167–177.

Zimmer-Gembeck, M. J., Siebenbruner, J., & Collins, W. A. (2001). Diverse aspects of dating: Associations with psychosocial functioning from early to middle adolescence. *Journal of Adolescence, 24,* 1–24.

Zimmermann, P. (1999). Structure and functions of internal working models of attachment and their role for emotional regulation. *Attachment & Human Development, 1,* 291–206.

Zimmermann, P. (2004). Attachment representations and characteristics of friendship relations during adolescence. *Journal of Experimental Child Psychology, 88,* 83–101.

Zimmermann, P., & Becker-Stoll, F. (2002). Stability of attachment representations during adolescence: The influence of ego-identity status. *Journal of Adolescence, 25,* 107–124.

Zimmermann, P., Fremmer-Bombik, E., Spangler, G., & Grossman, K. E. (1997). Attachment in adolescence: A longitudinal perspective. In W. Koops, J. B. Hoeksma, & D. C. van den Boom (Eds.), *Development of interaction and attachment: Traditional and non-traditional approaches* (pp. 281–291). Amsterdam: North-Holland.

Zukow, P. G. (Ed.). (1989). *Sibling interaction across cultures: Theoretical and methodological issues.* New York, NY: Springer-Verlag.

Zukow-Goldring, P. (2002). Sibling caregiving. In M. H. Bornstein (Ed.), *Handbook of parenting: Vol. 3. Being and becoming a parent* (pp. 253–286). Mahwah, NJ: Erlbaum.

# 찾아보기

## 저자 소개

**Karen S. Rosen**

하버드대학교에서 박사 학위를 받았고, 보스턴 칼리지의 심리학과 부교수로 발달 및 임상심리학을 가르치고 있다. 또한 Psychology Honors Program과 대학의 임상센터의 책임자이다. Brookline Psychological Services의 선임 심리학자로서 임상에서는 애착과 자기(self) 관련 장애를 비롯한 다양한 심리적 문제에 초점을 두고 있다. 부모-자녀의 애착관계와 형제관계에 대한 그녀의 연구는 많은 학술지에 발표되었고, 여러 권의 책으로 출판되었으며, 미국 및 국제 학회에서 자신의 연구를 발표하고 있다.

## 역자 소개
IIIIIIIIIIIIIIIIIIIIIIII

### 유미숙
숙명여자대학교 아동복지학과 명예교수
숙명여자대학교 대학원 아동상담전공 박사
전) 한국놀이치료학회 학회장, 한국상담심리학회 부회장

저서 놀이치료의 이론과 실제(1997, 상조사) 등
역서 놀이치료(2015, 학지사), 놀이의 치료적 힘(2015, 시그마프레스, 공역), 아기는 사람의 마음을
    어떻게 알아차릴까(2015, 시그마프레스, 공역) 등

### 이영애
숙명여자대학교 심리치료대학원 주임교수
숙명여자대학교 대학원 아동상담전공 박사
전) 원광아동상담센터 소장, 한국놀이치료학회 학회장

저서 엄마도 놀이전문가(2013, 마음상자) 등
역서 놀이 프로파일(2012, 시그마프레스, 공역), 보드게임을 활용한 아동심리치료(2008, 시그마프
    레스, 공역) 등

### 류승민
숙명여자대학교 대학원 아동심리치료전공 석사
숙명여자대학교 대학원 아동심리치료전공 박사
한국놀이치료학회 공인 놀이심리상담사 1급, 청소년상담사 2급

### 박소연
숙명여자대학교 대학원 아동심리치료전공 석사
숙명여자대하교 대학원 아동심리치료전공 박사
한국놀이치료학회 공인 놀이심리상담사 1급, 청소년상담사 2급

### 박현아
숙명여자대학교 대학원 아동심리치료전공 석사
숙명여자대학교 대학원 아동심리치료전공 박사
한국놀이치료학회 공인 놀이심리상담사 1급, 청소년상담사 2급